山右叢書·三編

山右歷史文化研究院　編

上海古籍出版社

七

目　録

復宿山房集

〔明〕王家屏　撰

張梅秀　點校

復宿山房集

〔明〕王家屏　撰

張梅秀　點校

點校説明

《復宿山房集》四十卷，王家屏撰。

王家屏（1536—1603），字忠伯，明代山西山陰縣人。隆慶二年（1568）進士，選庶吉士，授翰林院編修。曾參與修訂《世宗實録》，以秉筆直書名。萬曆初年，晋升爲修撰，擔任日講官。講課懇切真摯，通俗易懂，深得皇上尊重。萬曆十二年（1584）升任禮部右侍郎，不久，改任吏部左侍郎，兼任東閣大學士，入閣輔政。史稱“去史官二年即輔政，前此未有”。萬曆十八年（1590）爲禮部尚書、文淵閣大學士。萬曆十九年九月至二十年三月（1591—1592）任內閣首輔。不久歸里。卒贈太保，謚文端。事迹具《明史》本傳。傳世著作有：《復宿山房集》四十卷，《王文端公集》十四卷。

《復宿山房集》和《王文端公集》的版本所見有以下幾種：

1.《復宿山房集》四十卷。明王濬初、王湛初編，萬曆三十七年山西巡撫魏養蒙刻本。

其書卷一、卷二爲詩賦；卷三爲詔令、奏書等；卷四至六爲奏疏；卷七至卷十四爲講章；卷十五、卷十六爲議、説等；卷十七至卷二十爲序言；卷二十一爲記、贊之類；卷二十二至二十九爲碑文、墓志等；卷三十爲行狀；卷三十一、卷三十二爲祭文；卷三十三至卷四十爲書信等。前有葉向高、魏養蒙、李維楨三序，均未署年月。

據《中國古籍善本書目》著録爲明萬曆刻本，没有具體年月，書前有經辦刻書人名氏。魏養蒙序言：“余奉命撫晋，歲，以防秋入代……故命壽諸梓而爲之叙。”魏養蒙萬曆三十七年至四十年任山西巡撫，撫晉歲當爲三十七年。經辦刻書人李維楨萬曆三十四年至三十七年任山西參政；吳鍾英萬曆三十六年至三十八年任山西右參議、參政。根據魏序和李、吳的履歷，可證明是書刻於明萬曆三十七年。是書爲王家屏集的最早最全刻本。本次點校即以此爲底本。

2.《復宿山房集》四十卷，明王濬初、王湛初編，民國十七年（1928）山西民治學社鉛印本。此本根據萬曆三十七年本重印，前面附《明史》王文端公本傳。本次點校以此爲參校本，稱民治學社本。

3.《王文端集》十四卷，明萬曆四十至四十五年刻本，《四庫存目叢書》曾予影印。

全書內容包括詩集二卷、奏疏四卷、尺牘八卷。《四庫全書總目》提要云：“尺牘卷首韓爌序稱‘家屏之子已哀匯全帙，次第授梓’，則此其不完之本也。”本次點校以此爲參校本，稱四庫存目本。

另《四庫全書總目》還著錄有《王文端奏疏》四卷，爲《王文端集》中奏疏的單行本，提要云“諸疏已載入所著文端集”，因此本次點校不予采用。

4.《明經世文編·王文端公文集》一卷，明崇禎間陳子龍等選編。1962年北京中華書局影印本。本書收王家屏書信25篇，全部爲《復宿山房集》收錄。本次點校以此爲參校本，稱經世文編本。

5. 明王錫爵等編《增定國朝館課經世宏辭》及明焦竑編輯《國朝獻徵錄》中也收入了王家屏部分文章，亦一併參考。

原書中每卷名下有“山陰對南王家屏著”一行，今刪去。

《復宿山房集》序

　　《復宿山房集》凡四十卷，太保王文端公所撰，蓋名山之副，今始壽諸木以傳者也。公自爲史官，事上經帷，最承知顧，登第僅十六年即擢居政地。比艱歸而虛位，召起，委寄甚隆。天下方艷公遭際，想望太平之業，乃竟以力爭儲事、申救言者爲上所譙讓，抗疏求去，其言益侃侃發舒無所避忌，上亦遽聽公歸。歸再逾歲，而銅龍之講席遂開，儲位卒定，天下咸服天子之聖神，而謂公所感悟力亦居多。公里居將二十年乃没，知與不知無不悼惜。

　　蓋自嘉隆以來，相臣之以精忠勁節取信於上下，名實純備，始終無暇，罕有及公者。公之所爲不朽固不在文章，乃今讀公之文，亦皆日新富有，本於六經而綜於百氏。至於封事尺牘，籌畫軍國大計，所以告君父而通朋友者，尤爲深婉篤至，指達而詞修，其足成一家言，傳諸後世無疑也。自昔談文章者雖有多端，然其大要，不過曰主之以理，輔之以氣。故汪洋河漢之談不足以垂後，詘於理也；藻繪雕蟲之作不足以名家，薄於氣也。公生平操修踐履甚類河汾，其於居敬窮理之實功，固已積之有素，而其浩然剛大之氣，爲能動萬乘，觸逆鱗，當雷霆震撼之下毫無撓折，固宜其發爲文辭，藹乎仁義、沛若江河有如此耳。近世操瓢[一]之士，以艱深爲入理，以譸張爲膽氣，其弊始於舉業，而其浸淫決裂，遂至公車之奏對、廟廊之辭命亦靡然從風，無復先民遺軌。試取公兹編讀之，有不爽然自失否？

　　蓋明興，文章屢變，而館閣之盛至隆萬間而極。元老鉅公，握椽筆挾鴻裁者，後先接踵，遠軼燕許，近追劉宋，海内攘臂登壇之徒咸爲退舍。而公自恒朔拔起，爲之領袖，天之所開以振斯文，殆非偶然之故，物盛則衰，亦何惑乎？趾公之難乎其爲繼哉[二]！説者謂公於三不朽之説無復遺憾，獨恨其去國太早。以爲公不去，則其精誠所積必更有轉移，不至如今日之極重而難反。嗟乎！事固無大於宗祧，而功亦無大於羽翼。公固云"吾累復萬言，不若慷慨一去以動主心"，而鞏國本卒之如其所畫，公雖去猶不去矣。昔漢儲既定，留侯遂不復起；鄴侯當貞元危疑之際，心血欲歐，功雖卒立而猶不免於咨嗟太息，謂命與願違。大臣爲社稷苦心一至於此。公之得以綽然于進退去留，有留侯之決而不至于鄴侯之困，其遭遇猶爲奇也。使公在今日，未必得去，即去亦不得如是之捷速，吾不知公又何以處此者。余故以庶常受教于公，更二十餘年而踐公位，其行業不足以望公之萬一，又不勝時事之感，故因叙公集而併及之。

　　賜進士出身、資善大夫、禮部尚書兼東閣大學士、知經筵日講制誥門生葉向高頓首拜撰

校勘記

　〔一〕"瓢"，據《四庫禁毁書叢刊·蒼霞續草》卷五當作"觚"。
　〔二〕"哉"，同上書作"也"。

《復宿山房集》叙

　　王文端公以高第起家金馬，爲官僚，柄史局，典秩宗，甫十六年而登政府，宣麻者再，寓人士不以貴公，而猶惜其專席之未久；抗疏旋里，高蹈東山，蟒繡裊蹄，至天子走使者存賚，寓人士不以榮公，而猶訝其蒲輪之未賁；歿之日，闕廷震悼，易名崇祀，一切春秋窀穸之典視昔有加，寓人士不以異數艷公，而甚悵其宏藉之不盡究也。於是尚論平生，旁求遺業，不啻拱璧珍之，以想見公之所未竟者。乃得孝廉公所輯《復宿山房集》，計四十卷，自綸扉之章、石室之編、燕游之咏、旂厦之講論、樞廷之奏對，燦然具列。大都發自忠赤而出之和平，根極抒真，得心應手，不擬肖於楮葉，不競巧於雕蟲。至今讀其文而退想其心胸氣概，豁然如光天霽日也，屹然如岳峙壁立也，凝然如淵涵波澄也。隱隱於簡册間睹之，休哉大觀，僉曰觀止矣！此足以概公矣。余曰然此公之所可見者也，而未知其所不可見者也。古大臣得時遇主，魚水泰交，造膝呫囁，深言微中，此其所貴不以文。矧時值危疑，勢處維谷，血心可嘔，迹象難明，入可以告君，而出不可以語人，則於文更難之矣。公入侍講帷，驟躋揆地，談經燕對，隱諷直陳，其所啓佑最多，其受主眷最渥。一旦矢念國本，穆然咨嗟，累疏力爭不能得，計惟一去可以動之，遂堅請歸里。居無何，而上意感悟，儲位遂定。天下仰聖主日月之明，而重推公羽翼之力，遥想其忠肝義膽，吐赤批鱗，精誠之所積結，必有潛移於簡牘之外者。良工獨苦，誰則知之？然則公之言雖不見用於立朝之日，而公之忠實見收於去國之後，醳榮歸老，取日功成。彼以未究厥施，爲公惋惜者，亦淺之乎爲見矣。昔王沂公相宋，遘天禧、天聖間，正色危言，舉朝倚重，而時亦以抗忤屢報罷。乃兩宮調和，人心豫附，卒以贊成慶曆之治，而口不言功，古純臣之忘身徇國類爾爾，公豈其苗裔耶？何其品之肖也！

余奉命撫晋，歲以防秋入代。代，固公曩所欲移居也。舊時父老口能膾炙之，每道公綠野浮沉，躬韋布行，時與里人嘻嘻過從，里人若忘其爲相公者。偶觸時艱，輒慼額不任其憂，聞國有善政，即忻忻喜色相告，其里居不忘國如此。甘素若飴，言利若浼，官高鼎鼒，家無遺貲，身未没而代第已别售。是公忠赤清白之性篤自天植，故發爲文章，紓爲事業，若根沃而枝茂，源深而流長也。《詩》云“高山仰止，景行行止”，余蒞公之土，景公之行，其不可見者與人往矣，幸其遺言尚在，庶幾見什一於千百也，故命壽諸梓而爲之叙。

賜進士出身、通議大夫、奉敕提督雁門等關兼巡撫山西地方、都察院右副都御史、前奉敕監軍平播加正二品俸周南魏養蒙撰

《復宿山房集》叙

　　莊皇帝初臨軒，策士于庭："兵食大計，必有機要"，蓋張文忠代言也。首揆徐文貞曰："機要安在？"曰："在用人，在責實。"文貞得一卷，其首即此四言置對，大喜以示文忠："孰是書生而能策事，定我輩中人？宜魁天下。"文忠自疑，豈漏言乎？抑之第二。而莊皇帝有他猜，悉罷所擬一甲三人。榜出，知爲王文端，舉朝屬目，名籍籍狀元上。尋改庶吉士，讀中秘書。

　　公凡爲文，不屬草，含毫沉吟，一揮而就。閉門散帙，不聞誦讀聲，過目輒不忘。無論大著作出人意表，即談謔巧捷，四座盡傾。已，拜國史，修兩朝實録。侍今上皇帝經帷，進止有度，聲如出金石中〔一〕，上殊眷之。嘗命諸講臣書扇，公書訖，誤用私印，文忠不可，令竄滅其迹。上問故，諭公復用私印，而手擇十扇，獨畀公書用私印，乃受其寵異如此，每呼公爲"王黑子"云。左〔二〕耳小創，傅以藥，每進講，耳當上面，弗便也，而創以傅藥不時愈，因請休沐還里。久之，詣闕領職如故。上禮遇滋隆，洊登少宰。會卜相六人，公名在後，特相公。三年，遭母喪。服除，上晋公大宗伯，還朝，責難陳善，以去就力争，而竟由是不安其位。閲十年，上思公言，定國本，詔答褒美，賞延于世。終忌公直不召用，里居十餘年没矣。公門人聊城司空王公，與〔三〕中丞大名〔四〕李公旁求公遺文，緣公不屬草，故多亡失。諸公子所葺録財四十卷。以余嘗從公史局後，畀之序。

　　蓋明興，山以西拜相者薛文清、張文毅及公三人，而公與文清位未至師、保，不究其施。并州之域，雲朔諸郡號爲荒憬〔五〕，地靈醖釀數千百年而生公，立朝風節直繼文清，固非偶然。讀公之文，得心應手，沛然莫禦，而委悉周至，索有餘味，扣有餘響，若河下龍門，駛如竹箭，駟馬不及，千里一曲，逶迤不驟，細流不擇也。規模廓弘，旨趣廣遠，不可名一家，若太行連亘，地界華夷，省隔東西，起伏蜿蜒，中條、太嶽、五臺、三關，奧區勝迹，隨地異稱，皆其支湊也。方幅嚴整，氣岸高峻，若三門砥柱，屹立狂瀾之中，千古不移也。九流七略，淹通研討，材具惟其所取，靡不中度，若冀北之土，畜馬蕃庶，若西方之美，霍山多珠玉，若大鹵巨浸，神液陰滮，富媪灌輸無盡藏也。脉絡連〔六〕貫，經緯綢繆，若恒山陰終陽始，其道常久，率然陣勢，首尾相應也。清新朗潤，若姑射神人，肌膚冰雪也。文采巨麗〔七〕，若晉爲大梁，山河交會，得雲漢升氣，爲章於天也。間〔八〕素抱樸，耻與雕虫刻鵠爭妍楮穎，若呼沱嘔夷之川，汾潞之浸，利在松柏布帛，樸茂平淡，無紛華妖冶奇衺之産也。學術醇正，雖變化無方，而粹然一澤于道德仁義，則三河更都，唐虞夏后氏執中精一之傳有自來矣。

太上立德，其次立功，其次立言，非有軒輊，所乘時異耳。公旒扆之所披陳，絲綸之所宣示，青規之所匡救，金匱之所紀載，依經演義，就事獻規，高文典册，讜言宏論，要以斧藻聖謨，銓綜國憲，燮和天綷，斟酌民情，忠孚九廟，明見萬里，腹心無替，羽翼默成。論德則道可覺民，而非尚空談，論功則才優經世，而不爲苟合，不朽者三于斯焉在，易名節惠，文端庶幾蔽之。余粗舉晉乘，謂文章得山川之助，以公文爲晉地靈重，所識不其小乎？且朝有史筆，野有輿論，雖繁稱累詞，毫末何加于公？惟登第請告諸軼事，人未必盡知，又病夫道聽塗説而遽筆之於書者，幸獲叙公集，録其實如此。

考地志，山陰佛宿山，文殊所經行處，公更名山房“復宿”而集繫之，自有取義在，亦文端之一端也。

大泌山人李維楨本寧甫撰

刻文集名氏

　　魏郡李景元閲

　　周南魏養蒙仝閲

　　鄭郡劉　魯

　　穀城喬學詩

　　雲杜李維楨

　　關内吳鍾英

　　於越王三才

　　中州李茂春校訂

　　　　子浚初、湛初編次

　　副理問徐中元

　　府知事廖　鏞監梓

校勘記

　　〔一〕"聲如出金石中"，《四庫全書存目叢書·大泌山房集》卷十作"聲中金石"。

　　〔二〕"左"，同上書作"屬"。

　　〔三〕"與"後，同上書有"魏"字。

　　〔四〕"大名"，同上書無此二字。

　　〔五〕"憬"，同上書作"梗"。

　　〔六〕"連"，同上書作"聯"。

　　〔七〕"文采巨麗"，同上書作"秀色孤騫"。

　　〔八〕"間"，同上書作"見"。

復宿山房集卷之一

賦

經筵賦

恭惟我皇上握符御宇以來，禮宗廟，饗郊祀，幸太學，躬帝籍，表廢絀以勸忠，正罪辟以止慝。蠲租賦之逋逃，罷工造之不亟。膏澤潤於黎甿，威武豐乎絕域。大小臣工莫不延頸而歡呼曰：“猗與吾皇，紀綱畢振，法度齊一，是謂化之盛、治之極矣！”而臣獨疑其未盡識也。夫聖有闔闢，鮮窺其樊；道譬淵海，莫測其源。不觀帝德之日新，則孰知鴻業之敷賁者哉？

臣竊見我皇上之始即位也，仰契奎璧之象，俯察河洛之數。繹豐芑之詒謨，啓姚姒之玄悟。乃命禮官考制度，闢文華，延師傅，徵圖書於六館，抈標紬於四庫。方其庭燎輝，陛戟具，闒闔開，宵鍾布。帝乃冠通天，履朱絢，控時龍，乘玉輅，鳳蓋參差，羽旂交互。御寶幄而垂冕旒，拜夔龍而俯鵷鷺。時咫尺於軒墀，親剖劃乎庶務。受四海之圖籍，通群工之言路。逮乎朝儀告肅，百官遄旋，帝乃諭虎賁以前驅，指法駕于東偏。降修除之迤邐，循曲檻之蜿蜒。凌隥道而左顧，緣釦砌以上遷。經駓遻，披飛廉，望青陽，入崇賢。鬱東觀其特起，荷棟隆而高褰。列棼橑以曼衍，飾藻繡以綸連。雕楹屹峙，罘網星縣；天窗綺疏，刻桷金纏。宛瀛洲之窈窕，麗方丈而增妍。其中則前鼎後彝，左圖右史，寶籍熒煌，瓊編萃只。文茵爛其鋪芬，細旆郁乎靚美。帝乃却鋪帷，釋黈珥，下鑾輿，臨玉几。考鏞鼓其鏗鉤，肅從臣之拜起。鴻臺詔儀，謁者奉璽，諫議糾違，文學□□，□[一]昫盼而若迷，足盤躩而欲累。爾乃移玉案，啓瑤函，紓錦帙，披牙籤，則有飫六籍之穠艷，苞百代而沉潛。蹌蹌濟濟，燁燁襜襜，雖金馬石渠而莫儷，視麒麟白虎其猶纖也。于是分局就班，循繩疊進，步趨委蛇，禮不用引。氣晬曖而春容，躡前席其端慎。爾乃抒孔孟之精華，漱仁義之芳潤。言本中庸，道稱堯舜。蓋律倡而呂宣，殆金聲而玉振。言經則《書》陳典謨，《易》闡陰陽，《詩》咏雅頌，《禮》揭綱常，惟《春秋》辨乎夷夏，故攄摭其大防。言史則上迄羲農，下迄唐宋，仁暴興衰，安危輕重，炳若蓍龜，靡不述誦。獨秦隋與金元，而特明其非正統。此其大較也。

若乃規時政，贊經綸，抽秘旨，繹微文，或據理而直解，或比事以旁論。或激亢而諤諤，或諷諭而誾誾。或鋪張乎鴻業，或歸本於君身。言約之而彌遠，意索之而無垠。溫溫洋洋，懇懇勤勤。氣吞吐而虹結，音歆欲而雲屯。爐烟裊其澹浮，太宇静而無塵。芸香馡其發色，層冰渙而成文。魚翻藻以上窺，鳥戴翼而下馴。時瞻覬乎天顔，聽亹亹而方殷。蓋專精而篤嗜，又安知晝漏之既分也。

及乎講說周，御几撤，翠華起，《簫韶》作，帝乃命夫大官肆筵，酒正舉醴，庖人炙燔，膳夫烹濩，盛供帳於離宮，進諸臣而宴樂。俎豆繽紜，禮儀交錯，玉豋苾芬，雕盤繹絡。奏以《雲門》，間以《大勺》，歌惟九功，舞用羽籥。恍既醉於周庭，沾蓼蕭于在洛。際禮遇之休明，荷皇恩之廖廓。群工具慶，虎拜雀躍，莫不祝天子以萬年，而祈鴻基之磅礴也。於是帝乃策玄虯以迴馭，退游息於乾清。惟聖衷其淵穆，若參前而倚衡。蓋方藉諸臣之啓沃，拮六藝之精英。葆一真于静定，湛萬化於虛明。必慎終而如始，不內汩而外瑩。彼夫蕙殿椒房，瑤池廣囿，夜光懸黎，文綺刺繡，玄草靈芝，珍禽異獸，便嬖巧任之干，妖聲艷色之媵，馳驅弋獵之娛，封禪神仙之謬，紛至沓來，交攻乎前後者何限，而曾不足以辱帝心之一售也。斯以紀綱炳煥，文度彌張，踔百代，邁三王，追二帝，耦羲皇。囿斯世於熙皞，而躋萬彙於平康者哉！

遂作頌曰：閎閬哉！文華竦層搆於雲漢兮，太陽升中光爛耀而璀璨兮，琨璧繭絲義泮渙兮，故老名儒資論讚兮，緝熙光明登道岸兮，祚我邦家綿無算兮。

日方升賦

伊高天之沆瀣，覆萬有而無垠。炳赤熛以成象，揭陽烏之威神。滌素魄于靈淵，麗昭質于蒼旻。蓋乘乾而獨運，亙終古以若新。方其金鋪寂闃，玉漏逡巡。星月競皎，庭燎未陳。爾乃韜精襲采，悶悶汶汶。㝠惚恍以奧密，握靜壹于洪鈞。逮夫夜氣微，晨光發，華鏞鏗，宵鼓揭，爾乃扶搖馭眇，輪囷突屼。駕神岳之將將，拂海濤之汩汩。則有陽侯執轡，豐隆先驅，馮夷捧蓋，后羿揚麾。擁雲旃之縹緲，駢霞光之陸離。遠而望之，絪縕瞳曨，如神龍之瞠目；迫而察之，的爍焰爛，擬朱鏡之呈規。朗朝旭于始旦，燭萬象而主曦。嗤三五以失色，即晻靄何能蔽之？屬大明之當天，驚幽魅以却走。奪爝火于螢囊，闢冥蒙于蔀斗。于斯之時，魚鑰既啓，九關洞開，旌旂辨色，群臣畢來。乃有容成步晷，羲仲察表，太史書雲，雞人唱卯。爛丹陛以輝煌，映彤墀其窈窕。螭頭抱影而蹊跂，金莖動色而便儇。信沆瀣之未晞，羌嵎夷之初皎。此我大君順天時以聽政，追宵衣之遲暮者也。

若乃離明溥徧，照臨八荒。三農出作，九市開場。士晨起而披吟，工夙興以劬勤。行旅沾乎多露，紅女織于東方。凡含和而飲氣，孰不感惕于青陽？又其挂影千山，分暉萬壑，東自海邦，西暨戎幕，南盪朱垠，北通玄漠，莫不氛祲掃滅，和煦磅礴。洵九有之混茫，盡耿光之灼爛也。天子方且鑒于日邁，法乎天行，圖慎終于有俶，奮初政之精明。問何其以視朝，警同夢于《雞鳴》。體惜陰于夏禹，法待旦于周成。則使遲遲舒景，與聖德乎並進，熙熙泰運，同國祚之方興。乃大小臣工，咸負暄而思獻，頌天保之恒升。豈不受億萬之仰戴，起三五之登閎者哉！

亂曰：離離海嶠開光霽兮，照臨下土闢霾曀兮，雲霞綺錯邈瞻睎兮，麗于扶桑達無際兮，高朗令終光不替兮。

頌

聖母萬壽無疆頌

臣聞坤儀静止，厚極所以常寧；離體柔中，大明用能久照。蓋静乃衆動之君，柔爲元氣之母。居德于静，守道之柔，是謂建本不拔之鄉，葆光長生之府。昔星娥得之以贊軒圖，任姒得之以綿姬曆，皆是道也。

洪惟聖母慈聖皇太后陛下，懿質安貞，惠心淵穆。昔佐先帝，用憂勤儆戒，弼成端拱之休；迨育今皇，以恭儉温文，佑啓顯承之烈。垂鴻翼燕，八載于兹。内則紀綱人序，陰理明章；外則提挈天紘，化樞默運。奠九垓于寧謐，煦萬彙以昭蘇。道允協于自然，心實契乎元始。兹者履端届節，悦旦開祥。東朝闢而宮佩鏘，北斗臨而帝車會。尊浮沆瀣，駐化日於堯階；樂奏《簫韶》，迴清薰于舜殿。萬國之歡心交罔，兩間之瑞應駢臻。即漢皇長樂之朝，未方其典禮；雖王母少廣之坐，詎喻其恬愉也哉！臣忝列外庭，忻逢大慶，祗深舞抃，莫罄名言，謹拜手稽首而作頌焉。

頌曰：粤惟道始，爰柔爰静。居坤麗離，無爲守正。於懿聖母，稟一含貞。倪天蘊質，懷月儲精。儷極先皇，二南肇迹。治贊垂裳，功高煉石。孕虞育夏，帝業重熙。定謨帷帟，九鼎持危。迪哲保沖，鋪芬闡爍。宵衣侑勤，大練訓約。雝雝肅肅，刑家御邦。扇風沕穆，導俗淳寵。恩霑華夷，澤敷動植。六合豐融，太和充溢。周春啓序，聖誕丁辰。卿雲五色，寶月重輪。九位稱觴，六宮獻履。推策占年，得天之紀。花明鳳掖，香暖龍爐。内朝燕喜，率土嵩呼。慶叶天人，聿懷多福。孝理方隆，慈禧有俶。紫庭宥密，絳闕高閎。抱以元氣，衞以三靈。母也端居，撫清履宴。海屋增籌，瑶池益算。萬有千歲，俾熾俾昌。保我臣民，錫極無疆。貞明日新，厚德永載。洋洋頌聲，賡歌未艾。

樂　府

猗蘭操

曄曄之蘭，生于丘園。不采其葉，而培其根。其葉可佩，其根可飧。彼美一人，可與晤言。予往從之，周道云阻。四顧皇皇，匪翼焉舉。誰能同心，維予與汝。方何爲期，爰獲我所。

君馬黄

君馬黄，我馬驪。聯鑣長安陌，並服黄金羇。鯨騰黿舉日千里，馳驅未許忘斯須。

一朝君馬行，騎向昆侖西。朝登蒼梧巔，夕飲太液池。却笑我馬遭，寧顧君馬疲。同皁不同駕，遠道虞艱危。

五言古詩

初入翰林自述

天闢圖書府，斯文今在茲。芸菽萃芳潤，葵藿迎朝曦。慚予側微士，兼收沐皇慈。蓬蒿植蘭逕，鷦鷯栖鳳枝。生平未知學，世路方多岐。所志貴早辨，勳業由人爲。元聖奠姬鼎，一德調商彝。大人已不作，古道猶可追。願言對青簡，澹慮澄玄思。經濟籌時略，天人探聖涯。宇宙皆吾事，一念安可欺。譬彼機中素，皎潔防其緇。譬彼山下石，孤貞堅自持。文章乃末技，富貴非吾期。出入感榮遷，朝夕承師資。遠心在霄漢，努力酬明時。

憫　農

春日荷一鎒，夏日荷一鋤。摘稻如摘髮，種穀如種珠。晨起飼牛飽，羹藿常無餘。雞栖烟樹暝，日宴遑寧居。胼胝田陌間，終歲勤菑畬。早禾幸自熟，蟋蛄鳴郊墟。登場未云竟，催徵已紛拏。糶新了官稅，而無擔石儲。涼風四壁靜，妻孥依空廬。生計懷農事，誰能不欷歔！

觀《蘭亭修禊圖》

籊籊修竹間，漪漪淥水濱。叢林散朝靄，波光盪青蘋。窈窕幽亭出，軒楹何嶙峋。眷茲名勝區，允怡靜者神。芳時萃朋好，禊期曠無垠。臨流漱清液，列席鋪華茵。谷鶯已自出，澤蘭正可紉。引卮泛洄洑，濯纓傍溪漘。援琴振逸響，濡翰揮陽春。煩痾盡蠲滌，優游難具陳。勝事已千載，想見當時人。高風聳丘壑，雅志遺囂塵。處世秉昭曠，斯圖良可珍。

迢迢牽牛星

瞻彼牽牛星，皓彩臨河渚。涼風西北來，脉脉如傳語。豈不念華容，爲此銀漢阻。欲渡無橋梁，罷織空機杼。良會復何時，一別逾寒暑。安得夜如年，清光常對汝。

雪夜講莊義

老聃已不作，斯道皆支離。上下千百載，奧妙誰能窺？井蛙不識海，冬冰夏蟲疑。役役聲名間，妖孽何多岐。昆侖有至人，淵覽真吾師。胸次包元化，寤寐參庖羲。予與二三子，挾策往問之。因述七篇義，爲我開盲迷。天地一稊米，萬物以息吹。鯤鵬扶搖日，蝴蝶飛揚時。天倪本至順，何思復何爲。人心蔽塵垢，葆光斯漸虧。能使宇泰定，虛室生朝曦。輪扁斲最巧，庖丁刃不劙。此中有玄解，攖寧始可期。可以控八極，可以御兩儀。養生及應世，形神胡不怡？深堂坐已久，寒夜雪光瀰。滴漏聲將盡，挑燈影漸移。爽然如有得，歸去意遲遲。

題《玉節楊徽卷》

昆山有良玉，堅貞莫與方。卓哉傳母節，與玉同焜煌。憶昔結帨時，左右雙鳴璫。貫組中斷絕，委隊紛琳琅。已隊難再屬，遺璞尚可將。瑕瑜未能辨，撫玩悲中腸。區區四十載，追琢何劻勷！璠璵既成質，照耀明月光。殷勤紉華綬，佩服朝明堂。明堂覲天子，緩步搖琚璜。清聲間宮羽，素彩凌冰霜。瑰瑋信有自，瑩潔維其常。九重下明詔，乃眷昆侖岡。胡然孕靈秀，産兹不世祥。褒崇錫曠典，綸綍榮王章。溪山照雲日，瑞氣浮冠裳。徽音侈歌誦，千載揚其芳。

題林奉常《萊庭雙壽卷》

王母無令子，彭鏗不壽親。天親苟未洽，長生胡足珍！我聞承歡者，乃屬舞斑人。垂白戲親側，和理難具陳。林翁今七十，阿母正九旬。晨夕娛慈顏，庭闈藹陽春。是母仍是子，植慶信有因。況乃公孫貴，卿月懸高旻。彩服傳宮錦，香醪致上尊。壽筵歲再啓，賀客無停輪。風日明三泖，笙歌達四鄰。試問瑤池景，何如此樂真！

七言古詩

沙堤行

春風習習長安道，和烟十里生芳草。芳草春風夾道香，行人共說沙堤好。漢家宮闕鬱崔巍，天使宣麻輦路開。紫閣遥通丞相府，黃金新築禮賢臺。高幡結駟人爭睹，九衢十陌騰簫鼓。鳳凰池上接夔龍，崧嶽人間降申甫。憶昔塵埃縫掖時，金礦玉璞疇能知。千載明良會魚水，一朝聲望繫安危。天子垂裳居便殿，密勿絲綸親召見。上陽門裏賜肩輿，長樂宮中承鎬宴。貂冠黼衮近丹楓，百辟班行避上公。氣吐風雷回造化，手扶日月闢鴻濛。君不見，莘野耕夫宅端揆，一夫不獲猶自耻。渭濱出應非熊兆，八百餘年卜周紀。傅巖霖雨潤蒼生，古來相業俱如此！

天方國人進玉歌

昔我皇祖開鴻濛，茫茫海隅車書同。爾來二百四十載，穿胸貫鼻雕題緣髮皆朝宗。維此天方之國，乃在占城之南，暹羅之東，北去長安十萬里，不與中國人烟通。年年航海度嶺徼，稽首獻贄明光宮。獻贄明光何所有？筐筐纍纍盡瓊玖。云道國王得此不敢私，貢來親遣貴臣齎。黃者如粟，赤者如霓，玄者斷漆，白者截脂。錦袱充庭開五色，清輝照耀金罘罳。球琳駢集鍾山瑞，圭璋不羨昆侖奇。玉府煌煌詎云少，夷情自是珍皇慈。願得皇慈喜，鎚作雙佩觿，或作殿中碪，或作階下瓷。朝朝暮暮伏君前，與君永作西藩籬。噫嘻哉！遠道之人胡可遺，天覆地載能令萬國歸雍熙。君不見，漢庭使者張騫出，黃金用盡煩羈縻。

征西將軍出塞歌

九月邊郊草具腓，龍沙黯黯胡塵飛。聞道將軍承密旨，霜戈萬里伸天威。利鋌長矛圍大纛，白馬紅纓耀裝束。衛青猛士下雲中，李廣飛將來上谷。雲中上谷饒荊榛，星烽夜出烟晝屯。鳴金伐鼓從天下，車馳馬驟如雷奔。帳前組練皆貔虎，鄴下黃鬚不足數。部校能開萬石弓，健兒會挽千斤弩。穿荒落日風颼颼，烏鳶不下黃雲愁。臨深野曠狐兔沒，鷹肥犬疾豺狼幽。直北關山連毳幕，旋聞一箭旄頭落。赤繩繫得左賢歸，白囊報道單于獲。從此陰山奏凱還，纍纍獻馘明堂前。天王爲設彤弓宴，功名不讓麒麟先。

寒蠅嘆

吁嗟乎！蒼蠅胡爲乎其然，昔爲人憎今人憐。昔日火雲發，赤龍正當天，爾乃呼群引類飛翩翩。垂涎吐沫污白璧，投骰落俎騰芳筵。豈執輕羅能撲滅，縱憑壯士難驅捐。今何時，慘淡西風霜滿地，疏影煢煢忽失群，弱羽翛翛盡垂翅。寥落猶從四壁栖，驅馳空附當時驥。吁嗟乎！天道炎涼有變更，物情轉盼榮枯異。

消息盈虛理固然，莫因世態遷吾志。

盆菊吟

有客送我叢菊盆，盆中曄曄垂芳郁。直幹扶疏白露滋，孤英葳蕤黃雲覆。淵明無酒自怡情，傅玄有詩堪細讀。窗前梅，籬下竹，歲寒與此同清馥。君不見，西風一夜霜滿盆，依然秀穎秋陽暴。

應制題玄兔

曾記瑤光貫月年，迷離清影挂高天。一從玉杵玄霜盡，斂却長空萬里烟。烟光肅毚靚如織，停涵猶帶山河色。寒芒宵映斗墟明，群品蒼黃俱自失。驪牙入漢詎堪倫，玄毓生商漫相憶。固知天瑞非人間，始信秋毫皆帝力。墨綃瞻對澹忘言，珥筆何能賛淵默。

宣廟御筆花驄馬以下四首俱應制

漢家天馬來西極，驪黃千載虛丹墨。欻見青驄出九重，霜花錯落連錢色。龍比精神麟比姿，驤首高秋如有思。滾塵詎直供清玩，應憶艱關百戰時。

商喜紫騮馬

渥水丹砂黯然幽，精英幻出紫騮騮。在坰詫見飛虹出，飲渚驚看赤電流。雄姿一自歸毫素，燕閒日接君王顧。索駿誰言莫按圖，汗血龍駒自獨步。

四季百子圖

百子池頭春灝灝，竹馬羊車戲閬道。金盆爭瀝洗兒錢，玉欄

徧芘宜男草。風鳶入雲魚跳波，左干右羽紛婆娑。鳳表龍姿盡賢
聖，聰明寧讓剪桐過。

貂裘狐帽紫絲纓，畫袴朱幡列隊行。狻猊巧疊梁園雪，蹢躅
高飛少海星，歸向離宮設大醮，伯塤仲箎藹同調。安得盛年常此
心，棣萼樓中日歡笑。

送李元甫乞假省親

憶昔長安同走馬，與君邂逅金門下。四百人中識李邕，矯
矯龍頭真大雅。青雲爲姿玉爲膚，掌中把握雙明珠。羨君作賦
不停手，琅琅落筆皆珊瑚。萬里親闈隔江水，一旦歸心如齧
指。走謁重閽數上書，朝奉天言夕旋趾。結駟鳴鑣下玉京，五
溪三峽引雙旌。野樹江花俱生色，宮羅綠錦何崢嶸。白晝歸來
拜堂上，承顏自覺親心兒。山間倘遇安期生，千歲靈椿本無
恙。君歸何時君始還，燕臺明月清尊閒。況留東觀文章在，東
觀風雲日相待。

送賈給事德修按黔中

牂牁此去幾千里，銅柱巉巖奠南紀。五嶺遙連木閣山，諸溪
曲傍湘江水。一從罷戰偃旌旄，百年炎海無驚濤。葡萄自入番夷
貢，邛筰何煩漢使招。詎知異類多翻覆，不出蕭墻自魚肉。豺虎
咆哮晝拒關，罔兩扳緣夜乘屋。九重宵旰日憂勤，誰能絶域揚殊
勳。白麻草就平蠻檄，彩鳳銜將喻蜀文。使君元是神仙侶，校書
曾照青藜炬。才雄倚馬邁鍾王，技薄雕蟲失蘇許。當年玉署趨高
風，感君磊落襟期同。杯酒流連共明月，片言咳唾垂雙虹。君今
引疏辭丹闕，春草萋萋雨初歇。都門行色望乘軺，三殿恩光榮授
鉞。莫嗟遠道多艱辛，峴首燕然自立身。陸賈元非陀説客，班生
終作漢功臣。搴帷白日巡溪砦，溪蠻解甲紛羅拜。一劍行看瘴霧

消，尺縅坐致妖星退。歸來奏捷明光前，功名不讓麒麟先。始信折衝還白面，築壇推轂真徒然。

送劉子明給事謫蒲城

寒風獵獵吹貂裘，僕夫手控雙紫騮。勸君停車且勿發，聽我舉杯歌昔游。憶昔抱策獻天子，片言曾動天顏喜。弘開芸閣聚時髦，與君出入承明裏。聯琚接佩何雍容，三載紬書同坐起。宦路交情古所稀，生平意氣誰能擬。君才瑰磊元無倫，稜稜氣岸摧風塵。朝拜諫官夕奏事，泰山喬嶽爭嶙岣。數叫天閽踏虎尾，直披雲霧搔龍鱗。迴瀾倒海信有志，寧肯卷舌低向人。驀然白日風霆薄，蔓衍昆岡火炎灼。不省含沙會射人，翻惜隋珠輕抵雀。吁嗟乎！古來直道多嶮巇，曾將貝錦成南箕。丈夫用世非旦夕，安能常笑無顰眉。君不見，敬通文章麗如綵，口語招尤困炎海。賈誼多才自少年，淪落長沙抑何悔。翡翠羽，鸚鵡音，英華標露羅罻侵。風疾過林撼高木，夜光暗擲誰知心。吁嗟乎！君且行，雙鴻分翼難爲情。寄君匣中劍，乃是青龍精，携向太華山上游，神光熠耀威西京。西京形勝稱天府，漢苑唐陵弔千古。遷客庭空吏事稀，逢人莫道雄心腐。長孺未許臥淮陽，蕭傅寧教滯三輔。一朝明主賜君環[二]，袞職趨朝期再補。

題程錦衣便面《閱馬圖》

自予挾策游皇都，紅塵車馬日喧呼。五侯七貴不識面，但能一識程金吾。金吾丰彩絕高雅，美箑娟娟新在把。上有君侯賜垿圖，云是唐王親閱馬。細玩此馬非尋常，乃與房駟通精芒。天生神物信有意，驅馳自合從君王。君不見，燕昭千金買駿骨，駿馬不來黃金竭。又不見，騏驥一日行千里，因服鹽車祇自恥。何如此馬會逢時，金銜玉勒雙鑣垂。鯨騰鼇舉不可制，乘風蹀蹳聲驕嘶。想見登壇驚掣電，喜溢龍顔迴顧盼。晋陽兵甲正繽紛，逸足曾經當百戰。吁嗟此圖良可珍，金吾持此意氣增嶙峋。丈夫得志欲雄跨，況今西北多烟塵。莫向此圖論汗馬，會須功業追麒麟。

賀王少宰鹿生麞代作

蕭蕭文昌府，平臨北斗傍。喧卑復與人境隔，何來瑞鹿中徜徉。徜徉豈復林巒想，高閣虛廊日俯仰。吸露常承沆瀣餘，栖雲稔狃松陰敞。吸露栖雲了不驚，徘徊似戀主人情。曉窺堂印循堦上，夕聽鳴珂夾轂行。轂下堦前歲已久，育性含和一何厚。瑤光散采忽生麞，正及嘉賓將進酒。賓筵喜氣歘如虹，瑞應僉歸少宰公。勞書新奏三年最，世德兼推累葉豐。舊德新勞洵濟美，璿源遠遡湘沱水。後禄端因善慶鍾，休徵若有神明啓。神雀祥鳥詎足倫，政成胎卵總歸仁。阿閣曾聞九子鳳，周南再見一角麟。麟鳳繩繩元有種，高門坐見三槐拱。他年記取阿戎來，麞角葳蕤骨正聳。

送王司農奉詔歸省有序

吾師濼川先生視學雲中時，某以童丱居諸生間，特蒙甄賞，過而與之。不自意遂僥非望有今日，成先生指，乃先生歿王事已二十餘年，懷感恩慈，無緣抒報萬一。獨幸先生子若孫林林顯庸，而師母劉太夫人巋然介繁禧，躋上壽也。忠貞慈孝，萃美一門盛矣。適司農公謁告歸省，通家猶子，不覺憮然，詩以送之，兼佐觴事。

山東大師富道德，持節冀北觀人文。家挾詩書户弦誦，斌斌多士興如雲。今去大師歷三紀，墙仞陰穠徧桃李。藐予樸樕愧非材，並荷栽培列門庀。門庀空懷國士恩，曾何涓滴報堪論。但向黔陽訪遺迹，孤忠耿耿照耀萬古之乾坤。耿耿精英詎磨滅，日月比光霜比烈。鳩靈匯粹自家庭，子姓才賢母大耋。堂上褕衣錦翟鮮，堂下簪組紛蟬聯。共企高閎容駟馬，爭傳慈訓垺三遷。縹緲慈闈在何處，海上絪緼爛烟霧。夢想潘輿望久懸，秋風或動循陔慕。累疏陳情許暫歸，東方千騎迓驂騑。晝繡登堂拜嘉慶，賓朋羔雁俱光輝。我獨天涯阻奔走，稱觴莫佐賓朋後。彩服新從闕下還，青衿倘問雲中舊。爲道鯫生祝願賒，願母百千萬歲顏如花。坐見曾玄盡廊廟，不數崔盧作世家。

贈菊齋翁

結廬高傍螺山麓，曲檻疏籬總清淑。菊齋老翁元好奇，不種名花唯種菊。想見臨堦手自栽，靈根和露清沙覆。枝蟠葉互花漸繁，大者成株小成簇。幽香自絕蜂蟻猜，貞姿肯受風霜觸。嬌紅艷綠能幾時，獨此孤英殿芳郁。石净泉甘匝地陰，若有神明垂顧復。干雲豈羨三公槐，驚雷不數龍孫竹。一枝移向上林看，玉佩瓊裾真不俗。由來晚節比黃花，不逐東風競炎燠。叢臺喬木欲何爲，千古清芬在茅屋。

題《瀛海蟠桃圖》代作

巨靈手劃天河水，瀉作湖湘控南紀。襟帶荆衡四十州，委潤江淮八十里。流向之罘碣石東，滄溟浩渺渾難窮。樓臺夜涌金銀氣，壁立朝看砥柱功。砥柱插空高峷崒，孤峰上捧扶桑日。天門曙色開曈曨，波面烟霏盪瓊霈。潮落潮平固有時，盈虛能得幾人知？一花一實六千歲，順求但驗蟠桃枝。蟠桃托根勢磅礴，獨挺孤芳立寥廓。纖塵不到海天澄，萬里青冥來一鶴。雪花點綴羽衣輕，長風吹散九皐聲。王喬已去茅君遠，擬御吾師朝玉京。玉京閶闔排仙仗，列仙環佩遥相望。劍舄重瞻帝座傍，台階早歷星辰上。綠鬢如黛顏如朱，上元夙受長生符。生也門墻愧守株，匹雛渤澥能有無。蟠桃可餐鶴可呼，敬應弧辰獻此圖。

壽温都諫父母

終南太乙高插天，層峰沓嶂相迴旋。鳩靈毓秀幾千載，中有丹書秘檢無人傳。東海公，西王母，跨鶴騎鸞世已久。我聞都諫二親俱眉壽，分明天合神仙偶。神仙偶，元不虛，朱顏照耀紅英蕖。始信丹丘在平地，何必往來蓬島乘雲車？仙郎珥筆承明裏，琅琅奏讀三千紙。皂囊白簡落霜花，直節勁氣誰能擬。昔年紫誥貤雙封，金函玉册蟠交龍。夫妻偕老亦自有，幾人同受皇恩穠？春蘭秋桂紛蔥蒨，瑞慶由來歸積善。從此池陽簫鼓無停時，年年爲設長生宴。

壽社友郭文學

君年十五我初生，我年十五君已成。君齒居前我居後，我行爲弟君爲兄。黌序追隨可一紀，文藝推君作嚆矢。孔席能容禰仲平，陳榻頻延徐孺子。藝苑文場並轡馳，中途輪鞅忽分岐。金華侍從談經日，絳帳生徒講業時。講業談經均此學，相不加膴師不薄。挾書博簺總亡羊，歸向青山尋舊約。山靈喜見故人來，綠鬢朱顏貌未衰。南陌西阡同戴笠，風晨月夕共銜杯。晨夕光陰堪指數，不覺予年六旬五。耆英愧比狄兼耆，大老欣從師尚父。尚父番番釣渭年，鴻鈞氣轉得春先。舒遲化日明弧旦，爛熳晴雲擁壽筵。壽筵開處爐烟裊，仙人自愛樓居好。玟瑈盤擎王母桃，珠璣實薦安期棗。子姓盈階客滿堂，視君千歲遞稱觥。君若千齡我八百，雙驂鸞鶴謁天閶。

五言律詩

玉河新柳

水繞沙堤曲，晴紆御柳鮮。柔條輕著雨，嫩葉暗抽烟。影落波間細，陰垂檻外偏。亭亭依漢苑，遲日待鶯遷。

闈試晚出左掖

詩成初納簡，朝散共穿花。殿閣秋雲静，宮墻晚照斜。沙邊遙立馬，樹杪亂栖鴉。回首文昌府，祥光燭彩霞。

應制題四景四首

驄馬黃金勒，郊原足勝游。暖風吹酒暈，晴日豁吟眸。夾岸桃花密，沿堤草樹稠。韶光無盡處，踏遍陌東頭。

其　二

虛閣俯江潯，溟濛盡日陰。清飇驅溽暑，凉雨似秋霖。卷幔雲旂合，憑軒霧縠侵。烟波渺千頃，釣艇夕沉沉。

其　三

纖雲散空碧，桂影度琴臺。幽籟臨風静，清徽對月開。龍唇初拂拭，鶴夢倏驚迴。素羽翩翩下，松陰白露皚。

其　四

江空飛霰急，野曠凍雲繁。樵斧迷歸逕，漁舟失釣灘。渡頭剛得伴，驢背不勝寒。堅臥氍毹者，寧知行客難。

孝懿莊皇后輓歌十首

負扆臨朝日，徽音想二南。從龍求故劍，招鳳泣遺簪。日月雙輴發，風雲萬乘參。瑤宮香散去，紫霧鬱烟嵐。

其　　二

倪天懷舊德，配帝建新宮。隧敞龍文合，泉深御氣通。即看移蕙帳，何似在椒風。輓紼橋山路，千宮縞素同。

其　　三

媧皇開世早，煅石補璇霄。詎意桑田變，翻驚杞國謠。輿圖歸嗣聖，天壤隔前朝。無限攀號者，徽靈不可招。

其　　四

祇云燕谷暖，無奈夜漫漫。一別黃金屋，長封白玉棺。山空秋月碧，沙冷夕霜繁。縱有鄒生律，難吹萬古寒。

其　　五

桂殿芳儀遠，椒塗大禮成。尊曾弗逮養，哀乃會兼榮。帝寢裳衣裓，仙鑾葆吹迎。焄蒿關聖念，風木不勝情。

其　　六

仙游何處所，來去渺難期。夢化雙龍合，神從八駿馳。星虹迷華渚，風雨暗瑤池。陟降陵原上，唯應老鶴知。

其　七

紫宫推佑啓，彤管著儀刑。婉嫕容如在，沉冥夢不醒。松楸含密恨，蘋藻薦芳馨。落日空山裏，周廬擁百靈。

其　八

寶籤韜精久，今看近紫微。望雲開帳殿，卜日啓泉扉。穴有新封檢，山藏舊賜衣。慈靈來帝側，髣髴見乘騩。

其　九

軒后遺弓日，湘靈鼓瑟秋。鼎成丹氣散，曲罷彩雲收。竹淚含愁迴，龍顔抱慟幽。古今無限恨，悵望水東流。

其　十

堯門會積慶，禹穴此栖神。扈蹕千官從，迎鑾萬乘親。雲埋金翡翠，霜卧石麒麟。哀思渾難寫，歌成薤露新。

再游天寧寺次韻

野寺青山近，何嫌出郭頻。塔高雲不礙，樹老鶴相親。茗啜松花細，經翻貝葉新。僅能諧吏隱，寧復厭僧貧。

和魏中丞憂旱

經春無滴雨，入夜每占星。旱魃驕方甚，饑民涕欲零。土膏十里赤，烟縷數家青。安得桑林禱，回天惠至寧。

和魏中丞喜雨

賴有賢開府，憂民似拯焚。清風驅溽暑，和氣釀油雲。解澤千巖沛，歡聲四野聞。明農諧所願，志喜愧無文。

五言排律

御河冰泮

靈沼環清禁，東風早得春。晴烘冰解玉，暖逼浪翻銀。浩浩仙源迥，溶溶帝澤新。溪花方待雨，岸草欲抽茵。日月雙開鏡，魚龍一洗鱗。波沿流去遠，分向萬池勻。

賜　扇

朱夏乘時正，楓宸賜扇同。綸音傳殿上，寶篋出宮中。月湛冰紈麗，天題錦字工。綵紋金錯落，素幹玉玲瓏。秉軸思臣節，分麾仰帝功。手援天下暍，八表共仁風。

北郊禮成

肇祀從皇祖，鑾輿自建章。晨鐘催虎賁，曉仗翼龍驤。他〔三〕像鍾山北，天開易水旁。勾陳連紫極，輔弼佐玄堂。芝蓋輕飆度，仙盤湛露瀼。神祇配二后，禮樂冠三皇。星斗瑤壇爛，風雲王〔四〕佩鏘。薦馨寧黍稷，列瑞有圭璋。柴望宗虞帝，登封陋漢皇。百靈歆受職，一氣儼升香。丹匱金符秘，朱函寶籙藏。坤維奠基固，國祚卜年長。日抱螭頭轉，天迴雉尾翔。羽林蒙大賚，侍從賦《長楊》。慚愧臣才拙，惟應獻我將。

恭祀永陵

龍馭升遐後，烏號墮世長。園陵白日閟，宮殿紫雲藏。四表功猶在，三年慕未忘。鴻圖隆繼述，時祀肅蒸嘗。萬乘旌旂集，千官劍佩蹌。几筵陳俎豆，簪冕奉圭璋。仙樂笙鏞盛，金罍秬鬯芳。孝思融聖念，禮數陋王章。露下霙階濕，風生蕙砌香。玄關蹲虎豹，丹壑降鸞凰。烟繞鑾輿上，神歸帝座傍。行人遥拜處，日暮萬山蒼。

應制題扇三首

芝蘭並瑞

曄曄靈葩燦，敷華禁苑中。同心君子契，異瑞聖王逢。豈獨天和茂，還因孝感通。錦屏依愛日，繡幕合祥風。接穎瞻堯砌，摽奇露漢宮。卿雲如有意，長護萬年叢。

杏林春燕

上林回淑氣，海燕總先知。晴晝承顔色，春風振羽儀。曲江曾此地，新社若爲期。紅向花間掠，烟從柳外披。聯翩高拂漢，對語近依帷。欲趁涼秋去，常懷戀主私。

寒葩競爽

積素凝芳萼，冰霜慘自任。穠殊金谷艷，爽並玉堂陰。香細垂簾静，珠明照殿深。靈根堪作杖，幽意總歸琴。澹泊渾忘味，凄清足賞吟。宮花千萬樹，寧識歲寒心。

大閱應制

帝德光天下，皇情軫日中。車書方會禹，鞱鞴欲臨戎。夙駕剛辰吉，春蒐曠典崇。風塵清輦路，日月闢帷宮。扈從千官集，騰驤萬隊充。摐金聲振野，飛旆勢摩空。八陣龍蛇合，重圍虎豹叢。軒轅軍令肅，驃騎將材雄。繡帶緣紋獸，金鞭走玉驄。彎弓明月滿，舞劍落霜融。七萃精神奮，中權節制通。麗譙觀列鶴，原野見非熊。駕馭紆長策，謳思掩大風。輿圖天作幕，豪傑海爲籠。濯濯聲靈遠，洋洋霈澤豐。兵惟不戰勝，道以止戈隆。但洽陶唐化，寧誇漢武功。思文茲擬頌，敢謂契宸聰！

送陳少傅致仕

華嶽雄西土，岷江據上游。扶輿鍾間氣，申甫繼前麻。會本貞元合，形非夢卜求。文章卑晋魏，道術掩韓歐。紫閣宣綸密，青宮輔德道。階崇聯玉席，名重覆金甌。日月光帷幄，星辰近冕旒。論思推傅說，顧命屬留侯。始終君臣義，安危社稷謀。丙功洵不伐，范志亶先憂。吐握勤民事，寅恭贊帝猷。補天忠作石，濟世道爲舟。玄斡璣衡正，蒼生疢疾瘳。萬方歸燮理，群品荷甄收。翊亮精誠著，都俞寵眷優。鳴璫陪鎬晏，列戟扈宸游。蟒服頻裁錦，駝羹數賜羞。奎章絢五色，華榜麗雙蚪。駢錫恩榮渥，長祥慶澤流。鳳毛紆羽翰，麟筆紹弓裘。伊陟賢維肖，祁奚盛可侔。孤貞持漢鼎，五福斂箕疇。龍馬精神健，莊椿歲月修。台躔初轉甲，華旦正宜秋。瓊島晴霞度，金盤玉露稠。岡陵交獻頌，海屋幾添籌。報國真丹悃，歸田尚黑頭。衣冠紛祖帳，旌節擁星郵。暫擬徽音遠，頻繁睿旨留。禁中思頗牧，天下想伊周。司馬中興宋，園公晚定劉。佇看宣室詔，旌幣到林丘。

送田廣文辭官歸閩

抗疏辭榮祿，翛然出帝畿。二毛憐暮景，寸草惜春暉。座冷青氈撤，江空畫舫歸。長風吹疊鼓，斜日挂征旂。擁傳行何迅，橫經事已違。閩花當逕發，越鳥傍人飛。路入神仙宅，塵清太史騑。板輿明晝錦，石室敞秋扉。開宴鳩爲杖，承歡彩作衣。德星紛聚瑞，閭里亦光輝。

送張令擢民部如京

明卿多異政，詒惠在山陰。製錦經綸手，烹鮮撫字心。高秋頻厲劍，清晝但鳴琴。榆塞烟氛净，花封雨露深。量涵千頃碧，囊乏四知金。鳳集從名郡，鸞栖定上林。桑乾餘潤澤，恒嶽並嶔岑。仙仗行當覲，星樞去可尋。榴薰依粉署，蘭氣接瑶簪。國計兹方急，君才衆所欽。《周官》司貨幣，《禹貢》如球琳。漫爾憂時詘，應須念歲侵。雙鳧飛渺渺，四牡去駸駸。懸憶朝天日，褒然奉玉音。

送胡民部出守雲中

望在仙曹重，官遷岳牧崇。褰帷行塞上，仗鉞入雲中。慷慨籌時事，殷勤問土風。干戈初息馬，虎豹正和戎。野曠荆榛合，村墟雀鼠空。輸將紛督税，板築未休工。鴻雁思中澤，車牛困大東。不緣宣帝德，何以振民窮。甘雨隨輶渥，清霜落斾融。循良推召父，弦誦屬文翁。按部單車肅，登臺遠志雄。儻紓平虜計，馳奏建章宫。

送劉太史使秦藩便道省覲

緑鬢神仙侣，青雲侍從臣。校藜依日月，捧節下星辰。桐葉遥分陝，皇華故使秦。脤膰周典禮，帶礪漢冠紳。宴設新豐酒，花明灞滻春。褰帷瞻華嶽，飛斾度漳濱。上黨傳經地，西京作賦人。趨庭紆晝錦，里閈溢光塵。

贈屈郡丞侍親西還

薇省升書早，花封製錦優。望郎輝列宿，重帥莅邊州。野曠襄帷顧，民艱伏軾諏。深憐漁澤竭，未忍繭絲抽。亡徒煩招撫，瘡痍恃噢咻。逋租寬自入，滯獄決如流。膏雨千村沃，炊烟萬井浮。雞豚饒樹畜，桑土預綢繆。茹薆苞苴遠，然犀鬼魅幽。風塵堅壯志，天地鑒忠猷。最牘連翩上，褒綸次第酬。尊榮唐刺史，蕃庶晋康侯。公府行徵拜，戎軒忽倦游。瞻雲頻陟屺，步月恰驚秋。朔塞歸鴻雁，星垣合斗牛。循陔雙曳彩，開宴並袨韝。允合仙闈慶，爭遺我里愁。紛悲何武去，莫借寇恂留。扶杖傾城出，攀轅擁道周。吁嗟公去矣，誰復軫推溝！

賀封大中丞邵公

禹穴靈文啓，姚江慶澤鍾。名家推召虎，才子聚荀龍。出入簪裾侍，登臨杖履從。剡川紆勝賞，洛社續芳蹤。不就蒲輪召，頻貤實册封。柏臺天寵疊，棘寺主恩濃。授鉞監諸鎮，分麾自九重。鸞書新譽命，豸繡肅豐容。閱世年垂耄，循墻禮益恭。門高施榮戟，宴敞列笙鏞。紫薤春觴薦，雕胡秩膳供。楚萊慚奉養，商綺謝遭逢。齒德建三達，榮光庇九宗。斗山紛屬望，雲夢總羅胸。萬斛虛舟載，干將大冶鎔。願言歌抑戒，遐福比喬松。

壽張太史父

東曹會曳佩，南詔昔分符。勳業遺桐[五]柱，琴尊托鑑湖。溪烟心共澹，野鶴貌同癯。禹穴書頻檢，蘭亭會不孤。陶潛真處士，賀監豈狂夫！自分身名足，寧知歲月徂？星躔周六甲，風雨淨三吳。紫氣丹砂化，金莖玉露濡。耆年瞻賜杖，華旦紀懸弧。開宴歌鐘動，稱觴舞袖紆。精神秋正健，福壽晚多娛。有美承家喆，褒然命世儒。天人敷太對，啓沃具嘉謨。藝直追班馬，才奚讓董狐！白雲瞻不盡，綵服渺難趨。爲效長生祝，遙天薦履絇。

壽社友李文學

角丱游黌序，丰神秀更翹。清芬蘭是味，温潤玉爲標。經術名師授，文詞哲匠雕。翺翔期萬里，作養歷三朝。用大才非拙，逃虚志特超。儒冠甘澹泊，野服恣逍遥。渭水辭周載，商山避漢招。修齡綿歲篇，淑氣挹星杓。晴日書占穀，春風酒湛椒。觴行高士宴，曲步上真謡。仙檢丹方秘，朋簪白髮饒。願公敦久約，容我伴松喬。

壽郭藩相母

淑德輝彤管，星躔轉玉衡。慶延三世遠，時閲五朝清。垂白神彌王，還丹體自輕。渾疑王母降，絶勝地仙行。東海蟠桃熟，西成蜡酒馨。歲當華旦改，天及小春晴。簪履稱觴畢，琚瑝獻饋并。時兩孫同時納婦。珦盤麟作脯，珍鼎筍爲羹。册啓元君籙，歌調子晉笙。千秋不盡祝，里巷溢歡聲。

占雨不應用正韵

久旱，諸友數談雨徵。礪石言西南風至，雨。河濱言東北升雷，雨，又言月離畢，雨。乾山言日逢庚，雨。月川言水缸汗，雨。可川言柱礎潤，雨。石嶺言螻蟻出，雨。礪石又言鵓鳩鳴，雨。柳溪言竈頂烟折，雨。河濱又言燈光低暗，雨。龍盤言山有卧雲，雨。可川又言日落晚霞，雨。迄無一驗者，詩以解之。

旱久鬱朋情，時來課雨徵。舞雩援秘典，占候按遺經。風自坤維發，雷從艮地升。月躔頻會畢，日干屢逢庚。汗溜漿缸玉，膏濡柱礎瓊。空群看蟻出，逐婦聽鳩鳴。竈頂青烟折，燈心紫焰傾。卧雲凭岫黯，落照入霞明。龜策渾無應，龍祠總不靈。玄枵

呈耗象，赤帝煽炎精。怪魃誰能縛，弘羊詎可烹。汙萊千里目，
野哭萬家聲。天匪人謀測，灾緣氣數生。吾儕姑順命，莫復較
陰晴。

校勘記

〔一〕"□□□"，底本爲空格，民治學社本作"承旨，目"。

〔二〕"環"，民治學社本作"還"。

〔三〕"他"，據《四庫存目》本當作"地"。

〔四〕"王"，據《四庫存目》本當作"玉"。

〔五〕"桐"，據民治學社本當作"銅"。

七言律

春盡登山

燕山兩度見春歸，著屐登臨興不違。石徑穿雲苔正滑，林巒著雨蕨初肥。翻思歲月驚時變，俯瞰塵寰慨俗非。直欲凌風拔絕巘，輕身高駕彩虹飛。

過拜將臺懷古

落日驅車四望遥，塞原風景倍蕭條。將臺百尺雄圖在，漢業千年戰氣銷。衰草寒烟迷舊堞，斷碑遺字識前朝。我來指顧登壇處，瑟瑟荆榛起暮飆。

讀《武經七書》有述

晴窗香靄散雲蒸，贏得兵書細討論。南北旌旗何日偃，古今韜略幾家存。披圖忽訝黃雲合，倚劍翻驚白晝昏。感慨不勝憂國淚，憑誰挾策授轅門。

聞蟬二首

露下高天爽氣生，滿林秋籟自蟬聲。孤吟似共瑶琴細，逸響翻增玉署清。騷客漫將摇賦筆，侍臣偏此壯冠纓。獨憐關塞知寒早，多少征夫怨月明。

紛紛木葉下空蹊，蕭颰鳴蟬萬樹齊。抱日直從金殿出，乘風高傍玉堂栖。梧桐影瘦霜初净，砧杵聲繁火正西。自是孤清禁歲晚，莫將春色羨黃鸝。

朝天宮習儀遇雪

蘂珠宮殿覆同雲，上帝朝麾白鶴群。花滿瑤圖鍾瑞澤，香飄銀樹散清氛。千官劍佩沾應濕，四塞山河望不分。莫遣北風寒太劇，普天和氣正氤氳。

應制題扇四首

朝陽産瑞

海天紅旭轉扶桑，璚島雲披五色光。晴映萬年枝上碧，暖烘三秀蕚中香。乾坤共荷回元氣，草木應知媚太陽。聖治熙明欣有象，小臣延首咏時康。

金碧聯芳

百花香散禁城天，錦簇綃圍景正妍。葵綻深黃金作鼎，桃紆輕碧翠爲鈿。向陽開處傾心甚，和露栽時着意偏。共誦君王優賞鑒，每從群品別忠賢。

玉兔秋香

瑤空霜净羽衣明，蘭殿芝房夢不驚。質自倉皇還太素，秀涵金水應長生。揮毫欲試梁園賦，脫距方休細柳兵。千載端居霄漢上，虛無常對廣漢清。

松鶴雙親

碧澗松陰翠欲垂，排空雙翼影差池。緱山寧羨翩翩彩，文囿重瞻翯翯姿。三島閒雲飛共逸，九臯清吭聽元卑。皇情自是珍芳潔，不獨長年獻壽宜。

擬代皇上祝聖母萬壽無疆二首

冲年應運纘鴻圖，祇荷慈闈啓睿謨。萬國衣冠朝玉宸，九天宮闕肅金鋪。塗山翼夏功堪並，太姒興周治總符。擁佑恩深無以報，千秋億載效嵩呼。

曉開蘭殿動宮縣，榆翟煌煌近御筵。萬歲觴承金掌露，九衢春散玉爐烟。即看環海皆稱母，豈到瑤池始是仙。瑞彩宵瞻天北極，軒龍長映紫微躔。

送譚二華司馬總制薊門

遠塞軍麾仗老成，應知驕虜怖威名。薊門鎖鑰重關固，遼左藩籬一劍清。草木春繁驚漢節，戈鋋秋冷繫胡纓，坐收勝算旋師早，佇聽鐃歌奏太平。

題朱鎮山司空引漕卷

帝遣司空導九河，潮聲不斷水龍過。天連吳楚舟航遠，地轉青徐畚鍤多。真有神威通扆扆，遂令氛靄静黿鼉。禹功千古留遺頌，明月清淮起棹歌。

題曾藩伯致政卷

寶鋏清輝照洛川，乞身高卧楚雲邊。石城秋冷江蘺净，夢澤烟深野鶴便。自分嚴陵今作客，肯從梅福浪求仙。白頭不盡匡時志，趣勸中丞叱馭前。

送王荆石司成赴南雍

金陵樓閣鬱雲虹，萬里江流一棹通。地枕越山多紫氣，潮平楚岸正青楓。兩都形勝觀風遍，六館人文化雨同。自是漢庭詞賦客，台星還照建章宮。

送張鳳林太史使蜀

薊門尊酒送行初，楚水帆檣晚照餘。世業共推周太史，國人爭識漢相如。雲來五嶺猿聲急，月度三湘雁影疏。爲計仙槎歸不遠，巒坡終日憶鳴琚。

送范屏麓司成赴南雍

玉堂仙客擁雙旌，南國風雲壯此行。一世文章鳴大雅，百年禮樂屬司成。奎躔曉聚鍾山曙，花霧春浮璧水晴。暇日登臺頻望闕，帝庭虛席待持衡。

餞趙太史諸年丈冊封得“江”字

黃綃護節影幢幢，齊楚雄藩利建邦。作屏萬年依泰嶽，剪桐一葉下湘江。秦碑已蝕雕蟲篆，郢曲誰傳白雪腔。爲待使君飛麗藻，上方藜火落銀釭。

送田德萬使江西

皇華使節屬詞臣，五月乘槎菡萏新。帶礪萬年申漢約，桐珪一葉到江濱。滕王閣上飛鴻藻，孺子祠前薦白蘋。歸向豐城携二劍，莫教龍彩躍延津。

送劉内史奉使山東因歸大梁省覲

仙吏乘軺出帝閽，薊門疏雨净微塵。一尊別酒心期暮，千里親闈夢想頻。封岱定删秦堮草，游梁重省漆園春。知君自住金堤畔，莫向桃花更問津。

送陳元忠太史奉詔歸覲

元公未老便懸車，帝遣仙郎侍彩輿。一德君臣千載遇，同朝父子幾人如。山中日月蓬壺闊，天上風雲揆席虚。劉向傳經多舊業，青藜高照石渠書。

送邵侍御歸覲

薊門尊酒送征車，豸繡翩翩曳錦裾。千里親闈應倚席，一時朋輩漸離居。花明塞郭青驄遠，露冷江城白雁疏。悵別不堪摇落候，蒹葭秋水正愁余。

送王侍御僉憲閩中

使君風節重臺端，驄馬南征路渺漫。楚客舊工《鸚鵡賦》，越人新識惠文冠。雲開嶺徼蠻烟净，潮落滄溟蜃氣寒。久擬壯懷多激烈，欲將長鋏贈馮歡。

送易大行使蜀

岷峨山勢俯蠶叢，帝遣諸王作鎮雄。天上賜書懸日月，殿中開宴鬱雲虹。銀河浪説仙槎近，金馬堪憐漢時空。千載南游人去後，相如詞賦許誰同。

送胡民部督運儀真

春風吹棹入揚州，絕勝當年跨鶴游。萬里梯航通海嶠，幾人冠蓋集江樓。君王未下蠲租詔，使者應分轉餉憂。二十四橋明月裏，不堪漁笛起清謳。

送關明府之錢塘

漢庭仙吏重才名，獨綰銅章下玉京。春盡離筵芳草合，鳥啼官舍暮雲生。九霄赤舄褰帷出，萬里蒼江鼓棹行。計到界中多逸興，湖山烟月不勝清。

送楊藩參赴隴右

青瑣曾聞抗疏名，雄藩開府接台衡。旌旗曉度秦關迥，鈇鉞霜飛渭水清。自識蕭曹能執法，爭知韓范善譚兵。朔方會見烟塵靖，玉節金珂入帝京。

送人尹東光

瀛海風烟近帝都，爲勞仙令出分符。薊門春雨青旂濕，花縣晴雲墨綬紆。百里銷兵看買犢，九霄搏翼見飛鳬。懸知此去稱循吏，漢柱題名寵不孤。

送李中翰使河南便道省覲

綸音曉出鳳池頭，銀漢仙槎畫錦游。周士文章方顯世，召公詩禮正貽謀。嵩山地接鍾山近，南極星聯北極秋。帝里親闈重回首，白雲紅日兩悠悠。

王朝典禮屬仙曹，洛水輕帆擁使船。詔下中州恩雨渥，天開南極壽星高。槐庭歲月綿鳩杖，梓里衣冠趺鳳毛。元宰有親還有子，遙看佳氣滿江皋。

送范太史參閩藩

十年瓻翰侍承明，輟直分藩壯此行。白玉堂虛朋輩盡，黄金帶博幾人橫。風雲春擁閩中色，瘴癘晴消海上城。攬轡自君經世事，蠹魚不戀腐儒名。

送劉太史使秦藩

瑶函寶册下明光，使節遙臨帝子鄉。秦地山河承八葉，漢庭璽綬賜諸王。雲開衡嶽星軺遠，花發湘潭晝錦香。別後清輝猶咫尺，照餘藜火近文昌。

送劉太史奉使

星軺曉發向漳河，冠蓋都亭擁玉珂。翰苑文章傳世早，宮墙桃李入門多。書燈夜照青藜杖，吟牘春裁白苧歌。此去回看天北極，紫雲紅日映鑾坡。

送易侍御謫判東平

薊門涼雨過津樓，有客辭天賦遠游。世路多岐驚失馬，浮名無定任呼牛。開尊月滿經堂夕，揮麈塵清海岱秋。在所知君饒意氣，肯因搖落滯離愁。

中秋同昆峰楓谷棠軒三丈飲分得“投”字

碧空涼月散高秋，影落千門萬籟收。倚劍乍瞻龍氣合，開軒爭羡夜光投。燕臺擊筑寧同調，漢使乘槎總漫游。相對一尊常欲滿，浮沉何地不夷猶。

壽楊太宰七十

扶輿間氣篤生申，宿望同推社稷臣。地切九霄瞻劍舄，謨從八座演經綸。堯階蓂莢春秋富，漢殿麒麟日月新。不是仙方能駐世，安劉須用老成人。

壽田石坡七十

天柱峰頭不老仙，洞簫吹徹白雲邊。蟠桃欲熟三千歲，蓂莢初開七十年。南極星光明劍浦，西昆玉氣自藍田。秋深爲設長生宴，杖屨逍遙鶴髮玄。

壽韓友蘭七十

塵寰何處問蓬瀛，纖里人高處士名。湖上青山游不厭，鼎中丹訣學長生。龍文曉護泥金檢，鶴背時看種玉經。歲歲弧辰紛獻壽，歌謠重見頌嘉平。

祥光下燭闓闠城，久識仙翁是歲星。三島春秋雙舄健，五湖烟月一舟輕。芳蘭知己盟常憶，大藥延年煉欲成。寶册棒〔一〕從天上至，起家寧復羨金籛。

壽孫中翰乃翁

虞國山川勝昔時，仙人樓閣俯江湄。溪雲遠檻椿千歲，花霧盈庭桂五枝。方朔金門仍待詔，馬遷石室向探奇。即看霄漢承恩渥，鳳錦龍綃護紫泥。

壽郭隱峰六十

裘馬翩翩憶昔游，五陵俠少擅風流。桑弧已遂四方志，花甲今逢六帙周。洛社故人俱皓首，洞庭深處即丹丘。兕觥春酒開筵日，子夜吳趨迭唱酬。

壽徐考功二尊人

自奉仙軿入帝京，冠笄偕壽復偕榮。金函什襲天章爛，玉貌雙臨水鑑清。豈慕瞻雲依岵屺，但看駐世即蓬瀛。鹿門見說聞弢喜，何似文昌履舄聲！

壽侯給諫母七十

荻簡熊丸憶母慈，霜閨泣誦《柏舟》詩。常憂子壯知何日，豈謂親榮及此時。西掖絲綸輝鳳藻，北堂冠帔慰烏私。孤貞自合膺天眷，封誥綿綿未有涯。

梁園樓閣敞仙扉，賸有恩光接紫微。雲擁龍綃金作字，霞明鳩杖錦爲衣。雍丘地應丹丘瑞，南極星連北極輝。懸憶高堂稱慶日，九重芝薦露華肥。

壽閻母

琪樹靈花五色開，梁園樓閣敞仙臺。秋空白鹿鳴鑣下，月夜青鸞舞袖迴。南極祥光臨華渚，北堂佳氣儼蓬萊。年年此日長生宴，玉露金桃薦壽杯。

壽馮母

霜月淒清寶瑟寒，宵燈滴淚和熊丸。髮因愁冗千絲白，心與天盟一寸丹。甲第崢嶸光閭閻，綸褒璀璨映門闌。而今節孝雙成美，百世人從北斗看。

百年心事半生違，獨立雙孤畫掩扉。秋月萱花傷寂寞，春風桂子待芳菲。朱顏久謝共姜鏡，翠錦終成孟母機。完節表揚承帝典，葱葱佳氣繞慈闈。

萱草清霜歲月深，已看桂子發瓊林。詩書不負青雲望，天地能知白首心。完節一生堅介石，賢名千古重南金。高堂莫訝旌書至，更有封章咫尺臨。

壽王母八十

浙溪春水盪新荷，畫省仙郎擁傳過。南國風雲親舍近，北堂歲月主恩多。鸞書雙啓泥金燦，鳩杖相將佩玉儺。莫詫瑤池非世上，只今王母樂如何！

題《王母圖》壽張母得“王”字

霓旌遥指白雲鄉，天宇空濛海鶴翔。星自上台瞻北斗，地分少廣坐西王。靈文宵燦金泥檢，佳氣晴浮紫濫觴。瑤島春秋那可問，蟠桃初見一花芳。

賀蔣雲崖二尊人雙封

鸞書新捧向江關，秋水芙蓉落照間。香霧細沾宮錦綠，綵霞遥映舞衣斑。壽綿寶籙通仙籍，函啓金泥覿聖顏。七十二峰瞻不盡，紫芝瑤草白雲閒。

賀張諫議二尊人贈封

幾年簪筆侍彤墀，直諫能投聖主知。地近九霄瞻玉仗，誥裁五色賜金泥。叢臺花暖晴雲暮，蓬島烟深海月遲。爲羨舞衣新製綵，壽筵春酒正相宜。

皇恩浩蕩此遭逢，錦軸遥傳禁漏中。洞裏鳳簫憐獨吹，日邊鸞誥喜雙封。雲開三輔青天近，春入千山紫氣重。聞道叢臺花萬樹，蟠桃偏照壽顔紅。

賀李封君

雍丘瑞靄接銀臺，幾見青鸞使者來。御墨新題丹檢濕，瑶函初動紫泥開。風雲有慶通冠冕，日月分光被草萊。緑鬢方瞳人正健，高堂應醉九霞杯。

題李封君壽卷

漢江東下邈荆門，滾滾漩源瑞澤存。縢有書傳三世業，嬴知身受兩朝恩。金函花滿黄雲覆，瑶草秋深紫霧屯。自在蓬萊最高頂，何須仙迹探昆侖！

題鄭昆岩椿萱並茂卷

江雲縹緲護蓬萊，椿樹萱花此共栽。千尺靈根和露潤，四時仙蕚傍霞開。香生玄圃清相映，影發瑶池翠欲堆。嬴得芳華鍾秀遠，日長庭院蔭三槐。

題沈母小像

蕭雝曾讀二南詩，沈母儀刑今在兹。錦誥已承鸞掖寵，布衣不爽鹿門期。瓊閨令範輝彤管，玉署清風式素絲。漫説甘泉榮漢制，何如俎豆貴專祠？

輓高太史母

北堂霜霰夕霏微，萊彩潘輿願已違。寶月光寒蟾兔缺，玉簫聲斷鳳凰飛。歌臨易水悲筇曲，夢繞巴江想翟衣。歸向泉宫靈並妥，薦看鸑鷟沐恩輝。

劉小魯先人祀鄉賢

林壑高蹤記往年，祠宮今並楚先賢。太丘德義元無讓，畏壘儀刑尚儼然。俎豆諸生共伏臘，衣冠奕世啓曾玄。何能瞻拜松楸地，恍見神游北斗邊。

郭公入祠鄉賢

山斗高名久播芳，祠宮松檜晚蒼蒼。丁寬經術傳多士，王烈聲名振一鄉。俎豆分庭同往哲，弓裘奕世況仙郎。從今閭里欽遺躅，海岱清風萬古香。

代陳見峰贈張子入胄監

君家門閥冠青霄，恩寵繩繩自累朝。八座殊勳輝鼎鼐，百年喬木盛柯條。衣冠接武絲綸潤，璧水觀光玉露饒。有用文章期報國，無墜堂搆愧承桃。

賀孫劍峰得孫用韻

祥開華閥毓蘭孫，俎豆干戈世業存。蚌裏明珠真瑞彩，月中仙桂自靈根。曾聞召虎輝前烈，謾説荀龍裕後昆。忠孝由來培慶遠，定知軒馵出高門。

山居喪偶承于宗伯惠詩枉訊用韻奉酬

不才主棄故人疏，泌水衡門意澹如。恰傍晨炊甘麨食，那堪陰雨妬鳩居？悲來欲廢荀郎賦，病起時耽老子書。空谷足音勞遠訊，科頭經月幾曾梳？

時同館諸丈自山陰會稽東阿富順晉江並以宗伯里居不肖出處偶同聚散是慨因復感賦用抒所懷

三五辰星在望疏，誼均出處古誰如？向來更直絲綸地，忽漫分投水竹居。天近北門唐學士，班高東省漢尚書。主恩暫許還山沐，握髮多應不暇梳。

山寺與客共坐樹下幽禽鳴其上聽而悅之竟不知其何鳥也爲詩一章

徙倚松陰暫避蒸，綿蠻幽鳥隔林聲。風停高樹喧逾静，響落空山淒復清。客坐乍聞如有意，僧家慣見不知名。綠窗鸚鵡應慚汝，學得能言誤此生。

和魏中丞望謝北嶽三首

幽并直北是龍荒，帝表恒山鎮此鄉。形勢蜿蜒蟠絶遠，光靈儵忽現無方。鞭霆擬用風爲駕，横海應嗔蝀作梁。震電須臾膏雨徧，功收康阜佐明王。

東西泰華並嶙峋，守帥祈年走望頻。遂有甘霖沾下土，頓驅氛霭净邊塵。向來巡省藩方使，幾見謳歌帝力人。十畝桑麻生意足，預徵餘潤惠逋臣。

泉石夙嬰弘景癖，塵紛未謝尚平緣。却拼家去玄都近，可卜身求大道專。紫塞年來銷戎火，丹崖高處隔人烟。藏修賸有雲霞窟，耻乞于公買宅錢。

蕭侍御按部邑諸生有誦其題壁詩者
用韻和之

冰壺清映水晶簾，李下桃蹊總絕嫌。屈軼秋涵霜氣蕭，扶桑朝挹日華暹。祗因執法冠峨豸，無用禳兵佩曳蟾。講席雍容衿弁滿，坐令邊羽輟郵籤。

奉詔存問紀恩

巖栖夢隔紫宸朝，忽報春風擁使軺。鳳綍函書從北闕，龍旂簇仗自東郊。天臨咫尺瞻顏近，日馭重輪散彩遙。爛熳恩光榮腐草，丘園喜氣上干霄。

玉節金輿列從官，聽宣天語下雲端。絲綸共荷堯言重，粟帛欣逢漢典寬。向累清評譏伴食，敢塵溫詔勸加餐。野人藜藿粗堪瞻，鼓腹知恩報稱難。

謝劉使君

青禁升儲冊禮成，紫泥頒詔屬西清。陪游功合酬園綺，惠養恩宜逮老更。漫及舊僚方抱愧，況非大魁誤叨榮。高天雨露元無擇，遠塞冰霜奈此行。

又贈行

凌雲詞賦掞天才，輒直承明捧節來。駘蕩祥風先道路，霏微瑞雪淨塵埃。是日雪。衡門幸藉星軺賁，珂里爭傳晝繡迴。南去錦江江上看，江花如錦待君開。

七言排律

燈　市

帝京春色盛元宵，閶闔門東架綵橋。五鳳樓臺天切近，三陽時節凍全消。銀槃菡萏香毬結，玉碗芙蓉絳帶飄。爛熳鼇山紛綺縠，玲瓏珠樹綴瓊瑤。金蓮巧擬宮中製，銅鴨新從海外雕。雲斂畫屏開翡翠，烟霏朱幌護鮫綃。霍張富貴飛甍廠，竇灌豪華走馬驕。萬井歌鍾騰笑語，九衢冠蓋雜塵囂。月當晴夜光逾滿，時值豐年樂更饒。柏酒劇於燕市飲，蘭膏豈獨漢宮燒。聖皇有道民同樂，窮谷荒檐玉燭調。

應制題玄兔

毳衣冷浸玉虛烟，桂魄陰森狀黝然。碧海未離猶片月，鉛霜既盡已千年。駐顏謾道還丹好，脫穎今看近墨偏。自是星精來北極，還因水德稟先天。嘉禎再應明時出，寶繪新從秘府傳。詎比書麟存魯史，將同置兔咏周篇。披函細若秋毫析，撫卷昭茲日鑒懸。久厭《長楊》休羽獵，豈資大藥憶飛仙！洪纖品別驪黄外，徑寸神游象罔前。王度八荒皆藪澤，聖真六籍盡蹄筌。山龍欲補勾陳袞，濩蝶常親廣廈氊。共識宸襟非玩物，爭歌帝德契重玄。

送張玉陽使山東

遥遥帝胄列山東，寵命新頒一葉桐。錦節傳呼三殿裏，緋袍拜舞百花中。雲開霄漢星槎遠，地轉蓬萊日觀崇。離思不堪攀薊柳，壯游寧爲謁秦松。自從表海分雙履，誰向扶桑挂一弓？擁篲謾誇鄒衍氏，棄繻爭擬漢終童。朝登岱嶽乾坤小，暮宿雲亭象緯空。筆底飛濤詞正健，目中奇覽畫非工。銘題孔壁仙才逸，記埒任城藻思雄。晴晝褰帷沿汴水，暖風吹斾過隋宮。芰荷香滿枝堪佩，松桂陰繁綠正叢。池館烟深疑上苑，樓臺秋敞見中嵩。故園詩酒情何極，秘府圖書業所同。到里莫須淹歲月，御堤春草聽歸鴻。

題《奉詔寧親卷》

幾回持牘奏楓宸，豈爲丘園漫乞身。久侍帝庭淹歲月，每懷親舍阻星辰。潘輿尚憶游燕健，萊綵今瞻入汴新。予告捧從三殿出，啓居歸與十洲鄰。瑤池王母誰云幻，姑射仙人自有真。光擁朱輪明晝日，祥開華帨及秋旻。賜衣巧製天孫錦，上食榮分禁鼎珍。高閥清芬聯寶桂，北堂孤尊殿莊椿。懸知閭閾多餘慶，應念朝廷倚重臣。行矣諸生無所祝，斗邊延望屬車塵。

《雁門篇》贈柴民部還京

雁門直北接穹廬，氊罽傾巢隸象胥。王會稔觀琛賮盛，廟謨猶恐簡蒐疏。三關鼎峙雲西險，萬竈春炊塞下儲。大帥雄分都護鉞，望郎遥領度支車。持籌管晏精堪並，草檄枚皋敏不如。暫借羈縻施五餌，力圖節縮佐三虛。膏脂痛惜充頭會，涓滴隄防泄尾閭。山積腐紅饒庾廩，田開磽瘠徧畬畬。木牛轂擊風霆發，鐵騎營連蟫蝀舒。饗士登壇多組練，談經入座集簪裾。百城雨露响濡內，四載星霜涉閱餘。行省均輸應有籍，還朝平準豈無書？中都轉運漕方梗，少府誅求詔未除。民瘼倘承前席問，爲祈蠲貸活溝渠。

壽李本寧大父七十

燕山西望楚雲蒼，紫誥重頒晝錦堂。御府圖書鮮五色，台垣星斗爛三湘。褒崇薦沐皇恩渥，佑啓同推世澤昌。袁氏子孫多貴少，謝家門第獨焜煌。雄藩憲節遥開府，秘閣詞名早擅場。喜及承顏酬燕翼，驚看扶杖拜龍章。衣冠真藉絲綸重，步履非緣藥石强。花滿宸樓霞結綺，酒開銀甕菊浮香。郢中人獻陽春曲，海上仙傳不老方。從此靈根蟠瑞遠，萬年喬木接天長。

壽陳相公七十

間代人豪帝者師，十年高卧碧山陲。賢如疏傅揮金日，心似留侯辟穀時。江上雲霞閒自玩，環中消息静堪推。安車久繫蒼生望，舊德徧承聖主咨。龍躍天門參乘早，鳳巢阿閣一毛奇。向歆經術元相繼，韋杜風流今在兹。優老特頒天子詔，寧親曲軫侍臣私。緋衣寵並黄金賜，封傳榮將玉璽馳。路入錦城松有逕，祥開孤旦菊爲期。五雲高擁三公舄，列郡分稱萬歲卮。燕喜春融知帝德，精神嶽立儼仙姿。長生藥豈需金石，奕世芳堪載鼎彝。喬木共依清廟棟，瑶林寧數謝家芝。慚予樸樕通門館，侑酌徒賡抑戒詩。

《瞻雲篇》壽魏封君九帙有引

三輔名家，首推魏氏。蓋自節齋先生以文學高等充貢公車，倅郡齊秦，卓有治效。方廉見忌，拂袖遄歸，五斗無羸，一經足授。曁成哲嗣，匹瑞河東，科第聯翩，冠紳接跗，文章氣節，彪炳清朝。幸值長君見泉公以御史大夫臨撫全晋，勳高安攘，念切瞻依，請告甚殷，眷留加篤。是歲，先生九帙，父緣子貴，壽與榮并。某忝託通家，況叨封部，藉光橋梓，微寵榆枋，慶忭彌襟，歌謡效俗。聊展千秋之祝，且抒片雲之思焉。

太行山巔膚寸雲，油油喬喬盤青旻。氤氳元氣三光合，爛熳天葩五色勻。乍睹旛幢紆錦綺，漸看樓閣涌金銀。祥開魯史登臺候，瑞叶申侯降嶽辰。并冀封疆元接壤，古今忠孝幾完人？叩閽令伯情偏切，陟岵梁公迹已陳。多少高車驅九折，誰何寸草憶三春！中丞家在漳河上，大老年逾渭水濱。蓬島烟霞凝望眼，黃階歲月黯馳神。術能縮地抽簪易，力莫回天補牘頻。帝爲北門留鎖鑰，恩從中禁演絲綸。鸞書捧至金猶濕，豸服裁將繡正新。晋室歌鐘紛奏伎，信陵珠履盛延賓。不需勾漏丹砂轉，膡有函關紫氣屯。南極一星千古曜，箕疇五福四朝身。飛龍會夾虞淵日，儀鳳還調化國鈞。但得旂常旌峻閥，寧煩衮舄侍重茵。瞻雲賦就遙申祝，髣髴晴虹擁大椿。

五言絕句

和韵題扇送胡中丞

其　一

萬夫選一將，難得忽輕徙。仗鉞諒多賢，如公能復幾？

其　二

身繫國安危，一揖解戎麾。好遁非忘世，龍蛇各以時。

其　三

射虎長城下，人驚百中材。養由今善息，弓影莫侵杯。

其　四

蛾眉偏受妒，猿臂總難封。勿謂君恩薄，天閶隔九重。

其　五

攬轡倦風塵，嘽嘽驅駱馬。歸及海山秋，陔蘭正堪把。

其　六

一劍提十年，剸斷不曾暇。收向匣中藏，須防風雨夜。

其　七

輕車歷康莊，前遇羊腸却。世路有平陂，悠然感今昨。

其　八

黃金饗士頻，戎橐蕭然竭。滄洲一鶴還，清映關山月。

其　九

上方憂閫外，公乃去雲中。祇乏馮唐對，應知拊髀同。

其　十

峴首吳人淚，東山謝傅名。蒼生懸望切，未可拂衣行。

七言絶句

春　半

桃花開滿向楊枝，春色俄驚二月時。却怪從前風雨惡，及今吟賞未應遲。

和烟麗日窣金堤，柳苑花墻鳥亂啼。兀坐不知春早暮，數聲
清笛過橋西。

咏　史

井陘關下陣雲飛，廣武紓謀志已違。多少旌旗人不見，市兒
擒得趙王歸。

一統山河草創秋，漢庭刻印欲封侯。不緣借箸席前畫，六國
紛紛旣未休。

圯上何來一老翁，謾將三略授兒童。後來不是赤松子，當日
元非黃石口〔二〕。

抱膝長吟寄此蹤，古今事業在遭逢。祁山六出空流馬，可惜
三分有臥龍。

金陵曲

首起塗山作沛豐，轉漕江左類關中。長驅已報崤函破，略地
初傳瀚海空。

岸夾垂楊起畫樓，秦淮錦浪接天流。朝朝彩鷁來江口，夜夜
蘭燈集渡頭。

應制題兔四首

霜跧藉草作青氊，蒼素無人問歲年。兔一蒼一素。夜夜月明搖

玉杵，長看青影挂遥天。

毛骨傴僂種自殊，沙晴烟暖卧平蕪。等閒不向隴頭去，寄與田夫漫守株。

睥睨斜陽氣正豪，風吹黄葉下林皋。君王欲草平胡檄，肯向西風怨拔毛。

野性爰爰狎廣原，攀緣山徑徧蹄痕。非干地僻無羅罻，盡是君王祝網恩。

應制題瑞蓮四首

華嶽峰頭十丈蓮，玉池分得一枝鮮。翠翹新染朝霞色，擬共蟠桃簇壽筵。

紅衣香裊水芙蓉，自得天家雨露濃。想見慈顔長樂裏，日華花影暈重重。

水殿氤氲紫氣重，花神擎出繡芙蓉。丹葩絳萼無人識，薦瑞疑從太華峰。

朱房的的苗靈芽，周庞堯芝未足誇。自是皇情隆一本，果培和氣孕重華。

喜雨六首

六龍扈蹕駐桑林，甘澍隨鑾泛灑深。憂樂君民元一體，雨暘天地總無心。

滌滌山川劇亢乾，俄驚飛雨落千巒。豐隆列缺功交奏，上帝端居太乙壇。

高閣流雲接太虛，御溝新水漾芙蕖。爲霖已應君王卜，不雨無勞國史書。

趫跳雷公掣玉鞭，直驅海水泛遙天。須臾一洗塵埃淨，大火行空濕不然。

六合同雲解澤流，村村父老溢歡謳。莫須斗酒禳田事，一雨桑麻盡有秋。

僻巷泥深車馬疏，撑關坐閱案頭書。繁聲竟日鳴檐溜，相對冷冷意澹如。

郭河濱社友網敝不能收髮爲製新網遺之走筆戲贈四絶

綠樹清風岸幘時，盈簪華髮豎絲絲。爲君新理霜華罩，猶恐霜華戀舊知。

自上君頭不記時，年年補緝費多絲。烏紗白氎頻更代，惟有青銅古鏡知。

醉倚胡床側弁時，衝冠白髮亂如絲。不緣脱穎囊中早，白盡頭顱那得知！

憶昔良工結網時，手拈補袞細青絲。頻年結就彌天網，徧覆黔黎世莫知。

咏頓骨轆二絕

織女支機石枕圓，鑿開三竅降人寰。驅車阡陌循行徧，到處牛郎爲執鞭。

使君法象應三台，舉趾轟雷動地來。共荷發生培雨露，那知鎮定淨風霾。

僕亡走二絕

魚擇深淵鳥擇枝，物情向背莫須疑。大千世界無遮障，南北東西任所之。

平原賓館翟公門，朝屨喧闐暮蘚痕。何況廐中牛馬走，幾人能憶主家恩？

夢同馬文莊公應制題獻芹獻曝圖二首 時病革

秋圃柔芹脆可茹，偏思登豆獻君廚。懸知御食饒芬苾，玉薤金莖作棄餘。

徙倚茅檐向日暄，春陽烘背欲裝綿。何當捧上明光殿，和氣長依尺五天。

詩　餘

孝懿莊皇后發引鼓吹詞一首

瑤池幾度春風闋，青鳥迴翔歸夢絕。黃圖迎絳節，輦路逶迤簫鼓徹。

帳殿金燈滅，彩鳳終歸丹穴。萬壑松濤嗚咽，都因愁露結。

右調《應天長》

賀王懷源郡守被薦

金城賢守，擁玉帳虎符，銀章龜紐。暖律春溫，冰壺秋湛，風度似公稀有。膏澤浹沾磽瘠，元氣潛回枯朽。共稱道是，一方生佛，萬家慈母。　　非偶天意，教牛鼎烹雞，小試經綸手。襦袴騰謠，弦歌向化，雁塞晝閒刁斗。考注陽城列上，徵拜潁川居首。但祝願道，班聯臺省，壽躋黃耇。

右調《喜遷鶯》

校勘記

〔一〕"棒"，據民治學社本當作"捧"。

〔二〕"□"，底本字損，據民治學社本當作"公"。

復宿山房集卷之三

册　文

孝懿皇后謚册文

大典時成，五位展追崇之孝；鴻名天錫，萬年垂佑啓之慈。美有待而始彰，德無幽而不報。

恭惟皇妣孝懿皇后，貞姿純穆，至性淵涵。地闡其珍，誕降芬于華族；天作之合，爰儷體于先皇。著婉嬺于璁珩，啓浚明于圖史。陰含其美，從王事以無成；坤得以寧，配乾行而不息。樹表儀于鷖掞，二南流正始之風；奉温清于龍樓，三至謹問安之節。佐虀敦其有恪，理盥饋以惟勤。儉比《葛覃》，曾澣衣之是御；仁逾《樛木》，宜福履之攸將。何寶婺韜精，竟阻長秋之位；璇華隕采，遽纏修夜之悲。昔我先皇，已軫聖懷于故劍；迨予今日，益增孺慕于遺簪。令德令儀，帳青蒲其永絕；紀言紀動，幸彤管之猶存。矧王業艱難，始自雞鳴之徹；親恩浩蕩，深惟燕翼之詒。用是訂正舊章，諏謀穀旦，率輿情而涣號，緣節惠以揚休。清廟登歌，亦右文母；閟宮崇報，特頌姜嫄。謹奉册寶，上尊謚曰某。

嗚呼！至哉坤元，茂宰化工之發育；母也天只，詎模聖善之形容。惟作對作邦，帝舊懷于明德；而思齋思媚，世共仰夫徽音。祇隆一字之褒，垂諸琬琰；兼備六衣之獻，麗彼褘褕。伏冀明靈，俯嘉縟禮。儷居歆于祝史，申徂賚于冲人。遹駿有聲，后德光天之下；則篤其慶，皇圖卜世之長。謹言。

聖母中宮上尊號冊文

天作之君，茂纘執中之統；坤稱曰母，宜從太上之儀。蓋孝莫大乎尊親，故禮必隆于儷極。

欽惟聖母皇后，德配乾行，道叫[一]巽順。闈圖繹史，夙聞彤管之規；覓居鳴珂，動中采齊之節。作嬪藩邸，儼二女之儀刑；進位椒塗，肅六宮之政令。陪弓韣而祀皃，禮重郊禖；御副褘以親蠶，勞先世婦。儉衣大練，不施文綺之華；仁逮小星，咸誦衾裯之澤。沉潛宥密，美故含章；柔靜安貞，厚能載物。用是惠風嘉豈，陰教穆修。如彼方祇合璇穹，而廣運譬之圓魄。助丹轂以貞明肆，發浚祥延及冲眇。兆震縣于蘭寢，深惟保育之周；端蒙養于桂宮，祇受訓言之迪。頃龍髯上陟，莫遂攀號；賴燕翼中襄，克專擁翊。親恩罔極，誠蕩蕩以難名；帝運維新，仰巍巍其莫並。爰循彝典，恭薦徽稱。名冠中闈，謂大君爲之宗子；尊居慈極，合天下奉乎一人。謹奉冊寶，上尊號曰"皇太后"。

嗚呼！思齊啓祚，揚淑問于周編；長信迎鑾，侈榮光於漢制。肇稱縟禮，允邁前聞。伏願煥大號以升崇，賁鴻儀其表正。負扆而治，佑冲人有道之長；翟茀以朝，禔聖母無疆之祉。謹言。

聖母尊號冊文

治先立愛，推崇宜重于本生；禮謹稱名，顯號允儷于正體。居域中之大者，覆載之恩常均；爲天下之親者，資生之功獨溥[二]。垂鴻昭德，中外同辭；揚美尊親，簡書具有。

恭惟聖母皇后，仁慈淑慎，共靖端莊。柔順承天，廣大配地。瑤星降瑞，稟川嶽之秀靈；彩霧呈輝，鍾珠璧之明潤。齊二儀以發育，含萬物而化光。紃組昭勤，埶枲塗山佐夏；璁珩垂則，聿惟莘野嬪商。繼繼威儀，皇皇褕狄；九御承式，四德交修。是以兆協禖祠，應軒星以增耀；祥開樞電，輔宸極以峻升。申翊宫朝，德音克嗣；協敷闈教，鳴謙載融。延及眇躬，實由坤造。劬勞鞠字，既篤愛於姜嫄；啓佑諄詳，復稟規於文母。隆恩罔極，至德難名。屬兹繼承之初，彌深報本之念。雖養以備物，亦云子職尋常；必尊以駿稱，庶答親恩萬一。今者禮官稽制，群議籲誠。徽猷載備于瑶函，方譽式騰於玄宇。式鏤金玉，烏稱長樂之謡；足被聲詩，定繼思齊之雅。

謹涓穀吉，特正鴻名，敬奉金册金寶，恭上尊號某某。伏願俯協歡心，誕膺洪册。備綿景福，茂對昌辰。無疆惟休，用永綏於壽考；有秩斯祜，願提祚于昇平。謹告。

仁壽皇太后尊號册文

臣聞坤德安貞，群生資其大造；母儀聖善，萬國仰其徽音。必尊養之極隆，庶倫制之兼盡。爰升顯號，仰答鴻慈。

恭惟聖母皇后陛下，淑以淵純，含弘光大。篤憂勤於《卷耳》，儼貞静于《關雎》。自藩邸作嬪，翊先帝龍飛之運；暨椒塗正位，均内庭魚貫之恩。躬儉素以率人，執謙光而翊物。惠風嘉邑，陰教穆宣。培積慶祥，庇及沖眇。開震繇于甲觀，深惟保愛之周；端蒙養于春宫，祗受訓言之迪。迨憑几有命，嗣服云初。眷兹艱大之敷遺，尤賴仁慈之擁佑。隆天厚地，誠蕩蕩以難名；翼子詒孫，將繩繩而未艾。欲酬恩於罔極，宜介福於方來。聿崇有赫之稱，式表無前之烈。

謹奉册寶，上尊號曰某某。伏願誕膺景貺，茂對昌辰。如月之恒，安享璿宫之樂；受天之佑，式增瑶牒之輝。謹言。

慈聖皇太后尊號册文

臣聞《書》紀虞嬪，翼重華而協帝；《詩》歌文母，基新命以造周。匪資聖善之猷，孰啓昌隆之祚？故孝先立愛，而禮謹稱名。宜崇貴貴之上儀，庸播明明之令聞。

恭惟聖母皇貴妃殿下，貞純溫惠，共靖端莊。婺女降靈，誕芬華於甲族；星娥毓粹，奉景耀於宸樞。《雞鳴》崇儆戒之規，《鵲巢》稟肅雝之度。事一人而匪懈，協贊乾行；式九御以無非，弼成坤教。飭躬惟儉，揚絺綌之素風；逮下以仁，溥衾裯之渥澤。是以燕禖應祝，麟趾發祥。誕育眇躬，獲承遺緒。提攜顧復，丕殫鞠子之勞；辟咡詔言，備示作君之則。徽音有淑，盛烈難名。洎茲嗣服之初，宜極推崇之典。肆循彝憲，祗薦鴻稱。正御璇宮，表刑國刑家之範；升華玉牒，酬生我成我之恩。

謹奉册寶，上尊號曰某某。伏願昭受貞符，緝熙純嘏。介茲景福，永歌燕喜之章；教以義方，共裨龜圖之固。謹言。

册安妃文

制曰：朕惟桂掖深嚴，式備授環之職；椒塗雍穆，載修鳴玉之儀。惟四教之具閒，斯六宮之攸稱。

咨爾某氏，柔順承乾，安貞應地。纘徽音於京室，維德之行；侍清宴於宸閨，有相之道。宵征匪懈，恪共夙夜之勤；陰禮無違，光佐長秋之治。茲特遣使持節，封爾爲安妃，錫之册命。於戲！龍章赫奕，榮逾九嬪之班；翟茀輝煌，象應四星之位。爾其敬承縟典，益惕志於《雞鳴》；祗荷溫綸，爰發祥於《麟趾》。欽哉！

册恭嬪文

制曰：朕惟《易》象貫魚，式嚴宮序；《詩》歌詒燕，本重宗祧。必九御咸備其官，斯萬年永錫之胤。

咨爾某氏，溫溫成性，翼翼小心。簡自蓬閨，升于椒掖。鳴佩環而有節，奉盥饋以惟虔。淑德既徵，寵章宜逮，茲特遣使持節，封爾爲恭妃，錫之册命。於戲！雝雝弓韣，肇祈凤震之祥；蕭蕭衾裯，祗率宵征之度。尚遵陰禮，協贊宸闈。欽哉！

册和嬪文

制曰：朕惟周寢備官，本奉神靈之統；漢宮升媛，聿崇法象之班。典禮具存，彝倫攸繫。

咨爾某氏，柔儀婉嬺，惠性幽閒。屬當秘掖之虛，克副慈闈之簡。眷德容之純備，宜秩號之渙頒。兹特遣使持節，封爾爲和嬪，錫之册命。於戲！嬪以賓敬爲義，匪昵志於燕私；德惟和氣致祥，庶儲休於螽羽。尚稟肅雝之範，永綏敦睦之風。欽哉！

奏　書

慈聖皇太后萬壽節奏書

伏以南極開祥，佑沖人而衍祚；東朝敞宴，奉文母以承歡。會掩瑤池，慶符華渚。恭惟聖母慈聖宣文皇太后陛下，道備肅雝，恩深啓佑。保育篤三年之愛，後免于懷；擁翊躬八載之勤，言提其耳。肆垂燕翼，肇稱有道之長；光撫鴻禧，克就無方之養。惟兹某月某日，兑秋乘序，震凤協期。占莢堯階，委重英於湛露；迎鑾漢寢，仁清蹕於高天。稱萬歲之觴樂，且湛而且孺；受四方之賀福，如式以如幾。

臣不勝瞻依祈望之至，謹具奏聞。

仁聖懿安皇太后奏書

伏惟聖母仁聖懿安皇太后陛下，粹質倪天，柔儀儷聖。尊居慈極，表正乎六宮；擁佑冲人，臨御者十載。教自家而刑國，謀翼子以詒孫。屬茲元嗣之生，允賴洪庥之庇。儲祥有自，展慶惟宜。謹據彝章，博咨輿議，將以某月某日，恭率文武群臣，敬奉册寶，加上尊號曰"仁聖懿安皇太后"。伏冀俯垂慈鑒，勉納微誠。壽考萬年，熙鴻名於有永；本支百世，綿鳳曆以彌昌。

臣不勝惓惓之至，謹具奏聞。

慈聖宣文皇太后奏書

伏惟聖母慈聖宣文皇太后陛下，性稟異明，德符坤厚。贊先帝垂衣之治，佑冲人負扆之朝。恩殫劬勞，謀周擁翊。自訓行於嘉禮，每軫念乎宗祧。頃得長男，應震繇之一索；允惟慈極，開離照以重熙。是抒報德之忱，庸展尊親之孝。卜以某月某日，恭率文武群臣，敬奉册寶，加上尊號曰"慈聖宣文皇太后"。伏冀俯垂慈鑒，昭受貞符。則百斯男，永篤周家之祜；十千爲壽，長承漢殿之釐。

臣不勝惓惓之至，謹具奏聞。

大行皇帝尊謚詔

朕惟帝王有紹基纂緒之洪猷，斯必有宣懿揚徽之隆號，所以播功德於無疆，登圖牒而薦廟祐者也。恭惟我皇考大行皇帝，睿哲凝資，溫文秉德。體廣淵以御物，帥恭儉以提身。神人協和，澤威交曁。方隆翊載之望，忽嬰降割之悲。景命弗延，大寶奄棄。屬以神器，肩予眇躬。顧茲諒陰之初，適值嗣服之始。對光訓而謀紹述，撫成憲以制尊親。謹命在庭文武群臣，咨度帝心，博稽輿論。惟詳惟確，允協至公。于某月某日，祇告天地、宗廟、社稷，奉册寶恭上尊謚，曰"順天隆道淵懿寬仁顯文光武純德弘孝恭皇帝"，廟號穆宗。

嗚呼！聖德難名，靈爽如在。闡皇猷於赫奕，用綿永世之辭；衍帝範於光昭，益覃普天之譽。布告中外，咸使聞知。

兩宮聖母徽號詔

朕惟自古帝王尊親，率登閎顯號，用以揚徽闡奕，傳之無窮，孝莫大焉。朕以冲年嗣統，深虞菲薄，莫克纘承。惟我聖母仁聖懿安皇太后、聖母慈聖宣文皇太后，擁翊提携，恩勤備至。每念宗祧惟重，所以博求賢淑，為嗣續計，恒倦倦焉。今歲仲秋之十一日，恭荷天庥，篤生元嗣。眷惟浚祥之發，寔緜慈慶之鍾。載考彝章，渙升大號。祇告於郊廟社稷，率文武群臣，寅奉册寶，加上聖母仁聖懿安皇太后尊號曰某，聖母慈聖宣文皇太后尊號曰某。稱天地之高厚，莫罄名言；宣日月之光華，遹親瞻戴。爰推大慶，庸廣明恩。所有合行事宜，開列於後。

於戲！敦孝治于九重，申舉尊親之典；霈德音於萬國，弘敷逮下之仁。播告華夷，咸使知悉。

敕　諭

兩宮尊號敕

朕惟大孝尊親，著於典禮。自昔帝王纘承天序，立愛在初，必有顯號鴻名，昭映册寶，所以彰罔極之報而教民孝也。朕以冲人嗣服，率土歸心，寔乃廟社之靈，皇考之仁，而宮闈訓育之助，恩德並焉。仰惟母后莊静孝慈，克相乾運，徽音淑聞，母儀萬邦。母妃溫惠謙貞，秉心淵塞，贊成陰理，誕育朕躬。以德則聖善惟均，以功則生成若一。朕既奉天道，率群臣上大行皇帝尊謚，而兩宮徽稱宜以時定。朕擬恭上母后皇后尊號曰某皇太后，母妃皇貴妃尊號曰某皇太后。夫欲兼隆於孝養，固宜兩盡於尊親。庶幾榮垂有赫，德合無疆，以稱朕崇報至意。爾禮部會同多官，參稽典制，酌議以聞。欽哉！故敕。

兩宮尊號敕

朕惟自古君天下者，建極惇倫，必首重尊親之典。匪徒潤飾等儀，崇顯名號，抑亦天性之恩，自不容已也。朕以冲年嗣登大寶，夙夜兢兢，罔知攸措。念惟眇躬，訓迪生成，厥有原本，寔我母后皇后恭儉慈仁，媲德皇考，保安宗祏，佑啓弘深。亦惟我母妃皇貴妃淑慎柔嘉，克諧內治，軒龍誕瑞，鞠育惟艱。仰荷恩慈，並臻高厚。屬茲踐阼之始，固宜各極尊崇，用申報稱。而徽名未正，大典猶虛，孝敬之誠，何日而達？稽于舊制，宜上母后皇后曰某皇太皇后，母妃皇貴妃曰某皇太后。名由分定，禮以義協。朕將諏日舉行，庶隆儷極之稱，少展因心之孝。禮部其具議以聞。故諭。

敕諭天下朝覲官員

朕纂承天序，臨撫萬方，遭時恬熙，兵革偃息。深念民爲邦本，嘉與藩臬守令，共圖休養，躋之至寧。夙夜惓惓，冀臻實效。乃詔書屢下，吏罕奉行。爭務摧擊以博名高，掊剋以營課最。民貧而朘削愈急，盜起而冤獄[三]滋多。東南之杼柚既空，西北之汙萊彌望。流徙相屬，曾乏招徠；灾疫頻仍，漫無振救。厲階之由來已久，元氣之積耗奚堪？朕是用惻怛於心，惟德之不明，不能逖聽遠聞，咎至於此。茲當大計，已嚴敕所司，簡汰無良。爾等既與存留，各還舊任，暨諸在官者，其尚痛懲往習，勉迪官常，易貪濁以廉平，更煩苛爲寬大，于以流布愷悌，惠安元元，庶稱朕奉天子民至意。朕當不斬顯擢，庸酬爾勞。如或倚法行私，剥下媚上，巧文欺謾，蔽罪保奸，憲典具存，朕不爾貸。爾往欽哉！故諭。

敕諭天下朝覲官員

朕荷皇天眷命，纘承鴻業二十年，于兹夙夜積思，惟德之不明，罔克奉順陰陽，消弭灾沴，俾四方蒸庶，歲罹饑饉札瘥之虞，愁痛無聊，流徙相屬。爲民父母，寔惻然疚心。所賴爾藩臬郡縣之臣，相與軫瘼咨艱，拊循休養，共佐元元之急。乃詔條屢布，德意靡宣，酷烈是懲而鞭笞彌慘，貪墨有罰而貨賂滋彰。以禁私交而結納之途日廣，以抑巧宦而彌縫之術愈工。名實久矣其混淆，賞罰何由而懲勸？兹當大計，特敕所司簡汰無良，嚴于往昔。爾等既蒙留任，仍服舊官，尚思袚濯前愆，勉期後效，奉公體國，約己裕民。毋急徭賦而妨農桑，毋尚刑名而絀教化，毋營苞苴而裂繩檢，毋飾簿最而掩功能。于以助宣愷悌之風，培養和平之福，庶稱朕意，將圖爾庸。如或草菅生靈，弁髦職業，朘膏脂以自潤，置疾苦若罔聞，狃法容奸，虛文謾上，官常既斁，國憲具存，朕不爾貸。爾等其欽承之。故諭。

申諭學憲敕

朕惟國家建學造士，而命憲臣督察之，將以廣厲教化，長育人才，興儒術而隆太平也。比年以來，士窳惰寡修，虛華鮮實，拘牽章句，緣飾文辭。居則行藝無奇，出則功能罔著。至陵節逾分，出入於繩墨者，往往有之。朕每圖惟治理，綜核官材，於學校本原之地，未嘗不三致意焉。而詔旨屢申，奉行未至。崇虛譚者略躬化，借私譽者啓倖途。容躁納浮，導竅長僞，若是則士奚有奮？

夫士習之靡也，若水之走下，不以教化隄防之，其潰不止。今特命爾往巡視提督各府州縣學，爾其端軌範，飭章程，率屬師儒，惇明經術，勤課試之典，嚴舉絀之規，毋植私以妨公，毋徇名以掩實，務誘進藝能，作新才品，庶幾有通明樸茂之士出乎其間，以稱朕需才圖治之意，時惟爾功。其或沿襲故常，苟具功令，而程督失職，舉察非人，亦惟爾之罰。爾其欽哉！所有合行事宜，申明條示于後，其慎行之毋忽。故諭。

諭宣大山西總督鄭洛

朕惟聖主制禦蠻夷，在羈縻勿絕；大臣保安邊境，貴戒備不虞。自非屬封守之勤，曷克贊綏懷之略？惟爾忠誠自性，沉毅有謀。持關市之盟，當機能斷；任社稷之寄，在險不驚。舉八事以經略三陲，可戰可守；更十載而始終一節，善作善成。綢繆周牖戶之防，操縱制鞬櫜之命。銷萌厭難，坐收安攘之勳；保大定功，茂樹廓清之烈。閱書入奏，朕志允孚。茲特加秩蔭賚，仍賜敕獎勵，以旌爾庸。

嗚呼！四方定而王心載寧，召虎之經營既效；六月出而我行永久，吉甫之燕喜有期。尚既初心，勞勤無忘於夙夜；庶膺休寵，功名丕著于春秋。欽哉！故諭。

又

朕覃思緜寓，注意邊防，圖所以靖圉綏氓，潛銷釁孽，端有賴於熊羆不二心之臣。惟爾器略沉雄，才猷老練。蚤膺閫鉞，一言定關市之盟；迨總節旄，三鎮倚干城之望。揣虜情而機宜懸合，信能制勝萬全；蒐軍實而聲靈奮揚，何啻折衝千里。鈐韜析寢，北門之鎖鑰惟嚴；賮貢琛輸，中國之羈縻滋固。予曰有禦侮，得無拊髀以興思；汝從事獨賢，可謂鞠躬而盡瘁。閱書來上，勞績彌彰。是用晋陟崇階，渙頒異數，仍予之綸璽，以酬爾庸。

於戲！吉甫奏簿伐之勳，來歸自鎬；召虎著維翰之烈，受命于周。茲已入踐戎樞，佐宣皇化。四夷有道之守，朕不敢忘；百年無事之謨，爾當益效。俾生靈奠於袵席，國祚鞏於苞桑，則惟予一人汝嘉。欽哉！故諭。

諭遼東總兵官李成梁

屬者東虜匪茹，數擾疆圉，眷惟重鎮，守在得人。咨爾元戎，寔專閫鉞。爾惟忠誠不二，智勇兼資，以能知將知兵，善戰善守。剖符而列九伯，建連帥之高牙；折箠以定三韓，斷匈奴之左臂。功存策府，威震邊廬。頃度幕以班師，方騰凱奏；遽上書而謁告，願及生還。雖廿年百戰之身，備更勞瘁；而萬里長城之寄，切繫安危。茲特賜之璽書，用示倚任。爾尚恢弘遠略，無替初心。振伏波之精神，老當益壯；厲嫖姚之志節，國爾忘家。仁收鞭撻之勳，永賁旂常之烈。欽哉！

諭祭大學士徐階

惟卿學擅宗工，才優王佐。荐登三事，翼贊兩朝。居明德以善藏，運沉機而能斷。奠邦本於危疑之日，回世道於靡蕩之中。位高益謙，功成乃退。躋康毅于耄耋，秉完節以始終。爰有賢嬪，凤資内助，後先淪謝，良軫朕懷。祭葬並頒，用彰酬眷。靈而不昧，尚克歆承。

諭祭大學士張四維

惟卿問學閎深，器資端亮。勞存史局，望著經帷。由翰署而歷踐清華，自宫尹而晋參密勿。屬當更化，爾乃秉樞。驅回邅而世道一新，滌煩苛而民生用乂。方賴股肱之助，遽驚匍匐之歸。

孝庶移以事君，毀乃終于滅性。眷思舊德，良軫朕懷。諭祭特頒，用彰愍恤。靈其不昧，尚克歆承。

誥 文

大學士徐階贈太師諡文貞誥

制曰：元臣舊德，至身歿而名益光；錫命彝章，惟功崇而禮斯備。矧茲耆哲，宜得顯褒。爾原任少師兼太子太師、建極殿大學士徐階，偉才命世，明德協期。自早列清華，及踐揚中外。純心直道，百折不回；偉績徽猷，歷試皆效。因簡知於世廟，多定傾保治之謨；暨翼戴乎先皇，紓裕國籌邊之略。乃時當盤錯，則妙用善藏；即事屬危疑，尤沉機能斷。用能起頹風於沕穆，遂致登世道於昇平。全節全名，海宇望其丰采；有德有齒，朝廷恃爲典刑。天不憖遺，人之云萎。良足深悼，庸示渥恩。茲特贈爾爲太師，諡文貞，錫之誥命。

嗚呼！穹階峻秩，官聯已冠乎群僚；節惠易名，榮問永光於奕世。緬惟靈爽，式克歆承。

大學士張四維贈太師諡文毅誥

制曰：朝廷軫舊，式懷夾輔之勳；宅夅厚終，特賁優崇之典。生克襄乎大業，歿宜錫以榮名。爾原任少師兼太子太師、兼吏部尚書、中極殿大學士張四維，器宇端凝，才猷練達。自蜚英於侍從，已徵華國之文；迨參預於論思，歷試匡時之略。屬更化紀，弦轍維新；爾位元寮，機衡默運。宿蠹批而不仁自遠，寬條布而群品皆蘇。眷茲至治之成，寔賴交修之助。方需後效，用佐中興。

胡欒棘以奔歸，遽柴瘠而不起？俅感騎箕之化，永遺亡鑑之思。憫册肆頒，恤恩滋備，特贈爾爲太師，謚文毅，錫之誥命。

於戲！周太尉之重厚，屬大事以克勝；韓魏公之真誠，折群疑而能斷。兼資衆美，允副褒綸。秩既晋於三公，寵實榮於一字。緬惟靈爽，尚克歆承。

少保兵部尚書王崇古贈太保謚襄毅誥

制曰：蓋聞非常之原，常人懼焉，及臻厥成，天下晏如。夫業已收晏知[四]之效，而思始事之臣。其事存，其人亡，茲朕所爲列鍾鼎以書勞，聽鼓鼙而太息者也。爾已故原任少保兼太子太保、兵部尚書王崇古，博大有謀，沉雄善斷。綿更外服，踐歷戎行。洎擁節旄，任惟鎖鑰。諸艱歷試，百折不撓。當那酋叩關之初，適衆議盈庭之際，先皇雄斷，爾實肅將，遂折箠而服名王，盡斂衽而稱屬國。兵革之端息，輸將之費省，邊境以安，朝廷以尊，爾始終區畫之力也。入柄本兵，益暢邊籌。雖懸車高謝，而邊臣守遺策，匈奴循故約，以迄於今。蓋古之大臣，四夷問安否，關國重輕者，爾庶幾焉。何疾不已，遽委霜露。老成[五]凋謝，深軫朕懷。是用贈爾太保，謚襄毅，錫之誥命。以爾有大勳勞，故命曰"襄"，以爾定大謀議，故命曰"毅"。生爲人豪，殁膺國恤，古稱不朽，於是乎在。九原可作，女其歆哉！

制　策

廷試策題一道_{萬曆二十年}

制曰：朕遠稽古昔，而有感於胥庭汋穆之世，其民不誘而親，不嚴而治，意甚慕之。而淳風既邈，至道靡得。徵焉二帝之典，三王之誥，其粲然者則可見矣。或者乃謂道衰於書契，德薄於政教。又曰虞夏之道，寡怨於民；商周之道，不勝其敝。豈質文之變，帝王所不能違歟？三代而下，惟漢之詔令爲近。古王通氏至取以續書，而或褒孝宣之烈優於孝文，或美元和之治懿於永平。豈寬嚴之宜，父子亦不相襲歟？夫道萬世無弊，弊者，道之失也。信斯言也。皇極敷言，固自有本而不專恃於令歟？乃樞機喻以絲綸，精神象之渙汗，鼓舞擬於風雷，定保比之金石。其稱令若此慎重，抑又何也？我太祖高皇帝，經綸草昧，開闢文明。若《祖訓》《大誥》諸篇，正綱常，定名分，戒偏黨，詰凶頑，聖謨洋洋，同符典誥？亦可悉舉而揚厲之歟？

朕祇遹先休，恪遵成憲，凡植綱陳紀，匡時範俗之具，可以維教化、淑人心者，儲思延訪至熟矣。乃勸誘愈亟，玩愒愈滋；禁戢愈詳，悖慢愈甚。往士伍辱將校，今且操刃䝱之矣；往屬吏傲官長，今則露章彈之矣；往宗庶訐親藩，今則裹甲攘都市矣；往豪右陵有司，今乃衿弁哄公庭矣。其他恣睢無良、背禮而傷教者，難以一二數。而詔之不聽，誡之不悛，即三令五申，徒勞置郵，一切寢閣耳。豈奉宣之失職歟？抑令煩法弛，所以救之者非其術也？言者謂宜省議論、振綱紀，似矣。乃謀夫孔多，莫執盈庭之咎；惠文虛列，率遺扞罔之奸。令何以能簡，法何以能嚴歟？茲欲擇遠猷以定命，執大寶以成孚，使今重君尊國安而民以寧，壹其何修而可？多士悉意以對，毋泛毋隱，朕將親覽焉。

序　文

御製重刻《古文真寶》序

朕觀前代稽古好文之主，雖雍容燕閒，不廢簡冊，非徒博覽洽聞，蓋亦定志養心之助也。朕自冲齡典學，緝熙有年，日御講帷，討論經史。每退居清燕，游意篇章，于《古文真寶》一編，時加披閱。其書自廟堂著述，下逮里巷歌謠，群言雜陳，諸體略備。稍有闕軼，見於古文精粹者，復取而益之。臚類非增，篇什既富，譬開群玉之府，光彩燁如。賞識惟人，靡不意愜。誠哉詞林之弘璧，藝苑之玄珠也。

嗟乎！瑟瓚大圭，世稱重器；懸黎結綠，衆謂奇珍。豈如瑰章瑋詞，開卷有益。朕輯是編，敢謂仰摹作者，庶以動息存養，不悖于游藝博文之指云爾。舊本凡三百十有二篇，今益以三十五篇。刻久漫漶，因重授梓，以便觀覽焉。

御製《通鑑博論》叙

朕萬幾之暇，喜觀圖史。每思所以追隆聖喆，遠迹狂愚。顧其篇帙浩繁，叙述淆雜，勸誡或爽，觀省罔裨。惟是書上始盤古，下迄胡元，靡不詳其世次，評厥廢興。蓋僅僅數卷，而上下數千百年，運祚之修短，君道之隆替，條分臚列，粲若日星。是誠人主之蓍龜、史傳之綱領也。朕因是有感於帝王之傳世有盛有衰，其歷年有永有不永，然皆考信于圖讖，徵應於機祥。意數可前知，運有適會，神明之器，類有物以司之，而非一毫之人力所能與也。及迹其理亂，諦審所繇，治未嘗不基於明聖之朝，而亂未嘗不生於昏濁之季。有道之長，未嘗不繇於仁義禮樂教化之功，而失道之敗，則多起於任智用術，薄恩厚而急刑罰之報也。乃知吉凶不僭在人，天降灾祥在德。明明赫赫，有感必通，餘慶餘殃，無往不復。其亦可畏也哉！

朕用是命所司梓之，傳示來哲，俾繹思我高皇帝垂訓之意。相與兢兢圖理，守成業而勿墜，綿景祚於無疆。則是書也，其殆永命之符與！

表

世宗肅皇帝升祔禮成奉慰表

伏以清廟登崇，萬世正宗祊之位；閟宮妥侑，一人伸孝享之誠。慨歲月之易逾，儼神靈之有在。明禋肇舉，哀慕僉同。

恭惟世宗肅皇帝，道契沖玄，治隆嘉靖。垂裳四十五載，溥親賢樂利之庥；卜世百千萬年，培豐芑燕詒之澤。弓遺白日，恍仙馭以難攀；駕稅蒼梧，邈神游之不返。遏音海寓，方摧萬姓之心；脫蹤宮庭，已屆兩期之候。園陵事畢，寢廟時成。念永切於遹追，禮式嚴於升祔。

茲蓋伏遇皇帝陛下，至仁成性，大孝因心。亮陰不言，制守殷宗之舊；終身能慕，情同虞帝之真。陟岵岵以興懷，睹羹墻而如見。龍旂鳳翣，已襄終事之儀；畫栭雕楶，載啓新宮之祀。秉一誠以對越，陋原廟之衣冠；率多士以駿奔，列周廷之俎豆。左爲昭，右爲穆，統承八葉之尊；王盡制，聖盡倫，義協百順之大。禮陳圭幣，樂盛笙鏞。世室建而高宗之神孔安；路寢修而魯侯之心是若。精意潛通于穆穆，已速居歆；淵衷未釋其忡忡，益增悲慟。

臣等叨居小相之末，幸觀大祀之成。誦《詩》知罔極之恩，讀《禮》見不逾之制。蓋仁人孝子，心若無窮；然聖帝明王，道思可繼。伏願志存乎大，念祖考付托之艱；情約於中，養天地沖和之德。善積善述，不愆不忘。禴祀蒸嘗，節春秋之哭踊；陟降上下，紓早夜之哀恫。臣等不勝云云。

聖母皇太后上尊號禮成賀表

伏以璿樞啓瑞，九重膺震出之符；玉輅陳儀，萬國仰坤寧之範。體貌隆於宮壼，聲教浹乎邦家。宗祐孚歆，臣民闔懌。

恭惟聖母皇太后殿下，叡性柔嘉，惠心淵塞。道冠四星之輔，德偕二曜之明。履盛彌謙，肅雝為閫內則；處盈尚約，敦朴示天下先。栖景紫宸，茂贊明章之治；流虹華渚，誕鍾浚哲之祥。體燕翼以詒謀，撫鴻圖而擁翊。塗山啓夏，致謳歌朝覲之歸；文母造周，篤既醉太平之福。屬茲繼統之始，逼觀展采之新。發至孝于宸衷，舉曠世惇庸之典；薦徽稱於慈極，備中闈供奉之儀。一日三朝，掩銅墀之問寢；五車六服，陋長樂之迎鑾。皇皇褕翟之華，耀金螭而絢彩；奕奕軒龍之號，麗寶册以揚光。乘泰運而生聖人之君，繼虞夏殷周，茲其佑啓；握坤軸而為天子之母，合華夷蠻貊，莫不尊親。

臣等聯班近禁，夙欽淑問於青蒲；列籍明時，祇奉徽音於彤管。東朝典禮，竊幸躬逢；內治儀刑，曷勝揚厲。伏願璇璣默順，燮宣四氣[六]之和；寶扆常尊，表率六宮之化。家齊國治，箕疇斂福極之徵；地久天長，軒曆鞏綦隆之祚。臣等無任云云。

輔臣奉詔撰進雝肅殿箴表 萬曆七年

伏以聖德緝熙，茂建中和之極；宸居宥密，於昭徼戒之謨。

道取治躬而治心，義惟得名斯得象。範允端于宮壼，化丕徧乎寰區。竊惟堯興衢室，特廑兢業之懷；禹御卑宮，式謹慎修之度。日新不已，湯銘昭揭于盤盂；天命難諶，武烈明徵於户牖。自紹庭而後陟降上下，率罔或欽；由斯干以來居處笑語，每多爲僻。鈞天廣樂，張虚幻於清都；閣道周馳，逼高嚴於上界。未央長樂之勝，土木被文繡而祇備游娱；長楊五柞之雄，車騎震雷霆而但從射獵。含元命殿，孝僅咏於懷先；勤政名樓，禮獨聞於視朔。美哉輪奂，徒侈觀瞻；邈矣身心，何裨存養？

　　兹蓋伏遇皇帝陛下，德兼明聖，道宅君師。隆尊養於慈闈，有光舜孝；勤咨詢於講幄，丕焕堯文。帝鑑時披，繹芳規於聖哲；御屏周覽，綜最績於臣工。敷錫極之謨，躋一世於蕩平正直；振中興之烈，通九譯而順治威嚴。有那其居，已篤邦家之慶；丕顯維德，益嚴屋漏之防。乃即紫宮，親摽華牓。謂君心惟在所養，敬勝吉而怠勝凶；家道莫病於睽，和致祥而乖致異。若稽文德，雝雝肅肅，體備乎陰陽；遂揭鴻名，炳炳烺烺，光昭乎日月。既已奂垂堂之制，兼欲聞自牖之規。授簡而談善，不遺於芻蕘；徹纊以聽佩，將比之韋弦。

　　臣傺直禁廬，職慚敬事；參謀帷幄，道愧和衷。就日望雲，祇奉天顔之穆穆；歌風肆雅，欣承聖化之洋洋。才既拙於摛章，忠敢違於納誨？道未墜地，識其大以陳謨；文即在兹，稽於古而爲訓。闡徽柔懿恭之範，備述儀刑；遡中正和樂之原，直窮藴奥。愚僅紓于一得，照少裨於重離。伏願約性情而瞬息有養，致禮樂而斯須不違。亦保亦臨，儼明威之降監；克順克比，藹元氣之流行。式在宮在廟之儀，惕於羹於墙之見。惠宗公而事上帝，篤《關雎》《麟趾》之祥；舉斯心以御家邦，衍《既醉》《鳧鷖》之慶。臣無任云云。

擬宋張栻進講《周南·葛覃》章進規表_{乾道七年}

伏以風行南國，明章著王教之端；天啟西清，做戒闡聖經之奧。播遺芬于彤管，可興可觀；炳精義於丹書，以規以諷。竊惟風火家人之象，男正外，女正內，以交修；農桑衣食之源，帝親耕，后親蠶，其唯謹。粵稽三代，治莫盛於周文；厥有二南，德首刑于太姒。關關河上，方諧荇菜之求；莫莫谷中，遂應葛覃之候。攬青烟於柔曼，轉黃鳥於繁陰。更刈穫而手自調成，爲絺綌而情深愛惜。薄污薄澣，非無文綺之華；一縷一絲，盡出經綸之緒。侍於君子，儼卑服以相從；正是國人，紛素絲而顧化。美哉始基之業，唯季札獨觀其深；洋乎盈耳之聲，非師摯孰鳴其盛。嗣徽音之云邈，慨純懿其罔宣。鄭聲間奏於房中，新語前稱於馬上。宮彝既斁，匡衡之抗疏徒勤；君志已荒，太液之橫經何益？是皆言而不適於用，亦由生之未遇其時。

恭惟□□□□^{〔七〕}，至德淵微，大經秩叙。敦孝思而不匱，敕天命以惟幾。避殿省躬，損服御膳羞之奉；便庭詢瘝，弛商緡榷酤之徵。惠澤已徧於閭閻，問學彌勤於旂厦。集諸儒而論道，屬一介以言《詩》。匪徒解頤之資，將賴沃心之益。顧臣立慚墻面，聞愧庭趨。佔嗶之伎易窮，獻納之謨何有？然言近指遠，理有待於發明；矧天高聽卑，說豈容於寥廓？適涵泳而有得，宜反覆以深陳。爰推后稷以來，周家王業之本；斷自太姜而下，內庭婦職之修。其君子，其室人，懷生計而咨嗟嘆息，宛家法之相承；若《豳風》，若《無逸》，重民事而惕勵憂勤，一心源之相接。迨婦無公事，廢蠶織其既休；果誰爲厲階，致犬戎之荐食。興衰有自，本一念敬肆之萌；治亂何常，真千古存亡之鑒。開其端因竟其說，祇竭芻蕘；良於言乃聞於行，用塵旒黈。夫耕婦織，不煩圖繪而得其形容；矇誦瞽歌，信惟聲音可通於治道。自非知勞知懼，惡能去泰去奢？

伏願學懋緝熙，心存兢業。顧民嵒而軫恤，居天位以思危。減歲幣，罷均輸，奠生靈於休養；別忠壬，公好惡，約性情於中和。正身正家，繹《魯頌》無邪之旨；卜年卜世，綿周京有道之長云云。

致　語

慶成宴致語

臣聞禮重圜丘，薦馨香於上帝；恩覃湛露，示慈惠于臣工。故虞帝升中，肇舉燔柴之典；周王宴鎬，載歌魚藻之章。致誠協應於天人，泰道交孚乎上下。矧黃鍾應律，時當日至之辰；繡綫添紋，節屆陽生之候。歡騰俎豆，喜溢冠紳。

恭惟皇帝陛下，乘乾撫世，則大凝圖。武緯文經，順陰陽之舒慘；仁育義正，建天地之中和。眷清寧於兩間，荷生成于萬彙。乃即履長之旦，祇修郊祀之儀。來翠蓋於雲間，遙馳六駁；奉黃琮於帝右，儼降群龍。精意感乎，景貺昭答。璇穹肸蠁，屬百禮之告成；黼座凝禧，庇一人之有慶。茲者馭迴天闕，宴錫雲需。陳干羽于虞階，列簜笏於漢殿。御廚給膳，台鼎調羹。酒斟醽醁之甘，膾切淳熬之臑。杯盤絡繹，殽核窮陸海之珍；劍佩繽紛，文武盡東西之美。金輝玉映，人依日月之光；律唱呂宣，樂奏鈞天之盛。望卿雲于紫極，恍目眩而魂搖；瞻瑞氣于彤闈，欲手舞而足蹈。真累朝之曠典，誠希世之奇逢。

臣等賤列工佾，叨從法部。奉我將而侑清廟，見聖心允契乎天心；舞陽阿以應條風，忻世運復丁乎泰運。乃即登依之會，用宣歌咏之詞。詩曰：曉霧空濛族伏寒，九衢仙樂導迴鑾。爐香乍入南宮宴，環佩初歸太乙壇。律應玉衡齊七政，酒分銀甕醉千官。垂衣天子真堯舜，萬國嵩呼慶履端。

校勘記

〔一〕"叫"，據民治學社本當作"叶"。

〔二〕"溥"，據民治學社本當作"溥"。

〔三〕"獄"，據民治學社本當作"獄"。

〔四〕"知"，據民治學社本當作"如"。

〔五〕"成"，民治學社本作"臣"。

〔六〕"氣"，民治學社本作"時"。

〔七〕"□□□□"，底本爲空格。

奏疏一

擬貢禹節儉疏

臣聞古先聖王，卑宮室，惡衣服，嬪御有差，器用有度，車馬苑囿咸不過則，豈以四海之富不足以供之哉？誠念夫財生之難，耗之易，而不忍以一人病天下也。今陛下臣妾億兆，玉食萬方，即乘輿服，御器物，抑何求而弗給？然而取用至裕，費物寔弘，啓端若微，流敝滋遠，可無慮耶？昔文景皇帝敦朴爲天下先，至身衣綈皂，帷帳無文繡，却千里馬，惜露臺之金，以是海內富庶，粟紅貫朽。及武帝興土木，事四夷，求馬大宛，後宮之女動輒數千人，而海內始虛耗矣。此奢靡之明鑒也。

今即不能力復古化，亦宜少法文景。《易》曰：「節以制度，不傷財，不害民。」方今東西織室杼柚已空，三服之官歲費不下鉅萬，又于蜀廣之間設工鑄造杯案之器，盡以金銀爲飾，夫安得而不傷財也？《孟子》曰：「庖有肥肉，廄有肥馬，民有饑色，此率獸而食人也。」方今太僕有食穀之馬，水衡有食肉之獸，而民苦饑餓，至不能饜藜藿，流離道路，展轉溝渠，能無似之乎？高帝時，作未央宮，極其壯麗，曰令後世子孫無以加。今少府工作，殆無虛日，安在其無以加也？且瘞財貨以從葬，宮女悉置園陵，此最繆妄，不可爲典，而累朝循用，恬不知革。至使珍貴之品擯棄土壤，幽鬱之氣密邇神靈。是既朘削之以奉其生，因暴殄之以殉其死，不大逆禮耶？都城西南地，民所視爲膏腴，而悉廢之以爲園囿，日馳騁其間，射獵追逐，使民不得力作，罔游罔佚者固若是耶。夫作法於儉，其敝猶奢，作法於奢，敝將安極？今公侯第宅擬於天子，庶人屋壁或被錦繡，妻妾逾制，衣服器用無等，凡此皆必病財。然非下敢自爲也，縱欲敗度，其源在上。名器紊亂，紀法不彰，所繫非細故矣。惟陛下法古之儉，損今之奢。凡所自奉，悉從省約。夫一絲縷之細，一器物之微，孰非民力也？下供之甚艱，而上用之不甚惜。不甚惜則務多取，務多取則必厚斂，民能堪之哉？故臣謂今尚服所進不過數笥而足，宮女不過數十人而足，廄馬亦不過數十匹而足，其餘盡可減損。若諸陵女子，俱宜遣歸。城南苑地，宜令復業。則經用有節，賦役可省，禮制既明，僭逾自息，文景之盛庶幾可復見乎。《書》曰："不貴異物賤用物，不作無益害有益。"又曰："慎乃儉德，惟懷永圖。"是在陛下留意焉。臣禹不勝惓惓，不敢不盡其愚。

請告謝賜銀幣馳驛疏

日講官臣某謹奏：爲恭謝天恩事。

該吏部題覆"爲久病不能供職，懇乞天恩，容令回籍調理事"，奉聖旨："是。王家屏准回籍調理。伊係日講官，特與馳驛去。仍賜路費銀二十兩、紵絲二表裏。欽此。"臣捧讀綸音，不勝感激，謹扶病叩頭祗領訖。

伏念臣猥以譾陋，幸際昌明。荷蒙皇上拔自史垣，俾參講席。微勞未效，宿疾侵尋。雖乞假以暫調，如沉痾之難拔。曠瘝彌月，憂深弦晦之移；疾痛呼天，懼瀆雲霄之聽。乃蒙聖慈曲軫，容假息於蓬蒿；寵賚特頒，獲敷榮於枯朽。乘郵續食，道路藉以光華；彩幣精鏐，里閈騰其輝潤。叨恩至渥，揣分奚堪？天地之大德曰生，幸回起色；日月之末光伊邇，忍遂遐心？臣無任瞻戀闕庭、感激天恩之至。

入閣辭疏

吏部右侍郎兼翰林院侍讀學士臣某謹奏：爲披瀝悃誠，辭免殊常恩命事。

准吏部咨，傳奉敕"吏部王錫爵升禮部尚書兼文淵閣大學士，著差官行取馳驛來京。王家屏升吏部左侍郎兼東閣大學士。俱入內閣，同時行等辦事。如敕奉行。欽此"。臣聞命自天，不勝震悚。竊惟天下治亂繫朝廷，朝廷輕重在輔相。從古得人之盛，率由度德之公。或疇咨在廷，或旁求于野。謀之于衆，必灼見而灼知；任惟其賢，故其難而其慎。方今聖明御宇，宣稱極辨之朝；俊乂在官，咸抱太平之略。豈乏良弼，何有微臣？念臣學術迂疏，器能窳陋。猥蒙先帝儲養，充二史於詞林；恭荷皇上甄收，備一經於講席。徒竭呻佔之技，曾微啓沃之勞。遂自宮僚，冒冰銜于翰署；尋遷卿貳，塵水鑑於銓司。揚秕在前，愧浮華而鮮實；積薪居上，訝枯朽以疇容。極知遇主之榮，但切妨賢之懼。正圖引退，偷偃息于清時；誤辱登延，俾參聯于內閣。眷惟重地，將以備顧問而代天言；循省非材，何克效彌綸而襄帝業？忝謨謀於密勿，預機務之殷繁。譬之不琢玉而求文，厥瑕難掩；未操刀而試割，所傷必多。矧百辟巖瞻，無逾五臣之選；而蒼生雅望，偶同一日之升。鳳鷃偕翔，誠自慚于儔匹；駑駘附駕，可立待其奔疲。若不量力所能，遽此靦顏以就，豈惟輕朝廷而羞當世之士，抑恐瘝職任而累主上之明。

伏望皇上鑒亮鄙衷，非由矯飾，收回成命，別簡忠賢。儻仍守舊官，可勉圖于報塞；即放歸田裏，亦永戴乎生成。臣無任激切懇祈之至。

謝賜賻幣銀鈔疏

吏部左侍郎兼東閣大學士、今丁憂臣某謹奏：爲恭謝天恩事。

本月初一日，伏蒙皇上以臣繼母景氏在京病故，欽遣文書房官劉愷，恭捧欽賞新鈔一千貫、銀三十兩、紵絲二表裏，到臣私宅頒給。臣謹望闕稽顙祗領訖。

竊念臣猥以庸愚，被恩高厚。福量既滿，罪戾兼叢。不自滅亡，禍延臣母。臣子之分，兩不克伸；終天之恨，萬死奚贖？荷蒙聖慈，憫臣煢苦，頒賜賻儀，恩數隆施。豈臣苦塊游魂可能承載，徒增涕淚於感激，誓銜結於他生已耳。緣衰絰，不敢匍匐詣闕謝恩，無任哀頓感切之至。

請恤恩疏

謹奏：爲比例乞恩，請給恤典以光泉壤事。

頃者，臣繼母景氏病故，荷蒙聖慈軫恤，頒賜鈔幣銀兩。臣感激殊恩，揆之分涯，不啻逾溢，安敢復有希覬？痛念臣生而屯蹇，數遭愍凶。甫七歲，而臣母韓氏見背，賴繼母梁氏撫臣于髫齔之年。又七歲，而梁母復喪，賴今故繼母景氏撫臣于童卯之日。計臣五十歲之身，所繇成立者蒙臣父之教，所繇長育者更三母之慈也。臣幸遭際聖明，備員輔導。而臣父母先後見背，淺厝荒原。禮並闕于慎終，地久需于卜兆。今當扶柩還籍，合葬新阡。緣臣繼母限于明例，不敢冒請恩恤外，但臣父王憲武，累贈奉直大夫、司經局洗馬兼翰林院修撰，母韓氏累贈宜人。雖叨受誥命，而秩止五品。及臣濫竽密勿，未經考滿，亦未受本等之封，不得蒙祭葬之典。臣心非槁木，身不空桑，幸叨遇主之榮，未遂顯親之願。此臣所以裂肝摧膺、仰天而泣血者也。

查得嘉靖四年，禮部右侍郎李時以母邊氏病故請恤，奉世宗皇帝聖旨：“邊氏准照例與祭葬。李時日侍講讀，多效勤勞，伊父李棨還准與應得贈官誥命，并祭一壇。欽此。”又查得隆慶六年，禮部左侍郎馬自强以繼母張氏病故請恤，奉聖旨：“馬自强日侍講讀，效有勤勞。伊父母准給與祭葬。欽此。”臣伏自念侍講幄者十年，直綸扉者二載，雖才微功鮮，不敢比于二臣，然孝思顯揚，人子之情本無或異；而周旋左右，乞恩之例偶與相同。用是昧死冒陳，上干慈軫。伏望皇上憫臣哀苦，敕下該部查例上請，庸廣特恩，庶苦塊餘生少慰烝蒿之慕，而泉臺纍骨均霑封樹之榮矣。臣下情無任悲號控籲之至。

謝恤恩疏

謹奏：爲感激天恩憫恤優隆，恭陳謝悃事。

臣頃因繼母景氏病故，將扶柩回籍，與臣先父母合葬，具疏乞恩。伏蒙敕下禮部查議上請，奉聖旨：“王家屏講讀年久，輔贊忠勤，著給與應得誥命。伊父母照例與祭葬。仍賜路費銀五十兩、彩段四表裏。馳驛去還，差行人一員護送，以示優禮。欽此。”臣不勝感激，不勝悲慟。

竊念臣生居荒徼，家世單寒。先臣憲武屈首呻呫，竟淹衿弁以老。先母韓氏委身操作，早更荊布之貧。一室屢空，三釜不待。雖生前之有子，知身後者何人？伏遇皇上官材罔擇於細微，以致卑瑣薦躋於臐仕。曾涓埃之莫效，遽險釁之橫罹。不自省循，妄有陳乞，方虞冒昧，比例非倫。詎意慈溫，推恩越格，念其年久，褒以忠勤。予誥命而馳贈新銜，兼加邉於合壙；錫銀幣而乘郵遠路，仍遣使以護行。禮意優隆，典章焜燿。豈但非分之寵，前此所無；在臣過望之私，始亦不及。昇靈轜而就道，哀且知榮；奉慇册以歸藏，吊將相慶。伊蒿餘慕，庶少酬罔極之天；

傾藿微忱，奈漸遠長安之日。情倍悽於感戀，詞不盡於敷宣。伏願帝治光華，聖躬保艾。任賢勿貳，孚明良一德之交；典學有常，資理義養心之助。總萬機而執其要，臨下簡，御衆寬；憂四海而恤其窮，徵斂省，用度節。祲歲軫萑苻之警，暇時周桑土之防。臣苫塊游魂，無任哀鳴祈望之至。

謝賜銀幣疏

謹奏：爲恭謝天恩事。

昨該臣具奏請恤，伏蒙綸音渙發，典禮隆施。臣感激殊恩，已經具疏陳謝外，隨蒙欽遣文書房官李興，恭捧路費銀五十兩、彩段四表裏，到臣私宅頒給。臣謹望闕稽顙祇領訖。

竊念臣苫塊餘生，衰麻病骨。持喪在疚，特塵中使之臨；扶櫬將歸，復辱内庭之睨。捧精鏐其璀璨，拜文綺以焜煌。持薦几筵，重泉增賁；携歸道路，六傳生輝。激涕淚以淋浪，阻趨謝于匍匐。臣無任哀號感荷之至。

奉喪抵家謝恩疏

謹奏：爲感激天恩，馳驛回籍，恭陳謝悃事。

臣于本年八月内丁繼母景氏憂，例該守制回籍。欽蒙聖恩，賜臣馳驛及路費銀兩、表裏，仍遣官護送。臣仰荷恩慈，隨于十月初六日陛辭起程，該行人司行人趙一鵬將命護行，于本月二十日抵里訖。

臣伏自念遐荒賤士，偃蹇庸流，謬叨知遇之恩，濫厠弼諧之列。福過其分，宜爲神明所憎；禍延于家，忽焉慈親見背。靡瞻靡恃，遺兩間共棄之身；不孝不忠，負萬死有餘之罪。悲摧屢絶，匍匐疇憐。猥荷聖慈，特垂愍恤。予之金帛，珍分内府之藏；給以車徒，綍藉縣官之助。綸音渙發，賁寵衰麻；節使與俱，增輝旌翣。扶轝就道，頓紓執靷之勞；擁傳出關，況值銷兵之候。邊塵不聳，旅櫬遄歸。涉千里若坦途，更兩旬而抵舍。顧瞻堂寢，雖室邇而人遐；守奉几筵，幸靈安而魄妥。以此思憂思懼，彌增涕淚之零；第恐求瘼求寧，未釋疴瘵之念。望薇垣而注想，伏苫塊以陳詞。大造生成，恩禮備全于終始；私衷銜結，感圖寧間于幽明。臣無任感激哀鳴之至。

襄事謝恩疏

謹奏：爲感激天恩，專官祭葬父母，恭陳謝悃事。

先於萬曆十四年八月内，以臣繼母景氏在京病故，該臣銜哀具奏，比例乞恩。荷蒙皇上憐憫微誠，特從優恤。既給應得誥命，仍准照例祭葬。臣仰承殊渥，扶櫬還鄉。該行人司行人連標肅將明命，營兆域以維新。本布政使司參議郭性之祇奉愍書，秩籩罍其有恪。遂以今歲季春之朔，合葬臣父母訖。

竊念臣伶俜弱質，駑鈍庸材。自聯供奉之班，久佚曠瘝之罰。迨丁家難，本積釁以召菑；重忝國彝，轉因禍而爲福。在法，官未滿三年績不得貤封，而臣獨濫非時之典；親未受三品封不得蒙恤，而臣獨徼非分之恩。生我父母，長我父母，養並詘于生前；葬以大夫，祭以大夫，報乃隆于身後。敞華筵而升祔，開大隧以偕藏。封若斧而若坊，掩暎河山之色；制如綸而如綍，昭回雲漢之章。閭里競觀，共訝生人未睹；泉臺歆服，疇云死者無知。寵靈曲注于歿存，典禮備全乎終始。釜鍾不待，頓紓風木之悲；帷蓋兼施，敢忘犬馬之報？生當出力，供賦役于田間；歿且銜恩，圖草環于地下。臣無任感激哀鳴之至。

戊子辭起召疏

原任吏部左侍郎兼東閣大學士臣王家屏謹奏：爲創痛殘軀不

堪起用，懇免非常寵召，以安愚分事。

萬曆十六年十二月二十九日，於臣原籍接到吏部咨："恭奉敕旨，原任大學士王家屏，著升禮部尚書，仍兼東閣大學士，照舊入閣辦事，便差官行取馳驛來京。如敕奉行。欽此。"臣聞命自天，震惕兢惶，罔知攸措。

竊念臣一介庸愚，遭逢明聖，自詞林而拔置講席，由講席而簡厠綸扉。不逾數年，躐躋四輔。原茲非據之福，皆我皇上特達之恩也。乃寸報未伸，先慈倏殞。復蒙宸衷軫惻，恤典隆施，給傳護喪，遣官營葬，俾亡親骸骨並妥幽原，人子孝誠迄無遺憾。凡此哀榮之數，又孰非皇上特達之恩也？以聖恩如此之隆，即厚地高天，未足方其容蓋；而臣愚感恩之切，雖粉身碎首，猶將誓以驅馳。況廬居甫屆于禫除，陛召遽承乎手敕。晉新銜于八座，還舊職于中司。衆咸刮目以觀，臣敢矯情爲讓？奈何福量滿而灾虞總至，命期迫而疾疢交侵。臣素患脾虛，兼挾痰火，罔知將息，馴至纏綿。血氣滯於咽喉，飲餐作哽；疽毒盤於胸膈，腫潰頻危。此在同寅諸臣，向所習知其苦。迨更喪變，重感悲辛，沉憂積摧，宿痾增劇。倚廬三載，臥蓐經年，形雖具而精力衰頹，息僅存而神魂渫越。方恐蓋帷不待，遂填溝壑之中；豈堪簪紱重施，再立朝堂之上？此臣捧綸音而感增涕泣，撫病骨而恨切膏肓者也。伏望皇上憐臣毀瘠之軀，委難鞭策；察臣披瀝之悃，非敢枝梧。曲賜鑒涵，亟收環召。容臣依栖先壟，結竟餘年，庶止足之分少安，生全之恩彌渥。臣不勝戰慄哀懇之至。

第二疏

謹奏：爲再瀝悃誠，懇辭召命，免妨賢路，上負聖恩事。

臣于去歲十二月二十九日，准吏部咨，奉敕起臣入閣。臣具疏控辭，候旨間，隨該欽差行人司行人安希范恭承遣命，至臣里舍，趣臣起程。臣日夜叩祝，惟得旨允辭，可藉口報命。不意本年正月二十九日，接到吏部咨："該臣具奏前事，奉聖旨'卿輔弼舊臣，啓沃贊襄，忠績茂著。兹特召用，以匡治理。宜遵命上緊來京，不允所辭。吏部知道。欽此。'"臣犬馬下情，未蒙矜察，愈切兢惶。竊惟人君之起舊臣也，非徒哀憐廢棄而姑收之也，必試其有可用之才；人臣之應起召也，非徒戀慕寵榮而遂赴之也，必自度有致用之具。若臣技能短拙，資識迂愚。曩嘗待罪中司，參陪密議，一籌靡措，寸效無聞。此臣自知甚明，而亦莫逃于皇上之洞鑒者也。縱使軀殼無恙，而鉛刀已難于再割，朽木不可以復雕。皇上乃欲拔臣廢棄之中，置在深嚴之地。以臣自度，試用于昔，既以罔功；起用于今，安能責效？材具不克任也。以摧毁之軀，遘沉痼之疾，神志内折，肌膚外銷，精力不克任也。材具薄劣既如彼，精力疲憊又如此，乃責使載病趨朝，扶羸就列，則豈待顛隮已及，方詒鼎軸之羞，而即此竭蹶不支，已玷弓旌之寵多矣。雖曠恩軫舊，不察臣之不堪；大度包荒，不督臣之不逮。而盛名莫副，臣固知慚；重任難勝，臣固知懼。

夫以臣在閣二載，閣務不見其增修，迨臣歸里三年，閣務不見其積滯，則臣不足爲中書有無可知也。廟堂之上，鴻儒布列，耆宿充庭，賢于臣者甚多，如臣之比者不少，則臣不足爲朝廷輕重又可知也。使不度德而量力，徒以冒進而饕榮，上則干誤國之誅，次則絓妨賢之議，其可爲慚且懼者，豈直在一身名節之間哉？臣用是畢控血誠，直陳情愫，不避煩瀆，再冒威嚴。伏望皇上曲賜矜憐，特收涣汗，姑容衰朽退息丘樊，別簡忠良晉參帷幄，庶擴轉圜之度，同符解網之慈。臣不勝激切控籲之至。

第三疏

謹奏：爲遵命起程，陡感寒疾，困篤難前，懇乞天恩憐憫衰嬴，終賜放免，以全草土餘生事。

臣自聞召命，夙夜兢惶，深惟創痛殘軀，不堪任使，具疏奏辭，未蒙矜察。隨具臣才能淺薄、曩昔試用無效之狀，披瀝上陳，復未蒙矜察。于本年二月二十四日，接到吏部咨：「奉聖旨『朕以卿宏才碩望，密勿舊勞，特召起家，用資襄贊。宜遵成命，所辭不允。著差去行人敦促來京。吏部知道。欽此。』」臣仰荷聖慈隆篤，天語溫諄。又該欽差行人司行人安希范朝夕過臣，趣臣就道。臣用是恪遵嚴命，定於三月十七日起程。整辦行李間，不意感患時疾，寒熱交爭，痰嗽大作，頭目昏眩，肢體煩疼。蓋累七晝夜，兩目不得交睫，勺水不能入口。當延本城醫士余孟和診視，謂病在腠理，寒邪外搏，於法宜汗。遂聽其用藥汗之，既汗而煩熱不退，咳嚏不止。復延鎮城醫官楊景時診視，又謂病在腸胃，毒熱內蘊，於法宜下。聽其用藥下之，三數日間再汗再下，於是臟腑枵然若洗，而臣亦瞠然不復辨物，四肢百骸皆不可控而有矣。今游魂稍復，生意漸回，而骨力全稍[一]，精氣大耗，飲啖未復，步履猶艱。茫無痊可之期，敢定起程之日？然而君言久宿，使節稽留，則又臣怔營戰蘁，恐恐然如雷霆在上，干天譴以難逃；斧鑕居前，慢君命而莫逭者也。使成命一日未回，則臣憂懼一日未釋。臣憂懼彌甚，則病勢日增。臣一死不足惜，而有累皇上生成之恩，不能曲全其終始，則臣生有餘辜，死當有餘戮矣。蓋臣前日所辭，猶進止未定之迹；而今日所請，則生死莫必之身。其勢誠急，其情誠可悲也。

伏望皇上憐察悃誠，收回徵命，俾臣得以從容醫藥，調攝尫羸，則自今有生之年，皆皇上再造之賜也。臣不勝戰慄隕越之至。

召還辭進秩疏

謹奏：爲奉詔起家，叨恩逾格，懇免新升職銜，以圖報稱事。

臣頃叨蒙起詔，累疏辭免，未荷允從。忽感沉痾，困篤幾殆，以致遷延里舍，稽誤簡書，慢命之誅，萬死莫贖！伏蒙聖慈寬貸，諭以偶疾不妨調理，勖之加慎，以副眷懷。臣感激天恩，扶病叩闕，遂以本月初六日就道，二十一日入京，於鴻臚寺報名見朝訖。

顧臣尚有萬不自安之情，不敢不直陳於皇上之前者。臣伏考本朝閣臣，既罷而復起者最少，除服而復起者為尤少。間或有之，止於復除其舊職，未聞升授以新銜也。乃臣柴毀餘生，棘樂穢質。起官東閣，已驚破格之恩；晉秩南宮，寔切循墻之懼。蓋尚書上應台斗，喉舌之寄匪輕；而宗伯分率春曹，禮樂之用為急。必名賢碩德，望重巖瞻，宿學鴻儒，才優黼藻以居是任，始能其官。臣以至愚極陋之資，乘鉅痛深創之後。三年不為禮樂，久疏檢押之坊；一旦而廁冠裳，曷稱寅清之地？處非其據，則負乘之寇可虞；舉莫能勝，將折足之凶不免。此臣所以徘徊道路，趑趄而不敢前；瞻顧班行，逡巡而不敢就者也。

伏望皇上俯察愚悃，特免新銜，俾臣仍守舊官，少圖後效。庶名器慎重，上無誤及之恩；分義獲安，下釋僥逾之愧。臣無任激切祈懇之至。

到任題面恩揭

謹題：臣欽蒙聖恩，差官行取來京，於本月二十二日見朝訖。緣次日適遇免朝，未獲面恩。該同官臣申時行等題請，令臣先行謝恩，到閣辦事，候補面恩。奉聖旨："是。欽此。"臣謹遵依，於二十六日到任訖。

竊念臣三年去國，久罹枕塊之虞；一旦起家，再玷演綸之直。傴僂拜命，覥冒就班。雖咫尺天顏，未遂瞻承之願；而參陪

禁近，預充顧問之員。臣自今敢不精白乃心，恪共厥職？盡忠弼
違而輔德，誓仰答乎洪慈；同寅協恭以和衷，期共襄乎至治。除
恭候皇上御門之日另補面恩外，謹具題知。

請御朝講發章疏疏

禮部尚書兼東閣大學士臣王家屏謹奏：爲朝講久輟，章疏稽
留，敬效忠規，上干聖聽，以隆政體，以慰群情事。

臣往年守制回籍，叩辭天顏，歸伏苫廬者三載。叨蒙起召，
再點[二]朝行，朽質衰材，寔慚稱塞。所恃聖明在上，賢哲居前，
或可勉循舊職，將順休德，助宣下風。乃自入京以來，已逾三
月，尚未獲一瞻天表，一奉玉音，私心旁皇，良用悚仄。以臣庸
鄙，雙鳧乘雁，來去飛集，何足有無，誠未敢徼一顧之恩爲寵。
獨念堂陛之交，所恃以存其體貌者，惟有朝講；軍國之政，所恃
以集其謀議者，惟有章疏。臣往年恭侍朝講，竊睹皇上宵衣聽
政，日昃橫經[三]，至勤也。乃今朝講久輟而不御，皇儀闕於展
究，聖學倦於緝熙，勤勵殆有間焉。原其初，偶以聖躬靜攝，暫
時傳免耳。後來因循之久，安如故常，冊封遣官而免，郊廟奏祭
而免，典禮爲之並廢矣。目今聖壽屆期，捧表入賀者雲集，萬國
之所屬目也，尚可端居大內而不一出乎？一出而群疑之洶洶盡
消，頌聲且遠播矣。臣往年參預樞機，竊記皇上暖閣咨詢，郊壇
宣諭，至斷也。乃今章疏頻留而不下，內閣不得票擬，外庭無由
稟承，省決殆少疏焉。原其初，偶以聖意未協，間一留覽耳。後
來停閣之多，寖以稽滯，事關黜陟刑賞而留，關民生國計而留，
綱紐爲之漸弛矣。目今皇儲虛位，上書力請者鱗次，四海之所傾
心也，尚可留疏禁中而不亟定乎？一定而讒口之曉曉自息，國本
且不搖矣。蓋皇上法象猶日月也，及萬方仰照之辰而宣其光，照
臨彌遠；皇上之命令猶風霆也，乘群情鬱積之時而施其聲，鼓動

彌迅。故臣願皇上早御朝講，無違祝聖之期；畢發封章，首下建儲之議。誠冀舉一時之曠典，快萬方之睹聞，爲聖德計，爲國體計，非便臣一人瞻奉之私而已也。臣不勝隕越待命之至。

聖諭謝疏

謹奏：昨日該文書房官李文輔口傳聖諭："王閣老忠愛之心已有了。昨升殿，頭眩，坐不久。欽此。"臣不勝感激，不勝欣怖。竊念臣頃具疏，恭請皇上視朝，葵藿之心雖特專於向日，而犬馬之誠實未足以動天。伏蒙皇上聖壽之辰已展升殿之禮，茲常朝之日又舉御門之儀，此固百寮庶寀祈望之同情，非臣一人忠愛之私悃也。得蒙嘉納，已彰聖度之能容；猥辱褒嘉，敢謂此心之既竭？

伏願皇上慎起居之節，茂迓天麻；擴虛受之懷，益弘聖聽。既於朝講之請，略見諸施行；更於章疏之陳，數勤於省覽。庶微臣忠愛之念得以少伸，皇上采納之恩不爲徒悅矣。臣不勝感抃祈懇之至。

申救大理寺評事雒于仁疏

謹奏：爲輔理失職，上誤聖明，致生妄議，自請罷斥，乞恩矜宥狂愚事。

臣惟人主置相，責使保乂王躬，輔養君德，職親任重，非庶官之比也。人主出入起居之節，庶官所不及知者，相臣得先知之；人主耳目心志之娛，庶官所不敢諫者，相臣得豫諫之。是以能止慝于未形，防欲于微眇。弼成主德于內，而宣昭令名于外。夫然百司庶職其將順之不遑，尚何妄議之有？妄議之興，咎在相臣失職，不能導主于善，匡救之不力，而彌縫之誼疏也。

臣起田間，再參輔弼之末，已逾數月。竊見天時物候灾沴頻

仍，國計民生公私匱乏，私憂過慮，無日不惕然于懷。而值皇上
端居大內，堂陛不交，款款之愚無由自効，俯循職事，思引罪自
劾久矣。顧猶謂聖躬靜攝，方在調護之時，且詔旨丁寧，有非取
安逸之諭，是以逡巡有待，未敢遽以爲言也。適接得大理寺左評
事雒于仁一本，大要謂聖體愆和，病在酒、色、財、氣四者，列
爲四箴以進。臣初訝其詞語狂誖，指事虛誣，疑其誤聽訛言，妄
生臆說，愚戇之罪，良無所逃。已而思之，于仁，庶官也，於皇
上之起居尚及知之，於皇上之愆違尚能諫之。臣職親於庶官，任
專於輔導，乃尚有所不知不諫。夫不知失職也，知之而不諫失職
也，安可獨罪于仁哉？使于仁之言誠誤且妄，猶可諉也。倘其一
事偶中，一言或投，以聖躬之康豫，而真有陰陽之患干伐其天
和；以聖德之清明，而真有雲霧之翳障蔽乎日月，爲臣子者何忍
諉之不知而不諫乎？故臣於于仁之規，寧幸其誤且妄也，無寧事
皆中、言皆投也。誤且妄也，罪止於于仁一人之禍耳。事皆中、
言皆投，于仁蒙罪而言之，爲宗社生靈救無窮之禍，乃所以爲忠
也。何者？甘言疾也，苦言藥也。善養生者，不以無疾而棄攻砭
之方；善養心者，不以無過而厭箴規之語。有藥於此，食之雖瞑
眩而可以瘳疾，人必顰蹙而强服之矣。于仁之四箴以規皇上，則
爲妄試之醫以備養生，未必非延歷之術也。此臣所以謂于仁爲忠
也。若臣者從諛承意，緘默苟容，無能匡正宸樞，彌縫袞闕，上
虧聖明之譽，而下陷庶官，俾以愚戇蒙不測之威，此乃真所謂不
忠之臣，不可一日在左右者也。

伏乞皇上罷臣歸里，以示尸素之懲；矜宥于仁，以廓優容之
度。庶臣工競勸，聖德彌光。臣無任披瀝冒懇之至。

庚寅自劾請罷疏

謹奏：爲起用逾年，尸素無補，自劾請罷，以避賢路事。

臣聞之《書》曰："無曠庶官，天工人其代之。"言人君代天理物，宜分任庶官，不可使一官或曠。一官曠，則一事廢矣。一事之官且不可曠，況陪輔弼之任者哉？臣起田間，再從同官三臣後參預大政，一年於此，居官甚寵，受禄甚厚，所叨大官供饌、上方資賜甚豐。乃程功計能，曾不得比一官之職。臣藏其拙，而使三臣獨任其勞，臣誠不勝惶汗愧悚。夫署銜伴食，無所事事，古之爲亞相者多有之，顧在清静寧一之時則可，非所以語于國事艱危之日也。有器於此，三人舉之而以不勝爲患，益一人焉力不加多，則益者慚矣。天下事豈但一器之任已哉？

昔人有言，宰相上佐天子，理陰陽，順四時，下育萬物之宜，外撫四夷，内附百姓，使卿大夫各得其職，其任之重未易舉也如此。今時則更難矣，天鳴地震、星隕風霾、川竭湖涸之變疊見于四方，水旱蟲螟凶荒之患、夭昏札瘥癘疫之殃交叢于累歲。天時物候乖沴如此，則調燮之難。套虜螽屯于陝，土蠻猖獗于遼，貢市諸夷復虎啖狼貪于宣大。虛内以事外，内已虛矣，而外患未休；竭民以供軍，民已窮矣，而軍餉積缺。此邊腹並潰之勢，兵農俱困之時也。民生國計匱乏如此，則均節之難。至若奉公憂國之臣，盡忠竭節之吏，師師濟濟，布滿中外，如臣之庸劣不勝任者，誠鮮其人。然而議論紛紜，罕持大體；簿書詳緻，祇飾彌文。綱維廢弛，而玩愒之風已成；名實渾殽，而僥倖之途漸啓。士風吏治惰窳如此，則董正之難。以至重之任，當至難之時，使三臣蒿目而憂，刳心而畫，而臣智不能贊一籌，力不能効一臂，則安用臣爲哉？將令臣具員侍從，備顧問之末行而已。亦必皇上假清燕之間，臨御外庭，延見便殿，臣雖不敏，猶可以隨執經荷橐之班，陳伏蒲造膝之誨。乃今皇上深居静攝，朝講稀臨，計臣一歲間，僅僅於去年八月一奉朝參，今年元旦一奉召對而已，自餘月日，求一瞻衮冕之容不可得。間嘗一進瞽言，略蒙慰諭，竟與諸司章疏事關規諫者並寢不行，臣自是遂不敢復有塵瀆。蓋臣竊自量德望學術孰與三臣？以三臣佐政久，受知深，猶且抱忠而不得施，告猷而不見納，如臣之鄙，乃欲以犬馬之誠動天、蚍蜉之力撼岳，計終不能感格高厚，迴旋分毫。此臣所以上負恩慈，中慚同列，而下靦顏于庶官百執事者也。

目今驕陽爍石，飛塵蔽空，小民走望不寧，號呼愁痛之聲殷天震地，而獨未徹九閽之內，上軫皇情。恭憶曩年齋居修省之誠，郊壇步禱之典，敬天一念，昔何以虔，今何以懈乎？臣即不能與巫尪並暴，導上欽畏之忱，而尚貪官爵之榮，優游逸豫，《詩》曰："天之方蹶，無然泄泄。"此豈臣泄泄時也？

臣用是自列罪狀，冒瀆宸嚴，冀賜罷歸，以避賢路，庶少逭曠官之愧，免干誤國之誅。臣無任戰慄待命之至。

第二疏

謹奏：爲再瀝悃誠，自陳乞罷，以彰聖聽，以弭天災事。

臣頃自劾請罷，伏奉聖旨："災異頻仍，朕深加警省。卿爲輔臣，忠慎素著，正當贊襄實政，豈得引咎乞休？宜照舊輔理，不允辭。吏部知道。欽此。"臣感激天恩，寬臣罪譴，仍賜慰留，豈不知被濯此心，勉圖策勵？顧臣所以引罪乞休者，非爲臣一身去就計也。臣不肖之身，若九牛一毛，去就何足輕重？臣所慮者在聖躬，在宗社，而前疏所陳，止據時事艱危著[四]，臣失職之罪而已，乃臣夙夜憂懼，有不能頃刻安其位者，尚未敢盡言也。夫人臣事君，如子事父母。父母有疾，爲子者謹視湯藥，必瘳乃已，此至情也。自臣至京一歲，皇上靜攝之旨屢形傳諭，曰眩暈動火，曰飲食少思，曰眼目障澀澀，如此者不止一次，臣子之心能自安乎否也？幸而聖體康豫，而不能朝夕獻替，導主德于緝熙，則不安。即或聖體愆和，而不能左右調護，導聖躬以節宣，則尤不安。此臣之夙夜憂懼者一也。皇長子膺主器之重，具冲睿之資，中外臣民繫心已久，請册立未許，請豫教未許，國本莫定，群情危疑。此臣之夙夜憂懼者二也。禁庭深密之中，侍御僕從之事，喜怒過當，則聖性累其和平，呵責太嚴，則群小震于摧壓。此臣之夙夜憂懼者三也。臣抱此憂懼之衷，兼遘灾危之會，揣循才力，既不能有濟于時，積累精誠，又無由感通于上，此臣所以内愧尸素，不能頃刻自安者也。

皇上幸垂省臣言，上軫天變，下恤民艱，亟修朝講之儀，早定儲闈之議，自餘寬政次第施行，即褫臣官，是臣之説效也，臣有何辱？若徒留臣，充位而已。臣犬馬微誠，不克究宣，仍復竊禄苟容，以妨賢路，臣罪彌重。臣昧死再懇天恩，將臣罷歸田里，庶可以消弭灾變，慰安人心。臣無任戰慄隕越之至。

第三疏

謹題：臣頃再疏乞休，未蒙聖斷，席藥待命，正切怔營。今日伏聞聖駕出朝，爰自大小臣工，下至輿廝走卒，無不歡欣踴躍，望車馬之塵而喜色，聞鐘鼓之聲而動容。乃臣偃蹇之踪，適在譴訶之域，夢徒驚于視夜，身竟阻于瞻天。未即違離，尚覺雲霄之近；一經臨照，頓回日月之光。帝德維新，不崇朝而譽宣四表；愚忠可采，即三黜而榮並九遷。伏冀曠恩，俯從微懇，特罷歸于田里，免詒玷于朝行。臣無任歡感祈望之至。

給假調理疏

謹奏：爲感患宿疾，不能赴閣，乞恩給假調理事。

本日，該文書官李相口傳聖旨："著内閣傳與王閣老，便到閣辦事。"臣聞命自天，不勝感激，即當匍匐趨朝，勉供職事。緣臣具疏自陳，未蒙聖斷，正在席藥之時；況昨日聖駕臨朝，未獲隨班，尤切向隅之恨。加以憂思過度，驚悸傷心，鬱火上炎，宿痾暴作，見今委頓牀蓐，羸憊不支。此殆臣福盡災生之辰，命畢緣窮之日也。謹此伏枕哀鳴，上干慈惻，將臣亟賜罷免，俾得生還，或暫賜假期，准容調治。臣無任戰慄控籲之至。

謝賜猪羊酒米疏

謹奏：爲感謝天恩事。

該臣以患病乞假調理，伏蒙聖恩，欽遣御前牌子陳朝齋賜臣鮮猪一口、羊一腔、甜醬瓜茄一罈、白米二石、酒十瓶，到臣私寓。臣謹扶掖焚香，望闕叩頭祇領訖。

竊念臣本以惸疚殘軀，浸淫滯疾，出山之日已狼狽而不支，升朝以來覺尫隤之彌甚。會恒陽而不雨，莫分雲漢之憂；心憚暑以如熏，卒遭陰陽之患。爰杜門而請告，正仰屋以呻吟。驚傳中使之臨，紛异尚方之惠。兼牢美粲，侈充牣于庖廚；旨酒嘉蔬，藹苾芬于尊俎。儼威嚴其咫尺，無能正席而嘗；苟視息于須臾，獨有撫牀以泣。精魂耿結，寧忘豢養之恩；骸骨乞還，早望生全之澤。臣無任感激荷戴之至。

乞骸疏

謹奏：爲滯疾難痊，乞恩放歸田里，以延殘喘事。

臣頃以患病給假，伏蒙聖恩准臣調理，仍頒賜猪、羊、酒、米、瓜茄等物。臣感激洪慈，委身醫藥，固冀少收調攝之效，仰答生全之恩，此臣之至願也。乃今旬日以來，憂生之念愈危，而心火愈熾；攻疾之藥愈力，而脾土愈傷。食飲下而即停，漸成關格；形神離而不屬，是處頑麻。當盛夏以猶寒，或通宵而少寐。不但臣自憐其困篤，非針石之可投；即醫亦訝其沉綿，謂歲月之難保也。

蓋臣福量本淺，淺則滿而易傾；病根已深，深則痼而難拔。及今休退，尚可望其生還；倘復遷延，將恐上辜恩造。況樞庭密勿之地，一日二日萬幾殷湊，官未可以暫虛；乃宵衣勤勵之時，一朝再朝屢策不前，心曷安于偃臥？伏望皇上憐臣淹病，勢已侵尋；察臣苦衷，詞非推托。早准休致，容假息于丘樊；別簡名賢，俾分猷于帷幄。庶輔相得人而重，可無充位之羞；微臣處己而安，獲免妨賢之繆。臣無任伏枕哀鳴控籲之至。

溫旨眷留謝疏

謹奏：爲感奉恩綸，力疾陳謝，并抒愚悃事。

該臣以患病在告，具疏乞骸，伏奉聖旨："卿方憂國獻忠，正合盡心匡濟，豈可引疾乞休？宜即出輔理，以副倚任，毋得再辭。吏部知道。欽此。"臣竊自念草土殘人，久甘淪棄，謬蒙恩造，拔至周行，夙夜積思，誓捐糜此身，仰酬知遇。此臣之志也，亦臣之分也。乃升朝一歲，上之無以輔相德義，抒致主之忠；下之無以裨贊猷爲，佐匡時之補。臣虛庸不任之狀已見於此矣。會時亢旱，引罪乞休，未即准從，旋嬰疢疾，杜門奄逾一月，臥蓐亦已經旬，偃仰私居，久曠閣直。臣之羸憊不支之狀又見於此矣。由前言之，失職當罷；由今言之，抱病更當罷。固未有未病而求去，已病而反留者也。況頃皇上宵衣聽政，御幄再臨，而臣不獲隨仗下之班；手敕恤災，德音四達，而臣不獲預帷中之議。是皇上有轉圜之度，而臣將順之未周；皇上有求瘼之懷，而臣助宣之無序。臣之愚戇淺陋之罪又見於此矣。皇上幸寬譴斥，復賜眷留，且嘉其憂國之誠，謂有獻忠之志。勗之盡心匡濟，効輔理之勤；戒其引疾再辭，副倚任之重。臣捧讀神竦，感激涕零。自惟樗腫之材，曷勝褒飾？駑疲之力，久怯驅馳。情莫遂于乞骸，勢必至于折足。此所以旁皇趑趄，懼前愆之莫贖，憂後効之難期也。顧身輕命重，豈再四之敢辭？但神慣形羸，非旦夕之可出。倘少寬于時日，或勉竭于支持。更願皇上勵精匪懈，受諫能容。擴一念之憂勤，慎其終務如其始；集衆思之獻替，用其身必行其言。臣無任感激祈望之至。

校勘記

〔一〕“稍”，據四庫存目本當作“消”。

〔二〕“點”，天津人民出版社《輯校萬曆起居注》作“玷”。

〔三〕“橫經”後，天津人民出版社《輯校萬曆起居注》有“無時稍懈”四字。

〔四〕“著”，據民治學社本當作“者”。

奏疏二

請宣諭三輔臣揭

謹題：今早文書官李文輔發下首輔臣時行本，令臣擬票。臣昨與同官臣錫爵曾具揭請發主事蔡時鼎等論時行疏，至今未蒙明示，未敢擅擬。獨念臣猥以諛庸，參聯內閣，向來閣務寔賴三臣。在前，臣時行總持其綱，臣國、臣錫爵分理其緒，臣是以得蒙成處佚，掩拙藏疏。頃因時行與國稱疾杜門，殆將兩月，止有錫爵與臣在閣，重任併負，已覺不勝。而錫爵忽于昨日又復不入，樞機要地，遺臣一人，發下本章，無論事體，茫然莫知擬議。而顧瞻禁直，寂聞蕭條，有臣若無，成何景象？

據三臣所以不出，在時行與國，則因人言屢至，國是未明；在錫爵，則因儲位久虛，國本未定。律以大臣之義，雖無所逃；原其求去之心，良有所激。蓋人主所托以繼體者，莫如元子，故諭教貴蚤；所願[一]以共治者，莫如輔臣，故信任貴專。皇上于元子，亦既明示其長幼之序矣，乃廷臣屢請册立，未即允從，反責其求榮賣直。在皇上若欲少待時月，而百官萬姓因聖意之久不決也，輒造妄傳訛，猜議橫起。錫爵見以爲社稷安危所繫，故不得不以去就爭，所謂涕泣而道，一惓惓忠君愛國之至情也，豈得已哉？皇上于輔臣，向嘗面諭以股肱之托矣，乃小臣屢疏譏評，未即剖決，概置之停閣不行。在皇上若欲悉屏煩囂，而後進小生因諸疏之留不下也，將乘間抵隙，侮玩愈滋。時行等以爲主心疑信難明，故不得不以骸骨請，所謂讒言則退，一惴惴憂讒畏譏之苦抱也，亦豈得已者哉？

皇上誠察三臣迫切之衷，念一體相成之誼，迴旋聖慮，需發德音，遣官慰諭三臣，趣令即日赴閣，相與咨謀大計，鎮戢群囂，務使國本不搖，人心翕定，庶幾彰皇上優禮輔臣之體，副臣民遠邇屬望之情。不然，三臣求去之章陳乞未已，章章裁報，日日慰留，不惟旨意頻繁，有勞批答，而閣務叢委，疇克贊襄？臣不揣僭逾，恭擬聖諭一道，連首輔時行及次輔國原本一併上進，伏惟皇上裁定，遣命鴻臚寺官傳諭施行。臣不勝懸跂待命之至。

請冊立揭

謹題：今日文書官潘朝用發下首輔時行及次輔國、錫爵各謝恩疏，命臣票擬。臣謹遵依票進。隨蒙文書官李文輔將時行本發下，而國與錫爵本未蒙發出。臣竊思三本同時票上，而有發有不發，意者國與錫爵本中有請冊儲宮之說也。夫冊儲之請，非獨二臣所當請，亦臣所當請也。請之而皇上不從，非獨二臣當去，即臣亦當去也。抑非獨臣當請，臣當去也，自大小臣工，凡請于皇上而不得者，蓋無不有求去之念矣。

昨者，皇上于九卿之請則嚴旨切責，于禮部之請則奪俸三月，百僚庶寀無不悵然失望，惕然寒心者也。特皇上處深宮之中，不及見外面人情搖搖景象耳。今九卿不敢復瀆，禮部不敢復爭，惟臣等二三閣臣[二]，忝受皇上股肱腹心之託，言猶得進，計或可行。乃於臣等之言復不見納，臣等而下誰敢復言？誰何所言皇上乃聽？誠使皇上不聽，臣下即可無言，臣等何樂強聒？顧臣等不言，言者方多。言者愈多，聖怒愈甚。聖怒不解，群疑轉深，嘵嘵之爭，何時而已？臣為此懼，故於二臣本中俱擬票云"冊儲事諭旨甚明"，蓋因昨聖諭中有"少待時日，候旨舉行"

之語也。即如聖諭候旨舉行，臣等猶恐時日遷延，未能久俟，豈有併此諭旨亦復遲疑者哉？臣謹披瀝愚誠，上干聰聽，乞將二臣本及早發下，以安二臣之心，令其亟出。待首輔時行到閣，仍容臣等具揭，恭請皇上定擬冊立豫教之期，庶使大小臣工驚相嘆服，仰見皇上所以詰責九卿、禮部，原無他意，蓋不欲催之以激聒，而欲斷之以從容；不欲部寺臺省雜議于外庭，而欲與二三閣臣決策于帷幄也。豈非大聖人之識略，迥出尋常萬萬者哉！不然，臣等以屢疏爭之而不得者，以一去塞責而有餘；而皇上所與共圖宗社之大計者，臣不知當待之何日，而決之何人也。臣不勝涕泣懇祈之至。

第二揭

謹題：臣昨因次輔國、錫爵各謝恩本未下，臣竊意二臣之疏並爲請冊元儲，而臣所擬票帖有“諭旨甚明”之語，或未當聖意，遂致留中，因敢具揭塵瀆。伏蒙皇上省納臣言，將二臣疏從臣擬票同時發出，且特賜御札諭臣。仰荷宸聰垂鑒，聖度轉圜，臣不勝欣戴，不勝佩服。

臣恭繹聖諭，以臣等爲輔弼大臣，受股肱重任，欲臣等傳示聖意，以釋衆惑，分析群言，以解搖亂。臣等備員禁近，感承皇上眷倚至恩，以分而言，則輔導善誼者，臣等之本職也；以情而言，則奉揚休美者，臣等之至願也。皇上一言之善，一政之得，則臣等與其光榮；一言之違，一政之失，則臣等均其恥辱。臣等豈不欲宣示德音，使諸司誦聖，四海稱明，化疑惑爲信從，鎮搖亂爲寧壹，而臣等亦與有榮譽哉？顧事有關于宗社之大計，非臣等一肩背之敢擔；議有出于兆億之同然，非臣等一口舌之能定，則正今日冊儲之典是也。當萬曆十四年，諸臣嘗以爲請矣，而皇上不許也，將言者重罪之。今五年矣，諸臣以爲請，皇上又不之許也，而又重罪之。夫請之而不許，臣下已不能無疑。不許而又罪之，此疑惑之所以益深，而搖亂之所以益衆也。臣等于此時，豈但不能傳示聖意以釋衆惑，以解搖亂，而身爲輔弼之臣，不能勸上早定大計，方且爲衆所疑，爲衆所詆，安有身在疑惑搖亂之中而能定群下之疑惑搖亂者哉？下既不能逃責于百司，上又不能得請于君父，勢不得不以去就引決。股肱大義，犬馬至情，誠非得已，敢以去留之術要挾君上哉？夫欲釋衆疑，莫若大信之早全；欲解搖亂，莫若聖志之早定。雖目前舉行，未敢遽必，而欲過十歲，則似太遲。臣謹遵諭旨，傳示二臣，趣令入閣辦事，待時行到閣，再容臣等恭請宸斷。臣不勝悚慄祈懇之至。

第三揭

謹題：今日文書官李浚到閣，口傳聖諭："冊立事，如明年春夏科道等衙門不來瀆擾，便於明年冬傳旨冊立。如再來瀆擾，直待十五歲冊立。欽此。"臣伏奉聖旨，竊幸皇上燕詒之謀已定萬年之計，冊立之舉不出一歲之間。群臣累疏請之而未諧，皇上片言決之而已確。臣等不勝歡忭，不勝蹈舞，宜即傳示聖意，徧諭諸司。第又思之，數年以來，兩京部寺、臺省諸臣所以連章累牘請冊元儲，不避瀆擾之罪者，正以元儲漸長，冊禮未成，雖云候旨舉行，而未示的確之期。年復一年，日延一日，此群情之所以搖惑，而請乞所以頻繁也。今元良之建，斷自宸衷；冊立之期，擬於來歲。聖心一定，臣下幸成命之可守，皆當喜色以歡傳；明冬遄臨，臣下幸大禮之將行，皆當詘指而供[三]俟。此不待禁其瀆擾，而自然無言之可瀆，無事之可擾矣。

臣恭奉德音，欣承休美，祇恐口傳天語，宣布未周，不如皇上親發綸音，播告尤速。謹擬傳帖一道，伏望皇上覽裁，發下禮部施行。所有"再來瀆擾，直待十五歲方冊"之說，容臣默示聖意，戒諭諸臣，似未可入之傳帖。如此聖諭益切，聖德益光。
儻此諭一出，而諸臣再有瀆擾者，臣當甘伏欺誤之罪焉。臣不勝
慶忭對揚之至。

第四揭偕同官上

謹題：昨二十八日，該文書官李浚口傳聖諭："冊立事如明
年春夏科道等衙門不來瀆擾，便於明年冬傳旨冊立。如再來瀆
擾，直待十五歲冊立，欽此。"臣等恭擬傳帖一道進上，隨蒙皇
上復遣文書官李浚到閣宣諭臣等："札子不必用，只須口傳。著
明年傳各衙門造辦錢糧，後年春舉行冊立。再有瀆擾者，定如前
旨待十五歲行。欽此。"臣等不勝欣喜，遵奉即日傳示部科訖。
臣等又慮恐大小諸臣不能盡曉聖意，倘萬一再有激擾，致取遲
延，是臣不能奉宣德音，耽誤大典之罪也。因復面會禮部三臣，
備宣聖意。三臣皆歡然舉手，仰頌皇上明聖，曰："誠如聖諭，
誰敢復有激擾者哉?"下至百僚庶寀、六軍萬姓，嘖嘖妄議之口，
咸化爲謳歌；洶洶搖亂之情，悉歸于鎮定矣。從此宸聰靚密，絕
無煩聒之干；聖志清寧，安享和平之福。豈非神人胥悅之會，宗
社無疆之庥哉！

臣等謹恭報成命，仰紓聖懷，兼陳謝悃。伏望皇上計周根
本，教始宮闈，堅大信于四時，衍鴻圖于億載。臣等不勝抃舞祝
願之至。

請票三輔臣本揭

謹題：臣本資識愚庸，才力綿薄，在閣年淺，事體生疏。偶
值同官三臣相繼請告，臣單身守直，承辦文書章牘至前，惶惑靡
措。出則造問首輔時行，乃知其首尾；入則檢尋中書故牒，始得
其根因。旬日以來，竭蹶殊甚，代斲已見其傷手；扛鼎漸至于絕

筋。臣犬馬顛隮，誠不足恤，而致萬幾叢脞，庶績其隳，滋玩愒于諸司，詒憂勞于君父，此臣之所夙夜悚懼，寢食不遑者也。

夫一郡一邑之官，猶尚有長有貳；一都一鄙之役，亦必有正有陪。豈有天下之大，萬乘之尊，可使輔弼缺人，四鄰虛位也哉？幸昨聖諭傳宣，人心僉定。正宮府清寧之日，君臣相悅之時，同官三臣，俱各瞻戀皇慈，早晚畢出。但時行因有南京主事蔡時鼎、司業劉應秋、御史章守誠各本未下，尚欲辯明。而次輔國乞假本、錫爵謝恩本，亦尚留中，不免延候。懇乞皇上俯念內閣重地，股肱大臣不宜久曠，將前本一併發下，容臣票擬，上取聖裁，趣令亟出，庶贊襄有賴，信任彌光。臣不勝迫切懇祈之至。

回口傳聖諭揭偕同官上

謹題：今日文書官劉宣到閣，口傳聖旨："册立之事，只傳與先生每，先生是股肱大臣，如何傳與各衙門？瀆擾自十四年起，至今屢屢未止。該部回甚麼話？別的話如何不回？爲臣的疑上，爲上的不得不疑，朕所以動火。自今之後，不許聒擾。欽此。"臣等不勝惶懼，不勝悚惕。

竊念臣等備員禁近，仰見淵衷純一，聖度光明，真如天日照臨，萬邦共睹，原無纖芥可疑。止因册立一事，奏請未從，遂致訛議橫生，煩曉讒起，自萬曆十四年以至今日，無時暫靜。不但聖聰厭其激聒，即臣等亦慮其觸忤。苟可以分析群言，解釋搖亂，臣等恨不能焦脣敝舌以置辯，剖心析肝以相明也。第聖意未宣，空言無據，人心不定，瀆擾仍來，臣等安能以二三人之說詞破千萬人之愚惑？幸蒙聖謨獨斷，天語傳宣，以臣等爲股肱大臣，特示之以腹心密議。臣等祇承嘉命，敢即輕傳？顧竊念群情搖惑，原以聖意之未定也，聖意既定，則疑貳自消；衆議紛紜，原以册立之無期也，册立有期，則紛擾自息。臣等爲諸司搖惑慮，則不得不傳；爲聖心觸忤慮，則不得不傳；爲宗社大計，明斷盛美，乃傳之四海而頌聖，書之史册而有光者，則尤不忍不傳也。據部科回話，雖若瀆陳，而一念忠誠，實存將順。皇上既已布大信于天下，諸臣何敢復懷疑貳之心哉？伏望皇上大度寬容，元和珍爕，勿以臣等奉宣無狀，遂介宸衷，庶鬱火漸平，康禧茂集。臣等無任戰慄引罪之至。

給假調理疏

謹奏：爲感患疾厥，給假調理事。

臣素患痰火，舉發無時。昨因感冒風寒，誤用表藥，忽于初五日申時出閣回寓，陡發寒顫，倒地不醒，四肢厥冷，移時始蘇。伏乞天恩憐憫，准假調理。犬馬病軀，不勝感激祈懇之至。

謝賜猪羊酒米疏

謹奏：爲感謝天恩事。

該臣以患病乞假調理，伏蒙欽遣御前牌子鄭斌齎賜臣鮮猪一口、羊一腔、甜醬瓜茄一罈、白米二石、酒十瓶，到臣私寓，臣謹於卧榻叩頭祇領訖。

竊念臣擁腫賤材，支離病骨。兩年竊禄，力靡効於絲毫；百計憂生，身屢試於針石。頃一仆而不起，幸垂絕而復蘇。游息僅延，將永負生成之德；皇慈曲軫，乃勤施培植之恩。遣中使以敦臨，詔大官而亟饋。若牢若醴，惠並出于天庖；一粒一蔬，珍悉分于御廩。釀鮮備物，虛餒乘時。匍匐登嘉，乍得三咽之力；淋漓飯歠，寧誇七發之談？雖饇腹易盈，知屬厭之既久；而鴻慈湛渥，覺報稱之彌艱。鼎餗覆公，薄技業窮於今日；壺飧得士，微勞願畢於來生。臣無任感激銘戴之至。

謝病疏

謹奏：爲病勢沉篤，痊可難期，乞恩准放生還事。

頃臣以感患痰厥乞假調理，伏蒙聖恩，頒賜猪、羊、酒、米等物，臣仰戴皇慈，俯惜軀命，延醫數輩，療治百方，恨不能應手而痊，剋期即起，苟綿犬馬之餘日，勉畢奔走之微勞也。奈何福盡數窮，灾深病痼，始初昏暈仆地，迷不知人，誠不敢望有今日。乃今游息雖屬，元陽已枯。内則臟腑虛寒，臍腹絞痛，外則肢體麻木，手足不隨。即臥蓐之上，展轉已難，況下牀而行，安能動履？病勢沉篤如此，殆盧扁所不能治，造化所不能仁者也。

頃者，恭遇聖母萬壽聖節，臣不能勉隨班列，祝燕喜之禧；時下冬至昌辰，臣復不能匍匐堦墀，叩履端之慶。既積曠官之罪，兼叢廢禮之愆。此臣所以據榻椎心，旁徨悚仄，燥火爲之塞胸，惶汗因而浹踵者也。及今罷去，尚可生返鄉閭，少淹日時，懼且委棄道路。用是直陳危苦，哀懇君父之前。伏望皇上開天地之心，憐螻蟻之急，早賜骸骨，俾得歸正首丘。結草銜環，敢忘恩造？臣無任迫切祈控之至。

見朝揭

謹題：臣頃感患宿疾，伏蒙賜假調理，及乞骸求去，又蒙溫旨慰留。戴高厚之恩，亦知奮勵；撫衰頹之骨，終苦支持。委頓筐牀，奄逾旬月；勉資醫藥，幸苟須臾。仰荷生成，安敢偷惰？謹于本日恭詣午門前，見朝行禮，隨到閣辦事訖。天顏咫尺，不獲瞻承。臣無任感激依戀之至。

辭《訓録》成加銜疏

謹奏：爲無勞冒恩，披誠辭免事。

頃蒙聖諭："敕吏部，兹進累朝《訓録》，内閣輔臣效有勤勞，元輔時行著加太師，餘官如故，仍蔭一子中書舍人。次輔國加少師，錫爵加少傅，家屏加太子少保，俱各餘官如故。各給與應得誥命，如敕奉行。欽此。"該臣等累疏懇辭，乃綸音未回，部咨已至，臣等不勝慚愧，不勝悚仄。

竊惟聖王馭世，爵人而人以爲榮者，其命德公也；賞人而人以爲勸者，其論功當也。使或官不擇德則名器褻，而得之不足爲榮；賞不程勞則恩澤濫，而觀者莫知所勸。此鶏梁所以致刺，羊胃所以詒譏者也。臣誼劣無能，曠鰥多咎，故未遑悉。即如累朝《訓録》，列聖之謨烈昭垂，雖云浩汗，一代之成書具在，無俟編摩。于時首奉德音，將順皇上作求之孝者，同官三臣也；彙成鉅典，宣昭皇上繼述之休者，亦同官三臣也。在三臣始終其事，猶不敢冒以爲功。況臣出山之時，適當開局之後，手未嘗一披縹緗之帙，目未嘗一涉點畫之文，豕亥莫正其訛，甲乙未詳其類，能薄于筐篋之吏，勞微于竿牘之夫，而乃坐尸無事之功，忝預非常之渥。自匪頑如木石，全無羞惡之心；當必惕若淵冰，凛有顛隮之懼。此臣所以傴僂遜避同于三臣，而循省忸怩加之百倍者也。

伏望皇上俯鑒愚誠，非爲虛讓，亟收嚴命，以待有功。庶名器重而上無濫施之恩，分義安而下釋僥冒之愧矣。臣不勝戰慄悚惶之至。

爲同官請給假省親揭偕二輔上

謹題：昨該同官錫爵以母病乞歸，伏蒙皇上溫旨勉留，且特賜手札，遣官慰諭。臣等私相感誦，以爲皇上眷倚錫爵優異如此，不但錫爵當竭節酬知，即臣等亦宜淬志自勵者也。即日同詣錫爵私寓，勸令即出，以稱上德意。錫爵感激流涕，與臣等言：

"亦知殊恩難報，大義莫逃。第八十老親經時臥病，風燭之慮未忍盡言。倘歸侍無期，悔恨何及？"語畢涕淚被面，臣等亦皆惻然動容，不能復爲解説矣。昨聞其家信續至，母病漸增，故今再疏乞歸，情詞愈迫。臣等竊詳其疏，乞假省親與乞身求去者，輕重固爲有間，而省親危迫之際與省親安平之時者，緩急又自不同。似應俯順孝誠，暫容請假。倘謂前限五月嫌於太寬，或量改三月，差官守候，趣令如限前來。則單騎遄往，子情既得以暫伸；趣駕還朝，國事亦不至于久曠矣。但閣臣去留，臣等未敢擅便，乃擬二票進呈，伏候御覽裁定施行。臣等無任惶悚待命之至。

爲首輔辯謗揭偕同官上

謹題：今日文書官劉宣將下首臣申時行乞休本，蓋爲僉事李珬詆誣疏尚未下，故其求去甚力。臣等看得，首臣在閣十四年，事上最久，受知最深，以感皇上高厚之恩，不宜去。即今時事多艱，邊患尤亟，以大臣委身徇國之義，不宜去。即頃温綸褒答，手敕慰留，不啻再四。昨傳諭部院，令其申敕庶官，各修職業。雖概爲國體，實專爲首臣，以皇上信任眷留之切，不宜去。乃今屢疏乞休，堅臥不出者，豈忍負上恩而忘臣節哉？蓋緣比來世道傾危，朝綱頹壞，即首臣爲人上所素知，翼翼小心，孜孜爲國，忠誠廉介，周慎包容，而浮薄之士乃益恣蔓斐之奸，附和之徒遂競成鬼蜮之黨，席未暖而遽撤，户方闔而又扃，其受侮亦已甚矣，其情事亦良苦矣。至今珬疏尚未發下，竟不知其疏何言，所言何事？臣等亦爲憂疑莫決，憤惋不平。竊念人臣北面而事君，雖無論尊卑内外，但朝廷之上自有紀綱，位宁之間自有體統。以時行之事皇上，與珬孰深？以時行之總百官，與珬孰重？若珬可以言，則何人不可言？珬之言可信，則何人之言不可信？雖皇上照臨如日月，不爲浮言動搖；涵納如滄溟，不使讒説流布，而群小工于窺伺，易生揣摩，彼見不蒙處分，愈加輕侮，則時行雖有戀主之誠，欲不去而不可得矣。

伏望皇上審辨忠讒，早賜裁斷。將以首臣爲當去乎，宜明示保全之旨，以完君臣始終之義。將以首臣爲可留乎，乞將李琯本特賜檢發，使人昭然辯其罪狀之有無，曉然明其心迹之邪正，不宜泯泯没没已也。臣等干冒宸嚴，不勝戰慄待罪之至。

請無更册期揭偕同官上

謹題：臣等竊惟册儲大典，前已恭奉德音，於明春舉行，不許諸臣激擾，故一歲以來，大小臣工咸遵守成命，肅然無敢譁者。不意工部主事張有德偶以造辦錢糧係其職掌，陡然具疏奏請。臣等正恐干冒宸嚴，有妨大典，不得已亦具一揭上進，意謂臣等之揭可備上裁，則有德所言不煩省覽。詎意部臣既失之輕率，而臣等又欠于周詳，致咈聖衷，特蒙詰責，將册期改于二十一年。臣等戰兢震越，殆無所容，豈敢復有陳説？第臣等淺陋，止以秋冬將近，正當傳辦錢糧之期，何知聖慮所存有過聖節舉行之意？誠知皇上有此美意，臣等方將順之不遑，豈煩詞之敢瀆？在臣等輕率奏擾，於罪本無所逃，但皇上成命已頒，大信豈容或爽？若因臣等之請遂更册立之期，則大小臣工所累疏勸之而不足，以臣等一疏壞之而有餘。求速而反遲，將行而忽止，臣等不但得罪于皇上，得罪于宗社，而得罪于中外臣民、天下後世亦不淺矣！

伏望皇上憫臣等愚昧，特霽嚴威，念大典久虛，難稽歲月，復申前者候明春之命，踐今者過壽節之言，仍准于二十年行，宣示臣等遵守。臣不勝惶悚待罪之至。

請定册期以留輔臣揭

謹題：今日文書官李文輔到閣，伏蒙發下首輔臣申時行、次輔臣許國乞休本，命臣擬票。臣看詳二臣疏詞，皆因明春册立一事勸請未諧，以致群口嘵嘵，疑謗蜂起，此二臣所以不安其位而求去也。臣念此事，數年之間兩京大小臣工奏請非一人，仰望非一日矣。自臣去冬守閣，恭奉聖諭，定以今冬造辦錢糧，明春舉行册立，傳示諸臣勿復聒擾。以此一年以來，肅然無譁，頗覺安靜。不意主事張有德冒昧瀆奏，干犯宸嚴，致改册期，移于次歲。於是群情驚惑，猜議橫生，咸歸怨二臣，謂臣國不宜輕率奏請于前，臣時行不宜宛曲依違于後，且謂二臣志意不協，彼此相戕，若羅大紘、胡汝寧、黃正賓等疏是也。夫二臣揭有先後，心無異同，總期于感格聖衷，贊成盛典而已。乃今揣摩百出，誣蔑多端，雖皇上已懲妄言之罪，終非所以安二臣之心也。蓋群輩所以攻排二臣，不在其兩人嫌忌之間，而在于皇儲册立之典。册期不復，則疑謗不休。疑謗無可解之時，則二臣無可出之日也。皇上縱欲嚴刑峻責，以懲謗議而留二臣，而一羅大紘退，一羅大紘出，一黃正賓去，一黃正賓來，皇上亦安能日日而屬懲戒之威，日日而降眷留之旨乎？

臣愚不揣孤陋，吐竭忠言，望乞皇上循省初心，堅持大信，仍將册立大典定擬來春，庶明諭朝宣，群囂夕寢，二臣聞命而即出，百官翹首而均歡矣。若徒照常擬票，臣恐皇上之留旨雖頻，二臣之奏乞未已，無論閣務委積，非臣獨力能當，即批答頻繁，亦非臣一人之所能辦理也。

所有二臣原本，連揭封進，伏候聖裁。臣不勝戰慄待命之至。

給假調理疏

謹奏：爲卒感痰厥，不能赴閣，乞恩給假調理事。

臣素患痰火，時發眩暈。頃因同官注籍，單身守直，章牘紛委，辦理不前，惶惑怔忡[四]，心神迷亂。於昨初五日昏黑出閣，歸至私寓，陡然厥逆，一仆幾危，見今昏卧匡牀，乍醒忽暈，委難趨閣辦事。懇乞天恩，准臣給假調理，庶獲生全。臣無任戰慄控祈之至。

謝遣吏部宣諭疏

謹奏：爲恭謝天恩，并陳愚悃事。

本月初六日，欽奉聖諭："朕近年以來，因痰火之疾不時舉發，朝政久缺，心神煩亂。昨因張有德違旨瀆擾，以致朕怒。卿等正當調元贊化，寅亮天工，乃宰相之職分，反隨小臣雷和疑貳，朕豈不怒？自古宰相協和，然後可以保國。卿等今各爲身謀，不爲國計，意欲高蹈，置朕孤立，則天下國家、萬民庶政望誰理乎？忠君者顧如是乎？事君者抑如是乎？昨家屏在閣，今日陡然有疾。册立之事，昨已明白傳示，父子至情，豈不在心？今四方多事，閣務繁重，卿等宜遵屢旨，亟即出入閣，共成康濟，勿得再有托陳。卿等其欽承之，故諭。還著吏部傳示朕意。欽此。"該吏部尚書陸光祖到臣私寓，恭捧宣示，緣臣病不能興，伏枕叩頭謝恩訖。

伏念臣參聯禁近，忝沐殊恩；循揣虛庸，慚乏寸効。術既疏于格主，才更詘於匡時。偶因册立之期，曾奉傳宣之命，猥欲贊成乎盛事，不圖咈逆于上心。誤大典以憂惶，感宿痾而委頓。方申哀控，獲蒙賜假之恩；隨荷眷存，特需敷言之訓。昨日在閣，而今有疾，迹誠莫逭于嚴誅；不爲國計，而爲身謀，念何敢萌乎高蹈？宸章渙錫，誦服知榮；天宰敦臨，趨承恐後。苟職分之可盡，忍自外于協和？即時事之多艱，當共圖于康濟。第宗社大計早定，則國本不可搖；父子至情豫全，則眾口不能間。尚有望于決策，非徒念之在心。意聖度不難于轉圜，豈臣愚敢安于臥蓐？臣不勝感恩激切之至。

乞與次輔並免疏

謹奏：為傳旨不實，致誤群僚，乞恩概賜罷歸，以塞眾望事。

臣方以患病在假調理，忽於今早接得同官臣許國一本，為衰庸不厭眾望，四懇天恩特賜骸骨事。奉聖旨：“冊立之事，朕自有定議。小臣激阻，卿為次輔，正當調停度處，反為附和。朕一時之怒，言語急迫，為人臣者宜當忍受，如何屢次求退，以致庶政壅滯？卿既稱痿疾，准回籍調理，著馳驛去。病痊之日，著撫按官具奏召用。該部知道。欽此。”臣不勝驚悚，不勝震慄。

切念閣臣輔導，誼均一體，有罪斥罰，不宜異同。臣與國並廁機庭，協襄政務，即頃冊立之事，國與臣居平商議數矣。國始具揭時，臣寔贊之屬草；揭既具，臣寔與之連名，其始謀同也。上揭之日，適值主事張有德疏至，初恐事勢促迫，尚在逡巡，已見事機湊合，難復延緩，其從小臣之後附和同也。既冒天威，致塵譴責，不思調停度處，從容轉旋，徒以雷霆震驚，不遑寧息，遂引罪自劾，移疾求歸，以致庶政壅滯，其耽誤閣事之罪，抑又同也。臣罪既與國同，則罰不應與國異。今國既荷聖恩，准其回籍，乃臣未蒙罷斥，尚此瓦全，在國體非所以示平，在臣愚能安于倖免？況國今日之所請，本臣前歲之所傳。臣前奉德音，業有成命，國等不過遵皇上之大信，訂冊立之定期，事匪無端，言寔有自。今國等過聽臣傳宣之言，遂干上激眊之怒，則所以誤國于有罪之地者，始終皆臣之爲也。臣不傳宣于前，國何據以爲請？臣不慫恿于後，國之請必不堅。由此觀之，誤國于罪者，非臣而誰？且臣非獨誤國一人而已，自傳聖諭以來，部科以回話奪俸矣，侍郎黃鳳翔以忤旨放歸矣，近日言官如羅大紘、鍾羽正等，並以爭議冊期，蒙上譴責。從此爭議愈眾，譴斥愈多，則何莫非臣傳宣之不實誤之也？又不獨誤大小臣僚而已，以皇上之美意既定而復搖，以冊立之吉期既屆而復改，所以誤宗社之大計者，亦由臣傳宣之不實致之也。然則臣之罪不但當與國同罷，雖加以斧鉞，竄諸遐荒，猶未足以安九廟之神靈，快四方之觖望也。臣憂危並至，殃咎兼摧，委頓匡牀，喘息僅屬，謹伏枕力疾，披控血誠，伏乞皇上垂憫迷冥，兼察衰憊，將國留用，放臣早還，或並賜罷歸，俾分任罪戾。臣不勝隕越待命之至。

謝遣鴻臚宣諭疏

謹奏：爲欽奉宣諭，恭陳謝悃事。

本月十二日，伏蒙聖諭："近來小人狂肆，不遵諭旨，阻撓國事。元輔近因憸邪小輩假以建言，傾陷成風，朋謀攻擊，以致羈滯憂疾。朕屢諭，未出視事。昨令鴻臚官又催促，奏以感冒風寒，是以暫准調理。其二輔因見要不遂意，懇稱痿疾，特准回籍調理。只今內外章奏，每日朕自親覽，應行的朕自批發。其中邊方重務、品騭官員要緊文書，自初六日至今，堆積盈几。是朕孤立於上，卿可忍乎？孰不忍乎？《書》云'君逸臣勞'，用臣猶子代父，卿逸臥在家，心可安乎？身可安乎？卿前有疾，近聞稍瘳，著鴻臚寺官宣示朕意，著遵旨攜餌扶掖入閣辦事，以慰眷懷，庶政務不致廢墜，弼贊有賴。毋再有托陳，以曠治理。欽哉。故諭。欽此。"該鴻臚寺卿楊宗仲恭捧到臣私寓宣讀，臣謹焚香望闕叩頭承命訖。

伏念臣之事君，如子之事父，大義本無所逃；臣代君勞，如子代父勞，至情尤不容已。臣雖性資愚昧，未明天地之常經，然而恩遇優隆，寔感乾坤之洪造。前後在閣，計已五載有餘，出入循規，何敢一日偷惰？止緣頃者勸請册立，未協上心，以致疑謗紛紜，橫生物議。臣内既不能贊襄乎聖斷，外又不能鎮戢乎群嘵，寮友被搆而無計解紓，機務積棼而莫能劅剖，是以憂惶交至，寢食俱妨。由精力之不支，故疾痰之驟作，勢不得不請假而調攝也。乃不圖元輔以羈憂在告，未即出門，次輔以痿疾乞休，特准回籍。遂致内外章奏堆積，充滿于公車；緊要文書批發，悉煩于聖覽。據臣誤國之罪，奚逃曠職之刑？荷宣諭之自天，誠措躬而無地。第尪羸病骨，雖若歉於代勞，犬馬賤軀，何敢耽于逸臥？臣可忍孰不可忍，凛焉一字之誅；心可安身不可安，惕若十行之札。臣敢不祗承諭戒，肅奉訓詞？乘沉痼之稍瘳，携藥餌而即出，庶力辦乎政務，以仰慰於睠懷。敢復托陳，久虛弼贊？惟是輔臣忠於任事，不獨在簿書筐篋之間；聖主逸于任人，當深惟宗社本根之計。倘數假之詞色，其何愛于髮膚？所有頒賜手諭，容臣尊藏以爲鎮家之寶。其報名朝見，定於一二日内，以遵入閣之期。臣不勝感激瞻荷之至。

請留首輔疏

謹奏：爲時事多艱，閣務積滯，懇乞留任首輔，以重政本事。

臣昨恭奉宣諭，方擬報名朝見、入閣辦事間，忽接首輔申時行一本，爲久病曠官，憂危日甚，十一懇恩放歸田里，以全餘生事。奉聖旨："卿嘗上密揭，屢言儲位久虛，勸朕早立以固國本，朕久已在心。不意小臣要名瀆激，以致朕怒。卿等見小人妄言，紛紛求去。即今四方多事，正賴卿與朕分憂。今屢疏乞休，朕慰留再四，卿急迫愈懇。茲特准暫回籍調攝，痊可之日，著撫按官具奏召用。著馳驛去，還差官護送。該部知道。欽此。"臣不勝驚遽惶悚。

切念密勿重地，軍國繁機，往者四輔備員，僅能辦理。自頃首輔時行以煩言排詆，注籍乞休，數月已〔五〕來，機務積棼，頓覺叢脞。臣與次輔國方朝夕督趣時行，望其早出，共襄國事。不意國甫蒙恩以去，時行亦即得請而歸，不三日間而二臣相繼謝政。即在承平無事之日，輔弼不可缺人；況當艱難多故之時，老成豈容輕去？即今南倭北虜，烽羽騰傳；水潦蝗螟，災傷疊奏。是惟時行資識敏練，尚可以剖決紛拏；器度冲夷，尚可以燮調緩急。如臣厄隙病骨，既難以一身而勝辦理之勞；即得夢卜新賢，亦何能以倉猝而奏剸裁之效？三公並罷，樞軸之地爲空；一老不遺，股肱之臣安在？伏望皇上念朝廷舉動繫四海觀瞻，大臣去留關國政理亂，亟諭首輔，勉抑遁思，俟四方稍寧，再圖高致。朝省幸甚，臣愚幸甚。臣不勝激切懇祈之至。

見朝揭

謹題：臣偶感宿痾，致停閣務。賜假調攝，已逾數日之期；降諭傳宣，特奉十行之札。恪遵嚴命，勉策衰軀，謹扶掖以趨朝，庶拮據而供職。于今早恭詣午門前廷謝禮畢，到閣辦事。臣不勝感戴天恩之至。

題新輔臣職銜揭

謹題：今日蒙發下首輔臣申時行推舉閣臣本，內御筆點用趙志皋、張位。臣看得二臣器識端亮，學術醇深，才品並優，人望久屬。茲蒙皇上簡自聖斷，拔置中司，主德允賴于弼諧，相道有光于夢卜。即臣至愚極陋之質，亦得同心共濟之賢，誠不勝慶忭，不勝欽服。

第二臣資叙微有淺深，加升職銜，相應酌擬。查得近例入閣諸臣，如時行與馬自强，臣愚之與王錫爵，或以尚書，或以侍郎，官銜各異。臣擬得趙志皋升禮部尚書，張位升吏部左侍郎，並兼東閣大學士。謹擬敕稿進覽，伏惟聖裁施行。

請敦趣給假輔臣還朝揭

謹題：臣竊惟内閣本樞機之重地，輔弼爲股肱之近臣，參佐固貴于得人，表率尤資于碩望。臣猥以一介，叨陪四鄰，向恃三臣在前，循行逐隊，因得息肩處逸，袖手蒙成。乃自同官臣錫爵以乞假省親，頃者臣時行、臣國又以養病回籍，禁廬遂至于空虚，章牘不勝其紛委。雖已奉有簡命，增置閣臣，臣位尚在原籍江西，未能猝至。即臣志皋到閣，與臣纔只兩人而已。朝夕共事，固幸有所咨謀；領袖乏人，終莫爲之提挈。思得臣錫爵鼎衡重器，柱石貞標，久虚側席之懷，深繫具瞻之望。今其假期既滿，母病已痊，當此朝廷多事之時，似非家鄉久住之日。伏乞皇上特頒優詔，亟遣專官趣令遵限赴京，紆謀贊政。庶朝綱爲之振肅，而主勢彌尊；國是賴以主持，而人心允服。

伏惟聖明裁斷，臣不勝懇切祈望之至。

請票禮部尚書于慎行乞骸本揭

謹題：今日文書官劉宣到閣，發下禮部尚書于慎行本，爲九懇天恩，俯賜骸骨還鄉事。臣看得本官問學醇深，器資端謹。向侍講幄，啓沃多勞；自擢禮曹，靖共匪懈。方當勉酬知遇，懋展猷爲，乃因宿疾纏綿，私憂迫切，屢求休退，委出懇誠。雖荷温旨眷留，令其安心調攝，而卧蓐日久，職務漸妨，宜其展轉不寧，控辭愈力也。如蒙皇上憐其淹病，非繫托陳，望乞俯從臣擬票，准令回籍調理。或當留用，未可放歸，亦乞明示聖意，容臣改擬，恭請上裁。

聖諭部院揭

謹題：今日文書官李文輔到閣，伏蒙發下敕諭一道："諭吏、兵二部、都察院，朕見近年新進後生，得司耳目之職，全不秉持公心，專以挾私報復，妄逞胸臆，三五成群，互相攻訐，淆亂國政，不勝不已。是何景象？且爲本兵，正當鎮靜以寬大。夫壘石之岡，勢非不峻，而草木不茂；金鐵之溪，水非不清，而魚鼈不生。前日各衛軍官誼譁近廷，是何法紀？都本當重處，恐傷國體，還著吏、兵二部、都察院一體申飭，今後再有這等的，該部院指名參來重治，必罪不宥。故諭。欽此。"臣等恭誦綸音，不勝悚仄。

切念科道爲耳目之職，其持論委宜秉公；而兵部乃樞筦之司，其馭下委宜鎮靜。近來言官爭尚讜屬，類以摘發爲名高；本兵痛懲委靡，頗以振刷爲任事。但糾繩太濫，或長攻訐之風；操切過嚴，不免剋核之議。聖諭謂"壘石之岡，草木不茂；金鐵之溪，魚鼈不生"，誠善喻也。第政體不可不寬，而國法亦不可不肅。頃各衛員役群譟禁廷，窘辱大臣，曾無鈐束，如敕諭所云，是何紀法[六]？則驕悍之輩有不得不懲，疏縱之奸有不容不戢者，是又未可盡以摘發爲挾私，振刷爲峻屬也。但令正直之內常存忠厚之心，嚴毅之中無傷寬大之度，則公是與公非並著，國法與國體俱伸矣。所有敕諭一道，謹令中書謄寫上進，伏惟聖明頒發施行。

奉[七]止戒諭吏部封還手敕揭

謹題：今日文書官李相到閣，蒙發下御史傅光宅本，爲撫鎮更調繁數事。口傳聖意，謂近來吏部用人遷轉太頻，欲行降敕宣諭。隨蒙文書官劉宣將下敕稿，令臣等觀看。臣等捧誦再三，仰見皇上留心吏治，加意官材，申久任責成之規，戒輕易紛更之擾，誠不勝欽服。

第吏部之職，名曰銓衡，其資序一定之中，亦不能無斟酌轉移之法。或才望特著，或人地相宜，彼此互更，意存器使，容有不得不然者。竊見吏部尚書陸光祖，老成練達，鯁介精嚴，其一念進賢退不肖之心，真有孜孜汲汲，夙夜匪懈者。但其綜覈太銳，故更置稍頻，乃其意則爲公非爲私，任怨而非任德也。皇上即欲責使慎重，但於其回覆疏中出一嚴旨，彼自當惕然警省，將順不違。若頒降綸音，特加戒諭，不惟志意銷阻，隳其任事之心；將且體貌摧傷，難居表率之地。其何以甄敘衆職，而壓服人心也？伏望皇上念係大寮，姑寬嚴督，恕其既往之咎，開其補過之門，庶幾崇重天言，不至于褻玩，保全國體，共荷其優容矣。所有敕諭一道，乞准停止。臣等無任激切祈望之至。

乞勘張貞觀論李采菲疏

謹奏：爲贓饋連染，乞賜罷行勘，以清政本，以肅官箴事。

臣于本月十一日在閣看閱章奏，有閱視山西邊務兵科給事中張貞觀一本，參論原任巡撫李采菲，指稱饋遺括取贓罰。內云：“大學士王某，堅白不淄，蓋皇上所素諒，而托言節儀之饋，册開不下數百。”臣一見不勝駭愕，不勝愧憤。

伏念臣入仕二十餘年，忝冒冠紳，虛糜廩餼，曾無尺寸之技可稱于人，絲粟之勞少補于國，此臣之鄙也。若乃兢兢檢押之念，矻矻砥礪之操，冰蘗自規，脂膏有戒，則可質之天日、盟于鬼神者焉。采菲向爲司道，兵備朔州，臣之室廬在其車下。采菲嚴重有體，每以鷹鸇自居，而臣實澹泊無營，幸不以犬馬見畜，此臣與采菲平昔之相與也。迨其升任本省巡撫，適臣起家入京，彼曾以書幣賀臣，臣隨以書幣返賀，禮既相稱，費亦無多，此臣與采菲兩年之交際也。自此之外，別無私密書札相與往來，亦毫無套數禮文互爲施報。而乃虛裁餽遺于册籍之中，分俵贓罰于囊橐之外。名曰節儀，則行之非一次；多至數百，則送之非一人。臣誠不審虛庸何以見重于采菲，而拊藉如此其殷勤，賂遺如此其綢繆也？將謂采菲以臣素望輕微，易汙以不潔？而楊巍名德老成，取嚴一介，乃亦坐以壽儀之餽，則何其忍于誣衊也？將謂采菲以臣耳目隔遠，可欺其不知？而閱臣躬臨查覈，察及秋毫，乃尚坐以供億之糜，則何其拙于彌縫也？非其有而取之，不義；人有德而背之，不祥。臣果接受采菲之餽，不義之迹固無所逃；若既受其餽而又自昧其心，不祥之名尤臣所恥。是不可不一勘者。勘無其餽，可以明采菲居官之不私，勘有其餽，可以明采菲待士之有禮，即目臣爲不義可也，目臣爲不祥可也，區區一身之名節，敢多辯哉？

伏望皇上將臣亟賜罷斥，仍行本處巡按御史提問采菲家屬，按册覈查，追究下落，庶可以清政本之地，懲貪黷之風。臣不勝戰慄待罪之至。

校勘記

〔一〕"願"，天津人民出版社《輯校萬曆起居注》作"賴"。

〔二〕"惟臣"前，同上書有"所可密切規勸委曲敷陳"一句。

〔三〕"供"，據《四庫存目》本當作"拱"。

〔四〕"忬"，天津人民出版社《輯校萬曆起居注》作"忡"。

〔五〕"已"，據同上書當作"以"。

〔六〕"紀法"，據上文當作"法紀"。

〔七〕"奉"，據底本目録作"奏"。

復宿山房集卷之六

奏疏三

請發票留中奏疏揭

謹題：臣等看得諸司章奏，乃朝廷政務所關，必無留滯于中，斯克奉宣于外。譬之于水，前波不進，則後浪不行；譬之于絲，一縷欠疏，則眾緒難理。小事猶堪停緩，至大事有不容時刻待者，豈可耽延？近臣猶便奏催，若遠臣有阻隔萬里外者，豈勝懸候？伏望皇上垂神機務，於凡一切章奏，或已入而未票者，早賜臣等票擬；或已票而未發者，亟從御前發行。其或有事體差錯，及臣等票擬未當者，乞皇上明示可否，如某人爲是，某人爲非，某事從輕，某事從重，容臣等遵旨擬票，上請聖裁。則政無停機，既可以彰剛斷之美；而事無墜緒，且可以免叢脞之虞矣。即如近者，吏部覆雲南巡撫吳定乞休本、覆湖廣巡撫李楨參官本，户部覆潞府莊房租課本，兵科參五府及郎中張國璽首事債事本，皆事體重大，未蒙發行，并乞皇上覽裁，早賜批發。臣等不勝祈望延候之至。

又

謹題：近該吏、兵二部及都察院，因御史傅光宅論其輕率更調，差次未明，各具本辯白。又定國公徐文璧因科臣論其教使衛官，聚譟禁庭，亦具本自陳。臣等俱各遵奉擬票以進，連日未蒙發下。臣等看得，國是宜明，國體宜正。傅御史論吏、兵二部更調輕率，其言則是，故臣等於吏、兵二部本擬旨責戒，以勵其後。若都察院之題差次序，原有舊規，改正申明甚爲平妥，而御史疑其偏私，其言則非，故臣等於都察院李世達本，擬旨慰諭，以安其心。言雖出於一人，而是則曰是，非則曰非，在臣等辯別國是，不敢不宣昭皇上公平之度也。至于官軍聚譟，在徐文璧雖無教使恣橫，要挾君父之意，而身爲勳舊之首，武臣皆其統屬，禁庭何地，可容群衆喧譁，旁觀不理？故臣等於文璧本微擬切責，復擬原貸，所以保全國體，亦不敢不仰承皇上寬大之恩也。乃今本俱留中，概未批發，不惟諸臣無所稟奉，惶懼不寧，而群下妄意揣摩，疑議紛起，似非所以彰聖斷、定人心也。

伏乞皇上垂神省覽，早賜批發。如以臣等擬票未當，亦乞明示聖意，容臣等改擬，上請聖裁。臣等不勝祈望之至。

請御朝講發章奏揭

謹題：臣等竊惟人主一身，上爲天命所寵綏，下爲人心所依戴。一寢興失節，或乖四序之和；一政令不時，或累萬幾之理。故《書》云："出入起居，罔有不欽。發號施令，罔有不臧。"蓋欽則無一時之怠荒，臧則無一事之缺略，此古帝王凝承天命、聯屬人心之要務也。

仰惟皇上基命宥密，瑩精太平，其於敬天勤民，固無一念不誠切矣。乃自頃歲以來，端居大內，警蹕稀聞，郊廟之祀不親，朝講之儀久輟，大小臣工有經年累月不睹天顏者，則出入起居，稍戾于曩時也。至於中外章奏，或疏入輒留，或票進不下，或日暮而始發票，或隔日而後批行，其至接本與守科官員，有延候終日不見一疏者，則政教號令，或愆于常度也。臣等官居輔弼，職在贊襄，無能導主德于緝熙，燮天工于寅亮，鰥曠之罪，誠無所逃。目今日晷舒長，宸禁豫順，當一陽復來之候，正百嘉邕遂之初，剥後可以驗天地之心，静中可以驗平旦之氣。皇上試澄神内照，審辨幾微。道心無頃不存，則時常培養；善端有感而發，則隨事擴充。如朝講届期，則志惕宵衣而强勉出臨，勿以燕安輟憂勤之念；章奏進御，則力持乾斷而須臾裁決，勿以優柔蓄停格之疑。將見志氣以收歛而清明，精神以振作而涣發。出入起居有度，聖躬日見其康和；政教號令以時，聖治日見其光美。所以迓上天寵綏之命，慰臣工依戴之情，端在是矣。臣等不勝祈望懇切之至。

請究五府京營縱衛官譟亂揭

謹題：臣等竊惟天下之治，莫大於紀綱。紀綱誠振，天下雖亂，終無害於治也；紀綱一壞，天下雖治，終無救於亂也。故善觀人國者，但觀其紀綱之理亂，而其盛衰可知已。

頃者，京衛官軍聚譟禁庭，侮辱大臣，其猖狂恣橫之狀，乃臣等出閣時所親見者。當此之時，朝市爲之喧閧，都邑爲之震動，五府京營官豈可諉之不聞乎？聞之而高坐私第，自巳至申，無一車一馬至長安門者，其偃蹇觀望，已不能無幸災樂禍之心矣。皇上念係勳臣，姑不深究，特降寬旨，令其查參首事之人。論職掌，則武官皆其統轄，當無一人不知其名姓也；論事情，則未譟之先，文璧等曾領見閣部，當無一人不識其面貌也。此可諉之不能查乎？乃蔑視明旨，曲庇凶頑；却虛捏姓名，妄報老弱。據刑部所審，六人之内止一人是真。其弁髦法紀，玩弄朝廷，誠有如科臣鍾羽正等、吳之佳等所參者。此而不懲，則官軍得以辱大臣，五府又得以抗皇上。冠履倒置，堂階陵夷，將使强悍得志而驕，奸凶攘臂而起。豈但大臣不得全其體貌，法司不得正其刑章，何以振國家之紀綱，肅四方之觀聽也？伏望皇上大彰乾斷，將刑部及科臣參論徐文璧本，俯從臣等擬票，早賜批發，庶可以少懲悖慢之習，陰折跋扈之奸。臣等不勝懇切祈願之至。

請免科部降調揭

謹題：今日文書官劉宣將下吏部、都察院所查御史楊鎬等本，及鎮撫司打問過胡懷玉所招御史傅光宅等本，令臣等擬票，都著降一級調用。臣等敢不祗承嚴命？第念聽言貴審，用法貴平。樂新爐等違法生事，枷號斥逐，法止其身足矣。至于所攀交結官員，據部院會查，羅大紘已經建言去任，其御史楊鎬素曾出示嚴逐山人，明係挾恨攀害。而郎中王明時所問袁進人命，已依律擬絞，原無聽囑賣法之情。胡懷玉等所招御史傅光宅、主事劉黃裳，又止以作詩相交，並無他故，似未可聽其誣攀之言，遂加降調之罰也。

臣等昨奉聖諭，擬將楊鎬等罰俸半年，傅光宅罰俸三個月，已足以懲濫交而肅官守矣。若降級調用，不惟失紀法之平，且恐中奸雄之計，是山人、游客未必驅除，而縉紳、士夫先已受禍也。臣等謹各擬重降俸級，以示罰治。連前票上進，伏望皇上俯從臣等所擬，容令策勵供職，庶體群臣之恩與赦小過之量兼得而並彰矣。

請冊立揭

謹題：臣等竊惟國有長君，社稷之福。故古之帝王，貽謀燕翼，莫不願主器之有歸，而臣民歌咏太平，亦莫不願儲位之早正。是以《詩》曰"穆穆皇皇，宜君宜王"，言胤嗣多賢，庶則宜君，長則宜王，長幼之分明，而君王之位定，國家之福莫大於此，故足願也。

天祚聖明，篤生元子，岐嶷粹質，顒昂令儀，長而且賢，爲四海臣民所屬望久矣。乃升儲大典，屢請未諧，幸而奉旨傳宣，定於明春冊立，中外人心方延頸企足，以待前星之耀。而止因部臣一疏，干冒天威，遂將吉期改於次歲。數月已來，群情洶洶，疑議沸騰，似以爲牽廬帷之愛者。臣等竊意皇上嚴明治內，慈孝根心，天性至恩，必非私暱可奪。嘗恭奉諭旨，一則曰"父子至親"，一則曰"長幼有序"，天言炳煥，昭如日星，此天下所共聞也。而毓德宮之召見，躬擁元子，置之膝前，呴喻撫摩，鍾愛深篤，此又臣等所親睹也。廬帷牽制之議，萬萬不至如人言。惟是時日遷延，遲迴不決。倫序雖定，而名號未加，終爲闕典；詔旨雖頒，而歲月數易，愈致後時。臣等即能仰體皇上之心，安能盡開天下之惑？道路揣摩之口，則亦無怪其紛紛矣。縱使邪妄之言不足盡信，以皇上無私如天地，光明如日月，其何樂於以毫無可疑之心，故示天下以可疑之迹也？臣等備員輔導，義難緘默，敢昧死上請皇上，早賜宸斷，特需德音，遵明春之吉期，成前歲之大信，庶一言可以定國本，頃刻可以釋群疑。宮闈雍睦之休，宗社靈長之慶，端在此舉。臣等不勝祈懇之至。

再請敦趣輔臣還朝揭

謹題：臣等昨接得原任大學士臣王錫爵揭帖，爲辭免召命事，大要言母疾未瘥，己身難出，種種苦楚，委係真情。第臣等竊念，君臣母子，倫誼惟均；天下國家，責任更重。故私恩不可以掩義，而移孝乃所以成忠。錫爵於皇上，分則股肱之佐，義則腹心之臣也。知遇特達，則感激宜深；倚任非常，則報効宜厚。況今朝綱積弛，時事多艱，須得巖石具瞻如錫爵之德望，乃可以壓服群僚；經綸素裕如錫爵之才猷，乃可以康濟一世。國家托錫爵之力，正惟此時；錫爵報皇上之恩，亦惟此日。雖其母年高邁，憚涉長途，或不能奉以同來，俟其應詔至京，國事少康，何妨再許其歸省？如此則公義所迫，彼既不遑顧其私；子情可伸，彼復有所覬于後。庶聖恩周于體恤，而使命便于督催。錫爵之出山有期，朝野之想望可慰矣。乞將原本發下，容臣等擬票以進，恭請聖裁施行。

請視朝揭

謹題：臣等自今年孟冬，恭遇皇上親饗太廟，一睹天顏。此後每當視朝之期，輒報傳免，大小臣工足不至交戟之下，目不瞻袞冕之容，已數月矣。即今三冬已盡，一歲將終。伏念臣同官趙志臯，荷蒙皇上簡掄，擢居密勿之地，俾參大政，固朝夕備顧問之臣也。乃自拜命以來，恭候面恩，已三閱月，未有朝夕顧問之臣，而可三月不面者也。況大計在即，四方官吏群集韏轂之下，聽候黜陟，乃三載一入覲之典也。今從萬里遠來，瞻仰宸闈，如隔九閽，亦未有三載會朝之時，而尚可九重安處者也。以輔臣，則內閣之體貌所關；以覲吏，則遠方之觀望攸繫。伏乞皇上於數日之內，或十六、十九日，或二十三日，勉移清蹕，一出視朝，庶殿庭之景象一新，臣下之精神咸奮。臣不勝企望之至。

題延綏塘報揭

謹題：臣等昨接得延綏總兵官杜桐塘報，內稱："韃虜明安、土昧等酋，於本年十二月初八日分犯榆林、保寧、響水、波羅等堡。本官約同神木參將張剛、孤山游擊李紹祖，同時發兵，分道出擊，斬獲首級四百五十餘顆，生擒賊夷二十六名口，奪獲戰馬、夷器甚多。"臣等不勝欣慶。竊念延綏地係衝邊，逼鄰強虜，數年以來，莊禿、賴明愛等酋，無歲不肆其要挾；神木、孤山之間，無處不被其殘傷。該鎮物力不支，人心積憤久矣。今當聚兵入犯之會，大收奮勇斬獲之功，良由聖武布昭，嚴旨督責，所以督撫振勵，將士齊心，以克有此奇捷。不但本鎮數年以來所未見，亦各邊款貢而後所希聞也。從此火真等酋皆爲破膽，而可消其狂逞之謀；即扯酋諸部亦將寒心，而益堅其恭順之志。封疆幸甚！社稷幸甚！臣等不勝歡忭之至，謹并塘報封進以聞。

類進講章揭

謹題：先該臣等題稱，每年終將講過經書、講章類寫進呈，以備皇上溫習觀覽，仍發司禮監接續刊板，已奉欽依節次進呈訖。

今查萬曆十八年至今所撰講章，除《易經》、《通鑑纂要》俟積有成帙，另行寫進外，謹將《孟子·萬章》《告子》《盡心》共六本，《禮記·王制》上、下，《文王世子》《禮運》共四本，類寫裝潢進呈。伏望皇上萬幾之暇，時加觀覽，以求溫故知新之益。仍乞發下司禮監接續刊行。臣等不勝惓惓效忠之誠。

請元日受賀揭

謹題：今早文書官李文輔到閣，傳奉聖諭："朕自長至後偶爾動火，服清火之劑，聊覺稍愈。昨者復又感冒，身體頓弱，頭發眩痛。今次祫禮，暫遣公徐文璧恭代，卿等可傳示知悉。欽此。"臣等犬馬下情，不勝驚愓。

竊惟皇上一身，九廟之所依憑，萬國之所仰戴。今節當歲暮，序屬更新，祖宗在天之靈降臨筵几，中外臣民之衆環集闕廷，臣等正望一舉朝祭之儀，用慰神人之願。乃今適有傳諭，臣等仰知皇上仁孝根心，情非厭怠，祇以起居違豫，意在珍調，敢不將順德音，祝安聖體？第當朝覲之年，將行考察之典，一人舉動，萬國觀瞻。即祫祭或可遣官，而元旦不可廢賀。臣等伏望皇上茂膺多福，俯順群情，及新歲履端之初，成登殿受賀之禮。凡百官萬姓，九夷八蠻，瞻叩宸旒，忭舞何似？臣等不勝依戀祈懇之至。

壬辰請大計宣捷臨朝揭

謹題：昨該臣等閱章奏，內刑部一本，爲考察事，擬於二十三日請皇上御朝，舉大班糾劾之典。又欽天監一本，爲捷音事，擬於二十六日請皇上御朝，宣延鎮斬獲之功。臣等竊以爲，人主所以惠安兆民、攘斥夷狄，而收內順外威之效者，惟於吏治、邊功加之意而已。茲考察事畢，正群吏待罪之時；剿虜功成，適總鎮奏捷之會。以申督責之令，則懲貪誡墨，乃三載一行者也，宜面加訓飭之詞；以宣撻伐之威，則雪恥除凶，固廿年僅見者也，宜躬受慶賀之禮。蓋飭吏治乃可以安民生，重戰功乃可以厲士氣。今使入覲官員萬里遠來，而不獲一睹朝儀，出征將士殊死決勝，而不獲一陳功級，甚非所以聯屬四海之精神，獎率三軍之志意也。臣等伏望聖上，俯循彝典，曲順下情，至日勉御宵衣，暫移宸蹕。庶天顏臨幸，千官舉樂于瞻承；聖武布昭，九塞咸聞而鼓舞矣。臣等不勝祈願懇切之至。

封還御批申救言官揭

謹題：今日文書官李文輔將下批紅本章，內禮科都事中等官李獻可等爲請儲教宜預事，蒙御札親批："册立已有旨了，這廝每又來煩激。且本內年號錯寫，顯是故違明旨，侮戲君上，好生可惡。爲首的姑著降一級，調外任用，其餘各罰俸六個月。吏部知道。欽此。"臣等不勝驚惕，不勝惶悚。

伏念册立大典，屢奉明旨，業有定期，大小臣工，惟應恪遵成命，不宜復有瀆陳。乃獻可等輕冒天威，致干嚴譴，臣等何敢僭爲解釋？但看詳疏詞，內稱"册立之典可少緩而待來年，諭教之典不可少停而虛今日"，則其意乃在請諭教而非請册立也。皇上誠念諭教當早，則宜俯納其言，即未合聖心，亦宜寬貸其過。

乃怒其煩激，遽加降罰，傳之中外，寔駭聽聞。使獻可等止以奏請諭教，遂此重懲，若使奏請册立，當加何罪？臣等竊恐嚴旨一出，群情驚異，益起疑端，衆口沸騰，轉滋爭論，曉曉煩聒，當無寧時，不將益涸宸聰而增聖怒耶？臣等敢封還批札，冒懇天恩，伏乞垂憫狂愚，特從矜宥，姑准留中。容臣等傳布聖意，令其省悔愆尤，則不怒之威嚴于鈇鉞，受言之量速于轉圜矣。臣等不勝懇切祈恩之至，謹具題連本封進以聞。

乞罷歸以全臣節疏

謹奏：爲輔理無狀，尸素可羞，乞恩亟賜罷歸，以全臣節事。

臣聞漢臣汲黯有云："天子置公卿輔弼之臣，寧令從諛承意，陷主于不義乎？且己在其位，縱愛身，奈辱朝廷何？"每感斯言，惕然内省。竊自幸遭遇皇上明聖，誠使朝政無闕，帝德罔愆，即將順不爲從諛，緘默無嫌承意也。

乃頃年以來，九閽重閉，五位深居，宴安之毒是懷，兢業之衷漸替，郊廟不響[一]而仁孝之念疏，堂陛不交而君臣之誼隔，天災物異之警罔徹宸聰，民生國計之憂不關聖慮。皇上試省，此心敬耶？怠耶？於治道得耶？失耶？臣具員輔弼，既不能婉導密規，防君志未萌之欲；又不能明諍顯諫，扶乾綱將壞之樞。曠職鰥官，久當退避，所以逡巡未去，徒以被恩高厚，毫髮靡酬，庶幾殫竭愚忠，漸次匡正。及今數月之間，請朝講不報，請廟享不報，請元旦受賀不報，請大計臨朝不報，臣犬馬微誠，不能感回天意，已可見於此矣。

至於升儲大典，九廟之神靈共屬，萬方之想望惟殷。即册立之期或可少待，而諭教之舉委宜亟圖。科臣所言，未爲差謬，皇上即惡其瀆擾，報罷足矣，甚則罰俸足矣，何至降調外任乎？旨意一出，遠近驚疑，使道路之猜議横生，宫闈之讒搆交作，其於虧損聖德，動摇國本，非細故而已也。僭請寬宥，未賜允命，且復遷怒申救諸臣，概加譴謫。臣誠不忍明主蒙咈諫之名，清朝有横施之罰，部科罹無妄之罪，宗社蓄不測之憂也。循省虚庸，終慚匡救，若復依違保禄，洟涊苟容，正汲黯所謂從諛承意，以陷主不義，貽辱朝廷者耳，死且有餘僇焉。願乞聖恩，亟賜罷歸，俾全晚節。臣無任感激祈懇之至。

第二疏

謹奏：爲愚戇冒威，禍延朝省，乞恩早賜罷斥，以全善類，以安人心事。

頃因科臣李獻可等疏請豫教，蒙旨降罰，臣不揣輕鄙，冒昧封還。意以事係儲闈，不宜盛怒以損天親之愛；言出臺省，不宜峻斥以塞忠諫之門。乃爲聖德慮，爲國體慮，非爲獻可一人也。揭請寬原，未蒙俞允，方當退而補牘，再瀝悃誠。而科道諸臣申救獻可者，若鍾羽正、張棟、陳尚象、鄒德泳等，又已得罪。兩日之内嚴旨疊出，或奪其俸，或謫其官。方一旨調南京，又一旨調外任；方一旨降邊方雜職，又一旨削籍爲民。以至于孟養浩之廷杖一百，則更慘矣。雷霆横擊，風日凄陰，凡舉朝士紳，遠方外吏，見者無不喪氣，聞者無不摧心。誠不意聖哲之君有此舉動，平明之世有此景光。

而原其釁端由起，則自臣揭救獻可始。是臣惜諤諤之一士，而反累濟濟之群英；争降罰之輕刑，而反搆放逐之重禍，真善類之罪人，清時之戾氣也。用是自陳愚戇，疏乞罷歸，庶幾感悟宸衷，消融聖怒，霅然開霽，赦宥諸臣，使之復還舊官，勉圖報稱。則始雖因臣延累，罹無妄之灾，終乃以過見原，獲自新之路，臣雖退居壟畆，尚可以一去謝諸臣耳。何圖席藁累日，未奉處分，詢之同官，乃知爲臣具揭，伏奉聖旨，謂臣"希名不遂，托疾故症"。臣聞言怔悚，負罪彌深。竊念名非臣之所希，寔非臣之敢棄。臣所希者，期皇上爲堯舜之主，而臣爲堯舜之臣，此之爲名，垂千載有餘榮，故足希也。若犯顏色，觸忌諱，抗爭債事，被譴罷歸，此何名之可希乎？必不希名，將使臣身處尊官，家享厚禄，主德愆違而莫之救正，刑政壞亂而罔克匡維，此可謂之不希名之臣矣，而國家將奚賴焉？更使臣棄名不顧，將逢迎爲悦，阿諛取容，雖許敬宗、李林甫之奸佞無不可爲，是九廟神靈所陰殛，天下萬世所唾罵也。不但得罪于李獻可、鍾羽正諸臣而已，豈當一日立于堯舜之朝哉？伏望皇上察臣戇愚，本爲禍始，將臣特賜罷斥，以示首事之懲，仍召還降謫諸臣，以釋株連之累。庶善類無枉，群情不搖，臣感戴生成，環草難報。臣無任戰慄待命之至。

第三疏

謹奏：爲欽奉聖諭，恭陳謝悃，并乞矜憐愚戀，開霽天威，俯容退休，以全恩造事。

臣頃以揭救科臣，致干聖怒，斥罰杖遣，連及多官。數日以來，驚悸不寧，惶懼欲死，凡兩疏乞罷，未奉允俞。忽于本月三十日，伏蒙皇上欽遣文書官李浚恭捧御[二]諭："邇年以來，喜事小臣狂肆不道，逞臆激擾，姑以薄罰。卿爲佐治，見此要名不義之徒，自宜調停庽處，緩詞解諫，却乃逕駁御批，故激朕怒，甚失禮體。及朕怒起，卿又不忍受，假疾具疏，文言求去。朕想卿真欲以此挾君廢政，沽名逸卧，豈人臣之義哉？且卿輔朕燮理贊襄，佐治有年，方今國務多艱，卿恝然高卧，此心可安乎？卿既有疾，准暫假數日，即出入閣辦事。卿宜欽承之。故諭。欽此。"臣焚香叩頭祇領訖。

伏念犬馬猶能報主，葵藿尚克傾陽，物類且然，況臣具面貌而爲人？受皇上作養生成之大德，十年講幄，六年政府，即天地父母，未足比其恩慈，雖粉骨碎身，莫能伸其報塞。豈不知將順聖意，鎮戢群囂，可以全君臣喜起之休，養中外和平之福，而止以册立一事爭議數年矣。在皇上，欽定册期，已有確然不易之信；在小臣，數生激擾，殊無帖然聽命之恭。聖諭謂其"喜事"、"逞臆"，此誠諸臣之罪，不可掩也。幸蒙薄罰，臣但當委曲調停，從容緩解，而封還御批，致激聖怒，聖諭責臣"甚失禮體"，此臣之罪，臣亦不敢辭也。但皇子於皇上，父子之親也；册立與豫教，典禮之大也。言涉至親，不宜有怒；事關典禮，不宜有怒。臣與諸臣，但知爲宗社大計慮，以盡言爲效忠而已，豈意其激皇上之怒哉？使諸臣預知皇上之怒，必不敢激瀆宸聰；使臣預知皇上之怒，必不敢封還內降。而所以敢激瀆、敢封還者，正恃皇上之聖明，無一言之不納；皇上之寬大，無一物之不容也。及見今數日之內，嚴旨疊出，斥罰紛然，臣乃始錯愕消魂，戰兢落魄，自恨以爲忠非素蓄，志未上通，而謬襲引裾之迹，期收補袞之功，以致一言不投，萬事瓦裂。譬之僨轅之犢，不可復乘；敗群之羊，所宜亟斥。自不能一日安于其位，而豈敢"文言求去"，"挾君廢政"哉？

伏荷天言切責，謂"沽名逸臥"，大非人臣之義所宜；且溫旨慰留，念贊襄有年，當以國務之艱爲慮。華衮鈇鉞，總屬皇恩；雨露雪霜，何非至教？臣誠不勝感激流涕，佩服銘心。惟是孤忠獨立之身，抱下愚不移之疾，俯循深痼，恐非數日之假可痊。望乞生全，寔以一朝之裎爲幸。臣無任激昂瞻戴之至。

第四疏

謹奏：爲抱病曠官，四乞天恩放歸田裏事。

臣輔理無狀，罪戾交叢，伏蒙聖度涵容，宸章宣諭，感承高厚，省訟迂愚，固冀收復驚魂，支撐病骨，勉供任使，終竭驅馳。而旬日以來，憂懼相乘，宿痾劇發。精神憒亂，坐臥靡寧；脾氣積傷，飲餐並廢。濕痰流注，腰股不能屈伸；鬱火上攻，頭目時作眩暈。延醫診視，咸謂疾居骨髓，非針石之可攻；患切膏肓，將晷漏之難保。小年易盡，雖萬死不足深憐；殘喘幸存，即一息尚希大造。既寬之斧鉞之下，宜全之溝壑之中。蓋山澤善藏夫疾汙，惟雨露曲滋于枯朽。臣用是呻吟伏枕，痛苦呼天，冀察危衷，早容休退，別遴鴻碩，俾佐熙明，庶恩禮有光於聖朝，庸劣免妨於賢路。臣無任悲鳴祈控之至。

第五疏

謹奏：爲痼疾瀕危，懇乞天恩准放生還事。

該臣以抱病曠官，四乞休致，延候旬月，未蒙允俞，憂懼滋殷，病勢增劇。竊惟皇上至仁天覆，盛德春生，即草木蟲魚，尚將關其欣悴，若罷癃殘疾，罔不軫其顛連。況臣參侍禁庭，積有年歲，一動止喘息，莫逃鑒臨。乃夙嬰深痼之災，漸迫衰殘之候，胸瘍外蝕，腹疾內攻，榮衛並虛，肌膚日削。而下情屢控，天聽彌高。即今委頓筐牀，雜試針石，心乍冰而乍火，形非鬼而非人。兼以妻子俱還，湯水不給，空廚寂閴，羈旅蕭條。徒以孑然病軀，靠一二如瞶如聾之僮僕；垂亡性命，托三五暫來暫去之醫巫。此臣所以懷故里而傷心，叩嚴閶而乞骨者也。伏望皇上垂覆憫之弘慈，全生成之大德，俯憐危困，早准退休。庶倦鳥知歸，特荷恩于解網；困禽見放，將圖報于銜環。臣無任激切哀懇之至。

辭免讀卷疏

謹奏：爲久病沉綿，辭免讀卷，并懇天恩早放生還事。

臣以孤子一身，臥病兩月，五乞休退，未蒙允俞。病日以深，命且莫必。茲遇本月十五日殿試天下中式舉人，禮部以臣名籍未除，遵例擬臣充讀卷官，具疏上請，奉聖旨："是。欽此。"臣聞命不勝驚悚。竊念大庭策士，欣逢清問之期；賢俊登庸，快睹明揚之典。誠獲周旋于執事，固將竭蹶以觀光。無奈二豎殷纏，羈囚比辱。精魂既散，諒緣分已絕于人間；跬步難移，即夢寐能之于帝所。徒撫枕而隕涕，特望闕以陳情。倘寬其曠職之愆，不加誅戮；尚憫其乞骸之請，亟賜放歸。臣生且銜恩，歿當結草。臣不勝感激祈懇之至。

謝予告疏

謹奏：爲感激天恩准容休致，恭陳謝悃事。

該臣以抱病沉纏，屢乞罷免，伏奉聖旨："覽卿所奏，情詞懇切。既有疾，准回籍調理，著馳驛去。吏部知道。欽此。"臣不勝感激。

竊念臣本畸單賤士，偃蹇庸流，不階根柢之容，誤被眷知之渥。每誓心于天日，願畢力于涓埃。而資識迂愚，才術短拙。居平尸素碌碌，無所建明；臨事周章期期，罔克將順。犯顏逆耳，數干不測之威；藏疾納汙，特荷兼容之度。驚魂稍定，宿疾殷纏，蓐臥將及于五旬，疏詞殆窮于累牘。苦下情之難達，幸天意之終從。麋鹿山林，既遂歸田之願；駷騑道路，更叨乘傳之榮。病骨積摧，覺頓回于起色；隆恩未報，良自負其初心。涕泗交流，語言莫措。孤蹤去住，曾何繫于重輕？大造生成，茲已全于終始。臣不勝感激繾綣之至[三]。

辭朝疏

謹奏：爲辭朝事。

該臣以病劇乞休，伏蒙聖恩，特准馳驛回籍。除具疏陳謝外，今柴車在道，輿疾將歸；簪紱去身，負擔幸釋。感乾坤之大造，頂踵難酬；想日月之清光，夢魂永隔。情依依而戀主，頻回棄婦之頭；心惄惄以憂時，横洒孤臣之泣。摧轅債駕，雖駑質之已虧；愛卵惜巢，或鳥言之可采。伏望皇上宥密凝神，特慎寢興之節；中和養德，常平喜怒之情。隆孝養于兩宮，奉烝嘗于九廟。視朝聽講，一如萬曆之初年；敬天勤民，恪守祖宗之遺訓。信任輔弼，愛惜老成。亟收罪謫[四]之臣，用伸士氣；重斥貪殘之吏，以厲[五]官坊。至若調宣大之虜情，急須乘款而修備；疏淮泗之水患，毋令壞堰以妨漕。平寧夏之叛軍，特求戎首，盡宥脅從，勢不煩兵而自解；禦海邦之倭寇，但諭守臣，分屯要害，可保按甲以無虞。惟是皇儲册立之儀，繫宗社根本之計，吉期既定，盛典將行，願同薄海之民，共仰前星之耀。臣不勝依戀悲哽之至。

回籍謝恩疏

謹奏：爲蒙恩回籍，恭陳謝悃事。

該臣以積痾曠職，累疏乞休，於本年三月十四日欽蒙聖恩，准臣回籍調理，仍賜馳驛。當即具疏謝辭，於十八日離京，次月初二日到家訖。

念臣自奉召環，再參樞席，感非常之遇，志每切于捐麋；竭不肖之才，效寸疏于輔理。悠悠三載，久懷尸素之慚；踽踽孤踪，兼抱沉綿之病。馬窮則佚，蓋筋力之已疲；器滿斯傾，由福緣之欲盡。累數章而乞罷，不勝抵冒之愆；擁六傳以言旋，終荷保全之澤。出關而北，入山漸深，生知稅駕之鄉，歿得容棺之所。縱填溝壑，亦戴德于乾坤；即處山林，忍忘情于廊廟？西陲未靖，知遺君父之憂；東禁猶虛，曷慰臣民之望？無謂棄臣如涕唾，不足追念其言；尚思定國先本根，及今早爲之計。宮彝既叙，神器攸寧，潛消釁孽之萌，永保基圖之固。臣不勝感恩祈願之至。

在籍賀聖節疏 未上

謹奏：爲慶賀事。

萬曆三十年八月十七日，恭遇皇上萬壽聖節，臣謹稽首頓首稱賀者。

伏以五百年生聖，祥開有道之期；億萬載當天，祚衍無疆之曆。神人胥慶，朝野均歡。仰惟皇帝陛下，稟睿含冲，體元居正。父母天地爲之子，無忝所生；臣妾兆庶作之君，不懈于位。三十年曰世，已徵有道之功；八千歲爲秋，再啓長生之旦。金飆玉露，應佳候于西成；寶月珠星，拱祥光于北極。九霄閶闔，高鋪黼座之儀；萬國衣冠，紛效華封之祝。頌聲洋溢，殆徧響於山河；喜氣瀰漫，寧忘情于草木？臣迹慚淪落，恩荷生成。卜周世之綿延，雖阻稱觴之列；歌堯天之廣運，寔先擊壤之氓。伏願保合太和，緝熙純嘏。愛身以托天下，篤培性命之源；歛福以錫庶民，共躋仁壽之域。臣無任瞻天仰聖、歡欣祈祝之至。

壬寅賀冊立大典疏

謹奏：爲欣逢大慶，恭陳賀悃事。

臣跧伏草野，適於今歲冬月恭遇皇上肇舉大典，冊立皇太子暨冊封福王、瑞王、惠王、桂王，復以次月吉辰，祇率彝章尊上聖母徽號曰"慈聖宣文明肅貞壽端獻皇太后"。兩月之內，明詔再頒，臣不勝聳聞，不勝忭舞。

竊憶臣向歲待罪機庭，預陪儲議。方毓德宮之召見，業僉奉于明綸；追文淵閣之傳宣，復獨承乎俞旨。仰窺皇情之眷注，雅屬元良；無奈衆口之紛囂，致稽歲月。直需時于今日，出獨斷乎宸衷。主器崇升，茂正青宮之位；諸藩衆建，分疏赤社之榮。胤祚偕昌，本支式叙。遡璇源之流衍，浚自天潢；鏤寶册以鋪張，善歸慈極。配乾元而稱大，熙鴻號以揚徽。兹蓋皇上道重綱常，治先典禮。作述兼聖明之懿，修齊率仁讓之風。謨烈燕詒，調護無煩于羽翼；軒輿鶴列，尊崇備盡于情文。一舉而天親之愛具悇，遂洽八埏之和氣；俄頃而宗社之計大定，丕延億載之洪圖。誠家國同休、神人胥慶者也。

臣識慚謀始，功愧求成，戴盆雖格于望天，傾葵寔殷于向日。欣宗祧之有托，開神聖以方長；祝慈壽之無疆，撫曾玄而未艾。詞弗勝其揚厲，情但切于謳歌。臣下情不勝歡忭踴躍之至。

謝存問疏

謹奏：爲感激天恩，遣官存問，恭陳謝悃事。

本年正月初十日，伏蒙欽差中書舍人劉承諏恭捧敕書一道，安設龍亭，偕同本布政司官，備辦羊酒及花銀五十兩、彩段四表裏，鼓樂導從，至臣田廬，宣示德音，頒給恩賚。臣謹僂躬舞蹈，稽首拜嘉，復瞻叩闕廷，具疏稱謝者。

竊惟自古國家大慶，率覃敷錫之恩；於時草野耆賢，間蒙存問之典。顧恩非濫及，典無倖饕，須年德之並高，斯懿章之克荷。若臣者行能淺薄，材質虛庸。向厠綸扉，愧乏贊襄之效；數參儲議，未諳將順之宜。誠不足以動天，義弗安于尸位。是用奉身而退，長休農畝之間，然每蒿目而思，詎忘君國之慮。蓋主器一日未定，固臣愚一日不寧者也。頃賴蒼昊炳靈，啓宸衷之獨斷；青宮正位，暨諸王以並封。尊上聖母之徽稱，霈錫臣民以閏澤。臣聳聞册禮，幸始願之克諧；繼奉詔條，庶宿愆之昭貸。幽憂十載，方欣奠枕之有期；懸隔九閽，敢望遺簪之見憶。兹蓋皇上隆慈軫舊，大度包荒，雨露委潤于凋枯，日月迴光于暗曶。特遴星使，乘震旦以儼臨；涣發天言，協春陽而温慰。醇醪肥羜，便蕃异庖廪之珍；文綺兼金，絢爛列篚筐之彩。賁祥光于衢巷，溢喜色于衡門。登對知榮，省循轉惕。撫膏肓其沉痼，暫偷旦暮之生；舉頂踵以放摩，奚答乾坤之造？惟丹心之未化，質皎日以猶明，略陳垂盡之言，仰瀆蓋高之聽。伏願朝講之臨御如舊，章奏之裁發以時。股肱耳目備其官，無以猜嫌而妨委任；出入啓居式于度，無以逸豫而弛憂勤。愛惜人才，漸收復乎廢棄；矜憐滯獄，亟解縱乎纍囚。更祈節宣索之需，俾軍國得支其經費；罷礦税之使，俾吏民不困于誅求。將和氣翔洽于兩間，慶祚綿延于億載矣。臣下情無任歡欣祝願之至。

校勘記

〔一〕“響”，據《四庫存目》本當作“饗”。

〔二〕“御”後，天津人民出版社《輯校萬曆起居注》有“札到臣私寓傳示聖”八字。

〔三〕“之至”後，同上書有“緣臣病未痊，不能詣闕，謹具本奏謝以聞”一句。

〔四〕“謫”，同上書作“責”。

〔五〕“厲”，同上書作“勵”。

復宿山房集卷之七

講章一

《論　語》

"顏淵問爲邦"章

"時"是時令。"輅"是大車。"冕"是祭服之冠。"韶"是舜樂。"鄭聲"是鄭國之音。"佞人"是卑諂辯給之人。

昔顏淵以王佐之才，有志於用世，因問爲邦之道於孔子。孔子答之，言：治莫善於法古，道尤貴於用中。三代治曆明時，子、丑、寅嘗迭建矣。而惟夏以建寅之月爲歲首，以順天道，其時則正，以授民事，其令則善，欲改正朔者，所宜遵也。大輅之制，至我周始加其飾，然過侈則易敗，惟殷之輅，樸素渾堅，等威已辨，質而得中，此其爲可乘者焉。冕旒之服，自黃帝已有其制，然文采則未著，惟周之冕，華不爲靡，費不及奢，文而得中，此其爲可服者焉。至於樂以象成，作者非一，而和神人、格上下，盡善盡美，則莫有過於韶舞者，故樂當用韶舞焉。夫治道固有所當法，尤有所當戒，又必於鄭聲則放絶之，勿使其接於耳。於佞人則斥遠之，勿使其近於前。何也？蓋鄭聲邪辟淫泆，一或聽之，則足以蕩人心志，可惡莫甚焉，故不可不放也。佞人變亂是非，一或近之，則足以覆人邦家，可畏莫甚焉，故不可不遠也。如此，則法其所當法，以舉致治之大典；戒其所當戒，以嚴害治之大防。於爲邦何有哉？

按，此章孔子斟酌四代禮樂以告顏淵，方望之以隆古之治，而即舉鄭聲、佞人、亡國之事以爲戒。蓋有治則有亂。世之治也，以禮樂法度維持之而不足；其亂也，以聲色佞幸敗壞之而有餘。是以堯舜猶畏孔壬，成湯不邇聲色，誠所以絕禍本而塞亂源也。《書經》有言："不役耳目，百度惟貞。"保治者宜留意焉。

子曰人無遠慮必有近憂

孔子言：天下之事變無常，而夫人之思慮貴審。故智者能銷患於未萌，止禍於未形者，惟其有遠慮也。若見目前安寧，而於身所不到處照管不周，圖一時苟且，而於後面未來光景想算不及。此無遠慮人，其計事不審，防患必疏，自謂天下之事無復可憂，而不知大可憂者，固已伏於至近之地，几席下將有不測之虞，且夕間或起意外之變矣。是故聖帝明王，身不下堂序，而慮周四海之外；事不離日用，而計安萬年之久，正有見於此也。

子曰已矣乎吾未見好德如好色者也

"已矣乎"，是絕望之詞。

孔子說：秉彝好德，人之良心。人未有不好德者，然須見而好，好而樂，如好好色，方是心誠好德。乃今之人，見德者未必能好，好德者未必能樂。或外親而內疏，或陽慕而陰忌，其能如好色之誠者，已矣乎！吾終不得見其人矣。

孔子此言所以激勵天下，欲其移好色之心以好德也。

子曰"臧文仲其竊位者與"章

"臧文仲"是魯大夫。"柳下惠"是魯之賢人。"竊位"是偷居其位。

孔子言：人臣居乎其位，當求無愧於心。臧文仲爲魯大夫，心術隱伏，無光明正大之度，其居於位，殆如盜得而陰據之。蓋人臣之罪莫大於蔽賢。文仲明知柳下惠是賢人，便當薦之於君，以爲國家之用。乃阻而抑之，使困阨於下位，而不能汲引薦拔，與己並立公朝，是以嫉賢妬能之私，爲持祿保位之計，雖居其位，終不能不有愧於心也，非竊位而何？夫人臣蔽賢不能舉，則爲竊位，使臣舉之而君不能用，豈不亦有負於大君之任哉？

子曰躬自厚而薄責於人則遠怨矣

"躬"是身躬。"自厚"是責己者厚。

孔子言：常人之情，恕己則昏，責人則明，此怨之所由生也。誠能厚於責己，如道有未盡，就自身上點檢，務體道以成身。行有不得，就自身上反求，務正己以率物。至於責人，則欲其薄。道之以善，則不必強其所難；施之以恩，則不必望其所報。夫責己厚則身益修，而無可怨之道；責人薄則人易從，而無召怨之端。人將愛敬之恐後矣，怨其有不遠者哉？

此修己待人之法，古帝王檢身若不及，與人不求備，正此意也。

"子曰不曰如之何如之何者"章

"如之何、如之何"，是熟思而審處之辭。"末如之何"是無奈他何。

孔子言：人之於事，必須思之審，而後處之當。若於臨事之際，不仔細思量，反覆裁度，言此事如何處置，此事如何處置，此等人以一切苟且之心率意妄行，譬如無星之秤，無寸之尺，利害是非，悍然不顧。我雖欲與之言，必不見聽，其將奈彼何哉？於此見天下之事，必慮善而後動，斯動罔弗臧；計定而後舉，斯舉無弗當。亦謀國者所當知也。

子曰群居終日言不及義好行小慧難矣哉

"小慧"是私智。

孔子言：君子之取友，本以爲講學輔仁之資也。夫苟群聚而居，至於終日之久，所言者無一正話及於義理，而惟以游談燕笑爲親；所行者無一正事關乎德業，而惟以機械變詐爲好。夫然則放辟邪侈之心滋，行險僥倖之機熟，不惟無以切嗟[一]相成，且同歸於汙下矣。欲以入德免患，豈不難乎？是以聖帝明王必慎其所與處者，日親正人，則所聞皆正言，所見皆正事，欲其無正，不可得矣。可不謹哉！

"子曰君子義以爲質"章

"質"是質幹。"孫"是謙遜。

孔子言：人之處事，期於盡善，而善非止一端。惟君子知事無定形，而有定理，故必先以義爲質幹，義所當行則行，義所當止則止，初未嘗偏執己見焉。心既有主，不可徑情直行，必須從禮上行將去，周旋曲折，燦然有品節之文。行既有條，不可矯揉太過，須從退遜發出來，從容和順，藹然泯乖戾之迹，以至完成此事。又須從始至終，主以真實之心，絕無一念虛假，一毫粉飾，信以成之。如此，一事之間，備衆善之美，體用相濟，本末兼該，自非成德之行，未易及此，謂非君子處事之道哉！要之，義禮孫信，分之雖有四者，總之不外一心。惟學問深而涵養熟，則氣質中和，德性純粹，萬事萬化，自時出而不窮矣。有經世宰物之責者，不可不知。

子曰君子病無能焉不病人之不己知也

"病"是患。

孔子言：今之學者爲人，故嘗以人不己知爲患。君子學以爲己，其所患者惟在道不加進，德不加修，碌碌焉一無所能而已。若身有道德之實，而人莫我知，在我本無所損於人，果何足尤？故君子不以爲患焉。此可見自修之道當務實，不可務名矣。

子曰君子疾没世而名不稱焉

"疾"是疾惡。"没世"是終身。

孔子言：名勝，耻也。名固非君子之所尚，然人在天地間，所貴於不虚生者，有名稱於當世而已。使或少不競時，長不勤行，至下世的時，終身無一善可稱，在家無聞，在邦無聞，虚過一生，與草木同腐，豈非君子所甚惡者哉？所以古帝王聖賢，名至於今不磨者，惟有孳孳於道德，敦善不怠而已。

子曰君子求諸己小人求諸人

孔子言：君子小人，人品不同，用心自異。君子以爲己爲心，故凡事皆務反求諸己。愛人不親，則反求其仁；禮人不答，則反求其敬。即其省身之念，但恐闕失在己，而點檢不容不詳，何嘗過望於人乎？小人則專以爲人爲心，故凡事惟務責人。己不仁而責人之我親，己無禮而責人之我敬。即其尤人之念，但見得闕失在人，而所求不遂不止，何知内省諸己乎？夫求諸己者，己無所失，而其德自足以感人；求諸人者，人未必從，而其弊徒足以喪己。觀於君子小人之分，而立心可不慎哉！

子曰君子矜而不争群而不黨

莊以持己曰"矜"。"不争"是無乖戾。和以處衆曰"群"。"不黨"是無偏黨。

孔子言：天下之道不外持己處人，能盡道其間者鮮矣。惟夫君子其持己也，視聽言動，無一事不在禮法之中，可謂矜矣。然其矜也，以理自律也，非以氣自抗也。理有不容以立異者，君子固自有從眾之宜焉，何嘗矯世戾俗以至於爭乎？其處眾也，家國天下，無一人不在包容之內，可謂群矣。然其群也，以道相與也，非以情相徇也。道有不可以苟同者，君子固自有獨立之操焉，何嘗同流合污以至於黨乎？於此見持己莫善於矜，而惟不爭，乃可以節矜之過；處眾莫善於群，而惟不黨，乃可以制和之流。兼體而不累焉，人己之道，無餘蘊矣！

子曰君子不以言舉人不以人廢言

孔子言：君子用人貴審，取善貴弘。世有因其言之善而遂舉其人者，多至於失人。君子之用人也，則惟其人，不惟其言。使其言雖是，其人則非，但用其言而已，終不敢輕舉其人也。蓋天下真才難辨，使以言舉人，則飾言以求進者眾矣，而君子用人肯如是之濫乎？世亦有因其人之不善，而遂棄其言者，多至於失言。君子之聽言也，則惟其言，不惟其人。使其人雖邪，其言則正，但棄其人而已，終不忍概棄其言也。蓋天下全才難得，使以人廢言，則嘉言之收伏者多矣，而君子取善肯如是其隘乎？夫用人審，既不至於失人，取善弘，又不至於失言，可以見君子至公之心矣。堯舜靜言是懲，邇言必察，正此意也。

"子貢問曰有一言而可終身行之者乎"章

"一言"是一字。推己之心爲"恕"。

子貢問於孔子言："學以知要爲貴，道可以久爲難。吾人立身行己，亦有守一言之約可以終身，行之無弊者乎？"孔子答言："道雖不盡於一言，而推之實不外一心。欲求終身可行之理，其惟恕之一言乎？蓋人己雖殊，其心則一。使以己心上所不欲事，又施以及人，即不是恕。所謂恕者，以己度人，而知人之心不異於我，即待人猶己，而不敢以己所不欲者加之於人。如不欲上之無禮於我，則亦不敢以此施之於下；不欲下之不忠於我，則亦不敢以此施之於上。視人惟己，知無不明，以己及人，處無不當。不論遠近親疏，富貴貧賤，皆以是處之，將隨所處而無不宜矣，謂非終身可行者哉？"

按，此"恕"之一言，與《大學》"絜矩"二字之義相同。蓋平天下之道，亦不過與民同其好惡而已。推心之用，其大如此，不但爲學者之事也。

"子曰吾之於人也誰毀誰譽"章

"毀"是毀謗。"譽"是誇譽。"試"是驗。"直道"即公道。

孔子言：天下本有是非之公，而人多徇於好惡之私。吾之於人也，惡者固未嘗不稱之以示戒，若譏謗太過而至於損其真，是作意毀人，非公惡矣。吾於誰有毀乎？善者固未嘗不揚之以示勸，若誇許太過而至於掩其實，是作意譽人，非公好矣。吾於誰有譽乎？間或有所譽焉，必其素履不差，有以驗平日之所造，進修未已，可以決將來之有成，然後從而譽之耳。譽且不敢輕易，而況於毀乎？然我之所以無所毀譽者何哉？蓋以天理之在人心，不以古今而有異者也。今之世雖非三代之世，而今之民所以善其善，惡其惡，一無所私曲者，固即三代直道之民也。民心不異於古如此，我安得枉其是非之實，而妄有毀譽哉？

"子曰吾猶及史之闕文也"章

孔子言：觀人心可以知世道。向當我生之初，去古雖遠，然猶及見夫作史者，或聞見未真，考據未確，必闕其文而以疑傳疑，未嘗執己見以自是焉。有馬者或彼此相假，有無相通，嘗借諸人而忘物忘我，未嘗挾所有以自私焉。則人心猶近於公，風俗猶近於厚也。乃今非無史也，而強不知以爲知，未見有闕文者矣。非無馬也，而喻利不喻義，未見有借人者矣。人心日益漓，風俗日益薄，有世道之慮者，豈不可慨也哉！

子曰巧言亂德小不忍則亂大謀

孔子言：君子聽言處事，皆有義理之正存焉。固不可偏信於人，亦不可偏決於己。蓋持正論者，多尚實不尚文。惟巧言之人，崇虛飾誕，其言詞似忠信，而實非忠信，其議論似廉潔，而實非廉潔。苟一聽之，則真僞混淆，而聰明爲其所眩，是非倒置，而心志爲其所移，適足亂德而已。至若謀大事者，必有忍乃有濟。使或小有不忍，任情動氣，當斷不斷，而以婦人之姑息爲仁；不當斷而斷，而以匹夫之果敢爲勇。如此則牽於私愛，或以優柔養奸，激於小忿，或以輕躁啓釁，適足亂大謀而已。然則人之聽言處事，可不戒其意向之偏，而約之義理之正哉？

子曰衆惡之必察焉衆好之必察焉

“察”是審察。

孔子言：善惡在人，固以衆論爲公，尤以真見爲確。有人於此，衆口一詞，群然賤而惡之，宜可信其爲惡人矣。然容有誠心直道，不合於俗而爲俗所憎者，故必察之，於衆惡之中考其存心制行，真有可惡之實，而後惡之。不然，雖舉世非之，而不顧可也。有人於此，衆口一詞，群然愛而好之，宜可信其爲善人矣。然容有同流合污，求媚於俗而爲俗所悅者，故必察之，於衆好之中考其存心制行，真有可好之實，而後好之。不然，雖舉世譽之，而不顧可也。

蓋稽之衆論，愛憎容有或偏，而惟察之至真，好惡乃無弗當。故四岳薦鯀不能蔽帝堯之明，二叔流言不能奪成王之信，惟其知所察焉。故也欲鑒別人品者，不可不知。

子曰人能弘道非道弘人

“弘”是廓大。

孔子言：有此人，則有此道，道固不外於人。然人心有覺，率其知能之良，則四端萬善，體無不備；充其性分之量，則天下國家，用無不周。推之參天地，贊化育，亦皆吾人能事耳，豈有人不能弘道者哉？若道本無爲，則不能弘大其人。蓋道之體段雖大，而不得人以擴充之，則虧欠而難全。道之功用雖溥，而不得人以推行之，則壅泥而難徧。推之至於一事一物，未有不待人而行者，道豈能以弘人乎哉？夫人能弘道，則道所當自盡，非道弘人，則人不可自諉矣。然“弘”之一字，義甚闊大。理有一之未備不弘，化有一之未達不弘，必如《大學》由格致而成治平之功，《中庸》由中和而臻位育之效，斯可以盡“弘”之義焉。

子曰過而不改是謂過矣

無心失理爲“過”。

孔子言：人非堯舜，孰能無過？過而能改，則可復於無過之地矣。使或謂過爲無傷而存自恕之念，憚過之難改而無亟反之圖，則無心之差，遂成有心之失，一時之誤，而貽終身之尤，其過將日積不及改矣，可不戒哉！於此見人不以無過爲難，惟以改過爲貴。故帝舜有“予違汝弼”之徹，成湯有“改過不吝”之誠，而聖德益光，自治者當以爲法。

"子曰吾嘗終日不食"章

"思"是思量。"益"是補益。

孔子言：我於天下之理，以爲不思則不能得，固嘗終日之間當食不食，終夜之間當寢不寢，于以研窮事物之理，探索性命之精。如此苦思，將謂道可得也。然精神徒費，汗漫而無歸，想像雖勤，空虛而無實，何益之有？誠不若好古敏求，考聖賢之成法，下學上達，盡人事之實功，則真積久而義理自爲之貫通，體驗深而身心自覺其有補。其視徒思無得者，豈不大相遠哉？

孔子言此，非真以思爲可廢也，特以警夫徒思而不學者耳。其實，學與思二者相因，闕一不可，善學者當知有合一之功焉。

"子曰君子謀道不謀食"章

"謀"是圖謀。"餒"是饑餒。

孔子言：人之所以皇皇而不息者，都是謀食之心而已。乃若君子，其所圖惟於念慮者，惟在求得乎道耳，至於口食之求，有所不暇計焉。蓋食之得與不得，不繫於謀與不謀。如農夫耕田，本爲謀食，然或年歲不熟，不能得飽，則不期餒而餒在其中矣。君子爲學，本爲謀道，然或遭時遇主，居官食祿，則不期祿而祿在其中矣。但學雖有得祿之理，而君子本無求祿之心。君子之心惟憂不得乎道，無以成性而成身，豈憂無祿而貧，欲假此以求祿而致富哉？惟其憂道不憂貧，此所以謀道不謀食也，君子立心之純有如此。推此心以事君，則敬事而後食，先勞而後祿，可爲純臣矣。

"子曰知及之"章

容貌端嚴曰"莊"。"涖"是臨。"動"是鼓舞作興。

孔子言：君子修己治人，道不止於一端，功當期於盡善。誠使學問功深，聰明内照，知足及此理矣；而涵養未純，或不免爲私欲所間，仁不能守之，則一時雖若有得，而衆欲交攻，終亦必亡而已，此有其知者不可不濟之以仁也。知既及之，仁又能守之，則其德已全矣。而臨民之際，容貌或有未端，不能莊以涖之，則自褻其居尊之體，無威可畏，適以啓民之慢而已，此其有德者又不可不謹其容也。知及之，仁能守之，又能莊以涖之，内外交修，宜無可議矣。然化民成俗，莫善於禮。使條教法令，所以鼓舞作興一世者，未能合天理之節文，約人情於中正，則細行弗矜，猶爲大德之累，小節不謹，終虧大化之全，不可以語盡善之道矣。然則動民者，豈可以禮爲末務而忽之哉？於此見道合内外、兼本末，有一邊，不可闕一邊。而德愈全，則責愈備，進一步，更當深一步。堯舜欽明浚哲以爲智，如天好生以爲仁。而臨民之莊，見於恭己垂裳之度；動民之化，著於時雍風動之休。此所以道全德備，萬世莫及也，明主宜以爲法焉。

“子曰君子不可小知而可大受也”章

“知”是我知其人。“受”是彼所承受。

孔子言：君子小人，人品不同，材器自異。君子所務者大，而不屑於小。若以小事看，則一才一藝或非所長，未足以知其爲人也，惟看他擔當大事處。其德器凝重，投之至大而不驚，材識宏深，納之至繁而不亂，以安國家，以定社稷，皆力量之所優爲矣。觀大受不可以知君子乎？至於小人，爲人識量褊淺，規模卑狹，任以天下國家之事，必不能勝。雖未可以大受，然略其大而取其小，則智或足以效一官，能或足以力一事，未必一無所長焉。觀小知不可以別小人乎？

夫君子、小人才各有能，有不能，辨別固不可不精。用各有適，有不適，任使尤不可不當。但大受之器，厚重難窺，小知之才，便捷易見。自非端好尚，識治體，則斷斷大臣，或以無他技而見疏，碌碌庸人，或以小有才而取寵，蠹國僨事，有不可勝言者矣。欲鑒別人才者，必先有窮理正心之功焉。

“子曰民之於仁也”章

足所踐履爲“蹈”。

孔子言：人之所賴以爲心者，莫切於仁，而所賴以養生者，莫切於水火。兩者都關繫緊要，不可一日而無，而仁爲尤重。蓋水火還是在外之物，無水火不過饑渴困苦，害及其身而已。而仁爲吾心之生理，無仁則本心喪失，雖有此身亦無以自立矣。仁之切於人也，豈不尤甚於水火乎？況水火雖能養人，亦或有時而殺人，如蹈水而爲水所溺，蹈火而爲火所焚，吾嘗見其有死者矣。仁則天之尊爵，人之安宅，得之者榮，全之者壽，何嘗見有蹈仁而死者哉？夫仁至切於人，而又無害於人，人亦何憚而不爲乎？孔子此言，勉人之爲仁者至矣。

子曰有教無類

“類”是等類。

孔子言：天之生人，本同一性，人惟溺於氣習之染，所以有等。賢、智有等，愚、不肖種種不齊。君子立教，正欲廣其大造之心，溥其曲成之化，使人人皆復於善而後已，豈肯分別等類，於賢、智者則教之，於愚、不肖者則棄之而不教哉？蓋天地無棄物，聖人無棄人。故堯舜之世，比屋可封，文武之民，徧爲爾德，亦有教無類之一驗也。

子曰道不同不相爲謀

“謀”是謀議。

孔子言：人之爲謀，各以其類相從，惟其道之同也。使或一善一惡，人品殊途，一邪一正，心術異趣，其道不同。如此則意見相反，而理之所在，必難與之評是非；計議乖違，而事之所在，必難與之決可否。善者有謀，惡者悖之；正者有謀，邪者阻之。欲其同謀相濟，豈不難哉！然則人之爲謀，不可不慎擇所從矣。

子曰辭達而已矣

“辭”是文辭。“達”是通達。

孔子言：文章之道，與人心相爲流通者也。而今之修辭者，但以富麗爲工，不知辭之所尚，全不在於富麗，惟是據其意之所存，而因言以達意，隨其理之所得，而順理以成章。如論道則根本於性真，論事則直陳其意見，使言簡而意明，文質而事核。修辭之道至此無以加矣，豈必以富麗爲工哉？是時周末文勝，故孔子言此，以救其弊。蓋文辭雖一藝，而人心世道繫焉。是以有教化之責者，務敦本尚實，禁虛華之詞，黜浮薄之士，誠爲人心世道慮也。

“孔子曰天下有道則禮樂征伐”章

“希”是少。“陪臣”即家臣。“國命”是國之命令。

孔子言：人君御世之柄，莫大於禮樂征伐。天下有道之時，君尊臣卑，體統不紊，則禮樂征伐之權自天子而出，爲臣下者不過奉行其命而已，誰敢有變禮樂專征伐者乎？惟是天下無道之時，君弱臣强，上陵下替，於是禮樂征伐之權不出自天子而出自諸侯矣。夫政權一離天子，就如物失其主，人人得而爭之，誰爲保守？故政自諸侯出，則大夫必起而奪之，大約不過十世，鮮有不失其柄者也。政自大夫出，則陪臣必起而奪之，大約不過五世，鮮有不失其柄者也。以陪臣之微而操執國命，則悖逆愈甚，喪亡愈速，大約不過三世，鮮有不失其柄者也。蓋上下有一定之分，處有道之世則分定而不爭，所以上下相安。處無道之世，則越理犯分者眾，此世所以多僭亂之禍也。然則，人君御世之權豈可使一日不在朝廷之上哉？

夫天下無道，僭亂紛紛並起，因朝廷之上，政失其御而已。若天下有道，乾綱振舉，凡政教號令都在天子掌握之中，為大夫者雖佐理贊襄於下，然主張之柄惟在天子而不在大夫矣。以大夫而不敢專政，則四方諸侯皆將聞風畏服，何敢有僭亂者乎？不但如此，天下有道，則朝政清明，凡用舍舉措，事事合乎天理，當乎人心，即庶民百姓安其政令，服其教化，無敢有非議之言矣。私意尚且不敢，而況敢有僭亂者乎？於此，見有道之世，不惟人君享尊榮之福，而臣庶亦蒙順治之休，其視無道之世紛紛並罹於禍亂，豈不可哀也哉！

按，此章乃孔子通論天下之大勢。勢在於上則治，勢在於下則亂。然世之治也，雖政權在上，亦有不可執己私而自用者。又必大公至正，允服人心，而後可以折奸萌，銷異志，故以庶人不議終焉。君天下者宜深省於斯。

"孔子曰祿之去公室五世矣"章

"祿"是國之賦稅。"公室"指魯國。"逮"是及。"三桓"即三家，俱是桓公之後，故曰三桓。

孔子言：天下之勢過盛則易衰。今以魯事觀之：魯自文公薨，公子遂殺子赤，立宣公為君。自是君失其政，而土地所出租賦不供辦於魯。計祿之去公室，歷成公、昭公、襄公、定公，凡五世矣。公室衰而大夫始得專政，自季武子以來，歷悼子、平子、桓子，凡四世矣。夫政自大夫出，五世希不失者。今大夫專政及四世，以數計之，當衰敗，故今三桓子孫微弱不振，亦理勢必然者也。不久，桓子果爲家臣陽虎所執，孔子言驗矣。夫政逮於大夫，宜大夫之强也，而三桓以微，可見名分可逾，大權不可竊，而以僭逆得之者，終以僭逆失之也。《書經》云："臣有作福作威，害于而家，凶于而國。"誠萬世人臣之永鑒也。

"孔子曰益者三友"章

"諒"是信實。"便"是習熟。

孔子言：人之成德，必資於友，而交友貴知所擇。有益于我朋友有三，有損於我朋友有三。益友三者，有正直人，是非無所回互，與之爲友，可以規戒過失。有信實人，見理分明，持守堅固，與之爲友，可以消鎔妄念。有多聞人，通古今，達事變，與之爲友，可以開廣聰明。三友有助於我之德業，就如水之澆樹，愈澆灌愈滋長，有日進而不自知者，非益友而何？損友三者，有便辟之人，習於威儀，一團頓熟，若與之爲友，則過失無由而聞。有善柔之人，工於諂媚，一味逢迎，若與之爲友，則意念無由而實。有便佞之人，巧言舌辯，全無聞見之實，若與之爲友，則智識無由而充。三友有累於我之德業，就如火之銷膏，膏漸銷，光漸滅，有日退而不自知者，非損友而何？人能審擇所從，於益友則親近之，於損友則斥遠之，何患乎德之無成哉？至於君德成敗，乃天下治亂所繫，擇人自輔，尤不可不謹。故《易經》"内君子外小人爲泰，内小人外君子爲否"。明君誦孔子損益之言，玩《易經》否泰之象，則賢親遠佞，自不容不慎矣！

"子曰侍於君子有三愆"章

"侍"是侍立。"君子"是有德有位者通稱。"愆"是過失。"躁"是躁急。"隱"是隱默。"瞽"是無目人。

孔子言：凡在下者侍立於先生長者之前，其言語應對有三失所當點檢。如在上人言問未及於我，此是不當言時，乃率爾妄言，全無謙謹之意，是粗心浮氣，其過曰“躁”。如言問已及於我，是當言時，乃緘默無言，不肯披露情實，是機深內重，其過曰“隱”。如或言及於我，時雖可言，又必觀其顏色，察其意向，然後應對不差。若在上者意思轉移，顏色不在於我，而我猶强聒不止，是懵然不顧，與無目人同，其過曰“瞽”。三者總是昧於相時之宜。若時可以言而言，時可以默而默，語默各當其可，何有失哉？

“子曰君子有三畏”章

“畏”是畏憚。“天命”是天所賦於人之正理。“大人”是有德有位之人。“聖人之言”是簡册中所載聖人言語。“狎”是褻狎。“侮”是戲玩。

孔子言：君子小人不同，只在敬肆之間而已。君子之心恐恐然，常存敬畏而不敢忽者有三事。彼天以民彝物則之理付畀於人曰“天命”，君子存心養性，惟恐不能全盡天理，孤負其付畀之重，故一言一動戒慎恐懼，常如上帝鑒臨，此畏天命是一事。至若有德有位大人，能全盡天理之人，君子尊崇其道德而致敬盡禮，不敢少有怠慢之意，此畏大人是一事。聖人之言載在簡册，都是天理，君子則佩服其謨訓而誦說向慕，不敢少有違背之失，此畏聖人之言又是一事。三事是修身成己切要之功，故君子常存敬畏而不敢忽焉。若夫小人，冥頑無知，全不知義理為何物。恣情縱欲，無所不為，何知有天命之足畏哉？惟其不畏天命，故於有德位大人不知道德之可尊，反狎視而慢待之；於聖人言語不知典訓之可式，反非毀而戲玩之。蓋小人不務修身成己，甘心暴棄，故無所忌憚如此。此所以得罪於天地，得罪於聖賢，而終陷於濟惡不才之歸也。然此三畏，分之雖有三事，總之是一天理。蓋人之所以勉於爲善而不敢爲惡者，因有天理在心，所以凡事點檢，不敢妄爲。若將天理之心喪失無存，則驕淫放逸將何所不至乎？故堯舜兢業，周文小心，惟是欽若昭事，畏天之念無少間焉。有志於事心之學者不可不知。

"子曰君子有九思" 章

"思" 是思量。"色" 是見於面者。"貌" 舉一身而言。"疑" 是疑惑。"忿" 是争忿。

孔子言：人之一身，自視、聽、言、動以至於待人接物，莫不各有當然之理。但人情粗疏，鹵莽不知有思。惟君子自治詳審，每事用心，其所惓惓於思慮者蓋有九焉。九思惟何？目之於視，則思明察洞見，而不爲亂色所蔽；耳之於聽，則思聲入心通，而不爲奸聲所壅；顏色則思温和，而暴戾不形；容貌則思恭謹，而惰慢不設；發言則思心口如一，忠實而不欺；行事則思舉動萬全，敬慎而無失；心中有疑，則思問師辯友，以解其疑；與人忿争，則思忘身及親，以懲其忿；至於臨財之際，又必思其義之當得與否，如義所不當得，雖萬鍾不受，一介不取矣。君子於此九者，隨事而致其思如此。此所以持己接物之間，事事合理，而非常人可及也。然此九思之理，雖隨事理會，而非可以旋時安排者，必須於事物未交之際存養此心，使之湛然虛明，然後事來能應，所思方得其理。不然本原之地，妄念夾雜，雖有所思，安能勝物交之引哉？養心者不可不知。

"齊景公有馬千駟" 章

四馬爲駟，"千駟"，四千匹馬也。"伯夷、叔齊" 是孤竹君二子。"首陽"，山名，在今山西蒲州。

孔子言：世人多慕富貴而羞貧賤，不知富貴不足慕，貧賤不足羞也，在人自立何如耳。昔者，齊景公以諸侯之尊，享一國之奉，所畜之馬至有四千餘匹，其在當時何等富貴！然而仁義不施，功業未著，及到身死之日，百姓想生前所爲，全無一善可稱，泯泯焉與草木同腐而已，雖富貴何益於世乎？至於伯夷、叔齊兄弟二人，因武王伐紂恥食周粟，逃之首陽山下，采薇而食，卒以餓死，其在當時何等貧困！然而不降其志，不辱其身，傳至于今，清風高節猶爲人所稱仰，炳焉與日月爭光，雖貧困何損於德乎？於此見富而無德，雖王侯不見稱於時；貧而自立，雖匹夫亦可傳於世。然則人之有志於立名者，惟務修德而已，貧富何足較哉？蓋富貴者身外之物，而道德者性分之理。是以舜、禹有天下不與，顏淵處簞瓢亦樂，惟其所得者深，故視天下非有加，簞瓢非有損，舉不足以動其心耳。常情徇外忘內，即一介得失猶不能無喜慍，況能有天下而不驚，甘窮餓而不悔乎？故知舜、禹、顏淵之心，則知夷、齊之心矣。

“陳亢問於伯魚曰”章

“陳亢”是孔子弟子。“鯉”是孔子之子，字伯魚。“趨”是趨走。“二者”指《詩》《禮》而言。“遠”是不厚意思。

昔陳亢受學於孔子，不知聖人立教之公，以私意窺度聖人，謂必陰厚其子。因問於伯魚，言：“情莫親於父子，教莫切於家庭。子爲夫子之子，亦有傳授心法獨得於所聞，而不同於群弟子者乎？”伯魚對言：“我實未嘗有所異聞也。曾有一日，夫子閒居獨立，我趨走而過於庭前。是時更無他人在傍，使有異教，正當於此時傳授。夫子但問：‘汝曾學《詩》否乎？’我對：‘未曾學《詩》。’夫子因教我：‘《詩》之爲教溫柔敦厚，學之者必長於言語。若不學《詩》，則事理無由而通達，心氣無由而和平，欲言語應對之皆善，豈可得乎？'鯉於是受教，退而學夫《詩》，凡國風、雅頌無不究其旨焉。此一次趨庭所聞惟《詩》而已，自《詩》之外，固未嘗更有所聞矣。"伯魚又告陳亢："我在家庭之間，無所異聞，不但前一次趨庭爲然。他日，夫子又閒居獨立，我復趨走而過於庭。使有異教，則前日所未聞者必當於此時聞之矣。夫子但問：'汝曾學《禮》否乎？'我對：'未曾學《禮》。'夫子因教我：'《禮》之爲教恭儉莊敬，學之者必卓然能立。若不學《禮》，則品節無由而詳明，德性無由而堅定，欲立於規矩準繩之中，豈可得乎？'鯉於是受教，退而學夫《禮》，凡禮儀威儀無不習其事焉。此一次趨庭所聞惟《禮》而已，自《禮》之外，固未嘗更有所聞矣。夫《詩》《禮》二者乃夫子常以爲教，弟子常以爲學者也。而我之過庭所聞不過此二者，則何嘗有異聞矣乎？"於是陳亢聞言而退，深自喜幸："問一得一，乃理之常。今我所問者異聞之一事耳，而乃有三事之得。聞學《詩》之可以言，一也；聞學《禮》之可以立，二也；又聞君子之教其子與門弟子如一，全無偏私之意，三也。一問之間有得三之益，豈非可喜者哉！"

夫聖人之心至虛至公，其教子也固未嘗徇私而獨有所傳，亦非因避嫌而概無所異，惟隨其資稟學力所至，可與言《詩》則教之以《詩》，可與言《禮》則教之以《禮》焉耳，何容心於其間哉？陳亢始疑其有私，終喜其能遠，不惟不知聖人待子之心，且不知聖人教人之法，陋亦甚矣。

校勘記

〔一〕"嗟"，疑當作"磋"。

復宿山房集卷之八

講章二

《論　語》

子曰性相近也習相遠也

“性”是指氣質之性而言。“習”是習學。

孔子言：天之生人，本同一性。雖氣有清濁，質有純駁，然本其有生之初而言，同一天地之精，五行之秀，其清而純者固可以爲善，其濁而駁者未便可以爲惡，彼此相去毫釐之間而已，固相近也。及形生神發之後，德性以情欲而遷，氣質以漸染而變。習於善便爲聖爲賢，習於惡便爲愚爲不肖，於是善惡相去或相什伯或相千萬，而人品始大相遠矣。夫以人之善惡繫於習而不繫於性，如此則變化氣質之功乃人所當自勉者也，豈可徒諉諸性而已哉？

子曰唯上知與下愚不移

承上章言，人性相近，其轉移變化之功固存乎所習矣。然相近之中，又有一等氣極其清、質極其粹而爲上知者，有一等氣極其濁、質極其駁而爲下愚者。兩等人美惡一定，非習之所能移。其在上知，是天生成聖人，雖與不善人居，不能誘之使爲不善也。其在下愚，是天生成愚人，雖與善人居，亦不能化之使爲善也。善惡繫於性而不繫於習者，惟兩等人爲然，而實不常有。自餘半清半濁、可善可惡者最多，此變化氣質之功在中人所不容已也。

按，孔子所論性、習。性之在人，如礦金璞玉。上知之性，不必鍛煉琢磨而自善。中人之性，必待鍛煉琢磨而後善。下愚之性，埋沒於鉛鐵砂石，雖鍛煉琢磨亦不能使之善也。但天性難齊，而人事宜盡，故堯舜猶防人心之危，湯武不廢反身之學，雖聖人不敢自恃其性如此。桀紂恃其才智，荒淫暴虐，拒諫飾非，卒與下愚同轍。如是而歸咎於性，豈不誤哉？故曰氣質之用小，學問之功大。

"公山弗擾以費畔"章

"公山弗擾"是人姓名，時爲費邑宰。"末之""之"是往字。周京在西，魯在東，孔子欲行周道於魯，所以言爲東周。

昔季氏宰有公山弗擾者，與陽虎共執桓子，遂據費邑以叛。因使人聘召孔子，孔子言欲往應其召。子路不達孔子之言，艴然不悅，言："夫子之齊、之魯，道既不行，身無所往，亦可以止矣。公山弗擾身爲叛逆之臣，何必往應其召而徒取失身之辱乎？"孔子言："世莫我知，故無能召我而用之者。今公山氏特來召我，豈漫無所見而徒然，意者必有以用我也。當此之時，如有委我以國，授我以政，而能用我者，我必將修紀綱之廢墜，正名分之陵夷，舉文武成康之治，整頓於今日，使鎬京爲西周而魯爲東周斯已矣，豈肯小用其道也哉？此我所以欲應其召也。"蓋天下無不可化之人，亦無不可爲之事。故雖分崩如魯國，三家擾於內，陪臣叛於外，而孔子猶惓惓望治，謂周道可興。況乎處全盛之世而有君有臣，其於興道致治，豈不尤易也哉？

"佛肸召子欲往"章

"佛肸"是晋大夫，趙簡子家臣，時爲中牟宰。"磷"是薄。

"涅"是染皂土。"緇"是黑色。"匏"是瓠。

晋室微弱，政在六卿。趙簡子與范中行相攻而保晋陽，其家臣有佛肸者，因亦據中牟以叛。一日，佛肸使人來召孔子。孔子嘉其禮意之誠，意其或能悔過改圖，因欲往應其召。子路不達而諫止之，言："昔者聞夫子有言，凡人有悖理亂常，親於其身爲不善之事者，君子不入其黨，惟恐其浼己故也。今佛肸據中牟以畔，正是親爲不善之人，若以守身之常理論之，方當遠避之不暇。而夫子乃欲往應其召，是置身於不善之黨，而不顧其浼己之辱也，何自背於昔者之言乎？"孔子曉之："汝謂身爲不善，君子不入。此言誠然，我誠有此言也。然又有一言，人有可浼，有不可浼。獨不曰天下之物有至堅厚者乎，雖以人力磨之而不能使之薄也。又不曰天下之物有至潔白者乎，雖以皂色染之而不能使之黑也。物有一定之質尚不可變，我之志操堅白自處，固已審矣。彼雖不善，焉能浼我乎哉？夫佛肸既不能浼我，則固無害於可往矣。使可往而不往，則是執滯不通，蠢然一物而已。我豈若匏瓜哉？蓋匏瓜繫於一處而不能飲食，我則靈於萬物而有知覺運動，可止則止，可行則行，安能自同於匏瓜乎？然則佛肸之召我，固當有變通之微權，而君子不入之言有不可以概論者矣，汝何以是爲疑哉？"

按，孔子前於公山之召，則以東周自期，此於佛肸之召，則以堅白自信，蓋有如是之道德，斯有如是之事功。使堅白不足，而自試於磨涅，己且不免於辱，何以能轉移一世乎？合而觀之，而聖人之全體大用胥見之矣，惜乎未能竟其志也。

"子曰小子何莫學夫《詩》"章

孔子因《詩》學舊廢，一日呼門弟子而教之：《詩》之爲經，其有益於人也大矣，爾小子何不究心於《詩》而學之乎？

蓋《詩》之所言有善有惡，學《詩》則善者可以爲勸，惡者可以爲懲，而吾心好善惡惡之機，將勃然因之以興起焉。《詩》之所載有美有刺，學《詩》則美者考見其得，刺者考見其失，而吾立身行事之實，將惕然因之以觀焉。常情和則易至於流，惟能學《詩》則時乎相好，而和樂之中不失夫恭敬之節，以之處群可也。常情怨則易至於怒，惟能學《詩》則時乎相尤，而責望之下不失夫忠厚之情，以之處怨可也。至於近而家庭之間，爲子欲盡其孝，則凡竭力事父之理，必於《詩》而得之。遠而朝廷之上，爲臣欲盡其忠，則凡致身事君之理，必於《詩》而得之。推之至於鳥獸草木，稱名非一，亦莫不具之於《詩》，學之則凡飛、走、動、植之類，無一物不知其名，而所以資吾聞識者不既多乎？夫自身心性情，以至於人倫物理，其道無一不備於《詩》，則《詩》之有益於人誠至大矣，爾小子豈可以不學乎哉！

然《詩》之爲教不但學者所當誦習也。《關雎》《麟趾》爲風化之原，《鳧鷖》《既醉》乃太平之福，《天保》以上所以治內，《采薇》以下所以治外，王道莫備於斯矣。爲人主者不可以不究心焉。

“子曰禮云禮云”章

孔子見世之用禮樂者，專事其末而不知探其本也，故發此論。道先王制禮以教天下之敬，其道固甚大矣。乃今之論禮者，見玉帛交錯，遂指而稱之曰“是禮是禮”，殊不知玉帛雖爲行禮設，而禮之所以爲禮者，不專在玉帛，必有恭敬誠愨之意以爲之本，而玉帛特所以將之焉耳。若指玉帛爲禮，豈禮之謂哉？先王作樂以教天下之和，其道亦甚大矣。乃今之論樂者，見鍾鼓鏗鏘，遂指而稱之曰“是樂是樂”，殊不知鍾鼓雖爲作樂設，而樂之所以爲樂者，不專在鍾鼓，必有欣喜歡愛之意以爲之本，而鍾鼓特所以宣之焉耳。若指鍾鼓爲樂，則豈樂之謂哉？蓋敬而將之以玉帛，方謂之禮，使無是敬，則玉帛爲虛文；和而發之以鍾鼓，方謂之樂，使無是和，則鍾鼓爲虛器。用禮樂者誠不可不深探其本矣。然禮樂之本在於和敬，而和敬之理在於吾心。斯須不誠不莊則慢易之心作，斯須不和不樂則鄙詐之心生，去禮樂遠矣。惟聖人履中正而樂和平，故不出身心性情之間，無適而非禮樂，豈待求之玉帛、鍾鼓間哉？人主建中和之極者尤所當知。

“子曰鄙夫可與事君也與哉”章

“鄙夫”是庸惡陋劣之人。“患”是憂患。

孔子言：爲人臣者必有忘身之誠，而後可以語事君之義。鄙夫資性庸惡，全無忠義之心，識趣陋劣又乏剛正之節，若此人者，豈可使之立於朝廷之上而與之事君也？與哉何也？蓋所貴於事君者，惟其知有君不知有身也。鄙夫之心止知有富貴權利而已，方權位之未得也，千方百計徼幸營求，汲汲然惟恐其不能得之也。及權位之既得也，千方百計繫戀保守，兢兢然惟恐其或失之也。夫事君一有患失之心，則凡可媚上以求容，要君以固寵者，將何事不可爲乎？小則卑汙苟賤，喪其羞惡之良，大則攘奪憑陵，陷於悖逆之惡，皆生此患失之一念而已。以此人而事君，其害可勝言哉？然君之義本無所逃，而忠君愛國之臣亦鮮不以得君爲念者。但忠臣志在得君，鄙夫志在得祿；忠臣得君志在任事，鄙夫得君志在竊權。心術公私少異，而人品忠奸頓殊，明主不可不察也。

“子曰惡紫之奪朱也”章

“朱”是正色。“紫”是間色。“鄭聲”是鄭國之音。“雅”是正。“利口”是巧言辯給之人。“覆”是顛覆。

孔子言：天下之理有正則有邪，而邪每足以害正。如色本以朱爲正也，自紫色一出，其奇麗足以悦人之目，於是人皆貴紫不貴朱，而朱色之美反爲所奪矣。紫能奪朱，此紫之所以可惡也。樂本以雅爲正也，自鄭聲一出，其淫哇足以悦人之耳，於是人皆聽鄭聲不聽雅樂，而雅音之善反爲所亂矣。鄭能亂雅，此鄭聲之所以可惡也。至若言本以忠信爲正也，自利口之人一出，其巧言捷辯足以顛倒是非，變亂賢否，人君一爲所惑，則害于而家，凶于而國，而邦家之顛覆不難矣。利口之所以可惡者，豈非以其能覆邦家也哉？三者之中，利口之害爲尤大。欲絕其害，惟在審所好尚而已。昔齊景公好紫，國中乃莫不衣紫；趙烈侯好音，歌者數輩而進；商紂利口，惟賢靡靡，遂以成俗，所好使然也。人君能親賢遠奸，審所好惡，利口之害何自而生哉？

“宰我問三年之喪”章

“宰我”是孔子弟子，名予。周歲爲“期”。“燧”是火。古人鑽木取火，四時各有所宜，春取榆柳之火，夏取棗杏之火，夏季取桑柘之火，秋取柞楢之火，冬取槐檀之火，故曰鑽燧。“已”是止。“懷”是抱。

宰我問於孔子，言：“古禮，人子居父母之喪，必以三年爲制。以予觀之，禮貴通變，但持喪一年亦不爲不久矣，何必三年？蓋君子三年在衰絰之中，不習禮則儀節荒疏，而禮必壞矣；三年在哀戚之中，不習樂則音律廢弛，而樂必崩矣。以虛文而妨實學，何益之有哉？若以期年而言，所食之穀，舊者既没，新者又登，而物候爲之一變。鑽木取火，木既更而火亦改，而天運爲之一周。人子哀痛之情至是不可以止乎？”夫短喪非宰我本意，但有疑於心，設此問耳。孔子因詰之：“三年之喪，食必蔬食，衣必衰麻，禮也。若自期年之後，便舍蔬素而食稻，釋衰麻而衣錦，於汝心能自安乎？"宰我不察而直應之曰："安。"則其心蔽錮甚矣。孔子遂責之："凡人有所不爲，以其心有所不安也。汝既安於食稻衣錦，則可爲期年之喪矣。夫君子之居喪也，口食旨味而不以爲甘，耳聞音樂而不以爲樂，身雖居處而不以爲安，惟其心有所不忍，故不肯爲期年之喪也。今汝既以食稻衣錦爲安，則期年之喪任汝爲之，何不可乎？"孔子此言所以絕之者至矣。及宰我既出，孔子又懼其真以爲可安而遂行之也，乃復深探其本而斥之："人未有不愛其親者，宰予何其愛親之薄而不仁也？夫父母之喪所以必三年者，正以子生三年然後能免於父母之懷抱，故喪必以三年爲期，以少盡其報稱之情耳。自天子至於庶人，無一人不本於父母，則無一人不遵此服制，是三年之喪乃天下之通喪也。予亦人子也，寧獨無三年之恩愛於其父母乎？今乃謂親喪可短，何其薄親之甚哉？"孔子此言欲宰我聞之反求而得其本心也。其後短喪之言遂寢不行，其亦有得於夫子之教矣。然先王之制有限，人子之情無窮。故《禮》有終身之喪，《詩》稱罔極之慟，非以三年之喪爲足報其親也。其以三年爲制者，特誘進不肖，欲其跂而及之耳。若夫大孝之慕，豈止三年？而所以致其情者，又豈止於蔬食衰絰之文而已哉？

"子曰飽食終日"章

"博"是局戲。"奕"是圍棋。"賢"是勝。"已"是止。

孔子言：吾人日用之間，莫不各有當爲之事，故必知所用心而後能有成也。設使終日之間優游放曠，惟知饜飽飲食而已，於凡義理所當講求、職業所當修舉者，一無所用其心，如此之人神昏志惰，光陰虛度，一事無成，百事皆廢，欲以入德而免患，豈不難哉？求之技藝之中，不有博奕者乎？雖所爲非正事，然從事於博則心在於博，從事於奕則心在於奕，念頭尚有著落，較之悠悠蕩蕩，全然無所用心者豈不猶爲勝乎？

孔子此言非以博奕爲可，特甚言無所用心之不可耳。蓋人之一心常運用斯常精明，是以堯舜兢業，大禹孜孜，文王日昃不遑暇食。古之聖人豈好爲是焦勞哉？誠以心易放而難收，一念不謹，則庶事隳而天工曠，其關繫治亂，非細故也。明主宜深省于斯。

“子曰君子亦有惡乎”章

“下流”是在下卑賤之人。“訕”是謗毀。“窒”是窒塞不通。“徼”是伺察。“訐”是攻發人之陰私。

子貢問於孔子，言：“君子於人無所不愛，豈有所惡者乎？”孔子教之：“惡惡，人心所同。君子亦有所惡，其一惡刻薄人，專喜稱揚人之過惡，全無仁厚之意者；其一惡忿戾人，身居汙下之地而謗訕君上，或非毀尊長，全無忠敬之心者；其一惡强梁人，好剛使氣，徒恃其勇，而不知禮讓，或至犯上而作亂者；其一惡執拗人，臨事果敢，率意妄爲，而不顧義理，往往窒塞而不通者。凡此皆人心所公惡，故君子不容以無惡也。”孔子因問子貢：“賜也亦有所惡者乎？”子貢言：“賜所惡者，惡苛察人，本無照物之明，而竊竊焉窺伺人之動静，自以爲智無不知者；惡剛愎人，本無兼人之勇，而悻悻然凌人傲物，自以爲勇無所懼者；惡褊急人，本無正直之德，專好攻訐人陰私，自以爲直無所隱者。賜之所惡如此而已。”

由此觀之，聖賢所惡雖有不同，而以忠順長厚之道望天下，其意則一而已。蓋天下之患，常始於輕薄恣睢之徒，横議憑陵，而紀綱風俗遂因之以大壞。如漢之黨人、唐之藩鎮是已。明主知其然，故務崇渾厚以塞排詆之端，攬權綱以消悖慢之氣，則讒慝無所容，而人自伏也。審治體者宜辨之。

"微子去之"章

"微子"是商紂庶兄。"箕子、比干"是紂叔父。當理而無私心曰"仁"。

昔紂爲無道，其國將亡。微子進諫不聽，恐一旦被禍，絕商家宗祀，遂引身而去之。箕子諫紂不聽，被紂囚繫爲奴，因佯狂而受辱。比干直言極諫，犯紂之怒，被紂剖視其心而死。此三人者，同爲紂之親臣，而或去或不去或死，行各不同，孔子因斷之曰"殷有三仁焉"。蓋君子尚論古人不當泥其迹，而當原其心。三人迹雖不同，而同一憂君愛國之心，至誠惻怛之意。去者非忘君，奴者非懼禍，死者非沽名，各求盡其心成其志而已，所以同謂之"仁"。孔子以"仁"之一言斷之，而三子之心始白於天下後世矣。大抵人臣之義，莫不願世明主聖，服休寵而保榮名者。不得已而逃遁，而囚辱，而殺身，則所遇之不幸耳。向使紂有納諫之美，而三仁得效其進諫之忠，相與救過圖存，則商祀未宜遽絕也。乃拒諫飾非，淫威以逞，卒之三仁去而殷國墟，豈不可爲永鑒哉！

"齊景公待孔子"章

昔孔子適齊，齊景公素知孔子之賢，因與其臣商量待孔子禮節，説道："魯有三卿，季氏最貴，魯君待之極隆。我今如魯君待季氏禮待孔子，於禮過厚，則我有所不能；若以魯君待孟氏禮待之，於禮頗簡，似又有所不可。斟酌其中，惟以季、孟之間，固不至如季氏之隆，亦不至如孟氏之簡，庶幾其可乎？"既又言："孔子之道甚大，其功效未易見也。我今年齒已老，精力已衰，不能用其道矣。"夫孔子至齊，本爲行道，既不能用其道，而徒擬議於禮節之間，則亦虛拘焉耳。故孔子行，蓋志不合則去，一重道之義也。

齊人歸女樂季桓子受之三日不朝孔子行

"季桓子"是魯大夫，名斯魯。

定公時，孔子爲司寇，三月而魯國大治。齊人懼其爲霸，因設計選好女子八十人，皆衣文衣，乘文馬，舞康樂，以饋送魯君，欲以惑亂其心，阻壞其政。不意魯君果中其計，與季桓子再三游觀，悦而受之，荒於聲色，怠於政事，三日不復視朝。則其簡賢棄禮，不足與有爲可知，故孔子行。蓋禮貌衰則去，一見幾之明也。合前章而觀景公，知好賢矣，而耄倦於勤，好之而不能用。定公能用之矣，而中荒於欲，用之而不能終。無怪乎二國之不競也。明君誠能勵精圖治，不懈於宴安之私，純心任賢，不奪於聲色之誘，斯賢臣樂於效用，而治功可必其有成矣。

"長沮、桀溺耦而耕"章

"長沮、桀溺"是人姓名。二人相並爲"耦"。"津"是濟渡處。"執輿"是執轡在車。"滔滔"是流而不反之意。"易"是變易。"辟人"指孔子。"辟世"是桀溺自謂。"耰"是田器，所以摩土覆種者。"輟"是止。"憮然"是悵然嘆惜。

昔孔子自楚反蔡，子路御車而行。適遇隱士二人，一名長沮，一名桀溺，兩人並耕於野。孔子經過其地，因使子路下車問濟渡所在。長沮望見孔子在車上，反問："在車執轡是誰?"子路對："是孔丘。"長沮素知孔子之名，因問："是魯國之孔丘與?"子路對："是也。"長沮遂拒之，言："問者不知，知者不問。既是魯之孔丘，轍環天下無一不到，於濟渡所在必無一不知矣，又何待於問哉?"其意蓋譏孔子周流而不止也。子路因又問於桀溺。桀溺問："子是誰?"子路以己姓名對："是仲由。"桀溺素聞孔子弟子有仲由者，因問："是魯國孔丘之徒與？"子路對："然。"桀溺遂責之："人貴識時。今時道愈趨愈下，如流水滔滔不可復反，舉一世而皆然，其亂極矣。欲易亂爲治，易危就安，將誰與轉移之乎？今孔子之齊之楚，不合於此又求合於彼，是乃辟人之士，徒勞而已。與其從彼辟人之士奔走而無成，豈若從我辟世之士，離塵遠俗，優游而自樂哉？"語畢遂去，治其田事，耰而不止，亦不告以津處，其拒之也深矣！

子路問津於長沮、桀溺而不見答，反被其譏諷，於是還以二人之言告於孔子。孔子惜其不喻己意，乃憮然嘆："彼謂辟人不如辟世，則必高飛遠舉，不在人間方可耳。殊不知人生天地間，除是鳥獸異類，乃不可與之同群；若斯人者，固與我並生並育，同一氣類，吾不與之爲群，而誰與哉？既與之爲群，則不可絕人逃世以爲潔矣。彼言天下無道，誰與易之，不知我之所以周流不息，正爲天下無道，故欲出而變易之也。若使天下有道，世已治，民已安，則固無用我之變易，而我豈樂於多事哉？彼二子者，其亦不諒我之心矣。"

蓋天生聖賢，本爲世道計。故古之聖人，民饑則曰己饑，民溺則曰己溺，一夫不獲則曰己辜。其憂時憫世，非但心之不容，己亦責之不可辭耳。使如沮、溺之言，則安危理亂邈不相關，生民將何所托命乎？有世道之責者宜加意焉。

"太師摯適齊"章

"太師"是樂官之長。"亞飯"、"三飯"、"四飯"，古禮諸侯一日三飯，每飯必以樂侑食，故有此官。"少師"是樂官之佐。"鼓"、"播鼗"、"擊磬"俱是掌樂器之官。"齊"、"楚"、"蔡"、"秦"、"河"、"漢"、"海"是地名。

昔周衰樂廢，孔子自衛反魯，嘗一正之。於時伶人、賤工都識樂之正，而樂供其職。其後魯三桓僭妄，歌雍舞徹，音樂大亂，於是典樂之官俱不能安其位。時有太師名摯者，是樂官之長，首先去位而適於齊。於是掌亞飯之樂名干者，則去適於楚。掌三飯之樂名繚者，則去適於蔡。掌四飯之樂名缺者，則去適於秦。又有掌擊鼓官名方叔者，則去而入居於河內。掌播搖鼗鼓官名武者，則去而入居於漢中。爲樂官之佐名陽與掌擊磬官名襄者，則去而入居於海島。夫禮樂所以爲國者也，魯失其政，下陵上替，禮壞樂崩，至使瞽師樂官皆不能守其職，而紛然四散，是尚可以爲國乎？記者言此，蓋傷魯之衰也。

“周有八士”章

“伯仲叔季”是兄弟行次。

門人記言：賢才之生關乎氣運。昔周室盛時，文武之德澤涵育者深，天地之精英蘊蓄者久。於時靈秀所鍾，賢才輩出。有一乳而生二子，四乳而得八子者焉。其頭乳所生者名伯達、伯適；再乳所生者名仲突、仲忽；三乳所生者名叔夜、叔夏；四乳所生者名季隨、季騧。此八士者，產于一母，萃于一門，而又皆有過人之德、出衆之才。多而且賢，真盛世之瑞，邦家之光，關繫一代氣運，豈偶然哉？考堯舜之時有八元八愷，成周則有八士，蓋天將祚帝王以太平之業，必有多賢應運而生，一氣數之自然耳。顧天能生才而不能用才，舉而用之，責在人主。是以史稱舜舉十六相而天下治。《詩》云“濟濟多士，文王以寧”，言其能用之也。

“子張曰執德不弘”章

“執”是執守。“弘”是廓大。“篤”是堅確。

子張言：理得諸心謂之德，德有諸己，固貴於能執。然或器量淺狹，容受不多，纔有片善寸長，便侈然自以爲足，不復加擴充之功，是執德不弘。理所當然謂之道，道有所聞，固貴於能信。然或意念紛紜，把捉不定，纔遇事交物誘，便茫然失其所守，不復有的確之見，是信道不篤。夫執德不弘，久則將並其所執者而失之矣；信道不篤，久則將並其所信者而亡之矣。此等人雖終身爲學，畢竟無成。在世間有之不爲多，無之不爲少，一凡庸人等耳，何足貴乎？所以言“焉能爲有，焉能爲亡”，言不足爲有無也。蓋德性之中無一理之不備，故執之貴弘；道心之純無一物之可雜，故信之貴篤。矧人君以天下爲度，其德尤不可不弘；一心之微而衆欲攻之，信道尤不可不篤者也。《書》稱“帝德廣運”，又曰“允執厥中”，明君當深味其義焉。

“子夏曰雖小道必有可觀者焉”章

“小道”如農、圃、醫、卜之屬。“泥”是窒塞不通。

子夏言：理無往而不在，故雖日用事爲之常，百工技藝之末，如此小術，亦皆道之所寓，以之濟民生而資世用，未必無可觀者焉。然其體之所包涵者淺，用之所利濟者微。就一事一物而用之可也，若推而極之，以達於天下國家之遠，則必有窒礙而難通者矣。是以君子以天下國家爲己責，而所志者遠；以修齊治平爲己事，而所務者大。於此區區小道，自有所不屑爲也。學者可不知所用心也哉？蓋道雖不遺於細微，而學貴知所當務。故孔子不以多能爲聖，堯舜不以百畝爲憂，用心於大自不暇及於小耳。有志於帝王大經大法者，宜審圖之。

“子夏曰博學而篤志”章

子夏言：“學莫先於求仁，而仁非由於外至。誠能博學於文，而多聞以廣其識，使此心無一理之不明；篤信乎道，而堅志以要其成，使此心無一息之少懈。有所問辨，必關切義理，而不爲浮泛之談；有所思惟，必體貼身心，而不爲汗漫之想。此四者皆學問思辨之事，雖未嘗力行而爲仁，然仁是心之理而已。能從事於學而有篤實切近之功，則此心有所收斂。天理即此而存，妄念不得紛馳，人欲何由而肆，不期仁而仁自在其中矣。"於此見求仁之道不外於存心，存心之功不外於務學。學在是則心在是，心在是則仁在是矣。有志於仁者可不勉哉！

子夏曰小人之過也必文

"文"是文飾。

子夏言："人之存心處事，安能一一盡善？每有無心中差錯爲過，過既出於無心，初間定不自知，後來知得是過，就當悔悟儆省，將差錯急改正，纔是君子。若夫小人之有過也則不然。分明意向差，却多方回護，求以掩其差；分明舉動錯，却巧計彌縫，求以掩其錯。蓋心中全是私欲，蒙蔽護短，自是不肯認錯，反將無心差失做有心罪惡，恥過作非，心勞而日拙也。"小人所以徇欲忘返，卒至於敗德亡身者皆由此，可不戒哉！

"子夏曰君子有三變"章

"儼然"是莊嚴之貌。"即"是就。"溫"是和。"厲"是剛正。

子夏言："君子盛德積中而光輝發外，其容貌、詞氣，夫人得於接見之頃者，計其變動不測，凡有三變。遠而望之，則見其衣冠正，瞻視尊，儼然有威之可畏焉，是一變。儼然如此，若示人以不可近矣，及近而就之，則復見其溫良樂易，藹然和氣之可親也，是一變。其溫如此，人若可得而狎之矣，及聽其言論，則又詞嚴義正，是是非非，確有定執，初無一毫委曲遷就之意，聽之使人竦然而起敬也，是一變。"蓋君子德備中和，動容正辭，無非盛德所發。而人之得於瞻仰、聽聞，見其變動不拘若此耳。君子何心哉？夫人之德性，中和最貴，他人莊則不温，温則不厲，惟其涵養未純故耳。誠能孜孜學問，以變化其氣質，務使寬猛相濟，剛柔不偏，則自然動容中禮，進於聖人不難矣。

"子游曰子夏之門人小子"章

"灑掃"、"應對"、"進退"是小學之事。"噫"是嘆息之聲。"倦"是厭倦。"區"是類。"誣"是罔。"卒"是終。

昔子夏以篤實爲學，故教人先從下學用功，子游不知其意而譏之，言："道有本有末，學當務本而不可務末。今子夏之門人小子，觀其灑掃、應對、進退之間，其威儀習熟，容節周詳，則信乎其可矣。然特小子之事，道之一支一節而已。律之以根本之學，如大學誠意、正心之事，則全未有得，如之何其可哉？"子游此言蓋譏子夏之失教也。子夏聞其言而嘆之："噫！"言："游以我之門人務末而遺本，似我不肯以至道傳，此言差矣。夫君子教人固有傳有不傳，然何嘗有意謂某道理淺近可以爲先而傳之，某道理高深可以爲後而倦教？但學者所造，其分量自有淺深，譬諸草木，大者大，小者小，其區類固判然有別矣，則不得不分先後因材而篤之也。若不量其造詣之淺深，工夫之生熟，概以高遠道理教之，則是强其所不能，誣之而已焉。有君子教人以循循善誘爲心者，而可以誣罔後學也。若夫自灑掃、應對以至於誠意正心，徹首徹尾，始終一貫，惟是聰明睿智、生知安行之聖人，纔可全體此理，不待循序而後能。今門人小子豈能一蹴到聖人地位，安得不先教以小學乎？子游譏我失教，其言信爲過矣。"蓋道有定體，教有成法。古人八歲入小學，十五而後入大學，其次第自應如此。宋儒程子言"自灑掃、應對上便可到聖人事"，然非窮理之至，精義入神，何以知聖人事從灑掃、應對中來？有志於成始成終之學者，不可無深造之功焉。

曾子曰堂堂乎張也難與並爲仁矣

"堂堂"是容貌之盛。

曾子言："友所以輔仁，故必有誠篤之資，而後有交修之益。乃若堂堂乎吾友子張也，專致飾於威儀，修整其容貌而已。其務外自高如此，以之爲己則無操存涵養之功，以之爲人則無切磋觀感之助。人固不能輔彼爲仁，彼亦不能輔人爲仁，所以難與並爲仁矣。"曾子此言蓋救子張之失，欲其用心於内也。

"曾子曰吾聞諸夫子"章

"致"是推至其極。

曾子言："我嘗聞夫子有言，常人之情，於凡應事接物之際，真切懇到處少，苟且忽略處多，未有能自盡其心推之以至其極者也。求其能自盡者，必也於父母之喪乎？"蓋子於父母，本天性之至親，而況居喪之時又人道之大變，是時哀痛迫切之誠發於至情而不容已，乃能内盡其心，無一毫之勉强；外盡其禮，無一毫之欠缺也。使於此猶有不盡之心，惡乎盡其心哉？於此見人心之良，隨處發見，而其最真切者，莫過於親喪之時。能識其端而推廣之，以之事親，則爲純孝；以之事君，則爲純忠。而此心無一念之不真，倫理無一事之不厚矣。曾子所以有感於聖人之言也。

"孟氏使陽膚爲士師"章

"陽膚"是曾子弟子。"士師"是掌刑獄之官。"散"是離散。"哀矜"是哀憐。

昔魯大夫孟氏使陽膚爲士師之官，斷理刑獄。陽膚因問治獄之道於曾子。曾子告以刑罰之設所以防民之奸，表率之而不從，教詔之而不入，乃用法以威之，非得已也。今也上人德教不修，既不足爲民表儀，刑政無章，又無以示民趨避，長民之道理失矣。以致百姓情意乖離，無所維繫，相率入於不善，若所當然而不知陷於大戮也，其來非一日矣。爾爲士師，當念犯法雖在於民，而所以致之則由於上。治獄之時，如或訊得其情，雖其行私干紀，信爲有罪，而猶必哀憐之，矜憫之，視之有若無辜，而加惻隱之心可也。莫謂情僞微曖，而我能得其隱情，欣然自喜其明察焉。如此則用法必平，民可無冤，而士師之責任爲無忝矣。

夫世衰道喪，民多犯法，固當哀矜也。若夫聖人在上，政教休明，民頑弗率，極爲自作之孽，若不足矜矣。乃帝舜惟刑之恤，文王庶獄之慎，尤切切焉。此有虞好生之德風動四方，而周家仁厚之曆延於八百也，司政教者當審所用心矣。

“子貢曰君子之過也”章

“更”是改。

子貢言：“過者人之所不能無，故雖以君子之人，防檢少疏，亦有一時差錯。但常人有過，惟恐人知，所以遂成其過。君子有過，即自認是差錯，明白昭示於人，絕無一毫遮飾。譬如日月之食，一分一秒人皆得而見之，不可得而掩也。既自以爲過差，隨即就改，復於無過。譬如日月虧而復圓，光明皎潔，人皆翕然仰之，不可得而議也。”蓋日月以貞明爲體，故雖暫食而無損於明；君子以遷善爲心，故因有過而益新其德。若小人之遂非文過，祇見其日流於卑暗而已，安望其能自新也哉？然過而使人見，更而使人仰，此其修德於昭昭者耳。若夫幽獨之中，隱微之際，遏絕妄念，培養善端，此則君子慎獨之功修之於人所不見者也。欲立身於無過之地者，宜於此加謹焉。

"叔孫武叔語大夫於朝"章

"叔孫武叔"、"子服景伯"皆魯大夫。七尺爲"仞"。"夫子之云"指武叔言。

昔孔子道德高深，時人不能窺測。一日，叔孫武叔在朝中，對衆大夫言："人皆稱孔子是聖人。以我觀於子貢，其聰明才辯還過於仲尼，仲尼殆不及也。"子服景伯適聞此言，因告於子貢。子貢言："人惟見道而後可以言道。武叔以我爲賢，其所見者淺矣，何則？以賜之道上比於夫子，其高卑懸絶譬如宫墻。賜也，道不加修，德不加崇，比之於墻，墻之及肩者也。其墻既卑，故人不必入其門也，但從外窺之，於凡室家所有一器一物之好，都可以洞見而無遺矣。是賜之道淺狹而易見如此。若吾夫子，道德尊崇，地位峻絶。譬之於墻，其高數仞，有非人力所能企及者。若不得其門而入，則其中宗廟氣象無由而見其美，百官威儀無由而睹其富矣。是夫子之道深廣而難窺如此，今之人不過宫墻外望而已，能得其門而入者幾何人哉？若武叔者，正不得其門而入者也。於聖道之美富本不曾見，乃謂我賢於仲尼，蓋識見未深，故擬議不當，其爲此言何足怪乎？"

子貢以是而曉景伯，所以尊孔子、鄙武叔者可謂至矣。按此宫墻之喻，乃子貢善形容聖道之蘊處。當時及門之士惟顏淵悟道卓爾，庶幾見之。然猶仰之彌高，鑽之彌堅，則其用力亦不易矣。故見道爲難，造道爲尤難，有志於聖道者必求造其域而後可。

"叔孫武叔毀仲尼"章

土坡高者曰"丘"。岡阜大者曰"陵"。"逾"是逾越。"量"是分量。

叔孫武叔前言仲尼不及子貢，至是又從而毀謗之，其誣聖之罪愈大矣。子貢曉之："爾無用此毀謗爲也。蓋仲尼之聖，非他人可比，不可得而毀也。何者？他人之賢者雖異於人，然所造未至，就如丘陵自平地下看雖高，其高終是有限，猶可得而逾越也。若仲尼之道，冠絕群倫，高視千古，就如日月懸象著明，與天同運，無一物不在其照臨之下，誰得而逾越之乎？縱有不肖之人，欲自棄於聖人之教，橫肆非毀，而聖人之道高德厚，豈彼浮言妄議所能污衊？如日月之明，萬古常新，非人所得而毀傷也。爾今之毀仲尼，正如傷日月，祇見其不揣自己分量，於聖凡高下懵然無辨，一天地間妄人而已，何足校哉！"

按，子貢前以宮墻喻聖道，此又以日月爲喻，所以尊孔子而曉武叔者，其詞愈峻而意愈切矣。

"陳子禽謂子貢曰"章

"陳子禽"即陳亢。"恭"是推遜之意。"階"是梯。"立"是植其生。"道"是引導。"綏"是安。"動"是鼓舞。四"斯"字言其隨感而應，見效之速也。"榮"是尊榮。

昔陳子禽雖學於孔子，而不知尊其道。一日謂子貢："師不必賢於弟子。今汝推舉仲尼，極其恭敬，豈以仲尼之賢猶過於子乎？"子貢以其輕於議聖，因斥其失言之非，謂："君子之論人也，如一言之間擬議得當，則鑒別精而人以爲知；或一言之間評品失宜，則權衡爽而人以爲不知。知與不知，但係於一言之微，此發言不可以不謹也。今汝謂仲尼豈賢於我，其失言甚矣，知者固如是乎？蓋人有可及有不可及。若吾夫子聖由天縱，道冠群倫，人雖欲企而及之，而化不可爲有，非思勉之可至。殆如天之高高在上，所可仰者輕清之象而已。若欲從而升之，其去地不知幾千萬里之遠也，豈是階梯之具可攀躋而上升者乎？知登天之難，則知希聖之不易矣。子乃以我爲賢，真日圍於天之中而不知其高者也，何其惑之甚哉？夫子之所以不可及者，蓋有莫大之道德，自有莫大之事功。惟其窮而在下，故無由見其設施耳。使其得邦家而治之，其感人動物之效豈小小哉？如民生未遂，方爲之分田制里以扶植其生，百姓隨即耕食鑿飲，並立於生養之中矣。所謂立之斯立。民行未興，方爲之建學明倫以倡導於善，百姓即遵道遵路，率由於教化之内矣。所謂道之斯行。民居有未安，纔撫綏之，使之得所，百姓即聞風向化，群然而來歸矣。所謂綏之斯來。民俗有未化，纔鼓舞之，使之自新，百姓即興仁興讓，藹然相親睦矣。所謂動之斯和。其德化感人神速如此。故當其在生之時，人皆歡欣愛戴，莫不尊親，是何等榮顯！及其既殁之後，人皆悲傷思慕，如喪考妣，是何等哀誠！蓋惟其德之在己者盛，故其化之入人也深。其感至神，其應至妙，若天道發育萬物，以生以長，曾莫測其所以然也，如之何其可及也哉？子禽不知而妄議之，陋亦甚矣。”

按，古帝王致治之盛，莫如堯舜。堯舜之治，以時雍風動爲極，而孔子之化，以綏來動和爲成。於此見聖神功用，其感通變化之機一而已矣。故史臣贊堯之德曰“如天”，舜曰“協帝”，而子貢推尊孔子則曰“猶天之不可階而升”，誠見其道之同也。有君師治教之責者，不可不深探其本焉。

“堯曰咨爾舜” 至 “舜亦以命禹”

“咨”是嗟嘆聲。“曆數”是帝王相承次序，如歲時、節氣先後，故曰“曆數”。　“允”是信。“天禄”即天位。“永”是長。

此一章書是記者歷叙帝王之道，以見孔門授受一理。首舉帝堯將禪位於舜而戒命之：“咨！爾舜，帝王之位，天所命也。今天意在汝，帝王相傳之曆數將付托於汝之身矣。汝任此莫大之寄，當知天下事事物物皆有大中至正道理在於吾心。汝信能持守此心之‘中’，以之揆事宰物，不使有過、不及之差，則事皆合宜，民心悅而天位可常保矣。使不能執其‘中’，則政乖民亂，將使四海之人都危困窮苦，生其怨叛之心，而汝所受於天之祿位亦永絕而不可復享矣。可不戒哉？”其後帝舜禪位於禹，就以帝堯之言丁寧而告語之，凡執中之訓，永終之戒，一如堯之所命，無異詞也。

　　夫帝王治天下亦多端矣，而堯、舜、禹相授受，獨舉“中”之一字爲言，蓋“中”者乃天命人心、精微易簡之理，萬事萬化皆由此出。故自堯發其端，而舜、禹繼之，聖聖相承，遂爲傳心之要，其開萬世道統之源也有以哉！

“曰予小子履”章

　　“履”是湯之名。“玄牡”是黑色牛。“皇”是大皇皇后。“帝”即皇天后土。“蔽”是隱蔽。“簡”是閱，一一鑒察之意。

　　此一節記成湯受命之事。湯既放桀，作書以告諸侯。因述其初時，請命於天曰：“我小子履，敢用玄牡之牲，敢昭告于皇天后土之神。今夏王無道，得罪於天，乃天討所必加，我當明正其罪而不敢赦。其賢人君子爲上天所眷命者，皆是帝臣，我當顯揚於朝而不敢隱。蓋凡此有罪有德之人，一一簡在上帝之心，或誅或賞，我惟奉順天意而已，豈得容私於其間乎？使我受天之托，所爲不公不正，不能替天行道，是我自家罪過，於萬方小民絕不相干。若萬方小民有罪犯法，是我統御乖方、表率無狀所致，其罪實在於朕之一身矣。”蓋人君以奉天子民爲責，故湯於命討之典則聽命於天，於下民之罪則引咎於己，其存心公而責己厚如此，所以開有商之大業也。原其所自，何莫非一“中”之傳乎？

“周有大賚”至“食喪祭”

“大賚”是大施恩惠。“周親”是至親。“權”是等秤。“量”是斗斛。

此記武王受命之事。武王初克商而有天下，他務未遑，首先散財發粟以賑窮恤困，而大施恩澤於四海。又於其中揀爲善之人，特加優賚，有德者官之，有功者祿之，爵土一無所吝焉。其賞善之公如此。始初誓師，言：“商紂至親雖多，忠良者少。不如周家臣子，皆是仁厚有德之人，賢而可恃也。我今既獲仁人之助，若不往正商罪，則百姓嗟怨日甚，罪過皆歸於我之一身矣。”其責己之厚如此。及天下既定，凡商家舊政所當改革，一一埽除其弊而更新之。於權量則謹定其規則，而輕重大小無復參差；於法度則審酌於時宜，而禮樂刑政無復沿襲；於官職則修舉其廢墜，而百司庶府無復曠闕。由是法紀所頒，在在遵守，而四方之政無有壅遏不行者矣。至於前代帝王之後，國土已滅者則興之，使復有其國；世系已絕者則續之，使不失其祀；賢人遺棄在下者則舉用之，使仍復其官。由是德意所感，人人欣戴，而天下之民無不傾心歸服者矣。至其加意民事所最慎重者則有三：曰食，曰喪，曰祭。蓋食以養生，喪以送死，祭以追遠，乃人道之大經。故制爲田里以厚民生，定爲喪葬、祭祀之禮以教民孝。所以重王業之本、風化之原者又如此。由武王所行之政而觀，德澤周徧，既固結一代之人心，治教修明，又整齊一代之國體，其能作民君師，副上天寵綏之命有由然矣，謂非遠宗堯舜而近接禹湯之統者哉！

寬則得衆信則民任焉敏則有功公則説

“任”是倚靠。記者歷叙堯、舜、湯、武之事，因撮其大要。帝王之御世也，雖因時立政，各異其宜，而究其保民致治之大端，總之不外於寬、信、敏、公四者而已。蓋人君以天下爲度，故所尚在寬。惟能寬以宅心，而胸襟廣大，恢恢乎其有容，則包涵徧覆，衆庶皆得所依歸，而無或自外者矣。君道以至誠爲本，所尚在信。惟能信以布令，而始終如一，斷斷乎其不爽，則實政實心，下民皆有所倚仗，而無或疑貳者矣。人君總理萬幾，一或怠荒，則易以廢事，惟能勵精圖治，而孜孜汲汲，宵旰爲之不遑，則百度振舉，而治功於是乎有成矣。人君宰制萬國，一或偏私，則無以服人。惟能秉公持正，而蕩蕩平平，好惡爲之不作，則舉措合宜，而人心於是乎悦服矣。凡此皆帝王已試之成法，堯舜湯武所以異世而同歸於治者也，有天下者宜取則于是焉。

"子張問於孔子曰"章

"尊"是崇尚。"屏"是屏絶。"泰"是安舒。"猛"是麄厲。"虐"是殘酷。"暴"是急遽。"賊"是傷害。"猶之"是一般。"出納"是出入。"吝"是慳吝。

子張有志於治道，因問於孔子："君子出而用世，當何所作爲，斯可以居位爲政乎？"孔子告之："治道不止一端，惟在審所取舍而已。凡政公平正大，美而有益於治者有五，汝必尊敬而奉行之，勿使有一善之或遺。殘忍刻薄，惡而有害於治者有四，汝必懲艾而屏絶之，勿使有纖惡之未盡。如此則行一善政而百姓即蒙其福，除一惡政而百姓即遠其害，民心順而治道可舉矣，於從政乎何有哉？"子張因問何事謂之五美，孔子舉其目而告之："所謂五美，非有高遠難行之事，惟在臨民莅衆之間耳。蓋凡分人以財者，多不免於費。君子以厚下爲心，雖有惠以及民，而於民有所益，於上無所損，未嘗見其費焉，是惠之美。勞民之力者，多致民之怨。君子以率作興事，雖有役以勞民，而用民之力，得民之心，未嘗見其怨焉，是勞之美。常人心有所欲，易至於貪。君子深知篤好，雖不能無欲，然於己有所得，於人無所求，是欲之美。常人志意舒泰，易至於驕。君子俯仰不愧，雖若泰然自得，無一毫放肆之意以矜己而誇人，是泰之美。常人威嚴尊重，易至於猛。君子動容不苟，雖若有威可畏，無一毫龐厲之態以輕世而傲物，是威之美。凡此五者，爲事不同，同歸於美，誠爲治者之所當尊也。汝欲從政，豈可以他求乎哉？”子張聞五美之目而未知其事，因問：“何事謂之惠而不費？”孔子乃備舉其事而告之：“凡惠而費己之財者，斯爲費。君子因天下之利，利天下之民，如田里樹畜，但就百姓本等生理與之區畫而已，本非分我所有以與民，此豈非惠而不費乎？勞而盡民之力者，斯致民之怨。君子用民之力，不奪民之時。如興事動衆，但擇國家緊要工程間一驅使而已，固不肯泛興工役以勞民，其誰得而怨之乎？欲所不當欲，斯爲貪。君子心之所欲，惟在於仁，欲合乎天理而天理自順，欲當乎人心而人心自安。近取諸身，無慕乎外，又何得而議其貪乎？泰而驕者多起於縱肆，君子於人無論衆寡，於事無論小大，皆兢兢業業，臨之以敬慎，而不敢一有慢易之心，正與適己自便者不同，斯豈非泰而不驕乎？威而猛者多由於峻厲，君子衣冠則整肅而有儀，瞻視則端嚴而不苟，儼然恭己於上，而人之望其容色者，自然起其敬畏之念，正與恃勢作威者不同，斯豈非威而不猛乎？此五者，措諸政事則宏愛養之恩，本諸身心則端表正之體，誠宜民之令德，居上之良規也。所謂五美之當尊者，尊此而已，汝可不知所從事哉？”

子張既聞五美之實，又問何事謂之四惡。孔子告之：“爲人上者欲導民爲善，當以教化爲先。若平素不能教民，使知善之當爲，惡之當改，一旦有罪犯法，便欲殺之，是用其刑殘酷，全無惻隱之心，謂之曰‘虐’。欲率民趨事，須責成有漸。若常時不加戒飭，使勤者知所勸，惰者知所懲，一旦省視工程，驟然責其成效，是其舉動苛急，全無從容之意，謂之曰‘暴’。有所徵求於民，必先期出令，而民始知所從。若稽慢詔令，而故意耽誤之於先，乃刻定日期而嚴限追併之於後，則勢有難於卒辦，刑必至於妄加，是乃傷人害物之所爲，不謂之賊而何？至若有功當賞，即斷然賞之，而人始蒙其惠。若一般以物與人，而於出納之際，遲回顧惜，慳吝而不果，則所與雖多，人亦不懷其惠矣。此乃有司爲人守財不得自專者之所爲，爲人上者豈宜如此？凡此四者，爲事不同，同歸於惡，誠爲政者之所當屏也。汝可不以此爲戒哉！”

按，《論語》一書，孔子告問政者多矣。而美惡並陳，法戒具備，未有如此章之明切者。故記者列此以繼帝王之治，見聖人修身立政之道一而已矣。《書》曰“與治同道罔不興，與亂同事罔不亡”，明主宜深省焉。

“子曰不知命無以爲君子也”章

孔子言：君子修身處世，其道不止一端，而大本大原惟在於天、人、物、我之理見得分明而已。蓋人之有生，吉凶禍福皆有一定之命，故必知命乃能安分循理而爲。君子若不知天命，則見害必避，見利必趨，凡可以行險僥倖者，無所不爲，卒陷于小人之歸而已，其何以爲君子哉？此命之不可不知也。禮爲持身之具，故必知禮乃能檢攝其四體，而有以自立。若不知禮，則進退周旋茫無依據，而耳目無所加，手足無所措，欲卓然自立於斯世難矣。此禮之不可不知也。言爲心聲，故必知言乃能折衷乎衆論，而可以知人。若不知言，則衆言淆亂，漫無可否，而人之得失無由分，邪正無由辨，欲灼然有知人之明難矣。此言之不可不知也。知此三者，則天、人、物、我之理皆洞察而無遺，而君子修身處世之道備矣，可不勉哉？

復宿山房集卷之九

講章三

《孟子》

孟子見梁惠王

梁惠王名罃，本魏侯，都大梁，因僭稱王，謚曰惠。孟子在當時以道自重，不見諸侯，適梁惠王卑禮厚幣以招賢者，因感其禮意之誠而往見之，亦冀其道之行也。

王曰叟不遠千里而來亦將有以利吾國乎

"叟"是長老之稱。

惠王一見孟子，便慰勞之曰："自鄒至梁，許遠道路。叟今不憚千里而來，亦將有深謀遠計可以富國强兵，利於寡人之社稷者乎？"

孟子對曰王何必曰利亦有仁義而已矣

孟子對："王欲圖國事，何便以利爲？言治國之道，亦有仁義而已矣。仁者心之德、愛之理；義者心之制、事之宜。人君所以君國子民，立綱陳紀，惟有兩者，此外更無別法。舍此不言而言利，豈予千里見王之心哉？"

此二句一章大指，下文乃詳言其事。

"王曰何以利吾國"一節

"征"字解作"取"字。"饜"是滿足之意。

承上文，言："所謂何必曰利者，蓋以王乃一國之主，王若惟利是求，曰何以利吾國，利端一開，衆皆視效。大夫便求何以利吾家，士庶人便求何以利吾身。上取利于下，下取利于上，上下交相征利，而弒奪之禍將作，國從此危矣。萬乘之國乃天子所有，公卿思起而奪之，而弒其君者必千乘之家。千乘之國乃諸侯所有，大夫思起而奪之，而弒其君者必百乘之家。夫天子萬乘，公卿得千乘焉。諸侯千乘，大夫得百乘焉。臣之於君，每十分而取其一，所得已不爲不多矣。安分知足，此正人臣之義也。苟或以義爲後，而以利爲先，則止知有利欲，而不知有綱常。公卿不盡奪天子，大夫不盡奪諸侯，其貪得之心未肯自以爲饜足也，國豈有不危者哉？夫以君一求利，而臣下效之，遂啓弒奪之禍，如此亦可畏矣！王豈可以此爲言乎？"

未有仁而遺其親者也未有義而後其君者也

此一節，言仁義未嘗不利，以明上文亦有仁義而已之說。"遺"是棄。"後"是不着緊。

孟子言："我所謂亦有仁義者，蓋以仁主於愛，而愛莫切於愛親。未見有好仁之人而肯遺棄其親者也。義主於敬，而敬莫先於敬君。未見有好義之人而肯背慢其君者也。人君誠能躬行仁義以化下，則舉國之人是忠臣孝子，皆親戴於我，其爲國家之利大矣！豈可舍此而更求所謂利乎？"

王亦曰仁義而已矣何必曰利

此重言之，以結上文兩節之意。

"求利有莫大之害，行仁義有莫大之利，則天理、人欲之間，關繫治亂安危，非細故矣。王欲爲國，亦惟曰仁義而已矣，何必言利以啓危亡之禍哉？"

按，當是時，王道不明，人心陷溺，游士爭以功利之說阿順諸侯，干進苟合。而孟子獨舉仁義爲言，所以遏人欲之横流，存天理於既滅，其有功世道大矣！七篇之中，無非此意，讀者宜詳味焉。

"孟子見梁惠王王立於沼上"一節

"沼"是池。"鴻"是雁之大者。"麋"是鹿之大者。

孟子初見梁王，既告以仁義之道。過日，又往見之。正遇惠王在囿中游賞，立於池沼之上，觀鴻雁麋鹿，玩物適情。一見孟子，自知所樂之不正，有慚愧之意。因問："此臺池鳥獸，在古之賢君以此爲樂否乎？"

"孟子對曰賢者而後樂此"一節

孟子對："人同此情，則同此樂。惟賢君在上，民心歡感，和氣流通，然後能享此臺池鳥獸之樂。若夫不賢之君，民心離而國勢蹙，雖有此臺池鳥獸，不能享其樂也。蓋好樂雖同有，能享與不能享之異，惟視民心得失何如耳。"

故下文遂詳言其事。

"《詩》云經始靈臺經之營之"一節

此一節，引《詩》以明賢者而後樂此之意。"經"是量度。"營"是謀爲。"攻"是治。"亟"是速。"麀鹿"是牝鹿。"伏"是馴伏。"濯濯"是肥澤。"鶴鶴"是潔白。"牣"是滿。"古之人"指文王。"偕樂"是與之共樂。

孟子又告梁惠王："所謂賢者而後樂此，蓋嘗考之《詩·大雅·靈臺》之篇，有云文王始作靈臺，方經度營謀，眾百姓已來攻治，不待終日而遂成之。雖文王心恐勞民，戒令勿急，而民心樂之，如子趨父事，不召而自來也。其臺既成，臺下有囿。文王在於靈囿，則見麀鹿馴伏而不驚，麀鹿濯濯而肥澤，白鳥鶴鶴而潔白，若是其可愛焉。囿中有沼，文王在於靈沼，則見魚之躍者，充滿于池中，若是其眾多焉。"

觀《詩》所言，文王用百姓之力築土為臺，鑿地為沼。民不惟不以為勞，而反歡樂之。稱其臺為靈臺，稱其沼為靈沼，加之以美名，言其成就之速，似神靈之所為。又樂其囿中有麋鹿，沼中有魚鱉，而嘆美之無已。民樂文王之樂如此，其故何哉？蓋由文王平日能施行仁政，愛養下民，使百姓飽食暖衣，安居樂業，所以百姓歡欣愛戴，樂其有此臺池鳥獸，而文王亦得享其樂也。蓋君民一體，君有愛民之心，民自有愛君之心。君能樂民之樂，民自樂君之樂。所謂賢者而後樂此，此非其明徵也哉？

"湯誓曰時日害喪"一節

此一節，引《書》以明不賢者雖有此不樂之意。"湯誓"是《商書》篇名。"時"字解作"是"字。"害"是何。

孟子又告惠王："所謂不賢者雖有此不樂，蓋嘗考之《湯誓》矣。昔桀嘗自言：'吾有天下如天之有日，日亡吾乃亡耳。'民怨其虐，因就其言而指目之：'此日何時亡乎？若亡，則我寧與之俱亡！'蓋欲其亡之速也。夫為君者，獨樂而不恤其民，致使下民違怨咀呪，欲與之俱亡。當此之時，雖有臺池鳥獸，皆非已之所能保，安能晏然於上而獨享其樂哉？此我所以謂不賢者雖有此不樂也。"由此觀之，人君惟患獨樂而不恤其民耳。使能與民同樂，亦當如文王之得民心，而頌聲作矣，何害其為樂也？然游觀之樂，固聖王所不廢，而于游于佚，則恒以爲戒焉。蓋玩物易以喪志，而耽於逸樂，未有不至於病民者。故臺沼雖設，而文王方且視民如傷，不遑暇食，則其憂勤之心可想矣。夏桀荒於宴樂，遂至瓊宮瑤臺，竭天下之財力以自奉，叢民之怨不亦宜乎？明主所宜深念也。

“梁惠王曰寡人之於國也盡心焉耳矣”一節

“河内”、“河東”是魏地。“凶”是年歲饑荒。

昔梁惠王自負其恤民之政，因誇示於孟子，言：“人君治國以恤民爲先，而恤民以救荒爲急。若寡人之治國也，慮周於四境，志切於窮民，可謂竭盡其心而無以加矣。時乎河内年歲凶荒，或遇河東收成，則移其民之少壯者於河東，使之就食。將河東之粟，運於河内，以養贍老幼之不能動移者。或遇河東凶荒，幸而河内收成，則移民河内，移粟河東，依前法而行。我徧察鄰國之政，非無歲凶時，然皆漫無料理，未有如寡人用心者，宜乎寡人之民生聚長養多於鄰國。乃今鄰國之民較之於我不見其加少，寡人之民較之於彼不見其加多，其故何哉？”

夫移民移粟，雖荒政所不廢，然不過一時權宜之術而已。惠王遽以是爲盡心，欲求勝於鄰國，其所見者小矣。

“孟子對曰王好戰”一節

“喻”是比喻。“填然”是鼓聲。“直”字解作“但”字。

孟子因惠王以恤民自負，乃設喻以曉之，言：“王素好戰鬥之事，請即以戰爲比喻。夫戰者，兩軍相當，填然鼓之，兵刃既接，勝敗分矣。敗者抛棄甲胄，拖曳兵器，脱身逃走，或有走百步而後止者，或有走五十步而後止者。走五十步者笑百步者，以爲無勇，則王以爲何如？”

惠王言：“不可。走五十步但未至於百步耳，同一敗走也，烏可以近而笑遠乎？”孟子遂就其明而通之。言：“王若知五十步不可以笑百步，則無望民之多於鄰國也。蓋治國以王道爲極，猶戰者以克敵爲能。今鄰國不恤其民，而吾王能行小惠，固爲差勝，然其不能行王道則一而已矣。比之戰敗者，特五十步之走耳，烏可以此而笑彼哉？王誠能力行王政，則民不求多而自多，國不期富而自富矣。”

“不違農時穀不可勝食也”一節

“農時”是耕耘收穫之時。“罟”是魚網。“數罟”是密網。“洿池”是窊下聚水之處。“憾”字解作“恨”字。

孟子又告梁惠王：“治國莫要於王政，王政必先於養民。爲治之初，法制未備，且因天地自然之利，而盡樽節愛養之宜。如農時，乃五穀所自出，必愛惜民力，勿妨其務農之時，則民得盡力於南畝，而五穀不可勝食矣。洿池乃魚鼈所聚，必禁絕密網，勿使入於洿池之中，則川澤不竭於漁，而魚鼈不可勝食矣。山林乃材木所生，必限制斧斤，待草木零落之時，方許其入，則萌蘗得有所養，而材木不可勝用矣。穀與魚鼈不可勝食，材木不可勝用，則飲食、宮室有所資，而民之養生者得遂其願；祭祀、棺槨有所備，而民之喪死者得盡其情：是民養生喪死兩無所憾也。養生喪死無憾，則民心得而邦本固，法制自此可立，教化自此可興矣。王道之始事如此。”

“獸相食且人惡之”一節

“惡”字解作“何”字。

孟子又告梁惠王：“人情莫不好生而惡殺。今王以虐政殺人，非爲民父母之道矣。且如獸本異類，其自相吞噬，與人無預，人之見者，猶且惡之。況民者，君之赤子，爲民父母者，固當愛之，而不忍傷也。乃今恣行虐政，不免於率獸而食人。是不忍於獸之相食，而忍於食人，其視赤子之軀命，反犬馬之不如矣！殘忍如此，何在其爲民之父母也哉？"

"仲尼曰始作俑者其無後乎"一節

"俑"是從葬木偶人。

古之葬者，束草爲人，以爲從衛，名曰"芻靈"，略似人形而已。中古更易以俑，則有面目、機發，能轉動跳躍，故名曰"俑"。孟子又引孔子之言，以發其不忍之心："聞仲尼有云：'仁者必有後。始初作俑以從葬者，此人不仁甚矣，其無後乎？'夫仲尼所以深惡作俑之人者爲何？蓋因其象生人之形，用爲送死之具，其造意殘忍故也。夫象人以從葬，非真致人於死，仲尼猶且惡之，況實以虐政殘民，使民饑餓而死，其爲不仁，尤甚於作俑者矣。如之何其可哉？"

由此而觀，人君之所自奉者，不過庖肉廄馬而已，而其弊遂至於率獸食人。使厚斂之虐同於操刃，不仁之禍浮於作俑，則奢欲之爲害，豈不大哉！人君能以此言體察民情，必且惻然動念，凡所以約己裕民者，當無所不用其至矣。

"彼奪其民時使不得耕耨以養其父母"一節

"彼"指敵國而言。

孟子又告梁惠王："我謂制梃可以撻秦楚之堅甲利兵者，非獨恃我能勝彼，彼固有可乘之釁也。彼國煩刑重斂，行政不仁，將百姓務農時候妨悞，使不得深耕易耨，盡力於農事，以養其父母，致使其父母凍餓，衣食無所仰給，兄弟妻子離散，室家不能相保，此惟救死而恐不贍，何暇修孝弟忠信之行哉？"

彼陷溺其民王往而征之夫誰與王敵

承上文，言："彼國暴虐其民，使之凍餓離散，如陷之於阱，溺之於水，其結怨於民也深矣。吾王及此時率吾尊君親上之民往正其罪，彼民方怨恨其上，一聞王師，欣然樂歸於我，誰肯爲彼用命，而與王拒敵哉？"此所謂可使制梃以撻秦楚之堅甲利兵也。

故曰仁者無敵王請勿疑

承上文，言："以秦楚之强不敢與王爲敵，則爲王於天下不難矣。是以古語有云'仁者無敵'，蓋君有仁德，則可以聯屬人心，屈服一世，有不戰，戰必勝矣，誰能與之敵者？知此則所謂地方百里而可以王，亦有見於此耳。王請勿以斯言爲疑，斷然以仁政爲必可行，王業爲必可致，則民心得而國勢振，尚何先王之恥不可雪哉！"

按，此章惠王之志在於報怨，而孟子之論在於救民。蓋能救民則怨不期報而自報，不能救民而徒志於報怨，兵連禍結，怨終不可報，而喪敗愈多矣。是以帝王之道貴在自治，不以小忿而忘遠圖也。

孟子見梁襄王

襄王是惠王子，名赫。此見亦非徒然，意以仁義之道不得行於其父者，或冀其可行於子也。

"出語人曰"一節

"出"是孟子退而就館之時語告也。"望"是遠觀。"就"是近視。"卒然"是急遽之貌。"問"是襄王問也。"定"是安定，干戈不作之謂。"惡乎定"，問如何而後安定也。"定於一"，是天下歸于一統。

意此既見而出，告語人也。曰："吾向之見襄王也，望其能有爲也。乃今觀其容貌，不見端重，遠無可象之儀；不見尊嚴，近無可畏之威。且其詞氣躁率，卒然問曰：'天下將惡乎定?'吾對曰：'必定於天下之一統也。'"蓋征伐之權自天子出，然後干戈息而戰爭平，天下自定矣。

孰能一之

"孰"字解作"誰"字，指列國之君言。"能"字便有專尚力。

意襄王問當今諸侯勢均力敵，誰能芟除群雄，合區宇而一之乎。

對曰不嗜殺人者能一之

"嗜"字解作"好"字。"殺人"，凡爲虐政以致民於死者皆是。

吾對曰："誠有不好殺人之君，則好生之德洽於民心，自能萃天下之涣而一之矣。"

孰能與之

"與"是歸往。

梁襄王又問孟子，言："天下可定于一。當今列國之民各有統屬，誰肯舍其主而來歸者乎？"

"對曰天下莫不與也"一節

周時七八月，即今之五六月。"槁"是枯槁。"油然"是雲盛之貌。“沛然”是雨盛之貌。“浡然”是忽然興起之貌。“禦”
字解作“止”字。“牧”是牧養，君以養民爲職，故曰“人牧”。
“領”是頸。

孟子言：“民罔常懷，懷於有德。當今天下百姓無不願去暴
而歸仁者也。王知夫苗之爲性乎？當夫七八月之間，天氣亢旱，
禾苗枯槁，正是望雨之時。天忽油然作雲，沛然下雨，天澤一
降，而苗之枯槁者隨即浡然而興起矣。其發生之速如此，誰得而
禦止之乎？方今天下牧民之君，視民命如草芥，驅生靈於鋒刃，
民不堪其虐久矣，未曾見有不嗜殺人者也。如有不嗜殺人之主出
於其間，則天下之民欣然向慕，如旱苗之望雨，莫不延頸舉首而
願戴之以爲君矣。望之如此其切，則歸附之誠自不容已。其勢殆
如水之就下，沛然直前，雖封疆不能爲之阻，法制不能爲之禁
也，誰得而禦之哉？”此所以天下莫不與也。蓋好生惡死，人心
所同。歷觀前代受命之主，大抵皆由不嗜殺人而興。秦雖以暴虐
得之，然不再傳而遂亡，及漢高代之以寬仁，始成帝業。孟子之
言驗矣。

“曰若寡人者可以保民乎哉”一節

“胡齕”是齊臣。“釁”是釁郤。新鑄鐘成而殺牲取血以塗
其釁，謂之釁鐘。“觳觫”是恐懼貌。

齊宣王因孟子言保民可以致王，遂將自己問：“若寡人者，
亦可以保愛百姓否乎？”孟子對以可。齊宣王問：“何由知我可
以保民？”孟子對：“臣曾聞王之臣胡齕有言，王一日坐於堂上，
有人牽牛行，過於堂下。王問言：‘牽牛將欲何往？’牽牛者對
言：‘新鑄鐘成，將殺此牛取血以塗其釁郤也。’王曰：‘舍之，
我不忍見其觳觫怕死之狀，平白無罪而遂就於死地也。’牽牛者
言：‘王既不忍殺牛，則將廢釁鐘之事乎？’王言：‘鐘已鑄成，

何可廢也。但以羊代之，則鐘亦可釁，豈獨牛可用乎？'臣所聞胡齕之言如此，不知果有此事否也。"

"曰有之曰是心足以王矣"一節

"愛"是吝惜之意。

齊宣王因孟子述胡齕之言爲問，乃言以羊易牛，誠有此事。孟子遂就其善念而開導之。言："天下萬事萬化皆本於一心。即王不忍殺牛之心，便可以懷保萬民，兼濟四海，而成興王之業不難矣。百姓識見短淺，見王愛此一牛，道是吝惜財費而然。臣體王之心，而知其慈愛惻怛，全出於不忍之一念也。能由此一念而遂充之，則仁不可勝用矣，於致王何有哉？"夫宣王愛牛之心偶發於一時之感，而孟子遂許其可以保民，又直指其心爲不忍，啓發其善端，而引之於至治，真善於開悟人主者矣。

"王説曰詩云他人有心"一節

"詩"是《小雅·巧言》之篇。"夫子"指孟子。"戚戚"是心中感動之意。

齊宣王有感於孟子之言，欣然而悅道："《詩經》有云'他人有心，予忖度之'，夫人藏其心，難可測度。《詩》言人心可以測度而知，正先生之謂也。夫以羊易牛，乃我所行之事，反而求其所以處之之法，將我念頭茫然思索不起，先生乃推出我心，是見牛未見羊之故。於是我前日不忍之念，復戚戚然而萌動，而堂下觳觫光景，宛然如在目前，此非先生能忖度之，則我何自而得其心哉？然此心不過愛及一牛而已，先生乃謂此心足以致王，不知其所以合於王道者，果何在乎？"齊王此言，雖於其本心之良略能察識，然猶未知反其本而擴充之也。

"曰有復於王者曰"一節

"復"是稟白。"秋毫"是鳥獸之毛，至秋而冗細，小而難見者。"輿薪"是以車載薪，大而易見者。"今恩"以下是孟子之言。

孟子因齊王未知推心之術，乃先設事以難之。言："今有稟白於王者，言我之力能舉百鈞之重，而於一羽之輕却不能舉；明察秋毫之末，而於輿薪之大却不能見。王亦將信其言而許之乎？"齊宣王答言："人未有舉重而不能舉輕、見小而不能見大者也。"孟子遂曉之王："既知此，則知保民而王無難事矣。蓋物雖當愛，而較之於民，其勢稍緩，用愛頗難。若民，則與我同類而相親，其勢甚切，而加恩甚易。今王不忍一牛之死，恩足以及禽獸，其於保民之政，宜所優爲，而德澤乃不加於百姓，是能其緩且難者，所謂舉百鈞、察秋毫也，不能其切且易者，所謂不能舉一羽、見輿薪也，獨何故歟？然則一羽之不舉，非力不足也，但不肯用力以舉之耳。輿薪之不見，非明不足也，但不肯用明以視之耳。百姓之不見保，非恩不足也，但不肯用恩以恤之耳。夫不肯用恩以保民，則王業何由而成？故王可以王而不王者，乃能爲而不爲，非欲爲而不能也。若肯爲之，則取諸愛牛之心，一推廣而有餘，又何百姓之不可保哉？"

"老吾老以及人之老"一節

"老"是尊事之意。"吾老""人之老"皆指父兄而言。"幼"是撫育之意。"吾幼""人之幼"皆指子弟而言。"運於掌"是近而易行之意。"詩"是《大雅·思齊》之篇。"刑"是法。"寡妻"是謙稱，寡德之妻。"御"字解作"治"字。

孟子又告齊宣王："我謂王之不王，是不爲，非不能者，亦有見於推恩之甚易耳。且如我有父兄，我能尊事之，即推老老之心以及于民，使百姓皆得以尊事其父兄。我有子弟，我能慈愛之，即推幼幼之心以及於民，使百姓皆得以慈愛其子弟。如此，則舉天下之老者、幼者，無一人不被我之恩澤，而以之措置一世，就如運之於掌上，何難之有？《詩·大雅》頌美文王之德，謂刑于寡妻，至于兄弟，以御于家邦。夫寡妻、兄弟、家邦，其勢至渙散矣，而文王獨能以一身聯屬之，蓋運用之妙存乎一心，所以刑寡妻至兄弟、御家邦者，皆由於此，但舉此心以加之於彼而已。故爲人君者，誠能推廣此心之恩，則包含徧覆，雖四海之大，可以保之而無難。不能推廣此心之恩，則衆叛親離，雖妻子至近，亦不可得而保矣，況四海乎？考之上古帝王，其功業隆盛所以大過於人，而非後世所能及者，別無他道，只是善推此心，由親親推之以及於仁民，由仁民推之以及於愛物，施爲先後之間，能不失其當然之序而已矣。今王恩足以及禽獸，而功乃不至於百姓，則是倒行而逆施，與古人之善推所爲者大相反矣，是果何謂也哉！"

"權然後知輕重"一節

"權"是秤錘，所以稱物之輕重者。上"度"字，是丈尺，下"度"字，是稱量之意。

孟子因宣王昧於推恩，復曉之，言："吾王所以推恩之無序者，殆未嘗度之於心故耳。且如天下之物有輕重之難齊者，必須以秤稱之，而後可知；有長短之不一者，必須以丈尺量之，而後可見。舉一物而推之，凡物皆有輕重長短，則皆必有資於權度。若人之一心，萬理畢具，於凡應事接物之際，不可不度以本然之權度，尤有甚於物者。蓋物無權度，不過一物之差而已，設使心無權度，就如無星之秤，無寸之尺，將見差之毫釐，謬以千里，顛倒錯亂，不可勝言，豈但一物之失哉？今王不忍一牛而忍于百姓，是其愛物之心反重且長，仁民之心反輕且短，失平甚矣。請王試稱量之，民與物孰重而孰輕？愛民與愛物當孰長而孰短？庶吾心之權度不差，而施恩必自有其序矣，尚何百姓之不可保哉？”孟子於宣王前既告之以推心，此又啓之以度心，蓋人君一心，萬化之本，必權度之，審而後推行之，當不但加恩民物，當知所稱量。凡斟酌治道、鑒別人才，以至於賞罰舉錯，皆有權度存乎其間。有經世宰物之責者，不可以不察也。

“王曰若是其甚與”一節

“鄒”、“楚”是二國名。

齊宣王因孟子言其興兵以圖大業，難遂所欲，乃問：“自古圖王定霸，皆賴甲兵之力而成。今言我興兵圖事如緣木求魚，必不可得，豈至如此之甚乎？”孟子對：“興兵搆怨，關繫利害不小，比緣木求魚更加甚焉。蓋緣木求魚，雖不能得魚，後來無災禍。使以興兵搆怨之所爲，求遂霸王之大欲，盡心竭力，不顧艱險而爲之，後來非惟無以成功，且將至於取禍，大有可憂者矣。”宣王因問：“後災之説可得而聞之乎？”孟子言：“王欲知後災，當審國勢。且如鄒國與楚國交戰，以王評論，兩家誰勝？”宣王言：“楚人必勝。”孟子言：“王既知鄒不能敵楚，則可見國之大者爲勝，而小固不可以敵大；兵之衆者爲勝，而寡固不可以敵衆；力之强者爲勝，而弱固不可以敵强。理勢較然矣。今海內之地以大約計之，每一方而千里者，共有九區。除秦、楚、燕、趙諸國各占一區，集合齊地而算之，不過千里，是於天下九分之中方得其一分耳。王欲以齊千里之一分而服海內之八國，其强弱衆寡，勢不相當，如以鄒敵楚，必不能勝，以至於敗，不可爲之寒心哉？我所謂必有後災如此。王必欲臣服海內，固不在恃甲兵以求勝，惟當反求其本，以仁心行仁政而已。能反其本，則所欲者將不求而自至，於王天下何有哉？"

"王曰吾惛不能進於是矣"一節

"恒產"是人常久之產業。"恒心"是人常有之善心。不知而誤墮其中曰"陷"。"罔"是欺罔。

齊宣王聞孟子發政施仁之言，有感於心，遂致其求教之誠。言："王天下之大道不外於仁政，但資質昏昧，不能遽然進於此道，願夫子輔導我之志意，政如何而發，仁如何而施，明白教我。我雖不敏，請嘗試而爲之，一一見之於施行，以求不負夫子之教焉。"孟子言："仁政莫先養民，養民莫先制產。蓋人須有衣食之常產，斯有禮義之常心。無常產而能有常心者，惟是從事學問、習知禮義之士方能如此。若尋常小民，無衣食之常產，即無禮義之常心矣。苟無禮義之心，將恣情縱欲，蕩然於禮法之外，凡放辟邪侈，一切不善之事，無所不爲，而犯法者衆矣。爲人君者，平時不能養民，及至陷民於有罪之地，然後從而加之以刑，是網羅愚民，欺其無知而陷害之也，非罔民而何？若此者，不仁甚矣。安有仁人在位，以愛養百姓爲心者而肯爲此罔民之事乎？吾王欲行仁政，其於制民之產，誠有不容緩者矣。"

"五畝之宅樹之以桑"一節

此一節制民常產之法。

孟子又告齊宣王："仁政之本固在制民之產，而制產之法其事無難，但將小民田里樹畜之利定經制而已。如一夫既受田百畝，外又有五畝宅舍，其宅舍圍墙下種植桑樹，以供蠶事，則絲帛有出，而五十非帛不暖者可以衣帛矣。雞豚狗彘之畜，不誤孕字之時，則七十非肉不飽者可以食肉矣。百畝之田，不妨耕種收穫之時，則民得盡力於農畝，而八口之家皆有養贍，可無饑餒之患矣。恒産既制，則恒心可生。由是設爲庠序，而慎重教化之事。又就其中以孝悌兩端申重反覆其告諭之詳，則民知愛親敬長，樂爲代勞，年高頒白之人物無有負戴於道路者矣。人君定制立法，至使老者得以衣帛食肉而又無負戴之勞，黎民不饑不寒而又知孝悌之義，則教養兼舉，治化大行。由是而土地可闢，秦楚可朝，莅中國而撫四夷不難矣！謂不能爲王於天下者，理之所未有也。所謂保民而王，莫之能禦者正以此，區區霸功何足道哉！"

按，此章齊王所問者霸功，而孟子則告以王道至論。王道之要，不過推其不忍之心以行保民之政而已。齊王不忍觳觫之牛，非無此心，但不能察識而擴充之。故孟子反覆曉告，自其愛物之心啓之以仁民，又推仁民之政不外於制産，所以崇王道而黜霸功者，意獨至矣，有志於保民者宜深念焉。

復宿山房集卷之十

講章四

《孟　子》

"莊暴見孟子曰"一節

"莊暴"是齊臣。"庶幾"是可近於治之意。

齊臣莊暴來見孟子，因述齊宣王之所好，私相評論，言"暴昔者進見於王，王自以其情直告於暴，言喜好音樂。暴於此時既不敢謂其所好爲是，又不敢謂其所好爲非，可否有難於言，因未有以對也。不知好樂何如，果有害於治乎？抑無害於治乎？"孟子對："好樂庸何傷哉？特患王好之未甚耳。誠使王之好樂能由一念欣喜之情推而廣之，直至舉一國而和平然後已，其好之甚如此，則齊國駸駸然有興起之勢，庶幾可望於治矣。汝何不以此而對王乎？"

"他日見於王曰"一節

孟子以好樂之甚啓發莊暴，因暴不能復問以達其意，他日乃入見於王而問之："王曾語莊子以好樂，有是言乎？"齊王自知其所好之不正，不覺慚愧，乃勃然變色而應之曰："樂固不同，有先王之樂，有世俗之樂。寡人之所好者，非能好《咸》《英》《韶》《濩》，古先聖王所作之樂也。但好世俗之樂，若鐘鼓管籥之類，取適一時之聽聞而已，何足爲夫子道哉？"孟子遂迎其機而導之，言：“王無謂世俗之樂爲不足好，誠使好之之甚，不徒嗜其音，而深會其意，務使歡欣交暢，和氣充周，則平心宣化之治皆由此出，而齊國庶幾可望治矣，何獨古樂之可好乎？蓋先王之樂固此聲音、此和理也，世俗之樂亦此聲音、此和理也，今樂與古樂一而已矣。吾王欲審其所好，惟在甚不甚之間，何至以今樂爲慚乎？”然今樂、古樂其實不同，孟子之言特欲開導齊王之善心而勸之，使與民同樂，故其言如此。要之，公理之在人心，誠不以古今而有異也，論治者宜於此究心焉。

“曰可得聞與”一節

齊宣王因問：“好樂之所以通於治道者，其說可得聞乎？”孟子欲引之與民同樂，乃先以常情提醒之，言：“作樂、爲樂一也。有獨自爲樂者，有與人共樂者，王以爲孰樂乎？”齊王言：“獨自爲樂，其樂止於一己而已。若彼此交歡，情意舒暢，固不若與人之爲樂也。”孟子又問：“與人共樂一也。有與少爲樂者，有與衆爲樂者，王以爲孰樂乎？”齊王言：“與少爲樂，其樂止於數人而已。若人人歡洽，和氣流通，固不若與衆之爲樂也。”夫獨樂不若與人，與少樂不若與衆，乃人之常情也。齊王既知乎此，使能推好樂之心以及於一國之衆，則可謂好之甚矣，而齊國安有不治者哉？

“臣請爲王言樂”一節

“鐘鼓管籥”是樂器，“疾首蹙頞”是愁苦之貌。“羽旄”是旌旗之類。

孟子因齊王論樂之明，遂引而進之，言：“王既知獨樂不若與人，與少不若與衆，則好樂之公私得失從可知矣。臣請爲王一一言之可乎？今王爲鼓樂之樂於此，百姓聽王所擊鐘鼓之聲與所吹管籥之音，人人疾首蹙頞，私相告訴：‘吾王之好鼓樂，何等欣喜，奈何使我輩到窮困之地，以父子則不得相見，以兄弟妻子則離散，而略不關心乎？’今王爲田獵之樂於此，百姓聞王車馬馳驟之音，見王羽旄繽紛之美，人人疾首蹙頞，私相告訴：‘吾王之好田獵，何等快意，奈何使我輩到窮困之地，以父子則不得相見，以兄弟妻子則離散，而略不動念乎？’夫百姓所以如此嗟怨無他故，良由王獨樂其身，而不能推此心以惠養下民，使與己同樂。故其愁苦之情因感而切，自不覺其嗟怨若此耳。王如好樂，豈可獨樂而不恤其民哉？”

按，此疾首蹙頞數語，説小民怨苦情狀，宛然可掬。爲人君者，能以此軫念民瘼，常若見其愁痛之色，聞其咨嗟之聲，則所以振救之者當無不至，而自不忍于獨樂矣！

“今王鼓樂於此”一節

此一節是與民同樂之事。孟子又告齊宣王：“吾王獨樂而不恤其民，固宜致民之怨矣。今王鼓樂於此，百姓聞王鐘鼓之聲、管籥之音，舉皆欣欣然有歡喜之色，而相告説：‘吾王庶幾身其康强而無疾病與？不然何以能發舒其性情而爲此鼓樂之樂也？’今王田獵於此，百姓聞王車馬之音，見羽旄之美，舉皆欣欣然有歡喜之色，而相告説：‘吾王庶幾身其康强而無疾病與？不然何以能振作其精神而爲此田獵之樂也？’夫鼓樂、田獵非異於前日也，百姓見之而欣幸者，豈有他故，良由於王不私其身，而能推此心以與民同樂，使之各得其所，故其愛戴之念切於由衷，自不覺其欣幸之若此耳。”

今王與百姓同樂則王矣

夫觀民情之憂喜，惟繫於好樂之公私如此。今王誠能推好樂之心以及於民，使之各安其生，各樂其業，則天下之民皆將聞風而來歸矣，有不可以統一海内而成王業哉？所謂好樂甚，則齊其庶幾者蓋如此，何疑於今樂、古樂之不同乎？

由此章而觀民情，得所則喜，失所則悲，喜則欣欣相告有盛世熙皞氣象，悲則疾首蹙頞爲衰世亂離光景。一念之公私少異，而民情苦樂頓殊。是以古聖王之於民務生養安全，不使有一夫之不獲，誠知所重也。願治者宜深省於斯。

"齊宣王問曰文王之囿"一節

"囿"是蕃育鳥獸之所。"芻"是草。"蕘"是薪。

戰國之時，諸侯務侈大其園囿以自樂。一日，齊宣王問孟子："聞文王之囿，周圍七十里廣大，果有之乎？"孟子對言："古書所載容或有此説也。"齊王問："囿固如此，其大乎？"孟子言："在王若以爲大，當時之民猶嫌其爲小也。"齊王言："寡人有囿，周圍僅四十里，比於文王之囿固甚狹矣，乃百姓猶嫌其爲大，何也？"孟子對言："文王之囿雖有七十里之廣，而實未嘗以爲己私。囿中草木不禁民之樵采，凡刈草者、刈薪者得往入其中焉；囿中鳥獸不禁民之射獵，凡逐雉者、逐兔者得往入其中焉。舉凡囿中所有，無一物不與百姓同之。以一國之民而共此七十里之囿，物産有限，取用無窮，民以爲小，不亦宜乎？"

按，《書》稱，文王罔盤於游畋，其囿必無如是之大。孟子不明辨其制之廣狹，而但言其公利於民。蓋能與民共其利，則必不以苑囿爲己私而縱游畋之樂可知矣。

"臣始至於境問國之大禁"一節

國外百里爲"郊"，郊外爲"關"。"阱"是掘地爲坑以陷獸者。

　　孟子又告齊宣王，言："文王之囿惟其公之於民，故民以爲小。若王之囿，民以爲大者，豈無其故哉？臣始初來，至王之境界，不敢遽入其國，必問國之大禁，知所迴避，然後敢入。臣聞國門之外、郊關之内有囿，方四十里，畜有麋鹿，禁人射獵。若有人射殺其麋鹿者，與殺人同罪，責之抵命而後已。夫人之所畏，莫甚於死。今殺一麋鹿，罪如殺人，則是方四十里，徧設坑阱於國中，而故陷民於死地也。其爲民害如此，民皆恐恐然懼禍之及己，方將遠避之不暇，其以爲大，不亦宜乎？"夫囿一而已矣，在文王有之，以爲民利，而齊王有之，遂以爲民害。蓋古人之囿但用爲講武之地，而志不在於從禽，故其利歸之民。後世則驅鶩馳騁，專以供游獵之娛，故其利擅之於上，而麋鹿爲重，民命爲輕矣。明王好尚，可不謹哉？

"齊宣王問曰交鄰國有道乎"一節

　　"葛"是湯時小國。"昆夷"是四方之夷。"獯鬻"即今北虜種類。"勾踐"是越王名。

　　齊宣王問孟子，言："鄰國壤地相接，勢易啓争。兹欲與之交好，果有道乎？"孟子對言："講信修睦，國之大事，誠有其道。大凡爲大國，多恃强盛侵陵小國。惟是仁者度量寬洪，誠意惻怛，全無計較爾我之私，爲能以大事小，而盡其撫字之理。求之古人，若成湯是大國，反遺葛伯以牛羊；文王是大國，不能絶昆夷之慍怒。是以大事小之明驗，誠非仁者不能也。爲小國多不審己量力，挑釁大國。惟是智者通曉義理，酌量時勢，有知彼知己之明，爲能以小事大，而盡其恭順之理。求之古人，太王爲獯鬻所侵，而事以皮幣；勾踐爲吳所敗，而請爲臣妾。是以小事大之明驗，誠非智者不能也。吾王欲交鄰國，能自處以仁智之道，則事大恤小，無一之不善，而鄰國安有不睦者哉？"

"以大事小者樂天者也"一節

"天"指理言。"詩"是《周頌·我將》之篇。

孟子又告齊宣王："交鄰之道，固在於事大而恤小矣。然大之當事，小之當恤，莫非天理之所當，然在仁智，亦惟各盡其道而已。故自以大事小者而言，忘其勢之在己，而誠心愛人，自然合理，是有優容之大度，能樂天者也。自以小事大者而言，順其勢之在人，而安分自守，不敢違理，是有敬慎之小心，能畏天者也。仁者惟其樂天，故其心與天爲一，而包含徧覆，無一物之不容，四海雖大，皆在吾統御之中矣，有不足以保天下乎？智者惟其畏天，故能聽天所命，而制節謹度，無一時之敢忽，敵國雖強，而在我無可乘之釁矣，有不足以保其國乎？何以見畏天者能保其國？《詩》有云'人能畏上天之威嚴，不敢違逆，於是可以保守天命而不失'，此正畏天者保其國之謂也，而樂天者保天下從可知矣。夫以心之所存，不外於一理，而國與天下由此可保，則交鄰之道誠莫善於此矣，王可不思所以自盡哉。"

"王曰大哉言矣"一節

氣稟有偏曰"疾"。"撫劍"是按劍在手。

齊宣王聞孟子之言，有感於心，因嘆美之，言："夫子論交鄰之道，能事大恤小，便可以保國保天下，真可謂大哉言矣。但寡人有病，恐不能奉行此言。寡人素性好勇，剛而難犯，遇小國不恭，常不能包容；遇大國侵陵，常不能忍耐。如何行仁智之事？"孟子對言："好勇無傷，但勇有小大之分耳，王請勿好小勇。夫所謂小勇者，激於一時之怒，按劍在手，張目疾視曰：'何人敢與我爲敵哉？'此是匹夫之勇，憑恃其血氣，僅可以敵一人者也。帝王之勇不如此。王如好勇，請廓而大之，振其天德之剛，發於義理之正，務使氣懾萬人，威加一世，而不徒恃區區之小忿焉，何至以好勇爲病乎？"當是時，列國紛爭，率以勇力相尚，未有能除暴救民，倡大義於天下者。故孟子於齊王因其機而導之如此。昔商紂力能格獸，天下咸苦其殘；項王舉鼎拔山，卒爲漢高所蹙。然則匹夫之勇誠非帝王之所宜尚矣。

"詩云王赫斯怒"一節

此一節是引《詩》而明文王之大勇。"赫"是赫然盛怒之貌。"爰"字解作"於"字。"旅"是衆。"遏"是止。"徂"是往。"莒"字《詩》作"旅"字。文王時，密國之人恃强侵陵阮國，直至共地。文王因舉兵往伐其衆，所以道以遏徂旅。"篤"是厚。"祜"是福。"對"是答。

孟子又告齊宣王："臣謂吾王當以大勇爲好，蓋嘗觀於文王之事矣。"《詩·大雅·皇矣》之篇有云："密人違距王命侵阮，而往至于共。王乃赫然奮怒，于是整頓師旅，以止遏密人侵阮；徂共之衆，使不得擾我疆境。于以奠安社稷，而篤厚周家之福；于以慰撫百姓，而答其仰望之心。《詩》之所言如此，是興兵伐密，文王之所以爲勇者也。文王赫然一怒，除密人之亂，遂使强不得陵弱，衆不得暴寡，而天下之民賴以安，其勇何如其大也哉！"

"書曰天降下民"一節

此一節是引《書》而言武王之大勇。"寵"是寵任。"越"字解作"過"字。"衡行"是不順道理而行。"恥"是憤怒之意。

孟子又告齊宣王："臣所謂大勇，不但徵之于文王，又嘗觀于武王之事矣。《周書·泰誓》之篇有云：'天降下民，不能自理，於是立我爲君以治之，立我爲師以教之。其意但欲我替天行道，以輔助上帝之所不及，故授我以君師之任，而寵異之於四方也。我既受天之命，則凡有罪者，惟我得誅之，無罪者，惟我得安之。天下何敢有過越其心志而作亂以虐民者乎？'《書》之所言如此。當時商紂以一人而恣爲無道，橫行于天下，武王輒引以爲己罪，不勝憤恥，因舉其兵而討之，是武王之所以爲勇也。武王亦惟一奮其怒，除商紂之暴，遂能綏定四方，君師億兆，而天下之民賴之以安，其勇何如其大也哉！"

"今王亦一怒而安天下之民"一節

"夫觀文、武之大勇，惟在於除暴安民如此。當今之世，暴虐無道者多矣。吾王誠能法文、武之所爲，亦奮然一怒，于以除殘去暴，而救安天下之民，則天威所加，民皆欣然望救，就如拯己于水火，惟恐王之不好勇耳。此正臣所謂帝王之大勇異于匹夫者也，何可以好勇爲病乎？"

按，此章前論仁智，主於事大恤小，後論大勇，主於除暴安民。其勢若相反者，然大勇實不出於仁智之外。蓋仁者雖能恤小，而不肯養亂以殘民；智者雖能事大，而必思自强以立國。其理實相資而不可闕者。宋臣司馬光謂"人君大德有三，曰仁、明、武"，即此意也。

"昔者齊景公問於晏子曰"一節

"景公"是齊之先君。"晏子"是景公之臣，名嬰。"轉附"、"朝儛"皆山名。"遵"是循。"放"是至。"瑯琊"是齊東南境上邑名。

孟子勸齊宣王與民同樂，恐其不能行已之言，乃舉其先世行事以告之："臣謂公樂可以致王，不敢遠徵諸古，即齊之先君亦有行之者。昔日齊景公問於其臣晏子，言：'省方觀民，先王所重。我今欲觀於轉附、朝儛二山，遵海濱而南行，直至瑯琊境上。思昔先王游觀，當時以爲盛典，後世以爲美談。吾當何修何爲，而可以比於先王之行事也？'"

"晏子對曰善哉問也"一節

"適"是往。"省"是巡視。"斂"是收穫。"夏諺"是夏時俗語。"豫"是行樂之意。"度"是法則。

晏子因景公之問，遂贊美之，言："游觀之典不行久矣。吾君獨有志於復古，欲法先王之所爲，善哉問也！試以先王之法言之。天子十三年一適諸侯之國，謂之巡狩者，是巡察諸侯所守之境土，而考其政事之修廢也。諸侯六年一朝於天子之國，謂之述職者，是陳述自己所受之職業，以待天子之黜陟也。天子、諸侯一往一來皆有事，未有無事而空行者。而又春秋循行郊野，春焉省民之耕，察其中牛種，有不足則發倉廩以補之；秋焉省民之斂，察其中收穫，有不給則發倉廩以助之。天子行此於畿內，諸侯行此於國中，其惓惓爲民之心又如此。故夏時諺語有云：'吾民以休以助，全賴吾王遊豫而然。若吾王不來郊野一遊，則補助之政不行，吾民何得蒙上之休？吾王不來郊野一豫，則吾民之不足不給者何得蒙上之助？吾王一遊一豫，皆有恩惠以及民，而四方諸侯取法，莫敢無事慢遊以病其民者，斯世斯民何其幸乎！'觀夏諺所云，則知王者補助之政爲不虛矣。此先王遊觀之善，而爲吾君之所當法者也。"

"景公説大戒於國出舍於郊"一節

"大戒"是大出命令。"舍"是止宿。"興發"是開發倉廩。"招"是舜樂名。樂有五聲，三曰角，爲民，四曰徵，爲事，故因以取義。"詩"是樂歌。"畜"字解作"止"字。"尤"是罪過。“好”是忠愛之意。

景公一聞晏子之言，心中感悅，欣然以今時之弊爲必可去，先王之法爲必可行，乃大申命令，曉告國人，示以更化圖新之意。因不敢安處深宮，出而居郊外，以親察農民之疾苦，於是始興發倉廩，以補助其不足，而於晏子之言果一一見之於行事矣。既乃召太師而命之，言：“君臣相得，自古爲難。我今喜得晏子而聞其善言，晏子亦喜得我以行其志，君臣相悅如此。將此歡樂之情宣播音樂，以彰一時明良之盛可焉。”其所作之樂即今所傳《徵招》《角招》是也。蓋徵音屬事，而景公大戒出舍，事已治矣，故有取於徵，謂之徵招。角音屬民，而景公興廢補助，民已安矣，故有取於角，謂之角招。其樂中歌詞道“畜君何尤”，蓋言晏子能畜止其君之欲，不至于招尤取罪也。夫人臣之罪莫大於逢君之惡，今能畜止其君，使無流連荒亡，正是望其君爲堯舜之君，忠愛之至者也。好君如此，且當感悟君心，引之當道，夫何罪過之有哉？觀景公能悅晏子之言，遂有事治民安之效。王能行臣之言，與民同樂，豈有不足以致王者乎？

按，此章孟子於齊王勸之與民同樂，則示以君民一體之情，勸之遠法先王，則要諸君臣相悅之盛。蓋必君臣相得，諫行而言聽，然後膏澤下究，政善而民安。使或君臣之間志意未合，則弊政日積，善言罔聞，求以保民致治，豈不難哉？明王所宜深念也。

“王曰寡人有疾寡人好色”一節

“太王”是公劉九世孫，名亶父，號古公，至周武王始追上尊號爲太王。“朝”是早。“率”是循。“滸”是水之涯岸。“岐”是岐山，在今陝西鳳翔府。“姜女”是太王之妃。“聿”是語詞。“胥”是相。“宇”是居。“曠”是孤單之意。

齊王因孟子舉公劉之事勸使公利于民，猶恐其不能行，乃又輸情道：“寡人不但好貨，更有一病，喜好女色。惟其好色，故心志蠱惑，用度奢侈，不能行此王政耳。”孟子對：“好色亦無妨。昔者太王曾好色，喜愛其妃。觀《詩經·大雅·綿》之篇有云：‘古公亶父爲狄人所侵，意欲遷國避難。乃於明朝策馬而走，順西河邊岸經到岐山之下，爰及其妃姜女同來，與之相擇城邑，以爲止居之所。’由《詩》之言觀之，可見太王喜愛姜女，而以配匹爲重也。但太王不獨自有配匹而已。當時舉國之中，女子皆得以嫁，而内無怨女；男子皆得以婚，而外無曠夫。則是太王能推好色之心以及于民，故能使男女各遂其願，婚姻各及其時如此也。王如好色，誠能做太王遺意，而與百姓同之，保全其室家，完聚其夫婦，使無怨女曠夫之嘆，則天下之民將樂歸於我，於王天下何難之有？夫能推好色之心便可以王天下，則好色又何足爲病乎？”

按，此章孟子於齊王因其毀明堂而勸之以行王政，因其好貨、色而勸之以體民情，蓋貨財、妻子，人心所同，但在上者，知有己而不知有民，於是有府庫充盈而閭閻不免於空竭，嬪嬙衆盛而婦子不免於流離者矣。誠體民情，則必能行王政，能行王政，則自可以朝諸侯而王天下矣，此明堂之所以不可毀也。

“孟子見齊宣王曰所謂故國者”一節

“喬木”是多年大木。“世臣”是累世勳舊之臣。“親臣”是君所親信之臣。“昔者”是昨日。“亡去”是失去之意。

孟子因齊宣王待臣疏薄，一日進見而諷之，言：“大凡人君繼世而有國者，其基業相承，已非一代，必有多年喬木、累世舊臣。但故國所以得名，不爲有喬木，正以有世臣之謂也。喬木有無，何足爲輕重？惟是老成故舊之臣，世受國恩，義同休戚，上而國運賴之以匡扶，下而人心賴之以繫屬，是故國之所重，而人主不可一日無者也。然欲有世臣，須有親臣，以今王無親臣矣。蓋親臣日在左右，視如腹心，時刻不可少。王昨日所進用，今日有走去而尚不知者，則無親信之臣可知。既無親臣，安望他日有世臣乎？然則齊之不爲故國明矣。”

“王曰吾何以識其不才而舍之”一節

“舍”是舍置。“不得已”是勢不能已之意。“逾”是逾越。“疏”是疏遠。“戚”字解作“親”字。

齊王因孟子譏己無親臣，解說：“此亡去者皆是不才之人，我始初不知而誤用之，故不以其去爲意耳。我今當何如，可以預知其不才，遂舍之而不用，使所用皆賢乎？”孟子對言：“人君用人，與其悔之於後，莫若謹之於始。是以國君進賢，將用未用之際，其難其慎，審之又審，似勢之所迫，不得不用，其謹如此。所以然者，蓋以尊尊親親，乃國家體統之常設。使今日所尊者未必賢，日後必別求卑而賢者用之，是使卑者得以越尊者，失尊卑之序矣。今日所親者未必賢，日後必求疏而賢者用之，是使疏者得以越親者，失親疏之等矣。一舉措之間，而所關於國體甚大，是安可以不慎乎？始進能慎，則所進皆賢，而不才者不得以倖進，自可無後日之悔矣。王何以不知人爲患哉？”

“左右皆曰可殺”一節

孟子又告齊宣王言：“人君進退人才，固當審察公論，以致其慎重之意矣。至於用刑，不可不謹。有人於此，左右皆說可殺，不遽然聽信；衆大夫皆說可殺，不遽然聽信。何也？誠恐其有私怨也。至於通國之人俱以爲可殺，其言宜可信矣。但世間有無罪無辜而虛被惡名者，安知國人之所謂可殺者非此之類歟？於是又從而察之，或驗其罪狀，或審其情實，必得情真罪當，是可殺之人，然後從而殺之。決斷雖在於君，而公論實出於國人，所以曰是國人殺之，明其犯眾人之公惡，而非一己之私也。以此用刑，就如不得已而然者，又何其慎之至乎？”

如此然後可以爲民父母

承上文言，人君用舍刑殺，一惟決於眾論之公，如此則是民之所好好之，民之所惡惡之，而有以大順乎民心矣，不可以爲民之父母乎？民心得則邦本固，而宗社將永孚於休矣，尚何故國之不可保哉？

按，此章論世臣既推本於親臣，又因論親臣而推本於公論。蓋人君任賢，必簡擇公而後舉用當，舉用當而後信任可專，信任專而後付托可久。若輕以一人之言譽而用之，又輕以一人之言毀而棄之，則愛憎之言得行，用舍之歡[一]倒置，賢者未必用，用者未必賢，而後日之悔有不可勝言者，明主宜致審於斯焉。

“孟子見齊宣王曰爲巨室”一節

“巨室”是高大之宫室。“工師”是匠作之長。“勝”是堪荷之意。“斲”是斲削。“夫人”指賢者。“姑”字解作“且”字。

孟子因齊宣王不能任賢圖治，一日進見而諷之，言：“人君任賢以治國，如用木以治室。王欲建造高大宫室，謂非大木不可，則必遣命工師采取大木以充其用。工師采得大木，則王欣然而喜，道可以爲梁棟，能勝巨室之任也。倘匠人誤加斧斤，斲削短小，則王艴然大怒，損壞美材不能勝巨室之任矣。是王之用木惟欲其大，不欲其小如此。至於賢人，爲國家之楨幹。當其幼時，所講明者是聖賢道理、帝王事功，正欲待其壯年遭時遇主，一一見之施行，以期不負其所學也。吾王於此不思大用，以盡其材，教以舍置汝之所學，而從我所好。夫賢人所學者，乃修齊治平之具，而王之所好者，不過權謀功利之私而已。是賢人之學甚大，而王顧欲其小之也。不肯小用一木之材，而小用賢者之道，則何其任賢不如任木也哉？王誠比類而觀之，則知任賢圖治之要矣。"

"齊人伐燕勝之"一節

伐國而俘虜其民曰"取"。十日爲一旬。

昔燕王噲讓國於其相子之，國人大亂。齊人因乘其釁而伐之，燕士卒不戰，城門不閉，遂大勝燕。宣王乃問計於孟子，言："燕國既破，其土地人民盡當爲我所有矣。或言利不可貪，勸寡人莫取；或言機不可失，勸寡人取之。眾論不一，莫知適從。自寡人論之，齊與燕同一萬乘之國也，以萬乘之國伐萬乘之國，勢均力敵，不待曠日持久，五旬之內即收戰勝之功，縱使將勇兵強，賴有人力，未必成功之速遽至於此，殆天意有在，陰助而默相之耳。天既以燕與我，我反棄而不取，必受其殃。兹欲從而取之，可與不可，夫子以爲何如？"齊王本意在於取燕，特欲借孟子之言以自決耳。

"孟子對曰取之而燕民悅"一節

孟子對："天意之去就難知，民心之從違易見。王欲取燕，惟決諸民心而已。誠使取燕而燕民喜悅，欣然有歸附之願，則當順民心而取之。古之人有行此事者，周武王是也。觀於孟津一會，諸侯八百，是其伐紂而有天下，惟順已服之人心而已，武王何容心哉？使或取燕而燕民不悅，猶囂囂然有故主之思，則當順民心而勿取。古之人有行此事者，周文王是也。觀於三分有二，以服事殷，是其不有天下，惟順未服之人心而已，文王何容心哉？

然則燕之可取與不可取，吾王但當視民心之順與不順何如耳，衆論紛紛，何足疑乎！"

"齊人伐燕取之"一節

齊人前欲取燕，孟子告以當順民心，齊人不聽，竟乘燕國破亡，利其有而取之。於是列國諸侯皆有不平之心，相約起兵，將謀伐齊救燕。宣王聞知，恇懼問計於孟子，言："自寡人取燕之後，諸侯紛紛舉兵來伐寡人者。事勢至此，有何計策可以設備而預待之乎？"孟子對："臣曾聞古之帝王有以七十里之小國，遂能伐暴救民，行仁政於天下，而萬邦無不歸服者，商王成湯是也。今齊國地方千里，堂堂一大國，乃懼諸侯伐己，則是以千里而畏人，怯敵甚矣，臣實未之聞也。王何不自反其所爲乎？"

"《書》曰湯一征自葛始"一節

此一節是成湯爲政於天下之事。"葛"是國名。"西夷"、"北狄"是舉極遠者言。"奚"字解作"何"字。"霓"是虹霓，雲合則雨，虹見則止。以比民望王師之切之意。"徯"是等待。"蘇"是復生。

孟子言："臣謂湯以七十里爲政於天下，觀于《書》之所言可見矣。《書·仲虺之誥》有云，湯初與葛爲鄰，葛伯無道，故湯之起兵，實自征葛爲始。天下之人皆信其志在救民，不是爲暴。王若舉兵向東面征討，則西夷之人怨望；若舉兵向南面征討，則北狄之人怨望。受害如一，王何爲不先來征我之國乎？當時百姓冀望王師，盼其來又恐其不來，如大旱望雲合而雨，又恐虹見而止也。其望之之切如此。王師既至，商賈各安於市，而歸市者不止；農夫各安於野，而耕耘者不變。誅戮其有罪之君，吊安其無罪之民，如大旱之後，甘雨應時而降，民皆喜色相慶，莫不欣然大悦者。所以《書》經上叙民幸王師道：'我困苦無聊，專等來救我。君一來方得蘇息，真是死而復生，能不悦乎？' 觀《書》所言，則知成湯能以七十里而爲王於天下者，惟其行仁政以救民，而有以慰斯民之望耳。王今伐燕，未能行仁政以慰民心，則所以致諸侯之兵者，謂不有由然哉？"

"鄒與魯哄" 一節

"哄"是戰鬥之聲。"穆公"是鄒君。"轉"是饑餓展轉而死。"殘"是殘虐。"尤"是怪責之意。

昔鄒國與魯國交兵戰鬥，爲魯所敗。穆公因問於孟子，言："民以用命爲順，不用命者，國有常刑。今我國與魯接戰，衆有司對敵而死者三十三人，乃百姓曾無一人赴救有司而死者。此等頑民，將殺之則人衆不可盡誅，將不殺則怨恨長上，疾視其死而不救，法令何由而行乎？或誅或宥，當何如處之而爲當也？" 孟子對言："民不用命，不當責之于民，惟當反之于己。蓋凶年饑歲，君之百姓，老弱不能動移，則饑餓展轉，倒死於溝壑；其少壯就食他邦，走散于四方者，不知其幾千人矣。此時，人人望救于君上，如死中求生。而君之倉廩有餘粟，府庫有餘錢，有司曾不肯告之於君散財發粟以賑救之，是君與有司暴慢不仁而殘虐下民也。上既虐下，下有不疾怨其上者乎？曾子有言：'爲民上者當戒之！戒之！施恩得恩，施怨得怨，出自爾身者，還報爾身者也。'由此言觀之，君與有司視民之死而不救，民怨久矣。如今方得還報，所以視有司之死而不救也。一施一報，乃理之常。君何可歸咎于民？亦反求諸己而已。"

君行仁政，斯民親其上死其長矣

承上文言，民心疾怨，雖有司不恤其民，亦由君之不行仁政也。若君能以愛民爲心而舉行仁政，務恤其饑寒，救其疾苦，則有司體君之心爲心，無不愛其民者矣。有司既愛其民，則爲之民者自然情義相關，居常則親其上，愛戴而不忘；遇難則死其長，捐軀而不悔，何至疾視其死而不救哉？此君所以當反己而不可過責於民也。大抵君民之情，本同一體，民有財則當供之於君，君有財則當散之於民，豐凶斂散，上下相通，故雖水旱灾荒不能爲害，而國與民常相保也。後世人主以府庫爲私藏，有司以聚斂爲能事，民心一散，不可復收，雖使積藏如丘山，何救於敗亡之禍乎？明主不可不鑒也。

"滕文公問曰齊人將築薛"一節

"薛"是國名，與滕相近。"邠"，即今陝西邠州。"岐山"在今陝西鳳翔府。

時齊欲取薛，滕文公恐其偪己，因問計於孟子，言："滕與薛同處於齊之西境，勢相依倚如唇齒。今齊人恃其强大，將要取薛之地築以爲城，薛亡則滕之勢益孤，而齊之侵陵益迫。此誠危急存亡之秋，寡人深以爲懼，不知當如之何而可免於吞併之患也。"孟子對言："敵國外患，從古有之。昔者太王居邠，與北狄爲鄰，狄人時來侵擾，太王力不能禦，遂棄邠國，去至岐山之下，重造基業而止居焉。當時倉皇遷徙，非是有擇於岐山，利其土疆之美而居之也；迫於狄人之難，無可奈何，只得遷國於此，以圖存耳。今滕迫近齊患，誠不得已而圖自全之策，則法太王之所爲可也。"

"苟能善後世子孫必有王者矣"一節

"創"是造。"統"是統緒。"繼"是繼續。"彼"指齊說。"强"是勉强。

承上文言："太王遷國於岐，雖出一時避難之權，而周家興王之業寔由此開。使爲君者果能修德行仁，如太王之所爲，則雖暫時失國，後來子孫必有應運而興，如周之文、武爲王於天下者，此天理也。然人君創基業於前，垂統緒於後，但能爲所當爲，而不失其正，使後世子孫可繼續而行耳。若夫興起王業而成一統之功，則蒼蒼之天，自有主張，豈人力之可必乎？今齊強滕弱，勢固不敵，君將奈彼何哉？爲君計者，祇宜勉強爲善，盡其在我，聽其在天而已矣，此外何暇慮焉？"

"魯平公將出"一節

"平公"是魯君。"嬖人"是親倖之臣。"臧倉"是人姓名。君之車輦曰"乘輿"。"駕"是駕馬。"之"是往。"逾"是過厚。"諾"是承應之詞。

時孟子弟子樂正子仕於魯國，嘗在平公前稱孟子之賢。一日，孟子至魯，平公將出朝而往見之。時有嬖倖之臣臧倉者，向前請問，言："人君舉動，關繫匪輕，往常吾君駕出，則必傳命有司官，示以所往之地，使知嚮導。今者乘輿已駕，馬將行，有司未知何往。敢此請問？"平公言："我將往見孟子。"臧倉遂阻，言："吾君乃千乘之尊，孟子一匹夫而已，何哉吾君不知自重而輕身，以先加禮於匹夫之賤者？無乃以爲是有德之賢人乎？夫賢者必通曉禮義，禮豐儉得中，義厚薄當可，禮義兩字須從賢者身上出。我聞孟子前時喪父，其禮甚簡，後來葬母，極其豐厚，過於前喪，則是厚母薄父，不知有禮義之大道，何得爲賢？君其勿輕身而往見之焉。"於是平公惑於其言，應之曰："諾。"遂止而不往見。夫往見孟子者，乃平公一念好賢之心，被臧倉阻之，遂以不果。可見讒說易行，君心易惑。此明主任賢不可不專，聽言不可不審也！

“樂正子見孟子曰”一節

“克”是樂正子名。“尼”是沮止之意。

樂正子因臧倉譖孟子於魯君，既已辯白其誣，乃遂往見孟子，愬説：“我昔日以夫子之賢薦於魯君，魯君以我之言爲然，已是命駕出朝來見夫子，被有嬖人臧倉者造爲譖毀之言，阻止魯君，君以此遂寢其行，而不果來也。小人之能害事如此，奈何？”孟子言：“不干臧倉之過。凡人之遇主而行者，或有人在君前稱道其賢，使之見用。其不遇而止者，或有人在君前阻遏其進，使之不通。此行止雖繫於人，而主張實在於天。行固非人所能使，止亦非人所能尼也。我今不遇魯侯，道是臧倉阻之，自我看來，還是時衰運否，天意不欲平治魯國，故使我不遇也。彼臧氏之子不過一小人而已，安能以人力害我，而使我不遇於魯君乎？然則我今不遇，但能安命可也，豈可歸咎於人哉？”

此章見聖賢出處，關時運之盛衰。盛則明良合而爲泰，衰則上下不交而爲否。否泰之分乃國運治亂興亡所繫，所以君子、小人進退都有天數。但士君子可以言天，而人主不可以言天。人主以造命爲職，固當尊用賢才，挽回氣運，若徒諉之於天，則世道何所恃以爲治哉？

校勘記

〔一〕“歡”，據民治學社本當作“權”。

復宿山房集卷之十一

講章五

《孟子》

"或問曾西曰"一節

"曾西"是曾參之孫。"蹵然"是不安之貌。"先子"指曾參說。"畏"是敬畏。"艴"是怒色。

孟子闢公孫丑："汝但知齊有管仲、晏子，不知管、晏事功固聖門弟子所羞稱也。昔者或人問曾西：'聖門有子路者，吾子自度與他孰爲高下？'曾西蹵然不安，言：'子路在聖門，聞過則喜，見義必行，學已造乎正大高明之域，乃吾先祖所敬畏而推讓也，我何敢與之比乎？'或人又問：'汝既不敢比子路，然則自度與管仲孰爲高下？'曾西艴然不悅：'爾何乃比我於管仲？凡人出而用世，不成功多因得君不專，行政不久。管仲輔相桓公，桓公委心信任，君臣之間志同意合，其得君何等專？獨操國柄四十餘年，大小政務皆出其手，其行政何等久？若有大抱負，乘此機會，便有大功業。今考其功業，不過九合諸侯，假仁義以成霸功而已，其功烈則何等卑陋無足觀也。管仲爲人固我之所深鄙者，爾何比我於此人乎？'"

蓋有聖賢之學術，斯有帝王之事功。管仲識量褊淺，不知有聖賢大學之道，故其功業所就止此，所以曾西鄙之而不爲也。

"曰若是則弟子之惑滋甚"一節

"滋"是加、益。"洽"是溥、徧。"武丁"即高宗。"微子"、"微仲"是紂之庶兄。"比干"、"箕子"是紂之叔父。"膠鬲"是紂之賢臣。

公孫丑因孟子言齊王猶反手，疑其自許太過，遂言："夫子以管、晏不足爲，弟子已不能無疑。乃又言齊王猶反手之易，信如此言，弟子之惑轉甚。且以周文王有大聖之德，又在位壽考百年而後崩，其施澤於民不爲不久，然三分天下纔得其二，德澤尚未徧及於天下也。待武王伐暴救民，周公制禮作樂，克繼其後，然後九州一統，教化大行，則王業成就若此之難矣！今乃言齊王如反手之易，則雖聖如文王不足法歟？"

孟子曉之："文王是有周基命之主，其德至盛，何可當也？但古今時勢難易不同，文王適遭其難耳。蓋商家之天下，自成湯開創以至武丁中興，中間如太甲、太戊、祖乙、盤庚，聖賢之君凡六七作，其累世德澤，深入於人，天下之歸殷久矣。久則人心固結，難以遽變。故當武丁之時，國運雖衰，王業未改，一加振作，遂能朝諸侯而有天下如運掌。及紂之時，去武丁年代未久，其世臣故家、禮義遺俗，與夫前哲之流風、保民之善政尚有存者。又有微子、微仲、王子比干、箕子、膠鬲，皆有才德賢人，相與同心戮力，匡救其闕失而輔相之，故紂雖無道，國不遽亡，必待日久而後失之。文王所遇之時其難如此。況當時天下大勢尚然一統，無尺地不是商家之土，無一民不是商家之臣。然而文王僅守侯邦，猶方百里之地而起，安能與商爲敵？文王所處之勢其難又如此。惟其時勢皆難，故雖以文王之德，終身不能成一統之功，以此故耳。若今之時勢則異乎是矣，豈可謂文王不足法哉？"

"且王者之不作"一節

"疏"是稀。"憔悴"是困苦之象。

孟子又告公孫丑："我謂齊之易王，不但以其有可乘之勢，且幸其當可爲之時。蓋自文武造周以來，至今七百餘年，無聖君出而撫世，是王者之不作，未有稀闊於此時者也。今之諸侯恣行，殘虐流毒，百姓財盡力竭，不得安生，其憔悴於虐政，未有甚於此時者也。當此之時，若能舉行仁政，以收拾人心，則民之感戴，如饑人但得食便以爲美，而易爲食，渴人但得飲便以爲甘，而易爲飲，其於致王何難之有哉？是時之易爲又如此。"

孔子曰德之流行速於置郵而傳命

馬遞曰"置"，步遞曰"郵"，即如今驛鋪兵。

孟子又言："得時乘勢，固易於行仁，而況仁政之行本自速者。孔子有云：'人君之德政出乎身而加乎民，其流行之機速於置郵而傳命。'蓋置郵傳命雖是甚速，尚須論其道里，責以程期，而後可至。若德之流行則沛然旁達，一日而徧乎四海，比之置郵傳命豈不更速乎？觀此言則德之感人，有不賴時勢而裕如者，而況時勢之可乘乎？此我所以決齊之易王也。"

"公孫丑問曰夫子加齊之卿相"一節

"異"是怪異。

公孫丑因孟子言霸王事業太容易，恐其力不能任，又設問："論天下之事易，當天下之事難。以夫子之道德，誠使遇合於齊，加以卿相之位，得志而行道焉。雖從此而建功立業，小則以霸，大則以王，皆所優爲，無足怪矣。但其任至大，其責至重，夫子處此時，容有所疑惑恐懼而動其心否乎？"孟子言："否！我從四十歲時道明而無所疑，德立而無所懼，此心久已不動。若今日加我以大任，固將從容運量而有餘，夫何動心之有？"

"不動心"三字是孟子生平學問得力處，而其大本大原從知言養氣中來，蓋善學孔子而有得者也。

"曰若是則夫子過孟賁遠矣"一節

"孟賁"是齊之勇士，力能生拔牛角者。"告子"名不害，是當時辯士。

公孫丑言："人心難制而易動，夫子當大任而能不動心如此，則其氣力足以負荷一世，比之孟賁之勇，僅能舉一器一物之重者，相去遠矣。"孟子言："心能不動，不足爲難。即如告子，爲人雖見道未真，而未及四十歲，已能先我不動心，此果何足爲難哉？大凡人心有所管攝則不動甚易，無所管攝則不動甚難。告子未爲知道而能强制其心，尚能使之不動，況以道義管攝之乎？"此事心者所當知也。

"孟施舍之所養勇也"一節

"孟施舍"是人姓名。"會"是合戰。

孟子又告公孫丑："我謂不動心有道，不但於北宮黝見之。又聞古之勇士有孟施舍者，其人之所養勇也，嘗自負戰勝非難，敢戰爲難。我之於敵，莫言取勝，而能不懼，便遇勍敵在前，戰不能勝，自我看之如勝過他，更不計較强弱勝敗，而有懼心也。設使度量敵人之强弱而後敢進兵，計慮在己之能勝而後敢合戰，是蓄縮無勇而畏三軍之衆者也。一有畏心，雖勝不足爲武矣。觀舍此言，豈是百戰百克之勇，能保自家必勝而敢於赴敵哉？只是胸中膽氣素定，不見三軍爲衆，一身爲寡，勇往直前，能無恐懼而已矣。惟其無懼，則生死利害皆不足以撓其中。此以無懼爲主能不動心者也。"

"昔者曾子謂子襄曰"一節

"子襄"是曾子弟子。"夫子"指孔子。"縮"字解作"直"字。"惴"是恐懼之意。

孟子又告公孫丑："我謂孟施舍之勇似曾子，曾子之勇如何？昔者曾子因子襄好勇，教以：'子好勇乎？勇有大小，不可好血氣之小勇也。我嘗聞理義之大勇於夫子矣。夫子有言，人之所恃以爲勝者，莫過於理。設使自反，理有不直，雖褐寬博至微之人，其曲在己，敵他不過，豈得不惴然恐懼乎？使或自反己，其理本直，縱有千萬人之衆，在我理直氣壯，當奮然而往，與之相抗不懼矣。此所謂大勇，子之當好者也。'觀於此言，則曾子之勇比之於孟施舍自不同矣。"

孟施舍之守氣又不如曾子之守約也

承上文，言孟施舍之勇，雖似曾子，但所以能無懼者，止守一身之氣，比於北宮黝爲差勝耳，又不如曾子反身循理，所守尤得其要也。蓋氣有時而或屈，理則無往不伸，曾子之勇所以不可及也。孟子之不動心，其原蓋出於此。

"既曰志至焉氣次焉"一節

"蹶"是顛躓。"趨"是疾走。

公孫丑未達志至氣次之義，又問："天下之理，分數有輕重，則工夫有緩急。夫子既言志爲至極，氣爲次之，則志重於氣，人但當持守其志可矣。又言無暴其氣，氣亦在所當養，何也？"孟子言："志氣在人，分雖有辨，機實相須。如志之所在專一，則四肢百骸皆隨其運用，固足以動乎氣。然使氣之所在專一，則心思意念偶然不及管攝，而志亦反爲其所動矣。何以見氣能動志？今夫人之步履顛躓而蹶，奔走急遽而趨，是倉卒之間氣失其平所致。若與心無干而反能震動其心，使之警惕不寧，豈非氣一動志之驗乎？夫志一動氣，可見志爲至極，而氣亦一能動志，可見氣即次之矣。此所以既持其志又必無暴其氣也。子何以此爲疑哉？”大抵志動氣者理之常，氣動志者事之變，志固難持，而氣亦未易養也。且如溺聲色則耳目易荒，嗜盤游則精力易耗，喜怒過當則和平之理易傷，起居不時則專一之度或爽。諸如此類，皆謂之暴其氣，不但一蹶一趨足以搖動其心而已，養氣者不可不知。

“其爲氣也至大至剛”一節

“大”是宏大。“剛”是堅勁。“直”是順其自然。“塞”是充滿之意。

孟子言：“浩然之氣所以難言者，求之於一身若甚微，驗之於天地則甚著耳。蓋氣在人，不狹小，不柔弱。自其含弘而言，則渾渾融融，太和之內無物不容，而非形骸所能限量，何如其至大乎？自其强毅而言，則凜凜烈烈，奮激之下百折不回，而非物欲所能屈撓，何如其至剛乎？人有生之初，所得於天地之正氣，其體段本自如此，但人不能善養之耳。誠能順其自然，以直養之，而不使有一毫作爲之害，則剛大之本體無虧，而磅礴之真機自運，以之上際乎天，下蟠乎地，天地之間無非此氣充塞矣。夫以天地之大，而氣充滿於其間，其浩然爲何如哉？蓋吾身之氣本與天地之氣相爲流通，故養而無害，則塞乎天地；若一爲私意累，便狹小柔弱，充拓不去。《書》稱帝德廣運，功業至於格上下，光四表，何莫而非此氣之運用乎？”

"設爲庠序學校以教之"一節 以下經筵進講

孟子告滕文公以立學教民。"設"是置。"庠"、"序"、"校"是鄉學，如今在外府、州、縣學。"學"是國學，即今之國子監。"人倫"即五倫。

孟子既告文公以養民之制，至此又言："人君爲國之道，惟教、養二事而已。助法行而民生既遂，可無以教之乎？又必稽古建學，設庠、序、校以教於其鄉，設學以教於其國，使隨在而有學，則隨在而有教可焉。然庠、序、校之名，各有取義，庠取養老之義，校取教民之義，序取習射之義。夏重在教民，故曰校。殷重在習射，故曰序。周重在養老，故曰庠。蓋鄉遂之間，習俗異尚，故三代隨時而異名。至於國學，乃首善之地，制度不殊，故三代通曰學，相因而弗改也。若論其所以爲教，則鄉學、國學，總之不外於明倫。蓋彝倫在人，莫不各有當然道理，但百姓日用而不知耳。故於父子明其有親，君臣明其有義，夫婦、長幼、朋友明其有別、有序、有信。因民所固有而啓其知覺之良，即衆所共由而導以率循之路，以明於鄉，以明於國，總是五倫，無異道也。夫人倫既明於上，則在下小民志行有所觀感，興起於仁讓之風；情意相爲流通，會歸於和順之俗。五品遜而百姓無有不親者矣。立教之效若此，滕能舉而行之，於爲國何有哉？"

嘗考之《書》曰"皇建其有極"，又曰"克綏厥猷維后"，則知教化固風俗之原，君身尤教化之本。三代之民所以不令而行，不嚴而治者，有其本也。漢武帝表章六經，學非不設，而內牽於多欲之私；唐太宗增置四學，教非不與，而身不免慚德之累。此皆本之不立，學校教化徒飾文具焉耳。

仰惟皇上道惟盡性，治本因心，孝養隆于兩宮，儀刑著於六寢，推友愛以睦族，篤信義以孚邦，固已盡建極綏猷之實矣。而又展臨雍之典禮，振起士風，更督學之璽書，作新儒術，豈非本與文而具舉，倫與制而兼盡者哉？臣愚更願持望道未見之心，溥教思無窮之澤。彝倫雖已叙矣，而益涵養其本原，無使欲敗度，縱敗禮；風俗雖已同矣，而益慎重其好尚，無使邪亂正，異亂常。如《大學》之明德新民，務止諸至善之極；如《中庸》之修道立教，務收夫位育之功。臣等不勝顒望。

"孝子之至莫大乎尊親"一節

孟子因咸丘蒙疑帝舜臣父，曉之以大孝。"至"是極。"永"是長。"則"是法。

天下之大，固惟天子獨擅其尊，亦惟天子得成其孝。欲知舜無臣父之理，盍自其孝而觀之。彼人子事親，凡用力用勞供爲子職者，皆可以言孝，然不過子職之常耳，未足爲大也。若論孝之極至，則莫大於尊顯其親焉。人子孝親，凡公卿大夫列爵於朝者，皆可以言尊，然不過一家一國之養耳，未足爲大也。若論尊之極至，則莫大於以天下爲養焉。惟舜貴爲天子，因尊其親爲天子之父，則天下之所尊戴者，自舜而上惟瞽瞍一人而已，其尊之不亦至乎？富有四海，因饗其親以四海之養，則天下之所供奉者，自舜而上惟瞽瞍一人而已，其養之不亦至乎？夫尊養兼至，既以伸大孝之情，而倫制昭垂，自可示臣民之極矣。考之《詩·大雅·下武》之篇有云"人能長言孝思而不忘，則孝思可以爲天下法"，是即大舜尊養至而孝道立之謂也。其孝如此，豈有臣父之事哉？咸丘蒙之疑亦可以自釋矣。

臣嘗因是論之，帝王之孝，以根極至性爲實，而典禮爲虛；以博施四海爲弘，而宮闈爲狹。故《書》稱大舜之孝必本之夔夔齊栗之誠，推極於四方風動之治，蓋聖孝若是之隆也。仰惟皇上尊奉兩宮，婉愉備至，推恩四海，錫類無窮，惟願法舜之大孝，令天下後世頌永言之思焉。臣等不勝蘄祝。

"孟子曰易其田疇"全章

孟子論王政在於養民。"易"字解作"治"字。耕治成熟之田曰"疇"。"菽粟"是五穀之類。

人君治天下，固以教化爲重，尤以生養爲先。蓋民貧多由於失業，必驅民於農，使地利不遺於耕墾，且斂從其薄，使所入不竭於徵輸，則農功興而利源以開，民可使之富矣。然富厚易至於華奢，又必教民以樽節。一飲食必順夫天時，防民之僭逾；一經用必遵失[一]禮制，則妄費省而積蓄益充，財不可勝用矣。財用既足，則禮讓可興。如水火，乃民用所急，一日不得則不能以生活，然昏夜倉卒之際，叩人之門户求水火，無有一人不與者，則以其至多而有餘故耳。聖人治天下，知菽粟爲民之所資，而爭奪每生於不足，故導民以務農節用，使菽粟之多如水火，家家有餘而後已。如此，則衣食足而邪僻自消，禮義明而風俗自厚，尚安有陷溺其心而爲不仁者乎？

人君欲導民於善，當知所先務矣。臣嘗考養民之政，莫備於成周。觀《周禮》一書，自三農九穀，以至園圃山澤，悉捐其利以予民，所以養之甚厚，而又取之有度，用之有經，故富藏於閭閻而上不私，禄養千八百國之君而下不困也。嗣是民無常産，賦無定額，爲民上者，奢欲滋廣，征斂滋繁，民不聊生有由然矣。惟漢文帝躬儉約以勸農，因有粟紅貫朽之積；唐太宗能裕民以止盜，遂致斗米三錢之謡。然一則恣賞賚而無節，一則貪征伐而鮮終。可見生財爲難，而惜財尤不易也。仰惟皇上重穀明農，特驅游惰，增屯罷塞，盡闢荒蕪，均徭革冒免之奸，蠲租寬帶徵之累，固已修養民之實政，振足國之遠猷矣。顧財用常自豐而就耗，人情每由儉以入奢，是以滄海不能充漏卮，山林不能供野火，蓋物産有限而奢欲難供也。伏願念稼穡爲小人之依，若睹艱難之狀；思積貯繫天下之命，無萌侈肆之心。冗濫雖已裁矣，而額辦必嚴於會計；禮俗雖已正矣，而身教常謹於率先。減不急之供輸，慎無名之賞賚。臣等不勝幸願。

"孟子曰言近而指遠者善言也"至"天下平"

孟子舉君子立言體道之要以示人。"指"是旨趣。"帶"是目前常見至近之處。

君子有經世覺人之責，則言語事功俱不可闕者。但天下之言以庸言爲至，而不在崇飾高遠之談，故惟所言者近，而指趣之包涵甚遠，言有盡而意無窮，乃所以爲善言也；天下之事以當務爲急，而不在規規事爲之末，故惟所操者約，而功用之設施甚大，用力省而就功博，乃所以爲善道也。嘗觀君子之言，就事論事，眼前光景，言不下帶，何其近也，而天地萬物之理，無一不具於中，則何其指之遠乎！觀其所守，自責自修，切己工夫，守止一身，何其約也，而天下國家之治，無一不得其理，則何其施之博乎！然則兼言與道之善，而體備其全者，惟君子爲能然耳，人可不以之爲法哉？

臣嘗論之，天下之道，無遠近博約，本同一理，而所以會通之者，惟在一心。蓋心者，言動之主，萬事萬化所從出也。自古帝王惟涵養其本源，而和順於道德。故垂之於言則渾渾噩噩爲典謨、訓誥之文，措之於治則巍然煥然爲放勳、重華之烈，何莫而非一心之運用乎？後之人主，非無一言之幾於道、一事之合於治，而出之無本，故施之未純。漢文躬修玄默，能以德化民矣，而前席之問不免溺志於鬼神；武帝號令文章，煥焉可述矣，而仁義之施不免内荒於多欲：則亦豈得爲盡善之道哉？仰惟皇上學際道真，治端化本。叙彝倫而建極，表正四方；頒詔令以敷言，懷柔萬國。其於善言善道之實，固已兼體而無遺矣。

臣愚更願探聖德之淵微，愈精深愈造詣；約聖心於宥密，愈定靜愈操存。紹虞廷惟精惟一之傳，軫周王不泄不忘之念。訏謨遠慮，無以近利而妨悠久之圖；恢綱廓紘，常持大體以養和平之福。則不下階序而化行於海隅，不煩指麾而澤流於萬世矣。臣等無任惓惓。

《詩　經》

彼茁者葭壹發五豝于嗟乎騶虞

此《國風·召南》終篇，詩人詠南國諸侯仁恩及物。“茁”是草芽壯盛。“葭”是蘆草。“發”是發箭。“豝”是野猪。“騶虞”，白虎黑文，是獸中有仁性者。

南國諸侯承文王之化，能仁民以及物，故詩人賦其事以美之。言：王道以及物爲全功，而尤以因心爲至德。我今觀于春田，而知我侯之仁及于物者廣矣。蓋春陽和煦之時，正萬物發生之候。我侯田獵于此，試觀於草木，但見葭草之始生者，其芽茁然上出，而生意如彼其茂盛焉。舉一葭，而我侯之仁恩沾被于草木者可概見矣。試觀于鳥獸，但見野豝之群聚者，一矢連中其五，而種類如彼其蕃多焉。舉一豝，而我侯之仁恩施及于鳥獸者可概見矣。然是我侯之仁豈有待于勉强哉？一良心自然之功用耳。吁嗟乎！我侯其即騶虞也乎？蓋騶虞之爲物，不踐生草，不食生物，合下就有仁性，非勉然也。我侯慈祥本乎天性，和氣自爾其充周；仁愛發于由衷，恩澤自爾其普徧。以蕃草木，以育鳥獸，皆從一念生生之仁，潛乎而默運之耳，比之騶虞，固同一仁心之自然也。向使仁有未至，則民且未必能仁，況能及于庶物，致有如此之盛乎？此固諸侯及物之仁，而文王之化其所被者遠矣。《召南》序此于篇終，不可以見王道之成哉？

臣嘗論之，天地萬物，本吾一體，故雖草木昆蟲之微，其榮枯生息靡不與吾心相爲流通。但人爲私意所隔，見得物與我判然爲二，故一體之念寖疏，而此心之生理幾絕，流而爲殘忍刻薄，皆一念已私所致耳。惟聖王全體此心，渾融無間，故其推以及物，自虞衡山澤，各有司存，即胎卵勾萌，曲加愛護，皆此一體之念，盎然流貫而不容已焉耳。然是一念，其用甚大，其端甚微。昔齊宣王不忍一牛之觳觫，所愛無幾，孟子遂許其可以保民而王。宋哲宗戲折柳枝，所傷無幾，程頤則進諫，以爲方春發生，不可無故摧折。以是知人君一念之仁，微如萌蘖；一念不仁，慘于斤斧。故善端不可不充，而妄念不可不制，體仁之功莫切于此。

仰惟皇上仁心惻怛，體天地之好生；惠澤淪濡，侔化工之發育。九圍清晏，時方幸其止戈；群品昭蘇，世共欣于解網。熙熙然太和元氣之運，直與成周宇宙不殊矣。顧聖心以不息爲純，而王道以無外爲大。一念少懈，即仁體之有虧；一物失所，終化機之未達。考之文王，道已至而猶懷未見之誠，民已安而猶切如傷之視，故詩人頌其德之純至，與天命之不已配焉。則鵲巢、騶虞之化，久道後成，要非一日之積矣。伏惟聖明留意。

"緇衣之宜兮"首節

《鄭風》首篇，詩人稱美武公也。"緇衣"，黑色之衣，乃卿士私朝所服。"宜"是稱。"敝"是壞。"改"是更。"館"是館舍。"還"是退朝而還。米之精鑿曰"粲"。

鄭桓公、武公相繼爲周司徒，善于其職，周人愛之而賦此詩。言：秉彝好德，人心之良。我公世職司徒，克敷邦教，其德之入人也深矣，吾安能已于情哉？彼緇衣之服，卿士所同，而稱之者少，惟我公之服緇衣也，有是德，宜有是服，一何其相稱矣乎！幸其服之常新則已，設或時久而敝，我將爲子改舊以圖新，庶章服之宜常如一日，而吾人亦永藉其衣被之光矣。然不但更衣已也，以吾之心無時不在公左右，且將就子之館，造其室而請見，聽其言論，接其風采，而後吾一念親近之誠可因是而少慰耳。然又不但適館已也，以吾之心雖飲食不敢忘公，又將舉我之粲，待公退朝而授之，充其廩餼，供其粲飯，而後吾一念問饋之敬可因是而少舒耳。

夫改衣未已也，而繼之以適館；適館未已也，而繼之以授粲。周人之愛武公，真無所不用其情矣，非其善教之感而有是乎？臣常因是而論，感德慕誼者，衆庶之常情；虛己任賢者，明君之盛節。鄭桓、武當周室衰微、王綱解紐之日，能宣布其政教，修舉其職業，尚能使當時之民親而愛之，至于改衣、適館、授粲，不勝其殷勤繾綣之情，可見德化速于感乎，而人心易于聯屬。宗周仁義禮樂之澤，所以綿延不絕者，固賢人君子維持匡救之功也。況處極治之朝，忠賢在列，俊乂充庭，而明君能盡委任之道，其致治之盛、感民之深又當何如哉！

仰惟皇上崇重輔弼，地天協上下之交；延納儒臣，晝日厪再三之接。平臺暖閣，情意洽于都俞；文綺珍羞，恩數兼乎尊養。好賢之念，誠不啻如《緇衣》之切矣。顧《緇衣》所以爲好賢之至者，不在禮文交際之末，而在一念專篤，自始至終有加無已爲可尚耳。古聖王之於賢臣，委以腹心，隆其體貌。任之也重，細事不以煩；信之也專，衆口不能間。故臣畢其忠而君全其敬，上下相得而治功成焉，此所謂好賢之實不以文者也。伏惟聖明留意。

“六月食鬱及薁”一節

《豳風》第六章，述豳民飲食有節也。“鬱”、“薁”俱是果。“葵”是菜名。“菽”是大豆。“剝”是擊。“穫”是收。“介”

是助。高壽之人有毫眉秀出，故曰"眉壽"。"壺"是瓠子。"叔"是拾。"苴"是麻子。"荼"是苦菜。"樗"是柴木。

周公述豳民言：天之生物，一果一菜皆足以養人，而人之用物，或豐或儉不可以無節。蓋一家之中，人有老少，其用度自然不一。故當六月之時，果木有鬱李與蘡薁，俱已熟，則取而食之。七月之時，菜有葵，穀有大豆，俱堪用，則采而烹之。八月間棗已結，則撲來取以充籩實。十月間，稻禾可穫，則收來釀以爲春酒。凡此果菜酒漿，皆是佳品，我輩敢以自用哉？惟是高年人氣體既衰，非滋味無以適口，故以此供奉老疾，庶以保養其天和，增助其眉壽耳。若我輩農夫用度則不必然，七月瓜熟而可食則食瓜，八月瓠成而可斷則斷壺，九月霜降麻熟則拾取麻子。至于荼，是苦菜之可蓄者，則采而畜[二]之以爲菹。樗是材木之無用者，則刈而積之以爲薪。凡此瓜、壺、苴、荼，其物至菲，然是田家所有，正以食我農夫者也。蓋農夫饑餐渴飲，飲食無待于豐美，故以此自奉，亦惟即其所有之物以爲日用之資而已，豈敢上同於老者乎？夫物之甘美者以之養老，菲薄者以爲常食，豐儉得宜，豳俗之厚爲何如哉！

"九月築場圃"一節

《豳風》第七章，述豳民力農終始憂勤也。"場圃"同地，種菜爲圃，放田禾爲場。"禾"是穀之總名，在野曰"稼"。"重"是早田。"穋"是晚田。"宮功"是治室之事。"茅"是草。"索綯"是絞紐繩索。"乘"是升。"播"是布種。

豳人言：民命所資，莫急于居食，而勤生至計惟在于趨時。時當九月，禾將熟矣，則築圃以爲場。十月禾既刈矣，則開場而納稼。所納者有黍有稷，有重有穋，有禾有麻，有菽有麥，凡此禾稼，種類不同，登場則一。農事至此而有終矣。乃豳民猶不敢自安，因嗟嘆言：農夫在田作勞，無暇安居，幸今我稼既同，農工已畢，正可趁時上入城邑，料理宮室之事。日間取茅草，夜間絞繩索，急升屋上，葺敝補漏，早完工程。蓋冬月時光有限，不久春來，又莊農時候，播種百穀，猶恐不遑，何暇圖治室之事乎？

夫當農事之終，即慮及農事之始，終始憂勤如此，生養安有不遂者哉？此豳俗所以爲厚也。臣因是有感于農家之苦，初春土膏方動，即荷犁出耕。耕墾未周，已當下種。下種未幾，已當耘苗。苗稼已成，謹鋤稂莠。稂莠已去，兼慮蟲蝗。蟲蝗不生，復虞旱潦。計其三時力作，沾塗萬狀，愁苦多端，然猶豐歉無常，收成莫必。一遇歲歉，公私租負逼勒于門，妻孥饑寒啼號于室，目前之生計已困，來春之農具無資，因有展轉經營，矻矻終年而不得一飽者矣。幸而國無大役，官無雜差，止於謀生，未便失業。設或多事，賦役繁興，重以有司不良，科擾百出，于是追胥紛沓，田里騷然，民乃有棄耒耜而不耕，望城門而逃匿。此苛政所以病農，農人所以失業也。欲以播穀乘屋，各及其時，如豳人之爲謀，安可得哉？國家子惠萬姓，生聚休養二百餘年，粒食安居，宜無失所，乃游惰之衆未盡勤生，流移之民無從復業，則朝廷之德意尚有未宣，有司之職事容或未盡。伏願皇上軫恤民艱，特申寬大之令；作新吏治，一祛苛刻之風。重本業，賤末技，咸使歸農；蠲逋負，省徵輸，期于厚下。則安養之政克舉，而樂利之澤普沾。年穀順成，行續築場之咏；黎甿熙皞，重賡擊壤之歌。天下臣民曷勝幸願！

《書　經》

"后非民罔使" 六句

《商書·咸有一德》篇，伊尹告太甲也。"后"是君。"狹"

是狹小。“民主”是人主。“厥功”指一德之功。

伊尹既歷告太甲以一德之功效，而於篇終又儆戒之。言：吾王欲取善以成一德之全功矣，然不但當取之左右庶官而已，尤必取之於民而後爲至焉。蓋兩貴不能以相使，君而非民，則孤立無助，將何所使？兩賤不能以相事，民而非君，則渙散無統，將何所事？夫君民相須如此，則君之於民，固不可以其賤而忽之矣。況干〔三〕取人爲善以成一德，初無分於貴賤者，而可忽之乎？要必虛心以受天下之善，下問以來樂告之心。莫以己聰明睿智，何所不知，百姓凡愚下賤，何必問之。此是自廣以狹人，爲人君者切不可如此。蓋上天以一理賦予萬姓，雖以匹夫匹婦之愚，亦可與知。人君以一身統馭萬方，必合衆聞衆見之明，始無遺照。若使下情少有間隔，而一人不得自盡其誠，嘉言少有遺伏，而一善不得自達於上，則聰明壅於聽聞，智識小於自用，一善之有虧，即萬善之未備矣，人主將何所與以成一德之功哉？此所以當取人以爲善，不可自廣以狹人也，吾王可不勉哉！

臣嘗論之，天下之大，如人一身。善治身者必血脉流貫，而後精神完固，無一肢之不調。善治天下者，必言路開張，而後膏澤淪濡，無一夫之不獲。蓋天下之廣，兆民之衆，自非廣詢博訪，兼聽並觀，則天位高於九重，而海隅蒼生何由而仰達？君門遠於萬里，而閭閻疾苦何自而周知？故堯惟清問，始知四海之困窮；舜惟好察，始知下民之無告。於此見事涉細微，情狀幽隱，雖聖如二帝亦不能以不問而知也。後之人君足己而不問，諱過而惡聞，固有身親堂陛之近而其情尚不得通，職居諫諍之專而其言尚不見聽者矣，何有於九州四海之遠、匹夫匹婦之微乎？

仰惟皇上英資首出，睿志旁通，密勿之言時勤咨問，切直之諫每荷優容，重農事則慮周於雨暘，聞邊警則憂勤於宵旰，雖堯之清問、舜之好察不是過矣。臣愚更願端本澄源，益擴虛明之體；親賢遠佞，預防壅蔽之奸。求言固已廣矣，然諛言似忠，讒言似直，而辨別情理，務期灼於指掌之精。聽諫固已誠矣，然聞過非難，改過爲難，而體驗躬行，務期捷於轉圜之速。如此，則萃衆善於一心，而昭曠之觀炯乎日照月臨之度；合萬物爲一體，而併包之量恢乎天覆地載之規。將遠邁商王一德之功，而上符二帝執中之治矣。天下臣民曷勝慶幸！

六卿分職各率其屬以倡九牧阜成兆民

此《周書·周官》篇，成王訓迪六卿也。“六卿”即冢宰、司徒、宗伯、司馬、司寇、司空是也。“屬”是屬官。周制，每一卿有屬官六十員，共三百六十員。“九牧”是九州之長。“阜”字解作厚字。

成王言：人君建官圖治，分理固極其詳，總領則有其要。以六卿之體統言之，冢宰掌邦治，司徒掌邦教，宗伯掌邦禮，司馬掌邦政，司寇掌邦禁，司空掌邦土，每卿各居一官，各官各任一事，其分職固有定矣。然非徒使之自盡其職而已也，下而所屬之官，外而九州之牧，皆其所當率作者焉。故必提綱挈領，各自率先其屬，以修舉其政教，而展采錯事於朝。因以倡導九州之牧，使之各修舉其政教，而承流宣化於國。如此，則内外相維，體統不紊，官職既無一之不辦，民生自無一之不安。以厚兆民，而政治修明，固生養之所由遂；以成兆民，而教化振舉，固禮讓之所由興。即唐虞和寧之俗，夏商用乂之風，至是可媲美而無難矣，兆民有不阜厚而化成者哉？

成王以此訓迪六卿，其所以望之者至矣。按《周官》一篇，乃周公輔佐成王經理太平之法，而分職率屬尤其體要所關。蓋上下尊卑，位置有常，若手足股肱之具備者，是謂體；相事相使，聯屬無間，若精神脉絡之流貫者，是謂要。我朝稽古建官，内設六部尚書以準六卿，外設十三布政司以準州牧，體統正而約束明，真得成周之遺意矣。顧承平既久，人懷苟且之心，文例徒繁，事鮮綜核之實，無怪乎治效之未臻也。仰惟皇上敕厲臣工，共圖治理，書正己率屬之字，徧賜列卿；定隨事考成之規，通行各省。而又舉久任之法，罷增設之員，仕路清夷，官職競勸，即成周董正之治何以加焉？臣愚更願正身以立百官之表，勵精以開萬化之源。重泰道之交，而耳目股肱親如一體；法乾行之健，而精神脉絡運如四時。則成王所謂祗勤於德，夙夜不逮者，有以得其心法之精，不但徒爲董正之文而已。伏惟聖明留意。

校勘記

〔一〕"失"，據民治學社本當作"夫"。

〔二〕"畜"，民治學社本作"蓄"。

〔三〕"干"，據民治學社本當作"于"。

復宿山房集卷之十二

講章六

《通鑒節要》

五年，東海王越薨，王衍等奉越喪還葬東海。石勒帥輕騎追之，無一人得免者。執太尉衍等坐之幕下，問以晋故。衍具陳禍敗之由，云計不在己，且自言少無宦情，不豫世事。因勸勒稱尊號，冀以自免。勒曰："君少壯登朝，名蓋四海，身居重任，何得言無宦情邪？破壞天下，非君而誰？"懷帝即位之五年，羯胡石勒舉兵入寇，逼近京師。東海王越時爲太傅，不護守京師，領兵出鎮許昌。懷帝惡其專擅，密詔大將軍苟晞討越。越因此憂憤成疾而薨，臨薨時，以後事托太尉王衍。衍奉其喪柩回東海國中安葬。石勒帥領輕騎追至苦縣，圍住晋兵將士，十餘萬人盡被擒獲，無一人得脫者。石勒拿王衍坐於帳下，問以晋家變亂緣故。王衍備細陳説："晋室禍敗都由宗室爭權、骨肉相殘，以致宗社傾危，朝廷壞亂，不干大臣之故。且我少時宦情甚薄，不願爲官，所以一切世事懶得干預。"王衍懼石勒殺之，要推罪免禍，又勸石勒早稱帝號，以逢迎其意，冀免於死，其不忠甚矣。勒見衍言詞虛妄，因折以："世間不愛名位人，方可言無宦情。汝自少登朝，名蓋四海，位至三公，負大名，居重任，如何言無宦情邪？今天下事全是爾壞，所以致此禍敗者，不是爾是誰？"因命左右牽出，至夜，使人推墙壓之而死。

夫人臣之義，食其禄則當任其事。王衍爲晋大臣，義同休戚，當國家多難，固宜效忠戮力，死生以之。平時則崇尚虛談，隳廢國事，及至臨難，則甘心媚虜，俯首乞憐。虛名無實之士誤人國家如此，人君於任人之際可不慎所擇哉？

初，范陽祖逖少有大志，與劉琨俱爲司州主簿。同寢，中夜聞雞鳴，蹴琨覺，曰：“此非惡聲也！”因起舞。及渡江，睿以爲軍諮祭酒。逖居京師，糾合驍健，言於睿曰：“晋室之亂，非上無道而下怨叛也。由宗室爭權，自相魚肉，遂使戎狄乘隙，毒流中土。今遺民既遭殘賊，人思自奮，大王誠能命將出師，使如逖者統之，以復中原，郡國豪傑必有望風響應者矣。”睿素無北伐之志，以逖爲奮威將軍、豫州刺史。

“范陽”，今涿州。“司州”，今河南府。

愍帝之時，有范陽人祖逖者，從少時即慷慨有擔當世事大志。素與劉琨相厚，兩人同爲司州主簿。一夕，同處卧，到半夜，忽聽雞鳴。祖逖此時正思量天下大事，以足蹴劉琨醒，道：“半夜雞鳴，雖不是時候，然喚人早起，不致失覺，亦於人有益，非不祥之聲也。”因披衣起舞，不勝踴躍奮發之意。後來，逖避亂過江，元帝以逖爲軍諮祭酒。逖住在京師，糾集驍健勇士，加意撫恤，欲得其用。一日，勸元帝：“舉大事全在人心。我觀晋室之亂，非在上行政無道而在下怨叛離心也。因宗室諸王樹黨專權，骨肉分爭，自相魚肉，遂使戎狄之人，若劉聰、石勒輩，乘此釁隙，紛紛並起，侵擾中土，荼毒生靈。晋室遺民自遭殘害以來，各爲其父兄子弟之讐抱恨積怨，欲奮身討賊，無人倡率耳。大王誠能遣命將帥，興發師旅，使勇敢忠義如我等統領，恢復中原，郡國豪傑一聞此舉，必然望風而來，隨聲而應矣，何亂之不可克乎？”祖逖此言深爲有見。奈元帝素性優柔，保守江東，無志北伐，乃命逖爲奮威將軍、豫州刺史，自募兵馬而行，竟不能出師以圖大舉。於此見元帝立國，規模本來狹小，原無遠略，所以終身僅偏安一隅，而長淮以北盡委腥羶，寸土尺疆不能收復。忘宗社丘墟之恨，孤豪傑嚮義之心，豈不可慨也哉！

范寗好儒學，性質直，嘗謂王弼、何晏之罪深於桀紂。或以爲貶之太過，寗曰："王、何蔑棄典文，幽沉仁義，游辭浮說，波蕩後生，使縉紳之徒翻然改轍，以至禮壞樂崩，中原傾覆，遺風餘俗至今爲患。桀紂縱暴一時，適足以喪身覆國爲後世戒，豈能迴百姓之視聽哉？故吾以爲一世之禍輕，歷代之患重，自喪之惡小，迷衆之罪大也。"

魏晉以來，士大夫崇尚清虛，儒者詩書六藝之學久廢不講。至是，新野人有范寗者，獨能考究經籍，專心儒學，而性又質直，不委曲隨時。嘗以首倡清談起自王弼、何晏兩人，因言兩人罪惡比之桀紂尤爲深重。或有人言桀紂暴虐無道，身弒國亡，古今稱爲凶惡之人，今以王弼、何晏比之，貶之太過。范寗答："聖賢垂世立教，全憑典謨文章、仁義禮樂，以爲維持世道之具，不可一日而缺者。王、何二人將典謨文章爲古人糟粕而輕棄之，仁義禮樂爲道德渣滓而泯没之，祖述老莊，言語高談虛無，其游漫之辭、浮誕之說，使後生心志搖蕩，隨波逐流，縉紳士大夫皆翻然變其舊轍，務以放曠爲高，世事理亂興衰全不經管，以致禮度敗壞，音樂崩缺，遂有五胡亂華、中原傾覆之禍。其遺風餘俗傳至於今，百姓視聽習熟，恬然不以爲非，將來之患尚無止極。其風俗敗壞、人心陷溺，由王、何二人倡之。若桀紂雖暴虐無道，不過縱惡於一時，喪身亡國之禍，傳之後世適足以爲鑒戒，豈能鼓惑百姓耳目，而迴其視聽如此哉？桀紂之禍止害一世，其禍猶輕；王、何之禍，歷代猶受其害，其患爲尤重也。桀紂之惡，止喪自家一身，其惡猶小；王、何之惡，衆人皆被迷惑，其罪爲尤大也。"

夫魏晉清談之禍，雖自王、何兩人倡之，然亦由當時紀綱不振，教化不明，故邪說易行，人心易惑。誠使朝廷之上，紀綱振肅，而國無異政，學校之間，教化修明，而士無異學，則道德以一，風俗以同，邪說何由得肆哉？有君師政教之責者，當鑒于茲。

十四年十一月，初，帝既親政事，威權已出，有人主之量。既而溺於酒色，委事於琅邪王道子。道子亦嗜酒，日夕與帝酣歌爲事。又崇尚浮屠，窮奢極費，左右近習爭弄權柄，交通請托，賄賂公行，官賞濫雜，刑獄謬亂。

"道子"是晉宗室，封爲琅邪王。"浮屠"是佛。

孝武帝即位初年，褚[一]太后臨朝攝政。及帝既冠，始親政事，總攬威權，爵賞刑罰都自己出。又委任謝安、王彪之等，外平寇亂，內理國事，甚有人君度量，可爲賢主。後來耽溺酒色，恣意荒淫，遂不親理政事，將朝政都委之於琅邪王司馬道子。道子性亦好酒，不能管理政務，日夜與帝縱酒，以酣飲狂歌爲事而已。帝又聽信邪說，崇尚佛教，在於內殿修建精舍，招引僧人住居其中，傾竭資財，奢侈費用，略不顧惜。左右近習之人，遂得以操弄權柄，擅作威福。由是政出私門，交通干托，凡營求幹辦，明白用錢饋送，賄賂公行。遂使無才者得以冒官，無功者得以冒賞，而官賞濫雜；有罪者倖逃法網，無辜者反被誅戮，而刑獄謬亂。國事大壞，人心怨咨，晉室之亡實決於此。夫帝始親政事，何等精勤，一旦溺於酒色，委政道子，遂致迷繆。可見人君一心，難於清明而易於蠱惑。是以大禹以旨酒垂戒，成湯以女謁省躬，皆所以防情欲之流而絕禍亂之本也。君天下者可不戒哉？

魏主爲人壯健鷙勇，臨城對陳，親犯矢石，左右死傷相繼，神色自若，由是將士畏服，咸盡死力。明於知人，或拔士於卒伍之中，惟其材用所長，不論本末。聽察精微，下無遁情，賞不遺賤，罰不避貴，雖所甚愛，終無寬假。常曰："法者，朕與天下共之，何敢輕也？"然性殘忍，果於殺戮，往往已殺而復悔之。

此時，晉宋相承，立國江左，長淮以北皆没於夷，天下中分，稱南北朝。南則宋、齊、梁、陳，北則魏拓跋氏，後分爲宇文周、高齊，至隋代周而混一焉。魏本鮮卑部落，其太祖拓跋珪起代地，子明元帝，嗣孫太武帝燾。太武北伐柔然，西伐夏主赫連昌，所向皆克，聲威大振。此一段是紀其剛明果斷之處。

"鷙"是鳥名，其性最猛。言魏主爲人軀體壯健，生性鷙勇，每行軍、用兵、攻城池，或兩軍對陣，親自出戰，冒犯矢石而不畏。左右將士或爲矢石所中，相繼死傷，神色照常，略不慌懼。將士見其膽略，輸心畏服，拚死出力，因此所向無不成功。又明於知人，凡智謀勇略之士，間或從行伍中簡拔出來，任用止論其材能所長，因材器使，至於出身始末來歷、高低貴賤，更不論及。其聽察下情，詳審精微，臣下一言一動，分毫不能欺隱。凡有功當賞，便微賤人不肯遺落；有罪當罰，便尊貴人不容避免。不但貴人，雖是素所親愛之人，一旦有罪，亦必盡法處之。嘗説："法不是我一人法，乃與天下人公共法。若徇一人私情，便違天下人公論，我何敢以私情而輕縱之哉？"其至公無私如此。但其資性殘忍，誅戮太暴，遇人有罪過，不復推問情實，即時殺之。既殺之後，察知冤枉，方追悔，已無及矣。夫古先聖王用刑，雖罪在必誅，猶必三奏五覆，不厭其詳，誠以人命至重，不可不慎也。今觀魏太武，知人能用，信賞必罰，亦可謂識治體者。獨其果於殺戮，未免傷於慘刻之私，豈非剛斷有餘而寬仁不足者哉？

宋主爲人機警勇決，學問博洽，文章華敏，省讀書奏，能七行俱下。又善騎射，而奢欲無度。自晉氏渡江已來，宮室草創，宋興無所增改。至是，始大修宮室，土木被錦繡。侍中袁顗因盛稱高祖儉素之德，宋主曰：“田舍公得此已爲過矣。”

武帝爲人機智警敏，處事剛斷，其學問廣博該洽，無所不通，作爲文章，詞既華藻，才又敏捷。每讀書史，或省覽章奏，一目之間，七行俱下。其聰明才辯如此。又有武略，善騎射，可謂英主矣。但志意驕奢，縱欲無度。建康自晉元帝渡江已來建都於此，其宮室規模一時草創，不暇恢弘。及宋高祖受禪而興，亦仍其舊制，無所增益更改。至武帝，嫌其狹小，大興工役，拆毀舊時宮室，從新蓋造，墻壁棟宇都用錦繡妝飾，土木壯麗，大異昔時。侍中袁顗嘗見高祖時傳留葛布燈籠、麻結繩拂之類，因盛稱高祖節儉朴素之德、貽謀子孫之善，欲以感悟宋主。宋主反嘲笑：“高祖起自田野，本是莊家老，有此受用已爲過分矣。今日之事豈可同哉？”夫自古創業之君，身履艱難，而知其成之不易，故嘗儉用而厚積，以詒後人，其爲慮至深遠也。爲子孫者，不能繹思先德而敬守之，乃至譏誚其祖爲田舍翁，悖逆甚矣！是以傳及子業，即有篡弒之禍，豈非荒墜厥緒，自取滅亡者哉？

九月，魏主謂陸叡曰：“北人每言北俗質魯，何由知書。朕聞之，深用憮然。今知書者甚衆，豈皆聖人，顧學與不學爾！朕修百官，興禮樂，其志固欲移風易俗。朕爲天子，何必居中原？正欲卿等子孫漸染美俗，聞見廣博，若永居恒北，復值不好文之主，不免面墻爾。”

魏主名宏，獻文皇帝之子。"恒"即今北嶽恒山，在大同府渾源州。齊明帝元年九月，魏主以北人不知向學，欲遷都洛陽，以變其俗。一日，與恒州刺史陸叡言："人性不甚相遠，今北人常言北方土俗質朴愚魯，無由通曉詩書。朕聞此言，甚是憮然不樂。即今天下之人知書者甚多，豈皆聰明特達，生來就是聖人，在學習與不學習而已。學則質魯者可變而為聰明，不學則聰明者亦流而為質魯。朕今辨名定分，整飾百官，考古證今，製作禮樂，因欲改移北土質魯之風，變為中原文明之俗，所以汲汲遷都洛陽，意固有在，非為朕一身。蓋朕既身為天子，何必入居中原而後為尊？欲汝等子孫漸染美俗，以變化其氣質，廣聞博見，以開擴其心胸，為此故爾。設使世世住居恒山迤北，又遇為人主者不好文學，耳不聞詩書之言，目不接禮儀之事，譬如面墻而立，一竅不通，一物無見，質魯之俗果何自而變哉？"

夫魏主本以戎狄之君，僻處朔野，其於禮樂教化，令非素具，事不習聞，乃能慨然修古帝王之業，據鞍論道，遣使求書，禁胡服胡言，立大學小學，卒能用夏變夷，化民成俗。況撫一統之規，承熙洽之運，而能修文德以綏太平，其致治之美又當何如也？

九月，梁主幸同泰寺，設四部無遮大會，釋御服，持法衣，行清淨大捨，素床瓦器，親為四眾講《涅槃經》。群臣以錢一億萬奉贖，表請還宮，三請乃許。

梁武帝惑於佛教，傾心信奉。親自幸同泰寺，建設齋醮，聚集僧俗人眾，曰四部無遮大會，脫袞服，穿僧衣，受清淨戒行，以自身捨在寺中，臥素床，用瓦器，屏去天子奉養，修齋持素，與出家人同。又親升講堂法座，為僧俗大眾講《涅槃經》。佛家說人死去，精神常存，但示寂滅而已，曰涅槃，故有《涅槃

《經》。武帝信之，故親講與衆人聽。文武群臣見武帝迷惑，捨身在寺，無可奈何，共出錢十萬，獻在佛前，贖出武帝，上表請帝還宮聽政。武帝初時不肯，懇請三次，然後許之。

夫人主一身，天地祖宗之所付托，社稷生民之所倚賴，雖戰兢以保守之，猶恐有傷；雖恭敬以奉持之，猶恐或褻。況於輕萬乘之尊從夷狄之教，棄其身而賣僮，或捨或贖，若非己有。此其四體且不能保，而何以保天下乎？卒之侯景搆亂，餓死臺城，奉佛者可以爲永鑒矣。

梁主敦尚文雅，疏簡刑法，自公卿大臣咸不以鞫獄爲意，奸吏招權弄法，貨賂成市，枉濫者多。時王侯子弟多驕淫不法，梁主年老，厭於萬機，又專精佛戒，每斷重罪，則終日不懌。或謀反逆，事覺，亦泣而宥之。由是王侯益橫，或白晝殺人於都街，或暮夜公行剽掠，有罪亡命者匿於主家，有司不敢搜捕。梁主深知其弊，而溺於慈愛不能禁也。

梁武帝素好書史，敦尚文雅，而於刑名法律之事疏簡闊略，一意寬縱。自公卿大臣而下，承順風旨，務爲寬大。審鞫獄囚之事，盡行停閣，漫不爲意。遂使奸吏得以操竊權柄，舞弄文法。有罪者用錢買免，而貨賂成市；無辜者牽連誣害，而枉濫衆多。王侯子弟倚恃貴勢，多驕縱淫佚，不循理法。武帝年既衰老，怠於政事，又奉信佛戒，慈悲不殺，每斷死罪重囚，常盡日不樂。或謀反叛逆重情，事既發覺，亦哀憐涕泣，赦而宥之。由是王侯無所忌憚，愈益驕橫，或白晝在於都市持刀殺人；或暮夜聚衆劫財，公行剽掠；犯罪在逃藏窩主家，有司蹤迹至門，亦不敢搜尋捕捉。豪強恣橫一至於此。武帝明知其弊由寬縱所致，而溺於慈愛不忍加刑，竟不能禁制也。

夫古之帝王，若舜之欽恤，禹之泣罪，何嘗不以好生爲心哉？然舜誅四凶，禹戮防風，則其好生之心乃以矜愚民，非以惠奸慝也。武帝溺於佛教，欲戒殺以造福，遂至叛逆大惡亦宥而弗誅，殺人重辟概置之不問，縱弛如此，天下安得而不亂乎？其後侯景搆難，大江南北積尸徧野，所造者福耶？禍耶？明主當有以辨此矣。

　　十二月，隋軍臨江，高熲謂薛道衡曰："今茲大舉，江東必可克乎？"道衡曰："克之。嘗聞郭璞有言，'江東分王三百年，復與中國合'，今此數將周，一也；主上恭儉勤勞，叔寶荒淫驕侈，二也；國之安危在所寄任，彼以江總為相，唯事詩酒，三也；我有道而大，彼無德而小，量其甲士不過十萬，西自巫峽，東至滄海，分之則勢懸而力弱，聚之則守此而失彼，四也。席捲之勢，事在不疑。"熲忻然曰："得君言成敗之理，令人豁然。"

陳後主叔寶禎明二年十二月，隋主舉兵伐陳，命晉王廣、秦王俊、清河公楊素、元帥韓擒虎等統兵五十餘萬，分道並進。前臨大江，長史高熲與郎中薛道衡計議："用兵之道，貴在萬全。今大舉人馬去伐江東，可保必勝乎？"道衡言："必然勝之。我嘗聞郭璞推算曆數，江東地分據為王，三百年當復與中國合而為一。今建康自晉元帝渡江立國，歷宋、齊、梁，以至於陳，三百年之數已將盡矣。以氣運推之，知我必取勝，一也。我主恭儉勤勞，務修德政，有道則宜興；陳叔寶溺於聲色，荒淫驕侈，無道則宜亡。以君德論之，知我必取勝，二也。國事安危，繫於所倚任大臣，倚任得人則安，不得其人則危。彼以江總為相，倚任狎邪小人，唯令侍宴後庭，賦詩飲酒，不理政務。以國政度之，知我必取勝，三也。我既有道，又是大國，彼既無道，又是小邦，量彼戰士不過十萬，我以五十餘萬之眾，西起巫峽，東至滄海，陣勢聯絡數千餘里。彼欲分兵拒戰，則勢懸力弱，衆寡不支；欲併力守城，則顧此失彼，緩急不救。以兵力較之，知我必取勝，四也。以此觀之，今日之舉，乘勝直前，可以席捲江東，盡爲我有，事在必克，更有何疑？"高熲聞其言大喜，乃欣然言："兵家勝負，難以預期，得汝此言，將彼己之情、成敗之理，一一透徹，使我心下豁然，洞知勝算，便當求策渡江，無容別慮矣。"其後，隋兵渡江，陳人望風瓦解。建康既破，陳後主逃於枯井之中，隋兵出而執之，國遂以亡，竟不出薛道衡之所料。

夫自古伐人之國者，往往待時而舉，觀釁而動，故國有衰弱耗亂之形，未有不爲敵所乘者。叔寶承偏安之末運，撫散亡之餘卒，其衰弱之形不待智者而後見矣。而君臣方且溺志於宴安，縱情於詩酒，棄長江之險而無備，迫臂井之禍而不知。孟子謂"不仁之君，安其危，利其菑，樂其所以亡"，其叔寶之謂矣。有國者所宜深省也！

四年，帝無日不治宮室，兩京及江都苑囿亭殿雖多，久而益厭。每遊幸，左右顧矚無可意者，不知所適，乃備責天下山川之圖，躬自歷覽，以求勝地可置宮苑者。詔於汾州之北、汾水之源營汾陽宮。

"兩京"是東京、西京。"江都"在今揚州府。"汾州"在今山西。煬帝即位之四年，天下承平，民物殷盛。煬帝恃其富強，恣意奢侈，乃大興土木之役，修治宮室，經年累歲，無日不然。於西京作仙林宮，於東京作顯仁宮，於江都作迷樓及毗陵等宮，其林苑園囿、亭臺殿閣，所在皆有。初時見之喜，後來看之厭，便不以爲美。每遇遊幸時節，左右觀看都中不得意，正不知走向何處纔可以適意取樂。乃盡索天下山川圖畫，一一親覽，擇山環水繞勝地，可以蓋造宮室，築治苑囿者。獨有汾州之北汾河之源，其地川面寬平，山水清勝，堪以建宮，乃詔於此地營離宮一所，曰"汾陽宮"，以備遊幸焉。

夫煬帝以一君之身，其所汲汲於自奉者，不過居處遊觀之娛而已。乃其積累歲之經營，覽九州之形勝，不足以供其一快。西起秦宮，東開洛苑，朝泛江渚，暮築汾陽，遂使海內騷然，百姓罷敝，故工役未息而盜賊群起矣。於此見人君一心，其奢欲之端若甚微，而惛淫之禍則甚大。故帝堯高堂三尺而不飾，漢文臺費百金而不爲，非其財力不足，誠不忍以萬民之苦易吾一日之樂也。有天下者其鑒之哉！

> 內史郎虞世基以帝惡聞賊盜，諸將及郡縣有告敗求救者，世基輒迎[二]，損表狀，不以實聞，但云鼠竊狗盜，郡縣捕逐，行當殄盡，願陛下勿以介懷。帝良以爲然，或杖其使者以爲妄言。由是盜賊徧海內，陷沒郡縣，帝皆弗之知也。

"內史郎"是官名。煬帝自即位以來，巡遊征伐，歲無虛日，百姓怨叛，盜賊群起。而帝方自以爲治平無事，縱欲偷安，惡聞寇亂。於是內史郎虞世基揣知帝意，欲以希旨取容，凡遇盜賊生發，拒敵官兵，攻圍郡縣，諸將及各有司有遣人告敗求救者，世基輒先使人迎至中途，邀取表章，將所奏報的賊數減多爲少，不以實聞。及至帝前，但言今之盜賊不過鼠竊狗偷，何能爲患，有司捕捉驅逐，行當殄滅無遺，陛下幸寬聖懷，不須介意。帝惑於其言，不復加察，深以爲然，反杖責遣來使者，以爲虛張賊勢，無實妄言。由是上下相蒙，盜賊得志。李密起河南，杜伏威起山東，林士弘起江南，劉武周起代北，薛舉起天水，蕭銑起江陵，干戈紛紛，徧於海內，所至郡縣盡皆失沒。天下破壞如此，而世基蒙蔽於內，無由上聞，帝皆不得而知之也。其後，宇文化及引兵犯御，帝尚不知變所由起，猶疑其子齊王暕所爲海内之亂至使，終不能明壅蔽之禍，其真可畏也哉！

大抵奸臣能壅蔽人主之聰明者，亦人主之意向先有所惑於中也。昔秦二世時，盜起關東，請事者留司馬門三日，而趙高不見。及對二世，則言此小寇無能爲也。世基之欺煬帝蓋亦趙高之故智耳。然二世惟可欺以鹿馬，故高之計得行，煬帝惟可欺以鶯雀，故世基之奸得遂。誠使爲人君者秉虛明之鑒，不眩似以亂真，持正大之情，不好諛而惡直，則臣下何所容其壅蔽之奸哉！

　　裴寂等乃請尊天子爲太上皇，立代王爲帝，以安隋室。移檄郡縣，西河郡不從淵命。淵使世民將兵擊西河。郡丞高德儒閉城拒守，攻拔之。執德儒至軍門，世民數之曰：“汝指野鳥爲鶯，以欺人主、取高官，吾興義兵，正爲誅佞人耳！”遂斬之。自餘不戮一人，秋毫無犯，各慰撫使復業，遠近聞之大悦。建成等引兵還晉陽，往還凡九日。淵喜曰：“以此行兵，雖横行天下可也。”遂定入關之計。淵開倉以賑貧，民應募者日益多。裴寂等上淵號爲大將軍。

西河郡即今山西汾州。唐公李淵謀舉義師，遣人借突厥兵馬爲助。突厥要淵自爲天子，乃肯出兵。淵以爲不可，命將佐更議名號。晉陽宮監裴寂等乃定議，請尊隋煬帝爲太上皇，迎煬帝孫代王侑，立爲天子，以安隋室。淵從其言，作爲書檄，發下郡縣，徵調人馬，獨有西河郡抗拒淵命，不肯聽從。淵使其子世民等領兵去擊西河，兵至城下，郡丞高德儒閉門拒守，不肯降順。世民領兵攻破其城，將德儒至軍門，數責其罪，言：“汝爲人臣，不能直道事君，妄指孔雀野鳥以爲祥鶯，欺誑主上，躐取高官，乃朝之佞人，國之巨賊。我今興舉義兵，正要誅除邪佞小人，以安社稷，汝尚不自知罪乎？”遂斬首示衆。自餘官吏軍民無罪之人，不肯妄殺，其財貨子女，秋毫無所侵犯，下令安慰撫恤，使各還生理。遠近聞知，道唐公除害安民，人人感悅。西河郡既下，建成等引兵回至晉陽，計其往還方得九日。唐公喜道："行兵取勝若似此神速，雖橫行天下有何難哉！"遂與諸將定計，西向謀取長安。此時晉陽精兵已近數萬，唐公又開倉發粟，賑濟貧民，由是丁壯來應招募者益多，旬日之間軍衆大集。裴寂等乃上唐公官號爲大將軍，諸將佐以下皆受命而行事焉。

夫隋以殘刑重斂困天下，天下之民叛隋已久，唐公當舉義之初，首誅佞臣，自餘不戮一人，諭使復業，真可謂隋民之湯武矣。雖其尊煬帝，立代王，假借名號，未爲正大，然亦足以見神器至重，有不敢遽窺之心。及江都之變，既聞海內之亂愈熾，然後受禪而登帝王，蓋會其時之易爲耳。古語有言："天下瞀瞀，新主之資也。"又曰："摧枯朽者易爲力。"觀於唐室之興，詎不信哉？

　　唐萬年縣法曹孫伏伽上表，以爲："隋以惡聞其過亡天下，陛下龍飛晉陽，遠近響應，未期年而登帝位，徒知得之之易，不知隋失之之不難也。臣謂宜易其覆轍，務盡下情。"上省表大悅，下詔褒稱，擢爲治書侍御史，賜帛三百疋。
　　萬年縣，今陝西咸寧縣。"法曹"是縣尉之官。
　　唐高祖初即帝位，頗有失政，萬年縣法曹孫伏伽首先上表進諫："人君得天下易，保天下難。試觀隋家天下全盛，因煬帝驕矜剛愎，遂非文過，惡聞直言，遂致積惡日深，叢怨日甚，所以失天下。陛下應興王之運，龍飛晉陽，義師一舉，遠近歸心，其應如響。攻下汾霍，進克長安，未及一年，遂登帝位。見取天下容易，不知隋之失天下亦不難也。若知隋所以失天下，又復傚其所爲，蹈其覆轍，同歸於亂而已。以臣之愚，謂宜鑒於亡隋之弊，改途易轍，凡君德有愆違，朝政有闕失，務廣開言路，使人人得以自盡，事事得以上聞，庶下情上通，上澤下究，而保天下不難矣。"表中指陳高祖失政三事，一不宜受民間私獻，一不宜陳百戲散樂於玄武門遊戲，一太子諸王左右不宜濫用匪人。高祖覽表大悅，乃下詔褒獎，稱其至誠慷慨，據義直言，因不次超拔，擢爲治書侍御史，專掌法令，仍賞以絹帛三百匹，以旌直焉。

夫自隋以來，言事者輕則斥，重則誅，以致忠臣結舌而不敢盡，直士喪氣而不獲伸久矣。高祖即位之初，首納伏伽之諫，至不吝高爵厚賞以寵異之，蓋不惟有受善之誠，而因有以作敢言之氣，士懷忠抱義者，孰不感激而思奮哉？此所以能延攬賢傑，而開有唐三百年之基也。

　　唐主考第群臣，以李綱、孫伏伽爲第一。因置酒高會，謂裴寂等曰："隋氏以主驕臣諂亡天下，朕即位以來，每虛心求諫，然唯李綱差盡忠款，孫伏伽可謂誠直，餘人猶踵弊風，俛眉而已，豈朕所望哉？"

唐高祖欲激勸臣下，使之進諫，嘗考校群臣優劣，分別等第，以太子詹事李綱、治書侍御史孫伏伽爲第一。一日，置酒殿上，大會群臣，與尚書右僕射裴寂言："隋家天下，因爲君者志意驕盈，不肯聽諫，爲臣者甘心卑諂，不肯盡忠，上下相蒙，養成禍亂，遂致滅亡。朕自即位以來，懲隋之弊，凡百舉動不敢自以爲是，虛心求諫，冀聞直言。然群臣之中，止是李綱能隨事箴規，頗盡忠款。孫伏伽論事慷慨，可謂誠直。二人之外，其餘諂諛顧忌，猶踵襲亡隋之弊風，凡遇事有當言者，低頭俛眉而已，無有吐一詞、建一議者，豈朕所以虛心求諫之意哉？爾等自今必須以李綱、孫伏伽爲法，斯爲不負朕之所望也！"

夫人君聽諫爲難，知人爲尤難。蓋切直之諫，雖庸主猶或勉從，而人品邪正之分，非至明者不能洞察也。唐高祖虛心盡下，不惟有聽諫之誠，而某也忠直，某也依阿，又能因迹考心，甄別不爽，則君子既得以自見，小人又無以自容，聽言之道莫善於此，人主所宜取法也。

唐主以秦王世民功大，前代官不足以稱之，特置天策上將，位在王公上。冬十月，以世民爲天策上將，開天策府，置官屬。世民以海內寖平，乃開館於宮西，延四方文學之士。出教，以王府屬杜如晦，記室房玄齡、虞世南，文學褚亮、姚思廉，主簿李玄道，參軍蔡允恭、薛元敬、顏相時，諮議典籤蘇勗，天策府從事中郎于志寧，軍諮祭酒蘇世長，記室薛收，倉曹李守素，國子助教陸德明、孔穎達，信都蓋文達，宋州總管府戶曹許敬宗，並以本官兼文學館學士，分爲三番，更日直宿，供給珍膳，恩禮優厚。世民朝謁公事之暇，輒至館中，引諸學士討論文籍，或夜分乃寢。乃使庫直閻立本圖像，褚亮爲贊，號“十八學士”。士大夫得預其選者，時人謂之“登瀛洲”。

唐武德四年，太宗尚爲秦王。高祖以太宗首建大謀，削平海內，其功勳甚大，前代官爵不足以稱其功，特爲置一官，曰“天策上將”，其位加於諸王公一等。乃於冬十月拜太宗爲天策上將，開天策府，於府中設置官屬。太宗既受此官，見海內漸次平定，當親近儒臣，乃開館於宮西，延引四方有文學之士，使居其中。親出教，令以王府屬官杜如晦，記室官房玄齡、虞世南，文學官褚亮、姚思廉，主簿李玄道，參軍蔡允恭、薛元敬、顏相時，諮議典籤蘇勗，天策府從事郎中[三]于志寧，軍諮祭酒蘇世長，記室薛收，倉曹李守素，國子助教陸德明、孔穎達，及信都縣人蓋文達、宋州總管府户曹許敬宗，共十八人，皆以各人本官兼文學館學士，分爲三番，每日六人，更日直宿，供給珍饈飲膳，恩禮極其優厚。太宗每日朝謁畢，公事閒暇，輒至館中，引見諸學士，相與討論文籍，講明義理，或至夜分方纔就寢，其親密如此。又使庫直官閻立本圖畫諸學士像貌，使褚亮題寫像贊，號稱"十八學士"。士大夫得預此選者，時人謂之"登瀛洲"。瀛洲是海外山名，神仙所居，以比諸學士榮遇如登仙也。

　　夫太宗當天下甫定之初，即開館延賢，講論經籍，真可謂右文之令主矣。是以當代誇之以爲盛事，後世傳之以爲美談焉。

　　　　上引諸衛將卒，習射於顯德殿，庭諭之曰："戎狄侵盜，自古有之，患在邊境小安，則人主逸遊忘戰，是以寇來莫之能禦。今朕不使汝曹穿池築苑，專習弓矢，居閒無事，則爲汝師，突厥入寇，則爲汝將，庶幾中國之民可以少安乎！"於是，日引數百人教射於殿庭，上親臨試，中多者賞以弓矢、劍、絹帛，其將帥亦加上考。群臣多諫，上皆不聽，曰："王者視四海如一家，封域之内，皆朕赤子。朕常推心置其腹中，奈何宿衛之士亦皆猜忌乎？"由是人思自勵，數年之間悉爲精銳。

　　武德九年，此時天下已平，兵革不用。太宗引諸宿衛將士在於顯德殿前演習射藝，因省諭之："有中國則有夷狄，夷狄侵盜自古爲然，不足爲患。所患者在夷狄不來侵擾，邊境稍寧，人君恃其治平，安逸遊樂，忘却戰伐之事，不復隄備。一旦虜寇乘間而來，措手不及，無以禦之，深足爲患。今海内寧靖，汝輩安閒，朕不用汝輩之力穿池築苑，以供役使，專教汝輩演習弓矢。平居閒暇無事，則操練教習，爲汝之師，萬一突厥入寇，則統領出征，爲汝之將，庶乎有備無患，中國之民可以稍安。"於是，每日引領衛士數百人，教射於殿庭之前，太宗親臨比試，中箭多者便賞以弓矢、刀劍、絹帛等物，其所部將帥亦考列上等，論功優處。此時，文武群臣見殿庭之間操弓挾矢甚非體，又恐萬一狂夫竊發，所繫匪輕，多上章諫止。太宗皆不之聽，道：“王者父母天下，四海如一家，凡在封疆之內都是朕之赤子。朕常推一片實心置人之腹中，更無一毫猜忌，奈何守衛士卒常在禁地，亦猜嫌疑忌乎？”由是將士聞之，都感激太宗誠信，思自奮勵，不出數年，武藝精熟，意氣敢勇，盡爲銳卒，皆太宗教訓鼓舞之功也。

夫天下雖安，忘戰則危。人君之於武備，誠有不可一日而不講者。但朝堂非教射之地，人主非教射之師。古者蒐苗獮狩，各以其時，未聞日事簡練以爲威；澤宮洛水，各以其地，未聞引集殿庭以爲便；廣厦細旃，以近有德，未聞狎衛士以爲不疑。況舞干可格有苗，櫜弓可靖時夏。人主之所當務，尤在增修其文德，有不必專意於武功者，審治體者當辨於茲。

上又嘗謂侍臣曰：“君依於國，國依於民。刻民以奉君，猶割肉以充腹，腹飽而身斃，君富而國亡。故人君之患，不自外來，常由身出。夫欲盛則費廣，費廣則賦重，賦重則民愁，民愁則國危，國危則君喪矣。朕常以此思之，故不敢縱欲也。”

太宗深鑒前代昏主縱欲敗度、不恤小民，以致喪身亡國之禍，嘗與侍臣道：“君之與民，本同一體。君之安危繫於國，國之安危繫於民。民安而後國安，國安而後天位可以常保。故君雖貧，不可以剥民而求富。若刻剥乎民以奉養乎君，如割己肉以充己腹，腹雖因啖肉而飽，不知肉盡而身亦隨以亡；君雖因剥民而富，不知民貧而國亦隨以亂。故人君之禍患不在夷狄盜賊自外而來，常由縱耳目、快心志自身而出。夫耳目心志，其欲無窮，欲心既盛，則將窮奢極侈，無所不爲，其費用必廣。費用既廣，則常賦不足以供，必將額外科求，其賦斂必重。賦重則民不堪命，而有愁苦之心。民愁則國本以搖，而有危殆之勢。國既危，則君不能以獨安，而喪亡無日矣。原其初，縱欲一念，所致其禍真可畏也。朕常以此内自思省，惟恐侈心一萌，貽患不小，故寧撙節以省費，不敢縱欲以病民，庶幾保民以保國，保國以保身焉。"大抵人君縱欲而不恤民，緣不見有亡國之禍耳。若夏桀知亡，必不尚瓊宫之華；商紂知亡，必不貪鹿臺之富。唯蔽於欲而不悟，故陷於禍而不知。人主誠能清心明理，見禍於未形，則一切肆情縱意之事，自然知所警惕，而不肯爲矣。《書》曰："怨豈在明，不見是圖。"此在居安思危者所當知也。

校勘記

〔一〕"楮"，疑當作"褚"。

〔二〕"迎"，據《隋書·虞世基傳》當作"抑"。

〔三〕"郎中"，據本條上文"天策府從事中郎于志寧"當作"中郎"。

復宿山房集卷之十三

講章七

《通鑒節要》

上患吏多受賕，密使左右試賂之。有司門令史受絹一匹，上欲殺之，民部尚書裴矩諫曰：“爲吏受賂，罪誠當死。但陛下使人遺之而受，乃陷人於法也，恐非所謂道之以德，齊之以禮。”上悦，召文武五品已上，告之曰：“裴矩能當官力爭，不爲面從，儻每事皆然，何憂不治？”

“司門令史”執掌門籍之官。“民部尚書”即今戶部尚書。

此時天下初定，法令疏簡，官吏多有貪贓壞法者，太宗深以爲患，設法禁止。乃暗地令左右人假托事故，將錢帛餽送各官吏以試驗之。有司門令史官受絹一匹，太宗欲殺之，民部尚書裴矩諫曰：“吏貪贓壞法，加以死刑，誠當其罪。但置人於法，必須自作自犯，乃服其心。今陛下使人將錢送之，貪圖接受，是賺哄人入法網之中，而故陷於死地也，恐非聖人所謂‘道之以德，齊之以禮’者也。蓋王者禁人爲非，必先正身修德，引導之於前；導之而不從，又有紀網法度整齊之於後。豈有設計用術、誘人犯法而加之罪者乎？”太宗嘉納其言，乃宣召文武五品已上大臣，告之：“人臣於君上之過，力爭者少，面從者多。裴矩因朕欲殺受絹令史，當朝堂之上能持正據法，盡力諫諍，不肯唯唯諾諾，務爲面從。儻朕每事所待得人匡正如此，則舉措必然合宜，人心必然悦服，何憂天下不太平乎！”

按，隋文帝患令史贓汙，嘗私使人以錢帛遺之，得犯立斬。於時讒構橫生，枉濫殊甚。太宗親承其斃而不能變，又從而效之，豈不誤哉？然隋文帝不用馮基之言，太宗能聽裴矩之諫，而興亡頓殊如此，論治者宜於此究心焉。

上以兵部郎中戴胄忠清公直，擢爲大理少卿。上以選人多詐冒資蔭，敕令自首，不首者死。未幾有詐冒事覺者，上欲殺之。胄奏："據法應流。"上怒曰："卿欲守法，而使朕失信乎？"對曰："敕者，出於一時之喜怒。法者，國家所以布大信於天下也。陛下忿選人之多詐，故欲殺之，既而知其不可，復斷之以法，此乃忍小忿而存大信也。"上曰："卿能執法，朕復何憂？"胄前後犯顏執法，言如涌泉，上皆從之，天下無冤獄。

"大理少卿"是掌法之官。

太宗以刑獄至重，掌法貴於得人，乃選擇群臣之中，見兵部郎中戴胄居官忠清公直，堪爲法司，遂擢用爲大理寺少卿。此時士人選官者多詐冒恩蔭，濫授爵級，太宗深惡其斃，乃降敕禁革，凡官員詐冒者，准令自首免罪，不首者論死。未及幾時，遂有犯詐冒事覺者，太宗欲殺之，戴胄奏言："詐冒官爵者，據法當流徒遠方，罪不當死。"太宗怒："卿所言者雖是法，但朕已有敕旨，信不可失。今卿要守法，豈可使朕失信乎？"戴胄答言："敕書失信是小事，法令失信是大事。蓋敕書之頒，出於一時之喜怒，喜則從輕，怒則從重，不可爲常。至於法令，一定喜不可得而減，怒不可得而加，乃國家所以布大信於天下，確乎其不可移者也。陛下惡選官詐冒者多，激於一時之怒，故欲殺之，既而知非正法，復斷之以本等罪名，此乃忍一時之小忿而存國家之大信，所失者小，所全者大也。豈可任情而廢法，乃爲不信乎？"

太宗感悟，因褒美之："朕所憂者，常恐行法不當，人心不服。卿能執法如此，則輕重不得那移，小民知所遵守，朕復何憂？"

戴胄自爲大理，凡太宗用刑有不當，前後犯顏諫争，言如涌泉，一無所隱。太宗鑒其忠直，所言都允從之。自是法令畫一，天下刑獄悉歸平允，無有冤枉之民焉。於此可見戴胄能持正守法，而不撓於人主之威，太宗能虛己受言，而不泥於已成之説，君明臣直兩得之矣。但國法固所當重，而王言亦不可輕，惟詳審於制法之初，使法立而可守，慎重於申命之日，使令出而惟行，則有法以爲整齊之具，有敕以寓鼓舞之權，交相爲用而不相悖，何至偏廢之患哉？此議法者所當知也。

　　上謂太子少師蕭瑀曰："朕少好弓矢，得良弓十數，自謂無以加。近以示弓工，乃曰皆非良材。朕問其故，工曰：'木心不直，則脉理皆邪，弓雖勁而發矢不直。'朕始寤曏者辨之未精也。朕以弓矢定四方，識之猶未能盡，況天下之務其能偏[一]知乎？"乃命京官五品以上更宿中書内省，數延見，問以民間疾苦及政事得失。

太宗因評論弓矢而有感於治道，對太子少師蕭瑀言："朕自少喜好弓矢，嘗挑選好弓十數，收藏愛惜，自謂材幹堅勁，造作精工，無以復加。近日取出以示弓匠，弓匠言都不是美材。朕問其故，弓匠對：'弓之好惡全以木心爲主，木心正直，則脉理皆直，而發箭亦直。若木心不直，則根本之地先已不正，脉絡紋理都一順偏邪。縱然筋膠纏束，極其堅勁，終是發箭歪邪，難以中的。'朕聞其言，方纔覺悟，曏者辨認弓矢，徒識其粗，未識其精也。夫朕以弓矢平定天下，弓乃手中常用之物，於其邪正好惡，辨識猶未能盡，況於天下廣闊，民情世務繁冗，以朕一人之身，耳豈能盡聞，目豈能盡見乎？"乃命京朝五品以上官員，分爲班次，在於中書内省輪日直宿，時常引至御前問以治道。凡閭閻小民，或衣食不足，或賦役不均，一一問其疾苦；朝廷政事，某所行者是，某所行者非，一一問其得失。蓋惟恐幽隱細微，識見不到，易致過差，故虚心博訪如此。夫工人所論者弓矢，而太宗遂有悟於治道，於此見至理可觸類而旁通，人君當隨事以致察。故周武王因刀劍而做省躬之銘，齊桓公因斲輪而得讀書之喻，皆善觀物理者也。然以太宗之明敏，能因識弓未盡悟義理之無窮，而不能因木心不直之言悟諷諫之有在，則信乎聽言察理之難矣。

　　上與侍臣論周、秦修短。蕭瑀曰：“紂爲不道，武王征之，周及六國無罪，始皇滅之，得天下雖同，失人心則異。”上曰：“公知其一，未知其二。周得天下，增修仁義，秦得天下，益尚詐力，此修短之所以殊也。蓋取之或可以逆得，而守之不可以不順故也。”瑀謝不及。

“修”字解作“長”字。太宗嘗與侍臣評論前代興亡之由，道：“周家享國八百餘年，秦傳至二世而亡，運祚長短，何不同如此？”太子少師蕭瑀答：“國運修短，繫人心之得失。周之時，商紂無道，毒痛四海，武王吊民伐罪，爲天下除害，故人心歸之。秦時，周命未改，六國相安，本無可滅之罪，始皇恃其强暴，因而殄滅宗周，吞併六國，大失人心。其得天下雖同，失人心則異，所以周享國之長，而秦享國之短也。”太宗言：“公但知其一，未知其二。夫周與秦雖同以征伐得天下，然周得天下之後，能增修仁義，而德澤有加。秦得天下之後，乃益崇尚詐力，而殘刻愈甚。是其得天下雖同，其守天下則異，國運修短不同，寔由於此。蓋守天下與取天下不同，取天下者時，當戡定禍亂，容可兼用智力，稍違事理，及得天下而守之時，當整飭太平，則宜純用仁義，於道理不可不順。周逆取而順守之，故其享國也長。秦既以逆取之，又以逆守之，欲享國之長，豈可得乎？"蕭瑀聞言大服，頓首稱謝，自謂識見不能到也。

按，周秦修短之論，蕭瑀固爲失之，太宗亦未爲得也。蓋湯武順天應人，固不可謂之逆取，而始皇以不道取天下，亦豈能以順守之？二説胥失之矣。竊謂周之立國，謨烈之貽，所以佑啓者遠，世德之求，所以繼述者善，四友十亂之臣，所以輔佐者良，是以祖孫一德，臣主一心，享國久長有由然也。秦尚法律而棄《詩》《書》，疏扶蘇而寵胡亥，逐拂士而任斯、高，父子君臣同惡相濟如此，豈能久乎？論周、秦者，於此合而觀之始得。

上神采英毅，群臣進見者皆失舉措。上知之，每見人奏事，必假以辭色，冀聞規諫。嘗謂公卿曰："人欲自見其形，必資明鏡。君欲自知其過，必待忠臣。苟其君愎諫自賢，其臣阿諛順旨，君既失國，臣豈能獨全？如虞世基等諂事煬帝，以保富貴，煬帝既弒，世基等亦誅。公輩宜用此爲戒，事有得失，無惜盡言。"

太宗爲人神采英毅可畏，群臣有事入奏，望見顏色，都恐怖倉皇，舉止失措。太宗知之，後來見人奏事，必霽威嚴、降辭色，屈意假借，以開導引誘，求聞規諫之言，其務盡下情如此。嘗與公卿大臣道："人之面貌不能自見，必資明鏡乃見其形；君之過失不能自知，必待忠臣乃知其過。設使爲君者自矜才智，不納忠言，爲臣者阿意逢迎，惟知順旨，將見主驕國亂，爲君者必不能保其社稷。君既失國，爲臣者豈能獨保其身家？就以隋家觀之，如内史侍郎虞世基等，因煬帝惡聞直言，曲意奉承，極其卑諂，諛悦取容，保全富貴。及宇文化及作亂，煬帝被弒，世基等一併就誅，此時身且不保，富貴安在？公等在今日，莫以朝廷清明可相安無事，宜以隋之君臣爲鑒，凡朕所行政事，某當某錯，務一一盡言，無所吝惜。庶乎在朕得知其過，在公等得盡其忠，君臣始終相保，豈不美哉？"

夫人臣莫不願忠，而言每難於自盡，唯恐犯顔色、觸忌諱而已。今既假之以辭色而導之使諫，又申之以鑒戒而勸之使忠，則小臣不萌畏罪之心，而大臣不懷持禄之念，國家之福，莫大於此。若太宗者，真可爲萬世人君之法矣。

> 上謂侍臣曰："吾聞西域賈胡得美珠，剖身以藏之。有諸？"侍臣曰："有之。"上曰："人皆知笑彼之愛珠而不愛其身也。吏受賕抵法與帝王徇奢欲而亡國者，何以異於彼胡之可笑邪？"魏徵曰："昔魯哀公謂孔子曰：'人有好忘者，徙宅而忘其妻。'孔子曰：'又有甚者，桀紂乃忘其身，亦猶是也。'"上曰："然，朕與公輩宜戮力相輔，庶免爲人所笑也。"

"西域"即今西番。"受賕"是貪贓官吏。

太宗問侍臣："聞西域國中有販寶胡人，得寶珠恐收藏不密，乃剖己身，將珠藏在裏，有此事乎？"侍臣答："誠有此傳聞之言。"太宗言："今聞此事，無不笑其愚者，止知愛珠而不知愛惜性命也。世之爲官吏者，因接受贓私而觸犯刑法，爲帝王者，因縱恣奢欲而喪亡國家，其見小利而不顧大害，比之賈胡剖身藏珠，豈不同一可笑乎！"諫議大夫魏徵答："陛下此言，比方最爲切當。臣聞昔者魯哀公曾與孔子道：'人有性好遺忘者，搬家將妻撇下不記得，其好忘一至於此。'孔子言：'更有甚於此者，如桀紂之荒淫暴虐，至於喪身而不悟，是將自身忘記，則徙宅忘妻者，又何足怪乎？'忘身甚於忘妻，正如陛下所言徇奢欲而忘國，無異於剖身藏珠者也。"太宗嘉納其言："公所言良是。朕與公等同有國家之責，當時常照管此身，盡心竭力，交相輔導，務期保身保國，庶免爲後人所譏笑。」

夫人雖至愚，未有不愛其身者；雖至狂惑，未有忘其身者。惟此心一爲奢欲所誘，使人貪冒而無忌，流蕩而失歸，故剖身不足以喻其愚，亡妻不足以比其惑也。惟夫明主研幾於未動，窒欲於未萌，遠伐性之斧斤，防迷心之鴆毒，是以常敬畏則常保愛，常警惕則常不忘，身享尊榮之休，國被太平之福也。君天下者，尚其念之。

上問魏徵曰：「人主何爲而明？何爲而暗？」對曰：「兼聽則明，偏信則暗。昔堯清問下民，故有苗之惡得以上聞；舜明四目，達四聰，故共、鯀、驩兜不能蔽也。秦二世偏信趙高，以成望夷之禍；梁武帝偏信朱异，以取臺城之辱；隋煬帝偏信虞世基，以致彭城閣之變。是故人君兼聽廣納則貴，臣不得壅蔽，而下情得以上通也。」上曰：「善。」

太宗問魏徵：「自古帝王有明哲者，有昏暗者。何爲而明？何爲而暗？」魏徵答：「君德昏明，繫於下情通塞。明君公耳目於天下，而兼聽衆人之言，聞見廣博而日進於聰明。昏君寄耳目於嬖幸，而偏信一人之言，聰明壅蔽而遂流於昏暗。昔堯帝虛懷訪治，下問小民，故當時恃險不服如有苗叛國隨即上聞，而不能逃征討之師；帝舜明四方之目，達四方之聰，故當時蠹國害民如共工、鯀、驩兜凶人隨即敗露，而不能免放殛之罪。是兼聽則明之証也。秦二世偏信趙高，群臣莫敢言事，遂成望夷宮弒逆之禍；梁武帝偏信朱异，納東魏叛臣侯景，自取臺城餓死之辱；隋煬帝偏信虞世基，以爲盜賊不足憂，後宇文化及引兵犯御，尚自不知，卒死於彭城西閣之下。是偏信則暗之証也。以此觀之，人君之患全在偏聽。若能兼聽群言，廣納群善，則耳目衆多，嬖幸之臣不得專權擅寵，以壅蔽人主之聰明，而凡民情休戚、國事安危一一得以上聞矣。"太宗以其所言深切治體，遂稱美而嘉納之。

大抵君德固以兼聽爲明，而兼聽尤以虛心爲本。所謂虛者，高明廣大，無一物以遮隔之，如太虛，然間之以嗜欲則非虛，參之以意見則非虛。人君平日必須講學窮理、誠意正心，預養其靜虛之體，然後本源澄澈而視聽不淆，不然中無受善之地，而外飾兼聽之名，雖發言盈庭，何益於治？此明主所當留意也。

> 頡利表請入朝，上謂侍臣曰："曩者突厥之強，控弦百萬，憑陵中夏，用是驕恣以失其民。今自請入朝，非困窮肯如是乎？朕聞之且喜且懼。何則？突厥衰則邊境安矣，故喜。然朕或失道，他日亦將如突厥，能無懼乎？卿曹宜不惜苦諫以輔朕之不逮也。"

突厥頡利可汗以部落多叛，欲內附中國，乃上表求請入朝。太宗與侍臣道："向日突厥強盛，部下挽弓騎射之卒約有一百萬人，憑恃其衆欺陵我中國，意得志滿，因此驕縱殘害十五部落，大失衆心。今自求歸附，非其衆叛親離，力困勢窮，安肯降順如此？朕聞此事，且喜且懼。邊境不安，全是北虜爲害，今突厥衰弱不來侵犯，則邊境小民得以安寧矣，豈不可喜？蓋突厥失民，由於驕恣無道所致，朕或行政失道，他日民心背叛，國勢衰微也，將與突厥今日同，豈不可懼乎？卿等宜體朕此意，凡朕有識見不周，舉動不當，須苦言極諫以助朕之不及，不可緘默自全，陷朕於失道之地也。"

大抵人主撫有天下，莫不喜盛強而懼衰弱。然衰弱之形每伏於盛強之日，故衆人能懼禍於已然，而不能懼禍於未然。惟聖王憂深而慮遠，早見而豫圖，當盛即憂其衰，處強即慮其弱，是以兢業常存，而盛強可常保也。《易》云"危者保其安者也，亂者有其治者也”，太宗因突厥入朝而懼，其意實本諸此。

上謂侍臣曰：“赦者小人之幸，君子之不幸，一歲再赦，善人喑啞。夫養稂莠者害嘉穀，赦有罪者賊良民。故朕即位以來，不欲數赦，恐小人恃之輕犯憲章故也。”

“喑啞”是忿氣不得伸。“稂莠”是害苗草。

太宗與侍臣道：“赦宥罪過，固朝廷曠蕩之恩。但刑法之設，本爲禁治小人，保安君子。若頒放詔赦，則爲惡者得以脱網，良善者不免受害，此乃小人之幸，君子之不幸也。縱有時而赦，偶一行之，設使一年之間兩次放赦，則小人得志橫行，而良善之人吞聲忍氣，如喑啞有屈而不得伸矣，豈非君子之大不幸乎？蓋君子之有小人，如嘉穀之有稂莠。治田者必鋤去稂莠，而田苗始得茂盛。若留稂莠則草盛苗荒，反爲嘉穀之害矣。治百姓者必除去奸惡，而良民始得安生。若釋放有罪則强欺弱、衆暴寡，反爲良民之賊矣。所以朕自即位初年大赦之後，至今以來不欲頻赦，正恐小人恃此恩典爲脱罪之地，遂恣行暴橫，輕犯刑章。則赦宥愈頻，犯法愈衆，不但君子以爲不幸，爲惡無所懲創改悔，亦非小人之福也。朕所以不欲數赦者爲此。”

按，《舜典》有云：“眚灾肆赦。”蓋言人有過誤不幸而犯罪者，則放赦之，其餘不概赦也。後世大赦之令不問罪之大小，情之輕重，一概赦除，甚至著以爲令，國有大慶則赦，行大禮則赦，失議赦之本意矣。殊不知恩可以矜愚民，不可以惠奸宄；令可以權一時，不可以爲常制。執此以議赦，則法既不弛，恩又不濫，自然刑清而民服矣，何至以赦爲禁哉？

突厥寇邊，朝臣或請修長城，發民乘堡障。上曰：“突厥灾異相仍，頡利不懼而修德，暴虐滋甚，骨肉相攻，亡在朝夕。朕方爲公掃清沙漠，安用勞民遠修邊塞乎！"

太宗時，突厥頡利擁兵犯邊，朝中群臣或請修葺古時所築長城，發民丁乘守沿邊屯堡亭障，以備虜寇。太宗言："今突厥國中盛夏降霜，六畜多死，災異相因，其酋頡利不務恐懼修省，以德禳災，乃更爲暴虐，日甚一日，又與其親族突利可汗内相攻伐，此其滅亡，近在朝夕，豈能久存？朕方選將厲兵，乘此天亡之時滅此殘虜，掃清沙漠之地，使華夷一家，永無邊患，又何用重勞民力，遠修邊塞乎？"

是太宗審時度勢，自信其兵力足以制之，故其言如此。若論守國禦夷之道，則修城垣，乘障塞，乃其先務。故周平玁狁，城彼朔方，詩人美之。秦築長城，雖毒民於一時，而匈奴不敢南向，萬世得因以爲利。此乃中國之備，不因夷狄之盛衰爲興廢者也，籌邊者宜留意焉。

上曰："爲朕養民，惟在都督刺史。朕常疏其名於屏風，坐臥觀之，得其在官善惡之迹，皆注于名下，以備黜陟。縣令尤爲親民，不可不擇。"乃命内外五品以上，各舉堪爲縣令者，以名聞。

"都督"是唐時各路總管官名，如今之巡撫都御史。"刺史"是唐時各州太守官名，如今之知府。

太宗言："國以民爲本，爲朕惠養斯民，使之得以安生樂業者，唯在各路都督與各州刺史。兩官職在宣布朝廷恩德、督察守宰，最爲緊要，故朕嘗記録其姓名於便殿屏風上，坐臥觀覽，時加察訪，得其在官所行事迹或善或惡，各填注於本官名下，以備將來惡者罷黜之，善者升用之，使有所勸戒。至於縣令之職，於百姓猶爲親近，得其人則一縣百姓受其福，不得其人則一縣百姓受其害，尤不可不慎加簡擇。"於是命内外五品以上官，各將平日所知其才力操守堪爲縣令者，俱列其名，奏聞朝廷，以備選授。

此是記太宗慎重民牧之意。《書》曰："德惟善政，政在養民。"又曰："民爲邦本，本固邦寧。"天子端居九重之中，愛民雖切，其勢不能獨治，須方面守令之官宣德布化，然後治功可成。太宗深察治本，用心於選賢養民如此。又定爲制，凡都督刺史，皆天子臨軒册授，受命之日，對便殿、賜衣物，所以寵任責成者，可謂至矣，貞觀之治豈偶致哉？

上謂房玄齡、杜如晦曰："公爲僕射，當廣求賢，隨才授任，此宰相之職也。比聞聽受辭訟，日不暇給，安能助朕求賢乎！"因敕尚書："細務屬左右丞，唯大事應奏者乃關僕射。"

"僕射"，官名。初唐置尚書省，有尚書令，總理六尚書之事，有左、右僕射爲之佐，又有左、右丞分理其事。其後以太宗曾爲尚書令，遂不設此官，但以僕射爲省長，即宰相之職也。太宗與房玄齡、杜如晦道："宰相之職莫大於進賢，卿等爲僕射，事當急其大者。必廣詢博訪，求得真賢，隨其才能授以職任，乃爲稱職。近聞卿等身親細務，聽受辭訟，至於每日勤勞，應給不暇，安能從容恣[二]訪，助朕求賢乎？"於是敕令六部尚書："凡一應瑣細事務，俱屬左、右丞分理，惟軍國大事應當奏聞者，乃關白僕射，聽其處分。"太宗之意蓋欲使房、杜二人事簡而心專，庶能求賢以圖治也。

蓋百官之職在於任事，宰相之職在於任人，故人君擇一宰相，相擇庶官，而後天下之事可不勞而舉。不然一人之才力有限，天下之事務無窮，雖日勞心焦思，身親辭訟而遍聽之，何益於治哉？太宗可謂知治體矣。

玄齡明達吏事，輔以文學，夙夜盡心，惟恐一物失所。用法寬平，聞人有善，若己有之，不以求備取人，不以己長格物。與如晦引拔士類，常如不及，至於臺閣規模，皆二人所定。上每與玄齡謀事，必曰非如晦不能決，及如晦至，卒用玄齡之策，蓋玄齡善謀，如晦能斷也。二人深相得，同心徇國，故唐時稱賢相推房、杜焉。

房玄齡之爲人才學兼備，既明達百官庶吏之事，又能以文學濟之，早夜孜孜，盡心爲國，惟恐天下或有一物不得其所。故用法寬厚而和平待人，虛心而能恕。聞人有善便如己有，不以求備之心取人，而苛責其所不能；不以一己之長拒人，而沮絕其所可用。每與杜如晦引拔士類，使之同升，其心汲汲然，常如有所不及。至於臺閣中政事規模，亦皆二人相與裁定，以爲一代之章程焉。是時大〔三〕宗每與玄齡謀議政事，所謀雖善，然非如晦不能斷決。及如晦來，相與裁議，又竟用玄齡所謀之策。蓋玄齡性資明敏，善於圖謀；如晦性資剛果，善於斷決故也。二人謀斷，彼此相資契合無間，同心協力以徇國家，故能舉賢任能，弼成貞觀之治。唐時稱賢相者，必推重房、杜焉。

古語言"中臣以身事君，上臣以人事君"，蓋以身事君所及有限，以人事君所及無窮。今觀房、杜之所爲，庶幾乎休休之臣，足以保我子孫黎民者矣。然非太宗親信之篤、委任之專，何以得行其志哉？故太宗任相不以躬親細務爲能，而惟以求賢爲先；房、杜爲相，不以同心徇國爲足，而尤以進賢爲務。此萬世爲君爲相者所當法也。

上謂侍臣曰："中書、門下機要之司，詔敕有不便者皆應論執，比來唯睹順從，不聞違異。若但行文書，則誰不可爲，何必擇才也？"房玄齡等皆頓首謝。故事，凡軍國大事，則中書舍人各執所見，雜署其名，謂之五花判事。中書侍郎、中書令省審之，給事中、黄門侍郎駁正之。上始申明舊制，由是鮮有敗事。

“中書省”、“門下省”是唐時宰相衙門。“舍人”是中書省屬官。“侍郎”是中書省佐貳官。“令”是中書省長官。“給事中”是門下省屬官。“黄門侍郎”是門下省佐貳官。

太宗諭侍臣：“國家建立宰相，設中書省，掌佐天子執大政，凡制册詔敕皆屬其宣署申覆；設門下省，掌出納帝命，凡國家之務皆與中書參總。此兩省乃機務緊要之司，詔敕如有不穩，便當辯論執奏，方爲稱職。近來兩省官惟阿旨順從，不聞一言違異。夫宰相若但奉行詔敕文書而已，則凡人誰不能作，何必選擇賢才而任之乎？”於是中書令房玄齡等皆頓首謝罪。兩省相傳故事，凡遇軍國大事，有關係難裁決者，則中書省先令舍人各執所見以判斷之，因各簽署其名於所斷之後，謂之五花判事。蓋以其言之者非一人，參錯而不齊也。衆舍人判訖，中書侍郎至中書令省覽審察一過，酌其是非以爲取舍。猶恐差失，仍行於門下省，令給事中至黄門侍郎次第參詳駁正，然後施行。此規矩已久廢，太宗始申明之，使一一似舊，由是事少有差繆者。

蓋天下之事非一人智力所能周，故天子委之宰相，宰相參之寮屬，不以往復爲煩，不以異同爲病，然後衆思畢集，而庶政惟和。後世庸暗之主，令惟主於必行；柔佞之臣，心惟在於保位。是以有從順而無匡弼，諱過失而憚改更，幾何而不敗天下之事哉？太宗此舉可謂深識治體矣。

靺鞨遣使入貢。上曰：“靺鞨遠來，蓋突厥已服之故也。昔人謂‘禦戎無上策’，朕今治安中國而四夷自服，豈非上策乎？”

"靺鞨",是北狄一種,其地與突厥相鄰,至是遣人入朝,貢獻方物。太宗與群臣道:"靺鞨地方隔遠,不通中國,今乃遠來朝貢,蓋突厥在四夷中最爲强盛,今已臣服,故靺鞨亦知朝廷威德,從而順化也。昔人嚴尤曾言'禦戎無上策',蓋以夷狄非我族類,叛服不常,攻之則勞費無已,置之則時來侵犯,自周、秦、漢以來,未有得上策者。若我今日未嘗勞民傷財、勤兵于遠,惟務修政立事,治安中國,而四夷聞風慕義,自然相繼來庭。然則專修内治,豈非禦戎之上策乎?"

大抵制服夷狄之道,惟在先安中國。譬如人之一身元氣充實,則四肢之病自不能入也。若乃窮兵黷武,快心無用之地,斯之謂無策者矣。推其本原,在人主之一心。伯益"所謂無怠無荒,四夷來王",蓋内修外攘之大本也。

突厥頡利可汗至長安,上御順天樓,盛陳文物引見,詔館於太僕,厚廪食之。上皇聞擒頡利,嘆曰:"漢高祖困白登不能報,今我子能滅突厥,吾付托得人,復何憂哉?"上皇召上與貴臣十餘人及諸王、妃、主,置酒凌烟閣。酒酣,上皇自彈琵琶,上起舞,公卿迭起爲壽,逮夜而罷。

此時突厥部落有兩酋長,一是突利可汗,先已歸順唐朝;一是頡利可汗,最爲强盛,不服中國。太宗命大將李靖往征之,遂擒獲頡利,送至長安。太宗御順天門樓,盛陳威儀文物,引見頡利,赦其罪,待以不死,命館待太僕官署中,厚供廪,給食用。太上皇高祖聞知擒頡利,心甚喜,嘆息道:"昔漢高祖一代英雄之主,被冒頓單于圍困白登城中,七日方解,其後竟不能報復。今吾兒大奮兵威,將突厥擒滅,是漢高祖所不及也。吾以天下付托,可謂得人矣,又何憂哉?"於是召太宗及公卿貴臣十餘人,并宗室諸王、皇妃、公主,在凌烟閣上置酒大宴,以慶成功。飲至半醉，上皇自彈琵琶，太宗離席起舞，公卿大臣都以次起，稱觴上壽，君臣歡飲，至夜方罷。

蓋突厥在唐初極其桀驁，高祖借其兵力，奉之以卑辭；太宗患其憑凌，申之以盟誓。其強如此。一旦命將出師，掃平朔漠，擒其酋長，獻至闕廷，是誠不世之奇功也，父子君臣交相慶幸宜矣。然昔人有言：“自非聖人，外寧必有內憂。”則治定功成，正人主憂勤之日，他日虜酋請朝，太宗自謂且喜且懼，蓋亦有得於儆戒無虞之旨，豈徒以成功為幸哉？

　　上問房玄齡、蕭瑀曰：“隋文帝何如主也？”對曰：“文帝勤於為治，每臨朝或至日昃，五品以上引坐論事，衛士傳餐而食，雖性非仁厚，亦勵精之主也。”上曰：“公得其一，未知其二。文帝不明而喜察，不明則照有不通，喜察則多疑，於物事皆自決，不任群臣。天下至廣，一日萬幾，雖復勞神苦形，豈能一一中理？群臣既知主意，唯取決受成，雖有愆違，莫能諫爭，此所以二世而亡也。朕則不然，擇天下賢才寘之百官，使思天下之事，關由宰相審熟便安，然後奏聞，有功則賞，有罪則刑，誰敢不竭心力以修職業，何憂天下之不治乎？”因敕有司：“自今詔敕行下，有未便者應執奏，毋得阿從不盡己意。”

“餐”是熟食。太宗問左僕射房玄齡、御史大夫蕭瑀道：“隋文帝是何等人主？”二臣對：“文帝日夜憂勤，留心治道，每臨朝聽政，過午方休，群臣自五品以上有事奏對，引上賜坐，從容議論，臨朝既久，侍衛軍士不得退散，就在殿陛之間傳遞熟食以充饑。其勤如此，雖其天性刻薄，固非仁厚，亦是勵精圖治之君。”太宗辯：“卿等所言，止知其一，不知其二。蓋文帝為人，本自昏昧不明，乃喜於伺察。不明，則於人情物理既不能兼照；

喜察，則於群臣百姓又多所猜疑。所以事無大小都自決，不任群臣。殊不知天下至廣，一日萬幾，人君以一人聰明，縱使內勞精神，外苦形體，亦豈能事事合理，無少差錯？群臣窺見人主意在自用，推避不肯擔當，凡事惟取主上裁決，受其成命而行，雖於事理有過差，都推‘君上之意如此，我輩豈敢有違也’，含糊緘默，不敢明言諫爭。由是上下日隔，政事日非，至於大壞極敝，而人主不知，此隋所以二世而亡也。朕意不如此，唯選擇天下賢才布列在百官之職，使之各盡所長，圖思職業。凡事俱經由宰相，任其精審熟思，區處停當，然後奏聞於上，請命而行。若臣下之中有任勞任事而功績著聞者，朝廷自有恩賞；有阿意曲法而罪狀昭彰者，朝廷自有刑罰。賞罰既明，誰不竭盡心力以修職業？百官既盡其職，則政事自無不理，何憂天下不治，而至於勞心焦思，下代百司之職乎？”因敕有司：“自今詔敕行下，有不穩便，明白執奏，別請處分，毋得心知不便，阿旨曲從，不盡其意之所欲言也。”

大率文帝之意在於自用，故君驕臣諂而政日亂；太宗之意在於任人，故君逸臣勞而政日成。此二主得失之辨也。然古之帝王所謂兢兢業業，一日二日萬幾，與夫自朝至於日中昃不遑暇食者，又豈安享無為而一無所用其心哉？居敬行簡、審治體者所當知也。

　　上之初即位也，常與群臣語及教化。上曰：“今承大亂之後，恐斯民未易化也。”魏徵對曰：“不然。久安之民驕佚，驕佚則難教；經亂之民愁苦，愁苦則易化。譬猶饑者易為食，渴者易為飲也。”上深然之。封德彝非之，曰：“三代以還，人漸澆訛，故秦任法律，漢雜霸道，蓋欲化而不能，豈能之而不欲邪？魏徵書生，未識時務，若信其虛論，必敗國家。"徵曰:"五帝三王不易民而化,行帝道而帝,行王道而王,顧所行如何耳。昔黃帝征蚩尤,顓頊誅九黎,湯放桀,武王伐紂,皆能身致太平,豈非承大亂之後邪?若謂古人淳樸,漸致澆訛,則至於今日,當悉化爲鬼魅矣,人主安得而治之?"上卒從徵言。元年,關中饑,米斗直絹一疋。二年,天下蝗。三年,大水。上勤而撫之,民雖東西就食,未嘗嗟怨。是歲天下大稔,流散者咸歸鄉里,米斗不過三四錢,終歲斷死刑纔二十九人。東至於海,南及五嶺,皆外戶不閉,行旅不齎糧,取給於道路焉。帝謂群臣曰:"此魏徵勸我行仁義既效矣,惜不令封德彝見之。"

"蚩尤"是黃帝時諸侯。"九黎"是黎氏九人,顓頊時諸侯。"魅"是精怪。"關中"即今西安府,唐時建都之處。"五嶺"即今兩廣。

太宗初即位時,常與在廷諸臣道:"經隋家大亂,方纔寧靜。天下之人漸染於舊俗久矣,一旦施之以仁義教化,恐斯民未易以服從也。"魏徵對:"以臣論之,殊爲不然。大凡天下太平,百姓久處宴安,未遭患難,便驕惰放佚,不遵禮法。驕佚則長惡之機熟,而向善之思少,故其教之也反難。若天下有事之後,百姓曾經離亂,出自水火,方且憂愁困苦,日不聊生。愁苦則望治之情切,而思善之心起,故其化之也反易。譬如飲食,人不甚饑,所食多不適口。若是饑人,但得飯食即足以充饑,豈不易爲食?人不甚渴,所飲多不適口。若是渴人,但得水漿即足以解渴,豈不易爲飲?然則大亂之後,教化易興,亦猶是也。善爲治者,正宜乘此有爲,豈可反以爲難耶?"太宗一聞徵言,深以爲是。有封德彝心中不服,道:"自三代以來,風氣日漓,天下人心漸以澆薄訛僞,故秦繼周之後,不以道德化民而專任法律;漢承秦之弊,不以純王爲治而參以霸術。欲施教化而勢有不能,豈能施教化而心反不欲耶？可見天下風俗一日不如一日，所以人君治道一時難做一時。魏徵書生，拘泥舊聞，不通當世之務，若信其虛談，欲任教化，必至粉飾彌文，壞國家實政，不可從也。"魏徵辯言："治有隆污，道無今古。五帝三王同此百姓，不將世上人民換過一番，方纔施查[四]。行帝道以化民，即成帝者之功；行王道以化民，即成王者之功。看所行何如耳！試以其事言之，昔神農氏之衰，蚩尤強暴，黃帝舉兵征之；少昊氏之衰，九黎亂德，顓頊舉兵誅之；夏桀無道，成湯放之於南巢；殷紂不君，武王伐之於牧野。此四君者，皆能移風易俗，身致太平，豈非承大亂之後而施以教化耶？若如德彝之言，謂古人淳樸，漸致澆訛，則三代之時已自不如五帝，秦漢之後又當遠謝三王，至於今日，年代愈多，天下之民變成鬼魅，無復人形矣，人主豈得而治之耶？即今日之人心，未必不如古，則古人之教化，未嘗不可行也。德彝之言不亦過乎？"

大率得[五]彝之意，欲任威刑；魏徵之意，欲行仁義。太宗折其可否，竟從魏徵之言。於是省刑薄斂，偃武修文，休養生息，與民更始。行之數歲，果能身致太平。史臣因追敘說："貞觀元年，天下初定，京畿內五穀不登，民遭饑餓，米價踴貴，一疋絹纔買得一斗米。貞觀二年，各處蝗蟲爲災。貞觀三年，又遇大水淹沒。連歲饑荒，生民困苦。因太宗以德化爲治，日夜憂勤，加意安撫百姓，每雖東西趁食，展轉流離，然感太宗撫恤之仁，無有嗟怨之意，安分求生，以待豐歲。至貞觀四年，歲時和調，五穀成熟，天下大稔，流移百姓還歸鄉里，米價之錢每一斗值三四文，其豐收如此。衣食既足，禮儀自興，百姓皆不犯法，一年之內，通計天下問死罪者止二十九人。地方之廣，東至於海濱，南及於五嶺，處處生民樂業，盜賊不興，人家門戶夜間都不關閉，行路之人不必自齎糧食，隨處充足，可以取給於道路焉。"

於是太宗自喜，與群臣道："昔魏徵嘗勸我躬行仁義，以化天下，封德彝以爲非。今民皆樂業安生，禮教成俗，是行仁義有實效矣。恨今封德彝已故，不及見太平景象，使自知其所言之妄也。"夫唐太宗一行仁義，其效遂足以安民生，興教化，貞觀之治固非偶然。但不本於正心修身之學，而徒求之於政理，是以不能如二帝三王之盛也，圖治者可不求其本哉！

校勘記

〔一〕"偏"，據民治學社本當作"徧"，即"遍"。

〔二〕"恣"，疑當作"咨"。

〔三〕"大"，據民治學社本當作"太"。

〔四〕"查"，此字似訛。

〔五〕"得"，疑當作"德"。

講章八

《通鑒節要》

是時，每有軍國大事，必與諸學士謀之。嘗閱月不賜對，李絳謂："大臣持禄不敢諫，小臣畏罪不敢言，管仲以爲害霸最甚。今臣等飽食不言，自爲計得矣，如陛下何？"有詔，明日對便殿。

憲宗留心治理，每遇軍國重大事情，必召見翰林衆學士與之謀議，以此，國事得失，皆得上聞。間嘗經一月不賜召對，學士李絳恐言路從此蔽塞，因言："國家有事，大臣但知保守禄位，不敢直諫；小臣但知畏避罪責，不敢進言。若此者，甚非國家之福。昔管仲佐齊桓公圖霸，曾有兩語，以爲妨害霸業，莫此爲甚。今臣等享朝廷大俸禄，飽食終日，不出一言，自爲一身之計，則誠得矣。如雍蔽陛下聰明，耽誤陛下國事，且奈何哉？"憲宗聞説感悟，隨有詔旨，宣翰林衆學士於次日赴便殿奏對，令其指陳軍國大事，一如平時焉。

按，持禄、畏罪二言，人臣不忠之病，全坐於此。蓋忠臣義所當言，雖萬鍾不顧，九死不回，豈肯持禄畏罪以誤朝廷？惟奸佞小人，富貴身家之念重，所以緘默苟容，一言不敢發，其獎至於欺君誤國，皆一念所致也。明主知其然，能於犯顏敢諫者，諒其忠君愛國之誠而尊信之；於阿意順旨者，察其持禄畏罪之狀而斥遠之。庶於納諫之中，兼得觀人之術矣。

李吉甫奏："自漢至隋，十有三代，設官之多，無如國
家者。天寶以後，中原宿兵，見在可計者八十餘萬，其餘爲
商賈、僧道，不服田畝者，什有五六，是常以三分勞筋苦骨
之人奉七分坐待衣食之輩也。今内外官以稅錢給俸者不下萬
員，天下二百餘縣，或以一縣之地而爲州、一鄉之民而爲縣
者甚衆。請敕有司，詳定廢置，吏員可省者省之，州縣可併
者併之，入仕之途可減者減之。"於是命段平仲、韋貫之、
李絳同詳定。

是時官員冗濫，宰相李吉甫奏："自漢高祖立國至於亡隋，
中更東漢、後漢、魏、晋、宋、齊、梁、陳、北魏、北齊、後
周，凡一十三代，論設官衆多，莫有如唐朝者。唐自玄宗天寶以
來，中原之地盜起兵興，因屯宿兵馬，見今實在可以數計約有八
十餘萬，其餘有商賈，有僧道，計不務耕種人大率什分之中有其
五六，喫辛受苦、種地納租之人只三分而已。是常以三分勞筋骨
人，奉養七分不耕不種坐待衣食等衆也。即今内外大小官員租錢
供給俸祿，不下一萬員名。天下縣分纔有二百餘縣，其間又有地
方窄狹，止可作一縣之地，或即升而爲州；有人民稀少，止足一
鄉之民，或即建而爲縣。如此者甚多。以二百餘縣供給一萬餘
官，租稅安得不增，小民安得不困？請敕命有司，將今内外官員
某當去某當留，一一參詳，更定廢置。如吏員冗濫，可以裁省則
裁省之；州縣狹小，可以歸併則歸併之；雜流異道，非正塗入
仕，可以減革則減革之。庶乎官無冗員，民不重困。"於是憲宗
從其言，命給事中段平仲、中書舍人韋貫之與户部侍郎李絳，公
同參詳，定擬其廢置之數焉。

按，唐太宗時，與房玄齡等議定文武職官，總計六百四十
員，以今憲宗時較之，不但增多十倍矣。蓋國初吏能其官，百度
修舉，所以事少而官亦少；後來吏怠其職，百弊叢生，所以事多

而官益多。故欲省費莫若省官，欲省官莫若省事。事無難省，能隨事考成，則事皆奏效而自不煩；官亦無難省，能爲官擇材，則官皆得人而自不冗。此又切要之論，李吉甫所未詳也。

上御延英殿，李吉甫言："天下已太平，陛下宜爲樂。"李絳曰："漢文帝時，兵不血，木無刃，家給人足，賈誼猶以爲厝火積薪之下，不可謂安。今法令所不能制者河南北五十餘州，犬戎腥羶近接涇隴，烽火屢驚，加之水旱時作，倉廩空虚，此正陛下宵衣旰食之時，豈得謂之太平，遽爲樂哉？"上欣然曰："卿言正合朕意。"退謂左右曰："吉甫專爲悦媚，如李絳，真宰相也。"

"延英殿"是唐之便殿。"涇隴"是涇州、隴州，在今陝西。

憲宗御延英殿中，宰相李吉甫與李絳侍立。吉甫逢迎憲宗，奏言："爲人主愁天下不得太平而已，今西平劉闢，東擒李錡，干戈寧靖，天下既已太平，陛下當及此時宴游取樂。"李絳面折吉甫道："如今天下比漢文帝時如何？昔文帝時，匈奴和親，休兵罷戰，兵器不帶血光，刀劍以木爲之，不用鋒刃，家家給於資財，人人足於衣食，是何等治安！當時其臣賈誼尚以爲憂，比其時景象，如人堆積柴薪，寢卧其上，下面蓄火，火雖未燃，有時而發，則禍不可救，不可曰安寧。當今河南、河北，朝廷法度號令所不能鈐制不下五十餘州。又西戎、吐蕃腥羶之族，與我涇、隴二州接近，屢次傳報烽火，驚擾邊疆。加以水旱爲灾，年年饑饉，倉廩積蓄，在在空虚，較之文帝時，康寧富庶十不及一。臣竊謂此時正陛下所當未明求衣，日晏忘食，思量整齊法令，整搠兵糧之時，豈可當作太平時節，便宴游作樂，將目前可憂可懼之事，一切置之意外乎？"憲宗聞絳之言，欣然喜説："卿所言者正與朕意相合。"退還宫中，因諭左右言："李吉甫每在朕前言事，專爲奉承朕意，取朕喜悦，甚非宰相之體。如李絳者，事事盡言，忠誠正直，真能稱宰相之職也。”

夫自古人君任相，患在不能知人。憲宗鄙吉甫之諂媚，鑒李絳之忠直，亦有知人之明矣。然於吉甫則狎昵之而不加斥逐，於李絳雖敬禮之而信任不終，豈能盡用舍之道者哉？故明君見賢要在能用，見不賢要在能退，不獨貴於知之而已。

李吉甫嘗言："人臣不當强諫，使君悦臣安，不亦美乎？"李絳曰："人臣當犯顔苦口，指陳得失，若陷君於惡，豈得爲忠？"上曰："絳言是也。"

吉甫嘗在憲宗前奏："爲人臣遇君上有過，不可不諫，諫之不從，不可拂君之意，再三强諫。强諫則君既不喜，臣亦不得自安，何益之有？但當順從主上之意，使君心喜悦，己又得免於罪責，身亦得安，君臣相保，豈非至美之事乎？"李絳辯："人臣之義，當觸犯主上威顔，以苦口藥石之言盡言直諫。如某事所行爲得，某事所行爲失，一一指陳，無有隱諱，方是盡心爲國忠臣。若圖諛悦取容，自求安便，使主上不得聞其闕失，國事日非，是陷君於過惡之地也，豈得謂之忠臣乎？"於是，憲宗稱李絳所言甚有理。

大抵忠臣愛君，本欲與之相安，甚無樂乎强諫也。不得已而强諫，則國事利害安危所繫，有不容不激切者耳。人主能察其忠愛之心，略其激切之迹，聽之若流水，從之如轉圜，則上無拒諫之名，下無强諫之罪，歡然相得，真所以爲安也。如吉甫之言，君驕臣諂，喪亡無日，雖欲安得乎？

上嘗於延英謂宰相曰："卿輩當爲朕惜官，勿用之私親故。"李吉甫、權德輿皆謝不敢。李絳曰："崔祐甫有言：

復宿山房集·卷十四

二七九

'非親非故，不諳其才。'諳者尚不與官，不諳者何敢復與？但問其才器與官相稱否耳。若避親故之嫌，使聖朝虧多士之美，此乃偷安之臣，非至公之道也。苟所用非其人，則朝廷自有典刑，誰敢逃之？"上曰："正如卿言。"

此宰相李絳不避小嫌以妨公道也。憲宗御延英殿中，諭衆宰相言："官爵選授賢才，不可假此陰厚親戚故舊，專市私恩。"於時李吉甫、權德輿都謝不敢私親故。李絳獨奏："大臣用人，其於親故固不可徇私濫用也，然非一概不用。臣聞先朝宰相崔祐甫因德宗用人有私，辯言：'臣用人須是知其才而後用，若不是親故，安能曉知其才？曉知其才，尚恐任用不當，不敢與官，非親非故，平素不相識人，何復敢輕與之官？'以此言看，如今選用官員，不當論親故與否，但當論其才器大小，與所授官職相稱不相稱何如耳。才能不稱者斷不可用，若才稱其官，本可以用，乃拘泥親故，避嫌不用，使堂堂聖明遺棄賢才，虧損多士盡用之美，此乃苟偷安便、自私自利之臣，非蕩蕩平平、至公無私之道也。蓋能持公道，則所用皆得其人，自不必避嫌。苟或徇私濫用，所任皆不才之人，則朝廷之上，自有大典章法度刑罰所加，何敢逃去？今不務避朝廷大法，乃避小嫌而已乎？"憲宗深然其言，言："大臣用人之道，在秉公不在避嫌，正如卿所論也。"

大抵任官者宰相之職，而任相者人君之事。相得其人，則一君子用而衆賢彙進，公道自爾其昭明。相非其人，則一小人用而群邪滿朝，私黨漸爲之根據。故周公居冢宰，在位皆藹藹吉人；皇父爲卿士，所用皆瑣瑣姻婭。忠臣不私，私臣不忠，自古然也。憲宗不論相道得失，而論用人公私，豈知圖理之要者哉？

翰林學士李絳嘗從容諫上聚財。上曰："今兩河數十州，皆國家政令所不及，河湟數千里淪於左衽，朕日夜思雪祖宗之耻，而財力不贍，故不得不蓄財耳。不然，朕宮中用度極儉薄，多藏何用耶？”

“河湟”即今陝西、甘肅等衛地。“左袵”者，西北夷狄之俗，其衣襟向左掩故。

憲宗見府庫空虛，頗務蓄聚財貨，翰林學士李絳從容規諫上莫聚財。憲宗説：“朕今聚財，不爲宮中用度不足，但念國家重鎮如兩河、河湟是祖宗疆宇，今河東、河北數十州郡爲強臣所據，朝廷政令久不奉行。河湟一帶連接數千餘里，爲吐蕃所侵，中國衣冠盡陷左袵。疆宇分崩一至於此，祖宗在天之靈亦以爲羞。朕因此畫夜思惟，爲我祖宗除凶雪耻，奈倉庫匱乏，財力不充，故不得不多積錢糧，預備兵食，其意良爲此耳。不然，朕宮中飲膳服御，一切用度極其儉薄，分毫不敢華奢，多藏貨財要他何用乎？”

大抵人主所不宜聚財者，嫌於重斂而妄費耳。若徵輸有額，制用有經，下不病民，上不損國，即聚財，庸何傷乎？憲宗儉於宮中之費，急於軍國之需，可謂知用財之大計矣，而李絳猶惓惓諫止之，況可加額外之徵，以供無名之費哉？

吳元濟遣使求救於恒、鄆，王承宗、李師道數上表，請赦元濟。上不從。是時諸軍討淮西，久未有功。五月，上遣中丞裴度詣行營宣慰，察兵形勢。度還，言淮西必可取之狀，且曰：“觀諸將，李光顏勇而知義，必能立功。”上悦。

“恒”、“鄆”是二藩鎮名，恒即今真定府地，鄆即今山東東平州地。“中丞”是官名，如今都御史。

此時吳元濟竊據淮西，不奉天子命令，朝廷遣忠武軍節度使李光顏等分督諸道兵馬招討。元濟勢孤力弱，因遣使一面求救於恒州藩鎮王承宗，一面求救於鄆州藩鎮李師道。兩人與吳元濟同是叛臣，聲勢相倚，因其求救，乃屢次上表，奏請罷兵，以赦元濟之罪。憲宗知其黨護，不從。但各路兵馬招討淮西者，暴露日久，未有破賊之功，進止莫決。乃於其年五月，遣御史中丞裴度遍至諸軍營陣，宣布朝命，安慰軍心，因而察視用兵形勢、虛實動靜，酌定機宜。裴度見得賊勢孤弱，回朝奏言淮西地方斷然可取之狀，且言：“臣徧觀諸將中，若李光顏者材力驍勇，況又曉知忠君報國大義，必能挺身破賊，建立奇功。陛下切不可更懷疑心，失此機會也。”憲宗聞言喜悅，遂決意討賊，自後紛紛罷兵之議不能入矣。

自古人君勘定禍亂，必有謀臣決勝於內，而後將臣乃能成功於外。今元濟強梁不臣，恒、鄆又黨惡相助，自非裴度揣情料勢，決策用兵，其時師老無功，鮮不中止。然則人君欲決大疑、平大難者，非得忠謀之佐，惡能不惑於群言哉？

　　或請罷度官，以安恒、鄆之心。上怒曰：“若罷度官，是奸謀得成，朝廷無復綱紀。吾用度一人足破二賊！”乙丑，以度為中書侍郎同平章事。度上言：“淮西腹心之疾，不得不除，且朝廷業已討之，兩河藩鎮跋扈者，將視此為高下，不可中止。”上以為然，悉以用兵事委度，討賊愈急。

“度”是裴度。憲宗前用裴度之言，發兵淮西，擒討吳元濟。時恒州藩鎮王承宗、鄆州藩鎮李師道與元濟事同一體，因而內不自安，互相煽禍。於是人情洶懼，議論紛紜，或有請罷裴度官爵以安恒、鄆反側之心者。憲宗嗔怒：“今強藩擁兵拒命，蔑視朝廷，所忌者惟裴度一人而已。若聽其脅制，罷去度官，則奸計得成，大權旁落，從此朝廷之上，用舍進退皆當受制於彼，無復綱紀之存矣。今留用裴度，縱使恒、鄆反側，以度一人破彼二賊，最易無難。豈可罷斥忠良，反為二賊報怨乎？”乃於是年十二月乙丑，進裴度爲中書侍郎同平章事，不但不罷其官，且拜以爲相，以示委任之意。裴度因上言："淮西乃中原重地，今元濟反叛，譬如人身腹心之疾，勢不得不除其患。朝廷既已發兵討賊，兩河諸鎮，素強梁不服，看朝廷舉動以爲順逆。若平得淮西，則諸鎮群然懾伏；平不得淮西，則諸鎮將益肆憑陵，無復忌憚。此關繫不小，不可畏難而中止也。"於是憲宗以裴度之言爲然，將用兵之事盡委裴度，令其悉心區處。由是大議始決，而發兵討賊愈加嚴急矣。

嘗考漢景帝時，鼂錯議削七國，七國反因以誅錯爲名。今裴度議討淮西，淮西搆兵，遂以罷度官爲請。蓋強宗悍將迫脅君父，讎害謀臣，往往如此。然景帝聽人言以誅錯，而七國之勢愈張；憲宗不聽人言以罷度，而三鎮之禍隨息：則二君之識量大小相去遠矣。人主欲計安國家，慎毋棄任事之臣，以快奸人之憤也哉！

諸軍討淮西，四年不克，饋運疲弊，民至有以驢耕者。上亦病之，以問宰相，李逢吉等競言師老財竭，意欲罷兵。裴度獨無言，上問之，對曰："臣請自往督戰，誓不與此賊俱生。臣觀元濟勢實窘蹙，但諸將心不一，不併力迫之，故未降耳。若臣自詣行營，諸將恐臣奪其功，必爭進破賊矣。"上悅。六月，以度爲門下侍郎、同平章事兼彰義節度使，仍充淮西宣慰招討處置使。度將行，言於上曰："臣若滅賊，則朝天有期；賊在，則歸闕無日。"上爲之流涕。李愬將攻吳房，諸將曰："今日往亡。"愬曰："吾兵少，不足戰，宜出其不意，彼以往亡不吾虞，正可擊也。"遂往，克其外城，斬首千餘級。

"吳房"是縣名，屬蔡州。"往亡"是軍行忌諱之日。

　　淮西之亂，自元和九年發諸軍招討，至是四年，未能克服。百姓經年轉餉，不勝疲勞，甚至牛不得耕，用驢耕田。憲宗見得久妨農事，頗亦患之，因問計於宰相。於時李逢吉等爭言："大兵久頓於外，財用困竭，欲暫罷兵，休息百姓。"獨有裴度默然無言，憲宗怪，問其故。裴度言："吳元濟此賊背叛君父，乃臣子不共戴天之讎，討之不克，不可中止。臣請自往督戰，一決勝負，寧與此賊俱死，誓不與此賊並生。臣觀此賊兵力寡弱，勢實窮蹙，一戰可擒。但諸將互相觀望，心志不一，不肯併力而前，故彼此相持，未即降服耳。若臣親至行營，身自督戰，諸將恐臣奪其功次，必然併力爭進，其於破賊不難矣。"憲宗聞言喜悅，乃於是年六月加裴度為門下侍郎、同平章事兼彰義節度使，仍充淮西宣慰招討處置使，令其督兵。裴度受命將行，面辭憲宗言："臣此行，若擒元濟，則班師奏凱，庶有朝天之期；若元濟尚存，則委命捐軀，終無歸闕之日矣。"憲宗因其言詞激烈，不覺惻然動念，為之流涕。於此見當時君臣相與之情，臣不忍負君，君亦不忍捨臣也。時諸將聞裴度出朝，果皆奮勇爭先。唐鄧節度使李愬以吳房係蔡州要路，將進兵攻之。衆將勸止言："今日甲子，正犯往亡凶辰，不利進兵。"李愬言："兵法有常有變，我今兵少，不足以戰，但當'出其不意，攻其無備'，為計之上。彼以今日往亡，是兵家忌諱之日，定不防我，我乘其不意而擊之，正可以取勝也。"遂率兵徑進，吳房果不設備，因攻破其外城，斬首一千餘級而還。

　　夫諸將頓兵淮西，四載無功。裴度一出，隨有吳房之捷，於此見天下之事，不倡率則衆力不前，不振作則衆心不奮，而其機又在人主委任責成於上，然後計議得畢其忠，攻取得收其效。若憲宗之於裴度，真可為萬世法矣。

裴度以蔡卒爲牙兵，或諫曰："蔡人反側者尚多，不可不備。"度笑曰："吾爲彰義節度使，元惡既擒，蔡人則吾人也，又何疑焉？"蔡人聞之感泣。先是，吳氏父子阻兵，禁人偶語於塗，夜不然燭，有以酒食相過從者罪死。度既視事，下令惟禁盜賊、鬭殺，餘皆不問，往來不限晝夜。蔡人始知有生民之樂。

"牙兵"是帳下之兵。"偶語"是兩人相對語。

裴度既平淮蔡，因將蔡州降卒收在帳下，用爲親兵。或有人規諫："蔡人雖云降服，中間陰懷異志、反側不安者尚多有之，當加意隄備，以防不然，不可遂置之左右，待以腹心也。"裴度笑言："疑人莫用，用人莫疑。我爲彰義軍節度使，討平淮蔡，有罪者惟首惡吳元濟一人而已。首惡既擒，其餘脅從之人歸服於我，即我部下之人，我自當待之如一家，親之如一體，又何分別彼此，過生猜疑乎？"於是蔡人聞度此言，無不感泣。蓋當是時，蔡人新附，未知裴度意思如何，正放心不下，一聞其言，衆心始得寧帖，所以感激而至於垂泣也。又前此吳元濟父子悖逆相承，擁兵拒命，禁止蔡人塗間不得聚談，夜不得舉燭。或有備辦酒食，相過往追隨者，其罪至死。數十年間，蔡人搖首動足，惟恐犯法，不得安生。裴度既視事，除去煩苛，更下寬令，但禁盜賊行劫及鬭毆殺人重犯，其餘一切罪過悉置不理。百姓有相往來聚散，早晚各隨其便，不限晝夜。於是蔡人始知人生世間，一旦可以有此快樂，越知感裴度，不是他來，終不知此光景矣。

由此二事而觀，可見御衆莫要於推誠，安民莫先於寬大。蓋衆志方危，我猜疑則彼益搖惑；民生方蹙，上嚴急則下益愁苦。惟當其搖惑之際而推誠以鎮之，則衆之附我也必堅；乘其愁苦之餘而寬大以撫之，則衆之德我也必厚。《書》曰"臨下以簡，御衆以寬"，即帝王之治，亦有然者，豈但爲將相者所當知而已哉？

　　裴度耻與小人同列，表求自退，不許。度復上疏，以爲："天下治亂繫朝廷，朝廷輕重在輔相。所可惜者，淮西盪定，河北底寧，承宗斂手削地，韓弘輿疾討賊，豈朝廷之力能制其命哉？直以處置得宜，能服其心爾。陛下建升平之策，十已八九，何忍自隳壞，使四方解體乎？"上以度爲朋黨，不之省。由是鏄益無所憚。程异亦自知不合衆心，能廉謹謙遜，爲相月餘，不敢知印秉筆，故終免於禍。上晚節好神仙，詔天下求方士。宗正卿李道古薦山人柳泌能合長生藥，詔泌居興唐觀煉藥。

　　"宗正卿"是官名。"興唐觀"是觀名。

　　時憲宗用皇甫鏄、程异爲相，裴度惡其邪佞，羞與同在相位，因進諫，不從，乃上表，求自退避，憲宗不許。裴度仍復上疏："天下治亂全繫朝廷，朝廷輕重全在輔相。輔相得人則朝廷增重而天下治，輔相非人則朝廷輕辱而天下亂。治亂之機，所關甚重，誠不可不慎也。今陛下用皇甫鏄、程异爲相，輕辱朝廷，此何足惜。所可惜者强藩悍將，如兩河諸鎮爲患已久，今吳元濟就擒，淮西幸已平定；田弘正等相繼歸服，河北幸已安寧；王承宗上表獻德、棣二州，拱手納地；韓弘奉詔討李師道，扶病出兵。豈朝廷之上威力壓服，能制其死命，而使之不敢違哉？直以處置有法，當生者生，當殺者殺，事事合機權，有條理，能使强者畏威，弱者感德，有以深服其心焉爾。陛下勞心焦思，建此升平之業，以大勢而論，十已收功八九，正當兢兢業業，保守成功，何忍寵昵小人，將垂成大業旋自隳壞？成之甚難，廢之甚易，使四方將吏見朝廷舉措如此，離心解體，不復有臂指相使之勢，豈不可爲痛惜者哉？"疏上，憲宗以裴度爲朋黨，不覽其奏。由是皇甫鏄愈益得志，無所忌憚。程异自知不爲衆論所容，頗能廉謹謙退，爲相一月，不敢知印執筆，干預事權。故後來皇甫鏄貶爲崖州司戶而死，而程异猶得徼倖苟全，免於其禍，然已無救於國家之敗矣。憲宗晚年又喜好神仙，詔天下訪求通曉仙術之士。宗正卿李道古欲諂媚求榮，乃舉薦山人柳泌能合長生藥，服之可以延年益壽。憲宗信以爲然，詔柳泌住居興唐觀中，燒煉藥餌。其後憲宗服其金丹，躁渴舉發而崩。柳泌杖殺，諸方士皆流嶺表，然亦無救於憲宗之亡矣。

夫國事至重大者，莫如任相。而憲宗輕用匪人，至親信如裴度，亦拒其諫而不納。異端至虛誕者，莫如求仙。而憲宗輕聽邪說，至卑賤如柳泌，亦信其術而不疑。卒使累年之業壞於巧佞之徒，萬乘之尊斃於庸人之手，真可痛惜！明主當以爲永鑒矣。

中使迎佛骨至京師，上留禁中三日，乃歷送諸寺。王公士民瞻奉捨施，惟恐弗及，有竭産充施者，有然香臂頂供養者。刑部侍郎韓愈上表切諫，以爲：「佛者，夷狄之一法爾。自黃帝以至禹湯文武，皆享壽考，百姓安樂，當是時未有佛也。漢明帝始有佛法，其後亂亡相繼，運祚不長。宋、齊、梁、陳、元魏以下事佛漸謹，年代尤促。唯梁武帝在位四十八年，前後三捨身爲寺家奴，竟爲侯景所逼，餓死臺城，國亦尋滅，事佛求福，乃更得禍，由此觀之，佛不足信，亦可知矣。百姓愚冥，易惑難曉，苟見陛下如此，皆云天子大聖，猶一心敬信，百姓微賤，於佛豈可更惜身命？乞以此骨付有司，投諸水火，永絕根本。斷天下之疑，絕後代之惑，使天下之人知大聖人之所作爲出於尋常萬萬也，豈不盛哉！佛如有靈，能作禍福，凡有殃咎，宜加臣身。」上大怒，出示宰相，將加愈極刑。裴度、崔群爲言：「愈雖狂，發於忠悃，宜寬容以開言路。」乃貶愈爲潮州刺史。

「潮州」，今廣東潮州府。

　　時憲宗末年，崇信邪術，小人希寵者爭以異端迎合上意。於是有言陝西鳳翔府法門寺塔中有佛指骨，十年一開，開則歲豐民安。憲宗聽信其言，遣內使往迎其骨至京師，留置宮中三日，乃徧送諸寺，令其轉相頂禮。於是上自王公而下至士民，爭先瞻奉，捨施錢財，唯恐不及。甚有傾竭資產以充布施者，有燃香於臂膊及頂上供養者。刑部侍郎韓愈上表切諫："中華以禮樂教化爲俗，本無有佛。佛乃夷狄教門中之一法，其大意以禍福聳動愚俗，奉其教則可以致福而免禍云耳。臣嘗考之，上古自黃帝、堯、舜以至禹、湯、文、武，凡聖帝明王享有壽考，多者百數十歲，其次百餘歲，國運久長，百姓安樂。當此之時尚未有佛，是不因奉佛而得福也。漢明帝時聽信邪說，遣人天竺迎取佛書，於是佛教始入中國。然漢自明帝而後，亂亡相繼，運祚不長，是奉佛而反不得福也。宋、齊、梁、陳、元魏而下，奉佛之禮漸加恭謹，計其享國多者十數年，少者三五載，年代益促。唯梁武帝在位頗久，然四十八年之間，前後捨身三次，以天子之貴爲寺家奴，卑辱已甚。其後竟爲賊臣侯景所逼，斷其飲食，餓死臺城，國亦隨滅。原其奉佛之心本爲求福，福不可得，乃反得禍，作禍造福全不由佛，佛教虛妄，不足憑信，其理昭然從可知矣。百姓愚蠢，其心易於煽惑而難於曉悟，見陛下敬信佛教，天子是大聖人，尚且一心奉佛，況微賤小人，尤當加敬頂禮，豈可更愛惜身命？所以棄本等生理，瞻奉捨施，以至竭資產、燃臂頂而不顧也。耗損錢財，惑亂風俗，莫此爲甚。乞將此骨付之有司，投諸水火，永絕根本。庶令人知其幻妄，可以斷除一世之疑；後代無所流傳，可以杜絕將來之惑。使天下之人知大聖人之所舉動，遠配古聖帝明王，而迥出漢魏六朝萬萬倍也，豈非至盛美之事哉？設使佛有神靈，能作禍福，臣今排詆其妄，凡有灾咎，宜加臣身，臣請自當其禍焉。"表上，憲宗覽之大怒，出其表以示宰相，欲加愈極刑，實之于死。宰相裴度、崔群力爭：“愈言雖狂直，發自忠懇，心則無他，宜示寬容，以開進言之路。”乃從輕貶愈爲潮州刺史。

按，佛教虛妄，先儒闢之詳矣，而深切著明無如此表。蓋佛教所以能惑衆者，以人情莫不慕富壽而惡貧苦，彼以禍福之説動之，故群起而信奉，不暇察其理之有無也。韓愈此表歷徵古之帝王年壽修短，國運久促，全不繫於奉佛與否，以見其本無神靈，本不能作禍福。此説出則彼之虛妄立見，而無所挾以惑衆矣。其有功於世教，豈不大哉？明王以正心窮理爲學，當三復於斯言。

帝問：“玄宗開元時致治，天寶則亂，何一君而相反耶？”李絳曰：“治生於憂危，亂生於放肆。玄宗嘗歷試官守，知人之艱難。臨位初，任姚崇、宋璟，屬精聽納，故左右前後皆正人也。洎林甫、國忠得君，專引傾邪人，分總要劇，於是上不聞直言，嗜欲日滋。內則盜臣動以興利，外則武夫誘以開邊，天下騷動，故禄山乘隙而奮。此皆小人啓導從逸，而實繫人主所行，無常治亦無常亂也。”

憲宗問宰相李絳言：“玄宗開元時，政事修舉，天下幾於太平。天寶以後，盜起兵興，宗社幾於不保。一君之身而前後判然，治亂相反，其故何也？”李絳言：“治亂無一定之數，有一定之理。治不生於治，而生於一念之憂勤；亂不生於亂，而生於一念之侈肆。玄宗當在藩邸時，典令州郡，歷試官守，備知民情疾苦，時事艱危。即位之初，任用姚崇、宋璟爲相，屬精治理，心志甚是清明，聽納忠言，耳目無所壅蔽，故其時前後左右無一不是正人，相導輔翼者無一不是正事，天下安得而不治乎？天寶以後，奸臣李林甫、楊國忠蠱惑上心，操弄國柄，排抑正直之士，使無所容。而專引傾邪險詖之人，分布要區，總領繁劇。由是朝廷耳目蔽塞，忠言不得上聞，君心嗜欲日滋，聲色從而雜進。內則盜臣王鉷等搜括緡錢，勸以興利，外則武將高仙芝等邀求功賞，誘以開邊。以致百姓困於科求，三軍疲於征戰，怨聲四起，天下騷然。故賊臣安禄山乘此釁隙，生其禍心，一旦變起漁陽，而大駕蒙塵，兩京失守。皆由小人欲希圖寵幸，專以荒淫侈肆之事啓導君心，使之縱耳目之娛，窮心志之樂。其驕逸如此，國事安得而不壞，天下安得而不亂乎？由此觀之，治亂繫人主所行，行得其道則治，行失其道則亂。恃其治而縱侈肆之心，則治將轉而爲亂；懼其亂而勵憂危之念，則亂可變而爲治。治亂果何常之有哉？"

按，李絳以憂危、放肆分別開元、天寶之治亂，其言固甚當矣。而不知天寶之亂，正開元之治啓之也。蓋艱難之際，雖庸主皆知勉圖，而治平之時，即賢君不免驕佚。開元間海內富庶，兵革不興，玄宗自謂天下治安，侈心漸肆，使知有天寶之亂，豈肯安危利菑一至此極乎？聖人處極盛之時而愈切怠荒之儆，其慮遠矣。

又凡用兵，舉動皆自禁中授以方略，朝令夕改，不知所從，不度可否，故雖以諸道十五萬之衆，裴度元臣宿望，烏重胤、李光顏皆當時名將，討幽、鎮萬餘之衆，屯守逾年，竟無成功，財竭力盡。崔植、杜元穎、王播爲相，皆庸才，無遠略，史憲誠既逼殺田布，朝廷不能討，遂并朱克融、王廷湊以節鉞授之，由是再失河朔，迄於唐亡不能復取。

"幽"、"鎮"，二州名。

時朱克融反幽州，王庭湊反鎮州，朝廷承銷兵之後，募兵馬征討。兵既不精，及其遣用將帥又不假以事權，凡諸將一舉一動，必從禁中授以方略，進退掣肘，不得自專。且朝令夕更，事無成算，衆心眩惑，莫知所從，忽然而行，忽然而止，全不審酌機宜，度量可否。故雖以諸道十五萬之衆，聲勢聯絡，兵不爲不多，而領兵者若裴度爲耆德元臣，烏重胤、李光顏皆當時名將，然幽、鎮二州衆不過萬餘，大軍討之，屯守經年，竟無成功。財用困竭，民力疲勞，坐受其敝，則由廟堂之上輔相不得其人耳。此時崔植、杜元穎、王播爲相，三人庸下凡材，無深謀遠略。魏博牙將史憲誠既鼓煽衆軍，逼令節度使田布自殺。崔植等不能力贊朝廷討正其罪，因以憲誠代布。遂將朱克融、王庭凑一併姑息，授以節鉞，以克融爲平盧節度使，庭凑爲成德節度使。由是河朔地方在先朝收復平定者，復爲强臣所有。天下大勢一去，迄於唐亡，寸土尺疆不能復取，則崔植諸人不得辭其責矣。

夫河朔諸鎮，在憲宗朝，得裴度諸賢，則叛者服，及穆宗，用崔植諸人，則服者叛。相道得失，而國家之理亂因之，其所繫誠至重矣。然憲宗之用裴度，言聽計從，雖以大奸如李逢吉不能阻撓。而穆宗出度於外，反使庸鄙如崔植等得從中制，則度安得有爲哉？故人君欲盡賢相之用，必信任專一而後可。

　　初，柳泌等既誅，方士稍復因左右以進，上餌其金石之藥。有處士張皋者上疏，以爲："神慮澹則血氣和，嗜欲勝則疾疹作。藥以攻疾，無疾不可餌也。先帝信方士妄言，餌藥致疾，豈得復循其覆轍乎？"

先是憲宗因服方士柳泌之藥，致疾而崩。穆宗即位，將柳泌等杖殺。至長慶四年，上意寖以怠荒，諸方士稍又因左右近幸之人干求進用。穆宗不能懲戒往事，仍服其金石之藥，欲求長生。有處士張皋者上疏："人稟血氣以生，貴於和平而忌於偏勝，惟能澄神定慮，使本原之地寧靜澹泊，不爲情欲所擾，則血氣自然和平，而百病不侵。設使恣情縱欲，或耽於聲色，或荒於游宴，嗜欲既勝，則血氣必致損耗，而疾病斯作矣。人惟致有疾病，所以用藥攻治，是藥本爲攻疾而設也。若本無疾病而輕服藥餌，使藥力有所偏助，其患立見。君身所繫至重，豈可如此？昔先帝聽信柳泌妄言，謂服藥可得長生，以致躁渴舉發，遘疾而崩，此陛下所親見者，宜懲既往之失，永爲鑒戒，豈得再踵覆轍乎？"穆宗徒善其言，終不能用也。

按，神慮澹之一言最得養生之理。蓋人君一心，衆欲交攻，必愛惜精神，減省思慮。於凡可喜可好之事，泊然如水，一無所動其中，纔能培養壽命之原，永綏和平之福。而其要又在講學勤政，使志意既專，然後神慮無雜，未有無所事事而心能澹然者也，明主宜留意焉。

　　上游幸無常，昵比群小，視朝月不再三，大臣罕得進見。二月，浙西觀察使李德裕獻《丹扆六箴》：一曰宵衣，以諷視朝稀晚；二曰正服，以諷服御乖異；三曰罷獻，以諷徵求玩好；四曰納誨，以諷侮棄讜言；五曰辨邪，以諷信任群小；六曰防微，以諷輕出游幸。上優詔答之。

"扆"是御座後屏風。"丹"是赤色。"箴"是箴警之辭。

敬宗即位之初不知謹政，每微服出外，游戲行幸，舉動無常。所寵昵親近是狃邪小人，蠱惑上心，無所不至。每月視朝不過三兩次，公卿大臣罕得進見其面。浙西觀察使李德裕因作爲《丹扆六箴》獻上，言人君負扆臨朝，所當箴警者有六事：其一曰宵衣，人君於天未明時就當起着衣，待旦視朝。蓋因敬宗視朝太稀，又常過時而晚，故以此諷之也。其二曰正服，人君所服袞冕自有定制，不可崇尚奇麗之飾。蓋因敬宗服御乖異，有褻威儀，故以此諷之也。其三曰罷獻，人君所受貢獻自有定額，當罷免額外之供。蓋因敬宗徵求玩好，有損儉德，故以此諷之。其四

曰納誨，人君於直言正論當委曲聽納，以示優容。蓋因敬宗侮慢
忠言，拒而不聽，故以此諷之也。其五曰辨邪，人君於讒諂奸佞
當詳審辨別，以防蒙蔽。蓋因敬宗親信群小，任之不疑，故以此
諷之也。其六曰防微，人君一身所關甚重，出入舉動當時加戒
慎，以防不虞。蓋因敬宗輕出游幸，履危蹈險，曾不知懼，故以
此諷之也。六箴進上，敬宗優詔褒答，然竟不能從其言也。

　　按，此六箴雖均切治理，而辨邪一言尤要。蓋敬宗以冲年即
位，使能尊禮師傅，親近老成，則心志有所維持，而啓居出入自
然有常，服御玩好自不及侈矣。惟其有群小之狎，無師保之助，
此所以童昏失德，過日積而不自知也。明王當深省于斯。

　　　以李德裕爲門下侍郎、同平章事。德裕入謝，言於上
　　曰："致理之要在於辨群臣之邪正。夫邪正二者勢不相容，
　　正人指邪人爲邪，邪人亦指正人爲邪，人主辨之甚難。臣以
　　爲正人如松柏，特立不倚；邪人如藤蘿，非附他物不能自
　　起。故正人一心事君，而邪人競爲朋黨。先帝深知朋黨之
　　患，然所用卒皆朋黨之人，良由執心不定，故奸邪得乘閒而
　　入也。夫宰相不能人人忠良，或爲欺罔，主心始疑，於是旁
　　詢小人，以察執政。如德宗末年，所聽任者惟裴延齡輩，宰
　　相署敕而已，此政事所以日亂也。陛下誠能慎擇賢才以爲宰
　　相，有奸罔者立黜去之，常令政事皆出中書，推心委任，堅
　　定不移，則天下何憂不理哉？"

文宗崩，武宗即位，首召還袁州長史李德裕爲門下侍郎、同
平章事。德裕入見謝恩，因進言于上："人君莫不願治，而致治
之要不必他求，在審察群臣，辨其孰爲邪人，孰爲正人而已。夫
邪正兩等，其存心制行大抵相反，若使同朝而立，勢必不相容。
正人嫉惡邪人，固指邪人爲邪；邪人妬忌正人，亦反指正人爲

邪。邪正互相攻擊，名實混亂，真僞不分，人主欲從而辨別之，誠甚難矣。以臣言之，正人持身孤介，譬如木中松柏，其節操剛勁，挺然獨立，不倚靠他物；邪人則卑下柔弱，如草中藤蘿，若非依附他物，必不能自振拔而起。故正人獨行己志，一心事上，耻爲和同；而邪人背公植私，交相引援，爭爲朋黨。人品較然不同，宜無難辨。先帝深知朋黨爲患，每恨其難去，而所用者若李訓、鄭注等，卒皆朋黨之人，良由辨別不真，持心不定，乍疑乍信，所以奸邪得乘間而入以搆讒啓禍，人主卒被其誤而不知也。夫宰相固不能皆忠良，或有一二虛妄之人，迹涉欺罔，主心始不能無疑。疑心一生，不能自決，旁問左右之人，以伺察執政賢否。如先朝德宗末年，不信宰相而信群小，所聽任者惟讒佞裴延齡等，專權用事。至於宰相，反不得預政，但署名於敕，主行文書而已。體統廢壞，綱紀陵夷，此政事所以日亂而不理也。陛下誠謹之於始，慎選賢才，任以爲相，不因之以濫用小人。其欺君罔上，罪過昭彰者，立罷斥之，不因之以概疑君子。常以朝廷政事決於宰相，推心置腹，委任責成，志堅意定，不爲毀譽所間、愛憎所遷，則臣主一心，政事畢舉，何憂天下之不治也哉？"

大凡人君擇相，未嘗不欲得正人而任之，而任之未必專者，其知之猶未深也。心誠相知，則信之必篤，任之必專，自非邪人所能間耳。古人所以比君相於元首、股肱，明其有一體之義，豈有一體而可使間隔者哉？後之任相者，以一人譽之而用，既不能辨別之於始；以一人毀之而棄，又不能信任之於終。其於一體之義，疏亦甚矣。明主宜知所重焉。

鎮、魏奏邢、洺、磁三州降，宰相入賀，李德裕曰："昭義根本盡在山東，三州降則上黨不日有變矣。"上曰："郭誼，積謀主也，必梟劉稹以自贖。"德裕曰："誠如聖料。"未幾誼果斬積,宗族盡殺之,函積首降。宰相入賀,上曰:"郭誼宜如何處之?"德裕對曰:"劉積駿孺子耳,阻兵拒命,皆誼爲之謀主,及勢孤力屈,又賣積以求賞,此而不誅,何以懲惡?宜及諸軍在境,并誼等誅之。"上曰:"朕意亦以爲然。"郭誼等至京師,皆斬之。

"鎮"、"魏"皆藩鎮名。"邢"、"洺"、"磁"是州名,邢州即今順德府,洺州即今廣平府,磁州即今彰德府。昭義在秦時爲上黨,在今爲潞安府。

初昭義節度使劉從諫薨,其子劉積自爲留後。武宗用宰相李德裕之謀,詔鎮州節帥王元逵、魏博節帥何弘敬發兵招討澤潞。先攻其邢、洺、磁三州,三州守將果皆相繼請降。於是鎮、魏二帥以狀奏聞于朝,宰相入賀,李德裕奏:"昭義一軍所恃以爲根本者,正以其有邢、洺、磁三州在於山東,其士馬可以進援險阻,可以退守也。今三州來降,則根本既拔,以勢度之,上黨孤懸無助,難以獨存,不日之間必有內變矣。"武宗言:"彼中若有變,必起於郭誼。蓋郭誼乃劉積謀主,見事不成,恐並受其禍,必殺劉積以自贖其罪也。"德裕言:"積必死於誼手,誠如聖上所料。"未幾郭誼果殺劉積,并收積宗族盡數殺之,將劉積首級獻上求降。於是宰相入朝稱賀,武宗問:"郭誼殺積來降,或誅或賞,宜如何處?"德裕對:"劉積乃一癡駿孺子耳,何知叛逆?所以教之阻兵拒命者,皆由郭誼爲之謀主。始則依勢附力,導以爲亂,及勢孤力屈不能自存,又以積爲奇貨,賣之以求賞。其反側如此,真奸人之雄也。釋此不誅,何以懲惡?宜及鎮、魏諸軍尚在境內,并郭誼等殺之,以爲黨惡之戒。"武宗深然其言:"朕意亦是如此。"乃詔執郭誼等送至京師,皆斬首以正法。於是澤潞始平。

自古謀國之臣多計算而少成事,非但其謀之不審,亦由君相異心，任之者不專也。今觀武宗之與德裕同心相謀，同謀相信，君所言是，相則曰誠如聖料；相所言是，君則曰朕意亦然。其計議投合如此，令何所不行，威何所不克？此所以使鎮、魏如臂指，取上黨如草芥也。任相者宜以爲法。

　　上獵於苑北，遇樵夫，問其縣，曰："涇陽人也。""令爲誰？"曰："李行言。""爲政何如？"曰："性執，有強盜數人匿軍家，索之，竟不與，盡殺之。"上歸，帖其名於寢殿之柱。冬十月，行言除海州刺史，入謝。上賜之金紫，問曰："卿知所以衣紫乎？"對曰："不知。"上命取殿柱之帖示之。

　　唐時有南北軍，其部下人曰"軍家"。"涇陽"縣，今西安府。"海州"，今淮安府。

　　宣宗出向苑北地方獵射，偶遇樵夫，問是何縣人，樵夫答："涇陽縣人也。"宣宗問："縣正官爲誰？"樵夫答："是李行言。"宣宗因問："此人行事如何？"樵夫答："此人性剛，執法不能容奸。縣中有劫夥強盜數人，事發藏匿軍家，差人捕捉，窩主竟不肯與，遂將強盜與窩主併殺之。其執法不撓如此。"宣宗默記其言，回至宮中，書寫李行言姓名，帖於寢殿之柱，以識其人。除授行言爲海州刺史，行言入朝謝恩。宣宗賜以金帶紫袍應得服色，因問行言："卿知今日所以腰金衣紫之故乎？"行言對："不知。"宣宗乃命左右取殿柱上帖示之，行言見其姓名在上，始知今得升擢，上親有訪聞也。

　　夫守令之賢否，生民之休戚繫焉，人君知以爲重者鮮矣。雖薦章日上，課牘滿前，尚有不察其誰何者。宣宗一出獵之際，惓惓吏治，問之惟恐不詳，一得其人，手記心存，用之惟恐不速。明君能法其意以察賢否、行黜陟，守令豈有不勸，百姓豈有不安者哉？

《歷年圖》曰：高祖舉晉陽精兵，承亡隋之弊，席捲長驅，奄有關中。命將出師，掃除亂略，遂降李密，繫建德，擒世充，芟武周，翦黑闥，夷蕭銑。六年之中，海內咸服。何成功之速哉？蓋以太宗之爲子也。太宗文武之才，高出千古，驅策英雄，網羅俊乂，好用善謀，樂聞直諫；拯民於水火之中，而措之於袵席之上，使盜賊化爲君子，呻吟轉爲謳歌，衣食有餘，刑措不用；突厥之渠繫頸闕庭，北海之濱悉爲州縣。蓋三代以還，中國之盛未之有也。惜其好尚功名而不及禮樂，父子兄弟之間慚德多矣。

《歷年圖》是史臣總叙唐朝傳國次第，歷舉其爲君者資性美惡、行事得失之大略，以見一代之治，汙隆興替，皆有由也。首從高祖言。高祖初爲唐國公，留守太原時，見得煬帝巡游無度，民窮盜起，因舉晉陽精兵，承亡隋之亂，攻下汾、霍諸郡，席捲長驅，直抵西京，遂據關中而盡有其地。乃遣將出師，掃除群盜，遂降李密於洛口，繫竇建德於虎牢，擒王世充於洛陽，芟劉武周於馬邑，翦劉黑闥於山東，夷蕭銑於江陵。不出六年之間，僭僞悉平，海內咸服。何其成功之速一至此哉？蓋以有太宗爲之子故也。太宗具文武全才，其智藝勇略高出前代之上，而又能驅策一世英雄，使皆效其力，網羅四方俊乂，使各盡其才。凡計謀當心，則嘉納之而不遺；雖直言逆耳，亦樂聞之而不厭。以寬代虐，拯救萬民於水火之中，而安置於袵席之上。使昔之剽掠爲盜者生其廉耻之心，化而爲君子；昔之呻吟愁苦者遂其生養之樂，轉而爲謳歌。男耕女織，衣食有餘；訟簡民淳，刑罰不用。威加戎虜，突厥之長繫頸於闕庭；地盡窮荒，北海之濱悉建爲州縣。華夷一統，蓋自三代而降，中國之盛未有若斯者也。致治之美，誠可謂不世出之主。惜其喜好功名，徒知以殺伐戰爭創造基業，而於修身治世、禮樂教化之本，全未有得。以宮人脅父而起兵，殺一兄一弟以得國，其於父子兄弟之間，虧恩失德非止一端，慚愧多矣。

夫以高祖、太宗一代創業之君，功烈無比，而但以慚德家庭，遂爲盛美之累，此帝王之治必以惇叙彝倫爲首務也。

復宿山房集卷之十五

議

春和賑貸議

存心天下者，不爲未然之圖，而畫卒然之計，未有能濟者也。夫襲裘者不虞寒，持蓋者不畏雨，惟其有備也。有備則預，預則充，充則事變之來，可以應求而給，而無周章措置之患。

昔漢文時，賑貸之令無歲不下，粟帛之賜無人不沾，惠亦溥矣。乃賈誼進言獨曰：“積貯者，生民之大命。積貯不豫，衣食不足，雖慈母不能有其子，君安能有其民哉？”夫時方亟賑貸，而誼乃言積貯，若近迂緩，於事勢弗當矣。而論者稱其通達國體，則固以豫防之道可常，而應卒之圖難繼也。往年吳、楚、鄭、衛間苦霪潦，大水氾溢，民脫魚鼈者，視桑田皆鹵澤。而齊、魯、秦、晉復值亢旱，禾稼多焦死者，歲饑極矣。方今春和之時，諸潛振榮，百物嘉豐，而民之待命者，獨嗷嗷然不勝其愁苦呻吟之態，此軫念民瘼者，所爲酸鼻惻心，而思以拯救之也。然而迫矣。夫所謂迫者，非謂勢已無及而可止也，謂夫恩或有壅而難徧也。今夫千金之家，聚數人而食之無難色者，有餘故也。今國家之財力匱矣。試計之，賑吳、楚、鄭、衛，非數萬金不可；賑齊、魯、秦、晉，亦非數萬金不可。此數十萬金者，將安所措置哉？不過資之內帑而已。內帑之金，以待王宮，以制吏祿，以饋軍需，一歲出入，纔僅給耳。即贏，猶恐虛內以供外，矧詘也與哉？此愚慮其難辦者一也。

語曰："千里饋糧，士有饑色。"今大臣以議上天子，天子可其議，遣使分道而出，遠者或數千里外，近亦不下數百里，安能旬月即達？比達而莩委者纍纍矣。且使臣齎金而出，非自集饑者食之也，必以屬之守令。守令謂此使臣事耳，又不自稽詰也，以付之吏胥。蓋至於吏胥之手，而弊端始旁午矣。行賄者增其口，不者削其名，由是賑者未必貧，貧者未必賑，民有匍匐而往，啜泣而還者。嗚呼！民束腹延頸，冀得升合之賜，以苟旦夕毋死，而至爲奸胥所困，曾不獲臠一飽，則安用賑貸爲也？此愚謂其惠之難徧者也。曰："若是，將坐視其流離顛踣爲溝瘠之轉耶？"曰："何可坐視也？"夫數口之衆，聚食一室，則雖多藏之家，難乎其久。若分布而食之，則雖衆人之力，亦可以支。故民猶之赤子，而守令者，其乳母也，其子啼饑，則亦屬其母使哺之耳。今守令豈盡胡越其民者哉？倉廩府庫，各有司存，少專制而逾節，而苛細者媒蘗其後矣。盍奉咫尺之命，簡風憲之臣，俾亟趨被饑之國，問民所疾苦狀，諭守令各按所部饑民，設法賑之。能活萬人以上者超遷，活千人以上者增級，活數百人以上者褒賞有差，大都破拘攣之格，假便宜之權。如贖金可括也則括之，勿以乾没而濟其私；富民可借也則借之，務以獎勸而鼓其義。如此則爲之守令者，自知其責之不可辭，而又幸其分之得自盡，即至愚不肖，亦將惕勵鼓舞，黽勉周旋，以求仰稱聖天子保民之至意矣。

或者謂贖金之額有限，蓋藏之家無幾。夫法有旁行，而事有通變。昔汲黯之發淮倉，富弼之在青州，豈皆仰給公家，取饒官廩哉？一方之財，自足以贍一方之用，因時利導，隨勢轉移，存乎人焉爾矣。誠得其人，則恩出於朝廷，功歸於守令，澤及於窮民，是一舉而三善集也。卒然之計，其或在斯乎？不然，索裘堅冰之日，葺蓋滂沱之時，迫也甚矣，有能濟焉者哉？

《孟子》曰："七年之病，求三年之艾，苟焉不畜，終身不得。"今貯積之利，已無及矣，則何不自今畜之乎？畜之維何？昔夷吾設平準之權，穀賤則糴，穀貴則糶，而齊國用饒。朱子社倉之制，官總其樞，民通其利，而諸路稱便。今其法犂然具在也，不可舉而行之哉？其有弗行，則亦當事者未有如夷吾、朱子者耳。然則慎簡守令，尤今日之要務矣乎。謹議。

練兵議

治兵之道，太上審勢，其次綜法，次官材，次修具。審勢者固，綜法者精，官材者專，修具者豫。蓋勢有輕重，偏而弗起則弱；法有經曲，蠹而弗振則弛；材有良庸，冗而弗簡則蠹；具有利鈍，缺而弗備則疏。四者，兵之所最忌也。是故握制馭之勢，斯基厚而難搖；舉訓肄之法，斯威揚而弗挫；任智勇之材，斯猷壯而可恃；飭攻守之具，斯衆一而不攜。

愚嘗博稽往古，諦察當今，而知治兵之要，未有急於斯四者矣。審勢者何？今夫懸衡而稱之，兩端不爽者，輕重得也；錯采而陳之，五色互麗者，經緯均也。昔周之時，井邑丘甸以制賦，伍兩卒旅以寓兵。其在畿內，則有虎賁，有僕從，有守隸，而根本完。其在列國，則大國三軍，次國二軍，小國一軍，而多寡節。維時將相不分，兵農合一。《采薇》出戍，則三捷獻功，外兵皆可以內衛也；洛水觀戎，則六師作氣，內兵亦可以外捍也。以能居重馭輕，綴旒下國，則握勢固矣。嗣是，漢之南北兩軍，材官騎士，番上有時，都試有法，制非不良，及番上變爲常屯，都試罷於郡國，其後常屯又變爲遠征，三變而漢業衰矣。斯其勢也，淪夷而弗競。唐制府兵，統以十六衛，折衝教閱，魚書調遣，猶有古意存焉。然一變爲彍騎，再變爲方鎮，又變爲壯衞，亦三變而唐祚傾矣。斯其勢也，偏重而弗平。宋內有三衙、四廂諸司，外有總管、鈐轄諸將，其後又籍鄉民以充軍伍，升廂軍以補禁衛，亦持重計也。顧無事而食，兵糧交困，蘇軾所謂"無漢唐之利，而兼受其弊者"也。斯其勢也，壅積而弗運。我朝立國之初，設錦衣等上十二衛以衛宮禁，設留守等四十八衛以衛京城。上十二衛番直宿衛，屬指揮使司，而京城之衛屬五軍都督府，此內兵之制也。天下都指揮使司一十六處，而為行都司者五，其所設軍士，俱有定數，如以五千六百名為一衛，一千一百十二名為一所，一百十二名為一户，此外兵之制也。兵皆土著，將皆朝除，上有易制之權，下無代襲之患，謂之兵政有統矣。夫何永樂以來，既合三千、神機而為三，景泰以後，又析三大營而為十，於是團操之制起，而五軍之法壞，其弊也積而不分，而主帥者懷擁衆之嫌，亂而難統，而備操者率浮游之輩，因循姑息，旋抽旋缺，勢將如東漢之季年耳。輦轂之下，可無慮耶？以外兵言之，原伍不足，議之召募，召募不足，雜之降夷，祇苟目前，罔慮後患，勢將如晚唐之悍將耳。邊塞之上，可長恃耶？夫內兵浮冗，是心腹虛也，外兵單脆，是榮衛弱也，以捍大患，不格明矣。昔人有言曰："琴瑟不調甚者，必解而更張之。"今之時勢，非甚不調而已，可任其乖置矣乎？必也復五府之舊規，而使左右前後，參錯而有經；補衛所之原伍，而使召募調集，漸省而不用。則內外相維，體統不紊，而致治保邦之術定矣。愚之所謂太上在審勢者如此。

顧勢極未易返者，亦措之無法故也。是故京軍非不操練，然揚旗而喜，荷戈而舞，孰安制而綦節？外軍非不勾稽，然執符而索，按籍而抽，孰循名以責實？必分其部伍，定為品式。京軍則各府自練，常操委之營把總，而本府大臣一月兩閱，閱之日量調一隊，試其藝能而賞罰行焉。外軍則衛所自練，常操屬之指揮千户，而本城參守一月六閱，閱之日亦量調一隊，試其藝能而賞罰行焉。軍以見在爲伍，而勾補者徐俟其充；技以習熟爲良，而兼通者量示其勸。仍糾之以科道，紀之以册籍。歲暮，天子大閲京營，督撫巡閲境内，而通覈其功過焉，則分數定而教肄專，勤惰昭而勸懲立矣。愚謂在綜法者此也。

然亦有法立而病於難行者，則任非其材故也。是故既有兵部，又有戎政府，中制重也；既有巡撫，又有總督，外監多也。短識見不同，法制互異，甲可乙否，則事鮮成功；朝令夕遷，則士無定志。必也居帷幄者，咸頗牧之儔，擁旌麾者，皆韓白之伍。且責之以協心之義，而志切於相成；專之以久任之官，而事期於終濟。則庶乎將相一心，上下一體，而法令可行矣。愚謂在官材者此也。

夫法制備矣，材勇集矣，軍威奮矣，器用不利，是徒手之搏也。竊見内外之兵，乘羸策駑，被朽執鈍，一與敵遇，則進無所憑，退無所恃，往往奔北而摧陷者，所備不敵也。蓋虜勢狂駛，疾於鷹隼，而我軍局蹐，窘於規繩。彼輕生而直前，我懼潰而氣沮，有弗撓亂者乎？故欲爲常勝之兵，莫若車戰之利。夫車行則爲營，止則爲衛，利一也；置鎗銃火炮其上，向敵擊發，虜騎不敢馳，利二也；衣糧鎧仗，不煩負載而自具，利三也；省芻秣之費，利四也；士卒依庇，不能棄去，利五也。持此五利，攻有餘威，守有餘險，故愚謂修具者此也。

嗚呼！勢以維之，雖亂必理矣；法以導之，雖悍必馴矣；材以制之，雖艱必濟矣；具以待之，雖瑕必完矣。四者談之甚庸，而行之可效，顧責成之者何如耳。如安襲故常，而無任事之略，或覷覦近效，而乏周悉之謀，則將以審勢爲紛更，以綜法爲操切，以官材爲奔競之階，以修具爲工費之耗。方議而即疑，既行而多梗，垂成而復廢者有矣。自非懸獨照之明，破拘攣之格，乘事機之會，奮忼慨之圖，其孰能周旋於險阻之衝哉？故兵制可復則遂復，兵法可行則遂行，將材可遴則遂遴，器具可飭則遂飭。疾然如鷙鳥之飛而將擊也，屹然如九鼎之峙而不可移也，沛然如乘風之舟赴壑而下之速也。夫然後可與計寇，而兵事無不舉矣。不然，今日議屯，明日議戍，此謂可攻，彼謂可守，搆室道傍，何能有成也哉？故事非實心以圖之，并力以濟之，而能底績者，自古及今未之有也，故終又在責成。

宋韓、范二公經略西事始末

唐末，夏州人拓拔思恭以討黃巢功，賜姓李，遂有銀、夏、綏、靜、宥五州之地。宋初，李維俸來朝，以其地獻。其族弟維遷叛，走斤澤，朝廷以優詔致之，賜名保吉，尋還其地。保吉死，子德明嗣，曹瑋欲乘其新立擊之，以絕後患。帝不許，封德明夏王，傳之元昊。元昊雄點多智，素恥其父臣宋。及襲封，阻河爲固，并地萬里。寶元元年，遣使窺河東路，謀先攻鄜延。知州范雍不爲備，城幾陷。會知制誥韓琦使蜀歸，論雍節制無狀，宜以仲淹代。遂以夏竦爲陝西經略安撫招討使，韓琦、仲淹副之。仲淹以延州諸砦多失守，請自行，遂詔兼知延州。先是詔令邊兵，寇至，官卑者先出。仲淹曰："將不擇人，以官爲序，敗之道也。"於是大閱州兵，得萬八千人，分六將領之，日夜簡練，量賊衆寡，使更迭出戰。又請建鄜城爲軍，輸河中、華、同租以給兵餉，省轉運勞。敵人聞之，相戒曰："小范老子，腹中自有數萬甲兵，勿以延州爲意也。"

初，仲淹上言："關中虛弱，宜嚴戒邊兵，爲持重計。"及元昊陷塞門諸砦，猖獗日甚。帝遣學士晁宗愨即陝西問計，琦主進兵。仲淹言："臣與琦等一心，非有怯弱，但戰者危事，一或差失，轉延歲月。況兵少則難追，多則難進，未見其利。"琦曰："賊昊傾國入寇，不過四五萬，我兵勢分，故遇敵不支。若大軍併出，破之必矣。"會元昊遣人求和，仲淹爲書遺之，令去帝號。琦曰："無約而請和者，謀也。"乃命諸將戒嚴，而自行邊。已，賊衆果寇渭州，薄懷遠城。琦募兵八千人，命任福將之，令趨德勝砦要擊賊，且戒之曰："苟違節制，有功亦斬。"福諜知賊少，易之，遂墮伏中，大敗於好水川。奏至，貶琦秦州。後元昊答仲淹書，多不遜語，仲淹對使焚之。朝議以仲淹擅通書，又擅焚之，奏斬。杜衍曰："仲淹志在招納，蓋忠于朝廷也，何可深罪？"乃貶耀州。

慶曆元年，元昊進圍豐州，陷之。復以琦、淹分制四路。元昊寇鎮戎軍，副總管葛懷敏督諸砦兵禦之，爲賊所敗。賊遂乘勝直抵渭州，涇、邠以東皆閉壘自守。仲淹自將蕃漢兵援之，賊乃引還。帝聞之，喜曰："吾固知仲淹壯也。"因遣王懷德諭仲淹，徙鎮涇原。仲淹乞與琦俱，曰："琦兼秦鳳，臣兼環慶，涇原有警，臣與琦爲掎角，漸復橫山，以斷賊臂。"琦請於鄜、慶、渭三州各益兵三萬，俟賊舉動，觀利擊之。帝悉用其言。乃復置陝西路經略安撫招討使，開府涇州，益屯兵三萬，以琦、仲淹分領之。琦、仲淹在兵間，號令嚴明，愛撫士卒，諸羌來者，咸推誠撫接。自是賊漸屈，又饑饉頻仍，死亡瘡痍者相半，上書乞和。時朝廷亦厭兵，許之。乃召琦、仲淹還。

按，仲淹經略西夏城十二砦以撫流移，城大順城以據賊腹，又以元昊陰誘屬羌爲助，請招犒賞諸羌，閱其人馬，立爲條約，由是諸羌咸樂爲用。蓋其意主於招納，故所至定堡障，通斥堠，興屯田，爲持久計。琦則憤賊勢跋扈，期剪除根蘖，不欲以牽制爲名，故每議西事，輒與仲淹左。嘗城籠竿城，以通蕭官之道，沙汰冗兵，增練土著，修戰守具，以此諸將多勇敢者。然兩人計若相反，而心未嘗不相得，故能各用其志，以立功邊境。西人爲之謠曰："軍中有一韓，西賊聞之心膽寒。軍中有一范，西賊聞之驚破膽。”其威名蓋並重一時云。

史臣曰：宋當繼遷屢叛時，不即討平，姑用名爵羈縻之，蔓延至於元昊，噬臍矣。范恐激成其禍，故主撫。韓恐養禍益深，故主攻。兩公者各有攸見，形迹非所論也。以能聲威相倚，並挫勁敵，休哉！然方任福喪師，元昊以誖書至，危矣。竟獲原者，則二公忠義素著也。范嘗以天下事自任，韓盡力事君，死生以之，故任福之敗，韓之不幸耳。通書元昊，殆以亮節自信也。若乃逡巡顧忌，違嫌遠害，小丈夫則然，豈所以論二公哉？嗚呼！人臣欲乘大義，急國家之難，結主上之知，樹勳名、光竹帛者，當觀二公之行事矣。

漢儒專經名家源派考議

天地之道，寄之於聖人，聖人之心，著之於經訓，是故《易》闡陰陽，《書》紀政事，《詩》治性情，《禮》定名分，《春秋》昭勸懲，皆聖人所爲淑人心、垂世教者也。自夫子删述以後，七十子之徒，咸能原本師承，守信宗旨，故當時列國諸侯，學士大夫，猶及睹六藝之全，聞洙泗之説。及秦政暴虐，鄙厭儒術，舉經籍而付之烈焰，吾道一大厄矣。然而山巖屋壁之所藏，故老耆儒之所誦記，往往有焉。漢興，除挾書律，置博士官，斷簡遺編，稍稍繼出。一時傳經之儒，又能各據見聞，轉相授受，淵源既異，流派斯殊。

余嘗旁覽百家，博綜諸説，則亦識專門之塗徑，辨道術之指歸矣。自今觀之，《易》則田何授丁寬，寬授田王孫。王孫一傳，而施讎、孟喜、梁丘賀之學，分而爲三。及東郡京方自云受《易》于焦延壽，于是並立而爲四。其後劉昆、戴賓同受之施，洼丹、任安同受之孟，楊政、范升同受之梁，而京氏之學以占候不傳，及費氏興而田何亦息矣。然田何受之商瞿，商瞿受之孔子，其學何可廢也？

《書》則伏生之後，授於張生及歐陽生。歐陽授倪寬，寬授歐陽之子，爲歐陽氏之學。張生授夏侯都尉，以及始昌與勝，爲大夏侯之學。勝傳子建，爲小夏侯之學。其後尹敏、桓榮、牟融、王良之徒，咸衍三家之緒，而歐陽之傳則最盛矣。然孔安國之《尚書》，乃得之孔壁中者，世世守之，尤爲近正焉。

《詩》則申培公傳之趙綰、王臧、周霸者，謂之魯。轅固生傳之伏恭、景鸞、匡衡者，謂之齊。韓嬰傳之賁生、孫商、薛漢者，謂之燕。而毛萇之《詩》，傳之貫、徐、衛、鄭者，於風雅之旨，尤爲有得焉。

《禮》始於高堂生，而蕭奮、后蒼最明其業。其後戴德之學爲大戴，而傳之徐氏；戴聖之學爲小戴，而傳之橋陽；慶普之學爲慶氏，而傳之董鈞：亦已顯矣。乃安國之古經，河間之《周官》，馬融、鄭玄寔深信之，顧不立於學官，何哉？

《春秋》初有公羊、穀梁、鄒氏、夾氏四家。鄒、夾無傳。穀梁之學，傳之瑕丘。公羊之學，傳之胡母生，胡母生之所傳者，又有顏彭祖，有顏安樂，其學盛矣。左氏最後出，至賈誼爲訓詁，以授貫公、翟方進、劉歆，誠《春秋》之宗案也。乃亦不列於學官，何哉？

愚嘗議之，道在天地間，無一日可息也，煨燼於秦，復表章於漢，亦循環之理矣。當是時，碩士名儒，雲蒸霧散，雖其裒集、訓注之者，人殊其指，家異其傳，然而衆星發彩，同麗乎天，百川支流，咸注於海。即其懷瑾握瑜，分鑣布軌，以宣昭往聖之精蘊，而疏導六藝之波瀾，安可謂於道無所助也？矧散亡之後，掇拾甚艱；草創之初，恢弘不易。於時而欲一新往緒，復購全經，則雖使游夏再作，或亦難矣，而況可責備於漢儒也哉？説者乃謂漢儒窮經而經絕，而一以宋儒之理學爲主，漢儒之注疏盡黜不用。夫使宋儒當漢之世，其搜羅綴緝之功，未必盡賢于漢儒；使漢儒得以因依注腳，憑藉筌蹄，安知其弗能潤色也？昔者孟子以道統自任，而曰"去聖人之世未遠也，近聖人之居若此其甚也"。漢儒多齊魯之士，而去春秋時不遠，其所得大都有自，矧稱爲專門者耶？是故漢儒之訓詁，宋儒之理學，所乘之時不同耳，而未可以軒輊論也。何者？六經之訓，聖人之心也。有得於聖心，則六經之訓固因之以貫；有裨於聖訓，則聖人之心亦賴之以明：非有二也。通於此說，而以之窮經，有達觀矣。

大行皇帝尊謚議

　　恭惟大行皇帝，纘純熙之丕圖，履郅隆之昌運，寶祚膺於九葉，景佑協於三靈。恢闡鴻謨，握乾綱於保泰；對揚駿烈，溥離照於燭蒙。臣民毆閭懌之風，夷夏衛敉寧之福，光華聿振，功德難名。若其祇若承乾，虔恭格帝，政令協庶徵之應，動靜順五氣之符。肅燔瘞於介丘，薦珪璧於泰時，宸衷變變，欽昊穹也。稟毓英資，懋勤睿學，帷幄閎勸誦之益，辟雍隆視幸之儀。咨啓沃於師臣，躬被服於儒行，聖學孳孳，崇道原也。冲穆嚴視朝之容，溫文溢接下之度，體不勞之真宰，握默運之玄功，徽美內融，萬幾坐照，睿乎神明之幽鑒也。軫恤下拊慰之條，優賚布蠲貸之令，罰恒宥於小眚，赦必逮於覆盆，瀜澤湛恩，中外胥戴，恢乎大造之露冒也。俞臺官之請而制額頻增，重儲材之科而局選克愜，擯浮縟以軌士習，宣功令以厲學官，文命所敷，何丕煥也！天戈挽於大閱而組練增威，綸諭飭於固防而烽塵遠靜，款塞納邊酋之貢，獻俘殲島夷之魁，武略所礱，何伊濯也！惇節儉以阜財，容忠諫以納善，法網斥夫操切，政體戒於繁苛，事必疇咨，動鮮中制，德心純也。繹末命於玉几，追顯册於慈闈，憲典釋方技之流，先烈恢汕拔之力，帥遵成法，振刷曠儀，孝思永也。

惟茲衆美之總萃，故令聖德之光昭。方將衍敦裕以凝釐，貽平康而錫佑，益培無疆之慶，適觀有道之長。而變起氛祲，凶邁霄極。欷御鼎以升漢，顧遺弓而上仙。是以抱摧裂之深悲，恨攀附之無從也。臣等逖覽往編，近稽前代，有照臨寰宇之偉績，必有焜燿簡牒之隆名，於以播懿鑠於弗堙，垂景炎於不朽也。

大行皇帝尊諡宜自天錫之，曰：順天隆道淵懿寬仁顯文光武純德弘孝恭皇帝，廟號穆宗。上以配太室之徽稱，下以熙奕世之鴻號。臣等拜手稽首，謹議。

新建文成侯諡議

蓋聞諡法之立，以褒顯其名者，所以勸天下之善也；諡法之行，必稽合其實者，所以示天下之公也。是故品隲生平者采其長，綜覈衆美者識其大。蓋片語之擬議，定厥終身；一字之寵榮，光及百世。安可以無慎也？

伏惟已故新建伯某，明時碩輔，振古人豪。問學淵源，早銳志於作聖；踐履純至，晚見道於良知。抗疏闕庭，權奸奪氣；謫居荒徼，夷類輸情。宰廬陵而德化大行，歷郎署而勳華益著。當其巡撫南贛，巨寇方張，盤據巢穴，蔓延州郡。公奏罷調兵，選練土著。擁旄福建，則漳寇成禽；移檄龍川，則寨酋爭順。攻橫水，破桶岡，下九連，襲三浰，由是數年之逋寇盡平，而四省之荼毒始釋。己卯之變，寧藩顯設逆謀，睥睨神器，襲攻郡縣，劫殺守臣，遠近之人，靡不騷動。公以孤軍之危，赴倉卒之難。首圖牽制之策，以撓其謀；陰設行間之權，以離其黨。樟樹之會，義旅雲興；南昌之拔，賊衆瓦解。攻九江以便聲援，據南康而躡賊後。竟使鯨鯢失利，奄成樵舍之圍；虎兕亡群，卒就昌邑之縛。此其掃除霾曀，平定江淮，兩京之鐘簴恃以奠安，九廟之神靈因之歆慰者也。

逮夫旂常紀績，伯爵貤封，猶能振餘烈於思田，奏膚功於兩廣。布恩施信，羊叔子之懷吳；罷兵息農，趙充國之計寇矣。猺獞不擾，萬衆歸降，伊誰之力哉？蓋常合而論之。公有輔世之志，而力足以充；有應變之才，而謀足以濟。原其始，蓋本之學問之功；要其終，允就其經論之緒。按諡法，道德博聞曰文，安民立政曰成。以公之識研性命，學究身心，凡縉紳大夫，四方人士，聞風而附，望景而趨者，莫不問業於門墻，定交於師友。此非道德博聞者乎？至其弘濟艱難，削平反側，不動聲色，而措天下於泰山之安，如解倒懸而登斯民於袵席之上。此非其安民立政者乎？在昔韓昌黎，起衰濟弱，獨以文稱；杜如晦好謀能斷，特以成諡。公於二子，實兼所長，諡曰「文成」，孰云不當？謹議。

論

心之精神是謂聖

學爲聖人者，不當求之聖人，而當求之吾心。非吾之心即聖人也，吾心之本體，即聖人心之本體也。本體者何？純一不雜，虛靈不昧，歛之渾渾而出之蕩蕩，索之冥冥而廓之昭昭者也。是本體也，在聖人非有加，在吾人非不足，維皇降衷，厥有恒性，一而已矣。但聖人全是本體，而達諸天；吾人失是本體，而累於欲。斯聖愚之分，所由相遠，而其初何嘗有異哉？故曰「心之精神是謂聖」。

蓋心者，聖之體。精神者，心之體。知精神之所爲，則知心；知心之所爲，則知聖矣。何言乎其心之精神也？今夫日月之明，雨露之潤，風霆之擊，孰爲之乎？天之精也。時而爲雨露，時而爲風霆，孰爲之乎？天之神也。大哉乾元，萬物資始，而所以妙運之者，亦惟有是精神而已。豈惟天哉？地之精神，發於山川，山川之精神，發於草木，蓋未有一物無精神者也。無精神則不能以運，是故腐木不可以生，寒灰不可以爇，何也？其機塞也。吾人之心，以統五官，以御百體，以具衆理，以應萬事，豈塊然一物哉？固必有所以運之者矣。其運之者，即精神之謂也。是故耳目手足，其能視聽言動者，此精神之爲也。君臣、父子、夫婦、長幼、朋友，其能親、義、序、別、信者，此精神之所爲也。人惟於是精神之本體，氣稟以拘之，物欲以牿之，習染以污之，使夫純一者雜，虛靈者礙，則機窒而不能通，氣餒而不能運。譬鏡之蒙塵，無以見眉睫；刃之未硎，無以斷魯縞。何則？其精神有所不足焉耳。故人見聖人踐行盡性，惇倫察物，以爲聖人之聖德大業，必有所以獨縱於天者，而非夫人之可及矣。然而聖人之所以爲聖者，何嘗外是心也；聖人之所以爲心者，何嘗外是精神以運之也。故欽明浚哲，堯舜之精神也；祗台聖敬，禹湯之精神也。文武之精神，在於緝熙執競；周孔之精神，在於思兼好古。夫是數聖人者，其精神之存，纔一念之微耳，而以之光四表，式九圍，制禮作樂，繼往開來者，恒必由之。乃知作聖之本，果不在於言語動作之間，而特在於涵養本源之地。本源一定，而聰明之象顯，廣大之量充，可以兼兩天地，進退古今，視宇宙內事皆吾分內，而聖人之道不在堯、舜、禹、湯、文、武、周、孔之身，而在吾之一心矣。故《易》曰"直方而大"，《禮》曰"莊敬日強"，孟子謂之"浩然"，曾子謂之"弘毅"，皆以發明是精神之義也。

　　學者不知，反求乎此，而日汩汩焉循聖人之糟粕，以求達於性與天道之域，是衣冠而學叔敖，形體而擬湯文者耳。貌雖肖，其如精神之不屬，何哉？抑心之精神，易於昏昧放逸，而難於操存收斂。是故木蠹而蟲生，然蟲生而木益蠹；醯敗而蚋集，然蚋集而醯益敗。人之一心，眾欲交攻，則其精神之本體已異於聖人之清明矣。而識之不早，反之不力，物交物引，危者益危，又安能復其初也？故必謹獨知以徹精神之蔽，屏嗜欲以養精神之萌，靜而勿淆，虛而勿塞，斯則泰宇定而天光發，而吾心之本體庶幾可復見乎！故曰人須是識其真心。嗚呼！心之精神，即真心也，

漢高帝善將將

　　史稱高帝善將將，未足以盡高帝也。高帝之成帝業，豈專恃諸將之力哉？提戈擁甲，攻城掠地，橫行六合，收輿圖而歸之漢，此諸將之力也。至紓謀畫策，悉計定議，身處帷幄中，而天下之大勢灼於指掌，彼諸將者，不過為吾之奔走役使而已。斯則良、平之善謀，高帝之善聽，諸將安能與哉？

　　漢之諸將，稱功高者，莫如信與布與越矣。兹三人者，皆相繼反，信反獨亟。即高帝善將將，奚不能羈縻束縛，令三人者，始終於我而有其孚心？帝不能保三人不叛漢，則亦不能保其必德漢以立功。若所稱築壇而拜、裂國而封以處三人者，安在如昔人言，能飽其欲以責千里也？三人之必為漢用也，非高帝鼓舞之功。漢多謀臣，天下之心屬漢者十七，即項羽之強力，帝左旋而右伏之，如檻虎而鬥其外，毒噬不得逞焉。三人者，自度其才勇孰與項羽，而又無項羽之資，則視漢之氣勢赫震，業志懾而氣沮，安得不屬漢以立功名？若謂三人之功名，感於禮遇之厚而然，則方其未附時，未有築壇之拜、裂國之封，而固已甘心於漢也，奚事鼓舞焉？三人者，既已事漢，漢待之殊禮，及視在漢帝側者多深謀密議之臣，而己獨被厚寵，擁重兵于外，安知三人

者，不疑帝之啖己，而以形迹自危也？故越、布王蚤，最先反，信王遲，最後反。權偪則懼，位極則疑，勢然也。安有處將臣於疑懼之地，而謂之善將將哉？故擊齊定魏，仆趙下燕，兵革所加，亡不糜滅，漢得天下，不可謂非諸將之力。而獨謂其操智任術，爲得將將之道，非是也。智術可以馭俠士，不可以罔賢哲；可以權一時，不可以圖久遠。世有尚父、方叔之流，而欲倨洗嫚罵以折其節，施不測之恩威以顛倒之，亦甚悖矣。得雉飼雀，得兔飼鼠，帝以處嬰、勃者，豈不甚約？而卒保首領、全功名者，乃惟嬰、勃輩也。三人者，功甫就而鼎鑊、蕭斧已及之矣。是鄉所爲築壇裂國，拜而封之者，不乃植禍於三人也哉？

大都漢得天下，多由良、平之謀，若窘鴻門，圍滎陽，困白登，崎嶇顛蹐，相與周旋，而計出之者，良、平之力也。亡良、平，即三人者，不可得用也。國士之薦，躡足之請，三人之動定，良、平疇之審矣。其在帝側曰“是可以拜也”，“可以封也”，“可以禽也”，終三人之身，榮辱生殺，良、平計之耳。故知亡良、平，則三人不可得用。然則非高帝善將將，好謀能聽，乃善用良、平也，斯可以盡高帝哉！

孔子學無常師

道無方，故聖人之學亦無方。夫凡囿於方者，物也。物則可以形求而象執，是以泰山至高也，猶能陟其巔，巔之外無與於山矣；滄海至深也，猶能涉其涯，涯之外無與於海矣。道則并包天地而無內外，貫衍古今而無終始，散見於萬事萬物而無紀極，其可得而囿之哉？不可得而囿，是謂無方，無方之謂神。

聖人之學，兼總條貫，六通四闢。天下之人咸仰其德業之盛，而曾不得以窺其淵源之所自者，則其所存者神也，故曰“聖而不可知之之謂神”。彼夫世之學道者，仁者見之謂之仁，曰吾之師也，從而學焉；知者見之謂之知，曰吾之師也，從而學焉。守一曲，宗一氏，則其所淵源未有不可得而知者也。何也？彼各有所囿之也。聖人之學，以兼兩天地，進退古今，經緯民物，其所自負荷非眇小矣，則孰得而囿之哉？是故道在方册則師文武，道在典謨則師堯舜，道在銘範則師禹湯，道在卦象則師宓義，而猶不足以囿之也。而其細至老聃之禮、萇弘之樂、郯子之官、師襄之琴，苟有一隅之見、一技之長，亦其所樂取而不遺者，故曰"三人行必有我師焉"。以三人之間，猶必有師，則無適非師可知也。夫無適非師者，非聖人猶有所不足也。其在川上曰"逝者如斯夫，不舍晝夜"，蓋有見於道體之無窮矣。是故發憤忘食，好古敏求，多聞而從，多見而識，其不自足之心固如此。不自足，故有師。其不自足之心無間可息，故無常師。有常師者，盡其師之藝，而師道止矣。是故學射者師羿，不能合規矩於倕；學奕者師秋，不能叶律呂於曠。其所得者，無幾也。聖人無常師，則無定業，無專能。無定業而其業始崇，無專能而始無不能。是故金聲玉振，集群聖之成矣；斟酌禮樂，會百王之法矣；上律下襲，體天地之撰矣；季井識犬，萍實通謡，盡事物之理矣。萃百行而不見其益，悉萬善而不顯其盈，愈析愈精，愈擴愈大。

　　而人之視聖人者，徒曰多能而已、博學而已。至其淵源之自，則豈惟衆人不得而名言之，雖智足以知聖人者，亦不得而名言之也。學至於不可名言，非天下之至神，其孰能與於斯哉？雖然，非終不可名言也。子貢曰"固天縱之將聖"，而夫子自謂，亦曰"吾道一以貫之"。蓋道生於一，一生於天。天以一理之精，賦之聖人；聖人以一心之精，兼統萬類。故師之所在，無適非道；道之所在，無適非心。心極一立，而道之無内外、無始終、無紀極者，咸管是矣。其無方者，豈遂汗漫而無歸？而所謂無常師者，抑豈泛遊廣涉而無當者哉？

後之學者，慕聖人之大而無其實，而馳騖於百家衆藝之途，曰"我將學聖人之無常師也"，則不至於多岐之謬者幾希。顏子曰"我守信一學，不好廣觀，無溫故知新之明，而有守愚不覽之暗"，此顏子所以爲善學聖人也。嗚呼！欲學聖人者，學爲顏子可矣。

九德論

予讀書至唐虞以九德官人，則掩卷而嘆曰："盛哉！夫天生全材，以光啓雍熙之運，而君天下者，能兼舉而並用之，以克遂其輔理之功，治之盛也，化之極也。夫才至難得也，朝得一人焉，舉而用之，暮得一人焉，舉而用之，而猶慮其弗繼也，況於九德之咸事哉？"

九德之咸事，則非唐虞之世不能也。何也？賢才者，應運而生者也；德業者，乘時而顯者也。堯舜之時何時哉？皇風未邈，光岳猶完，天地中和之氣蜿蜒扶輿，磅礴而鬱積非一日矣。貞元所萃，聖哲挺生，是宜人才之出，蒸蒸然有九德之盛也。故爲寬而栗，爲柔而立，爲愿而恭，爲亂而敬，爲擾而毅，爲直而溫，爲簡而廉，爲剛而塞，爲強而義，粹然中正，藹然和平。其德之純，嘷嘷乎如八音並奏而律呂之相宣也，如五味克諧而芬芬旁達也，如衆采雜施而丹綠藻繪，炅炅乎備大觀也。此非鍾天地之精淑，而關氣運之休明者哉？夫天下有一才士，亦足爲世道慶，而況九德之並生也！爲天下者，得一才士，亦足以輔治，而況九德之並用也！以此九德者，而並生於堯舜之世，並立於堯舜之朝，翕受敷施，罔有遺伏，則唐虞之化，所以恭己無爲，垂衣裳而天下治者，固有繇矣。

是故用之有家，則爲浚明，用之有邦，則爲亮采，以能師百僚、時百工焉，撫五辰、凝庶績焉。其輔理之功，又盡章章如是也。故當其時，堯舜總其樞，九德能其官，元首股肱，相待一體，而賡歌喜起之休，迄今莫與儷者，嗚呼！何其盛哉！《易·泰》之初九曰"拔茅連茹，以其彙，征吉"，夫當泰之時，君子道長，群賢彙進，則上下交而志通，故吉。其九德咸事之謂乎？後世風氣之淳，其去唐虞之世遠矣；人才之盛，其不及九德明矣；君之去堯舜，其不相及又明矣。而欲治道之隆，則何可得也？是故商之三俊，孰與夫祗敬之儔？周之四友，孰與夫有常之品？以武王之十人，而孔子猶曰"唐虞爲盛"，則自十人而下可知也。歷漢而唐而宋而迄於今，又可知也。所以然者，匪獨風氣之漓也。師道廢而振德之益微，所以教士者非古矣；科目設而明揚之公泯，所以取士者非古矣；銓補之格立而詢事考言之法壞，所以課士者非古矣。士生其時，非該載籍之繁，工詞章之技，雖德行道藝與九德並盛，亦無所售於有司矣，況否者乎？雖然，秉彝在人，厥賦爲一，九德豈絶德哉？能理義以養其心，中和以養其性，剛大以養其氣，習俗弗能移，科目弗能累，則今人與居，而唐虞之人與遊，帝臣安得而專美哉？嗚呼！非豪傑之士不能也。

漢唐宋黨人論

甚哉！黨禍之大也。始於君子、小人掎角相競而不已，正者必難勝邪，而國受其害。夫以君子視小人，則殊科矣。然徇其意見，矯亢過激，至于傾敗天下而不能挽，惡得無罪邪？

試以漢、唐、宋事觀之。建和以後，蕃、固秉鈞，范滂、張儉之流，雲翕景附，思以清議濯易，一時曹、王側目，牢修構誣，盡錮名士。善類既殲，炎曆之亡曾不旋踵。爰及長慶，牛、李搆隙，立交相軋，群衆闚利，鼓煽成風。迨其末路，白馬清流，橫罹毒手，識者悲焉。紹聖之初，申、溫弛政，章、吕彈冠，楊畏叛議，清臣媒進。繼述熙寧，報復睚眦，凶彙寖昌，鼎祚遂南。嗟乎！自古戕害人國，未有若三黨者之甚烈也，可不畏哉！

夫小人群若稂莠，不種而生，去而復蕃，爲嘉穀病。小人凶頑則類，苟可以空人之國而傷其善良，直無不至，吾何誅焉？獨惜夫諸君子之處此未善也。世不能盡小人，亦不能盡君子，貴在潛匡默導，救害于什一。吾既自立門户，摽榜過高，一薰一蕕，挾不兩存之勢。又不自度，銳意攻之，至以督郵劾常侍，郡吏捕黃門，力取成勝，反爲所噬，併其身與黨，掃而空之。古稱圖虛名，受實禍，知進而不知退者，漢黨錮諸君是已。德裕、奇章，並負時望，議論稍忤，冰炭遂分，宗閔結釁，敏中背恩。太牢羽翼既成，而德裕復以一夫之力，欲盡夷其類，宜禍之及矣。其後獨孤、崔遠之徒競傚弊習，嫉惡過嚴，與患爲鄰，使柳燦、李振因鷸[一]蚌之持，肆漁人之取。邦之疹瘁，德裕釀成之也。安石立法，初意亦善，祇以偏執，見嫉正士。元祐新政，尚當熟議緩行，迺徒知改弦之急，切緌冠之憤，不分玉石，一切芟除，奸人怨恨切齒，紹述之談，夤緣得進，名賢黨禁，貶竄靡遺，誰執其咎乎？

要之，數君子者，操心甚忠，其爲國謨畫非不切至也。機權稍暗，馭制無策，卒蹈于宦豎之魚肉、憸夫之羅網而莫救，可哀也已！然黨之爲害，又非顒顒諸君子罪也。食必腐而蚋集，木必朽而蠹生。桓靈昏德，文宗不振，哲后幼冲，命亂政陂，國是繆戾，朝無衡準之平，野有告訐之習，佞升賢屏，黨人始昌。故欲消彌斯害，非君臣交盡其道不可也。君之道曰明而斷，臣之道曰公而恕。君子朋德，小人黨利，外雖相似，中實懸殊。進真退僞，裁鑒靡慝，師師濟濟，險詐莫容，是謂之明。君權獨持，萬幾無弛，太阿不失，吐珠必吞，賣威竊柄之臣罔敢睨視，寡廉鮮耻者莫得而憑藉之，是謂之斷。百夫同舟，期于濟岸，十手並射，志在中鵠，異議不立，穆穆相濟，是謂之公。曲待群小，感之以誠而器使其才，彼將磨濯求爲包容，孰肯矜伐技能，互搆爲奸？是謂之恕。四者所以彌黨漸安，寧區宇之務也。是故上有皇極大受之君則比德化，下有九二中行之臣則泯朋亡。要在爲天下國家者，審所圖而已。

聖王御世之制

兵不常用於天下也。不常用而常設，聖人所以能持天下之寧於無窮。夫兵之設久矣，所以禁暴戢亂，威不軌也。待暴而禁亂，而後戢不軌，乃始威，則兵之用，宜無幾耳。以無幾之用，而聖人厚爲之慮，儲不操之械，籍弗役之民，區畫甚詳而令甚具，豈過計哉？國之利器，有所不用，而不可以無設。用兵者貴權變，設法者尚經常。經制一定，建威銷萌，兵革之原息，天下輻輳，歸命翼戴，一人行之，數十世猶不敗也。黃石公曰："聖王之御世，觀盛衰，度得失，而爲之制。"蓋其永持至寧之術如此。

嘗考孫吳論兵，其說閎深閎遠，至於無形無端，而未有一言及經制者。內政之令，被廬之蒐，庶幾乎節制之師，然政不加於四封之外，教不行於奕世之下，可與定難，不可與持安也。聖王執大象，振長策，計安天下，爲萬世規，嘗在創業之初。創業之初，亂事終而治事始。今所繇盛，昔所繇衰，今所繇得，昔所繇失，可循迹而睹，而後之盛衰得失，其執又將復然。處黌割之時，不亟爲制，以待垂衣委裘之主，衰而後維之，失而後救之，聖王之慮，不若是疏也。故善立國者，莫急於因時，莫要於審勢。夫置將宿兵，久屯戍而不解，而天下不得安；橐弓卧鼓，偃然不爲備，而天下不得安。兵多則太强，少則太弱。太强則不戢，太弱則無振，是故定制難也。

聖王籍九畿之資，乘疆理之便，因井邑丘甸，而設革車乘馬之賦；因比閭族黨，而設伍兩徒御之籍；因公卿師士，而設伯帥監牧之權。近郊遠郊，則州、鄉、酇、鄙異制焉；自王畿達于侯國，則六軍、三軍、二軍異統焉；討軍實而訓之，則蒐苗獮狩異時焉。聖人非不知振兵釋旅，與民休息乎無爲也。文治武功，常相輔而爲理，伏險于順，思難而備，固聖王所以計天下萬世之安於無窮也。然而以天下養天下，非外索資也；以天下衛天下，非外索助也。營壘蔽櫓取諸車輿之餘，茅蕝取諸鉏鏺之餘，攻具取諸鑮錇之餘，旌旗取諸織紝之餘。勁弩利鏃，藏之武庫，即嚮發而蒐焉之所遺也；桃林華山，谷量牛馬，即嚮放而歸焉之所畜也。故其時兵雖設，而天下不見有兵之形，其所名爲兵者，皆緣南畝而執耒耜者耳。千耦不易處，三時不輟業，而爪牙之士、貔貅之旅已足以建威於天下。然有不貢、不享、不王者，有文告之辭、威讓之令，不遽勤兵於遠也。不得已而用之，以牙璋發諸侯人，諸侯人飭車騎待戰，不徹禁旅行也。七家而一人役，七征而一方遍，不盡閭左而發也。故兵雖設，而民或戴白不知有裹糧坐甲之擾者，爲備而已，非以爲用也。六師之衆，隸於封圻，九伐之柄，握於天子。五服之君長，奔走祇役，惟上是聽。自受斧鉞者，不敢有專事，大小相維，輕重相制。天下之勢，不鈎繩而聯，無關鍵而固。雖有狡猾之民，無所飭其智，而暴勃之奸寢焉，則所以御之者，得其法矣。此周之所以保世滋大，後嗣蒙因業故遺策而安也。東周以還，上失其御，內徹王畿之兵以戍申甫，而外割地以賜秦。夫且以兵戍人，以地予人，制於何有？自是太阿之柄移於倒持，尋斧之殘施於所庇。然片詞勤王，諸侯景赴，則猶有方伯、連帥之意存焉。秦懲五等之失，銷天下兵，聚之咸陽，自謂天下無難秦者。乃關中一呼，百萬之師，折北不救。何也？秦既已帝制而爲天子，天下孰不爲秦乎？乃弱天下以強關中，則是弱秦強秦，勞秦備秦，故天下壞也。繇斯以談，周、秦修短，非制有存亡。周設兵以衛民，而秦設兵以自衛也。微獨秦也，漢南北軍以七校更焉而壞，唐府兵以彍騎更焉而壞，宋禁軍廂軍以義勇、保甲之再更焉而壞。凡此始未嘗不振飭，後稍陵夷也。

　　夫兵之設，猶置器然。置則圖其安，用已則復其處，數徙則殆。秦之兵困於其聚，措置非也。漢、唐、宋之兵，聚而莫圖其用，用而莫反其處。譬之於器，非宣數徙而已，故天下亦從而壞也。揆厥所由，先王之兵農合，而後世之兵農分也；先王之兵出乎農，入乎農，而後世之兵出於謫發、徵調、召募而非一名，故罷則莫適往也。是以先王之世，兵民恬嬉而有餘，後世以農養兵而農病，徵兵于農而兵亦病。其甚也，輓輸天下之粟以贍六軍，而又發內帑以餉邊卒；既募郡國兵實塞下，而又徵邊兵以衛京師。內外繹騷，本末衡決，其害豈獨轉漕之費、徵募之煩哉？蓋至是而益嘆聖王之制之善爲不可及已。雖然，制亦未易言也，不井田，不封建，周制詎可復哉？然而其意可師也。夫木繁於實則枝披，物勝於權則衡殆。先王之意，要在以內制外，以重制輕而已。誠使長馭遠撫，提綱紘廟堂之上，細無在庭，大無在邊，郡國之兵足以制邊塞，而京師之軍足以制郡國不爲變，扶撥枉撓，調劑強弱，懸衡天下，守在四夷，是故太平之略矣，何必成周然後爲制哉！

校勘記

〔一〕“蜵”，疑當作“鸘”。

復宿山房集卷之十六

策

問古大將立功閫外者，曷嘗不仰籌策廟堂之上哉？其時君臣相與，諰諰深計，若借箸而畫，聚米而譚。留屯湟中，則璽書詰其便宜；用兵淮西，則中丞察其形勢。皆謀得於内，事舉於外，多算之效可睹已。顧兵事稱機，因敵轉化，難以一議拘也。舉成算而授之，謀不忌先傳，權不疑中御，遵何術歟？乃匿師馬邑，蹈不密之譏；頓甲遼陽，貽無功之悔。豈謀臣之計，有所失歟？能如李廣從之東道，勇如賈復殆於中山，豈將臣之材，束於御歟？單于請罷塞、休吏卒，便計也，而侯應獨違其議；陳湯誅郅支、空康居，專事也，而向、永並列其功。豈廟議與將權故相左歟？則何以裁當否、制操縱也？《法》曰"主孰有道，將孰有能"，諸士誦習而通其説久矣。試列其得失，準以今事，詳著于篇，毋徒效熟而曰議論當省，事權當重也。

廟勝之謨貴斷，然議不可不審也；閫帥之任貴專，然材不可不辨也。夫紛於辭者，淆必然之畫，故斷足貴也；而違衆獨是者，或執偏指以敗謀，牽於制者，虧獨至之功，故專足貴也。而輕視漫嘗者，或媮小勝以隳叙。是以善謀國者，擇議貴審，審則鳩衆論而裁當否，自不謬於斷矣；善任將者，甄材貴精，精則別群品而制操縱，自不病於專矣。明主所以攬經國之遠猷，弘御世之上略，慮無遺策，官無遺能，用是道也。

兵家者言，古聖王命將，推轂而遣之，授鉞而祝之，其托權甚重也。大將在外，君命有不受，國容有不入，其蒞事甚專也。則謂主與將提衡而治閫內外耳，而不知其所以相成而共濟者，固有道焉。蓋聞曲阜之錫，不後營丘；鄭侯之土，先於平陽。是知慮爲事因，謀爲戰本，故攻拔之略運自淵謨之中，原野之功收之穆清之上，自有征以來，所不能易也。當時哲后察相，相與下帷密計，造膝深謀，拔人之城則議守，伐人之國則議攻，實而備之則議屯，亂而取之則議戰，諰諰眇論，可得而詳焉。酈生謀立六國撓楚，刻印行佩矣，留侯借箸上前，畫其不可者七，而縣宇瓜分之難銷于食頃也。光武躬率諸將征囂，慮險且還矣，伏波聚米爲山，開示道經甚具，而關隴土崩之勢在於目中也。先零之役，爭言擊之便，營平力請罷兵屯湟中，至煩璽書詰問"虜何時誅，兵何時決"，意甚勤也。計服罕开，則先零自下耳。淮西之師，爭言罷之便，晉公自請行營察諸軍，還奏攻取形勢，若將材否，賊曲折，狀甚悉也。計克淮蔡，則兩河皆震耳。是皆灼幾於未兆，圖勝於無形。其先事而計也，若飛衛照牏，越人視垣，循本見標，緣表察裏，一何詳也。其計定而舉也，若容成布策，造父揉輪，晷刻不愆，途轍懸合，一何符也，則多算之效可徵巳。

說者乃謂兵者機也，因敵轉移，一日百變，猶以爲拙，而決策于此，就效于彼。謀之而得，則漏於先傳，而敵知其備；謀之而不得，則牽於中御，而將不得盡其能：皆危道也。然而撓楚之謀，非諱於羽也；度漆之師，非掩於囂也。璽書往返，西羌固聞；節使旬宣，蔡人所睹。謀誠得，何忌於先傳乎？韓彭裂地，遂承六國之封；成歙監軍，寔總二邦之賦。破羌上狀，充國固願於自功；入蔡銜枚，李愬不嫌於徑襲。將誠良，何撓於御乎？武帝匿師馬邑，誘擊匈奴，竟漏言於尉史；太宗勒甲遼陽，進攻安市，卒困頓於堅城：則非謀臣之計失也。席中國之盛强，競生事於夷狄，雖有安國之謀、玄齡之諫，拒弗聽耳。夫戰勝易，守勝難。竟寧時，單于入朝，請罷塞，休人民，固漢武、唐宗所力爭而不可得者，乃侯應獨議以爲勿許，意恐苟一時之安，將廢累世之功，虧中國之固。不以近利妨遠慮，若應者得謀國之體矣。李廣材[一]氣無變，而武帝徙之別道，不得一當單于；賈復折衝千里，而光武常引自從，不令遠征別將：則非人主之過御也。扼虎之氣方揚，被羽之鋒甚銳，雖後期自裁，先登被創，固弗悔耳。夫喜事易，任事難。初元中陳湯奉使，蹈康居，斬郅支，固廣、復所深懲而不敢專者，乃劉向、谷永交口而列其功，意謂從矯制之議，則無以酬捐命之節，屬戰士之心。不以小疵掩大美，向、永其知論功之權矣！

繇斯以談，議有然有不然，而權有御有不御。因時而審，則議弗淆；擇材而任，則處權當。使議戰功于元狩、貞觀之間，是兵愈耀而不戢也；議休戍於竟寧、初元之世，是備愈弛而不振也。器小而重其任，是李廣再辱而賈復重創也；功大而罪其專，是桀虜可縱而國威不必伸也。故曰議當審，材當辨也。俗儒暗於大較，厭吏牘之冗，見以爲龐雜而多端，則曰議論當省也；矯將權之輕，見以爲齟齬而不振，則曰事權當重也。愚則以爲今之議論，病在不擇，不病於多也；今之將權，病在不任，不病於輕也。何也？古之謀臣，議不厭於詳者，左畫中規，右畫中矩，以謨謀爲議論也。今之議論，文墨而已，狃博士之見，則引章句而飾韜鈐；褒縉紳之辭，則稱干羽而絀介胄。修司馬之法，則按例簿而具文書；矜策士之長，則鼓唇吻而規經略。乍埋乍掊，終鮮成勞；一傅一咻，徒惑衆聽。據其言則辯，究其計則疏。法多算勝少算，少算勝無算，今可謂無算矣，又安用省乎？古之將臣，權不嫌於重者，材則干城，誼則心膂，以功實爲事權也。今之事權，寵利而已。俯仰於大吏之前，則屈折其體貌；闚覘於樞軸之地，則屑越其精神；膏澤於幕府之租，則解嚴於紀律；羈牽於刀筆之罔，則坐失其機宜。利害所迫，進退蠕濡；緩急弗支，首尾狼戾。授之任則重，詢其望則輕。法官人實當名，名當實，今可謂無實矣，安足托重乎？

嗟乎！議弗當於用，議者之失也，過而聽之亦失也，以其有所弗當而遂不審，尤失也。今議朝以入，夕報聞；議夕以下，朝報覆。築舍不責其成，盈庭莫執其咎，則是下以議誣上，而上以議自誣，議彌多，功彌寡也。善審議者，參聽而並觀，公會而結智，以其言授其事，以其事覈其功，事成則操其符，規敗則執其契，符契之合而勸沮行焉。故無用之辯不上聞，而浮淫之談不留朝也。不觀齊王之聽竽乎？列眾吹，一一而聽之，濫吹遂遠，是以聽之之道遠之也。人主審議如齊王之聽竽也，議何有不善，而又何必於省哉？將材弗當其任者，其人非也，過而使之亦非也，以其不任而遂不辯，尤非也。今帥受鉞，裨伺其權；候守陴，尉牟其利。軍庸以賞格概錄，簿責以巧文倖逃，則是下以名蔽上，而上以名使人，名逾飾，實逾亂也。善任將者，因能以授事，提名以考實。以其材，督其用；以其用，督其效。效著則厚其權，功泯則奪其藉，權藉之托，而誅賞立焉。故紀綱之柄不下移，而奔奏之能不上束也。不觀造父之御馬乎？察良駑，別車而駕之，驂服並進，是以御之之術進之也。人主任將如造父之御馬也，任何有不專，而又何必於重哉？

抑有進於此者，高帝大度，斯留侯結知；光武開誠，故伏波委分。營平計效，魏相益親；淮蔡功成，晉公滋重。主道由得，豈獨好謀能任，盡一將之能而已哉！彼其謨謀帷幄，運籌合上意，諫諍則見聽，投如流水，思若轉圜，君相誠有以相得也。不則，一堂之上已不勝九閽之隔，而欲望風遞聽之臣協心戮力以成功邊境之間，此實難矣。故明主能使將相不異謀，臣主不異意，精志灌輸，曠然無所壅閼，而一德之誼孚，太平之基立。斯廟堂事也，愚生何足與知焉？

問兵不識變，難與應卒。士所貴知兵者，非因形制勝之難，應卒難也。夫兵有安危勝敗之形，必先睹其形而為之制，此人人能明之矣。今觀《吳子·應變》《六韜·疾戰》等篇，其所發難辨博不可枚舉，皆起于卒然者。及覽《九變》《九地》《車戰》《騎戰》諸篇，其意指亦互相發。所謂勝者、安者皆在敵，敗者、危者皆在我，其來無形，智不及慮。如大兵倏臨，士卒失伍，伏甲四起，險阻在前，或絕糧援，或掩單弱，盜賊水火，暴雨烈風，不虞而至，一何危也。然古有奉法不避，能止柏華之亂；有奮身橫擊，遄破契丹之圍。棄地聽攻，旋制強寇；開門却灑，終保孤城。有先據北山，有佯敗濰水，有徙營避溺，有除草救焚，用能轉敗為勝，易危為安，又何奇也！倉卒而應，豈亦有法歟？則於法何居焉？間者吳越、秦晉之間，驕卒亂民，往往脫巾鼓噪，撼動主帥；而滇寇、薊虜，又皆突入竊發，當事者靡不駭矣。搜厥所繇，抑有以致之否歟？豈應之有機，無貴於先圖歟？諸士居平而籌之審矣，其具以意對。

天下之事，可畫計而預待者，有知者盡能索之，惟出於意之外，有所不及圖，則非上智不能辦也。甚哉，應卒之難也！未睹卒之情，而思應之，無當也；已睹卒之形，而思應之，無及也。識不足以知卒之所由者，懵也；識誠辨之，勇弗敢行者，事之害也。卒而起不測，盡失其常度者，亂也；事機已移而無變計，猶斤斤守常法者，迂也。此應卒之難也。惟上智之士能觀卒之所由來，而各以其勝應之，因形而與之化，隨時而與之遷，卒然至，卒然應，批瑕蹈郤，靡不犁然當於其機。嗟乎！此豈庸人拘士循一隅之路、守一迹之指者所能辦哉？蓋所由勝之略淵乎微矣。

　　嘗觀《吳子·應變》、《六韜·疾戰》諸篇，所稱説不意事，皆急難起於俄項，存亡制於呼吸，車不及轉轂，人不及步鈿，而變已萬狀，固心目之所駭，而循常之所不敢談者，法皆豫爲之説，若有成謀焉。竊疑其爲過計，而設不必然之説以吊詭也。及觀《孫子·九變》《九地》列山川險阻之形，《六韜·車戰》《騎戰》決生死勝敗之數，以參驗于《吳子》，乃知智計之士所見固略同矣。質之往迹，若大兵倏臨，士卒失伍，糜沸之形見矣，而祭遵偪於柏華，奮氣一呼，軍容頓整，則法令素行也；伏甲四起，絶我糧援，鷙發之氣阻矣，而彦卿圍於泰州，挺身橫擊，契丹遂走，則聲威遄振也。暴寇侵掠，敵鋒方鋭，未可與爭，法宜惰而擊之，皇甫嵩討梁州賊，聽攻陳倉，卒摧勁敵，得其策矣；大軍壓境，内備甚虚，不得妄出，法宜疑而退之，孔明待司馬懿，開門却灑，竟保孤城，良於算矣。山高地狹，騎仄車敧，而與敵遇，法所謂谷戰也，趙奢先據北山，秦師不得仰攻而却，微奢則鼠鬥於穴，勝豈遽分乎？大澤廣洋，輪傾轅没，而與敵遇，法所謂水戰也，韓信囊沙上流，楚軍未及半渡而潰，微信則龍戰於野，難豈遽已乎？暴雨時至，舟梁不備，溺而後救晚矣，而裴行儉徙營高岡避之，雨至果違其害，不然則于禁之七軍皆覆也；茂草蓊穢，敵燧上風，焚而後撲危矣，而馬燧除荆爲場，待之火至，反就其利，不然則宋顯之葭葦並焦也。之數子者，皆迫而後動，難而後起，處凌遽之會而不驚，當盤錯之衝而不亂，卒能移安危於轂下，變勝敗於枹端，一何奇也！語曰“非常之原，黎民懼焉”。夫非常之原，固非可以常情測也。要以思通於玄解，不鏡而自融；慮發於圓機，無轂而善運：固自有獨聞獨見，默往默來之奇矣。今夫眯者不能見堵墙，而離婁之目察於秋毫，識具也；涓濁宵行，見影而惕，熊渠射寢石，矢没羽焉，氣屬也。秦人登舟而怖，越丈夫游三十仞之淵而安，神暇也。逢蒙射五寸的以爲巧，妄發而中毫芒以爲拙，貴法也。練於識者不可眩以形，盛於氣者不可摧以猛，寧於神者不可怵以害，詳於法者不可窮以權。故獸駭鳥起，草障塵高，暗者疑於形，而我方以爲動静之占也；鼓錞相望，羽檄交馳，怯者震於鋒，而我方以爲警備之地也；糧盡援絶，湍急火飛，躁者騷動不寧，而我方以爲搏捽之便也；變未接耳目，事不載譜牒，庸者怳忽失守，而我方以爲决勝之斷也。識能察機，以膽行之；暇能鎮物，以略運之。故圭景未移而成算舉，旗鼓不易位而敵兵慴悛，阻膽其處，安見夫應卒之難哉？微獨應之而已。且能因卒爲用，使卒反在敵而不在我，因時制宜，以敵爲師，陷衆于害，以爲勝敗，疾如彍弩，勢如發機，使敵情與形盭，計與變左，上下不相謀，前後不相及，首尾不相收，如此，則卒反在敵，敵方救死扶傷之不暇，何暇謀我？而我又何卒焉？故因卒爲用，以卒勝也；使卒反在敵，則是以暇勝也。卒而能暇，安往而不勝乎？雖然，危而後圖其安，不若未危而圖之爲豫也；敗而後計其勝，不若未敗而計之爲良也。古人豈慕應卒之奇，而樂與敵争不可必之勝哉？蓋不得已而，然要非治平萬全之術也。

方今聖明在宥，德茂存乎十世，威靈暢於九徼。髽首鏤耳，畢受纓縻；山徭川僰，悉隸版圖。方内熙熙樂生，不見兵革之事，豈有一旦緩急，如兵志所稱，諸君子所遣遘者哉？然愚以爲天下無卒之形，而不可無卒之慮。間者吴越、秦晋之間，頑民悍卒爲難，一何發之遽也？浙兵脱巾譟于行間，浙民乘之復譟于市，秦卒戕主帥則生難，晋無歲又枵腹而思難，至冒上至亡等也。乃薊鎮以闢門失防，滇南以萑蒲不戒，又告變矣。夫脱巾之亂甚於失行，蕭墻之憂危於敵國，暮夜之戎迫於水火，林箐之阻險於山川。天下方按堵無事，而卒然之變已如此矣，則何以飭衣袽之防，周桑土之慮也？夫士卒非素服習也，兵甲非素堅利也，城郭非盡嚴險也，將非知兵而兵非素有紀也，猝有犬吠雞鳴之警，將安所恃以制變乎？夫應卒於已然，則多事之時易，平治之時難；備卒於未然，則多事之時難，平治之時易。何以言之？多事之時，日尋干戈，故戰勝易而修備難。平治之時，應卒常疏，而能蚤見預圖，厭難未形，銷萌未著，則坐而治之耳。嗟乎！不乘今日之易，以圖他日之難，而待他日之難，方思今日之易，即使武侯畫策，淮陰擊斷，而馬服諸賢橐鞬鞭弭其左右，猶懼不能無生得失也，而況無其人哉！夫變有發端，釁有釁兆，蠶呴應弦，鯨魚感彗，幾先著也；晨炊蘊火，救喝儲泉，備先圖也。誠使崇寬大，黜貪殘，修安養之政，使元氣不泄于針芒，則萑苻之難何繇萌？清營屯，贍衣廩，嚴科役之禁，使拊愛常均於醪餻，則庚癸之呼何繇倡？繕郭塞，治城隍，明烽遠堠，使戒備不弛於扃鐍，則藩籬之阻疇得而逾之哉？故愚謂應卒不如備卒，蓋未卒而備，卒乃不生，即至而以有備應之，將萬應而萬不失也，豈屑稱諸君子之奇哉？是以聖主不乘危，不徼幸，觀於無形之變，而豫爲之圖，故能繫國祚於苞桑，措四海於袵席也。嗟乎！惟此時爲然哉！

對

王仲淹續經意指對

隋大業間，王通氏嘗續經，倣孔氏，讀者莫察，譁然非之，至於今弗白也。

余曰續經之作，通豈得已者哉？夫馬遷幽於蠶室，《史記》以成；楊雄詘在下僚，《太玄》斯著。自古修文之士，未有不激於所感者也。通當隋之季世，戎狄盛而中夏衰，禍亂滋而仁義竭，競清談者棄典禮，崇玄諦者事虛無，先聖詩書禮樂之化，浸淫晦蝕，其不絕者殆如綫爾。通生其時，憤皇綱之不振，慨風俗之日頹，論道必稱帝王，家居不廢周禮，志可知已。兩及長安，奏策十二，惓惓一念，固苟有用我之心哉。而卿相不投，風雲未偶，驅車西向，垂翅東歸，太平之基，知其已矣。乃始蒐羅往籍，闡繹舊聞，集九年之功，究六藝之業，是故續《詩》《書》，正《禮》《樂》，修《元經》，讚《易》道，蓋所以抒未遂之志，發懷古之情，扶植民彝，綱維世教，其自負非眇小也！

　　或者乃謂讚《易》之詞未知先天後天之旨，高文武皇之制非有精一執中之傳[二]，曹、劉、沈、謝難以擬《詩》，叔孫、曹褒未足準《禮》，而宋魏南北不可自列於孔氏之《春秋》也。嗟乎！皇風既邈，帝澤寖微，治具不張，純懿斯替。當是之時，而欲詩叶雅頌，文媲典謨，抑已難矣！昔者孔子存《秦誓》，采《桑中》，予桓文，進吳楚，蓋已預識夫升降之故，而深致其不得已之情，所謂雖聖人末如之何者也。而漢之不足爲三王，吾學之不足爲周孔，通豈見之不審哉？而道隨世變，事與願違，苟吾言之足徵，亦斯文之攸賴爾。是故續《書》尊七制之主，幸仁義公恕之猶存也；續《詩》備六代之俗，仲尼三百篇，始終於周之意也；讚《易》申先師之旨也；正《禮》《樂》旌後王之失也；《元經》以續《春秋》，代賞罰也。其帝元魏，亂離斯瘼，亡所歸也。五國具者，猶衣冠之舊也。嗟乎！周公没，經制之迹湮，孔子亡，述作之業廢，政令文章僅有此爾。而通也撮其要綱，理其墜緒，若曰周、孔以前其六經之道有如彼，周、孔以後其六經之道有如此，得失互列而美刺之義彰，正變相形而盛衰之由顯，其志勤而言微，憂深而思遠，斯余所謂通之不得已者哉！

　　夫事與道交喪，孰若紀事之猶真也；名與實俱亡，孰若存名之未泯也。矧其業承七世之傳，家藏六籍之富，少從學於四方，不解衣者六歲，研精苦志，豈無所得者哉？其自謂論《書》取諸政大，論《詩》取諸時變，論《元經》取諸皇極讜義，則其學術所究，遠有淵源，而非私見獨聞、無所依據者矣。然則通其聖人乎？曰：通非聖人也，而有欲爲聖人之志焉，不已僭乎？曰：非所謂僭也。夫摘篇而學其華，飾句而摹其巧，一言彷彿，文士貴之，爲其似也。矧聖術宇千聖之心，治道具百王之法，於此而按迹以會理，立言以協義，綜貫名類，昭揭彝倫，斯其篤信聖人，羽翼吾道，志亦銳矣，而顧以僭非之，是世非唐虞，可無治教，人非周孔，終喪斯文，豈聖人公天下後世之意哉？通之言曰："吾于道屢伸而已，聖明吾安敢處？"嗟乎！今將以聖人自任者爲僭乎？以伸道者爲僭乎？味通之言，而通之爲人可知已。

原

原　學

三代之上，其學出於一致；三代之下，其學出於多岐。此非獨士習之變，亦其教之者異也。夫學由教而入者也。世教興則正學明，世教廢則正學熄，世使然也。是故君子不憂學術之不明，而憂教化之不立。誠以教猶形也，學猶影也，形端則影正矣；教猶源也，學猶流也，源潔則流清矣。是故三代而上之士，學之爲正心，學之爲修身，學之爲齊家治國平天下。其學何學也？一聖賢之學也。此無他，君相之所責成，師友之所講習，非正學弗與也，士即有畔於道者鮮矣。三代而下，或爲縱橫之學，或爲刑名之學，或爲權謀功利之學，聖賢之學固決裂潰散而不可收拾矣。

此無他，君相無責成，師友無講習，人人得爲異術，士即有合於道者亦鮮矣。故夫子曰：「古之學者爲己，今之學者爲人。」古今人之性一也，奚學術若是頓異哉？蓋倡之有源，趨之有自，始而習焉，終而安焉，而風俗之淳漓，世道之升降，恒必繫之矣。是故執中之學明於唐，精一之學明於虞，君所倡也；天民之學以化商，思兼之學以化周，相所倡也；大成之學以淑春秋，仁義之學以淑戰國，師所倡也。倡之而不得其道，則讖緯之學祇以諛新，清談之學祇以弱晉，而佛老之學亡唐，新法之學亂宋，其弊可勝言哉！

故學也者，繫於教化而趨向不可不端，通乎治道而擇術不可不慎。蓋責成而講習之者，君相、師友之事也；體驗而擴充之者，學者自致之功也。其功奈何？本之孔孟以立其極，遡之堯舜以研其精，質之伊周以究其用，而學三代以上爲己之學焉，斯所當自致者乎！不然，尋章摘句以爲富，擷英組華以爲工，而曰「學在是矣」，嗚呼！是何以自別於多岐之陋哉！

説

荀卿非十二子説

天下之言，未有不折衷於道者也。言之岐多，而道之致一，故惟知道而後可以知言。蓋懸權衡而齊物，鮮不平者也；坐堂上而論人，鮮不斷者也。若乃見道之未融，持衡之靡定，而漫焉執衆說而臧否之，則雖有新天下之見聞，人弗之附矣；雖有高天下之論議，人弗之從矣。何也？其所折衷者非其平也。甚矣，知言之難也！

昔者荀卿作《非十二子》，而子思、孟軻與焉。夫其非子思、孟軻也，未嘗無所據，然而非其倫矣。今夫它囂、魏牟之言，荒誕而弗經者也；陳仲、史䲡之言，繆盭而不化者也；墨翟、宋銒之言，汗漫而無章者也；慎到、田駢之言，支離而靡統者也；惠施、鄧析之言，迂怪而無實者也。是數子者，豈惟荀卿非之，凡知道之士，固莫不詆其非者也。是故謂其梟亂天下，欺惑愚衆，則卿可得而言，衆人可得而信也。何也？其非之者當於道也。至若子思、孟軻之學，果若是班乎？夫堯舜、禹湯、文武、周公之道，傳之孔子，繼孔子者，子思、孟軻而已。子思作《中庸》，孟軻道仁義，其言皆根極性命，宗本帝王，淵然純，粹然正，確然可以俟後聖而不惑者也。世之學者方尊信之不遑，而況可非之哉？而卿也顧非之曰“其言僻違而無類，幽隱而無説，閉約而無解”也，是則卿可得而言，人不可得而信者也。何也？其非之者弗當於道也。

夫使思、孟而可非也，猶將與它囂、魏牟之徒有辨也，而況可概與之議哉？自概與之議，而卿之説始有所阻焉，而不售於天下矣。蓋天下之言，衆皆違之，一人從而攻之者，其説易行。衆皆附之，一人從而攻之者，其説恒阻。是故閭黎人莫不知其醜也，指而憎之，而人無異意也。至於西子之美而亦與閭黎並憎之也，而人始駭然而走，以爲非瞽則狂矣。荀卿之非思、孟，固天下所爲聞之駭然而走者也，其言豈不過高而失平也哉？原卿之意，則不過以思、孟之言詳於性命，而略於綱紀，稱述古昔而不法後王，使當時之人疑焉而不得其説，格焉而未睹其用，爲與有責焉爾。

夫性命之淵微，誠不若禮教之説易措也；古昔之玄遠，誠不若後王之制宜民也。顧道一而已，何顯微古今之有間也。言天可以該人，稽往所以鑒後，而況九經三重之大，疆理學校之規，又燦然指掌矣，安得謂之閉約乎哉？甚矣！卿之言過高而失平也。夫使卿未爲知道，則其言無足怪者。然而言則曰仲尼之道，固知宗孔氏矣。宗孔氏而非思、孟，何其見之自相左也！雖然，非子思、孟軻之道，而比於它嚚、魏牟之徒，卿固不可謂知言也。以舜、禹、仲尼之道自在，而至謂"奧窔之間，簟席之上，斂然聖王之文章具焉，佛然平世之俗起焉"，卿亦何可不謂之知言哉？

八仙慶壽圖説

　　雲山宋公罷郡丞之明年，其子西岡君自上郡謁予京邸，予延訊雲山公啓居狀，知伉健猶雲中時，遂止宿，與譚家誼者累日。

　　一日，予自中秘還，則西岡君秉軸以俟。問握者何，曰："壽圖也。"展而玩之，一老修容皓首，巋然鶴背，上八仙周回左右，俯仰蹁躚，備諸歡洽態，信瀛洲方丈之奇致也。問將誰遺乎，西岡君曰："吾父執有鳳山宋公者，昔宦蜀，今憩林下，夫婦偕七袠矣。子太學生輇自上舍歸養，吾輩將持此壽其親。"予曰："爲人父母壽，修幣進爵，禮則然，安用此圖？"西岡君曰："事以迹侔，意因象顯，必繪此圖者，肖上壽，著群情也。"予莞然嘆曰："天下事徇象而忘意者何限哉？此圖其一隅矣。夫人能餐霞飲露，啖芝茹桃肖此老乎？能馭白鹿，跨青鸞，上下雲漢肖此老乎？能集瑤池，宴會〔三〕島，羅群仙足下肖此老乎？一弗肖焉，則圖自圖，我自我，奚相涉哉？以其不相涉者肖人，人又以其不相涉者自肖，久而失真，安悟其非偶也？嗚呼！敝久矣，敝久矣。"西岡君悵然自失曰："教將安出？"予曰："天下事有具有幻，圖幻也，我真也。今閲仙於圖，則有其象而無其事；求仙於理，則無其事而有其情。故世稱爲仙者，非必托術黃老、系籍喬松也。俯不愧，仰不怍，優游逸豫，履道引年，視夫窮通得喪、進退存亡之故，若晝夜代乎吾前，曾不營營汨汨爲世態役，斯則形居乎方之內，神遊乎方之外，不必芝英桃實而有餘甘，不必白鹿青鸞而有餘適，不必瑤池蓬島而所涉皆樂境，非所謂得仙之意而爲真仙者哉？是説也，請因子以質雲山公，雲山公必怡然當心也，而有以壽鳳山公矣。"于是西岡君弁余言于圖，而束之以行。

解

七日來復解

七日來復者何？以卦氣言也。卦氣起中孚，故坎、離、震、兑各主其一方。其餘六十卦，卦有六爻，爻各主一日，以三百六十爻，當三百六十日。其餘五日四分之一者，每日分爲八十分，得四百分，四分日之一，又得二十分，共得四百二十分。以六十卦分之，六七四十二，則每卦各得六日七分也。剥盡至陽氣來復，隔坤之一卦，正合六日七分之算，曰七日者，舉成數而言耳。此義之可通者也。

或者謂自姤至復，凡隔七月而陽始來，故曰七日來復。變月言日，欲見陽長甚速，猶《詩》言"一之日"、"二之日"也。或又謂自今年之復至明年之姤，凡歷七月而陽氣漸復，故云然者。要之，皆非也。夫自姤以來，陽氣方消，安得因其方消而遽圖其復也？自復以後，陽氣寖盛，安得待其寖盛而後見其復也？矧陽氣在天地間，無間可息，必待七月而後復，微亦甚矣。果七月而後復也，則當直謂之七月矣，又何必委曲其詞，而曰"七日"也哉？故復者，繼坤而言，非繼姤而言也。

蓋九月猶爲一陽之卦，十月而純陰用事，一陽不可得見矣。

然非盡泯也，特以小雪之前，其餘氣雖存而甚微，小雪之後，其生氣已萌而未著，不成其爲體耳。而其收斂包藏者，如灰之有爐，絲之有綫，埋伏綿延，以至於冬至，而一陽之體成矣，所謂環中趣也，故謂之曰“七日來復”。言自剥盡至復，纔隔坤之一卦，而陽氣已即來復，幸其不遠也。此聖人扶陽之至意也。譬之行道者焉，剥盡者其出外時也，坤在道時也，復至家時也，七日者其程期也。方其在道，未有所止，故曠其宅而爲坤。及其至家，已有所歸，故慶其來而爲復。知行道之人，不可以出外而遂謂其亡，則剥盡之陽，豈可以純坤而遂疑其盡？夫陽氣不以純坤而盡，則七日之説，猶爲擬議之詞也，而況可以七月解之也哉？知此，則知天理之在人心，雖當不睹不聞之際，而喜怒哀樂之端已存；雖當牿亡反覆之餘，而平旦清明之氣實未嘗息也。存養省察之功，在學者之自致何如耳。其惟顔子乎？有不善未嘗不知，知之未嘗復行也。故欲戒迷復之凶者，當學顔子之所學。

引

《具慶榮壽卷》引

余初爲諸生，則聞同郡文川李先生者，裹然負文學名。歲乙卯，先生偕其子雲巖君試省闈，諸挾策從雲巖君者最後進，咸以父執嚴先生，先生亦自謂行宜前，毋遜也。是年雲巖君舉進士，先生喜曰：“吾雖北，幸取償於兒。顧吾志未衰，庶幾天猶有意乎？”歸則益治篇牘，又兩舉不利，乃以久次貢太學。時雲巖君已仕，宰無極，有聲矣。比先生需選，而雲巖君自無極遷京兆尹。會有慶典，先生暨恭人當封，或勸先生毋拜且謁選者，先生曰："天苟欲吾仕，不令在吾兒後。幸吾兒蚤成，此天欲吾兩人因貴於兒也，豈必身自致之哉？"遂拜命。先生一子一女，子既貴，而婿馬君柏潭持臬憲，並有時名。以是先生夫婦得安意恬愉，而極爲人父母者之歡。

今上登極覃恩，雲巖君官留都司寇大夫，乃進封先生司寇大夫，配恭人。時先生夫婦偕六帙矣，壽益高，爵號益崇，而神益王，每坐堂上，人望之若木公金母然。屬雲巖君考三載績，北上，將道家，奉二親觴。留都諸縉紳咸爲聲詩贈之，裒而成册，凡若干首，名曰《具慶榮壽卷》。出示余，余章章誦之，其詩渢渢洋洋，則嘆以爲衆鈞備矣。而諸賦詩者，又皆當世之賢士大夫也，非所甚好慕者，必不輕以其言予人，非躬有令德而處吉祥之實，固無以名聞於賢士大夫。先生讀書篤行，式穀其子，而義不苟出，退而修處士之高，享封君之逸，其趣操過人遠矣。而天厚其祉，綸命再錫，夫婦並康，斯令德之徵而吉祥善事也，固宜動賢士大夫所慕好而予之以言。語曰"桃李不言，下自成蹊"，藉令先生德疏而行微，而無雲巖君爲之後，徒白首而老諸生，曷以稱焉？人貌榮名，非虛語矣。

雲巖君行持册以觴於先生於恭人，因章章誦於前，先生與恭人受觴而聽之，即摐金石而奏笙鏞不足以比其節，所謂因貴於子而不必身自致之者，獨在封爵間哉？書以弁之。

《遐齡茂福卷》引

侍御張君德孚，余同年友也。父封翁壽且七帙，有客繪圖於册以獻者，侍御君以示王子，令演其義。

王子受册而閱之，其目有五：一椿萱並茂，一海上蟠桃，一桂子聯芳，一芝蘭毓秀，一麟閣勳名。因拜手言曰："夫莊子寓[四]言於大椿，曼倩詭迹於桃實，竇氏佟桂林之盛，謝庭摽蘭玉之奇，麟閣列股肱之佐，托物建名，意各有攸取也。後世好事者歆艷其盛，轉相稱引，尊高年則以蟠桃，方功業則以麟閣。言者近諛，聽者動色，傳久失實，辭不雅馴，學士大夫所不道，即或引喻，亦止一端，良以矜詡溢情，其實難副云爾。惟封翁躋古稀之壽，食鼎養之甘，冢嗣補衮於帝庭，仲子曳裾於王室，孫裔俊起，封綍方新，正不必問莊圃之春秋，計蟠桃之花實，誇榮於寶樹，坊美於麟臺，而第睹于壽考、子孫之盛，則其所繇致是者可知已。係於天者，封翁稟受之全；係于人者，侍御君靖獻之責。余聞封翁質樸冲夷，里稱長者。積慶既遠，受祚宜隆，壽考子孫，天所命也。至修名砥節，直氣昌言。出則糾察官邪，奮澄清之烈；入則贊襄帝德，宣正直之猷。則人不能得諸天，子不能得諸父，惟侍御君所自致已耳。如是則麟閣勳名乃有其實，又不但豸冠繡服以爲翁榮而已。《詩》曰'孝子不匱'，蓋必樹不朽之勳，而爲親者亦托聲施於無窮，兹乃所謂不匱之孝也。"遂列贊於首而叙其説，諸縉紳士以詩歌贈者并次于左。

會侍御君將按部淮揚，謀遣一介以進觴于庭下，遂持以行。

《王氏宗約》引

吾宗自上世以孝弟力田稱里中，臨邑公而下益治詩書之業，子姓遂用儒起，衿弁游黌校者，彬彬盛焉。間業儒不就，去就農畝，亦醇謹節，廉自好，多士人君子之行，耻與佻薄少年及屠兒販豎爲伍，若其天性然也。中更衰落，愨父察兄相繼蚤世，家訓陵替，宗誼寖疏，子弟隨俗習非，漸乖禮教。某爲此懼，因咨于諸父昆弟，議所以聯屬而誘掖之，以成先德，以洽宗盟，而未有繇也。

會清明上塋，宗人咸在，爰即幕次聚族而謀曰："今我子姓，人操一巵酒、一盂飯，望丘墓而奠獻者，豈非以丘墓中人爲吾身所自出乎？而丘墓中人亦有所自出，故曰木有本而水有源也，則祖先之謂也。祖先之冢在上，凡祔葬于下者，皆其子孫行。而奠獻有先後，品物有豐嗇，使子孫非慈孝則已，如其慈孝，必不忍先祖考食獨饗其豐，豈所以安死者之心哉？匪直死者不安而已，人私其親，同筵異設，有不相推，無不相貸，乍聚乍散，若適市門，亦非所以敦生者之誼也。約自今歲時展墓，舉族畢會，賦分治具，以貧富爲差。祭畢餕餘，長少各以次就席，倣古人燕私之禮焉。庶於尊祖敬宗之中，寓仁親收族之意。四時之祭，死者居歆，一本之情，生人攸睦。其以昭宣先世之令德，而衍其詩書之澤、禮義之風，詎不可垂之久遠，繼續於無窮也哉！"

諸父昆弟咸曰如約，遂次其規如左。

疏

辭鄉親奠賻疏

孤某謹白：竊惟禮貴稱情，尤宜從俗。況喪本凶事，不尚紛華；時值荒年，倍當減省。自先靈歸里，伏荷親朋吊奠，率皆煮燦連席，簽插高盤，羅列餳糖，陳設牲幣。甚至雕泥繪木，妝成飛走之形；剪綵銷金，製爲花果之品。耗難得之錢貨，飾無用之儀文。計財則屬虛糜，論禮則爲僭越。固死者所不敢享，生者所不能安也。目今塋域告成，卜葬有日，誠恐重損厚費，再舉華筵。將使富者竭貲，貧者貸借，有傷君子用財之義，大失仁人哀死之誠，禮制幾至于蕩然，鄉俗何由而視傚？敢茲控懇，尚乞矜原，儻辱送喪，免勞辦祭。夫炙雞絮酒，古誼猶存；白馬素車，哀容可掬。豈須備物乃見交情？幸諒鄙衷，共敦雅道。

孤謹白。

勸立文會疏

僕與諸友，生同里閈，游共黌庠，偶竊科名，謬塵仕版，每懷吾黨，嘗念歸與。茲幸廢閒，數相接晤，濟濟才美，彬彬質文。但師友之誼頗疏，講習之功尚闕。忠信而不好學，狂簡莫知取裁。即其居無與，行無徒，豈樂介然獨立？抑亦氣相求，聲相應，苦于倀焉靡從。是用不揣迂愚，僭申忠告。冀自今以文會友，翕敦研席之盟；敬業樂群，共締切磋之約。務痛祛其鄙吝，期日進于高明；庶眾善之相觀，將多賢之輩出。使人謂魯無君子，斯焉取斯；則豈必商有天民，覺其後覺。僕雖委懱，尚克交修。若夫堵室春炊，或艱於事育；公庭賦詔，間迫于追呼。一切轊軻，無端齮齕，則賴明察之長，慈惠之師，仰體國家造士之恩，奉宣臺憲作人之指。優恤其困苦，俾志不分；培養其精華，俾氣不挫也。僕當黽勉，願與周旋。諸友勗哉，無自墮棄。

正士人巾履疏

服美於人，《書》以爲誡；衣裳楚楚，《國風》譏焉。故大禹惡衣，文王卑服，孔子純冕，季路縕袍，即古帝王、聖賢，身無加飾，豈徒崇道德之潤，抑以蕭容止之觀。服堯則堯，服桀則桀，胡可苟也？

邇來世教陵夷，士風浮靡。巾鬟詭異，衣履纖妍。丈夫而襲婦女之裝，士子而被倡優之飾。恥心盡喪，雅道淪亡。轉相傚尤，良可痛恨！

吾里唐虞故壤，猶存儉嗇之風；燕趙多豪，羞作輕佻之態。頗知禮而畏義，不隨俗而習非。乃頃衿弁之中，間有紈綺之子，唐巾京履，炫耀街衢；鶴氅狐裘，翱翔黌序。衆方指議而竊笑，彼且靦面而招摇。父兄不禁其冶游，師友不匡其燕僻。任情自恣，名檢以之積隳；放心莫收，學業因而漸廢。失後生可畏之勢，甘小人下達之歸。蕩而無成，悔之何及！

不佞忝托吾黨，幸與斯文。誠不忍狂簡之靡裁，用敢炅髦士而交儆？尚其澹泊以明志，樸素以褆躬。衣錦而存尚絅之心，披褐而珍懷玉之守。貌思作肅，服戒不衷。務去泰而去奢，毋敗禮而敗度。道充爲貴，將篤實而光輝；德盛日新，自高明而廣大。豈須紛華悦目、文繡章身也哉？

僭效忠規，庶懲陋習。

校勘記

〔一〕“材”，據民治學社本當作“才”。

〔二〕“傅”，民治學社本作“傳”。

〔三〕“會”，疑當作“蓬”。

〔四〕“寓”，疑當作“寓”。

復宿山房集卷之十七

序

重刻《周禮》序

古今稱致治之盛者，必以成周爲稱首，曰太和在成周宇宙間，然而未知其所以治也。其所以治，則于《周禮》見之。今觀其書，自宗廟、朝廷而達於邦國、天下，若官府兵農之制、井田封建之規、鄉遂學校之設，其紀綱布矣。而其品節條目，雖車旗圭璧之等、畫繢塼埴之法、虫魚鳥獸之類，亦無不事制曲防，綜理周密而後已。此其宗唐虞、監二代治法之立，信足以黼藻當時，著鑑萬世，致治之盛，厥有繇哉！

自秦重挾書之律，而禮樂之書稍稍廢棄。既得之於河間獻王，而不知者又往往詆爲黷亂之書、爲陰謀之書、爲理財之書，而周公之意失矣。其後有知其爲周公致太平之具而用之者，則又不免於假公以文私，輕試以取敗，執己以病民。於是割裂破壞之餘，而《周禮》之於世道，不啻葛之於冬，裘之於夏矣。學者見其戾於時也，而習之者益寡；習之者益寡，則用之者益疏。嗚呼！周公之爲是書也，其處心積慮，至於仰思待旦，則其所以爲天下後世計者，固至深且遠也！豈不知其數世之後，而法之定於我者，不能不變矣乎？然且以之垂訓，則固以時變而道不變，法可變而立法之意不可變也。故夫用其法而失其意，與不得其意而併廢其法者，皆非也。然與其法與意而併廢，則莫若姑存其法。蓋大匠善斲，未有離規矩巧者也；盧扁善醫，未有舍方書神者也。世有願治之士，而非稽前代之典章，博已往之名物，其何以議禮制度，神化宜民哉？昔者夫子告顏淵"爲邦而兼學四代之禮樂"，治貴稽古也。知夫子取四代之意，則此《周禮》之書固可以俟百世而不惑者，而有治道之責者顧可廢哉？誠師其意，不泥其迹，而酌損益之宜，達變通之故，則於《周禮》也思過半矣，此固今日重刻之意也。

《河南鄉試録》序_代

萬曆七年秋八月，郡國遵令甲，復當論秀於鄉。在河南，則御史某寔監部中，申要束，飭簾内外事唯謹，簾以内則某某，簾以外則某某，暨百執事咸矢公矢慎，如御史指乃合。提學副使某所簡士二千四百人有奇，三試之，拔其俊八十人，並録其文之如式者以獻，某以執事宜宣言首簡。

某往讀《漢紀》，徵睹其制令，博士得與諫大夫循行郡國，舉茂才異等士，則竊意察舉吏民，進賢詘不肖者，部使者之職也，博士守在六籍，何與薦士？乃今身自從御史及諸大夫後，祇役大邦，則大喜過望。顧自惟經學淺陋，孰與漢專門家，彼各持其一家言授弟子，因而舉之，故有當也。某經學既不足爲士程，而兹中州士所爲業故又未嘗切磋究之，安能以意逢占射覆，而幸其或中，遂以決豪傑哉？且元光時六籍初出，人文猶尚詘焉，諸博士弟子稍能依師説，不悖所聞，已即裒然舉高第，則微獨有司易得士，士易進也。明興二百餘年，文治代光，道化旁洽，自山陬海澨，經生學子在所斌斌。矧兹嵩少、河洛之間，古稱文獻淵藪，伊傅、申甫而下，一何其多賢聖乎？藉令今所舉士第如漢經生，然即歲一舉，猶將不可勝收，顧去國家需材之意遠矣。異日者，士稍稍習剽剿，馳騁於浮言，上需然下明詔，劘滌其陋習，諭諸生治經義務明理道、通世務，以實學濟實用。於休哉！聖訓海內士誦服久，亦既斐然嚮風矣。而中州去輦轂下近，顧化宜益浹焉。故某始入棘程多士之文也，兢兢奉科指尺寸，無敢以意，所收必上意所欲徵進者，所置必上意所欲汰斥者。蓋竭日夜之力，評隲參伍，具見其文質，而後乃敢授御史籍奏也。則庶幾哉士有明理道、通世務者在於收中，以塞明詔而為縣官用，然豈敢望哉？

蓋漢博士亦嘗數遣矣，終元光之世，其粹然以儒稱者，唯董仲舒一人，它無足數焉。至從諛飾詐，希人主意，用事如公孫子者，彼其始曷嘗不以經術進？而世且以曲學多詐，庭詰而面辱之，雖致尊顯，垢彌甚耳。某敢謂今所收士，盡為舒而不為弘耶？然而其為舒者具矣。今視其言，原本天人，敷陳王伯，辯晰義利，即董生受簡而談，宜無以過。顧董生不能得漢武，而今多士際昌朝而乘泰運，遭遘則獨奇焉。

上建極君師，日延攬儒英，興修聖統。得士如董生，必且置之論思獻納之列，多士豈可謂不遇世乎？藉令公孫子居今，且不能飾其藝以售於有司，即幸而售，曾不得與掌故，何能一日朝堂之上？故某知多士之必為舒而不為弘也。多士勉乎哉！夫官先事，士先志，志舒則舒，志弘則弘。志舒即千祀之下猶將執鞭慕之，志弘即同時已有訿而辱之者矣。多士宜何處焉？若曰斯卑卑爾，吾方望步武伊傅、申甫間，奚有於漢儒，則某益大喜過望。然某以經術進多士，宜度多士能為者告語之，固不在設高論以虛詼，多士且舒，固伊傅、申甫徒也。惟多士擇術而邁往焉，可矣。

《山西鄉試錄》序代

萬曆壬午秋，山西當大比士，御史某奉簡命馳至，寔監臨之。至則前御史某所聘四方文學暨諸百執事咸會，乃以某暨某為考試官，某某爲同考試官，使職簾以内，某某監試，某某提調，使職簾以外，而御史躬秉要束，譏防劫諕，視昔有加。於是合巡按宣大御史某暨提學副使某所選士二千三百有奇，鎖闈三試之，拔其俊六十五人，籍其名氏若文以獻。

某竊惟孔子叙《書》，斷自唐虞以下。而司馬遷氏作《本紀》，至西涉崆峒，北過涿鹿，漸海浮江，以求黄帝、堯舜之處，而風教殊焉，斷以爲古文近是。夫蒲平陽、安邑間，爲堯、舜、禹所更都，遷生其鄉，習其風教甚熟，豈必覽觀四方而後知？其徵信於古文，正見夫故都風教有獨異於四方者在也。某今猥以校士之役，憑軾而入其境，遐想夫岳牧、元愷師師濟濟之容，思一覩其盛而無繇，則咨嗟嘆矣。然而太行、恒、霍如故也，洪河、汾、沁縈帶而演迤不改流也。

主上游神垂衣之烈，隆儒術而興太平，而山以西聲教所首被，平章昭明，比屋可封之俗，非易民而化也。豈以舉士唐虞之鄉，而憂乏材乎？顧聞之，聖王在位，百里一士猶無有也，累世一聖，千里一賢若比肩至矣，則材大小之辨也。明興二百餘年，鉅公碩輔，起家并、冀而顯功名者，何可僂數？乃壁宫俎豆，右祀瞽宗之列，或曠代難其人，而河津薛先生崛起與焉。國家得一薛先生，而教化借以大重，材誠在傑不在多也。子諸士斌斌登貢籍甚盛，第令續食計偕，不辭無能；析圭儋爵，不讓無才。惟産自唐虞之鄉，繼河津而出，則有不難於盛而難於傑者矣。要之，學以立身，非以飾名；仕以濟時，非以干禄。嘗考薛先生爲學從政，一本諸篤實。居平辭受取予，操義甚嚴；比當大節，至遺利害死生不顧。嘗言“讀書窮理，須實見得是，然後驗於身心，體而行之”，斯先生之所以深於道也。爾諸士誠安於卑卑則已，設欲蜚英騰茂，歸然表樹於世而擅不朽之稱，緣見習聞，取法不遠，舍河津將安師乎？

語曰"至誠之極，金石可靡"，其惟以誠心自任，學蘄立身，仕蘄濟世，毋樹頤頷而略躬行，毋騖虛聲而虧實際，毋苟寵榮而輕志意，毋急功課而病雅俗。寧椎魯少文，毋譸張以譁衆；寧介特寡合，毋夸毗以趨時。庶幾哉秉道循理之士，無忝堯舜之風教，而於先哲爲有光矣，況進此乎？昔趙文子始冠，受規於公族，以語張老，張老曰："善矣！從樂伯之言，可以滋；范叔之教，可以大；韓子之戒，可以成。"而樂伯主務實，范叔主戒寵，韓子主始與善。此三言者，文子終承之，以克光紹成宣之業，不隕其名。某不佞，無以佐諸士始進者，第申晋人之語勗之。諸士勉乎哉！

《宣大武舉鄉試録》序代

歲丙子秋九月，侍御沈公遵故事，集宣大材武士三試之，拔其俊者若干人，籍上於司馬，並録其文以傳。某以執事宜有言末簡。

某惟宣大即古上谷、雲中地，漢大將軍青、驃騎將軍去病所嘗分部送出，度幕數千里外，斬首虜數千，全甲而還者也。而上谷守廣、雲中守尚，皆以良二千石愛人拊士，士至今慕誦之。某嘗行過其地，踟蹰四顧，慨然想見其人，曰："嗟乎！以今之疆事，誠得衛、霍爲將，李、魏爲守，豈憂匈奴哉？"乃今觀於所收材武士，其擐介超乘，馳騁奔軼，即騎擊之勇不捷於此矣；挽強審固，應弦破的，即猨臂之技不精於此矣；談機説變，握勝制奇，即方略之對不確於此矣；瑰瑋俶儻，驍雄虎視，即封侯之相不揚於此矣。則竊自幸，以爲得士如此，庶幾哉有古名將者出其間。顧此特馳射、籌略之長，要未察其實與窾也，安敢以遽信乎？夫士有曲踊距躍而不可任，有讀父書而不知合變者，馳射、籌略之不足以概士固如此。載觀古名將，未嘗由科目起，然其挾藝而出，馳則先登，射則命中，策虜則無遺算焉，蓋謀皆實謀，勇皆實勇也。輓近世材武士，其始進豈不亦沾沾然自負，及試以事，則一切緣飾，十九不相讎，此所謂窾已。是無他故，志不素辨而節不豫厲也。昔紀昌學射於飛衛，懸虱於牖，視之三年，其大如輪，精專故也。熊渠子夜行，見石若虎，彎弓射之，沒鏃飲羽，氣激故也。士當局而旁睨則迷，遇猝而却避則餒，故辨志欲審，厲節欲勁，實見實勇，由是以出，豈可以窾辭緣飾哉？即古名將揚洪稜而樹茂伐，微獨馳射、籌略擅兼人之長，其中固自有奇焉。史稱大將軍辭三子封不受，不專誅境外，令矜功怙寵者爲之，其將能乎？驃騎以匈奴未滅，辭不治第，曰"無以家爲"，令全軀保妻子者爲之，其將能乎？廣歷七郡太守，家無餘財，尚所入軍市租盡以給士，令黷貨剝下者爲之，其將能乎？若此者，皆本之忠義之誠心，急君父而先社稷，故不遑恤其私，類非緣飾所能爲也。

　　天子英明神武，震疊遐邇，自仄塞萬里外，承風仰流，翕然如一家。士當其時，雍容緩帶，誠無所受事，萬一猝有不意之警，視登壇建鉞之任，人人可得，諸士將安所自效乎？將以實耶，則忠義之誠也；以窾耶，則緣飾之陋也。兩者軒輊辨於霄淵，諸士其知所以處之矣。《詩》云"赳赳武夫，公侯腹心"，夫志腹心者薄干城而不爲，矧可以緣飾效之乎？諸士其必爲彼不爲此也。

《武擧錄》序

　　萬曆癸未秋九月，上還自山陵，天下材官介士貫弓矢，挾策待試於司馬。司馬闢澤宮，更日校步騎射，得俊，請校方略。上命臣某偕侍讀臣某往而分校，則都給事中臣某某、郎中臣某某。臣自惟謭陋，即治經生、言事、上講幄，猶然無所闡明，屬使籌兵，安知其便？顧臣代人也，耳目疆事，不敢諉曰未聞，則與諸臣矢公慎，設規慮，置難參驗於司馬之格合，然後收之。遵制拔一百人籍奏，臣謹序首簡。

臣嘗說《詩》上前，以三百篇諷曰荷橐、濫扈從。後竊伏睹上禅冕而展陵廟也，怵露悽霜，不勝劍舄之慕。臣謂宜歌《下武》曰"三后在天，王配于京"，永言孝思也。禮成，建翠華，陟高山四望，惟時天澄日明，王氣合而慶雲翔，百雉邊城倚其陰，而九州如帶如盂環其下，上悠然若遡豐芑之澤，而思引長之也。臣謂宜歌《天作》曰"天作高山，太王荒之，文王康之，子孫保之"也。鑾輅甫旋紫宮，不暇寧，輒班功令而賓士。蓋一歲祀春秋者再，春旋浹月策文士于庭，秋旋浹旬而甄武士。臣謂宜歌《桓》曰"保有厥士，于以四方，克定厥家"也。夫周王靈承三后，追念荒康之緒，思與子孫世守之，保基之謨遠矣。乃所與共定四方，則惟曰桓桓士，士所繫顧不重哉？

上孝思篤至，光于配京，乃者登山永懷，豈河山是愛？意若曰"茲二祖戎衣之所肇造，列聖宵旰之所維安"也。墾茨徹桑，宜不以清夷輟慮，故雖鴻俊布列，虎臣如林，而側席拊髀，求士滋急。將謂矙張伙飛間，亦有桓桓其武，以定邦家，如周士云爾。周王以孝思式士，士翕然則之，靡不象孝爲忠，媚一人而應順德者，故其詩卒章曰"於萬斯年，不遐有佐"。諸士幸逢仁孝之主，媚茲敬應，寔維其時，則何以象上指，抒忠順，而佐萬年之大業乎？無謂時方泰寧，武臣無所受事，疏附禦侮，亦各並時而榮。漢衛、霍兩將軍，轢高闕，封狼胥，以兢武功，功成而漢耗。彼用天子嘉邊事奮，爲人主則忠，非爲漢宗廟遠慮也。夫漢帝謚相傳以孝，豈非欲子孫世世奉祼岊勿絕乎？乃甘泉泰時，日有鸞和之音，而長陵霸陵，山非不高，未聞過而陟、陟而思也。比之周德淺矣，何以勸士？士所貴忠順顓志，並慮精白，以戴一人。功不蘄倖成，患不蘄苟避，銷萌厭難，圖於未形。心有所懷，威動千里，此夫扞圉不以金湯，慭士不以旗鼓，執馘殲醜不以長組利劍也。所就視衛、霍功孰多？不者輕憍恃氣，外飾伉厲之容，而中情蓄縮，甚則黷貨冒功，腋下罔上，衛、霍且羞稱之，奚以托於聖世？

頃疆吏上功狀不應，上遣繡衣，簿責斥罰，不少貸。遼帥積首虜，多剖符，位列侯，議者排而弗予，上特直其功，屬戰士。天下咸服上英明若日月，恩威立斷，捷於風霆，士奮而起行間，效不效，功過無所蔽，安可不務自屬哉？士則上而屬，諸忠斯行；間則士而屬，諸勇一德。旋相應而效之，命之曰大順。大順之世，虎賁稅劍，陳常時夏，而治登乎昭明，周道所繇稱郅隆也。

士往矣！誠勉紓忠順，步武周楨間，贊上永言之孝，俾後世歌國家有佐于萬年，將焜耀高山之靈無已時，而雅頌雍容，不獨著于周廟，主司咸與有榮焉。

《金輿山房稿》序

今之名文章家，殫精敝神，坐馳萬景，上摹百代，皆托之乎不朽。蓋臧文仲稱不朽者三，言乃其最下，而劉勰論文有三，曰政化，曰事迹，曰修身，而撰造不與焉。今所謂文者，不能加於古之撰造，而古人視撰造第文章之餘耳。文章視古立言爲餘，言視功德又爲餘，然則今之所謂馳萬景而摹百代者，乃古人之所餘，三累之下者也。

吾師殷文莊公没七年，而邵中丞始刻行其集，集中若疏若頌若講義及詩若文共十四卷。其大者啓沃宸聰，損益典禮，高文大册，焜耀金匱石室之上。而細者詮序景物，品隲今古，登高而賦，餞別而慨，體齊魯之雅馴，兼燕趙之悲壯，采吳越之婉麗，以爭勝於歷下、婁水之間，要以蓄極而發，積厚而流，無意於爲文而文生焉。不佞既受而卒業，則伏而嘆曰："颺之所稱在茲乎？"然是先生之餘耳。

先生當肅皇帝時，推擇爲青宮師保。及莊皇帝踐祚，以舊學膺爰立之命。所以斧藻聖謨，斟酌元氣，宏獻鉅烈，格於黼扆，而隱於人耳目所不及者，不可勝紀。及先生拂衣去，而天下爭以不究其用爲恨。然先生雅意用世，能用而能不用，語曰"德之積以爲身，其緒餘以爲天下，惟用之天下又斂之於身，而德乃餘"，先生其有合於立德之旨耶？説者以爲先生用有所未究，故鬱鬱勃勃洩爲文章，若造物以千秋之名償其所不足者。顧先生安所不足也？夫燮和論道，其政立矣；紀往詔來，其迹著矣；束髪澡行，迄於没齒，其身潔矣；始爲之羽翼，繼爲之股肱，以弼成隆慶之治，功立而德懋矣。其文取諸政化事迹修身之餘，其言取諸功德之餘，先生安所不足哉？今之殫精敝神，馳萬景、摹百代者，大都有意於爲文，蘄以其名托於古人之餘以顯。而先生之文，乃托於其所自立者以顯。百世而下，有敬慕先生，願起先生九原而爲之執鞭者，當以先生，不獨以其文也，然則先生之所爲不朽者可知已！

先生家食時，讀書金輿山，其請老也即是山著書焉，故以名其集，以附昔人藏副之意，而不佞以門下士，爲序之簡端如此。

《條麓堂集》序

太師張文毅公之薨也，不佞某既已叙次其平生，爲請於當世鉅公，銘其幽，表諸隧道，可垂不朽矣。逾年，而公之子考功諸君衷公遺蒍若干卷，將梓以傳，復屬某爲序。某非知文者，顧既知公之爲人，敢曰不知其言？

公嘗語某："文有定體，無專材。譬之宮室，體則其堂寢門廡也，材則其爲棟楹榱桷者也。體欲備，材欲充，未有不贍于材而賒于體者。要在豐儲廣蓄，纖巨畢收，心畫手裁，措注有適，斯足操繩墨而列匠氏之林矣，奚必尺摹寸擬，乃稱作者哉？”某拜受教，退而考覽古人之製作，體代變也，材亦稍殊焉。然藝以載道，道以經世，軌轍固未始不相通也。自近世才藻士厭璞慕雕，爭以修古文詞相矜軋，時則不競于詣而競于擬，文摹西京以上，詩摹大曆以前，章剽句蒐，偶獲片言之隽，朝披册而夕摘篇，所展轉嬉弄于毫端者，直有數之綺語耳。材乏其充而猥求其備，無怪乎依倣愈力，技愈單也。

公夙禀異資，敏悟强記。自爲童子時，父嵋川翁游賈於外，數購求四方奇書，輦而遺公，公腹笥已不啻惠施五車矣。比成進士，入翰林，益得縱觀秘府所儲七略四部之籍，則涵茹日富，探討日新，氣格才情日以益邃。是以發爲文詞，自綸扉之草、石室之編，旅廈之講論、樞庭之奏對，以至副墨所掌、洛誦所傳，宜雅而雅，宜理而理，宜實而實，宜麗而麗。猶之引斧斤於鄧林，而尋度丈量於豫章之藪，圜方横直，惟意所營。搆之爲清廟明堂，个左右翼，而八牖玲瓏，四門軒豁，觀者莫不神竦目炫。至欲窮其匠心所縷，則般倕不能名其法，輪扁不能殫其巧矣。總之，心與道會，道與藝融，材靡所不充，體宜靡所不備也。

《詩》曰“維其有之，是以似之”，謂公之文似其所有非耶？世所稱擬古文詞家，亡論其不能盡其藝而似也，即似矣，高不過坿遷、固、雄、向諸人，次僅可當曹、劉、沈、宋而止，孰與公荷橐侍人主左右，賁帝制而敷皇極之言，其大猷足以經緯兩儀，彌綸三極，而緒業猶足以焜耀一代之章程。此之爲擬，將媲渾噩於典謨，叶鏗鏘於雅頌，豈西京、大曆以上作者可闚其樊而游其闈閾也哉？後有知言者出，挈公斯編，與其銘諸幽、表諸隧道者合而觀之，當得公之爲人於伊、傅、周、召之間，而不佞之所以知公者，十固未能概其一二也。第以復於考功諸君，慰其不匱之思云爾。

《司農奏草》序

《司農奏草》，今太宰疏庵王公爲大司徒時所上牘也。牘草留尚書省者，諸大夫業勒梓署中，相與畫一守之矣。乃者，督府鄭公、按臺黃公謂茲財賦令甲也，宜副在有司，則屬憲副許君銓次其篇，刻之幕府。刻成，某竊有感於大臣經國之猷云。

昔馬遷讀管氏《牧民》《山高》《乘馬》《輕重》《九府》及《晏子春秋》，至願執鞭欣慕之。夫管、晏傅霸主以顯，其操術置策，卑卑無他奇，而馬遷心獨善其言，豈非以其能調適利權，導主於節儉爲足多耶？然稱爲富國則可耳，烏睹經國之大計哉！周公之理泉法也，斂之以九賦，節之以九式，又有職內、職歲，掌其出入之會，品式既具，上下率循而不渝。若周公者，乃所謂經國者也。

疏庵公領大司徒職四載，所上計無慮數百牘，自宮府內外、百司以及軍國之大費，斂散出入，犁然有程，絲髮不得增損，其謀謨規設，非即周公之用心耶？顧周公創制未有，其經始難，而公救法已弊之後，持論尤不易也。夫法常始乎振，卒乎弛；財常始乎裕，卒乎匱。以嘉、隆帑藏，較出入於國初，不啻昔裕而今匱已。公承其弊，深惟贏縮之原，乃取祖宗朝故實，日檢覈之，則喟然嘆曰："嘻！今天下豈誠乏財耶？顧不以贍國而以惠奸，奈何欲財無詘也？"夫租課積負，則豪貴人宿猾爲之蠹也，故議督逋；徵之而不集，則有司慢令也，故議責成；集而不登於公廩，則奏留者多，而蠲貸數也，故議蠲賑；登而不及於額，則侵牟冒没者衆也，故議輸輓；額既具矣，而用猶詘，則宣索不時，請乞非望，諸冗餉冗費靡之也，故議上供、議浮濫。凡此皆下不麗於民，上不領於度支，所謂出入非其額者耳。公搜摘其端，而次第條覈之，奪百數十年上下已嚮之利，悉歸之國。進而告猶無隱衷，退而率其屬無貳命，豪強之氣阻，群小之竇塞，譬之導水然，遏其狂奔橫決之患，而故道乃可復也。其持議不亦難乎！

然自公議行，而經制遂定，異時權宜一切補苴目前之計，並格不行。故賦不必益，而國用饒，利孔不開，而庾廥有陳陳之積。然後乃知大臣經國之猷，其操術精而收效博，固如此也。第令馬遷生當其世，聆公議論，視管、晏所稱詎足述，而亦豈止於執鞭欣慕之哉？

蓋公既以歸省故，還大司徒政，不歲餘，而天子重其望，特起公太宰。公方持衡以佐上，進退賢不肖，諸惰窳病官、騷屑病法者，咸擯而不得受事。是公始爲國立法，而今爲法擇人。夫得人而公之法乃益飭，國家太平之業乃益宏也。是用書之，以告有位。

《魏中丞奏草》序

士君子於天地，必有與立，正氣是已。正氣在人，匪徒豪植譸張，以鷙悍鐋銳爲節概也。蘊崇於實，橐籥於虛，虛實之間，中和之宅而正氣出焉。世之瑟縮纖趨靡如茅，輭熟如韋者，固卑卑不足道，即飭廉隅，礪齦齶，風裁議論足傾一時，而或矜歟匪衷，躁競亡度，斯東漢諸賢所爲不免於缺折者也，抑何可與立之有？

中丞見泉魏公，自司理荆州時，用介特不附柄相失其歡。既徵入爲御史，值宮府鼎革之際，劾罷新置相及冢宰而下爲故相所引用者某某；復條上選部、科場宿弊數事，意在杜權門、塞倖路，語不能無侵，坐謫外徙。稍遷留銓，改光祿丞，歷銀臺，益務砥節奉公，排私交以匡清議，寓內士翕然慕重公，以爲歸。迨領中丞鉞，填撫我三晉，諸所摘抉興除，若憲條邊，瑣細者案問，鉅者驛聞，自強宗、債帥、墨吏、猾胥不寒而慄。即單于君長，憚公威稜，亦皆齰指相戒，亡敢謘而干關市之禁者，爲封疆重如此。會中璫以采金榷稅來，搜括公私，虐焰熾甚。公抗疏乞罷，不報，議酌歲額，責辦有司，又不報，則岸然以身扞之，力摧其爪距，俾不得恣魚肉於吏民。大爲所憾，愬公於上。時兩京臺省及晉之吏民集闕下白公之誣者，章如山積。璫齚舌，竟不能以毫末加公。而公之志操乃益明，望乃益重。

不佞往讀公疏草，心偉其議論，今徵睹其行事，益嘆服公之爲人，信稟天地之正氣，卓然特立於世者也。顧又竊窺公坊表甚峻，而履道甚夷；壇宇甚嚴，而襟局甚曠。計乘塞八載於茲，劬勤盡瘁不言勞，前魚下薪不言詘，白雲在望，烏私弗見察不言羈，沮於忌，螫於讒，而忠君憂國之誠，丹漆不渝，金石可貫也。齋厨若冰而心若水，羽檄紛遝而裘帶雍容，著作吟咏不休也。斯其正氣所從出，蘊崇於悃愊，橐籥於恬愉，養之虛與實之間者，完且粹矣。世徒慕重公節，概見謂剛大可塞天地，得孟軻氏之浩然，而不佞乃獨覘其神情，知其所爲剛大者，壹本之中和也。是用表而出之，以別於時賢之豪植譸張者。

公別著有《三立祠列傳》《魏子膚見》《詩草》《詩編》，參覽之，庶信余言爲不謬云。

《古今醫統》序

《醫統》一書，新安徐君所編次者。徐君自言其少時喜攻醫術，即古今方書裒輯甚備。即未備，輒又徧歷坊肆間，訪文獻大家求之矣。以是博精諸方伎，爲人已病奇驗。行遊京師，諸貴人餙輿馬迎君者，踵相屬也。

往歲，吾鄉侍御少泉郝公病，予過而問焉。其僕爲予言，昨朝出固無恙，比暮，蓋之客所，與客語未竟，忽自仆地。及持歸，即患左臂不和，又時時作眩狀，疾呼弗省也。予私心危之，屬醫數輩至，治皆弗驗，乃往迎徐君。徐君視諸醫所爲治，則笑曰：“夫茲病，鬱也。煩懣而不宣，其發必邊。繾綣於陽絡，爲臂痹；逆攻於上，必作眩。諸君以痰治之，左矣。”乃爲製藥，飲之。有間，少泉公目微瞬，噓唏服臆，泪淫淫承睫，呼兒以泣。衆驚問其故，有客曰：“少泉公性至孝，即京邸，寧獨居不以挈家，曰留侍太夫人爾。以故公子卒且數月，不及聞。既聞，意其拊擗忉怛，顧避左右，無以盡哀，則含悲蓄慟而止。兼爲太夫人慮，恐以其孫毀，奈何不鬱而爲疾？徐君言是也。”於是衆皆撟舌相視，奇徐君術爲神。不數日，少泉公瘳，乃持徐君所集《醫統》一書示王子。王子曰：“嗟乎！《靈樞》《素問》玄邈矣。上池奇咳、青囊金匱之術，載籍所不傳，後學者罕通其說。倉公、陽慶、東垣、仲景諸人揚鑣分軌，各自名家，顧知其孰爲方書之六經、醫宗之孔孟也？予特善徐君近述遠稽，泛游廣涉，上下數千年間，聖儒哲匠，絕伎殊方，綜考殆盡，可不謂博雅者哉？夫聞見富故智意充，品隲精故運用妙，以能決嫌疑，定可否，隨試輒驗，安可謂無所本也？世醫問症而屬針，按方而投匕，猶尚茫然寡效矣，矧夫疾痛幽曖，閟結心曲，有左右所不及知者。而望氣察色，頃刻立斷，即阻垣見物，曷以加焉？然則徐君玄識洞解之妙，固不在方書間，特藉方書以爲筌蹄云爾。”遂書其卷端歸之。

序

贈張公入閣序

　　萬曆乙亥秋八月，維時天子躬秉萬幾，勤思股肱之佐，擇所宜置諸左右者，乃晉宮詹鳳磐先生爲太[一]宗伯，俾參大政焉。制下，朝士莫不喜相告，蒲坂張公相矣。乃先生方典校《莊皇帝實錄》，直史館，顧獨不聞也。有頃，吏入報，趨出，治奏書，謝不任。上手敕褒答，諭所爲倚毗至意，先生乃拜受命。於是諸縉紳爲先生鄉人者，謀所以賀先生，則屬某使爲辭。

　　某聞之，天降時雨，山川出雲。夫雲以其膚寸之陰，紛綸變化，從六龍而上馳，衆見謂長河太嶽，包絡太和，磅礴而鬱積所使爲靈也，而不知乃繇玄穹閟覆，將降康而溥明賜，而精禖乃泄越於山川，此天意也，故曰“天地交而萬物通”也。名賢喆輔出而佐人主，宏太平之業，曷嘗不本之天運哉？我全晉表裏河山，前九州而啓宇；靈淑鍾匯，兩戒莫敢望焉。自三聖光宅，有若稷卨皋夔，相與謨明弼諧一堂之上，至今譚明良之盛際者，誦慕其地不衰。然歷夏而殷，猶必五百餘歲，而後傅說顯於武丁之世，則非獨地靈間值之難，乃萃隆之運，天固靳之矣。明興二百餘年，列穹階而踐台席，諸稱爲冀產者豈少乎，而獨於相業詘焉。英宗朝，文清以少宗伯召置東閣相矣，而格於意所不便，不數月輒謝去。文端以青宮舊學結知孝廟，時莫不以相屬之，而兩薦不果，官竟止司農卿。然則天意所重靳於兩公者，宜有待於先生。先生用文學簡知肅皇，擢首詞垣，名寵振宇内，豈不欲需以自輔哉？乃未及相，而留以待莊皇。隆慶間，先生日執經白虎幄，被眷遇最隆，麻旦夕旦下，而會莊皇御群臣之日淺，又未即相而留以待今上。繇斯以觀，氣不厚蓄者不震發，數不交值者不奇合。夫舉累朝熙洽之運，積而會粹於今上，舉全晋靈淑之氣，積而會粹於先生，兩操其重而兩相待，固宜其震發而奇合也。以此卜世，將又一唐虞之際、殷宗之年乎？

夫三聖出而五臣更佐其朝，而先生以宿德重望，簡在嘉隆之際，即放勳、重華之所疇咨也。殷宗恭默三年而得説，乃今上冲齡踐阼，虚己而聽於元宰者亦三年所，適以其期相先生，以質愛立之辰，即巧曆不能得之矣。世當復躋萃隆之理，不亦猶時雨降而油雲合，其霶霈霑足可跂而俟耶？某故曰天意也。天舉累代間值之氣，積而會粹於先生，則先生之輔理宜有踔躒今古之勳以當天意。蓋先生既相，上親灑宸翰，賜之曰"一德和衷"，先生尊奉而昭揭之，仰顧俯思，瞿然若有所深契也。其和衷於汋穆之地，諧化瑟而調鼎實者，則不可得知。然嘗竊觀肅皇末，國政在柄臣，士大夫方折於骫骳脂韋，而先生獨靜正以信其概。莊皇初，國政制於多口，士大夫方騖於儇狙浮競，而先生獨冲挹以遂其高。調成變化之宜，寔先生所素具者。夫其祗若聖訓，固所以靈承天意者哉？異時譚明良之盛際者，具述其指，以與皋謨説命並傳。而先生相業果自喜起交修，而後上下三千餘年一遭也，何但張吾三晋而已？敢以是鳴國家之盛，而因以抒吾黨欣願之私。

贈楊太宰一品四考序

士勵翼奮庸於國，誠得累歲月之勞，而拜一命之榮，以逮其親，莫不津津色喜，侈譚而崇奉之，曰"此天寵之詒也"，其以傳世輝映罔極。矧夫班聯八座之尊，位躋公孤之右，綸章烏奕，晋錫駢蕃，寵冠乎群工，而榮施於五世，此豈與尋常斤斤務舉職者比資而論績哉？

吾鄉少師楊公，自弱冠登進士，起長安令，佐郎署，視學齊魯，填撫西夏，經略宣大、薊保諸邊，入典本兵，再柄銓政，以及今官，揚歷四十餘年而晋秩師保，亦一紀於兹矣。考上，天子璽書獎勞，遣使持文綺、楮幣、羊酒馳賜公第，加贈公三代如公官，任子一人。吾鄉仕京朝者，歆艷殊榮，謀爲公賀，屬某敷紀其盛。

某曰：自古大臣股肱帝室，翊贊鴻勳，則有封拜錫予之典，故召穆克平江漢，則王錫之圭瓚秬鬯、山川土田，所以榮世德而勸忠勤也。公令長安，以循良稱；佐郎署，以靖共顯；督學齊魯，俊髦蔚興；填撫西夏，膚功屢奏。右衛之困，天子起公衰服中，提師往援，虜聞風宵遁，三雲以寧。已，兩督重鎮，固阨塞，調兵食，易將吏，疆場之間隱然長城焉。其勳業聞望蓋不待今日，已不在召穆下矣。比典本兵，柄銓政，某不能闚公之詳，然見邊使日至，羽檄交馳，衆方眴轉皇惑，而公之方略輒具，其所擘畫靡不中肯綮者。銓司白當除吏，左右莫知，而公之銓注，又輒具其所任，使靡不當材品者。故公爲司馬，則緣邊之士增氣百倍；其爲冢宰，則奧援闟寶者縮慄而不敢動。此其柱石廟堂，斡旋元化，豈特饗蕃宣一隅之功耶？蓋公自弱冠時，業以天下事自任，凡禮樂兵刑、人才吏治、錢穀戶口、水利邊防，無不綜貫其說，而正大之情、剛方之氣，又屹然壁立萬仞而不可撓。故其出而宰世，文經武緯，隨試咸宜，翊奉三朝，後先一節。天子諒其精忠，百辟景其風采，謨謀足以斷國是，威重足以折奸萌，惠澤浹於蒸黎，聲靈振乎殊域。爲國元老，克享榮名，寵賁先人，慶延胤嗣，宜哉！公於河東爲冠族，其先贈公蓋秉憲蜀臬，綽有風裁。而公子五人，復趾美科第，掄魁文武，烝烝然篤前烈而引長之也。夫大臣得兼贈蔭如公，世已罕遘，而況有不徯報而顯，不蔭叙而榮，如公之家世者？求之古今寥寥焉！豈天欲昌大公之勳業，而前作後述、福禄壽考之盛，宜無弗備耶？非植德豐茂者，其孰能當之？謹序。

贈王太宰六載考績晉宮保序代

粵惟成周分職率屬，六卿並重，而冢宰獨以天官稱，稱司徒曰地官，兩者提衡而立，明治教綱紀，衆職受事重而就效普。亦猶之天地然，兼施並生，不專一令，而四時不得，則不可以成歲。故舉職視列卿尤難也。

太宰濩澤王公自肅皇帝朝署天官郎，更踐卿貳，治賦大庾，業用精藻鑒習錢穀大計顯。尋受莊皇帝末命，以地官尚書佐今上共儉之治，力務批宿蠹，疏源導委，藏富不竭之府，國用潢然稱有餘焉。居四載，予告歸。亡何，上思爲銓衡得人，則馳封傳起公於家，入視冢宰事。公入，而甄叙汰紬賢不肖，必概諸名實，不問其資，亦不盡徵信於舉刺。舉刺不相覆，輒從中詰狀，務持國論而折愛憎之口，示天下公。郡縣所上牘，繁亡當者奏罷以萬數，裁諸冗員以千百數，文例省而奸原塞，士風肅然，鏡於至清，羔羊素絲之咏宣焉。至是，滿尚書六載績，所司以最上。天子曰：“嘻！是先朝舊德，佐予一人，安擾兆民、統均四海者也。厥功茂焉，宜有以褒異之。”乃晉公秩太子太保。既拜命，少宰汝南趙君、夷陵王君，過余徵言爲賀。余惟國家任六卿，一倣成周法，而公孤師保不常置，惟鉅卿碩輔累勳望者得特進兼拜，亦猶官不必備，惟其人之意焉。説者謂三公無官，非無官也，無所不統，不以一官名也。以一官名也者，其效在功能，天下所共睹、所共聞者也。不以一官名也者，其效在佐人主以道德，而弼諧於宥密之地，非天下可得而睹聞也。公兹奏地官績則以安擾，奏天官績則以統均，天下莫不耳而目之，信嚮誦説昭昭乎若揭日月矣。顧人知公有事之功，而不知公無事之功，無事之功，唯明主心知其益而合德焉。

余從公後，竊嘗闚公，表儀位宁，嚴重若泰山，而宇度汪洋，千頃未爲廣。嘔喻受人，性均於韋弦，而守城深堅，介石不能易。又兢兢抑畏，瀝肝膽，憂國家，夙宵不給，被寵數滋渥而偏僂退孫，欿焉若不勝也。則公於道德深矣！見以爲質仁，秉義不受一名，而精意灌輸，陶鈞自運，是謂合不言之契，遵周行之軌，以身爲範，而皇極協焉。國史不可得而書，世安從睹聞之哉？蓋在周以太保兼冢宰者，唯召公迹其效，其著者在慎簡馮翼孝德之士而登進之爲天子使，而其精者乃在弼成主德，引之於顒卬圭璋之盛，則四方而聞萬國焉。於爍哉！公之致主之烈似之也。推一德之孚，即明良同游，矢音泮渙，歌《卷阿》而鳴太平之豫，當無已時，績效云乎哉？

第因兩君之請，書之以備太常。

送方督府徵拜大司馬入笇戎政序

莊皇帝在宥之四年，五單于俘我叛人款雲中塞，願得受號而臣闕下。時少保方公以大中丞填雲中，寔始議焉。議甫定，會公以憂去。衆見謂虜故驁，新約必不可恃。乃單于顧深德公，毋敢奸約，且時時因漢使問公啓居狀，何時當復來也。迨今天子起公少司馬，督拜代上谷雲中塞，建鉞陽和。公既至鎮，單于諸酋長喜見公如見父母，諸所議貢市格一切如初約，奉之滋益恭。數年以來，疆場底輯，安于覆盂，自三陘東盡遼左，西極燉煌，在所熙熙然，樂有寧宇。於休哉！太平之烈，微公其孰與肇建兹勳者乎？頃者，天子念公在疆事久，與苦甚，馳璽書，召公還視大司馬事，兼總六師。需代未行，鎮學博弟子員低回蒲輪下不能釋，則介劉生三顧輩就山中徵某爲之辭。

　　某惟公勳勞在策府，威信在匈奴，惠利在甿庶，名實炳焉如
揭日月，人人能言之，奚俟某也？毋亦二三子有所欲誦說，而不
能自盡者乎？夫往者匈奴內訌，並邊諸郡邑數苦驅略，終歲間老
弱乘城，丁壯轉餉，諸生或去庠序而憂室廬，棄本業而急扞禦，
學校教化廢闕有間矣。自公賓致單于，兵革偃息，諸生得脫橐鞬
而被衿弁，於是始有常度。自公築亭障，繕城塘，官署學宮，輪
奐具飾，諸生得出入游息其間，於是始有常居。自公拓竟任甿，
輕繇省賦，公私贍足，諸生得取給俯仰，於是始有常資。自公春
秋釋奠，朔望臨謁，而又朝夕有訓督之規，有廩餼之賜，諸生得
觀感於型模而矜奮於禮義，於是始有常業。蓋今之學校教化，非
曩之學校教化矣，二三子所欲誦說者，其在斯乎？斯之爲功，正
策府所不能載，象胥所不能譯，而甿庶所不能譚者也，二三子宜
不能無言語云。

　　善始者尤貴善終，善作者尤貴善成。昔周尚父涼武肆伐，干
戈戢矣，而必曰求懿德肆時。夏宣王時，召穆公經營江漢，四方
平矣，而必曰矢文德，洽四國。此保泰之圖而令終之道也。公始
議賜款單于，群口狖狖〔二〕，謂利害且不旋踵。乃今歲已數周，
虜牽臂奉盟如一日，其效至使戎馬蹂躪之域，櫜弓臥鼓，家敦弦
誦而戶說於詩書。譬之霾曀既銷，宣以景曜，嶔崎既闢，廓以清
夷，可不謂善始善終、善作善成者哉？且也尚父非絀於德，召穆
非絀於文，然肆伐、經營之外，徵以學校教化，彼且拱揖而謝未
遑。而公乃身備文武之懿，經緯迭用，左宜右有，以方二公之
烈，得無過之？蓋公性樞神縱，上自皇王，下逮百氏，學無所不
綜。至其憂國家而畫社稷之策，殫精極思，計不垂億萬年不止
也。措諸事效，殆有原本矣！乃今以孤卿入佐天子，垂紳乎巖
廊，翊謨謀而輔德義，天子且委心聽之，倚以爲股肱，而百辟望

之爲典刑，四海之内欽風采、慕聲威者，將不啻嚴泰華而怗九鼎也。公所繫天下之重，詎直在疆場間乎？

公且行矣，儻猶惠顧單于之好，無忘二三子所欲誦說，單于固且數咨公啟居，世不背德，而吾官師人士樂有寧宇當無已時，則公雖在廊廟之上，猶旦暮承之也。遂登諸簡，以畀劉生。

贈鄭中丞徵拜少司馬序

蓋漢賈生當文帝時，憤匈奴暴嫚，徵令亡已，爲流涕上前，而誚漢庭以爲無人。某則竊疑是時諸列侯宿將若絳、灌之屬，輻[三]佐漢庭甚盛，生何言之輕也？及考諸臣所爲制虜狀，董董握兵符，伺警待發，兵罷即已偃然不爲備，然後知生之言不虛。今匈奴君長無慮百數，而單于豪矣。單于庭直雲中，異日者鋒鏑朝暮接也。自穆宗朝佩封號受事，今且十年所，乃不復以一矢相加。於休哉！平世之盛，以方漢文時縈隆爲如何矣！

然原本勳烈，則今少保金湖方公、大中丞範溪鄭公，寔先後開府於兹。少保公揣情決策，定議搖撼之日，功存乎經始。中丞公承罷塞後，制機權，申威信，調中馭外，持終之力居多焉。部中父老言，自公莅鎮以來，其拊虜也，虜遣使入貢及市，而宴賜必導之拜伏如朝儀，以尊國體。乃私相餉遺，則特從優，藉歡其心。凡虜使闌[四]入，及入而哄者、市而挾兵人者、奸約妄請者、我人與若飾敗繒羸馬相抵欺者、爲定箠令，治之有差。凡虜情之淑逆嗔喜、悲歌俯仰之態，若調竽瑟而應心手，靡不叶矣。其斥塞也，自上谷邊抵玉林，築障六百餘里，護障有亭，亭有樓櫓，與亭犬牙錯有堠，堠有校，聯其内。荒沙深莽，狐兔所窟穴，悉募民田其中，稍收其租，以省輸將。凡山谷原隰、險阻，膏腴之利，若役六丁而就開闢，靡不拓矣。其綏畎庶也，寬宿逋，蠲浮繇，除苛文，恤淹獄，歲復流民者以萬數，出死刑以千數。長吏以下禁不得賦民一錢，民有終歲不入城邑者。凡閭閻噢咻休戚欣瘁之情，若求赤子而中啼笑，靡不暢矣。諸如置校屬兵、訓隸材官，㐲飛之略著在尺籍伍符者，更僕不能舉也。公之勤勞我疆事，一何其周爱如此矣！

蓋公之志念深矣。嘗竊闚其用心，穆然思，瞿然顧，利不詒十世不止耳。夫背成棄兩國之好者，常在匈奴，怃安亡具，漢之所以寢積薪而忘厝火也。史謂其承戰爭後，利在休息，繇今以觀彼，則何嘗得休息乎？賈生言其時五尺以上不得息，孰與今父兄並緩帶也；彼斥堠望烽燧不得卧，孰與今烽投不舉也；彼將吏被甲胄睡，孰與今弢弓矢不復用也；彼高爵者不輕得復，孰與今仕者彈冠出、居者洋洋弦誦也。無論單于戴漢恩，奉約滋謹，即一旦出不意，良甲勁弩、庾陳朽之積不移而具，彼且惡能薄金城，仰天塹，傅翼而度臺隍之間？然則公之勞迹，雖十世猶將賴之，謂爲社稷臣非耶？若絳、灌輩皆爲身謀耳，宜爲賈生所誚。藉令賈生居今，必且端拜而誦治安，賡《六月》《江漢》諸篇，詫以爲吉甫、召虎復出，敢謂漢無人哉？

語曰“何知仁義，饗其利者爲有德”。某不佞，以病廢處林壑，即未能從仕者後，然徵公之麻，得紓荷戈之役，感庇固不殊焉。會天子重公望，以少司馬徵，公且行，吾黨士人謀所以爲公賀，則屬某使修詞，遂次其語如此，他日以待太常。乃公業繼少保公，制節鎮，又進而共樞筦，相與謨諧廟堂，固根本而建萬世之策，則非某所得聞矣。

贈蕭督府俘獲叛酋蒙恩晋秩序

自單于款塞內附，受號稱外藩，邊庭之間宴然，不聞有執馘獻俘之事久矣。歲壬辰春，督府大司馬蕭公禽縛叛酋史二我列等狀聞，上嘉公績，賜公玉府金若干鎰、飛魚衣一襲，晋秩太子少保。於是治粟使者某、鎮帥某、憲大夫某等咸籍籍頌公休烈，介書山中，屬不佞某修詞爲公賀。某寔病憊不能文，獨念我邊氓二十年來，老終壯長，寢食衽席之上，而無異時烽燧舉之虞、骨白燐丹之禍，公之賜也，安得無言？

史、車兩酋者，蓋匈奴支部當户之屬，往與其仇忿争不勝，來降我，受而處之近塞，給之衣廩。兩酋亦往往以虜情予我，效耳目之用焉。頃海虜中禍臨洮，言者謂虜王西牧，寔陰助之。上遣經略大臣責問虜王，奪其歲賞，勒使束歸。而兩酋適以其時傾巢逸出塞，朝紳洶洶，懼與虜王有連，排款議者蠭起。公曰：“勿慮也。夫勢輕重而已，急之則虜重，能不以其去來爲意則我重，挾我之重以制虜王有餘，何憂逋酋哉？”無何，兩酋悔罪叩關，求還故地，拒弗許；求復衣廩，又弗許。兩酋急，則率所部闖塞，東西侵軼，以恐喝我將吏，要半賞焉。或欲予之，公曰：“予之是賞叛也，非一大創不可。”乃陰敕部將伏甲要害處，候其入擊之，斬首數十級，生得其子紅亥等十八人。酋始氣折，踆踆搖尾矣。會虜王束還，求復貢市。朝議重罷款，而猶不能無撓于多口，令虜王執史酋自贖。公曰：“是難我也，然不敢不勉圖之。”則遣諜數輩人穹廬，以風虜王。虜王初猶豫弗忍，其貴人受公指，説之曰：“我弗忍人，人將忍我。且先單于非素德漢也，尚能執趙全等以自附。我輩受中國恩深，不幸而值西垂之釁，蒙負漢之名，其何愛於一夫？”虜王感悟，遂相與定計，執史酋我列等縛致公幕下云。

嗟乎！傳記所稱威名折衝之臣，用攘夷敵憴，奏捷明光，告成郊廟者衆矣，然未有不勞師損餉，持久而後克之者也。公鎮静雍容，不動聲色，而淵謀密書[五]，機運天隨，視討逋寇於虜庭如索而取諸寄，曾無亡矢遺鏃之費，以方古名將戰勝之烈，孰爲難易哉？趙全輩之禽獻也，第中華之叛人耳。史酋與虜王，譬之禽鹿其儔侶也。割儔侶之愛以媚中國，曾不敢一顧其私，有譙啁蹢躅之頃，此豈口舌能下，兵力能屈哉？威望所震，靡暴弗摧；恩信所孚，靡頑弗格。至其劑量操縱，變化弛張，捷若轉圜，調若六轡，又有巧曆不能窮其算者。虜是以俯首帖耳，折而入其羈縻之中，而搏心揖志，不盟而堅，奚恃兵力焉？故此一役，無論坐而收勝百倍戰功，即遡觀款貢初年尉薦拊循之厚，以視今車閑策勁奔走而役屬之，難易又何如也？邊備視昔加完，而邊費益省；國威視昔加振，而國體益尊。公之所以制款者，大非昔日之款矣。議者不深惟終始，猥欲以一偏之指撓之，誠如其言，“虜王不可使，史酋不可擒，安兔不可間”，長城南北，所能蕩搖邊竟，駢藉生靈，耗費金錢，糜爛士衆者，豈必朔方之逆卒、海島之窮夷能徼我之疲敝而騷動之哉？乃朔方急則倚公援而西，島夷急則倚公援而東，合九塞而犄角之，何嘗有一隅不藉力於公也？而急則藉公之力以制變，緩則抑公之功以誣讒，公之心能無戚乎？即膚褒賚，陟孤卿，聲榮炳麟，不爲不寵，而公之精忠一念，冲冲惙惙，所以憂社稷而慮封疆者，固未已也。推其心，寧己可無功，功可無賞，終不敢倖意外之虞，以起釁於邊陲，詒他日無窮之悔。斯老成愛國之心哉！特表而出之，以告于持廟議者。

送胡中丞內徙序

萬曆丙戌冬，不孝孤奉先妣喪歸。自京邸去雲中，不盡一舍，宿亭下，鎮帥大中丞胡順庵公祖出郊吊焉。孤望見公，伏地泣，公前掖孤起，亦泣，相慰久之，然後別。喪既抵里，會公按行塞過縣，手自爲文，祭先妣木下，而拊存不孝孤堊室之中，誨孤以大事甚具。明年春，用上愍恩，檄縣道爲先父母起冢。徒庸既集，而臺臣有議公不宜邊鎮者，詔徙公內地。孤於是拊膺嘆曰："甚哉！天之困孤於厄也。既使孤不得終養吾親，將又使孤不得終葬乎？奈何徙公去也。"

公與孤同年舉進士，相善。自郎署出爲我雲中太守，用治最遷河東，尋備兵雁門，徙懷隆，遂建大中丞鉞。宦轍更涉，前後廿載，無一日不在我并、冀之間。孤之官京師也，留先姚於家，菽藿或不繼，而以歲時問遺，惠溢於庾釜焉。孤弟若子偷媠失學，檟楚不能收，而公以日月課厲，愛深於卵翼焉。計孤一室，幼者育，壯者長，老者終，未有出廿載之外，非公所煦嫗覆露者。極孤之願，得公長有茅土，以填撫我三雲。未厭於志，而僅僅終先姚之身，復不及祔先君子，以竟公瘞骴掩骼之惠，此孤所爲仰天太息，徘徊繾綣而不能已者也。而里中父老則爲孤言："公國之干城，民之父母也，何可一日去鎮？鎮所最苦者虜，非虜則盜、則吏、則歲，數者有一焉，皆足爲吾氓病。乃自公蒞鎮，察民疾苦，方略拊循，省賦輕徭，具嚴科率，有司廉平者有殊獎，苛墨者無佚罰，吾氓是以休息於寬條，而不虞吏。閭閻之交，山澤之阻，微伺守望，什伍相司，佩犢帶牛者咸轉而緣南畝，吾氓是以保聚其家室而不虞盜。關市外麾封圉，內葺蒐卒，簡乘繕器，節儲厚蓄，周防羈絡應手，吾氓是以袵席於承平而不虞虜。比者雨暘不時，厲疫間作，公卜筮走望，殆徧百神，匕劑救療，醫嘗四出，且條上灾狀，請蠲兩稅之在民者數十萬不徵，吾氓是以起溝壑，延須臾之生，而恃公爲司命，則又不虞歲矣。公功烈在鎮，惠澤在吾氓，積且數載，自將吏士民以及窮廬氈罽之衆，無不德公頌公者，孰議公不宜邊鎮者乎？徙公內者何？將遂不可留乎？去當何時復來也？"孤曰："嘻！痛哉父老之言也。夫鎮人之不能違公，與公之不可去鎮，孤非不知也。以孤儽然衰絰中，非喪事不言，第言孤之不能違公而已。若公之徙而去，去而復來，孤何敢懸測而臆覬也？不觀之恒嶽乎？嶔崟崒嵂，巋然雄峙於代北，自有虞氏柴望以來，未嘗易地。而一旦中於蜚石之訛，壇場圭幣，驟而遷之曲陽，承其謬至今，即公疏請正之，竟不能得。嗟乎！神可誣而遷也，公固可誣而徙。當其始遷，見以爲惑不察，察知其誣，而猶安之而不能復，尚可覬哉？然而嶽之所以嶔崟崒嵂，巋然雄峙於代北者，固自若也，要不以遷祀損重天幸而終惠吾氓乎？公當復來，即不可必，而所移者，公之袞烏耳，乃吾氓之德公頌公，雖去之千百歲有餘思，豈蜚語所能移哉？”父老嘿然意喻。因次其語至公展別，且識遺愛焉。

贈蔣侍御三載考績序代

　　臺中故事，凡秩滿者，例有贈言，蓋幸王事之有終，而以靖共之義交相勸也。乃者日峰蔣君按河南還，計勞適三年所，上功天子，天子優詔褒異之，且留侍左右，儼然稱近臣矣。於是臺中共寀事者咸以爲榮，則屬郭子製詞焉。

　　郭子曰：予讀《四牡》《皇華》之篇，而深有感於古道之盛，微獨君體其臣，而臣固能急其君也。每懷靡及，諏謀詢度，此其心能一息逸豫哉？惟不能一息逸豫，而後志通於上，叙情憫勞，眷念及之矣。斯爲臣者，先有以自盡也。今日見御史者出而被繡執斧，握彈察之柄；入而彯纓珥筆，立交戟之下，則曰是志易行而功易集者，可以優游養望，計歲月而待陟云爾。嗟乎！何言之易也。夫御史者，徒具威儀，藉名寵緣飾觀聽，而遂可以奏功乎？抑將有所事事也。問錢穀則司農以計上，問刑獄則廷尉以爰書上矣，有如天子問御史三年於外，所得有司賢不肖狀、地方利蠹興革、所宜平反幾何、能盡抵憸猾於法否，御史持空牘，嘿無以應，安所稱其功焉？已嘗有所應之矣，而舉刺興革一不當上意，譴訶立至。即無以一日安其位，又奚能三年終也？予頃得從日峰君後，則嘗以臺中事質君，君固不吝，輒以其按河南者告予，予因知日峰君從事甚苦也。其言行部時，核吏治，觀民風，訪遺逸，戢强禦，視學校，閱兵甲，劬勞鞅掌，竭日夕之力於此數事。俟稍得其端，則懼其或偏也，乃又廣視博聽，開誠布公，以求至當。已，懼其不密也，乃嚴扃鑰、屏左右獨畫矣。處心積慮，如負重、如捧盈，靳靳焉得咫尺之效，可以入告天子，而免鰥曠之罪，即自分殊幸爾，安敢謂爲己功，而希冀天子之寵澤也？

嗟乎！以予觀於日峰君，可不謂剛斷明敏，而負經世之望者哉？即三年間所上封事，何慮數十？皆侃侃正論，辯切治理。其見定而舉者，若泰山之峙，不爲少移；其當機而發者，若疾雷之震，不及掩耳。以斯之才，宜不待考績之日，而直亮之聲已著矣。用是被明詔，荷知遇之隆，君禮臣忠，宛然《四牡》《皇華》之盛，何其榮也！

予不佞，特幸日峰君之報績，而嘉其成，因以見服官臺中者，必如日峰君而後爲稱，則知非可以優游養望，計歲月而待陟云爾。

贈崔觀察備兵井陘序

今皇帝御極之五載，夷酋款關乞貢市，許之。其歲，氊幕皆遠徙，毋敢近塞。即近塞，相與脫鞬醳兵刃乃敢入，邊氓偁然稱平世矣。史某氏適以使事經里中，親值其盛，暇日因與諸父老酌而相慶焉。諸父老固嘖嘖稱榆川崔公賢，謂始終貢市者，公之功能多也。

公所守雲中以西，是爲左衛，衛邊胡僅數十里，於虜出入爲噤吭。往時衛人盛與虜通，亦時時襲虜不誠，奪其資畜以歸。公至，與諸將約曰：“兵事不議內而議外疏也，溺小利而不恤大害，釁之媒也。”乃緝私入虜者重繩之，務急收保自爲備而已。尤善用間，即虜中有謀，朝發而夕聞，無或匿者，邊人稱爲神明焉。歲餘，夷孫以内郤歸我，或言宜絶毋受，或曰殺之。公顧受之不殺，由是夷孫德中國，若其更生矣。已而俺酋執逆來獻，公饗之酒，酋醉甚，齁齁以寢，達旦始覺。乃大感悔，又德我中國，若其更生矣。故今夷酋輸誠求貢，戴朝廷不殺之恩者，自公境上始也。既許虜市，市之約束，公所議居多。每市，公坐帳中，外列肆相貿，虜肅然無敢譁者。即嘩，亟以戎索縶頸，付酋長鞭抶之矣。故虜不但德公，又復畏公威，囓指敬憚之也。嗟乎！若公者可不謂沉毅有遠略者哉？方二酋來歸，或降或醉，且爲俘虜矣，一力士能决之。而公慘怛濡忍，禮遇有加，卒之施厚感深，化桀驁之性，甘心臣漢，誓不背德，殺虜之與生虜，功孰大小耶？闤闠細民，一語不侔，猶尚按劍相眄，而狼子野心，靡然馴伏，此非專以威力劫也。昔汾陽單騎而下回紇，裴晋公平蔡，即人其人，蔡人乃不復反。語曰“忠信篤敬，蠻貊可行”。公與裴、郭交試之矣。公任雲中且四載，上凡兩賜白金，一歲中累進禄級，榮寵甚都，公逡逡無盛容也。會命下，以公備井陘，大將蘭溪馬公、副將近屏麻公，與公共事，嘗咨公謀，於其行也，交書徵余文。余不佞，然竊聞里閈之誦，雅慕公久，故特詳書歸之，令後日觀井陘者，知公處雲中要害之衝，其功能已若斯矣。

贈鄧觀察考績承恩序

往某守史局，識侍御玉洲鄧公于朝，私心慕之。已，檢綸草，又竊睹公尊人覺軒翁策命，因知公起姚江令，業能有樹，逮其親也。無何，公奉璽書稱觀察使者，出按楚岳州部，未任。甲戌，乃更拜荆西。治荆西二年，遷雲中，則逾遷逾劇重矣。今年戊寅，滿三載秩，當以績上，督府若大中丞、御史臺交章奏公最狀。天子嘉之，詔晋公爵藩參，仍留治雲中，並賜覺軒翁封號如其官。一時疆場諸臣咸喜相慶，以爲天子推恩邊吏，其優隆如此。而易水王大夫竹陽君嘗與公共事，雅善公，尤忻願之，則寓書某曰："堄嚮者待罪荆西，恃玉洲公提衡立公，視堄不啻兄弟戚也，交讓，公爭處謙；受事，公爭就勞。居二年，而封守四固，陵園不驚，國無椎埋之奸，澤無萑苻之警，津梁無軼防，庾帑無耗蠹，吏職謹辦，民寧其居，公之伐也，自愧弗逮焉。今所司上公功，幸不遺荆西之勤，使得登計簿，榮天子褒叙之恩，即堄與被其餘寵。願得子一言以賀，可乎？"某曰唯唯。

夫某，拘方士也，未睹公所爲治荆西者，第習其治雲中狀。雲中所病，爲劇重難治，其大者莫如虜。虜即奉關市，不約束則不馴，約束之過則懼首難，故制市視制邊難且什伯。公市而行賞厚予虜柔馴者，以風示虜使勸；行法必重繩我人譁譁者，以恐動虜使懲。以故虜當市，銜枚而進，拘袂而退，虜滋益馴。人謂公仗忠義如郭汾陽，推心如裴晋國。此公之治虜之伐也。宗藩歲禄數詘，稍占田自給，有司或持其出入，而豪者擅法干紀，至侵剋爲奸利，或莫敢詰。公廉其縱恣甚者一二輩，法其舍人，而謀生自便者聽，宗人乃盡帖服。人謂公鎮静如汲長孺，威重如鮑司隸。此公治宗藩之伐也。鎮卒故驕不可使，急則群譟。公時其衣廩，番休其勞逸，出則乘鄣，入則習兵，士受命亡不如臂指使者。人謂公拊士如魏尚，調繇役如趙充國。此公治兵之伐也。往者訟牒上，憲臺猶以膏傳火耳，不燎原不止，故訟有連百數十人，積數歲不竟者。公所受記無宿牘、無深文，大獄斧斷，輕刑理解，對簿不下吏，搜胥不出國門，由是刑罰清而良民帖席矣。人謂公明察如尹翁歸，不冤如于定國。此公治獄之伐也。

嗟乎！公治我雲中期年耳，而事效已卓犖如是，惡論荆西？然荆西之勤，非傳於雲中則不著；雲中之略，非徵諸荆西則亦未足以見其全也。蓋昔召虎廓清江漢，而以其疆理之績告成於王；

吉甫薄伐玁狁，底定太原，而膚功奏焉。之二臣者，各專其力以制一隅，而勳烈已爛焉登明堂而薦郊廟。今荊西固江漢之上流，而雲中則太原之北蔽也，公以一身周旋二臣之疆，兼總其勳烈，以方諸文武，維翰之才不尤過之哉？顧二臣朝受鉞而夕振旅，而公必待三年而後論最，積勞亦什伯久矣。要以晉秩之榮，視"燕喜受祉"不多讓，而封綸褒冊上逮於覺軒翁者，即圭瓚秬鬯，自召祖命之，寵無以加。天子所以酬公功者，蓋已與周宣錫命諸侯之典媲美而並休，此蓋臣勞士所爲攘臂而爭先驅者也，公寧不用以媮快自慰乎？《采菽》之詩曰："樂只君子，天子命之。樂只君子，福禄申之。"以公之忠藎勞績，簡在帝心，福禄之詒，方申錫而未已。公且夙夜兢兢，益持其精白心，以迓天休而永終譽，若是，即二十四考而未爲數也，詎直今考三載績足賀哉？

書以復於竹陽君，不知其有當焉否也。

贈李丈參河南行省序

余同年友二霍李君，以兵垣都諫擢河南藩參，往也。或謂李君方以議論風節屹然負時望，不宜去輦轂下。汲長孺拜淮陽，伏謝不受，至屢詔旨強予，而猶以爲不得復與朝廷議，邑邑也。夫李君蓋亦有邑邑戀闕之心哉？余曰："是不知長孺，安知李君？長孺豈獨以褊心有少望也？彼痛其言不盡施用，而人主迫近憚之爾。李君爲諫臣數年矣，遇事引大體廷爭，上未嘗不欲容禮下之也，得所上便宜，可其奏，下公卿議而行之。上數用李君言，李君言數用而效，異於長孺時遠甚。夫言官，顧其言用不耳，誠用，即何所不可也？其以拾遺補闕，頻繁省闥，則惟命；其以列之卿寺，秩而優游，以展采錯事，則惟命；其以蕃宣下國，察長吏得失，以便安百姓，則亦惟命。人臣爲主用職，奈何計內外輕重，而銖兩較之乎？今夫風議之臣，圖事揆策，置郵而傳之四方，其誰敢廢格？顧言事者與事事者，其見宜不能無小異，又以爲其說不自己發也，其合者，彼將嘗試焉而不責效，其稍不合者，彼亦陽應之而不究所以。故人策事而以必行責我，則不如自言之之便於事也；我策事而以必行責人，則不如自行之之順於計也。今也李君乃得自行之矣。李君治汝南，南陽郡成皋、宛葉之間，非楚漢所爭要害地乎？南走淮，北走洛，古所稱天地之中，其聲教易訖也。以向所上便宜措諸行事，天下益以信李君言，而朝廷嚮用李君益專。蕭太傅之爲馮翊也，漢家以爲議論有餘，欲詳試其政事而尊用之。朝廷之使李君參藩，乃以重李君，李君則何所不可也？"

李君分校禮闈，得金壇王生堯封等二十人，皆海內名士。其春廷對，上甲者三人，而兩人出君門下，官翰林則橋李朱生國祚、盧陵劉生應秋也。君且行，諸生以不佞習君，屬使爲辭。不佞故善君，每與語，意見常合，而君尤精於人倫，多所賞鑒。汝南故多奇士，即如袁安、叔度之流，豈於今闕如也？君往進而弘獎之，德星隱隱，復聚汝潁間，不佞則執簡俟之矣。

校勘記

〔一〕"太"，據民治學社本當作"大"。

〔二〕"犺犺"，疑當作"猖猖"。

〔三〕"輻"，據民治學社本當作"輔"。

〔四〕"闓"，疑當作"闡"。

〔五〕"書"，疑當作"畫"。

復宿山房集卷之十九

序

送劉郡理之太原序代

隆慶戊辰，予典試禮闈，得士二十九人，凡既拜官者咸有言詒之，以叙忠告之雅。明年，劉子謁選太原郡理，時予初病起，尚不能操筆，於其别也，則但口屬數語而命掌記者書焉。

曰：方今握持風紀，巡行郡國，察吏治淑慝，問民所疾苦者，非御史臺事哉？御史臺除道而行，屏左右而處，收視却聽，自監司以至郡守、縣令，肅容息而進，即尺寸惟恐失問不及，不敢對一語，固甚憚之也。而郡理獨得朝暮見，伏幾微指，有監司、守令所不及聞者，則又數以咨之矣。故人憚郡理亡異御史臺，以郡理去御史臺近，其托迹密而寄聽專也。夫業以受其寄托，而吏治民隱未能悉得其狀，則亡以入告。業已得其狀，而擬議不審，聞見互異，官之良庸，事之利弊，與衆相左，則御史臺又安能一意於我而有其孚心？亡謂事御史臺，即監司、守令視我在御史臺側，嘗恐其郵傳己之過失，而多方伺之，固不能須臾相忘也。而我方且詡詡然自見其才智，謂己得近御史臺，其誰能間之？而獨斷專制，罔謀於衆，少有伏幾微指，則又掩情匿迹，冀以蔽人之觀聽，若事狀不自己出者。繇是人之疑己益深，將曰是陰中人，而故示以不猜之形者也。已復有其事，且將陽爲昵我，而實譖之於前，使我之説不爲御史臺所徵信，其擠排亡所不至矣。

嗟乎！士君子得位而仕，即不能有所豎立，而徒以形迹自累，豈我之利哉？誠使郡國事真自我爲之，是非毀譽亦安足恤？而顧有非我所得與者，併以委怨於我，積毀銷骨，安能人人以口舌爭之？此其端多起于奉法泰苛，持心太褊。謂一言一動皆宜沉默，而不必暴其形，而不知陰受其敝，故莫若誠心直道，使人之視己洞若觀火，知亡他肺腸，然後志通於上下，而展采錯事，得盡其才。即聞見擬議，不爽於公論，舉措當良庸，興革合利弊，入而進説亡成心，出而詢謀亡怍色，彼一二不得於我者，亦安能以私忌獨忿相加遺也？斯謂居衆憚之地，而善用其權；受專密之托，而不有其迹。物我俱得，群疑乃亡，處衆之善經矣。《詩》曰"載馳載驅，周爰咨諏"，斯之謂乎？劉子慎兹以往可也。

送解郡理之鳳陽序

天下有不得不持之法，而亦有不必盡泥之文，疏其文以用法，斯善用法者也。夫法，聖王所以整齊世道，約束人心之具，而文也者則上下輕重於其間者也，文可盡廢哉？然而文之滋，法之敝。法本無敝也，據法之章而組織鍛鍊之，深排巧詆，牽合附會，欲一一盡當於法也，法斯敝矣。是故泥文以執法，亡不偏者也；盡法以繩民，亡不冤者也。不離於法，亦不囿於法，斯善用法者哉！則嘗觀之醫矣。善醫之於病也，察其表裏，診其虛實，審知其病，而以方書治之也。而又不盡按其故也，必將順其溫涼寒暑之宜而劑量之損益之，故其醫稱良。若乃不審知其病之所在，而概投之以藥，曰方書如是也，則不至於誤而戕人者幾希矣。

夫刑亦猶是也。今夫獄之興也，情僞微曖，千變萬狀，至不可窮也。而吾顧以文法鞫之，則何異於以方書治疾也？是故有罪同而事異者，有事同而理異者，有理同而情異者，是皆不可不推也。不得於罪推之於事，不得於事推之於理，不得於理推之於情，至於情而不得而實之法，民無憾矣。何也？當也。猶之醫良焉，而疾弗效也，於醫何尤哉？余輩與序吾同舉進士，乃又同鄉，則嘗稱序吾之爲人明達而果斷，曰是不難於持法者矣。然而文例之繁，上下輕重於猾胥之手者，其弊能一日盡削哉？則莫若鎮之以惇大，推之以仁恕，抑者伸之，糾者解之，淹者振之，誣者原之，而法之用也，常若不得已焉。如此則不必盡泥於法，而法未嘗不行。彼猾胥之奸，將自無所售之，而文法爲之漸疏矣。文法疏則善類安，善類安則膏澤究，以宣天子好生之化，而稱曰中都之平，謂不在斯行哉？《記》曰：“刑者成也，一成而不可變，故君子盡心焉。”嗚呼！余輩亦欲序吾之盡厥心也。

贈趙宰之昆陽序

　　碧泉君與予輩同舉戊辰進士，明年，天子以君爲昆陽令。將行，諸君子謀以言贈，則咸徵予，謂予里去代近，又與君同鄉，書也，誼不可辭。遂餞於都門外，告之曰：“夫士君子乘昌時，感榮遭，欲宣德樹猷於世，則莫若守令矣。守令於百姓勢親，凡饑寒疾苦之狀，可以周知，有可以便利百姓者，得專行其志。故朝發一政，民夕受其惠；夕修一令，民朝仰其成。煦育浸涵，舉百姓措之粹寧之域者，惟守令爲然耳。今之守令，豈不誾誾然以是自期哉？顧一旦簿書筐篋紛委乎前，則劬勞鞅掌，聽斷論報不遑給矣，又何暇問農桑，興教化也？矧監司臨莅其上，耳目互異，愛憎不齊，承事稍疏，而苛細者尋起而媒蘖之矣。故豈弟之情每牽於文法，剛正之節易阻於浮言，如此乎守令之難也！予聞昆陽當楚蜀諸藩孔道，諸大夫傳經其地，則冠蓋輻輳而集，無論供帳、廩餼之類所費不貲，即奔走迎送，且不能人人悅矣。是以他縣之爲郵一，而昆陽之爲郵二。比歲民貧役重，二猶不足，官其地者，豈不視他縣倍難哉？君茲行矣，拊百姓將以觀德，治賓旅將以觀才，世所屬望非眇小也。夫沾沾然問民之飢寒疾苦，而省刑薄賦以修保息之政，不以風尚遷志、毀譽易節者，非古良吏之事乎？如其不然，而勵精盡慎，俾案無留牘，舍無停軌，雖未遑致力於民，亦今之所謂能吏矣。良能之名，世所並貴，而兼之實難，吾丈則奚擇焉？」

趙君曰：「天子不以某為庸劣，而命某守葉之典籍，惟惠利百姓是屬，某敢不悉志於疏附以宣天子之仁？若諸大夫行李之往來，治具矜節，某之分也，抑豈敢不共？」予於是舉爵而賀曰：「識治之言哉！夫愛不弛於百姓，禮不違於賓旅，義不辭夫繁劇，臣道之大經也，以佐國家、宰天下裕如矣，安論昆陽？」諸君子曰：「然！」遂登諸簡。

贈王明府之同安序 代

隆慶戊辰，為龍飛首一科，余叨分校文之役，所得士二十有九人，而豫章王子與焉。則既獻之明廷，天子親策試之，賜之進士第矣。至是，乃以王子為同安令。將行，同門之士誼當贈別，而祈言於余。

余惟士君子修名砥節，莫重乎其始仕也。始仕之所樹立，而終身之勳譽因之，是故執準而步，循繩而趨，比之當塗，怵之利害，嘗之險阻，猶或奪其守而易其素也，而況其始焉之弗慎者乎？王子當英銳之年，負瑰瑋之器。余昔觀其文，閎深炳鬱，沖雅紆徐，又大與其德性類也，固方冀其登崇陟華，展經綸之具，而建名世之業矣，同安之行何足為王子過計者？然而此筮仕之始也，即層累而藩臬、而臺省，皆繇是而發軔者也，可弗慎哉？

余聞同安古閩地也，其邑瀕海，頃者島夷內訌，鼓楫持戈，至攻城池、掠士女，禍至慘矣。重之以師旅之興，芻糧之饋，政繁民困，官其地者，蓋罔不蹙頞稱難也。於此而嶢嶢赫赫，一整頓而安輯之，而卓然有所樹立，則望隆隆然起矣。不者，直前之氣撓於多岐，千里之足礙於趑趄，姑弗計其勳譽也，即同安之民奚賴焉？故必精白其心，澹然無欲，淬厲其志，毅然弗懼，攄誠竭智以周旋於民事，而坦然一無所避也。夫然後利害險阻不足以搖其心，而設施措注可以隨吾意之所如，而無齟齬牽制之患。即緣此而登崇陟華，而藩臬、而臺省，譬之駕輕車就熟路，抑何遠之弗屆哉？嗚呼！允若茲也，而使人稱而道之曰："此龍飛首科進士也，此某所薦也。"則豈惟國家之光，鄙人亦與籍光矣。是爲序。

送鮑令之洛陽序

　　洛陽，古都會之地也，邑麗於郡，事劇而繁，民頑梗，俗尚華靡，自昔稱難治矣。然而雄材大器之士，則往往著名其地。故稽之往牒，或以惇大，或以威嚴，或以精勤，或以謹厚，其政事雖人人殊，而要之吏習民安，治臻化洽，其爲良令則均焉。

　　今年戊辰，龍飛首科，吾鄉復軒鮑君，與余輩同舉進士。乃茲奉簡命出而宰洛陽也，固將循伊洛之上，游覽中州之勝概，訪古良令之迹，而修釐整頓之，以宣聖天子保民之化矣。復軒君固惴惴焉，若重爲之慮者，豈謂其麗於郡也，而監司、部使難於趨承乎？謂其事劇而繁也，而筦庫筐篋難於勾校乎？抑謂其百姓頑梗也，而租賦徭役難於徵集乎？俗尚華靡也，而風聲氣習難於化導乎？然此固恒情之所難，而復軒君之獨易者也。夫千鈞之重，屠夫見而駭之，乃烏獲弗駭焉，何也？力足以勝之也。是故趨承之節，謹厚者弗渝；勾校之能，精明者鮮廢；徵集之令，威嚴者易行；化導之方，惇大者克舉：政固存乎人耳。

　　余嘗觀復軒之爲人，志定而氣和，識高而履潔。與衆處油然樂易，周設城府而嫉邪獨嚴，論事滈滈洋洋，曲中肯綮，而不拘泥文法，是固惇大而濟之以威嚴，精明而持之以謹厚者。夫有一於此，猶利於治，而況且兼之也！則其宰理劘割之勳，將駕古之良令而上之，而奚有於洛陽也哉？君行矣，異日有稱治效為河南第一者必君也，余日望之。

送李令之新安序

余垂髫時，即聞萊[一]澗公之名，私竊慕之。已從士人家得覿公所為文，閎博豪宕，氣逼賈董，乃大企羨公，恨不獲從公游也。歲嘉靖甲子，余偕計過雲中，因造公，得接公之顏範，服公長者。今年，公起復至京，今從同鄉諸君子數數奉公之教，時或酌酒瀹茗，高譚激倡，情殷殷然厚也，則衆咸讚公曰：“真長者哉！”無何命下，以公為新安令。有謂新安地僻民寡，非公所宜居者。余曰：“此正公所宜居也。”

夫今之為令者，宰名城，都鉅社，自以為龔黃卓魯之望可力致也，於是務為操切之治，以凌屬其民。故有以摘發為明，以催科為勤，以紛更為能者。此其輕銳喜事，非不可以獵虛譽、釣華名也，而求治益急，百姓益擾，譬之操刀試割，所傷必多矣。是故善宰者不錯鋒以求解，善治者不生事以病民，臨之以惇大，導之以簡易，需之以悠久，日計不足，月計有餘，故政無赫赫之名，而民被循循之惠，此為民父母之大體，而非老成持重者不足與此也。公殆其人哉！

先是，公兩仕為令君，咸以憂去。莅官曾未浹期，其崇蓄大抱斬斬焉未竟厥施者，固猶太阿之劍之在室也，韜襲既久，精靈內含，一旦脫匣而出，豈屑與鉛刀較利鈍哉？乃益戢威持銳，而魑魅魍魎固有望之而走者矣，何必翕張揮霍，如喜事者之為也？是故子游以弦歌治武城，子賤以彈琴治單父，彼二賢者其用世之

具，寧獨止此？然且行之，則亦厭俗吏之病民，而姑以雅道鎮之
也。陸賈曰："君子爲治，混然無事，寂然無聲，官府若無人，
亭落若無吏。"信斯言也，可想見古人之爲政矣。

公素稱長者，又能力行古道，則武城、單父之治行將於新安
見之，夫何地僻民寡之足計哉？矧新安爲畿内近縣，民苦俗吏操
切，嗷嗷如也，公往於民便，夫誰曰不宜？異時者以其有餘不盡
之才，割繁剸劇，可使天下事迎刃而解，又誰曰不宜？

贈苗明府初政蒙褒序

侯涖吾邑，方五閱月，當道旌書再至。史某氏聞之，忻然動
容也，曰："嗟乎！石韞玉而山輝，水懷珠而川媚，詎不信然哉？
嚮者乃以吾邑爲窮僻，以今觀侯，地固因人而重。吾乃今幸吾邑
之不爲侯累，而繼侯者亦庶乎其不以重累爲虞也！"

夫吾邑之設舊矣，彼先握符於兹土者，豈直一令哉？而以進
士往者，獨前陳公伯安及侯，蓋二百餘年僅僅再見也。秉銓者曰
山陰邊邑，其土烏鹵，其民貧窳，不以詘進士也。進士亦高自稱
引，不甘於邊邑詘也。故宰吾邑者，非試春官不第，則貢太學者
耳。夫試春官、貢太學者，豈盡無良？然以其有所擇而授之，必
且志疑而氣沮，即趯然能有所建立，裁什伯一二耳。彼爲臺司
者，復拘泥其資，心輕之曰："吾安見夫起山陰令而登臺省爲公
卿者乎？"即知其賢而旌異之、薦達之者，亦什百一二耳。嗟乎！
吾邑誠爲令累，則何欲令之不厭吾邑也？

往年當宁軫念邊氓，蓋簡進士某俾治吾邑，某難其行，會且
遷去，乃更簡侯。侯固躍然曰："仕不擇官，官不擇壤，人臣之義
也。山陰即邊邑，獨無人民、社稷寄哉？"遂行。行至邑，邑承前
令之敝，簿書不報者繁於蝟毛，所司持吏甚急。侯至，按籍日決
數十事，旬日之間論報輒盡，於是能聲動州郡間矣。時邑方舉大

役，民亡徙它境，侯下令示民不擾，民乃復集。已而，酌費計工，擇便圖利，果弗擾民，民乃益歸信侯，惟侯命是聽。數月間，租賦以時入，獄訟以情具，翕然有不罰而治之風焉。嗟乎！吾邑烏鹵貧窳，豈異鄉時哉？而政令一新，風俗雅化，功業果在人不在土壤也。故芝蘭植之幽谷而芳，其臭定也；太阿緘之密室而耀，其質殊也。士有瓌奇瑰偉之抱，即處窮僻下邑，而揚采敷華，才美自見。此宓子爲光於單父，言游永譽於武城也。不者，吳粵膏腴之鄉，劇邑何限，而膺旌書、列薦剡者，乃盡良吏，非劇邑吏也。

賢哉！苗侯秉義不辭其難，任質不處其華，澹泊而志愈明，悃愊而聲愈著，所謂暗然日章者耶！余特表其初政如此，異時且睹臺省公卿自山陰令起也，然則邊邑何負於令哉！

贈金吾施君進秩序

余讀漢史，至何武薦辛金吾，比於宮之奇、衛青，心竊疑慶忌爪牙之臣，一鶡冠武人耳，何至如武所稱説，折衝厭難，勝於亡形者哉？及考漢掌故，孝武帝太初中，因中尉而置金吾，領緹騎徼循京邑，按疑事，譏奸萌，清輦下之塵，以風示四方，蓋《周官》虎賁之職云。釋之者曰：“吾，禦也，執金革以禦非常也。”又曰：“金吾，鳥也。能辟不祥，故取象焉。”夫蓁盛苗穢則穮蓘攸宜，牧馬者去其害馬者而已。譏奸芟慝，利在乂民，胡以異此？而況帝都天下本，所恃以察警澄清，厥任尤重。乃在漢領是職者，往往選愞不事事，罕所知名，史但侈其輿服導從之雄，光生滿路。而鷙擊毛舉見爲才者，若郅、寗兩中尉之流，天下顫恐而患之，史竟列之酷吏。夫慶忌第用明略威重、行義修直聞，而武乃推高之，如前所云，蓋金吾之善於其職，而流聲人代間在此不在彼矣。

明興，置金吾官，與漢制等，而衆建屬員，分職徼循之政。

自列校以上，大司馬歲課其功聞天子，天子按賞率而序進之。然余所睹記，諸金吾之善於其職者何寥寥也。長安中，車如流水，馬如游龍，開甲第康莊之衢，而擁靡曼、盛歌鐘，多曰是金吾貴人。彼其設財自娛，而不佐公家之急，爲媮而已矣。其武健者喜爲一切鉤鉅之術，以釣能聲，闤闠細氓小罹其干陬而蒙夷滅者，不可勝道，元元重足一迹而畏之，不啻蒼鷹乳虎。明之置金吾，誠等於漢制而末流滋獘，大氐亦似之。豈其攝徼循之柄，漸靡使之然哉？抑明略威重、行義修直者之難其人也。今上叡明，纂歷服，詔書數下，務飭法以弭奸，而不游意法之外，賞罰必覈其名實，於是人人自愛而樂奉公。諸備在爪牙臣者，類緩帶雍容，折節爲儒雅，而亦不惰窳其職。即都厢内外，民物浩穰，凡奇邪不衷之故，一有萌芽必剪之，而比閭不知驚也；獄市未嘗擾，而奸人自絕迹無所容也，蓋輦下號肅然澄清矣。夫京邑，四方之極也，察警公嚴，遏逐象指，比年滇、粤、吳、楚間，白徒瓦合，伏莽泅淵，吏一施其汙赭之權，渠魁不旋踵而就樸[二]滅。詰之以僕區之法，或蔓引及都厢，乃其游魂久已鳥獸竄，不敢須臾假息焉，豈非以爪牙之臣部索明而驅除之令豫乎？繇斯以談，用折衝厭難而歸金吾，功雖過，要其譏奸芟慝以爲天下先，功亦安可少之也？

余心有概於武之言，而陰求士金吾中，意必有希蹤慶忌者。乃萬曆辛巳冬，金吾施君以歲報功進爵一級，余未習知施君，而習知上之賞功不僭，輒臆而推賢於施君，儻亦明略威重、行義修直之人非耶？施君之姻林君昆季與余善，爲余道施君，請余言爲賀，余乃本述建官之繇，而明其重繇人，書以歸之。

送孫典客領壽州幕序

孫君應山官鴻臚，侍帝廷且三年所，循資擢壽州。將行，同鄉王君、郭君輩徵予言。予於應山君素善，又君之二子嘗從予游，義不可辭也。則謂之曰："方今國家當南北用兵之際，饋餉頻仍，徵賦旁午，民嗷嗷稱困矣。而有司者未聞以治效上也，非直其材不逮，其於地方之利獘、民情之休戚，固未能洞見其要領，而豫得夫設施措置之術，則其臨事而沮，奚怪也？已居其地，於一方之事若稍諳之矣，而貨賄薰其心，毀譽怵其守，則有脂韋涊涊，趨走承順，彌縫其過不給，奚暇致力於民焉？嗟乎！識不足者既迂鈍而寡效，明達者又儇滑而易遷，百姓將安所賴哉？"

孫君垂紳正冕，贊禮廟堂之上，與公卿大夫相周旋頗久，四方奏報連章累牘而至，所稱地方利獘、民情休戚何弗具也。孫君固得時時睹記之，而知天下國家之機務有若此矣。至公卿大夫相與咨謀計議，口譚擘畫，曰某事之利當何以興也，某事之獘當何以革也，君又得親聞其說，而知所爲設施措置之術。即壽州爲淮南大郡，當渦、泗之上流，歲苦河溢之患，民捲埽築埧，歲無寧役，君所知也。雖君未至郡，而所爲治郡者，業已較若指掌矣，何俟予言哉？

予第念夫人之慮事常精，而當機常眩，所處之勢異也。即君雍容朝宁間，聽聞天下事，一不如意，咨嗟慷慨，恨不即身親之。比至其所，胥吏徒隸巧伺於側，刀筆筐篋紛委於前，心且竊計之曰："吾將興某利，得無所司者不欲乎？將祛某獘，得無取怨於貴勢乎？"一有顧繫，展轉皇惑，莫得所裁，則復因襲故事而止。若此者，固恒情所不免也，豈所望於君哉？君才博而識遠，志宏而氣銳，當茲任也，必能操其獨見之智、敢爲之勇，鼓舞激昂以行其志，而佐國家之急，他日且以治最聞矣。如其不然，而泥忌諱之文，羈牽制之網，服事罔效，則人將訾之曰："斯日周旋於朝宁，聞公卿大夫之議而有真見者，猶尚無益於成敗也，天下國家之事竟安所恃爲理哉？」君往矣，壽州有賢守甘公焉，篤行古良吏之政，治效殆隆隆起也。君往，必喜得君以爲佐，凡有所興革必以謀於君，與君孰計而力行之，斯又不患不能行其志也已。

送郭簿之唐縣序

予少侍先君，凡與先君遊者，能即人人睹記之，曰此某先生、某先生也。蓋自童子時，已識晴嶠公矣。比予就黌舍，猶及從公周旋俎豆間，以丈人行事公。顧公自長厚，愈益忘年相下，迄今稱世好焉。往先君後公二年領鄉薦，常把酒酌公，與公相慰藉，叙平生甚歡，曰「士得釋韋弁，就冠紳，已可止足，異時者官之顯微可勿論已」，公以爲然。未幾，先君見背，予入長安，每見諸拜官行者，褒衣博帶，津津色喜，則輒憶先君之言，私心慟之，以不及被一命爲恨。

歲己巳夏，公挾策至京，會公弟拔貢太學，相繼至。予迺時時治醑，邀公昆季邸中，與道家園事。每及先君，公昆季亦輒欷歔追念不置也。既公謁選銓曹，授河南唐縣簿，公若缺然不自得者。予往候之曰：「公謂簿秩微耶？夫孔子嘗爲委吏，展禽不卑小官，聖人猶且安之，顯微勿論，公服先君之語謂何？而奈何作失意狀也？」公曰：「不然。夫權卑者易玩，迹近者易嫌。吾於簿誠難之爾。彼爲長令者，擁篆執符，分得專制，即所舉措孰不敬憚之哉？簿舉事必關白於令，百姓知畏令，不知畏簿。簿志詘勢格，安從自效也？且邑事易集者令自理，不以屬簿也。其以屬簿，非其甚所難理，則必不便於己，而規以自潔爾。又令所欲爲，簿弗聽，將謂抗己；其所未及，爲簿爲之，將謂偪己；才名稍著，將謂軋己。如此乎啓玩而叢嫌也，簿秩可不謂難哉？」予曰：「公不見車乎？軸[三]雖善持，必資軸而進也。抑不見舟乎？

纜雖善維，必待機而行也。設使一邑之政，唯獨受成於令，則簿安所用之？夫國家設簿，以佐令不逮也。令握其綱，簿綜其目，交畫互議，一堂之上，若車軸、舟機相倚爲用，安得謂事權不自己出焉？故邑事舉，簿與令均其榮，邑事廢，簿與令均其咎，所謂及爾如貫矣。公誠殫精竭力，日矻矻筐篋間，視邑事如其家事，以令之心爲己心，令雖至迂，顧豈不欲良佐以自輔，而又安忍以猜嫌之迹相加遺也？不者，進而唯唯，罔以片言及民社，退而伺令長風旨，論報一二事以塞責，斯甚易也。然隨俗就功名者爲之，豈所願於公哉？公行矣！予聞唐縣古申伯封邑，土疆美，民俗淳，令又褒然著賢聲者，公往佐令，令喜得公，必能相與以有成也。"公曰："有是哉？王子姑慰我爾。請即奉斯言以行。"於是公弟及公姻友數輩聚京師者，偕集都門下送公，而予僭次其說如此。

公在吾邑爲科第世家。公季父雨山公舉甲戌進士，官大中丞。弟恒西公持憲陝右，以風節顯名當世。諸子弟游庠序間者，復勃勃秀起也稱貴盛云。

都門別意贈郭臨淄序

國制，大臣封拜及百執事遷除者，皆受命闕下，"爵人於朝"之義也。西河郭君以胄監選山東臨淄簿，吾鄉士人集京師者，繪《金門圖》贈之，從俗也。其圖層樓杳窱，法殿崔嵬，縈帶烟雲，焜燿金碧者，闕庭也。金城萬雉，九關洞開，御堤周環，廣路四達者，都門也。玄墀釦砌，琳珉青熒，其一人端冕紆紳，循墀而趨者，郭君受命出也。僕夫在御，冠蓋紛遝，其一人深衣燕弁，揖客道左者，郭君行也。

郭君曩處鄉邑，裋褐疏屬，恂恂儒生，乃一旦謁金門，通仕籍，冠弁章服盡易其故，至榮也。然今日受命行者，郭君也；他日坐公署理筐篚者，臨淄簿也。臨淄之塗，連袵成帷，揮汗成雨者，百姓往來也。吹竽鼓瑟，鬥鷄走狗，蹋踘六博者，其俗也。徵賦決訟，給傳治盜，尹總其綱，而分理之者簿與丞也。謹辦程書，慎固筦鑰，夙起晏息，斤斤勤事者，奉職也。同事而執其勞，同立而處其怨，辭德讓義，毋自爲名高者，和寮寀也。監司、部使禮遇之不敢以驕，不遇不敢以怠，俛伏奔走，不羞屈折者，事上官之分也。故人徒見郭君於朝，而未見郭君於臨淄，知冠弁、章服爲郭君榮，而不知其受職任事之難也。廣圖之意告以官守者，史氏也。史氏爲誰？郭君之婚姻家山陰對南子也。

贈王典客西歸序

予內兄應山霍君，其先蓋臨汾人，以故臨汾人士多求識應山君者。

一日應山君謂予曰：“子見鴻臚王君乎？其人淳厚端謹，而音吐周旋，彬彬有矩度。蓋在臨汾稱大閥，力田居積，頗以貲名里中，乃顯爲恂恂篤行，無輕華豪舉之風，里中多愛重之者。少業儒未耀，則奮然曰：‘大丈夫當通籍金門，觀廟堂文物之盛，日從賢士大夫游耳，安能落落老田舍中乎？’遂以太學生謁補臚人，今且受命西還矣，則願得吾子一言，以華其裝也，可乎？”予曰：“臚人雖散地，然其職最親，翶翔乎大庭閎宮，左右黼衮，儼然稱近臣矣。且今聖天子式新化理，日親近士民，負扆路門下，又數舉大典禮，則臚人儀采得自表見，而王君爲之，嘻！榮哉。夫天下士大夫衆矣，得覲至尊之光靈，億兆無一焉。而王君親插貂縮魚，趨蹌乎金閨紫闥之中，貴矣。乃又得賜告歸，歸且置酒揮金，召親戚父老日夜高會，爲稱説宮闕廟堂之麗、衣冠劍佩蹌蹌濟濟之容，玉帛琮璜，鈞天韶濩，窮奇瑰瑋，未嘗觀聽之具，親戚父老且嘖嘖相顧而嘆。夫王君起畎畝中，乃榮遇若此矣。生堯舜之鄉，際堯舜之主，國恩豈有量哉？王君歸矣，視田廬無恙，有司以王君近臣也，必不苦以更繇，而親戚父老又得高會爲歡，優游愉快，無所厪厥懷抱者也。蓋亦念聖天子恩遇優渥，即所被服戴履，孰非逾分之寵？而逮此英壯之年，趣入京師，以贊禮佐垂裳之治，即插貂縮魚不爲徒貴，豈非丈夫之偉節與？若曰'吾業已觀廟堂文物之盛，得列士大夫間，錦衣晝行里中，足矣，無所謂夙夜靖共之願'，豈予所知哉？"應山君曰："然。"遂書而畀之。

贈田翁辭官歸養序

隆慶丁卯，同年田德萬君偕計北上，其尊人某翁適以是歲貢於鄉，因與俱如京師。明年，德萬君與會試第一，翁遂投牒大宗伯，大宗伯試其文，甚伏之。比牓出，乃知爲德萬君尊人，於是田氏文學之名炳焉著搢紳間也。已謁選武學博士。武學弟子多世禄紈綺，輕趫恃氣，有燕趙豪俠之風。自翁莅教事，士翕然嚮化，説禮樂而敦詩書者斌斌盛焉。德萬君既官太史，翁居常念太尊人不置，累疏求致事去，詔許之。時德萬君欲請從，未有間。會天子册封淮王，德萬君當遣，乃得從翁以歸。行之日，板輿在前，綵服在後，荷戈負弩者夾道而趨。維時給諫鄭君永翰等相與送翁都門外，顧而榮之，屬王生紀其事。

王子曰：是行也，諸君謂翁安所適意乎？以嘉遁爲適乎？以榮寵爲適乎？夫葛巾野服，退處乎巖林，幽人所以抗其志；軒駟威儀，晝遊乎里閈，達士所以顯其名。斯二者翁兼有之，而意不在是，在乎家庭之間也。余聞太尊人年逾七袠矣，以翁數年於外，無以晨昏侍定省，能毋恤乎？一旦歸拜堂上，瞻容色，伺嚬笑，徵齒髮，訊痒痾，睹於起居無恙，必且顧謂德萬君曰："而祖壽雖益高，康強非減也。"其心不灑然快乎？又居常置酒爲家人會，翁左酳爵，右饋漿，袶韛鞠跽，躬視飲膳，而祝哽咽。行則奉杖屨，寝則理枕席，以爲得順適太尊人所欲，不益灑然快乎？斯不下堂序而樂，不離性分而榮，翁所爲適其在斯也！其在斯也！嗟乎！翁歸矣，以德萬君視翁，豈異翁視太尊人也？然以朝堂之上視德萬君，則何啻照乘之珠，夜光之璧，一不陳則巖廊無色矣。刌握鉛槧，列著作之庭，方藉以潤色鴻文，裁成鉅典，異時秉鈞當軸、鹽梅舟楫之業，所以光燕貽、揚榮名者未有已也，翁之適奚直在家庭間乎？書以爲別。

送劉翁南還序

歲己巳春二月，劉翁自沁如京，以吾晉川年丈至也。晉川君昔年舉進士，即奉詔讀書中秘，不獲歸省，日以翁爲念。數遣使迎翁，翁以桑梓計難其行，然獨懷念晉川君不置，故至是來。來之日，晉川君具冠袍，儐几筵，奉觴爲壽。翁止之曰：“奈何糜也？且兒宣昭令名，以俾予一人，有榮施顧豈不悦，而用是繁縟者爲哉？”遂令撤供具，即常席，叙家人禮，飲食色笑，樂衎衎如也。

明日，同館諸君相率謁翁，翁固辭不出，再三往，始出見諸君。諸君執少者禮，翁輒謙讓不肯當，退而語晉川君曰：“吾所以不出者，正爲此。夫諸君彬彬琅琅，非海内俊彦乎？其孰能枉之？而我林壑衰朽之人，度諸君必且以齒禮相加遺，實不任衆德。”晉川君以其言告，諸君曰：“長者哉！”夫始謂峻也，向接言範，固恂恂一古人，乃知植福者自有量矣。

山陰王子曰：然吾夙知翁爾也。翁少業儒，未就，入粟爲掾，見群吏操牘跽伏狀，嘆曰：“人生在適意，安能俛首折節唯唯堂下哉！”遂倍輸冠帶，家居二十載，不及官府。嘗操貲遊大梁、江淮間，易縑取直，估者誤多數十金，輒召其人還之，其人感謝而去。後謁選剡城司榷，未浹月，聞晉川君魁省闈矣，遂解組還。其惇潔恬靖類如此。夫仕資禄，賈殖利，非人情乎？入粟謂何，而操牘抱關之事若恥爲之。多數十金，賈且三倍，竟以義却。以此二事窺翁，翁之心殆超然遊物之外者也。不者，豪門盛族，其子弟少强幹，猶尚華衣文履，乘安策肥，氣揚揚加人上矣。矧太史公父又齒德并尊者，即重茵列鼎，會後生輩奚泰焉？然翁方且敦朴守儉，靳靳若韋布家，雖日從其子遊者，儼然大賓遇之，其惇潔恬靖之度非性成者耶？諸君曰："斯所以有晉川君也。"夫有晉川君爲之子，龍章鳳誥將駢錫疊至，屑金哉？屑一抱關吏哉？翁先睹之矣。翁以惇潔恬靖者自守，而以恢閎焯耀者貽之後人，後人之恢閎焯耀者日益隆，而翁之惇潔恬靖者日益遂，斯翁善藏其用者哉？如其不然，而却金辭官特細節耳，一廉士能爲之，奚以享榮名綏後禄也？

未幾，報翁將旋軫而南，諸君餞之都門外，爵三舉，以斯言告，翁曰："敢當名公過譽？將持此以歸林墅，而朝夕繹之，以不忘通家之誼。"遂行，是爲夏四月十有八日也。

賀何翁雙封序

侍御何君，余同年友也。余同年中父母并壽也，董董不能幾詘指，至并封者，獨見侍御君父母耳。

侍御君弱冠登第，以文學異等簡居翰林，由翰林拜監察御史。值慶典，得封父鳳泉翁如其官，母孺人。時翁、孺人以迎養居京邸，受命之日，翁豸冠繡服，孺人翟冠褕衣，并坐中庭，侍御君前奉觴，爲誦説天子之訓詞，則翁、孺人矍然相顧，謂不自意裋褐荆布之微，乃一旦何以有此也。同鄉縉紳大行李君、大理羅君輩屬某爲詞往賀。某固嘗拜翁堂下，知翁醇謹樸茂，恂恂長者。乃蒲人爲余言，翁少貧失學，則服賈，賈亦不贏。然敦行好修，有大節，事親甚孝。嘗自奉不能具蔬糲，而爲親治饋，必極洗腆。拊異母弟友愛特至，與共箸業，迄無間言。處鄉鄰務自居讓，即暴子弟恣睢其前，寧自引避，不與校。又喜周人之困，或有急難，不吝傾囊振之，其篤義如此。蒲文物故都，多名貴人，翁出見冕冠服者，必歸語侍御君曰："彼亦人子也，豈必士之子能爲士哉？"乃時遣其子從鄉先生問業，及游諸名士間，而孺人從中爲行修，治飲食具，以延所嘗與遊者，自非關講論，即不得内一客，屢不逾户限矣。語曰"樹木務芘，樹穀務肥"。翁雖賈人，能持詩書業其子，卒致其子顯庸當世，可不謂善樹哉！而侍御君克承厥志，資適遇合，能蚤自立名，及父母未耄之年而錫之光寵，孝孰著焉？夫父母望子如望歲，閔閔焉日冀其穫也，穫不及時，即倉廂千億與不穫等。今寓内挾策呻佔，服嚴父慈母之誨者何限，而屈首抑塞不一遇，即遇而河清難俟，曾不得以一命逮諸親，安能抱空牘，浮慕養志之名以爲高也？翁、孺人春秋纔五十餘，視畢大齊強半耳，而錫命已章章如是。以侍御君服官禁近，直亮有聲，柄用伊始，而仲子汝中又奕然稱國器，斯可謂厚穫而屢穫，將奉封匭而榮天子之訓詞者無已時，安論今日哉？乃翁、孺人益務恭儉，逡逡無盛容，即被服、飲食甘毳悉具，不少忘其裋褐荊布之舊，雖醇謹樸茂，性所固然，抑封君、貴人福澤長久者，必自有度也。紈綺者流，奉養不勝其侈，猥云食報，而德誼滋薄，比於齊人之祝襄所持謂何？

書以賀翁、孺人，翁、孺人必有當也。

贈張生入太學序

我聞曰太學，賢士之所關也。則士之獲遊太學者，乃亦服令名矣。是故必鄉之俊秀焉，必公卿大夫元士之適子焉，必經明行修、知類通達、強立而不返者焉，否則不與也。何者？國家儲才以需世也，弗良於才，弗需於世矣，其何儲之有？

吾鄉臨汾世家有張西磐翁者，先朝名宰執也。先帝嘉念忠勳，推恩元子俾入太學，乃元子元哲鄉舉矣，則以元哲之適子知基請，制曰：「俞。」於是知基拜恩入太學。其姻家陳君徵余言以爲賀，余曰：人君之尊禮其臣也，不惟及其身，又及其子孫焉，至恩也。祖考之燕翼其子孫也，不惟貽之生業，且貽之名寵焉，至莫大之慶也。君峨儒冠，被青衿，日從天下之英杰出入於璧廱而謳趨於堂序也，可謂士人之榮遇矣。盍亦反而思之曰：「此君上勸忠之至恩也，此祖考裕後之餘慶也。不稱其媾，干名器之尤矣；弗念厥紹，貽箕裘之羞矣。」於是而懷報主之忠，而繹承家之孝，則此璧廱、堂序之間，衣冠禮樂之地，固有惕吾之衷而發吾之深省者乎？且今環橋門而觀望者，莫不指君而擬之曰：「此必俊秀而才者也，此必適子而貴者也，此必經明行修、知類通達、強立不返而賢者也。」乃或未必才且賢也，則雖適子之貴能厭人耳目乎？故以君爲明公之後，承適冢之貴，必自處以才賢之地而後可以服令名、需世用，有光於冑監，而不負乎君親矣。若乃驕淫矜夸，鮮克由禮，則固世祿之恒態，而豈士人之雅致哉？陳君曰：「張子事親孝，居鄉厚，應務理，是才而賢者也，可免於世祿之恒態矣。請以吾子之言勗之。」遂書諸簡。

校勘記

〔一〕「菜」，疑當作「萊」。

〔二〕「樸」，據民治學社本當作「撲」。

〔三〕「軸」，疑當作「轡」。

復宿山房集卷之二十

序

壽少保王公序

少保王翁以大司馬督雁門、雲中、上谷三邊，用威信服匈奴，匈奴舉眾內附，居五年，無它虞。天子下特詔召翁曰："卿朕股肱之臣，克讐伏虜，以靖封疆、尊社稷，勳勞甚茂，而久歷窮陲之苦，朕心閔焉。其歸以德義輔朕，兼總朕六師。"翁於是振旅而還。還之日，上臨軒延見，顧眄數四，舉飲至如禮，歌《彤弓》之詩勞之。公卿大夫而下，無識不識，咸嘖嘖壯翁，謂真社稷器也。

歲四月念一日，適翁六秩壽，大司徒王公以翁飲至與誕辰會慶適遇合，率全晉士大夫往賀，屬某爲言。某聞"非常之原，黎民懼焉。及臻厥成，天下晏如也"。今九徼介士，囊弓而息，戍卒轉而緣南晦，老人嬉戲，稚子咽哺，行旅不挾刃，熙然平世，可不謂晏如哉！然其謀始，顧已難矣。某邊人，習邊事，知翁之績固詳。方翁制雲中塞，單于所愛幸孫來降，或言毋內，或言斷以爲功。翁不殺，顧益厚遇之。已而單于以兵索降者，翁遣部將擊諸境上。單于急遣人納款，願執中國叛人以贖。人言叛人爲虜用，必不執以予漢。未幾，叛人果俘闕下，以降者歸。降者歸言翁恩德甚厚，單于大感，請得臣漢，比于藩王，歲歲通關市自給。或言毋王，或言單于尊貴，豈利爲王？即通關市，不過利漢財物，非情實也。翁力請于上，許之。其後翁又建議，言匈奴君長居大漠北者以百十數，儻要市於此，侵略於彼，是遷禍也，請令悉部以盟。人言虜以侵略爲業，安肯舉國以守空盟？即盟，不久當復倍已。翁諭單于率令諸部盟，諸部皆喜受盟。已定約，歲市有時，賞有格，馬壯弱與繒絮、食物相直有等，則諸部又輒奉約。單于既王，每詔書至，翁嘗遣人導以臣禮，俛伏跽拜，悉如朝廷，于是單于始知漢天子尊。諸部王子以下干約禁者，得以戎索繫吏。數年之間，伏驕虜如馴群羊，帖然不敢爲變，然後眾議始息也。其謀始可不謂難哉？自非奇偉磊落，負超曠之識，而擅兼人之長，怵利害，避險阻，搖蕩震撼，縮朒而不敢決，必不能抗群議而豎震世之勳，以有今日。

蓋匈奴之禍久矣，國家歲徵兵數百萬以待邊而不能禦也，發帑藏數百萬金而不能給也。眾見謂當一壘、陷一陣即以爲功，烏睹所謂奇偉磊落者哉？非特輓近世所未睹，即自有匈奴以來，若吉甫、南仲諸名將，號得上策，亦不過至太原、城朔方，各勤一隅已耳。乃東盡遼海，西及酒泉、張掖，悉匈奴之眾，皆交臂而稱臣，斯曠世一見也。無論歲省邊餽不貲，即頻年不聞鳴鏑之警，民得免鋒刃者，何可勝計？而又增墉浚濠，鍛兵厲甲，爲疆事圖久遠。昔庚桑楚有德於畏壘，畏壘之民至欲尸而祝之，今邊人所以祀翁者，豈特畏壘之感已耶？天子沖年神聖，登閎至理，翁以孤卿入贊廟謨，光輔德義而聲靈震曜，又足以坐懾奸萌，鞏四維於磐石，銷兵不用，是天下咸賴翁以造命，將合天下祝之也。《詩》云："樂只君子，邦家之基。樂只君子，萬年無期。"翁其有焉。

翁揚歷中外，所至皆有聲績，爲天下誦服，茲不具述，述其功在社稷者如此。

壽大司徒王公序

今皇帝踐阼之初，燭弊圖新，嘉與股肱大臣，登閎治理。于時典尚書省者六，而吾鄉有三焉，太宰虞坡翁、大司馬鑑川翁、大司徒疏庵翁也。虞翁治吏，鑑翁治兵，而翁治賦，三翁同時肩國家鉅重，若鼎足然，稱最盛云。

然治吏者絀不任，治兵者汰不精，所虞在有餘，而治賦者伸絀為贏，所虞在不足。某從史氏後，嘗閱兩朝故實，見章牘下大司徒者，徵責請乞，紛糺旁午，蓋未嘗不蹙頞為在事者難之。翁事肅皇帝朝，以少司徒督儲太倉。會南北用兵，邊書狎至，翁治芻芻具，治餉餉具，朝廷得不以軍興為憂。尋翁請告家居，累召不起。先帝强起翁司寇，尋自司寇遷大司徒。時上末年，頗事徵費，數遣使宣索，一不應則譴訶繼之。翁按舊牘，辦之不逾時，舊牘所不載者，即抗章奏罷，衆咸服翁之執焉。今皇帝沖年共儉，海內幸無兵革，翁奉上意指，力主節縮，諸科率病商、浮稅病民者，所蠲貸不可勝紀。要以開塞導流，為國家興自然之利。若疏錢幣、復屯額、正鹽策、通漕實，鏨奸批蠹，法蘄可久而未嘗操一切權宜之術，國家經用不益賦而自饒者，翁之伐也。

今年萬曆紀元仲冬朔日，適翁懸弧之辰，全晋士大夫為翁壽，屬某為詞。某惟翁自邑宰入更部寺，兩踐台省，所在聲績炳麟，卒難指數。而殫慮極思，綜畫於三朝者，太半乃在財賦。其審勢若布棋，較額若累黍，受會若推策，斥耗杜浮若郭大川而防潰也，可不謂盡瘁哉！乃志意精力彌久不遷，每望見翁朝堂之上周旋奏對，翩然若壯少，謂即耄耋、期頤不啻也。豈天生名賢，其所禀受自與人殊異耶？抑其神完而德全，若所謂批大郤，導大窾，歷久而刃不折者耶？則無它術，其道蓋本於大禹、周公。昔者大禹作《禹貢》，九州之賦入以其等。周公作《周禮》，內府、外府、太宰得詔王會，衆見謂佐理致太平之迹耳。然二聖人者在相位最久，而壽又最長，乃知均調節嗇之道可以壽天下，亦可以壽其身。蓋國之財賦，身之榮衛，流貫周浹，其理非有二也。翁今治天下則福澤融曡，兆姓昭蘇，以治其身則恬愉康强，和理貞固，盡禹與周公之道也。語曰"愛以其身爲天下，乃可以托天下"，信然哉！信然哉！

特因同鄉之請書以歸之，以見所爲壽翁者，乃爲天下祝，而非徒侈譚於里人也。

壽許相公序

少保新安許公之入相也，在上御極之十有一年夏四月。其年春，少保公主試南宫，舉士三百五十人以進。越三年丙戌，爲公六帙壽，而三百五十人者，盡已服官列中外。於是翰林劉生應秋等謀奉公觴，而徵言于余。

余惟曆家以甲子紀日月星辰之行，六十年而周，而天道浹焉。人生彌六十，其於天時、人事推移變化之端，日涉月更，耳目靡不徧，而過此以往，環中之世，大較亦略可睹矣。顧耆老閱年而明世，相君閱年而因明經世之務，是以智與習練，道以齒尊，廟堂恃有典刑，而人倫仰之爲先覺也。余少公十年，又後進，未敢望公之平生，而自從公於史局、於講帷，迨今侍樞席之末，行日已不淺。竊闚公涵今茹古，學無所不綜，摛爲篇章，其著者媲皇墳、賁帝典，秘者副金匱、藏名山，而微言眇論風議旂廈之間，主德因是以緝熙而日叡聖，煌煌垂世之業輝千載有餘焉。乃其參大政機庭，與少師公同心謀國，則又蒿目而慮四方，嘔喻而盡下情，舉賢達能，不靳其知，而靖躁摧强，即府嫌怨不恤，持國是如嶽峙，而應變成務，捷於走阪之丸也。其精神意念所注貫宏遠矣，迹其效計，不措國家萬年不止，而近譚周甲之事哉！然聞之，欲觀千歲，在審今日。余雖未能逆睹公之千歲，而於今日則已審。今舉公所閱六十年事，以較三數年前已有間，較之嘉隆則又有間，遡觀成弘之際可知已。然而風氣之淳澆，紀綱之張弛，民生之欣悴，物力之贏虚，相乘相禪，變化萬端，有遺於公所閲之外者乎？第就素所閲者，參伍於時宜，而程量調燮之，劑其過輔其不及，以翊贊天子中和之化，將俾三階平而九疇叙，綿國祚于無窮，是公周甲之初，乃泰道一更始之會也，其爲壽即大撓氏不能紀之矣，豈必稱上古大年一春秋千百而後加公之康爵哉！要以經世閲世，道本無兩，扶輿一元之氣，身得之攝其形，世得之攝其運，而保合維護之機，常在怡愉恬澹，無傷其天和。而公天和盎然，性所自蘊，則所以壽國脉與所自爲壽，若執左契而游於世爾。

余不佞，無能佐公下風，而幸苟旦夕左右，公之旦夕，余之歲月也。是用侑諸生之觴。

壽鄭少保序

不佞某竊有味於華封人之祝，質於詞而深於情也。凡祝者之詞類，繁稱廣引，設人世不必有之事以效其諛，詞非不縟也，而諛則近誣。惟華封人所稱，富壽多男事則人世所有，而福則恒常之所不能兼，詞質而不誣，情深而獨至，斯可謂善頌禱已。

兹於少保鄭公徵睹其大全焉。公，遂州之世家也，唐宋以來代有將相。入我明，則松崖中丞、即山郡理並以經術科第闡繹揚芬。迨公寖益尊顯，爰自中執法受鉞開府，歷監重鎮，九命而陟公台。有丈夫子五人，長材，藩參；次樸，執金吾；次柴，茂才異等；次菜，丁酉孝廉；次檠，績學有待。一門之内，峨冠佩玉，端笏紆紳，旁榮戟而趨、環衮烏而侍者，蹌蹌濟濟如也，猗歟盛哉！

歲仲冬六日，爲公覽揆之辰，於是公壽七十矣。藩參君兄弟謀以其日張筵聚族，跽奉觴膝下，而介書不佞某屬爲之詞。某忝公部中逾二十年，辱國士之遇最厚，徽好於藩參君兄弟，又至綢繆也，即微諸君之命固宜有言，然無能加于華封人之三祝矣。三祝之中，世偶獲其一者有之，而兼之難。富且壽者有之，而多男難，多而且肖爲尤難。以今觀公，世祿之家，鼎食惟舊，則袁氏累葉之禧也；社稷之身，神明所扶，則魯侯黃髮之祉也；蹌蹌濟濟，趨前而侍左右者，皆象賢之令人，則燕山五桂之祥也。富得嗣賢而備物之養隆，壽得嗣賢而愛日之歡洽，即使華封人起而祝之，當不能更益一詞，而何庸不佞祝之也！

　　蓋公光輔三朝，極忠無二，慮明德乎，格於天人素矣，自求多福，祝史宜無得而祈焉。方公之莅塞上也，降胡乞款，公寔預始議納之，自是調馭虜情，操若六轡，批梦錯如解牛，而鎮定若泰華之不可撼也。器使將吏，各盡其材，軫民瘼如疴瘵，而拊勉三軍若隆冬而挾纊也。繕亭障，甓城埤，鍛甲砥戈，徹桑未雨，其戒備之豫如此。稽覈芻餉，痛斥浮淫，自錙銖無溢費，以二十年之通計，所節不啻百數十萬金，大庾之額供省焉，其儲峙之贏又如此也。至其經略臨洮，總七鎮之師，驅虜王而東，驅火真而北，遂滌兩川，靖青海，而所撫番族，後公者竟賴其力以遏虜，大收俘獲之功，則又并河湟表裏而奠之若覆盂矣。肆今精忠，鑒於黼扆，彝器在廟，綸璽在堂，蟒玉在笥，煌煌天寵，即秬鬯二卤[一]、歌鐘二八之錫，無以逾焉。乃將吏出公門下，班名卿而列重帥者，咸感公之獎成。士民袵席儲胥，保室家而長子孫者，咸感公之休養。外至穹廬之長，鞮譯之倫，奉盟書、修貢職者，遡風而叩起居，咸感公之恩信。溫公洛社，田父慕其姓名，晉國午橋，四夷問其年歲，以方勳德又豈異乎？然則公所爲壽，當合《蓼蕭》之燕笑、《甘棠》之謳歌，綿庚累甲而不窮于歡也，奚待舉嗣賢之觴而後爲悅哉！

　　乃某觴公而願更進一言也。福有所注，必有所酌，華封人不又云乎？天下有道，與物皆昌。公喬木世臣也，楨榦邦家，義均休戚，比之疏逖賤士，昔進而今不知其亡者，霄壤懸矣。此一時也，上側席而思，下引領而望者，宜莫急於公。某之祝曰：庶幾蚤出而操大匕，以燮調元化，乂安宗社而福生靈，俾我邊塞遺氓得復酌衢尊而究沾太和之澤，是所願於公也，所謂質於嗣而深於情者也。若諛與誣，則某豈敢？

壽楊先生序

我師東臺先生，在嘉隆間爲名御史，執三尺，按晉中。屬歲甲子，當比士，先生寔綱紀之。是年得士爲盛，而不肖亦辱收焉。其後先生回翔藩臬，所至矯矯著聲績，寖益嚮用，而先生遂解綬去。

先生故長安人，居長安中，自謂身既隱，不復從貴人游。即其生平交知與其門下士，過而問先生起居，一切謝不見，門巷蕭闃，十餘年如一日也。歲庚寅，先生滿七袟，諸門下士游都門者謀爲先生壽，而余猶記先生在晉時，序我二三兄弟，耳提面命之，其首簡稱切切偲偲，怡怡如也。夫我諸生誼則友朋，情則兄弟也，其視先生則弟子視父師也。語曰"無言不酬，無德不報"，余安取説而酬先生？祝先生名位，則非其意；祝先生壽，壽先生所自有也。無已，則請論先生之所以壽，以附於華封之義。

蓋造物之於人，其不肖者，常有所愚之，使慕其不足而勞；其賢者，常有所用之，不使私其有餘而逸。賢與不肖，何其擾擾也？其有所驅役而不得自已耶？造化勞我以生，逸我以老。當其勞我，我不能不勞；當其逸我，而我猶自勞，此則自爲役耳，不得言造物矣。乃有不爲人役，不爲造物役者，則司命者無如之何。我誠貞，造物不能使我躁也；我誠靜，造物不能使我競也。以余觀楊先生，蓋古人貞靜之儔也。先生爲御史稱名御史，在藩臬稱賢藩臬。當是時，世未嘗棄先生，先生又神明未衰，而拂衣高謝如脫敝屣，盡絕通謁造請之勞以自適，內無以攖攖其心，外無以拘攣其形，即造化者能使之躁競否耶？夫爲造物役，則造物能制之；爲人役，則人理之數能窮之。而先生退不待年，逸不待老，內無陰陽之患，而外無人道之患，此司命者所不能制，而人理之數所不能窮也。

先生之訓諸士曰：「岱山有松柏焉，兔絲在千仞之上，茯苓在重土之下，而精未始不相通也。」今諸士或內或外，或出或處，而情未始不相通，則以先生之訓在焉。雖然，彼兔絲、茯苓所由通，豈不以附松柏哉？請遂以爲先生壽。夫松柏而壽所自有也，而官師之所材也，故陰陽之患少而人道之患多，惟遠在深山大壑則患不至焉，近在清廟明堂則患不至焉。先生居長安中，而抱真守一，遺落世事，依日月之際而出塵垢之外，此其在清廟明堂而無人道之患者耶！作而能止，近而能遠。遠與近不復關人，而勞與逸不復關造物，此司命之所不能制，而人理之數所不能窮也。憶昔受先生訓詞，依依如旦暮事，而忽已二十七年。諸門下士離合去就數矣，先生之訓未嘗一日去吾胸中也。即不腆之詞，庸足酬乎？其言之不酬，且終何以報先生之德哉？

壽韓封君序

吳山水隩區，高人奇士往往有聞。至含真履潔，聲利不入於心，徐徐于于，樂以忘老，宜莫如韓友蘭翁。

翁，史存良氏父。余從存良氏久習聞翁之爲人，翩翩隱君子也。少蒙先業，雅不視産，即視産亦不贏，貲稍具，輒分予族黨貧者矣。居平袒褐疏屬，無所芬華，恥與輕儇爲伍。晨起坐一室，設茗具縹書。暇則周游山水，若靈巖、洞庭、具區、震澤之勝，不啻出其宇下焉。有丈夫子五，悉令受學，學成毀悉置不問，聽各業所能。存良氏既貴，遣安車迎翁，翁不欲行，伯子強之。行不盈一時而憊，謂伯子曰："吾怦怦忡忡，萬緒畢起，吾不能往矣。"伯子爲移舟而還。還不盈一時瘳也，曰："吾固無恙，第不能違所適耳。"往年郡太守重翁名，以三老禮翁，翁一至，謝不再往。天子覃慶，翁受爵，視太史冠袍、鞶鳥，一服不再御。唯獨喜游，游嘗不知其處，或竟日而返，或旬日而後返，不自爲期，亦不與人爲期。人道遇而與之游則游，期而與之游顧不游也。即今春秋七十矣，猶能挾一騶奴，日行數十里，仰登俯瞰，有少健所不逮者。或謂翁且休矣，翁曰："吾能游，且得不游乎？"人以爲壽徵。

嗟乎！世所稱好游之士直爲名高耳，彼且以此爲蘧廬，以此爲晬盤，見所欲則實而去。翁既封君貴人，第令高宮室臺榭，鐘鳴鼎食，徵賓客以自娛，豈爲溢哉？乃所樂在彼不在此，趣操睹矣。余聞古之至人，仙仙乎乘日月而行，若逍遥，若汗漫，彼且游乎六合之外，烏論山水也？翁好游不已，儻亦有慕乎其人，庶幾旦暮遇之乎？而吳人爲余言，翁即好游，能自約結，所居室墙牖皆格言，即未嘗督過諸子，而諸子仕稱良史，學醫爲良醫，士則良士，賈則良賈，一切有所成名。以此想見翁之爲人，爲而不執，成而不居，去奢泰，忘欣距，緣督任化，合於自然，固非曼衍者比。然則翁即不爲逍遥汗漫，均之與造物游，不制於司命，即登大臺而未爲老也。爰書以寓祝者之詞。

壽沈封君序

始沈太史肩吾氏迎侍封翁慕閒先生京邸，諸荷橐從肩吾氏禁中者，嘗爲翁修七十觴事。其後十年，而翁里居，稱八十壽，又當觴。於是，肩吾氏方執經事上帷幄，時時置策嘆："貫親彌大臺，而不獲操一卮，會初度膝下，焉用子爲？"則謀上書而謁告，而未有間也。適翁自里中遣伯子如京，諭止季曰："季無還，若勤其官。吾自有以怡吾老者，無所事若觴也。"肩吾氏拜受命，唯唯否否。

王生前慰之曰："昔莊周論孝，謂敬愛易，忘親難；忘親易，使親忘我難。夫天性於人，惟父子不可解，而蘄乎相忘，豈以慈孝非人情乎？譬之於魚，呴濕濡沫，非不喁喁，不若相忘於江湖之適也。夫忘慈孝則亦父子之適也。世俗為人父者，居則連連若膠漆繯索，離則皇皇焉若負建鼓而求，皆不能無欲於子者也。苟有欲於子，焦火凝冰，日以心鬥，則且貴難得之貨，殉無涯之供，於是有御匕箸而不甘，馮几杖而愾嘆。此孝已不能解其憂，曾參不能紓其憾者也，則情之生累也。翁乃今以書囑君曰：'必無還，若勤其官，吾自有以怡吾老者，無所事若觴也。'嗟夫！此推分之微言，達生之要指也。以此觀翁，殆見素而葆真，杜機而釋累，養知於恬惔而游心於至德之和者哉！其於道也深矣。深於道者，其分常足，神常寧。其於恩也，執左契而不責，故無不忘也，無不適也。計世俗矜尚聲榮觀美之具，舉無足以當翁。君乃今欲陳私人主之前，輕去其業，而結軌千里之塗，幾一觴之奉以為歡，雖仁孝之情乎，而去翁之指遠矣。然君講臣也，講臣職在啓沃，導主於緝熙。而君之再入也，則上遣六傳而召之，優眷有加焉，義固不可以私請也。要以戴星而趨，日旰始退，入則傴僂旒扆，執供奉之勞；出則呻佔乎精廬，鉤同異之辯。臣子皆有所不得已，夫奚必温室之為疏，而寢門之為密，曳裾之為困，而舞斑之為娛哉？不聞魯遽之瑟乎，廢一於堂，廢一於室，而鼓宮宮動，鼓角角動，至和所通，堂室不能閡也，矧天性之屬乎？某竊有闚於君矣。尚方法醞珍膳，非時之鮮，或日一拜賜，君未嘗正席而餕，必以遺親。裛蹏文綺，或月一拜賜，不以瞻奉之不足也，必以治親之甘毳，則誠孝非一日之孚矣。必欲觴翁者，第馳一介奉具而致之闈中，曰'兒貫謹受命不敢行，敬獻一卮膝下，祝大人萬年'，是翁安君於官，而君又安翁於養，父子交相安而并適，豈非康強逢吉之符，而道之所貴耶？夫奚必太息而言仁孝，詫世俗之歡哉？"

肩吾氏躍然喜曰："子教我矣。"於是嚮從肩吾氏禁中者，遂采其言以賀，附肩吾氏後。

壽鮑太翁父子序

語云："天祚善人，不于其身，于其子孫。"今以是觀人之世，蓋屢徵焉。顧竊疑之，人所願于有後者，以身親見之爲快也。今以不能百年之身懸俟諸後，即賢如曾、閔，貴如趙、孟，而不得躬睹其成，曷異以空券畀之乎？要以子孫、壽考有其兼福，而天祚善人之意乃不虛耳。

余始與侍御鮑君同舉于鄉，固知其奉封翁、太封翁者，翕然爲三世人也。比侍御君舉進士，宰洛陽，徵入爲臺諫，且十數年，而兩翁者體履康強猶一日。今上即位覃恩，賜侍從諸臣父母爵，于是封翁得受爵視侍御君。明年改元正月，封翁爲六袠壽，而九月則太翁八袠矣。諸同年友相與謀曰："夫禮六十曰耆，八十九十曰耄。耆與耄，大老之壽也。鮑一歲而有大老之壽二，可無賀乎？王子，史氏也，則宜修酌者之辭。"余曰唯唯。

夫壽也者，厚也，天所篤厚也。天之所厚，必有惇龐貞固之德，豐萩而茂植，而後遐福歸焉。鮑氏故微，而侍御君以文章奮起科第，爲時名人，儲粹發祥，安可謂無所本乎？余聞太翁之爲人，黙然暗然，中無畛域。與人處，卷婁暖姝，若老嫗，若慈母，暴客至門嗼弗應也，見縶雀困蟻必救也。而封翁坦夷曠達，不事生業，微喜酒，出遇素善者則偕與飲，必醉而歸，望之如無懷、葛天時人也。然性孝友，事太翁，即食一新必懷以獻也。仲父卒，遺諸弟妹，煢煢無依，悉收拊之家，或待米而炊，而諸弟妹不失養也。嗟乎！翁兩世惇德，無緣飾之術、刲剟之行，非所謂惇龐貞固者耶？以斯之德，沉菀湮淪，積而未著，是宜駿發于後之人，而有侍御君者，以昌大其祚，天之道也。然封翁唯有侍御君爲之子也，故其壽宜耆也。太翁唯有侍御爲之孫也，故其壽宜耋也。春而奉觴，封翁怡然悦焉；秋而奉觴，太封翁怡然悦焉。非以觴爲悦，悦在侍御君也。侍御君閎蓄而善施，周識而遠馭，其顯庸未已，而兩翁者之媮快亦未已。天所以祚善人者，其至鮑氏已篤乎？余姑以斯言附酌者後，俟它日封翁之壽進于太翁，太翁且貤封以百歲計矣，則請得再更其說焉。

壽楊封君序

昆岡翁者，吾晋藩參參峰公尊人也。藩參公自起進士，宰山陽，業拜恩貤封翁如其官。其後擢臺諫，歷郎署，執憲楚臬，所在聲猷炳然，而皆不待滿三載績輒遷去，以故翁尚仍其初封無所加。然翁以今年稱八帙壽矣，而聰明强固，玄髮兒齒，綽約焉有少健所不逮，其佩爵號而榮天子之寵命者，方無已時。益封引年固不足爲翁慶，慶有藩參公云。

翁，洛人也，則請言洛事。夫九州名山川，不啻以千百數，乃崇高清淑，獨推中嵩、河洛爲稱首，嶽瀆莫得望焉，是遵何説哉？《易》曰：“河出圖，洛出書，聖人則之。”《詩》曰：“維嶽降神，生甫及申。”夫圖書出而聖統開，申甫生而王業造，後世言文章、功烈者必宗焉。而本之乎所自出，乃繇有河洛、中嵩涵浸其精英而發抒其間氣，取它名山川所産於鑠較著以方兹，蔑如矣。兹其所爲崇高清淑，千聖登封而未爲尊，萬年帶礪而未爲壽者也。藩參公文學淵源直承河洛，而忠猷勞績著在晋、楚之疆，亦何讓夫屛翰蕃宣、文武是憲之業？世方擬之爲龜龍，爲申甫，而不知乃有翁以爲之中嵩、河洛，則其所爲崇高清淑，亦有不儕封爵而榮、不俟耄耋而壽者，而況兼有之哉？

洛人爲余言，翁生五月而孤，母林矢節不二。翁嘗痛父蚤背，莫能貌父。一夕，夢以身爲父禱於上帝，既寤，流涕浹枕，悲弗能禁，自是遂斷味茹淡以爲常。少逮事大母，侍大母疾，謁醫弗驗，則專精諸方藥，躬調匕劑以進，大母疾良已。其孝如此。初與諸父共産，一切恣諸父所取，不問。已諸父皆以困殁，翁顧獨饒，則又割已貲經紀其家，弗吝也。藩參公既第，翁盡取諸責家券燔之於庭。時有没官産，所直不貲，有司欲以私翁。翁竊笑曰：「吾棄數百金灰燼中，而乃取此，豈爲欲富乎？」竟謝弗受。第於城南關地一區，搆屋疏泉，雜植花卉，延所厚善徜徉其中，若忘其爲封君貴人者。以斯觀翁，其深仁厚誼，浚祥源而培慶址之日久，天祚其德，而以藩參公錫之，要非偶然。且也嵩高、河洛，靈不兼擅；圖書、申甫，出不並時。翁躬備德誼，而以文章、功烈托之乎藩參公。藩參公嗣君又適以其年籍名博士，翩翩藻譽，不愧其家聲。頃復舉子稱曾孫矣，是圖書疊出，而申甫比肩至也，可不謂得全全昌耶！

余往聞洛俗尚齒，九老、耆英之會，至今侈爲盛事。然九老中樂天居殿，而耆英之會溫國且宛然左辟焉。夫兩公者，時已稱爲六七十歲人矣，顧不得與諸老比庚而並甲，其心能不亦歉然自歉，視進而坿諸老，若俟河清乎？藉令翁當其時，今宜儼然稱祭酒，冠冕一坐，而樂天、溫國必且雁行而兄事之，愉懌當如何矣！矧其詒麻餘慶，駿發於藩參公若諸孫者，又有諸老所未備者哉！時州郡大夫在藩參公部中者，謀所以遥祝翁，而不佞爲次其説如此。翁聞狀，必灑然有當其心也，而爲一進觴焉。

壽崔賓相序

賓相崔公，潞人也。其姻友潘生者客京師，則介同郡士求識余。居亡何，又介同郡士徵余文爲崔公六十壽。余謝曰："潞去京師千餘里，余與崔苦乏生平，即子所欲於余，余未必能言。即余所言，又安能適當崔公乎？"潘子固請不已，則詬崔公何如人，曰宿遷王府賓相也。其爲人賦性質直，逿躬端慎，入見王子弟，動止必以禮，處僚戚中，翛然自爲一輩。不徇流俗，而雅好結士大夫。士大夫與遊者，固亟稱其長厚。有子五人，孫十五人，繩繩盛也。曰："若是，則其壽可略言之矣。"

夫國制，自公主下逮諸王女，皆食封縣有差，尚主者儀服與列侯等，尚諸王女者賜爵大夫，豈不襃然貴倨哉？顧其初，選建唯以家世次，或以貌，或以資，匪皆賢行素著也。即賢行素著而格於仕進，藝不試有司，績不報銓曹，彼且自謂迪德礪行亡所用之，而甘心於曠達之域。故一尚姻帝室，日唯從王子弟徜徉紛華聲利間，美田宅，盛僕媵，恣意狗馬苑囿、絲竹玩好之具以爲足，以陶咏情性，優游歲月，有生之樂亡逾於此，即終老安悟其非是也？故人視其氣岸揚揚，行里中，亡敢誰何，寔不能詘意於士大夫，士大夫寔亦有所不屑。嗟乎！若爾人者，雖使鮐背秀眉，黃髮兒齒，與安期並遊，松喬作類，而汶汶悶悶，德誼亡聞，壽亦奚足貴哉？

乃崔公秉禮敦義，親賢樂善，誠如潘子所稱述，斯宗戚中第一流矣。姑亡論其敬事王子弟，善處僚戚，即士大夫稱其長厚，豈盡阿私所好？而子孫繩繩，殆又聖人所謂吉祥善事者也。意公之爲人，和而有制，靜而不矜，坦夷平易者與！若是，則似有得於繕性立命之道，即進而耄耋期頤，不爲徒壽。雖余於公相距千里，乏生平，其言未必不當。不者，且重違潘子之請，而將以予爲失人。《詩》曰"其德不爽，壽考不忘"，崔公則自繹之可也。

壽郝太恭人序

我三雲稱世家，必首蔚郝氏。郝氏自先大尹公以宦顯，其後侍御溫泉先生，及今憲大夫少泉公、進士瀛樓君，科第繩繩，而兩世爲臺諫，諸孫占博士籍者，復翩然富文學，有待也，可不謂盛哉！而蔚人爲余言郝氏家範，雍雍秩秩，有内則内儀所未備，蓋不獨門高而已。余竊謂溫泉先生父子忠言讜論，直聲動朝廷，彈察搏擊，埋輪破柱之迹徧天下，遺風餘烈，宜有整肅其家無足異者。

頃幸締姻少泉公，得習公内行，乃知郝氏所繇盛，繇有太恭人在焉。太恭人性簡重，始歸溫泉先生，贊先生績學，不啻良友。先生間出游，輒脱簪珥，屏居别室，鞅鞅自責，必先生感屬乃已。二子，伯蔚東，秀才異等，仲少泉。太恭人訓二子學，皆手自程督，稍媮，即譙責之曰："古人貧無資，猶尚力學。而今席故業所需皆具，乃反不力，何也？"二子凛凛其訓，諸孫亦然。初，溫泉先生以進士爲縣令，太恭人從，不數月請還，曰："計君之祿堇堇自給耳，安得聚食指爲君累乎？且廢箸業而仰官橐，佐廉謂何？"遂歸蔚，視家人産。郝既故仕家，太恭人復以力作當門内，家自是倍饒，先生得不以内顧爲憂。比少泉公貴，太恭人且累封命，益尊倨矣，猶練衣蔬食，泊然爲諸婦先，儉又如此。蓋太恭人更夫子清宦，未嘗内官橐一錢，獨時時出私蓄佐官費，以是世濟廉貞，得一意綱紀之責，忠言讜論，彈察搏擊，侃侃有聲，則太恭人成之也。語云"有《雞鳴》《葛覃》之風，斯有羔羊素絲之節"，不信然哉？

今年仲春二日，爲太恭人八袠壽，少泉公自關中入賀，得便省覲。其日率諸孫鞠跽奉觴，賓姻以次加爵，固知太恭人怡然甚樂也。某忝姻末，不能持幣走堂下，竊惟古賢婦貞母，若少君以司隸高，滂母以孟博重，劉母以令伯顯，彼皆一節，猶然耀簡册，垂不朽。而太恭人躬督三世，兼睹其成，異時有述郝氏家世者，必追本太恭人，則太恭人壽，要不在耄耋、期頤間矣，遂書以爲祝。

校勘記

〔一〕"鹵"，據《書·洛誥》當作"卣"。

記

重修順天府儒學記

順天府學，厥基古遠，國朝成化間嘗一新之，其規制載商文毅公記中，可攷也。比年以來，間有傾圮，有司歲徵役葺治，然未幾輒復敝，敝則復葺，所司頗厭苦之。學官以其故聞京兆尹某，某乃親詣學，俯仰周回，則大驚曰："不至是幾令物力虛勞矣，豈構一椽、芘一瓦之力哉？吾將舉大役焉。"於是諏日鳩工，以堅易腐，以好代惡，通新故之材計之，因者什七，益者什三，閱歲月而工竣矣。學官請曰："鄉者以公更建，將重費也。今費約而事集，何也？"公曰："吾所治者，本也。夫往歲有司者相繼葺治，度其費豈不亦歲數千鎰哉？然僅以泥封罅漏，而堊塗其外，苟可以飾觀視，即自幸完好爾，實與不治等也。比吾睹於學宫，其楹有若敧立矣，若蹲伏矣，若走相拽矣；其椽桷有若脱輻，若懸趾矣；其瓷甍有若覆盂，若漏卮矣；其垣墉有若披鱗，若穿吻矣。若此者，乃知其不可以一椽一瓦治之也。何也？其本先撥，即日易椽瓦，弱植而重荷，是愈摧也。故吾必撤其故，而築基令實，礱礎令端，建柱令直，斯治本之道也。欲治其本，故不得不更正其本，而椽桷、瓷甍之具未嘗盡廢其故，則又奚至重費焉？"學官曰："然則一治可使終勿圮耶？"曰："不能也。夫風霆之所震撼，流潦之所浸淫，鳥鼠之所窟穴，歲沿月襲，能亡圮乎？惟屢省弗怠，即圮弗甚，可旋起而立治也。不者，春秋洒垺之外，晨昏鐍鑰，人迹鮮到，因循至於頹敝之極，礎陷柱側，而從事者方且藉堊塗以飾觀，此予所爲見之而驚走也，安得不亟更之哉？"學官退以語諸士曰："諸士聽之，吾兹聞某言，通乎士習矣。夫爾二三子遊斯學者，人孰不以都人士目之？然所貴乎都人士者，非直菁莪棫樸之化沾被獨先，固宜有瓌奇瑰偉之才甲乎天下也。矧燕趙之産，昔人所稱多慷慨沉毅之士，今以求諸二三子，敢謂盡皆其人乎？平居被服弦誦，雍容俎豆間，非不斐然文也，然而身心性命之學，經世宰物之業，鮮所實得，異日者以需天下國家，吾恐弱植而重荷已若此者。其故可求也，蓋二三子生長都會，冠裳軒冕，紛華聲利，日搖撼浸淫其心，視科第爲階身之窟穴，而窮年湛溺之，波流風靡，不可救止，非朝夕之故矣。爲學師者，乃欲摘科條、細事課責其間，何異以丸泥封也。則亦期與二三子更新焉，二三子其圖之。吾心亦自有基若礎若柱也，治心可勿亟乎？"諸士應之曰："諾。請敬迪斯言。"予聞之曰：懿哉！夫有司以新其學，則實政舉；學師以新其士，則實教行。士務自新，黜浮而尚實，則真才出。當聖天子式新化理之初乃有此也，懿哉！爲之賦鎬京辟癰之章，因以記其歲月云。

重修延慶州儒學記

延慶守王公繕學宮新之，介二生詣王子徵記。二生爲言：學創洪熙元年，迨成化間前守李公甭改建，距今且七十餘載，圮甚。公至，謁廟畢，徘徊瞻顧，愴然興嗟也。乃上狀所司，謀舉役焉，報可。因自捐俸若干金以爲衆先，官師人士相率而赴義者，各以其力爲差，共得若干金。屬郡幕孫君世忠董其事，自四月至於六月工訖。學宮故儉陋，今拓其制，正殿兩廡各倍高數尺，深廣稱之。殿北爲敬一亭，折而東爲啓聖祠。其後爲明倫堂，堂之前有門三楹，曰義、路、禮門。即齋舍庖廩，鱉然具飭也。又於櫺星門旁創名宦、鄉賢二祠，賢郡守及鄉先生有遺愛於民者祀焉。學前迫城垣，地勢湫隘，譚者謂不利於科試，公乃闢地列三壁以壯觀。壁之外建石橋一，題其額曰"昇仙橋"。橋上建坊，曰"雲路天衢"。其左右更豎二坊，以鄉會拔俊者書名其上。皆前此未有也。

王子曰：自邊陲多事，學校之政廢弛久矣，而雲中上谷間爲甚。昔予爲諸生，遊於庠序，見夫壁敗柱折，鍾簴易處，樞腐紐絕，扃鑰不具。有司者自春秋饗祀之外率不一至，即至，瞻拜成禮，未及旋顧，已揚揚登輿行矣。質之，則曰："吾方按籍而簡兵，握算而計穀，治軍旅不給，奚暇問俎豆焉？"嗟乎！國家建學造士，薄海內外罔不斌斌嚮風，俎豆之事豈獨於邊郡靳之耶？邊郡即荒僻，未嘗無才，鼓舞作新，其機在上。有如延慶，往昔文治彪炳，號多賢傑，比寥寥弗振矣，非氣數有盛衰，乃教化有興廢也。夫毋論人才繫之，即邊氓聞虜，砥劍屬鋒，無不人人思鬥者。虜即猝至，發蓋藏，焚廬舍，烟焰未息，而孑遺之衆乃復裹瘡痍、服供億矣。此豈法令所能毆使哉？列聖仁義之澤沾被者深，君臣父子之教維持者固也。設令置俎豆不問，民唯以干戈、甲胄相豪長，而禮教廢闕，即士氣十倍，安知嚮方？故孔子論政，謂兵食可去，不可去信。孟子當戰國用兵之際，每以庠序之教爲齊、梁之君言之，茲可徵已。

公，吾雲中人，審知邊事，其治邊郡固宜首以教化爲急也。乃諸士遊斯學，盍亦體公之心，交相感奮，迪德而厲行焉。庶幾往昔多賢之盛，居則善俗，出則名世，豈但學校之光，天下國家所倚賴非淺鮮矣。如其不然，而徒摳趨容與，以是爲游息之所，罔能以一藝自表見，人將謂士淑慝無與於教化，而邊郡果寥寥乏才如此也，予輩不與有惡哉？敢併及之。公諱銳，號西野，以書魁丙午進士。初治徐州，有治效，乃遷延慶。居延慶一歲，諸廢具舉，兹不能悉記，記其大者爾。

新修應州城記

應州距雲中僅百餘里，虜入塞，東闚渾、蔚則出其左，西伺朔、馬則出其右，故雲中四州唯應稱要害焉。數十年來，一二叛人誘虜內嚮，所至爲墟，獨城得幸無恙，以待奔命之衆。顧城土墉，土疏而善潰，緩急不可恃，唯曰以天之福，官師人士居重於內，兵甲器械設形於外，虜自恫疑恐喝而不敢近云耳，豈長計哉？

先皇帝臨御之四年，今少保大司馬鑑川王公居督府，單于歸我叛人，款關乞貢，塞上若將去兵。督府公言於上，請得核邊城之不治者，稍予工費，令加礱甃，期以三年告成，報可。於是下檄城應州。州守吳公偕守備李公略城方廣，丈尺而計工焉，州得十六，衛得十四。公集鄉士夫及諸父老謀曰：“公等知斯役乎？以衛若父子兄弟，令世世相保也。顧其費鉅，安能盡倚官鍰？公等有力者宜自效，有貲者宜委輸，吾爲若先之。”因爲籍，自署其俸若干金，鄉士夫而下以次自占，民散處者，屬義官某等分部其衆，數畜以對。凡有車牛者賦炭及石有差，其無貲畜者賦其力，俾即故城之墟而陶焉。復下令役者免輸，輸者免役，能趣辦者得即歸業。於是州人皆踴躍，爭願盡力。時辛未冬也。明春三月經始，則諸費已會城下，得不病農。農且畊且役，番休以時。蓋歷癸酉秋九月，纔兩年，而全城之工畢。是役也，礨石爲址，石厚數尺，累甓爲墉，甓周數匝，聚灰如丘，委炭如壑，以及門扃樓櫓之費，計數萬金不啻也。然民無重賦，官無靡廩，即所予稍食、工直，摠之不能二萬金，而省者中半。雖州與衛各垣一方，其調節贏詘，公固主之，衛特受成而已。進士田君又爲余言：“公初舉役，畫城於堵，度其規方，毫寸不爽。其稽會也，卷石不得出入。其儲才也，細若鈎繩、斧鑿、灰盂、堊帚之具，罔不豫飭。其課工也，陶者、斲者、引者、削者、塗者、甃者，人授以指，罔不中度。"蓋其精敏有幹略如此。嗟乎！州城之當甓久矣，歷百數十年未有首其事者，非獨其貲不足。虜騎馳突，猝若風雨，即覆一簣猶懼不終，安能乘三年之間，緩帶而規更始？賴社稷神靈，夷夏輯睦，疆事稍紓，公及此時，遵督府公成議，拮據綢繆，不遺餘力，爲百姓建金湯而詒永業，即自爲長子孫計，豈有加焉？後之繼公者得人人如公之忠謀，整堅葺瑕，益務修備，豈憂匈奴哉！爰述其迹以告職方。

公名守節，直隸之真定人，庚子進士。由聊城尹莅州事，以久績增秩郡貳，復留守，蓋城成而遷尚書郎也。守備李君迎恩、夏君芳相繼興事，共肩勞勩，州吏目王君師益，衛指揮梁君勳，則協力贊成者，得並載云。

重修蘆溝橋記代

九河之支流以萬數，而唯在天子之畿內者著稱焉，以四方所環向而趨者在是也。周有千八百國，連四海以爲帶，乃當時所稱，不過曰豐水東注，曰瞻彼洛矣而止，則豐、洛者，千八百國所環向而趨焉者也。

國家定鼎燕京，據上遊而臨萬國，而蘆溝河近在輦轂下，亦今之豐、洛也。四方朝貢之使，若商賈工技，輪蹄負擔，環向而出於其途者，何啻肩摩轂擊哉！顧自設津梁以來，工作亦數興矣。嘉靖壬戌，河溢堤壞，没民田廬，肅皇帝發帑儲三萬五千金，仍命工部出羨金佐之，遣官築治。然董董寈萊畚土甓橋基，以塞衝齧而已，而未及更覆一石橋上。迄今且二十年，輜重終日行，較轢蹂躪，震撞傾仄，於是四方環向而趨者，稍稍以乘危爲虞矣。聖母慈聖宣文皇太后聞狀，惻然深念，將起其敝新之，以利涉者。而不欲以其役煩有司，特斥膏沐資二千金，諭上以其意，上若曰："下民幸甚。"乃爲出帑金四千佐費，中宮千金，東西二宮五百金，潞王殿下、公主千金，太監馮保及諸内侍共輸金二千一百有奇。費既具，命太監孫江、栗暹鳩工庀材，晝夜廬橋次董事焉。經始於萬曆己卯秋九月，以明年閏四月訖工。橋上墁石，盡易其故不用，用新所伐石布之，堅厚密緻，砰砰磤磤如也。旁列石檻，象物而爲之鎮，嶒嶒翼翼如也。兩厓增甃石堤，東西各若干丈。厓故有天將、關王二祠，並增搆其宇，以祈冥護。而原設巡檢司一，亦稍加修葺，俾典守者居焉。於是亘洪流千數百丈，蜿蜒穹窿，駕長虹而特起，而四方之環向而趨者，恍然若絶天漢，遊帝庭矣，一何偉哉！工既竣，上以功德出聖母，思纂述利濟之迹以垂久遠，爰詔臣爲之記。

臣惟自古帝王以仁厚保民長世者，莫若成周。考之《詩》《書》所稱，若曰"視民如傷"，曰"我徂惟求定"，原其中心仁愛，誠切於民，故博恩廣施，惠靡所不浹，若司空所職，除道成梁亦其一事云。故當時之民，于涇則"烝徒楫之"，于豐則"四方攸同"，于洛則"福祿如茨"。仰一帶之水，若鳧趨鱗赴，傳十數世而顧瞻周道者，猶有"砥平矢直"之思，蓋德澤入人之深如此。今群生茂育，方内安瀾，乃聖母、皇上特惓惓軫瘼，思艱不置。往者漕河決，則出大司農錢塞決河。茲盧溝橋圮，則又發帑儲以繕橋。雖至仁自聖性，而左顧漕，右憂涉，己饑己溺，志念良獨勤矣。推其心，非即如傷求定之心哉！然周文、太姒仁厚，而子姓宗族胥化於仁厚，故詩人歌之曰"于嗟麟兮"。臣仰闚聖母、皇上德施徧寓内，皇后、潞王、公主以下慮亡不象上指，而仁義自好者，則麟之爲瑞昭昭也。繇斯以觀，薄海内外，承庥襲祉，翔泳於太和而沐浴闓澤者，方無已時。豐芑燕貽之圖，洛水萬年之烈，匪直周人所當歌頌而已。臣謹恭記其事，而繋之以辭曰：

於惟帝京，崇象天極。襟帶蘆河，建瓴下國。九土入貢，重譯來賓。匹周豐洛，茲其要津。應龍抗梁，乘流跨陸。豈乏永圖，河伯不淑。厚下防潰，竹楗石蕢。懷襄是捍，先烈貽思。垂二十年，石沲基囓。轢輻摧輪，下虞其轍。佹成佹壞，厥故匪他。譬彼城門，日久車多。我后曰咨，下民病涉。拯溺亨屯，帝心式協。乃捐供奉，徵徒計庸。輂石山委，荷插雲從。贔屭效靈，般垂奏伎。三時告成，官不知費。虹光亘覆，黿足雄蟠。馮虛搆實，易危就安。王道平平，王道蕩蕩。會斯歸斯，如遊壙埌。不屬不揭，即車即舟。群嚭其和，途吟路謳。天所必從，在民歌舞。歌舞惟何，萬年聖主。臣拜稽首，紀德紀功。繼聲《周雅》，昭示無窮。

重修昭應宮記代

玄帝古未有專祀，漢用方士言，天神貴者曰泰一，泰一佐曰五帝，始列爲五畤，而北畤居其一焉。其帝爲顓頊，其神爲玄冥，其德爲水，其於星爲辰。辰星七宿，而虛、危有龜蛇之象，茲俗所稱爲玄武者也。靈貺明威，代有徵應。而我成祖文皇帝龍飛燕邸，用建丕基，惟帝陰翊左右，其迹尤爲炳然。

今都門西高梁河之滸，故有昭應宮以祀帝。相傳蒙古至元六年，有龜蛇並現河上，元人以爲祥，因即其地而宮之。由今以觀，寔開我明定鼎之徵，非爲元也。宮在憲廟時，嘗賜璽書監護。而正德中，御馬監太監谷公者，寔更葺之。顧祠無常主，歲久基搆摧圮，祀事遂廢。道士李宗玄私以宮求鬻于番經廠太監畢公敬，敬以其事白司禮監太監馮公。公鄉事先帝時，嘗一夕夢謁祠宮，歎甚，若將告神以經始者，及寤，念之弗忘。至是聞敬言，往閱廢宮，與夢合，因捐貲三千金，屬某某以某年月日鳩工而舉役焉。且謀於衆曰："夫祠事始未嘗不肅祇，後稍怠慢也。藉令守非其人，他日將復有私鬻如宗玄者奈何？"乃言於上曰："臣幸給事掖庭，蒙被寵渥。伏自惟念無所報塞，間者祇衰皇上賜予之惠，臣不敢私，敬輪之神，爲葺敝宮一區，以祀上帝。庶幾徼神之庥，佑國庇民，永延聖祚，此臣夙夜之微忱也。請即以其宮給御用監爲公廨，使得專主祠事，神且有常饗焉。"上嘉其意，許之，仍賜帑金若干。兩宮聖母太后、潞王殿下暨公主各賜金有差，諸中貴助役者又若干人。蓋幾閱月而告成事。其中爲大殿者三，爲小殿者四，爲鍾、鼓樓者各一。別有崇教堂，三清、五老、三官諸殿，以至齋舍、庖湢、門垣之制，悉起其故而新之。宏傑瓌麗，固不啻數倍曩昔矣。

宮既成，公以狀屬余記其事。余惟聖王在宥天下，旁洽百靈，故國有禜檜[一]祈禳之事，猶將索神而禮之，矧天帝之尊嚴者乎？記曰："有其舉之，莫敢廢也"。維茲玄宮，肇祀且三百餘載，守者無以夙夜奉[二]灑掃，而因規以爲利。非公且爲禾黍，爲污萊，河上之祀幾爲墜典矣。先事而見夢，豈神之靈固預通其感耶？公歷事三朝，小心畏抑，見稱純恪，上以冲年踐阼，劻勷擁佑，勞勚有加焉。其中誠敬乎，質於神明久矣。今茲之役，經費不煩有司，珪幣不領於天子之太祝，身率其屬，以共祠事，而歸福於國與民。夫使國與民無所用其禜檜祈禳，而陰受其福，功德孰有盛於此者乎？是宜紀其事而系之以辭。辭曰：

伉貝闕兮高丘，泝光景兮臨流。開聖緒兮有俶，儼神物兮蟠糾。歲荏苒兮代序，鍾與簴兮易處。靈剡剡兮何歸，降巫咸兮無所。葺文石兮瓌材，增厥搆兮崔嵬。列周廬兮布旌，闢九關兮洞開。馭玄虬兮委蛇，撫長劍兮陸離。焱臨睨兮故宇，雲馮馮兮下垂。羞桂糈兮椒漿，考鍾磬兮喤喤。紛總總兮拜舞，愉神志兮娛康。殄氛祲兮祚嘉祥，調四序兮叶三光。闡神庥兮八荒，贊天子兮垂裳。

新建護津臺記

河從昆侖、積石歷河州，注於峽口，流經寧夏東南，直北穿鄣下，其於寧夏猶襟帶之固也。顧自東勝既棄，虜入據套中，時時猖獗，侵我並河諸砦，疆事滋棘矣。

會大中丞羅公以文武俊望被上簡命，填撫寧夏。至之日，率諸將暨憲大夫按行塞，西望賀蘭，北視高闕，東瞰洪流，南遊目於環慶之野。還至渡口，見津人操舟渡焉，渡者蟻集河壖，而無亭以守之，則顧謂諸將曰："嗟乎！天設之險，以捍蔽區夏，而棄與虜共之，又弛要害不爲備，奈何欲却虜使毋數侵也？吾兹揣虜所嚮，一旦有變，不逾河而西繞賀蘭之北，以臨廣武，則有乘長城遡流而南下，以闞橫城之津耳。然逾河之虜有河山以闌之，有列屯以間之，我知而爲備，猶距之外户也。虜即南下，地無河山之闌，列屯之間，飆馳而狲至，賊反居內，我顧居外，急在堂奧間矣。計宜益築長城塞用遮虜，使不南下，而建亭墩於河之東涯，以護橫城之津，此要害之守也。"諸將敬諾。乃約日發卒，築長城塞，橫亙凡五百餘里。別徵卒築臺河上，臺高五丈五尺，周環四倍之。上搆亭三楹，廂房四壁。前施拖橋，橋數級上，嶻嶻翼翼如也。外列雉爲城，城周環九十餘丈，高二丈四尺，繚以重門，設津吏及墩卒守焉。是役也，卒皆見兵，材皆夙具，不五旬而告成事。衆且以爲烽墩，且以爲津亭，登眺其上，而山巖隴坂，委蛇曲折，歷歷在目。偉哉！誠朔方一壯觀矣。

憲大夫解君馳狀徵記王子。王子曰：昔南仲城朔方而玁狁襄，重在守也。趙阻漳、滏之固，用能抗秦，漢據白馬之津，終以蹙項，則守要之謂矣。今並河亭墩，牙錯狐布，守非不堅，顧徒知守疆而不知守要，要地不固，即列墩數萬，舉烽蔽天，安所用之？寧夏雖邊鎮，而京朝之使、藩臬之長、列郡之吏，下逮行商遊士、工技徒隸之人，往來竟上者繩相屬也。有如津吏不戒，猝直道路之警，曾不得聚廬而托處，安能問諸水濱？豈惟客使是虞？夫橫城之津扼，則靈州之道梗；靈州之道梗，則内郡之輸輓不得方軌而北上，而寧夏急矣。此公所計爲要害者也。人見是臺之成，居者倚以爲望，行者恃以爲歸，乃指以爲烽堠，以爲津亭，嗚呼！公之意豈直爲烽堠、爲津亭計哉？公譬治鎮城，石甃閘壩，築控夷堡，修勝金關，建庚興學，疆理之功不可殫述。述其防河者如此，後之登斯臺者，尚其有味乎余言。

鍾樓記代

州城中央故建綽楔，面于四門，題國朝進士名氏其上，達官貴人過而式之，後進之士望以爲表，細商小賈趨而列肆其下，總總摶摶如也。

萬曆癸酉，豐城孫公來蒞州事，睹其制，駭焉。會州士夫及父老語之曰：“某聞日中爲市，未聞其以坊也。夫坊中虛，而柱窿然四起，是有火象，宜亟徙去，更建麗譙以鎮之。不者，且有火患。”衆莫信。間請于當道，當道亦謂非州事所急，已之。居數歲，果災，延燒旁近舍以百十數。州人始憶公言，服公先見。公之言曰：“州治左據太岳，右臨汾水，從長橫狹，是爲木形。楔柱環簇，是爲火形。水居兌而失勢，火向離而當位，故不相制，而祝融爲之災。其說蓋出于堪輿家。余不能通其指，顧欲更建麗譙，設鍾鼓，伺晨昏，以節民作息，嚴干陬之禁，于以備規制，肅風令，其畫不可易也。”後七年，而洛陽高公繼至，問坊所繇毀，雅意新之。適余奉使過里，備以孫公之説告。高公曰：“然樓可建也，坊亦不可廢也。吾將次第庀厥事焉。”余曰：“費將安出？”公曰：“是不可謁于上，官帑不給則有阻之者；亦不可徵于下，閭左不便則有怨之者。吾將捐奉以先士民。士民能輸者聽，不能者止；願輸者聽，不願者止。俟費少具，然後請于當道，計上所必從而下且可以無擾。」余感公義，乃首出鍤若干緡爲州人倡，州人各以其力樂輸有差。其後費集而工舉，果如公謀。經始于庚辰八月，逾年而成。樓甫成，公去。西夏吳公繼之，嘉乃績，屬余爲記，且將修廢楔，終其未究之志焉。余惟天下事，成碼[三]廢興，皆有天數，而經營締造之略固存乎人。此一地也，向也坊，今也樓，規摹形概，翻然鼎革矣。然不有毀，何以有成？故《易》之屯也，啓經綸也；蠱也，需振作也。焦灼煨燼之後，而傑搆一新，觀聽儵改，雖天啓其會乎，何嘗不賴於人力焉？明者睹兆于未然，能者收功于既壞，豐城、洛陽並著厥聲矣。吳公遵用兩公之畫，踵而成之，且益增其所未備，治行踔躒，自眄夫牧暨類能歌誦之，兹不盡記，記其一節如此。

詹事府題名記

府以詹事名，所以處宮僚、奉儲君也。自漢以來，皆常設之矣。顧所掌皆儲帷微細事，典車駕、儀從及慶賀、奏啓之文而已，非有毗輔講勸之實也。

洪惟我太祖高皇帝，稽古建官，首重國本，初設詹事院，尋改院爲府，置僚其中，而領之大臣。俟皇太子出閣，則諸官分次入直，講讀經史，陳說政事，所爲萬世根本慮者，法至善矣。是以二百餘年以來，聖聖相承，聿隆繼述，雖一時股肱耳目之臣，若百司庶府，靡不恪共厥職，然而培養本源之地，則尤以儲養之功豫而輔導之職專也。夫有豐芑燕詒之圖，必有疏附先後之士；有顒昂圭璋之粹，必有馮翼孝德之臣。在昔成王，緝熙宥密，日靖四方，爲守文令主，則周召保傅之業至今誦之矣。故《詩》曰：「文王孫子，本支百世。凡周之士，不顯亦世。」蓋主聖則臣與之俱榮，世遠則名與之俱久也。我列聖鍾浚哲之祥，篤綦隆之慶，深仁厚澤，浹洽民心，駿烈鴻休，輝映宇宙。肆今仰聖學則知朝夕論思於儲宮者有人焉，仰聖德則知啓心沃心於儲宮者有人焉，仰聖治則知謨猷入告於儲宮者有人焉。列聖之澤不泯，而諸臣之名亦將與之俱不泯也，顧不榮哉？于周士則奚讓矣！

嗚呼！從容于廣廈之前，細旃之上，而能致主于堯舜，措宗社于靈長者，惟此職耳。後之居是府者，尚其觀省于兹。

總督宣大山西三鎮題名記

周制，九伐之法掌于司馬，四封之守領在諸侯，不以將名也。有事，天子授鉞上公，俾發諸侯人備竟上，不責以戰也。自秦上首功，將始重。漢勤遠略，大將軍、驃騎將軍之屬分道四出，將始多，然莫能相攝也。唐置節帥，假以旌纛，威重無與比，而建本弱矣。宋懲唐弊，稍裁損方鎮，收其權，乃推擇非人，徒署虛銜，遙領委任，又頗疏焉。國家奠鼎燕京，北控大漠，並邊要害，置重鎮九，而以三督府統之。在宣大三鎮者，直單于大庭，視他鎮倍重。府初建朔州，以嘉靖甲辰移陽和。其置帥自太保石公而下，間有以規邊督餉至者，而督戎寔其專任。往少傅鄭公帥鎮，謀礱石題名節堂，屬某為記，未就，既解官山居。太保蕭公以書見趣，某曰：此夙諾也，曷敢辭？

某嘗讀《易》至《師》，而得聖人謀帥之指云。其彖曰："師貞，丈人，吉。"丈人者，勳德猷望，眾所推尊信服者也。乘剛統眾，是為二之師中；獲上處權，是為五之長子。以之帥師，險而順，律而臧，用能懷萬邦，承天寵，故吉也。參以弟子，則輿尸凶矣。弟子用眾莅事，可以為眾卒將，不可以為眾將將。眾將之將，合群策群力，以成臂指之勢，視不下裘帶，而慮周萬全；令不煩鼓鉦，而精神渙號于千里。其策事不使眾知則不明，使衆知之則不密，曲徇于衆則無斷，不協于衆則不孚，故將莫難于御衆，而尤莫難于御衆將。衆將之將，誠非丈人不能任矣。

　　鎮自有督帥以來，任不任，非某所敢知。據所睹聞，能綱紀將吏以扞蔽吾疆圉、保聚吾生靈者，其名與其勳德俱存，殆不啻家尸而戶祝之矣。乃威愛失衷、張弛虧度者，民亦無得而稱焉。大抵民所歌舞，必師之丈人也；所不譽，必師之弟子也。則亦不待鐫名于石，近而察諸行間壠上之口，法戒烔然備矣。

　　今上垂神泰寧，祇率先皇帝遺烈，天覆匈奴，羈縻弗絕。帥臣用邊勞，欠次任，習戎索，亦式克興造緒業，奉宣天子之恩威。以是匈奴畏懷服，銜璧彌謹，邊氓得離鋒刃之慘，衽席於儲胥，而歲所省度支金錢且復數萬計，國與民蓋兩受其利焉。而議者猶不能無慮，率右戰左款。款固不可恃也，戰獨可恃乎？夫戰、款兩者，馭虜之機宜，非自治之本務也。誠使封疆諸將吏守土者繕郭塞，理賦者實倉庚，親民者拊凋殘，訓士者厲精銳，虜即世世保塞不廢款，安也。一有未飭，朝罷款而夕戰勝，危也。安危之機，惟丈人能晰之。得一丈人于師中，諸將宜踴躍受署，慮無不效力于封疆者，而本務舉矣。由是戰可也，款可也，權虜情淑逆，而遊環于兩者之間，可以坐而制氈裘之命，收勝于不窮，即更千數百年，無能易斯術也。圖師貞之吉者，尚慎旃哉！是爲記。

左衛兵備道題名記

　　大同左衛兵憲之設，當肅皇帝在宥之三十七年，從先督臣楊襄毅公議所特建也。時匈奴環牧右衛逾年矣，天子起公衰絰中，却走之。因按視邊要害，循黃山，登馬首，北眺威寧，南遊目於廣武之野，慨然若有所決策焉。乃上言："臣博待罪行間，賴陛

下神靈威武，遂定雲西，社稷幸甚。然臣行察其地，竊料虜所爲
更進迭出，久頓兵右衛不解者，患在控制乖其形便也。夫衛距胡
僅阻一垣，而距鎮且二百里，雖鞭之長不及馬腹，安能隃時而徐
待其會？臣請得辱天子之命吏，以臬憲兼兵事，即左衛建署焉。
寬則修具，急則臨戎，於計便。"書奏，報可，自是雲西之備
始專。

萬曆丙子，濟南韓公以夏官郎奉璽書來會，單于方佩封號，
稱外藩，無所事警。因以其間繕邊飭堠，簡卒蒐乘，礪戈矛，峙
芻糗，日兢兢爲備弗懈。或曰："時方弛塞，得公之重，坐而填
之，裕如也，焉用過計？"公曰："吾正憂其弛也而備之也。夫
扃鐍不可弛於户，檠閉不可弛於弓，銜橜不可弛於馬，捍禦不可
弛於塞，是以君子重有備焉。事不孅舉不可謂備，具不豫除不可
謂備，利不永賴不可謂備。周爰而畫之，先事而戒之，度久遠而
詒之，若是雖欲勿兢兢焉不可得也。"

史王子聞之，曰：思深哉！韓公之慮職也。明其義而敬守
之，疆事不足圖矣。異日者，虜伺雲西塞，唯狃我無備，是以有
右衛之圍。圍之逾年，而堠吏不舉烽，鎮帥不傳檄，部使不上
變，委之若遺矣，則積靡所使然也。先皇帝赫然震怒，督過諸將
吏，實于理，因以便宜屬襄毅公。公固不難更始，議設專官而爲
之備，無亦曰明形制勝，使匈奴遠塞不敢近，曰彼有人焉云爾。
藉第令茌是官者，狃便習媮，一切以幸無事，而備不加飭，譬之
于身，人且譏是官爲贅疣、爲駢拇，徒增冗員而已，何以慴伏
虜，使長佩封號、稱外藩不我狃也？且今之時與曩昔異矣。曩時
疆吏僨邊，即不能逃責，然猶逾年而後，聞狀綜核，亦稍疏焉。
今天子英明不世出，三歲遣部大臣核邊，邊堅瑕毫髮不能蔽。設
疆吏一弗飭，當不俟敵兵加竟而殆辱旋至，茲韓公所爲兢兢
者哉！

無何，韓公伐石表其署中，謀紀諸大夫之莅是官者，徵記于余。余遂書以歸之，庸忠告于來哲，庶幾哉原念本始，祗服厥官，無忘其所爲兢兢，則豈唯永有譽於兹土，社稷將終賴之矣。

三關修守記

三關，故代句注、林胡、樓煩地，全晋之門户也。自趙築塞以限匈奴，秦漢遂因其阻列屯而爲之備，迄今稱要害焉。國初乘二祖撻伐之威，虜氣積懾，遠幕而不敢近塞者數十年。即時小軼，恃東勝、雲中爲蔽，關以内得用少紆。迨東勝既撤，雲中卒再譁，繇是外逼内携，而三關棘矣。嘉靖間，虜數闌入，肅皇帝以爲憂。用言者起平刑，盡偏保，築郭八百餘里，歲發内郡丁男踐更以萬數。然堠望稍懈，胡已復入，闖忻代，驚澤潞，關河東，慮亡歲不繹騷。至隆慶丁卯，陷石州，而荼毒愈甚。蓋設防之難如此。

今天子即位，用威德，懷百蠻，會虜酋方解辮，奉盟保塞，比屬國，乃深惟苞桑之計，圖所以永持至寧，則敕疆吏亟因時而修備焉。維是三關之役，自少保蒲坂王公條上方略，而督府方公、吳公、鄭公相繼經始有端矣。逾四年，而中丞高公寔受事。至則按三路郭塞城堡，以次當繕治者，分授諸大夫畫。雁平起火燒梁，迄王野梁塞三十二里，人言其土疏惡難築，築之若搏沙累棋，不盈一時而敗，公患之。初試垣其一方，不利，乃掘旁近山麓求石，得石如砥者以谷量，已求土，得赤埴如膏者以澤量，則大喜曰：“事濟矣！”于是并前所築，而盡以石垣，巖巖如也。白草溝正峪，北直朔、馬，公計虜所嚮，非厚其防不可。即陜中繚重墉束其阨，而外增甓其子垣二十三丈有奇用遮虜，使不得馳。而南甓二城：北樓、廣武。增築土堡六：古計、砂澗、福連房、大營屯、黑圪塔、中莊。寧武起陽方口，西迄小紅溝塞八里。又西築八利竟之尖山梁塞十里。既成，而公視其東隅不稱，復增築馮家梁塞二十里，屬之王野梁，以縮寧雁之界。面陽方，左右顧，兩臂若畫一矣。甓三城：陽方、神池、利民。增築土堡一：八角。偏關起蕨萊茆，迄丫角山，築壞垣八里，西至老牛灣，增築塞七十二里。又西因河爲垣，起黑土墩，迄唐家會十六里，甓八城：老營、偏關、水泉、馬站、樓子、灰溝、五寨、嵐縣。而滑石澗堡與虜間一垣而居，從壁上覘虜可數也。公計土垣赤立非便，并甓之，與列城等，以護烽堠之直河西者。總計垣三路，塞百六十里有奇。率高二丈以上，廣稱之。傅垣而爲臺三百六十有奇，樓櫓三百有奇，廬舍二百五十有奇，道橋水口一百三十有奇。它若屬鎧甲、屬戈矛、斥屯田、峙芻糧，凡爲久遠計甚周，而所請度支金裁十一萬有奇，工增於初議而費則大省焉。役始萬曆戊寅四月，訖庚辰九月。先後部署其役者，雁平則副使胡來貢、僉事季遐齡、參將時爾直；寧武則行太僕卿李采菲、參將陳天福；岢嵐則參政蕭大亨、王璇，副總兵趙崇璧，參將尹志莘、李東暘。遊擊王弼、鄭尚金，守備陳霞而下，克咸厥勞云。

余惟天下之事，當其未然，常忸而亡備，已然而備之，常苦弗給，此古今之通患也。三關巖險聞天下，勢固足以自完，矧置塞以來，代增其築，雖隆之天何難哉？乃異時席國家廣大，取具旬鑰而已，未嘗傳丸泥封焉。虜狡焉啓疆，繇役始稍稍作，然所備猶偏、保一隅耳已。更置雁平，再置寧武，所備彌廣而力彌分，于是悉全晉之賦竭戾不能支矣。辛丑之役，麋大司農錢鉅億萬，更五中丞經略之，厪乃克完，未幾復傾圮如故，此豈獨土物弗良哉？內困詘而外迫胡患，倉皇補苴，一切以幸苟完，時亦不遑給耳。賴天之靈，皇靈燀而邊烽寢，公得與諸大夫雍容疆場間，揣堅瑕，度疏密，揮麈[四]而畫封守之略。比計定而舉，日月屢省，躬課工而趣之，周爰綢繆，不令以絲髮之郤詒後人，一何其整暇也。卒不逾三載，登登馮馮，連八百里以爲固，險若天設，壯侔神造，自有城郭溝池，功未有及茲者焉。非夫忠結主知，功與時會，惡能畢其猷慮而措置若此乎？昔漢竟寧間，呼韓入朝，有司請罷塞，侯應策以爲不可，班固氏稱其有遠見識微之明。夫應爲乘塞計，獨欲勿罷而已。公乃今藉休士之便，益修其備，設險於此，而折衝於彼，是邊隙不復萌而繇役豫息也。第如應言，十年之外，百歲之內，猝有它變，已非所虞，豈憂更事哉？獨虞後之人蒙安襲便，弛封殖而忘成勞。若作室家，既勤垣墉，乃罔塗墍茨，將俾吾晋人不苦繇而苦虜，庸知虜患未戢而苦繇終無已時也。《詩》曰"凡百君子，莫不代匱"，言備之不可已也。是用紀公之伐，以垂來裔傳世保障之烈焉。

陽和閱武場記

九邊之節鎮三，而陽和特重，以其地外直單于庭，內護山西、宣大諸軍，控制倍難也。鎮卒隷督府標下者三千人，其分隷三鎮，聽虎竹徵發，暨土兵若戍士合之又數千人，析左右兩營，置神將一人領之，各以時勒習騎射，春秋則督府都試其衆，而課殿最焉。自單于款關奉貢，職稱藩臣，垂三十年，邊城宴如，士解甲釋戈以嬉，足終歲不一涉行陳，訓肄頗疏。

歲乙未，少司馬懷棘王公奉上簡命，來總鎮師。深惟外寧內憂，時雖平，警備不可一日弛，鰓鰓勑諸將吏，徹桑畜艾，銷患未形。而尤致核於軍實，凡士卒冗浮、戎馬罷駑、器械朽鈍者，悉簡汰振刷之，軍容烝烝盛也。明年春，將舉振旅之禮于閱武場。場在鎮西北二里許，縱長不能三百步，而橫闊有加，旁近皆民田也。公謂是不可馳，馳則犯禾病民，非便。乃與陽和兵憲藩伯徐公謀，規恢其制，而屬郡倅王公董厥役。割場之橫地易民田當縱者，以拓縱之不足，縱橫皆六百步，繚以周垣，外設濠塹，內植以柳，可千餘株，四隅設烽臺，臺有樓櫓，遠候望。闉東、西、南三門，表以綽[五]楔，而轅門巋然特峻。中央築臺，高二丈餘，建亭其上，八窗玲瓏，升而凭欄四顧，山川城郭、形便要害，歷歷在目。臺之北有堂三楹，其前有臺，申軍令處也。前左列軍牙，其直干霄，是爲致禡用鉞之所。臺左右隅各亭三楹，視堂稍儉，以居中軍、裨將者。堂後寢室五楹，翼以軍厨、掾舍，其左右廡則材官、劍客直焉。堂東西百步之外，有射所六，所各有監射亭三楹，井竈咸備，汲爨便之。經始于春二月，秋而告成，適當治兵之期。至日，將校晨集表下，公按行壁壘，躬援枹，升武帳，教以戰陳之法。于時旗旄蔽空，鼓鉦鐃鐸，雜以藜礙之聲，殷震山谷。材官銳卒，騎而超乘，射而破的，舞刀奪槊，挾輈桀石之輩，無不爭奏其技所長。而曹分耦進，箕張翼舒，衆而益整，輕慓趫捷而益馴。終其事，不譁不揚，蕭蕭如也。閱竟，大發金錢、牛酒，賞勞有差。將吏以下，莫不歡呼踴躍。時單于所遣貢使及諸夷稟約束至者，從轅門外遙睎之，皆錯愕震怖，驚以爲漢兵若風雷，不敢迫視。

于是，公喜以爲士練可用，使使徵記于余。余惟原圃、具囿之闕，武所從來矣，而于郎之狩，比蒲之蒐，《春秋》譏之，不時不地故也。若其君子務利民，其小人不伐其技，休和輯睦，則惟我晉之先公被廬、綿上之迹稱焉。公以春秋耀吾甲士，時不違農，地不害稼，先成民而後修其教于兵。兵玩，作之以威；既威，訓之以律。是技擊之卒與節制之師合爲一軍也，其有晉先公之風烈乎！然文公時，僅僅出穀戍，釋宋圍，一戰勝楚，終悼公之世，不過和諸戎，俾爲不侵不叛之臣，無敢離邊如駒支所云而已。公精神煥汗，不出壁壘步武間，而聲靈赫濯，逆折奸萌于數千里外，將盡四夷八蠻咸震疊之，以佐宣聖天子無競之威，奚有于豢虜羈酋，俯伏而懷恩信者，敢貳于軍吏，以煩斧鉞？本公欽欽之心，不蘄于戰，蘄于備，將所謂居安思危，隱情以虞，永持至寧之長策哉！後有率公之指、修公之業者，張皇其遺風餘烈，數十百世猶將賴之，迹與天壤俱存可焉。

公名世揚，以兵部侍郎兼都察院右僉都御史，直隸之廣平人。徐公名三畏，任丘人。王公名某，山東壽光人。

傳

王襄毅公傳

王襄毅公者，晋之蒲坂人也，諱崇古，字學甫，別號鑑川。其先蓋河汾文中子之裔，明初自河汾徙家蒲，奕世載德，語具《王氏族譜》中。數傳而至素庵公，配孫夫人，舉三丈夫子，公其季子也。

公生有異質，年舞象，即下帷發藻，有隽聲。嘉靖丁酉舉於鄉，辛丑成進士。甲辰，除刑部主事。歷郎署八年，方嚴有執，所治即豪右斁法憑貴介者，所釋即貴介意所陰螫不便者。巨璫麥福縱其校人橫都市，公訊而實諸理。福銜之，令邏者日夜伺公，無所得，乃嘆服公清謹，而敕其衆曰“毋犯王郎”。分宜相中貴溪以危法，獄具，公獨不署名。徐文貞公賢之，擬內補公，而公固辭。庚戌，出守安慶，以憂歸。癸丑，改汝寧。大盜師尚詔跳梁梁、楚間，公計擒其渠魁，盜以衰止。伊庶人驕，詔御史按問，御史檄公會官雜治之。公繩其左右，令盡歸所侵田予民。庶人奏誣公，蕭皇帝不聽，久之，竟坐罪國除。

乙卯，晋湖廣副使，部署常鎮兵事以備倭。常鎮有兵備自公始。公至，立海防條議，躬擐甲胄，出入清江、柘林間，殲島夷二百餘級。再以憂歸，起改陝西副使，部署鄜延兵事，葺險阨，廣屯種，居三年，虜不敢近塞。辛酉，晋參政，明年晋按察使。秦邸人多恣睢爲奸利，公語長史：「吾奉三尺，治此輩奚難？難者法及王耳。」王聞，使使謝過，邸中人皆股弁。甲子，晋河南右布政使，關中士民至遮道泣送。未幾，簡爲都察院右僉都御史，巡撫寧夏。上秋防六事，大築塞垣，起花馬池，蹠於平虜城，金湯屹然。公戒諸將，毋畜家丁，示私務，均甘苦，以一衆志。衆皆感奮，思用命。虜寇清水營，遣大將吳鼎擊走之，又招降卜兒丈三百餘人。虜憚公，不敢窺西寧，則東覬榆林。公即提兵赴榆林援之，虜聞風宵遁。而忌者掩公功不録，公亦絶口不自明也。在寧夏，先後斬首虜二百五十餘級，繕邊城三萬七千二百餘丈。又乘暇引河水灌田以便民，搆揆文書院以造士，俊乂彬彬起焉。

丁卯，秩滿，晋右副都御史，巡撫如故。冬，晋兵部右侍郎，總督陝西三邊。首上强兵弱虜十事，及延寧利病八事，詔如議。行不期月，旌旗、壁壘皆改色。虜闌入塞三，公遣大將趙岢、董一奎、雷龍先後擊走之，又遣龍等出大邊二百里擣其巢。公心度虜且復入，遣帥白允中伏兵靖虜衛，擊破之。虜嚘唶曰：「太師天神也！」自是相戒，不敢輕生事。而桑園賊聚衆鈔掠秦、晋間，公調兵剿平之，兩河以寧。在陝西，先後斬首虜七百二十級，繕邊垣六百餘里，築治城堡亭堠二千一百有奇，功視寧夏倍多。莊皇帝嘉公功，晋都察院右都御史，兼侍郎，總督如故。

庚午，特詔公更督宣大、山西。疏陳六事，備內郡、杜紛議，其最要云。當是時，虜酋十數，而掩[六]答最爲雄桀。我畔人趙全等亡入其部中，自占古豐州地，聚衆近數萬人，屋居田作，號曰「板升」，歲導虜入寇，邊境騷然。中國懸上賞購之，不能得也。全等日重用事，而虜日驁，且易公新至，率衆寇五堡嘗之。公督兵血戰，伏流矢，中其渠酋，虜敗走。是秋，公駐懷來，而諜者言土蠻且寇薊，詔趣公入關。公曰：“東虜非糾西虜不深入，今西偵虜無東意，奈何先自擾乎？”已而，虜果散去。公還次左衛，而把漢那吉者，俺酋愛孫也，以內郤挾其妻叩關請降。公喜曰：“虜入吾彀矣。”乃受其降，飛疏聞上。朝議紛然，謂不宜輕受，開釁端。公奏言：“絕虜甚易，然策其不可絕有三。虜愛孫投我，殆天授，非人力，請厚撫而謹防之，毋令與虜通。虜來索，則要以執全等爲贖，策一。有如虜恃兵強索，則申嚴守備，而示斧櫍於把漢，以制其命，策二。又如棄把漢不顧，我效漢人，置屬國居之，使異日與俺酋嗣子抗衡，自相敵，策三。”疏入，詔許公便宜，而官把漢指揮使。俺酋果不勝憂恚，用全等謀，召諸部兵分道入索。公堅壁不戰，伺虜懈，縱奇兵分左右翼擊之，別伏兵邀其歸路，一日七戰皆捷。虜酋兀慎者中創走，虜始奪氣，知把漢未易以戰索也，則遣使來款，曰：“還我孫，誓不擾塞。”已又一使至曰：“還我孫，願且保塞。”然殊無意執全等。公計全等不得，則邊患無已時，乃整軍容，出把漢示虜，而把漢者已拖金紆緋，意揚揚甚適。公指謂虜使曰：“此机上肉也，天子曲赦其死，而又官之。爾酋雖老悖，獨無人心乎？夫結怨中國，重爾酋罪者，寔繇全等，此輩與把漢孰親？爾何愛焉而不執以贖？”遂遣偏將軍田世威偕虜使往諭之，具道公所以厚遇把漢狀。俺酋感泣曰：“太師恩信如是，敢不唯命？誠許我款者，願執畔內附，世世稱外藩。”公爲請於朝，虜果縛全等九人致塞下，公亦遣把漢歸。既獻俘，上大悅，詔晉公太子少保、兵部尚書，兼副都、總督如故。於是始議封貢，而俺酋意獨以其所部盟。公計他部未盡屬，亦非完策，乃使使趣俺酋，令悉要諸部盟，然後奏。于是自老把都以下，永若邵卜、哆囉、土蠻諸酋皆傳檄而定。

辛未，公乃會奏條上封貢八事。廷臣初爭言不可，其後或可或否，獨執政趙公策，面奏於講帷，議乃決。是夏，敕封俺答爲順義王，各酋拜官有差。公親詣弘賜堡，宣布上德威，導諸夷羅拜，奉表稱臣，虜始知漢天子尊。其貢馬歲五百有九，市馬騾牛羊以十萬數，而馬居強半。陝西貢附宣大，入市亦準宣大。於是東抵漁陽，西盡酒泉、張掖，九邊萬餘里皆寢燧醳兵，公之策也。禮成，天子祭告郊廟，御正朝，百官上表稱賀。詔晉公太子太保，尚書、都御史如故，仍留公總督，計善後事，而公乃設方略以操縱諸酋。如俺答欲迎佛，因教之杜殺端。黃台吉欲敗盟，因諜間其父子，使自相角。黃台吉失所部兵，內困欲降，陽撫之，終拒不納。其沉深多智類此。而諸酋亦凜凜守羈縻，亡敢奸約者。

壬申，今天子踐阼，加公柱國。癸酉，上念公久勞苦兵間，詔公入協理京營戎政。其在宣大，先後斬首虜四十六級，以款塞故，戰功獨鮮。而繕邊城至一千六百餘里，招降幾五千人，墾田二十餘萬畝，內治犁然舉矣。甲戌，三貢禮成，詔晉公少保，太子太保、尚書如故。乙亥秋，改刑部尚書。傅御史應禎言事，語侵故相江陵，詔擬罪。公曰：「朝廷置言官，罪不言，不罪敢言。吾法官，知守法耳。」具疏，請宥御史，忤旨切責，御史竟論戍。於是江陵忌公異己。丁丑夏，改兵部尚書。一品秩且再滿，而薊帥戚繼光賄結宮府，勢傾中外，心獨憚公，求江陵爲解。江陵益不便公，嗾言官群搆公去。上謂公有社稷功，慰留至再，而公疏三上不已，乃允公致仕，乘傳歸。

公身事三聖，遊揚中外幾四十年，歷官十有九任。其政績或以刑名，或以吏治，而大者在邊功。天子所以眷禮之極爲隆異，誥封者五，封一品三代者二，璽書勞功者一，益俸者二，遣中官就第賜者二，蔭子爲錦衣世秩正千戶者一，太學生者四，諸蟒緋、銀幣之賚不可勝計。

公歸之五年，以國慶益月廩、歲隸。又六年，而虜酋攡力克襲其父黃台吉王封，至是虜封凡三世，每見中國使者來，輒問公起居如何。上思公竭忠首事，詔有司存問，公時年未八十，蓋特典也。公里居十二年而薨，訃聞，上震悼，輟一日視朝，詔贈公太保，諡襄毅，予祭九壇，遣中書舍人營兆域，仍蔭一子太學生。始終被眷之渥如此。

公豐頤偉榦，儀觀頎昂，望之若神明。少時讀蘇子《祭李膺文》[七]，至"皇天后土，鑒一生忠義之心"，輒慷慨自負。居常譚三晉人物，深慕裴文忠、文忠烈、韓忠定、王恭襄之爲人，直欲跂而追蹤焉。隆、萬間，蒲有楊襄毅公，與公先後爲督府、本兵，皆以安邊制虜顯，迨其終也，易名竟與之符。故元輔張文毅公爲公甥，款貢議興，贊公籌策執政間，卒成公之志云。

公生平雖在戎馬劻勷中，不廢筆研，爲文詞閎大莊嚴，雅善詩，詩宗大曆以前。所著有《山堂諸稿》及諸奏議若干卷，行於世。子二，長謙，丁丑進士，今爲職方郎。孫六，長之楨，爲錦衣衛都指揮僉事，管衛事。文武斌斌世其家。公天性孝友仁厚，事在家乘，可爲世範者甚夥，非社稷所以重，故不書。

贊曰：北狄爲中國患久矣。以漢高帝之威，石畫之臣在左右，而三十萬衆竟詘於冒頓。中行說一入虜，終不能取而釋憾焉，何其難也！逮五鳳、甘露間，呼韓邪國蹙而依漢，漢奚制御之有？我成祖皇帝掃穴犁庭，神武震朔漠，一時策虜元勳名勒燕然之石者相望，而卒未能一抑虜首，使稱臣，臣之乃自王襄毅公始。當是時，虜酋強於冒頓，非有呼韓削弱之形，而畔人聚族穹廬，不啻百說。乃公宣威布信，馴之股掌之間，卒使異類革心，世奉朝請，邊氓侯[八]吏囊弓臥鼓而嬉者二紀於茲，懿乎盛哉！然公之始事，固已難矣。方虜騎雲翔塞下，引領待詔書，而輇才諷說之徒，嗡嗡然各持偏指，至比款貢于和親、歲幣之約，所以搖之百端。嚮非公忠義自許，一心徇國無他顧，烏能決策而建不世之勳有今日乎？

余邊人也，被服公休澤，習知公安邊境、衛社稷之功，特爲表而出之，以副太常。

贊

封少宗伯學士前雲中兵憲馮公像贊有引

仰芹馮公之舉進士也，余忝同榜，又同出大理潩東先生之門。公治兵雲中時，余辱部末已久，偕嗣君用輼宗伯游詞林，契善也。萬曆壬辰春，余解官西來，會公易水上。公執余手，躊躇不能別。乃逾年，公亦乞休歸，歸三年卒矣。追悼平生，歔欷霣涕，漬絮遣奠，而聞宗伯焦毀過禮，益復增悽。適我三雲士民建祠祀公，獲拜公像，衣冠神采，儼然生也。因贊一詞，用副祝史，且慰宗伯之永慕焉。

偉哉人龍，昂昂顒顒。道與之貌，天植其衷。德充符而睟盎，氣配義以沉雄。溢清揚于眉宇，標穎銳于神鋒。垂素絲之華髮，懸藻鑒之青瞳。陂千頃以程度，甲數萬其蟠胸。靜鎮定若峙嶽，動迅厲如瀉碪。望之秋凜，迫之春融。介匪崖異，和靡雷同。片言而戢獷悍，杯酒而寢訛訌。碎罔驚于佩玉，踣弗問其乘骢。齊得喪而任化，詎愛好之足鍾。歸亡珠于市媼，拯穿結于途窮。憐納隍而顰顑，尚恤恤有餘恫。河無之而不潤，棠所芚以均穠。摹衣冠以寫照，秩俎豆于祠宮。剗先靈之陟降，慨瞻睇其丰容。洵不亡者之在茲兮，夫何必悵想于悲風。

箴

六有箴

人心之官，以思爲職。操存舍亡，無間可息。一念不謹，貽之悔尤。須臾少懈，安肆日偷。其惟君子，克念作聖。無時無處，不用其敬。言出諸口，惟心之聲。匪言勿言，先民是程。動措諸行，惟義爲路。規矩準繩，靡愆于度。畫于物接，非僻罔干。進德修業，終日乾乾。夜氣清明，退藏于密。仰而思之，會萬于一。一息之暫，爲時幾何。勿暴其氣，保茲太和。一瞬之際，意象恍然。以存虛明，正觀不遷。修此六者，孳孳汲汲。有事不忘，是爲時習。聲律身度，與道爲依。晝夜瞬息，而無停機。緝熙不已，篤實光輝。習久若性，聖賢同歸。

銘

鍾硯

埶鑄爾形，含章可貞。以文致平，濯濯厥聲。

鼎硯

惟玄惟默，象帝之先。安汝止，永不遷。

玉　硯

追琢其質，温潤而栗，君子比德。

陶　硯

爾形何常，陶良則良。慎所染之，何用不臧？

又硯銘十

窈兮冥兮，其中有精。敷賁帝制，天下文明。
既雕既琢，未離其樸。皇頡往矣，我思緬邈。
龍尾鳳咮，天錫貞符。炳靈洛範，叶瑞河圖。
懷瑾握瑜，竹素與俱。俾爾供奉，承明石渠。
漱潤含芳，封於石鄉。臣哉鄰哉，翊我文昌。
卷石勺水，具體山河。乾旋坤轉，仁漸義摩。
坎不盈，艮其止。日監茲，左右史。
近朱則赤，近墨則黑。慎所染之，恒以一德。
含德之厚，磨而不磷。剛健中正，輝光日新。
直以方至，静而有常，壽考無疆。

琴　銘

審其音，會其意。歌南薰，天下治。
羲桐軒絲，堯搏舜拊。秩秩德音，紹徽千古。
玩豈絲桐，調非山水。宣豫萬邦，清和咸理。
以上俱應制。

校勘記

〔一〕“檜”，疑當作“襘”。

〔二〕“秦”，據民治學社本當作“奉”。

〔三〕“碼”，疑當作“毀”。

〔四〕“塵”，疑當作“塵”。

〔五〕“綽”，雍正《山西通志》卷二零八作“棹”。

〔六〕“掩”，據下文“俺苗愛孫”，當作“俺”。

〔七〕“蘇子《祭李膺文》”，似當爲“李膺《祭蘇子文》”。

〔八〕“侯”，疑當作“候”。

復宿山房集卷之二十二

碑

督府郜公撫禦東虜碑

匈奴五單于自莊皇帝時，業交臂內首，佩封號，比屬國。今天子冲齡踐阼，倚任忠謀，益務申威信，羈縻其衆弗絕。于是傾大漠以北無慮盡鳥獸馴。而俺酋戴上天覆之恩，憬悔彌切，則請徙幕而西游祁連、青海間，求休屠王金人禮之，迎其弟子以歸。會套虜卜失兔諸部新讐于瓦剌，欲藉東虜釋憾，因數使使風俺酋勝兵自從，俺酋乃發其部三十萬衆以行，時萬曆丁丑秋九月也。事聞，天子重絕虜好，不能勿許，而又慮且中禍西垂，乃咨廷臣，求可制陝以西諸邊者。廷臣咸謂無逾郜公，于是公以大中丞受鉞往。至之日，下符諸鎮，內務固封守，保聚自完，而外則分部營壘，揚旌植戈，以見武節。又時遣諜入虜，詗虜情偽，即虜一搖首頓足，靡不逆知狀，虜驚以爲神。虜既至張掖，以馬市請。公遣人諭之曰："此非市所也。必欲市者，當奏罷宣大市。宣大市不可罷，此市終不可開。"虜又請茶市，公曰："番之茶市，猶若馬市也。番不得易馬，若安得獨易茶？"虜大慚沮，徐曰："慮歸而乏食耳。"公曰："即歸而乏食，以少畜相易，宜可給，正不必奸市約也。"已又請西出嘉峪關，以要哈密。公曰："茲關天子所封，人臣安得擅啓？啓之而諸番不肯聽，且生得失，若豈有利焉？"虜頷謝，自是不敢復言出關。居歲餘，俺酋鬱鬱不得意，而譯使及諸沙門多受公指勸之東歸者，酋歸意始決，則己卯秋八月也。

　　酋既發海上，而卜失兔陰糾衆待之於黃草灘，欲復留與計事。公知其謀，遣使由間道導酋出鎮羌，用離絶其交，而身自提師趨皋蘭竟上，以防它變。酋得無留行。行抵寧夏赤木口，口直鎮西門，從此徑鎮之北郊，循橫城入套，可近四五百里。公策虜必闞之道，乃預檄鎮決漢唐兩壩水注郊原，令畍溝盡滿。虜至，果欲内走。公使使遮問虜："若嚮從何方來？乃今自謬。縱不遵太師約，獨不畏朝廷禁乎？且前水澤深者没牛馬，若能乘橇而濟，惟若所之耳。"虜勒騎躑躅者久之，竟引去，逾賀蘭山北，從故道還。而卜失兔諸夷亦各喙息就套，西垂用寧。狀奏，上大嘉悦，即日降璽書，馳勞公軍門，晋俸一級。撫臺侯公、羅公而下，勞賜有差。

　　憲大夫陳君某、解君某並建節從公，躬睹公撫禦之迹，謂不可無紀，則交書抵余，使記其事。余嘗考覽史册，叙西北疆事，類侈談空庭絶漠之勳，而不及撫。豈以虜性鷙悍，非撫所能下耶？抑戰之所爲用易見，而撫之所爲用難知也？匈奴奉關市約九年於兹，諸將即畫疆而守，猶不能以一日忘欽欽對壘之心。而俺酋自東徂西，灘然止清海上二年，彼其外托於和，而陰挾其鷙，徵牢假道，慮無不得所欲。乃公提尺一麈尾，左麾而右却之，求市則申市約，叩關即申關禁，鎮定如泰嶽，而應變若轉丸，卒之一鏃不遺，而過數十萬師於枕席，兹其功豈在空庭絶漠下耶？昔孔子作《春秋》，褒齊桓之績，嘉其師强而用之以律，敵服而下之以禮，爲近於王者之事。公席全陝廣大，背城借一，所乏非兵，而能不輕用其勝，節制正同。至逆計曲防，建威於此而折衝於彼，務爲不可勝，則齊桓讓烈矣。不然，藉口於撫而棄險不守，是鄭虎牢之耻也；撫之不適而輕以一矢相加，是楚巢門之釁也。然則撫豈易言哉？余特表而出之，以附於《春秋》之義，用告後之司疆者。

贈光祿大夫少保兼太子太傅吏部尚書建極殿
大學士沈翁暨配一品夫人洪氏神道碑

萬曆辛丑冬十月，冊建皇太子禮成，中外臣民咸歡謳忭舞頌主上之英斷，而歸元輔定策之功云。蓋儲議之積紛數年矣，元輔秉政纔旬月，力贊大策，遂定元良之位，而維宗社萬年之安，厥功良茂。有詔褒敘元輔忠勞，晉秩加兼太子太傅，進建極殿，自曾王父而下皆予之誥命。于是慕閑先生得贈光祿大夫、少保兼太子太傅、吏部尚書、建極殿大學士，而配洪爲一品夫人。某小子因憶先生之即世也，辱元輔之命，徵文志其藏。適罷歸田間，伏而省愆者十載，迄逋其役至今。頃徵主上曠恩，及於寬政，然後乃克檢狀，而詮次其語，副隧道之銘焉。

先生姓沈氏，諱仁佶，字允成，別號慕閑居士。世爲鄞望族。在宋，太學博士俊、禮部郎悅、泰州守豐、寧陽簿澄皆用明經顯，三傳而入我明。永寧文玘特豪於間，士大夫多慕與之交。文玘生宗義，宗義生靜庵翁元瑞。敦行善，嘗代里人輸租，破亡其貲，無慍色，里人稱爲佛子。配朱氏，禱於嶽，生先生。少業儒，會喪母，遺同産兄弟六人。念家中落，食指繁，則廢書去操家秉，以紓靜庵翁之累，安其心。長娶同邑洪公季女，當歸，預揭柳仲塗家戒於座隅，曰："無俾異姓傷骨肉恩也。"乃夫人入，而梱以内更雍睦，無間言。治靜庵翁喪，形家爲卜地，而私叩先生所欲，先生曰："吾何欲所？惟昆季平耳。"人謂先生一言而推以予弟者甚厚，己當愈多矣。族弟詐毛吏目金，亡走，毛索之急，其父母悒懼雉經。宗人訟之官，當毛死罪。先生抗言："亡賴子没賂以禍其親，死有餘僇，乃遷禍他人哉？"官用是釋毛，而服先生長者。先生即業儒未究，然喜讀書。於《詩》喜白太

傅，於《莊子》喜成玄英疏，尤篤好老氏之言。隆慶戊辰，元
輔成進士，迎先生京邸，日焚香坐一室，諷《南華經》其中，
於世味泊如也。或邀之遊，辭曰：「九垓一榻耳，僕僕山林與僕
僕城市何異？」卒弗往。萬曆改元，封翰林檢討，時年甫七十，
遽謀丘首歸。歸而捷關却埽，足不及公府，自一賓郡鄉飲，謝不
再出。微喜酒，間獨酌，酌客稍釄，陶陶然適也。壬午，進封中
允。元輔方執經侍上講幄，圖歸爲先生修八十觴事，先生遣伯子
來諭止之。無何，《會典》成，進封太子賓客、吏部左侍郎兼侍
讀學士，而貤贈静庵翁如其封。值元輔謁告歸，奉策書於庭，先
生大喜曰：「吾不意今日得霑國恩，以逮吾親，而躬睹三世之榮，
於吾足矣。」已丑，召再起元輔於家，先生再趣之北，而元輔堅
請留侍，奉先生日湖之新宅居焉。自是，每月朔集里黨高年爲
會，斷葷茹素，奏梵諷佛經以爲常。居凡三閱歲，病滯下不起。
訃聞，詔賜祭葬有加禮。既終喪，上簡眷舊學，以甲午起元輔大
宗伯、東閣大學士，入閣參機務。丙申，加太子少保、文淵閣。
尋加太子太保，改户部尚書，進武英殿。已加少保，改吏部尚
書。蓋五遷而位上公，每遷輒得誥贈先生，上逮曾王父。先生而
在，喜可知已。

先生廣顙修髯，色澤玉潤，望之翛然若仙。性恬愉，子易自
童丱所與共朝夕者，未嘗聞其有厲聲。人臧否辨若黑白，而周容
泛愛，曠無町畦。事至可不可無特執，至策其後，當成敗不爽一
二。自奉甚約，而賙恤姻族不言貧。攝生甚完，而視死如歸，不
怛化於彌留之際，非夫見道之徹，和以天倪，神全而累釋者，烏
能如此乎？

洪夫人歸先生而食貧，早夜拮據，而精敏足智，能資有贍，
無取辦倉卒。翁嫁女亡裝，謀鬻田爲具，輟食而嘆。夫人諗知
狀，亟請於洪公曰：「兒聞新婦入門而鬻產，不祥。翁嫁小姑，

兒不忍其鬻産也。幸大人予兒田未受，請得受直，以佐翁之急，
若何？”洪公以女爲賢，數饋遺之，先生因得嫁妹，昏二弟，以
孝友聞里中。毛吏目之釋也，宗人率衆持白梃來責狀。夫人欲説
折之，則匿先生，而身自委蛇前謝曰：“翁憑怒何？難生有繇。
譬他人不勝，乃遷之同室耶？”宗人語塞，第索酒飲衆。復拒之
曰：“翁欲飲者，宜俟異日以好來，今固未遑也。”衆愧屈散去。
其治家，先生澹於營，而夫人佐之以纖嗇；訓課諸子，先生寬於
督，而夫人操之以矜嚴。蓋元輔既貴，先生數勉之清白，曰“其
努力報明主”。夫人則曰：“兒所以至此，由爾祖爾父厚德積然，
無自爾而薄。”元輔奉斯言也，以克兢兢忠孝之大節，皭然爲世
程，則兩尊人寔勗之。

按狀，兩尊人甚敬祠而崇釋老，原所以自修持者出世法，而
以世間法勗其子，豈推以治天下者道之緒餘乎？漢留侯之計畫、
平陽之規隨，其術大氐宗老氏。而默收羽翼之功，饗天下以寧一
之福，然猶受書圯上，延訪膠西，孰與近而得諸家庭之間者真
也？謨謀靚密，不動顔色，而定萬世策若轉圜，宮府穆清，寰宇
蒸黎咸以康乂，以方漢二相，皆本於道德之旨，而元輔之淵源深
遠矣。元輔嘗推先生所欲論著，注老莊，通其説，曰：“孔子之
道中，老子之道厚。中可以治天下國家，而厚乃合天。”先生深
當於心也，曰：“是余之志也。夫雖然，吾猶有屬於子。夫甚愛
大費，多藏厚亡，凡損不足奉有餘，皆天之所惡，而葬爲甚。吾
願吾死，竹簪楮襪，布衣掩形，襲以章服，其可也。尺帛寸錦，
金銀銅錫之屬，毫不可涵吾藏。違則比於不孝。”元輔以是葬兩
尊人，皆從其志無所恘，遂著爲《沈氏家法》。

先生生弘治癸亥三月五日，卒萬曆辛卯十月十六日，壽八十
有九。夫人生正德丁卯九月二十日，卒萬曆乙亥十一月十八日，
壽六十有九。子男五人，一初，儒官，配夏氏；一經，益府典儀

正，配朱氏，繼王氏；一貫，即元輔，配張氏，封夫人，累贈一品夫人；一言，配嚴氏，早卒；一本，德府典儀正，配陳氏。女二，長適儀封尉聞友直，次適庠生章烓。孫男泰始，鴻臚序班；泰鴻，尚寶司丞；泰濩，庠生；泰潤、泰泳、泰藩、泰濂、泰□〔一〕。孫女五人。曾孫男延年、延齡，俱庠生；延賞、延禧。曾孫女二。玄孫男光宅。先生之仲弟仁倄以子大參一中貴，族兄熺以子方伯九疇貴，並受封，與先生年德參茂，而子姓並多且賢，所以張沈氏而光大之，固隆隆未艾也。猗與盛哉！系之銘曰：

渭東世家，湖西仁里。族蕃以昌，曰惟沈氏。祈靈介丘，明神歆只。誕生鉅人，凤敦倫紀。志亢由夷，行模曾史。柳開格言，薛包懿軌。分寧讓多，福無獨美。心平若衡，味淡如水。慈儉謙冲，與道爲體。燕處超然，內德象指。譬璠合璵，猶蘅襲茞。素範清規，式穀令子。爲世儒宗，結知宸扆。簡自經幄，荐躋端揆。始贊垂裳，化諧調匕。在宥萬方，登閎上理。帝曰良哉，朕所毗倚。陶皋鑄夔，允資佑启。封册褒章，煌煌綸璽。伉儷偕榮，九原色喜。芝溪之湄，堂坊爵起。瑞靄蘢葰，虹紆霞委。我銘其阡，豐碑屹峙。過者式旟，高山仰止。

嘉議大夫吏部右侍郎兼翰林院侍讀學士
贈禮部尚書盛公神道碑

少宰潼關盛公以翰學侍上講幄，兼副正史總裁，值母喪解官歸。逾年，感積哀而病，以萬曆乙未七月十二日卒於里第。訃聞，上悼念講讀之勞，詔所司加祭一壇，給水衡錢營葬，贈官禮部尚書，蔭一子國子生，並異數也。葬有日，公冢嗣以達奉大冢宰孫公狀抵余山中，屬紀公隧道之石。余與公同官詞林，以職事相從久，雅相善也，即不斐，其何敢辭？

公諱訥，字敏叔，號鳳岡。其先鳳陽定遠人，六世祖聚杖策從高皇帝行軍有功，領元帥事，用敢戰，歿於陣。子瑄補燕山護衛旗校，從文皇帝討乃卜花，尋以靖難功升府軍衛指揮同知，永樂二年徙潼關衛，家焉。瑄生斌，斌生珍，以功升世指揮使。珍生矗，功升都指揮僉事。矗生德，是爲公父，以公貴，累進昭武上輕車都尉。初配彭，贈淑人，生子愈謙，南京前府署都督僉事；愈讓，武舉官。繼配劉氏，封太淑人，寔生公。公方姙，有異兆，都尉公喜曰："天其有意振吾宗，俾以儒顯乎？"已而公生，娟秀聰穎。八歲即能屬文，年十四補衛學弟子員。聞鄉先生馬文莊公講業華山之青柯坪，負笈往，從之游。文莊公見而器之，教使學先秦兩漢之文，遂以弱冠舉壬子省試，聲譽籍甚。顧屢上春官不第，仍即青柯坪下帷發憤，前後幾二十年。以辛未成進士，選庶吉士，人謂不愧文莊公弟子焉。癸酉，授翰林編修，值大慶覃恩，都尉公得進階昭毅。乞歸省墓，武弁以爲榮。

乙亥，還京，教中貴人書。明年充《會典》纂修官。丁丑，世廟實錄成，以參對勞蒙賜白金、文綺。戊寅，奉命冊封蜀藩。庚辰，分校禮闈士。辛巳，充起居館編纂官，管理文官誥敕。癸未，升侍讀，請假奉母還里。逾年復職。丙戌春，再分校禮闈。其秋，充武舉會試主考。當遷宮諭，以避父諱就司經局洗馬，管國子監司業事，校刊《十三經注疏》。是年，復迎母如京。丁亥，補經筵講官。《會典》成，升俸一級。已升右春坊右庶子兼侍讀，充纂修玉牒官。戊子，主順天鄉試。尋轉左署翰林院篆，以滿績授奉議大夫。而都尉公得進階昭武，兩母贈封皆淑人。庚寅冬，升國子監祭酒。尋轉詹事府少詹事，兼侍讀學士，補日講官。辛卯，升詹事署翰篆。壬辰春，副大學士陳公爲會試主考。秋，升禮部右侍郎，兼攝詹翰事。癸巳，改吏部右侍郎，兼官如故。甲午，充正史副總裁。無何，丁母艱，上賜之祭葬如例。將行，復賚以道里費，命乘傳去。行未數舍，配楊宜人又卒。歸，竟以哀殞。

傷哉！公天性仁孝，自爲童子時，一草木萌蘗不忍殘。年十七，洛南盜起，都尉公奉檄剿捕，力戰遇害。公誓不與賊俱生，叩請當道發兵殲賊，號泣累日，勺水不入口，當道憐之，爲發卒捕賊，賊衆就擒乃已。劉太淑人嚴，稍不色喜，輒率婦子伏地叩請過，所以婉解之百端。病則籲天，蘄以身代。歿而匍匐苫凷間，即病不更其處也。都尉公所遺產，僅取饘粥之田若干畝，餘悉推以讓二兄。與人處，色温氣和，曾無崖岸，而中確然有執，恥隨俗俯仰。其取予致嚴一介，而睦族敦舊，惟恐不周。若撫舅氏遺孤，全闔户侯世爵，施恩不報，並人所難。在翰林，湛静寡交，特究心當時之務。自國家典章以及星曆、堪輿諸書，靡不綜覽，有得輒録以成帙，所輯有《玉堂日紀》《聞見漫録》《經書發紀》各若干卷。歷任詹翰有考，應制代言有編，著作爛焉甚富。其在講筵，務積誠儲悃，感悟聖聰，而進止有儀，不失尺寸，上每改容聽焉。造士國學，首教人收攝此心，隨處體驗，謂方寸一定，百事可爲；次教以治事明經，歌詩習字，因材陶冶，人謂有涇野先生之遺風焉。歷典試事，矢心公明，至窮日夜之力，品題甲乙，所收士彬彬稱盛。戊子徹棘，同事者橫被誣詆，公獨不染於詞。比佐銓曹，與太宰餘姚陳公共圖杜請謁、塞邪枉之竇，即公子以達監滿撥歷，亦從衆探策於堂，人以是益服其公。封倭之議，聚訟盈庭，公抗言"倭不退而求款，恐非情實，宜控守要害，調度兵糧，爲自治計。虚内事外，舍己耘人，未見其便"，衆以爲石畫。嗟乎！世特患無深識遠慮之臣，爲國家決疑定難，銷禍於未形耳。以公粹白之衷，虚明之識，使得謨謀密勿大猷，可計日而升，而不及相以歿，人之云亡，此君子所以痛心於殄瘁也！

然公久侍講席，屢典文衡，其輔德也專，其斂才也偏，論公計效乃在不聞不見之中，要非一手一足之烈，即不相，過人相業遠矣。始公讀書青柯坪，近嶽神之寥陽洞，同學子偶因諧謔昏仆地。公為致禱，俄見光曜如月，砰轟至舍，同學子頓蘇，問之，云見白衣道人焉。乃公之卒也，其夕光曜復見如曩時。豈公之精神固通於華嶽之靈爽乎？《詩·崧高》所稱不虛矣！

公生癸巳七月十八日，距卒得壽六十有三。配張氏，累贈宜人。繼喬氏，封孺人，楊氏，封宜人，並有淑德，載公所為誌中。子四人：以達，選貢生，婦孫氏；以弘，鄉進士，婦馬氏；以威，婦黎氏，繼關氏；以貞，幼。女二，長適庠生許茂林，次適指揮同知陶夢楨。孫男一，孫女二。系之銘曰：

開國元戎，世侯關輔。六葉興賢，以文濟武。河馬呈圖，岐鳳翙羽。涵泳聖涯，翱翔藝圃。藜閣嚴宥，花磚卓午。業篹縹緗，猷宣粉黼。璧水春風，菁莪化雨。薪樗群材，可梁可柱。納誨青蒲，談經白虎。道契宸衷，澤流寰宇。舟楫鹽梅，腹心肱股。鼎望彌隆，輿情延仁。天未欲平，公喪其母。甫即苫廬，溘游化府。孰謂公亡，有秩斯祜。燕及後昆，蟬聯圭組。賜兆峨峨，封若坊斧。載德豐碑，永輝千古。

陝西平涼府同知贈通議大夫禮部右侍郎兼翰林院侍讀學士于公神道碑

某嘗攷漢經學名家，大抵多齊魯間諸儒，本其人生先聖之鄉，師承所由來遠，宜精其業，惜世主未能詳延以究其用，高者郎，次厪掌故補郡屬而已。惟韋平父子頗稱尊顯，論者又以不任少之，儒效何寥寥也！乃今觀於冊川先生，經術冶^[二]效爛焉，垂顯世之烈，殆齊魯名家，卓然可述者焉。某不及侍先生，而獲從宗伯公後，以年家子習先生，辱命紀其隧道之碑，因不敢辭。

先生姓于氏，諱毗，字子珍，號册川。其先自文登徙東阿，四世而有翠峰翁時，是爲先生父。先生生有異質，十歲能文章，受學邑中丞劉公。劉奇之，字以兄女。年十三，督學姜公試其藝，冠。已雜他郡士試之，又冠。大見稱賞，餼之學宮，一時目爲神童云。嘉靖戊子領鄉薦，五上春官，以太夫人老，謁選許州，迎侍于官二年。癸卯，奉其喪還。服除，補靜寧州。滿三年，遷平涼貳守。又三年，壬子，大府奏其治最，表守慶陽。時先生年纔強仕，業倦官。其冬，聞子慎言舉於鄉，遂決志歸。歸十年，見宗伯公偕計。以其年卒，是爲嘉靖壬戌十月十七日，得年五十有七。其後六年，爲隆慶戊辰，宗伯公成進士。又二十年，誥贈先生如宗伯公官，而配劉爲淑人。始，先生少俊，富文學，人以公輔期之，而竟詘於一第，官又不售，至是乃榮，其褒命謂有天道焉。

先生學靡所不綜，尤黯法。比遇事，劃剖無停機，而志念惻然，諸可扞蔽其民，若生養教導，慮無不瘝身圖之。初任許，劇郡，苦黯吏舞文，先生躬檢簿牒，杜塞穴竇，一切聽斷，手傳爰書示吏，吏咋舌斂服。部使以爲能，數移所不決獄於郡，而旁近民有冤事，復多就先生質成者。臨潁杜給事桐橫里中，殺十數人，臺察索之不出，急則以兵拒吏。先生從容說桐：“公不幸詿誤，亟出自明，事宜解，不則扞罔以實讐口，是激之索也。”桐悟，自束詣臺獄，果得結。治靜寧一如治許時。而平涼即靜寧大府，地接邠隴，多疆事。韓藩宗屬更驕恣不馴，傲睨守丞，干瀆無虛日。先生時奉檄出按塞，核邊堅瑕，將吏功過，若番夷茶馬登耗之額，常一日夜兼數舍，任其勞。比還攝郡，而宗人絡繹至，先生第延坐堂之東偏，曰：“適冗，願少留。”則命吏引繫者十數輩上，須臾決遣都盡，然後就客，叩所欲言。客皆悚服去，不復來。他日，以宗祿不給，群擁別駕陳，閉之邸中，困甚。先生往風諸宗："壯哉！王孫能繫天子吏，吏誰敢復求仕韓者？"語未畢，其長年惶恐爲子弟謝過，陳乃得釋。大猾高良籍清平萬安苑田獻韓王，而陰擅其利，苑民愬之。監司屬吏捕治，匿王所，不能得。移先生勘狀，乃單車入山谷，按視田，詳訶苑民："若安得妄言，此二苑地豈一夫所能據耶？"答而遣之，欲以致良。良果來見，因敕健卒縛而逮之以行。其徒挾刃遮道謀篡取，使吏叱之曰："良有罪不至死，若等所爲乃更浮於良，寧畏良，不畏死乎？"其徒皆棄良走。而韓王使使齎書幣求解，先生反其幣，謝不得專，于是苑田復歸於民。

許城惡，先生計修之，增其墉若干尺，而引瀙水注湟中，繚以長堤，沿堤植柳，可二萬餘株，迄工，民不知費。無何，大盜師尚詔嘯薄城下，環視險阻，不敢偪，徑去。及之靜寧，城無池，復穿渠導溪水注之，城益固，民恃無恐。先生之初至靜寧也，歲祲，道殣相望。爲請賑於臺省，不許。計再請後時，輒以便宜發廩貸饑民，而自劾請罪，且條備荒十事上之。臺省益賢先生，以爲盡心於民也。時饑民夫婦有棄兒負母行乞者，先生憐之，旌以金帛，命鼓樂導行衢市，而出獄所繫不孝子負械以從，觀者咸咨嗟感動。許有受禪臺故址，即其地祠魏文帝丕。先生曰："丕，漢賊也。生固當討之，而歿祀之乎？"則爲文數其罪，沈其像於河，更祠漢壽亭侯，以侯嘗別操於此，祠之宜。宋名將劉琦、吳玠兄弟皆靜寧人，未有祀，先生葺城東息肩亭祠之，曰"以此表忠烈，勸一方之爲將帥者"。又嘗新許昌之西湖書院，增置齋舍，以課生儒。闢靜寧之官園，創演武場，以校武士，彬彬多所成就焉。

蓋先生之爲人，矜慎好禮，內行慎修。諸兄落魄，奉贍之，急於身；兄所遺稚子女無依，撫育婚嫁之，急於子。平生不問家人產，而作吏廉。罷歸，布衣蔬食，泊然有以自娛。與人處，即至少賤，不衣冠不見。里有鬻墓田於先生者，已而謀徙其墓求鬻，先生止之曰：“爲人子不能守父母之一坏土乎？”予之直，存其墓，而誡畔者謹護之。長厚如此。劉淑人慈惠儉勤，持家訓子，具有檢式，兼通書史，嫺辭翰，與先生媲德，自有傳。子男五，慎動，儒士；慎思，庠生；慎言，舉人；慎行，今爲禮部尚書。俱淑人出。慎由，貳室黎氏出。女二，長適都督僉事侯之胄，次適李文蘭。所著有《册川集》六卷。姻屬姓氏詳志中，兹不具載。

世恒言儒者不習爲吏，乃先生治郡，伏宿猾豪宗若振落，法家固所不如。及全赤子於兵荒中，漸摩勸誘之，能使其民樂生向化，居則見愛，去則見思，行過其鄉，望廬下拜，即擢上第、官穹階者，能有此事效否耶？宗伯公方紹明緒業，襄潤太平，焯爍翼猷，當與表海迎郊同垂聲乎天壤，何論漢諸儒名家哉！系之銘曰：

有偉儒宗，凤則俊望。器則天成，神疑嶽降。淵奇資穎，揚馬才雄。五行並下，四韵兼工。弱冠觀光，公車待對。詎厭承明，重闈護背。爲親而仕，祿不薪豐。一麾作守，三釜聊供。虎竹再分，熊轓半刺。令布颷馳，惠霈雨施。刀筆宿猾，衣冠巨遰。鼠塞穴寶，薙拔根株。强宗睢盱，鞍韉守倅。談噱雍容，批紛挫鋭。厥或兼并，豪據上腴。王宫保藏，虎而負嵎。尺組成擒，一卒之力。破柱讓威，歸田比績。實塒實墍，我倉我庾。壯於金湯，活此溝渠。寇莫敢攖，饑而不害。民幸更生，功垂永賴。彼丕漢賊，血食非宜。淫祠立撤，逆魄長褫。更祠忠賢，曰褒節義。爰妥英靈，用作士氣。激揚彰闡，風教是崇。青衿講藝，袨服除戎。化洽俗淳，家尸人祝。遺愛春融，棠陰黍谷。最書數奏，朱祓方來。有懷三迕，曰余歸哉。四壁屢空，一經貽哲。軼韋跨平，陶甕鑄尚。令猷敷賁，褒册疏榮。恩逾三錫，寵冠群卿。慶祚明昌，表章未艾。紀德豐碑，千秋如在。

資善大夫南京兵部尚書贈太子少保郝公神道碑

余嘗嘉慕古社稷臣，求其人當世，而不多見，見今大司馬郝公焉。公沉毅有識略，歷官中外四十年，孳孳國家之急，殫精畢力，以奉一人，曾不以誹譽險夷爲勸阻用，肩荷鉅重，匡濟艱危，光輔三朝，忠勤一節，所謂社稷臣非耶？而傷哉已矣！訃聞，天子愍之，賜諭祭二壇，遣官治葬，贈太子少保，蔭一子國子生。逾年，公嗣洛圖等持胡進士世蔭所爲狀，屬余銘其隧道之石。余爲之欷歔隕涕，軫云亡之悲而不能自已也，何忍辭？

公諱杰，字彥輔，號少泉，其先山西交城人，元御史中丞天挺之裔也。入我明，諱鳳舉者仕長蘆運判，生旺，旺生文達，始占籍蔚州。以季子溫泉公銘貴，贈如其官。溫泉公舉鄉試，尹衡水、任丘二邑，擢福建道監察御史，按滇南，所至有聲。配李太恭人，生二子，長本，次即公。少穎敏，能文章，爲朔野尹公所賞識。嘉靖壬子，督學新城王瀼川先生試其秋俊，拔首諸生，遂以其秋魁省闈。丙辰，成進士，授行人。辛酉，選補御史，遣視三關，一踵溫泉公之迹，人以爲奇。癸亥，按貴州，丁溫泉公憂歸。丙寅，服除，補河南道，按順天，入掌京畿道。監戊辰試事，會新鄭高公拱再相，以公嘗露章斥其器量不堪端揆，將借考功法中之。公知不容，請遷葬去。壬申，新鄭罷，起公原官，復爲柄臣所忌，出爲陝西憲副。滿考，得受誥命，贈封父母。丙子，遷江西參政，改山東，丁母憂歸。庚辰，服除，升浙江按察使，兩定兵民之變，轉陝西右布政。將行，兵民遮道泣留，車枙不得發。居一歲，轉山東左。忌者引浙變，論鐫一級。乙酉，起遼東苑寺卿，兵備海蓋。督撫上言，兵備重官也，以同卿兼之，兵備輕，以材臣處其地，材臣復輕，是兩負也。議改公山東參政，兼苑寺卿。苑卿之重始此。尋以勞績賜金，晉按察使。己丑，拜都察院右僉都御史，巡撫遼東。其年，虜十餘萬騎入寧前，公督輕騎擊走之。明年春，虜悉衆犯遼陽，公督諸將追出塞，斬首虜三百八十餘級，鹵獲器畜以千計。捷聞，詔賜白金、文綺，蔭一子國子生。其冬，虜二十萬騎入河東，分遣諸將禦之，斬首虜百，奪所掠人畜以還。辛卯春，虜約東西部，謀大入，公遣副將李平胡，及其未發，合諸將兵出鎮虜臺掩擊之，斬首虜二百七十有奇，輜重稱是。在遼三年，繕塞修城，扞防之備甚設。前後條議邊事以十數，皆安攘大計，力能措諸事效，非襲窾言。閱臣覈公課最，詔晉副都御史，賜白金、文綺。壬辰，晉兵部右侍郎兼僉都御史，總督薊遼。無何，晉右都御史，入理戎政。以抗議倭事不合，徙南京户部尚書，移疾歸。既歸，捷關謝客，葺圃結廬，雜植花竹，讀書、鼓琴其中，泊如也。戊戌，用薦起南京工部尚書，尋改兵部，參贊機務，募兵補伍，軍容改觀。而是時，留都大僚虛席過半，公復兼攝他曹篆，稟畫旁午，竟以積勞感暑濕，病欬，兩乞骸不許。萬曆庚子八月十七日薨於位，距生得壽七十有一。

　　《易》稱“匪躬”，《詩》言“盡瘁”，公也以之。公夙負志概，始進，盟心精白，期不爲勢賄移。兩使親藩，餽遺一無所受。按部關輔，擿發奸貪，墨吏聞風股慄。歲大祲，痛裁供億，爲諸部使先。且檄郡邑，各以方略佐賑，饑民用蘇。虜闌入昌黎，糺將吏之不設備者，實於法，邊人快之。中璫采兔寶抵〔三〕，踐稼擾民，疏陳其害，罷去。楊忠愍公繼盛以擊相嵩不勝，死，爲請建祠祀之，得賜額曰“旌忠”。時公方劾新鄭，爲所銜，因表忠愍以見志云。官臺察十年，操三尺凜凜，每朝下，或行部，還輒止宿公署中，竿牘無敢及門者。又優幹局，刷卷，時宿牘業委，憲長屬公鈎校，旬月而畢。出爲監司，衆爲公屈，毅然受事。即所治盤錯，斧斷理解，游刃有餘。浙營兵以減餉譟，群擁撫臺吳公於軍中，刃脅之。公聞變，疾馳而前，諭以利害，悍卒斂戢，吳公獲全。無何，杭民以火甲偏累，控狀直指，不得，伸搆惡少，夜縱火，燔掠公署及貴豪家，闌闠洶洶。公於兵燹中走衛直指，而陰勒營卒捕爲亂者，收繫獄。明日，僇其魁，衆乃復戢。其填遼，務遠斥堠，虜近塞，輒先諜知其情，部署諸將，宿勁兵以待虜入，互爲犄角，動應指揮，靡不以全收勝者。苟違節制，雖驍敢戰如李平胡，矜勝償師與怯懦逗遛者同，簿問功罪，不以相掩。以是諸將憚公，爭出死力自效。蒐簡卒乘務精，而犒賞務豐，儲峙務裕。司農議損度支金，力持不可。前撫臣顧公嘗慮軍餉不時給，用馬市貨本爲母，以時斂散而操其贏，謂之子銀，久寖羨溢，積且十餘萬，議者遂欲借抵苑寺馬價。公言設法恤軍，而奪以予苑寺，軍且立槁，格不從，遼至今賴其利焉。倭釁起，首急朝鮮之難，徵調兵餉，數道並發。比還朝，獨謂封貢非宜，議與本兵石公左。其後事償，而朝紳服公之先見也。再起留曹，計安根本，奏裁殿帷浮費以萬計。而都城房號錢，中貴欲取以內供，公謂此錢自有經費，取之恐城中民闐然動搖，力爭得免。漕船舊皆雇役而運，官欲抽丁領之，計當破貲產者萬餘家，亦以公講析而罷，都人翕翕感頌焉。

嗟乎！以公之才，使天假之年，世平則襄泰猷，時危則戡亂略，緩急足賴，稱爲社稷臣不虛耳。乃施用未究而殞，苟偓意在卒事，史魚不忘諫君，忠臣憂國之心即九原能遽瞑乎哉？

狀又言，公事親孝，居家理，終其身室無姬媵。兄偶東公早世，敬嫂如母，訓侄洲舉於鄉。女兄弟嫠若孀居者，時共給其困乏。如外府、里居介靖，無一刺干有司，而小弱沉冤，或曲爲申救。宦轍所至，推轂賢士大夫頗多，而深厚不伐，未嘗沾沾然自爲德而急人知也。他懿美質行多類此，不具述，述其大者。配吴，封恭人，先公四年卒，自有誌。子男四，伯濂，叔泮，俱庠生，先卒。仲洛圖，季洛書，並以公蔭入太學，婦皆名族女。女三，長適參將章接，次適副將祁光祖，次許聘余子湛初。孫男、孫女二。將以辛丑九月十二日葬城東辛家莊賜兆，啓吴恭人竁合焉，禮也。銘曰：

法星煌煌，自遠有耀。度井歷參，降精於趙。世發其祥，生賢清邵。東京諸楊，上黨二鮑。隼射高墉，豹驅當道。力振臺綱，風稜惟肖。攬轡句宣，靡國不到。威凛冬淒，惠敷春燠。脱巾寢凶，揭竿戢虣。受鉞填遼，提師萬竈。士厲精强，廩裁浮耗。烽羽晨傳，欃槍夕掃。海波沸騰，焦勞徵調。趣師合援，抗議主剿。識炳著龜，乃或柄鑿。左券既符，蒲輪遄召。八座三躋，秉樞彌要。鼎鎮周南，棟隆高廟。根本維安，都人抃蹈。巖石具瞻，春秋未耄。哲人其萎，昊天不弔。帝曰鞠哉，禮宜加勞。爰敕所司，秩邃營兆。郡城之東，厥壤惟奥。大隧豐碑，鴻名顯號。勗哉後昆，弓裘永紹。

贈通政司通政使田公神道碑銘

不佞某少侍先君，竊闚先君所與游並當時知名士，而尤好應之田先生，每稱先生之經行克世其家也。先生歿，子通政君應芳藻譽籍甚。不佞某辱與爲童丱之交，先君喜謂：“不佞兒從田生游乎？是吾友參畊之子也。吾友豐於殖而嗇於穫，穫之在其後人矣。”不佞以是交通政君滋益歡，相與共研席，後先成進士，比肩立朝，退而修孔云之好，子姓與有榮施焉。萬曆己亥，通政君謀啓先生之藏，營葬高敞地，而卜洲東之聖水原吉，則屬不佞紀其隧首之碑。不佞既習知先生，亡庸辭。

先生諱維魯，字參畊，號敬齋。其先應天人，國初有諱某者，充龍江衛士。至宣德間，諱伯用者徙實雲中塞，遂占籍應州家焉。四傳至贈上林公盛，於先生爲大父，敦善誼。諸生時，河東糧長十許人止其酒肆，酣飲盡醉，壹人枕三百金橐臥於床，寐熟，墮其橐床下糠囷中，弗覺也。詰朝，公發糠而得金，收以待客。客當輸官而亡其橐，晷號欲死者數矣。他日，還過肆，泣訴公亡金事，公舉橐而畀之，客驚喜若更生，請割其半酬，公弗納，則建醮祝公於神而行。亡何，公三子，天澤、天濟同舉弘治壬子鄉試，天澤仕至耀州守，天濟官真定府倅，而天禄亦饒於貲，人謂有天道焉。耀州公初尹定興，繕城墉，飾戈甲，以扞流賊，城賴以完。其爲耀州，值武廟西巡，力抗中官，抑絶橫索，民不知擾。語載《孫太宰傳》。配王氏，生四子，先生其季也。貌清癯，若不勝衣，而刻厲有志。少從耀州公上林，受詩尹先生所，下帷攻苦，寒暑不少休，作字屬文，咸有矩矱不苟。弱冠以高等弟子廩州庠，州弟子多從之講業者。教人務敦本實，戒浮華，而躬先朴素，居平布袍疏屬，深藏簡出，泊然一無所營，終其身不知有麴糵之酣、紈綺之飾、衡概之算也。顧篤於倫誼，居家見稱孝友，與人交謙恭謹厚，未嘗背而有所臧否。同舍生貧不能娶，脱室人釵釧助之。族黨歲侵乏食，節比箸相振救，施不蘄報，藹然上林公之德心焉。凡十試省闈不偶。嘉靖辛亥，用久次貢願受博士職，未除而歸，逾年卒。是爲嘉靖壬子三月廿五日，距生正德戊午四月七日，壽五十有五。配余淑人，京學教授瓚女，夙通書史，婦道母儀，壹軌於禮度，壼以内凛凛如也。通政君甫能言，即從提抱中口章句而授之，格不得窺户外，以及於嬉。其嚴如此。少先生六歲，先先生七年卒。子男三，長蘭，娶張氏；次芹，庠生，娶祝氏；次即通政君蕙，娶秦氏，繼陳氏，贈封皆淑人。孫男五，中傑，禮部儒士，婦陳氏；中堅，婦王氏：芹出。中穎，貢生，婦辛氏；中碩，太學生，婦高氏，繼張氏；中顯，廩生，初聘余女，殤，繼薛氏，天城憲副綸女：俱通政君出。孫女一。曾孫男七：敦朴、敦典、敦讓，堅出。敦儉，恩生，聘余侄廩生匯初女；敦倫，聘監生陳玉女，穎出。敦仁、敦化，顯出。曾孫女四。

嗟乎！以先生之經行，可坐致顯融於身；式穀似之，刻坐待顯融於子。乃抑首袊弁以歿，竟不獲沾一命之榮、一日之養也，傷哉！然歿之十年，而通政君舉於鄉；又十年，登進士，由蒲城令徵入爲尚書郎，擢拜通參，遂正使席，用清忠勁直爲時名卿。凡四奉貤恩，皆得贈先生如其官，最後自耀州公暨先生贈皆通議大夫、通政使，而大母、母皆淑人。煌煌天寵，焜耀泉臺，其於顯融何如，安在其不能待也！當先生屬纊時，執通政君手泣曰："孺子勉之，以成吾志。光先人之令緒，其在子矣！"蓋逆知殖而必穫有今日。第所由穫，乃在率祖而有其仁，心操善慶之契，非獨以學而已。繇斯以觀，田氏之明德獲佑於天，詎可世計哉！銘曰：

舊京啓系，上林亢宗。二難儷美，慶由善鍾。猗惟先生，雕文璞質。咀茹清華，步趨繩尺。學兼行茂，道先教修。作人範俗，陽城太丘。環堵蕭然，傾囊振乏。澹泊志明，呴濡惠洽。慈仁一脉，木本水源。培之導之，展也公孫。或厄其逢，匪天我杌。山川出雲，必先勃鬱。是興哲胤，荐陟上卿。司天喉舌，作帝股肱。猷績懋宣，恩綸申錫。五鼎居歆，九京動色。乃遵懿典，卜兆崇岡。以封以樹，雙璧偕藏。鳩粹儲祥，雲仍鵲起。後祿方綏，顯揚未已。我識其大，勒銘於桓。德音昭揭，過者聳觀。

校勘記

〔一〕"□"，底本此處爲空格。

〔二〕"冶"，疑當爲"治"。

〔三〕"抵"，疑當作"牴"。

誌　一

光禄大夫柱國少傅兼太子太師吏部尚書建極殿大學士贈太保謚文穆許公墓誌銘

少傅新安許公以經術侍上青宮，上即位，益親近儒碩，遂以充經筵日講官，先後周旋旒扆者十年，而相相十年。而以儲議弗決，爭之不能得，移疾歸居五年，以萬曆丙申十月十八日卒於里第。訃聞，上震悼，輟一日視朝，詔贈太保，謚文穆，加祭十一壇，所司營葬，官一子中書舍人，恩禮稱始終焉。公弟鴻臚君汶遵公治命，走使奉宮詹李學士狀屬余銘其幽。余往以職事從公後，睹記公猷迹頗詳，覽狀宛然如其平生也，則安忍以不斐辭？

公諱國，字維楨，潁陽其號。系出唐睢陽公遠。五代時，有儒公者避地居歙東門，因爲東門許氏。曾祖鑑，祖汝賢，父心蘐公鈇，並以公貴，贈光禄大夫、柱國、少傅兼太子太傅、禮部尚書、建極殿大學士，配皆一品夫人。心蘐公少從季父賈，以儒雅聞，其割產予弟、棄貲振貧事尤著，語在太倉荆石公誌中。母汪夫人以嘉靖丁亥六月六日生公。兒時病，七日不瘳而蘇，又戲墮洿池得出。心蘐公私奇兒再免于厄，貴徵也，則挈之游毗陵。公時十歲，警敏，業傾其同舍生。年十八，歸試新安，督學馮公奇其文，拔首多士，而以其名汪嫌於姓也，爲更今諱。心蘐公既輟賈，值歲饑疫，兼坐割產，故益貧，且病久之，喪明，賴公授徒，資行修爲養。又特廉，郡倅某延公訓其子，或懷金謁公言事，公顏煩盡赤，不交一語而走，名以是益重。辛酉，舉南畿鄉試第一人。報至，心藗公卒。逾年，汪夫人亦卒。公痛兩尊人劬而不及食其報，哀毀甚。服除，卒業宛陵山寺，有兩青鳥飛鳴其前，移時乃去。僧言："此碧雞也，相傳唐李翰林自蜀攜來者，我明惟舒梓溪狀元一見。"因出所藏圖繪示公，公爲賦《碧雞篇》，意頗自負。乙丑，舉會試第七人，選翰林庶吉士。日鍵關冥搜迻覽，究心經濟之學，抒爲詞章，閎深典麗，館閣稱詩文兼擅，所長者罕儷焉。隆慶改元，授翰林檢討，奉詔賜一品服，使朝鮮。適國王新薨，河城君昑攝郊迎禮。公以昑未嗣位，不許，國人哀懇乃許之。成禮而還，饋遺一無所受，獨使輶所過覽勝觀風，間有紀述，若《皇華集》《吊箕子》《謁壇君》諸作，迄今爲其國人所傳誦焉。

辛未春，公校禮闈，夏，使益藩。壬申，今上出閣講學，以公兼司經局校書。萬曆改元，自編修升右春坊右贊善。時上日御經帷，無間寒燠，而公齋心夙夜，勤恪視儕輩有加。比進講，儀容周慎，音節鏗鏘，托事獻規，曲盡忠款。上每悚意聽之，手書"責難陳善"大字賜焉。甲戌秋，典試武闈。丙子秋，典順天鄉試，所收文武士並稱得人。頃之，升司經局洗馬兼修撰，預修兩朝實錄。書成，蒙叙賚。戊寅，遷南國子祭酒。庚辰，轉太常寺卿，領國子祭酒事。教士務在長育成就之，士樂其寬，不督而勸。已擢詹事兼侍讀學士，仍直講幃。其秋，改協理詹事府事，充《會典》副總裁。辛巳，升禮部右侍郎，尋轉左，兼官、直講如故。癸未春，典會試，夏，簡拜禮部尚書兼東閣大學士，入贊機務。尋從上考卜壽宮，晉太子太保，直文淵閣，予之誥命。甲申，滇南獻俘，以決策功晉少保，直武英殿。丙戌，一品滿，加少傅兼太子太傅，予誥蔭。公念父母厝淺土未葬，疏辭誥蔭而請恤，願歸襄窀穸之事。詔予祭葬，命公之仲子代行，所辭誥蔭不許。固辭，乃許之。逾年，《會典》成，晉吏部尚書，仍予誥命，公受誥而辭官不拜。己丑春，再典會試。時文體寖壞，公所錄制義，粹然一出於正，諸引用釋老言，離經叛道者，即才藻士，咸擯弗收，士稍稍懲其陋習焉。尋以一品再考進今官，仍予誥蔭。計居政府九年，代祀先師孔子者二，分獻南北郊者三，誥贈三代、任子者四，其他以扈駕、閱工、應制賜蟒玉、銀幣諸恩數率優異，不可勝紀。公亦感激上眷知，孳孳以獻替爲己任。

初，有摘科場事語侵大臣者，公請辨邪正以定國是，謂：「昔之專恣在權貴，今乃在下僚；昔之殽亂是非在小人，今乃在君子。」又言：「大臣猶梗楠也，宜取其閱歷，略其寸朽；言官猶江河也，宜導之疏通，戢其風波。」時以爲名言。然自是忌者彌衆，數交章詆公。公每疏辯，輒自劾免。上特嘉公忠讜，數譴言者以留公。公言：「留臣而譴言者，是速臣之去也。」則復力救言者，往往得解。臨洮之變，元輔欲俟虜王回巢，專力以制火酋。公憤款虜助逆，則欲並剿，以圖大創。又嘗言：「戈矛不在敵國而在轂下，安攘不在兵食而在紀綱。」其持論忼慨，引大義，多此類。

升儲之議，自庚寅元日上召見閣臣於毓德宮，擁皇長子膝前，命閣臣諦視，諭所以保愛之旨。而是冬，公以三事進規，其一册立，深以不得所請爲慚，疏留不下。余乘間請於上，有詔辰年春舉行册立，戒群臣勿讟。方静以待命，而主事某之疏上矣。時獨公與不佞守直，度必僨事，因相與具公揭以進，冀有所調護於間。上果不悅，遣中使詰余兩人：「先生奈何與郎署小臣比？」公以是不自安，旬日而上書乞休者五。上重違公志，予告給傳以歸。歸，携二三耆舊徜徉山水間，所至易村醪市脯，與田夫漁父接席相飲餐，置往事不啻遺迹。然燕居深念，未嘗不以國事爲憂。及聞太倉公請豫教而俞，始一色喜，寄聲余相慶，猶諰諰慮後事曰"吾卜其始矣，未卜其終也"，則忠臣無已之心哉！未幾，仁聖皇太后升遐，哭臨於斗山書院，山高風烈，一再宿，中寒以歸，遂不起。

公貌温氣和，襟宇冲曠，與人處，若溪若谷，靡所不涵茹，而其中介然有以自守。方在館局，甚爲江陵公所器重。江陵公病，朝紳醵禱，公獨不往。尋以奪情留任，衆或露章攻之，公特削牘藏袖中，詣其第，密勸以行服，即見忤，終不以其故告人也。南中司成缺，江陵問公願否，公曰："賢關地重，司成道尊，愧不任耳，敢云不願？"既之留雍，序當遷者數矣，而不及公。或怪問故，公初曰："資宜爾也。"至再，則曰："俸宜爾也。"深厚不伐如此。尤敦儉素，即既貴，鮭菜脱粟、澣衣濯冠，無所不可。而所識窮乏及所哀憐之交，緩急相抵，至傾囊振之，無吝容。居京時，每旦出，必携錢以施丐者。丐者群集陌上，人得受一錢去。余嘗謂公此心即納溝之思不惻於此云。元配汪氏，初封恭人，以萬曆辛巳卒，累贈一品夫人。子男四，立德，庠生，娶鮑氏；立功，中書舍人，娶汪氏：並汪夫人出，先公卒。立言，聘邵氏；立禮，聘洪氏：側室出。女三：一適吳萬成，一適黃采，俱國子生；一許聘洪考功文衡之子。孫男四，志古、志吉、志文、志高。孫女三。汶等以丁酉月日葬公豸山之陽，與汪夫人合，禮也。

余因憶公爰立時，適當國事鼎革之會，上疑於任而兢於撓，政地滋爲懼府。公與元輔長洲公爲同年友，而太倉公與不佞後公一歲入，復同氣味，無異時枘鑿之嫌。公以是得一意發抒，瀝肝膽自效，謀於庭無遺謀，言於上無隱衷。使得究其猷，爲宫徵交宣，鹹酸互變，轉移扶撥之力，宗社當終賴之。而今已矣！追惟往誼，潸焉涕零，詎直聚散存亡之感哉！銘曰：

歙之東門，許爲右族。台星注精，是生文穆。碧雞兆瑞，金

馬升華。書紬緗帙，藻潤黃麻。造士賢關，掄才秋藪。既廣陶
甄，兼弘薪樏。青宮翠幄，執荬周旋。琢磨纘懋，疏瀹勞殫。先
學後臣，延登鼎軸。選愛萬人，匪由夢卜。參調大匕，密覿前
旒。皋襄益戒，杜斷房謀。厥或睢盱，毛舉摯擊。國是一明，捷
翩頓戢。狡焉豢虜，烏合馮陵。廟謨一定，猖獗斯懲。侃侃不
撓，其直如矢。推溝輊傷，撻市抱恥。深惟主器，畚屬元良。約
𢈪納牗，慮切垂堂。天聽匪高，多言易亂。方幸轉圜，俄驚反
汗。幾不如舍，行矣歸休。銷聲息景，杖履優游。懸車五年，溘
焉易簀。朝野摧心，風雲失色。多山之下，有鬱佳城。褒綸愍
册，榮與哀并。我誌其藏，勒之貞石。形窆名留，昭示罔極。

光祿大夫太子太保戶部尚書贈少保
兼太子太傅楊公墓誌銘

　　國家經費，大司農寔領之。異時承平，寓內少事，出入壹準
於額，得以不誳爲虞。隆、萬以來，邊餉內供，幾十倍故額。頃
年兵事數起，益以大禮、大工、助賑諸費，復皆額所不載者，司
農之難誠莫難於今日已。少保楊公適承其敝，用黽勉調度，伸誳
爲贏，天子特倚重焉。嘗曰：“戶部不可一日無楊尚書。”而時
時六卿虛席者半，則又數詔公兼攝其事。衆不能無忌，公亦坐是
積勞，致悴病矣。一日視事畢，忽眩仆地，上遣中使臨問，賜以
牢醴、蔬餐。於其乞休也，復溫旨慰留之，乃竟不起。訃聞，上
輟朝一日，賜祭九壇。首命大宗伯將事邸第，仍遣符卿某營兆
域，行人某護其喪歸，贈少保。已敘東征轉餉功加贈兼太子太
傅，並給之誥命，稱異數云。逾年，公弟起曹君介韓太史狀來山
中，屬余誌其墓中之石。余忝公里末，且嘗從公於朝，習知公猷
績，不敢辭。

　　公諱州民，登第更名俊民，字伯章，號本庵，系出弘農華

陰。徙居蒲，自國初諱善甫者始。高祖諶，配張。曾祖選，配趙、李。祖四川僉憲瞻，配田。並以襄毅公貴，累贈光祿大夫、柱國、少師兼太子太師、吏部尚書，而配皆一品夫人。父襄毅公博加贈特進左柱國、太師，母段加贈一品太夫人，則以公故。公生而英特不群，童時從大父宦蜀，偶閱鄉書志，奮攻舉子業。不二年，文藻勃發，遂以儒士試省闈，有聲。嘉靖壬子，與計偕。壬戌，舉禮部第四人，登進士，授戶部主事。值虜薄都城，公受廩廩士之守陴者，拊勉之，士皆距踴，人以是覘其能。尋調禮部，歷主客郎。有詔賜戚里黃門，趣公宣給，公曰：「此內賜也，宜於迎和門頒之，非禮官所得與。」上聞之，是其言。隆慶戊辰，督學河南，敦厲風教，嘗刻《二程全書》，置贍學田，祀鄉先哲、忠義、節烈者，士斌斌興起。轉本省參政，用法寬平。偷三刺論死，憐其壯，有母，出之。他所予生比尤眾。顧操豪右獨嚴，大帥有暴里中者，憚公屏迹。時新鄭當國，而鄢陵劉生者，新鄭甥也，傲不受課，倍抶之，除其名。又其兄中丞公擢有司，請祀於鄉，公惡其手刃一子，弗許。用是失新鄭歡，久弗調。今上踐阼元年，徵入爲太僕少卿。其冬，襄毅公以疾謝政，公請得扶侍歸里。居一歲，丁襄毅公憂。服除，起補原官，轉太常少卿。戊寅，轉大理。尋擢都察院僉都御史，撫治鄖陽。辛巳，晉副都御史，移鎮山東。壬午，皇子生，蔭一子國子生。其年升兵部右侍郎，丁母憂去。乙酉，起戶部右侍郎兼僉都御史，督理漕河，巡撫鳳陽。凡三歷重鎮，所至斥貪殘，損徭賦，實戶口，詰兵戎，諸所興除務計地方之便，所不便者即詔條日下，一切停閣，忤權地弗顧也。撫鄖二年，積羨八萬五千餘金。適議罷鄖撫，預條善後七事。防之東土，閒田請輕其租，聽民自占墾，期以數年，易草萊爲沃壤。其督漕也，瓜州並江棄地開港一曲，紆回數里，以便停泊，遺策至今遵用焉。丙戌，還部。丁亥，改兵部左，署部事。會議虜王嗣封，公言："款未可遽罷，惟內修守備，而外勒西虜使盡還巢，申定市額使無溢索。溢索而罷，未晚也。"議遂決。戊子，壽宮成，以督役勞升正二品俸，賜一品麒麟服。己丑，協理京營。念營兵驕惰，請選三大營備兵充總協標下，令足三千人，以資彈壓。報可。是冬，升戶部尚書，總督倉場。庚寅秋，還部視事。公之入部也，首言萬曆六年所增內供銀二十萬宜停取，邊餉自四十萬今增至二百八十餘萬宜損裁，且請大集廷臣，雜議理財之法。議未定，而寧夏卒戕主帥叛，有言其勾虜徑薄潼關者。公策叛卒嬰城自守，必不敢離窟穴，本兵怔擾，弗聽也，驟請發大兵討之。輸將未半，而朝鮮中倭患告急，復請發大師東矣。當是時，東西用兵各數百萬人，芻糧迫於星火，前後徵調七年，餉各數百十萬。其不足者議增鹽策，議拜爵免罪，議勸輸，議借漕糧，議轉山東粟，所以補苴之百方，僅僅得無乏絕。乃皇長子出講、長公主婚、仁聖皇太后喪，兩宮災，助工作皆有費，費皆不貲，而河工、織造、協濟諸費不與焉，無一不仰給於公者。

甲午，中州大祲，人相食。公條議蠲賑事宜甚具，所發帑庚銀、粟各數十餘萬，而言者猶詆公稽延。公言："積穀備荒，本有司事，乃虛文無實，動倚太倉。太倉之蓄幾何？"因自劾拯救無奇，乞罷，上優詔褒慰。時帑庚經耗，九邊年例益詘，而求增無已。公請敕各督撫，嚴核冒破侵剋之弊，共圖裁省。而內庭非時之索，若增取滇金及趣辦鋪宮珠寶等費，每隨事匡救，力勸上以撙節，要歸於去其害財者以為生財之術。而臺省諸臣乃數言礦利，公曰："礦非無少利，但不勝其害耳。"則屢疏發難排之，以故其事寢。無何，奸弁獻諛，以濟大工為名，合上意，而從中復有陰持之者，於是礦使四出，而采珠、榷稅、稽積鹽、括羨贖者蠭起用事，利柄盡歸閹宦，而公之術始窮，即百言之弗入矣。

公自領大司農事，十年凡三考，而晋太子太保。其侍經筵班，讀廷試卷，朝審主筆，郊廟陪祀，及褒勞册璽，寶鏹金幣之賜，不可一二數。冢宰缺則命署銓，御史大夫缺則命攝憲，廷臣中眷倚無兩。公亦感激知遇，居平深念世受國恩，當殫竭忠勤以圖報稱，每有敷奏，披瀝悃誠，冀幸感動，不徒戇諫以招主過而自爲名，乃婉曲轉移，有戇諫所不能得。晨起入署，諸曹郎以次稟畫，裁決略盡。退而題覆章疏，占答牋記，筆不停揮，盡酉而後出，至不知有寒暑。既寢疾，猶時驚起，喀喀囈語，家人不甚解，然要皆公朝事。嗟乎！可謂鞠躬盡瘁，死而後已者矣。乃忌者妄詆欺，加非於公，至歿而追咎，會估事伐其喪。此狀所爲痛恨於捷幡之口而力白其誣者也。賴主上仁聖，恩禮始終無少殺，則何損於公之光大焉？

公體貌魁岸，瞻視有威，而襟度坦夷，絶無矯飾。余嘗竊窺公，位崇而恪慎如庶官，祿厚而清約如寒士，身兼數器而沉深樸茂，望之如木强人也，嘆以爲所養不可及。迹其建豎，乃一奉襄毅公之遺矩而步趨之，世濟其美，不隕厥問，盛矣哉！生嘉靖辛卯十月三十日，卒萬曆己亥閏四月十五日，得年六十有九。配史氏，累封一品夫人，有淑德，與公相敬如賓，歿而立孤治喪，咸中禮度。讒搆起，外議洶洶，不爲少動。但曰：“家無長物，一檢視易明。第求忠臣孝子之心可白於天下後世耳。”明決如此。子元祉，蔭錦衣衛正千户，先公卒，婦裴氏，寔殉焉。元啓，蚤殤。孫胤芳，夫人遵公治命，立以嗣祉後者，婦洪氏。女四，適郎中張甲徵、庠生裴令聞、主事洪世胤、編修韓爌。公懿行純備，孝親友弟，撫愛諸子，及篤厚故舊，皆足以敦倫訓俗。所著有《瑞香亭集》《公廉堂抄》及鄖、齊、漕河、司農各奏議若干卷，行於世。以萬曆二十八年十二月十六日葬郡城東南十里陳村原敕建之阡。銘曰：

國之楨幹，匪以喬木，世臣是倚。弘農之植，植於蒲坂，瓌材鬱起。三葉升朝，兩陟台卿，是父是子。出擁旌旄，入贊樞機，後先一軌。屏翰郿齊，舟楫河淮，保釐豐芑。夏省籌戎，版曹治賦，刁游髁髀。西芻東糒，陸輓海輸，繩屬櫛比。帑庾罄懸，吉凶頻仍，徵調未已。夙夜拮據，資有贍無，抱彼注此。天子曰嘻，鞠哉大農，忠勤乃爾。歷試諸艱，俾署銓衡，俾攝綱紀。敢曰獨賢，世荷眷知，義將奚委。濫觴漏卮，百方塞之，移爲奸市。一木大廈，莫或相之，化爲仇壘。可畏非讒，可愛非身，蹇蹇没齒。帝鑑孔昭，典備榮哀，恩全終始。大節高勳，克紹先猷，允光橋梓。勒銘羨門，質直不誣，用副信史。

太子少保都察院左都御史贈太子太保諡端肅葛公墓誌銘

太子少保都察院左都御史與川葛公以萬曆戊寅春正月卒於家。訃聞，天子遣官祭葬，贈太子太保，諡端肅，錫之愍恩甚備。明年，公冡孫計部郎昕將奉公葬於鄉里西冨津河之陽，則持狀抵余乞銘。余往侍公同朝，心敬公耇舊典刑也，不可辭。

案狀，公葛姓，諱守禮，字與立，別號與川。其家德平，自遠祖士能始，傳三世爲鳳陽衛經歷。恂則公曾大父也。大父智，父林塘翁壈，並以公貴，累贈左都御史。大母張，贈夫人。母李，累封大〔一〕夫人。公少有異質，强學，能文章。逾冠舉戊子省試第一，遂成進士。司理彰德，會有大獄，坐與盜者連數郡，公鞫狀莫驗，悉論出之。大吏則易公："儒生耳，何知爲吏？"已更以它疑獄試公，公平亭盡允，始大驚服，以爲老法吏不如也。滿三載，擢兵部主事，守山海關。關故禁馬，貴勢多倚以奸利。公至，譏防唯謹，騎出而入者，非有符驗，輒遮留之，私販頓息。又朝鮮、女直貢使入，嘗私餉守者，公一切謝絕，唯俟其還，搜其載中，亡它奸闌物乃已，關內外稱肅然焉。戊戌，丁林塘公憂。服除，補禮部，轉儀制郎中。宗人以非例瀆奏者，率格弗行，衆服其執。已督學河南，校士必兼德藝，所識拔高等士後無不顯名者。歷山西參政、按察使，陝西左、右轄，所至務鉏抑強梗，惠利小弱。晉雁門、寧武間，居民多自墾田，或告王本府牧地也，王欲奪之，衆譟搆兵，官不能禁。公法其首難者，而仍歸其田，令有司歲收其租以抵宗祿，禍端始絕。其後，秦王亦以牧地故利民田，立石其壟上，民爭訟不決。公仆所立石，而使人告王以晉事，田乃復歸於民。庚戌，擢都察院右副都御史，巡撫河南。尋晉戶部右侍郎，督餉宣大、山西。事竣，改吏部右侍郎。凡三攝部事，銓法多所更定，大抵綜名實，振淹滯，仰僥倖，然貴勢多不便公者。乙卯，拜南京禮部尚書。值地震，大察。是時公年甫逾艾，而以老致仕去，衆論惜之。隆慶改元，起公戶部尚書。國計詘甚，公請益鑄錢以便民，平估以便商，議皆報可。亡何，念太夫人老，請終養歸。既免喪，起刑部尚書，改都察院左都御史。值今上御極，公秉憲而佐更始，凡再察中外寮務，絕朋比，黜憸壬，壹歸於平直。而尤重貪殘之禁，守令坐受賕及酷烈者，劾繫詔獄窮治，吏爭自被濯矣。

先是，公以二品奏三載績，蒙璽書褒異，賜寶鈔、羊酒。其後，公累疏乞休，上輒慰留不允。癸酉，當再考，公自以年逾格，力求去。上重違其志，予傳以歸，仍命有司給月廩、輿隸，有加禮焉。公立朝四十餘年，直氣正色，侃侃一節，義所不可，引是非，爭國大體，絕不伺他人意指，有所附麗，而亦未嘗隱情自便。當在儀部，寧藩以逆廢，戈陽王攝國，請得置官校如故。公不可，曰：「如王言，欲全擬親王，是入繼也，何謂暫攝？」其自陝入佐計，所署卑冗吏老疾失真者，廷察輒與白見誣狀。冢宰曰：「若是，則計簿謬耶？」公曰：「然。此皆去省遠，第取具文書，實未嘗見其人。今乃見之，謬誠在某，不可以誣公道。”
廷中爲動色。今上初大賚九邊，或言邊士多脆弱不任，誠因頒賞
遂簡汰之，計可省金錢數百千。公言：“邊士望賜如寒谷望春，
今詭故以靳賞，非所以廣主恩而示大慶於天下也。”其持議老成
類如此。故雖用積直忤貴勢意，間有不得於公，久之知無它腸，
滋益信服。公每朝，夙興待漏，退而坐公署，操吏廩廩，還則鍵
關謝客，專精慮國事，義不受私，人自亡敢以私望公者。居常敝
冠淡食，泊然若儒生。而內行尤篤，奉林塘公及李太夫人，生事
歾哀，孝誠備至。撫幼弟孤姪，煦煦有恩，至老不少間。與鄉人
處，無識不識，遇之必與均禮，莫辨其爲貴人也。訓子若孫咸有
法，蓋公懸車之歲，而孫曦復舉省試第一，人以爲公餘慶云。所
著有《靜思稿》二十卷，及疏議、家訓，行於世。公生弘治乙
丑二月十二日，卒於萬曆戊寅正月二十日，年七十有四。配王
氏，封夫人。子引生，先卒，贈中府都事。女一，適國子生盧
茂。孫男三，長户部員外郎昕，娶谷氏，少司馬海豐谷中虛女；
次解元曦，娶任氏，少司寇士憑女。孫女二，一適官生谷茂椿，
一適濟南庠生殷盤。曾孫男二，龍興，聘主事王象乾女，次部
兒，昕出。曾孫女二。

　　余嘗考覽國朝名臣以端肅謚者，惟少師鈞陽馬公最著。公繼
少師起，其德望、風裁相垺，人望之不啻嵩岱並峙，乃其易名又
同，不交相重耶？然少師數用勘定公信威於四夷，而公席三朝熙
洽，端弁而總紀綱之重，聲色不動，奸萌坐銷，兵革之原息，均
之折衝，而公得其時矣。余是以爲之銘。銘曰：
　　古稱大臣，國之柱石。師表人倫，楨幹社稷。猗公魁傑，應
運挺生。孤標外植，貞衷內凝。秉鈞嚴關，總憲劇臬。暴客遁
巡，強宗氣懾。周回方岳，踐更列卿。召伯疆理，山甫將明。結
知肅皇，柄用伊始。晉如摧如，遇坻則止。典禮留省，免而東

歸。抗直自遂，遑恤憂違。再起司徒，疏通泉布。便農惠商，公
私兼裕。迨事今上，獨坐中司。整齊綱紀，夙夜孜孜。激懦廉
頑，鎮浮消躁。身範物先，偕之大道。泰山喬嶽，百辟具瞻。胡
遽請老，丘園養恬。帝錫遣恩，暫許其息。詎虞其終，天不慭
遺。穿秩美謚，焜耀於幽。先民有作，鈞陽與儔。考德著詞，我
銘其隧。以旌正人，式於有位。

資德大夫正治上卿太子少保兵部尚書兼都察院左副都御史贈太子太保郜公暨配夫人張氏合葬墓誌銘

　　虜自款貢保塞稱外藩，逾二十年，文武重臣擁節旄、樹聲威
於列鎮者，其人可僂數。乃勞閱最久，勳績最著，則文川郜公督
陝以西爛焉烈矣。

　　公諱光先，字子孝，別號文川，山西長治人也。幼穎敏，爲
文亢爽有奇氣。嘉靖乙卯，舉於鄉。己未，成進士。宰松之上
海，用治最，徵入爲福建道監察御史。按貴陽，首發大中丞奸贓
及豪貴不法狀，比士得人。繼按楚，窮治强藩徒黨，置之重辟，
諸宗斂手。隆慶己巳，擢大理寺丞。庚午，晉少卿。讞獄明允，
民無冤者。晉都察院右僉都御史，巡撫延綏。時虜求內附，廷議
未有決，公謂宜外示羈縻而內修備，備完，操縱惟我所制耳。貢
議始定，虜數要市賞，公劃爲定額，錙銖不得溢予，歲費大省。
上善後四事，悉中機要。乘暇繕邊一千五百里，邊人至今賴之。
已移鎮陝西，增置守將，清理芻糧，居數月，號令肅然。回夷掠
內地，計禽其魁，餘黨悉解。萬曆甲戌，以滿績晉右副都御史，
照舊巡撫。尋轉左，協理院事。丙子，閱視薊遼、保定邊務，綜
覈精明，所上將吏殿最，一準於功實，朝論翕服。丁丑，晉兵部
右侍郎，蔭一子國子生。乙亥，晉左侍郎兼右僉都御史，總督陝

西三邊軍務。無何，晋右都御史，仍左侍郎。辛巳，以母憂歸。癸未，起原官，總督如舊。以邊勞晋兵部尚書，兼左都御史，蔭一子國子生。丁亥，晋太子少保，予誥命。

公前後在制府八年，宣示恩威，申嚴約束，務以大義折虜謀，服其心，而間出機權制其變。大帥以下，稟畫受成，公揮麈而應之，裕如也。初莅鎮，值虜王擁眾而西，名讎瓦剌，實規利並邊城堡，假道往來，責送迎賂遺之費。公預飭諸將分防要害，待其至，設詞布令遣之，不聽則峻溝渠絶之，又不聽則陳兵甲威之。虜計阻，竟謝去，迄東歸無譁者。比再起，遭歲大侵，儲峙積乏，公力請蠲賑，外調軍餉，内贍饑民，活生靈溝壑中以數萬計。甘、涼孤懸天末，番虜繹騷。公條具選將練兵，及增修洮河，清理大小花馬池鹽法四十餘事，疏入，上皆報可。虜自是不敢近塞。海虜竊犯甘州，公發兵禦之，射殺其酋長黄合太等二人。炒胡兒犯硤口，卜失兔犯永興莊，秃賴犯水塘湖，公悉以方略授兵捍禦，次第剿平，斬首數百，鹵獲馬駝、牛羊、夷械甚夥。又剿平羅賊五百餘人。或頌公戰績，公曰：“時方納款，吾安能戰？保境安民，期於封疆無事而已。”蓋八年之間，東接金明，西建張掖，延袤數千里，封守堅完，吏民按堵，無異時燧燔燧舉、兵連不解之禍，公之伐也。上熟知公忠勞，先後璽書、章服、銀幣錫予無算。公亦自念受國厚恩，矢不以身家二其心。時游虜侵軼諸番，漸偪西寧，而甘州卒復譟撫臺車下，謀作亂，不成，亡出塞。公乃移駐皋蘭，窮日夜之力，勷勷調度，捕得叛卒首事者，梟斬軍門，游虜亦稍却，公乃還鎮。未至，而聞父南庵公病篤，一慟輒僵不起。以萬曆己丑四月九日，距生嘉靖癸巳十二月二十四日，得年五十有七。訃聞，詔贈太子太保，予祭四壇，命行人張輔之董葬事，視常典有加焉。

公揚歷中外，服官十有一任，太半居戎馬之場。其在行間，嚴重有威，嚬笑不苟，望之如神明，而襟度冲夷，曠無城府。與諸將若監司議事，開誠布公，人得自盡。下逮輿廝走卒，亦體恤甘苦，煦然有恩。以是無貴賤賢愚，咸親附公，願爲盡力。卒之日，士民傾城溢巷，驚走悲號，其忠信愛利結於人心深矣。身歿未幾，軍吏一不誠，遂中虜禍。臨洮之敗，言者乃引繩批根，援公以分其咎。嗟乎！公在，虜躑躅塞下，逡巡不敢前，公歿，乃逞，得失重輕之效甚明，而猶不免於遺議，余因是嘆忠臣任事之難也！公內行甚備，不錄，錄其大者。

祖祿，父欽，俱贈如公官。母柴氏，累贈夫人。元配張氏，贈夫人，有婦德。公起邑宰，爲名御史，拜廷尉，率內助有聲，語具王少參喬桂誌中。繼韓氏，封夫人。子三，繼業，官生，娶安氏；繼英，貢士，娶李氏；繼蓋，官生，聘宋氏。女二，一適鮑淑恢，一適宋邦彥。孫男二，自郃，娶宋氏；自邠，聘趙氏。孫女三。繼業等以某年某月某日奉公柩暨張夫人合葬敕建塋次，走京兆朱公卿狀屬余爲銘。余雅重公，不忍辭。銘曰：

穆穆文昭，食邑自郃。頒填王府，大鼎在廟。濟陰之裔，蔚焉亢宗。在晉生才，爲明鉅公。射策彤庭，分符赤社。治最雲間，聲蜚日下。柏臺執簡，棘寺明刑。神羊氣勁，狴犴風清。迨晉中丞，拊綏重鎮。剖劇剚繁，器同游刃。遂提大斧，總制三秦。單于解辮，悉主悉臣。賈餌既施，終纓不請。渥産雲騰，狼烽晝静。壯猷采苄，訏謀徹桑。乃偫芻餉，乃奠金湯。保大定功，宸綸嘉獎。晉陟台垣，荐膺上賞。欃槍迅掃，箕尾俄升。公目不瞑，甘寧未平。四鎮均哀，九重特軫。予兆三泉，躋榮一品。良弓甫息，韝鷹已揚。囊馳赤白，舌鼓雌黃。嗟公精忠，炳同日月。皎皎行天，本完無缺。遙遙旅襯，臨睍故丘。爰有嘉耦，先公神遊。生也相成，歿而同厝。隤祉發祥，永綿慶祚。

資善大夫工部尚書兼都察院
右副都御史劉公墓誌銘

　　始余讀書中秘，蓋與東阿于大宗伯、嶧陽賈少司馬、沁水劉大司空同舍云。司空、司馬並亢爽，負才氣，每抵掌天下事，幾得一當緩急，表見所長，余與宗伯逡逡謝弗及也。二公則戲謂余兩人："公等謬爲謙耶？夫坐而論道，公等他日事，若宣力四方，不以險夷前却，固應屬之我輩耳。"相與一笑而罷。既解館，余忝從宗伯周旋供奉之班，而二公升沉出入，岐路參差，或更十數年不獲一握手歡矣。晚而二公總師節鎮，余與宗伯接席機庭，疇昔之言幸覆。乃日月無幾，余兩人相繼歸田，二公且後先即世也。朝露之感，何但晨星聚散，足傷心哉！宗伯既誌司馬之藏，且爲司空作狀，謂誌司空者必余也。《詩》不云乎"倡予和女"，宗伯以大義倡，余敢不敬應？

　　誌曰：公姓劉氏，諱東星，字子明，別號晉川，世家沁水之坪上。曾大父文住，有隱德。大父得保，父賔，並以公貴，贈封皆吏部侍郎。母牛淑人。公幼性穎敏，書一再讀，便能默識。而家貧攻苦，常伊吾窮日夜不休也。年十四，補邑諸生，試數冠。嘉靖辛酉，舉省試第三人。登隆慶戊辰進士，改翰林庶吉士。庚午，授兵科給事中，轉禮科左。居省闥僅數月，以忤權相故謫蒲城丞。去歲餘，遷盧氏令。萬曆改元，入爲刑部主事，調戶部員外郎。丁丑，出爲河南僉事。己卯，轉陝西參議，以學行推擇爲浙江提學副使。壬午，升山東參政，轉漕中都，丁内艱歸。既免喪，補河南，尋擢山東按察使，備兵易州。歷湖廣左、右布政使。壬辰，晉都察院右僉都御史，巡撫保定。癸巳，晉左副都御史，入理院事。尋遷吏部右侍郎。會閱邊論最，得貤恩大父以下。而是時，封公從養京邸，壽逾大耋，公請扶侍歸里，瀕行而卒。上特憐之，賜之祭葬有加焉。

戊戌，河決單之黃堌，運道告堙。詔舉才望大臣習河事者，廷議推公，即家起公工部左侍郎兼僉都御史。故事，漕與河分設大臣，功不相謀，而過交相諉也。至是，天子用廷臣議，舉兩府之務悉以屬公，而七省監司、守宰靡不受署，委任爲特專焉。公既拜命，以其年八月莅淮，視河所決，計治漕在標，治河在本，工宜並舉。乃循商虞以下至於彭城，得賈魯所浚故道曰趙囤者，渠形宛然，問之則前潘大司空所欲開，因費鉅而止者也，遂即其地鳩工而經始焉。起曲里舖至三仙臺，開其積壅凡四十里。自三仙臺抵小浮橋，疏其支流股引之又若干里。自徐、邳至宿，隄堰閘壩，增卑培薄者又若干里。凡五越月而告成，稽其費僅十萬金耳。上嘉其績，晋公工部尚書兼副都御史，任一子國子生。明年庚子，渠邵伯、界首二湖。二湖爲維揚巨浸，風濤叵測，時以覆溺爲虞。公議闢裏河避之，初估費二十萬，比成，費僅三萬，居民行旅並恃以安。又明年辛丑，議鑿泇河。泇河界滕、嶧間，南通淮海，闢以引漕甚徑，萬曆初數遣官行視，迄無成謀。舒大司空嘗鑿韓莊，工亦中輟。至是公力主其役，初議費百二十萬。費纔七萬金，而所闢已十二三，衆咸謂渠成有日，而公病弗起矣。

公體貌清癯，骨力峭拔，目光炯炯射人。遇事電發飆馳，健決自喜，即抵忌諱、冒嫌怨，義所當前，萬夫莫能撓也。其爲給諫，條奏邊務、軍儲及釐剔奸蠹諸疏，侃侃有聲。適新鄭兼攝冢卿，宵人附之，頗修恩怨。公擬糾奪其柄，語泄，新鄭恚甚，非時用考功法謫公於外，同游咸爲惋嘆。公顧夷然安之，爲丞即丞，爲尹即尹，日拊循其民，煦以惠愛，暇則訓課諸士，士以明經顯者，矞矞盛也。其在比部，有疑獄驗無實，郎莫敢持，公前力白其冤。司寇目懾公："獄已具，若何據而傅生議？"公亢聲曰："獄即具，情未明，公何據而予死比乎？"司寇弗聽，竟當其人大辟。無何，冤狀白，司寇及郎並被嚴譴，褫其官，而公之直聲滋益著。其督學浙省也，浙實多才，而前憲使承用苛條，刳核過甚，頗傷士心。公至，評隲藝文，參以行誼，峻却請托，毫不可干以私，士服其公，煩嚻頓戢。其填撫畿甸也，歲適大祲，穀價騰貴，而朝鮮以中倭告急，我師悉會天津。公外調芻糧，內議蠲賑，且請漕粟十萬斛，通商平糶，兵民咸賴以贍給焉。博陵盜嘯聚幾千人，吏議主剿，公曰："此輩片檄可解，奚煩虎符？"下令禽其凶渠，餘貰不問，西輔以寧。已入佐憲臺，晋貳銓部，坊表凝峻，百僚蕭然憚之。乃其抵節奉公，焦勞夙夜，胼胝率作，饋沐不遑，則行何烈矣！方臨清苦稅使虐激而大譟，至操刃相戕。公聞變，亟遣官持檄往撫定之。或言事出數百里外，有兩臺在，可無煩公。公曰："不然。大臣出疆，得顓社稷便計，豈有秉鉞方州而秦越封壤者，節制謂何？"淮北數省饑，流移載路，公首捐秩金，倡先所部，俾各以多寡設粥餔餓者。又下令籍郡邑城旦舂，自非盜竊，皆得編河夫中，以工役相準。所活道殣、囚徒無慮數十萬人。既病，上書乞骸，漕臺亦代爲之請，而上屢旨慰留不允，則從床簀間治程書而嘆："吾當如昔人，鞠躬盡瘁，死而後已耶。"病革，家人環泣，問以後事，一無所言，第囑嗣君："我死，毋受賄贈。"人謂其以廉辨始終云。

內行尤飭，事親承顏左右，務曲致其歡。兩宅大憂，毀瘠，廬居三年，不入內梱。友愛季弟，與共爨，終其身。所得蔭恩，不以官其子，而官其侄孫，曰："吾憐其孤無依也。"訓迪諸子，惟真修實踐爲先，不及榮利。聞海內名碩，即相距千里，必遣之從游焉。歷官三十年，儉素提躬，自非法服賓筵，衣布衣，飯脫粟，蕭然若寒士。家人產不加益，而賙恤貧乏，若助修脯、佐婚喪、代輸納，傾囊不少靳也。足迹一不及公庭，而屨履田間，野老過從，杯酒盂羹，常笑談竟日乃已。間憩道側，有輭輅陷泥潯者，號"伯助予"，公前伸臂掖之以出。識者詫曰："何物販夫，天官爲之引手耶？"起召至，公方在門，兩騎士前揖公，乞通主君。公入內，延見騎士，騎士大驚，伏地謝罪。公笑曰："司空若所慣見，吾自難識耳，何謝？"爲其任質不作貴人態如此。乃余獨疑公其論"朝聞夕死"，稱引釋氏家言，以無生爲解，頗謬於先師之旨，書與辯駁再三，而公不余是也。今據狀所述，則宗伯亦河漢其言矣。

嗟乎！經世若公，其勳猷節烈，摽懿垂鴻業，足以不死，而猶詮綜度世法，欲兼集儒墨之成，超詣聖神閫也。雖稍軼於中庸，亦其亢爽負才氣之一驗已。生嘉靖戊戌正月二十二日，卒萬曆辛丑九月十九日，年六十有四。配李，累封淑人。子一，用相，貢士，婦韓，繼霍，繼栗。女三，長適庠生何遵海，次適鄉進士王洽，次適鄉進士張洪猷。孫男一，衡。孫女四，長適韓粲，次適庠生賈希洛，次適庠生張鈴，餘幼。始公卒濟上，守臣以訃聞，上愍其忠勤，特垂咨悼，祭葬贈謚，且次第下所司從優典。而嗣君間關扶襯歸，重稽厝事，則擬掩諸幽以待命，而使來趣余誌。余謹次其韞樹如狀，而系之銘曰：

行山盤礴，沁水縈旋。鬱鍾瓌喆，神采翩然。冀北群空，天衢駿發。秘府紬書，上方給札。晨趨瑣闥，夕拜封函。虎尾可踐，薑螫所甘。稍遷棘司，覆盆理抑。如黯詰湯，面斥刀筆。觀文兩浙，提衡秉公。如瑗造士，翕服甄鎔。屏翰藩維，保釐畿甸。憲府銓曹，冰清露湛。洪河驟溢，漕破舟膠。司空命禹，荒度殫勞。畚鍤雲興，胥徒共苦。經始商虞，省巡淮浦。渠紆蟠蜿，宅戟黿鼉。兩湖既奠，乃闢迦河。永利垂成，修塗遽止。疚哉玄冥，勤而水死。宣房紀迹，峴首遺思。停舂輟社，朝野均咨。國有大烝，鄉推先正。典冊行頒，褒揚未竟。我銘其羨，千載足徵。是謂不朽，奚論無生。

正議大夫資治尹兵部左侍郎吳公暨
配淑人張氏席氏墓誌銘

國家之邊鎮九，而薊鎮特重。自嘉靖庚戌虜闌入薊塞，直薄都城，肅皇帝震怒，讁薊守臣戍嶺表，而擢今少司馬吳公授之鉞，薊視庚戌以前又特重矣。公在薊，日夜庀戰守具，起居庸，盡山海關，創修石垣四萬丈，甓敵臺、烽堠二千六百座有奇。即其地分爲十區，區設參、遊兩將軍，分統健卒，合之凡八萬人，人予怒馬堅甲、長戟利鍛，軍容煥然一新，於是薊稱虎豹九關天下險云。填薊七年，虜匹馬不得入塞，於令甲爲上捷，肅皇帝褒賚之甚優。晉貳本兵，且大柄用，而爲相嵩所忌，中讒罷歸，歸三十年卒。今皇帝追念邊勞，遣官臨祭，營兆域，如卿臣禮。而公之子通政君蒙持施進士所爲狀來徵銘。某里中後生，辱交通政君善，則不可辭。

誌曰：公諱嘉會，字惟禮，別號南野。系出楚湘陰，唐荆南節度使師道之裔。國初諱受者，從太祖北征，留屯代，遂爲代人。六傳至寧，寧生琇，並以公貴，贈封皆通議大夫、兵部右侍郎。祖妣于、妣王贈封皆淑人。公少有異質，九歲能文詞。諸生時，督學陳試其藝最，拔置河汾書院。舉嘉靖甲午《書經》第一人，明年成進士，授行人司行人。當選臺省，以年不及格，由司副轉比部郎。有盜夜殺人壎上，攽其貨。賊曹拷掠旁近人，具獄。公察其枉，特令頌繫，而陰使人迹盜。盜得，賊曹坐褫官，公從此有聲郎署間矣。辛丑，擢山東僉憲。歲祲，設法賑之，多所全活。明年，虜深入太原，謀飲馬河、濟。公以臨清海、岱間都會，議城其外郛，簡練材武士以待，虜止不來。甲辰，小清河決，築長堤扞之，瀕河居民得無漂溺，詔賜金綺。太[二]學士翟公記其事。乙巳，轉本省藩參。青州豪糾衆數十百人牟礦利，直

指黃欲禽以爲功。公曰："此屬片檄可解，何足煩兵？急之恐鋌
鹿走險耳。"不聽。豪果與顏神大盜合，執吏逆顏行，而黃乃悔
不用公之言也。單縣妖人楊惠等聚徒數千，僭署將校，流劫四
省，官兵攻之不下。公單車詣壘宣言曰："棄杖走者爲良民，不
且孥戮。"衆聞諭鳥獸散，獨遺凶渠數十人，縛而磔諸市。東土
以寧，肖公像祀焉。丁未，升憲副，改備天津。庚戌，遷陝西右
參政。未任，而薊守臣被逮，即日拜公都察院右僉都御史，整飭
薊鎮邊務。公至，念戎索積隳，首條上更始善後十二事，咸允行
之。時咸寧侯鷥柄戎政，氣焰張甚，議剿孕顏諸屬夷，公虞挑
釁，力亢不可，第計禽導虜元惡哈舟兒等一二輩以獻。上悦，晉
公乃[三]副都御史，填撫如故。甲寅，京師重城完，以公發卒助
役有勞，賜白金、文綺。其春，虜犯河防，提師擊走之。秋，虜
二十萬騎入潮河川，橫亙幾百里。公擐甲登陴，督兵力戰。俄一
虜攀緣上，及堞，我軍斬其腕，墮。虜氣沮，分道攻他壁，更八
晝夜。公設大黃待之，有二酋並馳而前，應弦倒。乘其亂，矢石
俱發，所擊殺無算。夜乃募敢死士斫其營，虜大驚潰，宵遁。上
聞，遣司馬郎即軍中勞公，賜緋衣一襲，晉兵部右侍郎，蔭一子
國子生。乙卯春，虜萬騎從馬蘭峪入寇，公約大帥逆戰於郝家
莊，未陳，忽大風起，塵霾蔽空，火銃霆震，虜駭以爲天兵下
也，墜馬墮崖谷，蹂藉死者如丘，斬首虜三十級，奪獲馬五百、
人畜千餘而還。捷聞，蒙賜金綺。無何，虜犯古北口，我軍禦
之。虜忽移帳避舍，公策虜佯退，意將夜襲我也，則伏兵陝中，
而設火器於山巔伺之。見星，胡騎果至，伏起炮發，虜大擾，至
手自相刃，則東走桃林、冷口，徘回久之，不得間以去。其秋，
復寇昌鎮，攻唐兒庵不利，引而西。公策虜西必趨大石嶺，預發
健卒往據其險。虜至，我軍從上下偏石，連斃數酋，虜計窘却
走。是歲也，虜三寇三北，不得入。上大嘉悦，賜璽書褒勞，加

二品服俸，蔭一子錦衣衛副千戶焉。丙辰，召還爲戶部右侍郎，尋轉左，改兵部。奉命閱六師，校諸將材武，上下稱旨，賜羊酒。其冬，以三品再考進階正議大夫，資治尹。戊午，攝大司馬事。虜圍右衛，告急，公夜草機宜十二事封奏，上既寢，起就御榻索燭誦之，玉音琅然，卒用其計退虜，浸益親信。而相嵩父子入邊將賕，數屬公以私，不聽，見謂異己，則嗾言官摭繡塞事搆罷公。

公性至孝，每之官，必奉兩尊人與俱，日三朝焉，躬視膳寢而後退。在薊滿三載績，兩尊人業膺封誥、纻章服，皤皤稱七十歲人。至是歸依左右，希鞠奉觴，時談説古今賢哲事佐其娛。歲元正若聖旦，則朝服北向，稽首祝天子萬年，曰："非賴主恩，何以得侍衰親，有今日也。"自是戎政大臣缺，廷推首公。莊皇帝即位，詔舉耆舊及可遣閱薊邊者，復首公，其它臺省部使薦公疏無慮數十。而公雅意不欲出，製山人冠，時時冠之。諸貴客過，則辭以野服不敢見。今上登極，還公秩，致仕。有司以鄉大賓敦請，公爲一行，不再往。闢圃西郊，雜植檜柏，搆環翠亭其中。每清和時，芍藥盛開，延諸吳高年及姻友輩賞之，歲以爲常。忽一夕，宴圃中樂飲，詰朝疾作，遂不起。是爲萬曆戊子五月十日，距生正德壬申三月十七日，壽七十有七。

公儀觀修偉，美髭髯，望之如神。臨事斧斷刃游，䏽若桑林之舞，而沉深有識，謀必萬全，䙂躬謹嚴，動止具有尺獲。至與人處，則襟宇夷曠，無親疏咸樂就之，海鷗可馴也。所著有奏議四十卷、詩二卷、雜撰十卷，藏於家。元配張淑人，繁峙大[四]學生瓊女，生正德庚午十月廿二日，歸公二年，見稱柔慧，以嘉靖辛卯八月七日卒。繼配席淑人，郡聽選官西園翁汝宦女，少莊靜寡言，嘗有異人相之，謂必大貴。西園翁擇公於青衿中，予女焉。年十四歸公，敬事舅姑，一肉一蔬，必手自烹調以進。姑嘗病痢，淑人侍湯藥，無頃去側，中帮廁牏，必手自滌之，不以有諸婢委。性尤儉約，所着即縞練，至三浣不忍棄。既貴，褕翟朝舅姑，舅姑榮之，淑人獨愀然退而示諸子曰："此積荆布之勤所致，若輩生而紈綺，安知始乎？"誡諸女必舉曹大家言爲訓。族黨諸婦，尊者身下之，次者勉以婦職，人人以爲親己，尊若女師。生正德己卯五月八日，卒萬曆戊寅六月六日，壽六十。子男三，長蒙，通政司經歷，娶陳氏，揮使綱女，封孺人；次荐，官生，殤；次若，太原參將，娶馬氏，太學生翰如女。女五，長適都司李高；次適庠生劉緝；次適光禄監事王岸，封孺人；次兩適太學生謝錫三。孫男五，學恭，聘張氏，學寬，幼，蒙出。學謙，官生，娶謝氏；學謨，太學生，娶張氏；學端，聘徐氏：俱若出。孫女八，壻則太學生趙勳，揮使呂光祚、王堯，庠生劉思恭、張鴻圖、王度，其二幼。曾孫女一。以辛卯二月十七日葬州西華家莊北嶺下，即賜兆也。

某自升朝，數聞蒲太傅楊襄毅公譚公薊鎮事，亟稱公勞績，而深惜其忠之不售也。公才略本與太傅相伯仲，而填薊時太傅爲督府，相得益歡，以是公之歸也，太傅推輓之甚力，然竟不能伸公之抑，而公亦不蘄於伸，意謂得太傅而知己無憾。乃薊塞巖巖屹屹，虜不敢翔而過其下，吏民席其安，至今世之知公者，寧獨一太傅哉？即不蘄伸，伸矣。銘曰：

湘陰貴胄，雁門鉅公。荆庀薊鉞，世閥縈隆。嶔崟薊丘，神京牗户。或弛其防，上干天怒。大庭謀帥，作屏其誰？具曰公可，望重藩維。盗靖崔苻，慮周桑土。山甫城齊，僖侯保魯。佐輔之命，公克膺之。前車之覆，公則懲之。且撫瘡痍，且茸頹廢。疆理經營，拮據盡瘁。延袤千里，累石爲邊。間以甓墝，棋布星聯。乃礪戈鋌，乃齊將校。陣列貔貅，關蹲虎豹。狡焉醜虜，狙伺鼠闞。所至奮擊，聲威若雷。批擣無前，追奔直北。俘諴屢聞，九重動色。曰予禦侮，扞城近郊。野無爟火，鎖鑰功高。秩晋上卿，賞延哲胤。曲木忌繩，含沙搆釁。角巾歸里，彩服循陔。鴻冥志遠，鳥哺情諧。樂彼之園，有亭環翠。觴咏其中，陶陶遂遂。睍^{〔五〕}消天定，蒲輪且迎。東山不起，泰岱俄傾。帝念舊勳，錫之葬祭。典册煌煌，榮偕伉儷。上卿衮鳥，淑媛笄珈。泉宮合厝，堂斧光華。考德撰詞，勒之貞石。璧理羨門，終古不泐。

校勘記

〔一〕"大"，據民治學社本當作"太"。

〔二〕"太"，據民治學社本當作"大"。

〔三〕"乃"，疑當作"右"。

〔四〕"大"，據民治學社本當作"太"。

〔五〕"睍"，疑當作"晛"。

誌　二

嘉議大夫大理寺卿張公墓誌銘

國朝名公卿，以學術、勳猷籍甚一時者，多不可勝數，顧樹頤頹者略躬修，鶩功利者風節或少遜焉，推而進之，於儒有遺行已。吾師大理澕東先生，以豪傑之才，肆力聖賢之學，出而毅然以身任天下，施何所不宜？乃道足以覺民而恥空譚，猷足以經世而羞苟合，行務踐其言，節務信其志。某竊以爲近代儒者，能暗修卓立，不蘄爲名，未有如先生者也。夫何世仰其高亦忌其峻？空谷之駕莫返而泰山頹矣。吁嗟慟哉！先生之卒也，守臣以訃聞，詔賜祭葬如卿臣禮。嗣君永思衰經懷郝方伯狀走塞下，徵誌於某。某，先生門下士，曷敢辭？

先生諱鹵，字召和。其先山東恩縣人，唐末諱順者徙家儀封，傳十數葉。而元泰定間有誠道者，以明經辟爲元帥幕僚，寔生振，舉人，司訓唐山，配陳。生綸，歲貢生，司訓山陰，配王。並以光祿公貴，贈行太僕少卿，而配皆太淑人。光祿公諱原明，正德辛未進士，仕至陝西方伯，進光祿寺卿，致仕。配葛，繼王，繼孔，皆累贈淑人。生立，是爲先生父，嘉靖中貢太學，不仕，以先生貴贈中憲大夫、南京都察院右僉都御史。配雷，累封太恭人。先生生之夕，夢大星隕中庭而誕，時大父宦蜀，聞報喜甚，命曰“夏郎”。夏，大也，謂當大其門也。甫髫，受書塾師，一過成誦。學士郭公見而叩以書義，占對如響，數引與弟子

切磋之，學奇進。丁酉，試首諸生。安陽崔文敏公過其家，一接
談，羨光祿公有後。而邑之浚川少保、中川司馬皆器重之，謂後
來文獻有屬也。癸卯，舉於鄉。兩游南離，購求古今圖籍，若
《宋儒語錄》《名臣事實》，下帷討論，識者知其學在性命、在經
濟，不徒文秕間矣。丙辰，服中憲公喪。己未，登進士，除婺源
令，承大母喪，歸。壬戌，復除高平。俗健訟，猾胥用事，先生
首肅堂皇，禁左右咕囁語。邑有冤獄，詿誤貞女，力白其枉出
之。富民賈於外，倖脫踐更，重困下戶，先生陰籍告負子錢者，
編以重役，偏困爲蘇。唐賢李愬、李亮墓爲豪所夷，按壙誌求得
其處，更爲封築，立碣豎表其上，人謂有澤骨之恩焉。明道書院
圮，增構齋舍，延多士講業其中，爲注定性書，闡明奧義，俊髦
蔚起。甲子，受卷山西省闈，錄文多出其手，得士張更化、趙國
相，而高平士舉者二人，則先生所延以講業者也。乙丑，治最被
徵，士民擁道攀留，去而建祠，肖像祀焉。入拜禮科給事中，首
論罷附相臣者二人，直聲大振。丙寅，肅皇上賓。明年，穆宗踐
阼，一時典禮刑章，多先生所酌議。升戶科右，尋轉禮科左。請
冊立東宮，報允。戊辰春，分校禮闈，取會元田一俊而下二十九
人。未徹棘，升兵科都給事中。其秋，同考武闈，取狀元楊俊卿
而下二十五人。時南北用兵，軍書狎至，條奏無虛晷，事遽者嘗
丙夜封達禁中。穆宗問左右：“張某作何狀，風力乃爾？”居諫
垣五年，補袞闕，飭朝綱，謂敕旨不宜內降，閹宦不宜干政，輔
臣不宜議更營制，吏部推用督撫不宜責令科道舉薦。每一疏出，
讀者咸吐舌危之，先生意氣自如，無少回忡。其尤力者，大臣閱
邊，業有成命，賴先生抗言無益，謂“徒滋勞費，開苞苴之門
耳”，遂不果遣。石州破，兩帥坐失律論死，傳旨赦免。先生據
法執奏，上怒甚，竟不能有加，奪俸一年。庚午，升提督四夷館
太常少卿，贊郊祀。大禮成，預慶成宴。辛未，升通政司右通

政，提督膳黃。請告歸省。其秋，升南京都察院右僉都御史，提督操江。安慶卒叛，禽戮首惡，餘黨悉平。復請設兵備於池州，迄今倚重。壬申，今上改元，命署南臺，同銓部考察京僚，衆服其公。無何，移撫浙江。念太恭人，心動，北上至滁州，聞訃，號踊奔還。請恤於朝，兩尊人得蒙諭祭如制，營兆而合厝焉。戊寅八月，詔以原官起，撫保定，提督紫荊等關。躬履當路，塞若銀河、茨溝諸要地，修復險阻，亭堠一新。沿河口故未有城，城之自先生始，屹然爲京輔屏蔽。己卯，秩滿，適閱臣奏其邊課爲薊遼最，上嘉念勞績，詔晉副都御史，巡撫如故。

往先生兩遇登極恩，皆得贈封父母。而隆慶初，永光等宮完，及大閱監射，並蒙金綺之賚。至是，誥命賜予，優異有加。庚辰，分總河道，行相度疏塞所宜，瀛、博間得紓河患。又申嚴保甲之令，行旅不驚。妖賊曹倫之起河南也，預緝逆黨於東明，發其謀，倫起得不爲變。是年冬，升大理卿。權璫馮保曾囑先生爲建坊，不聽，銜之。而江陵素重先生，先生與相見，均席縱談如曩時，忤其意。於是表裏修郤者乘之，遂搆讒釁。辛巳春，改南京太常寺卿，抗疏乞歸。江陵陰使人勸先生少異其言，先生謝不能。江陵恚，因准回籍聽用。居一歲，江陵卒，自兩京臺省薦先生起者章交公車，而執政所親以私憾沮之。或請得先生一言爲解，先生曰：“與其求解於今，孰若異言於昔？”總之，非性所能，不可得而強耳。自是絕意當世，退而以其道修之於鄉，建家廟，置祀田，葺學宮，種種皆德義事。而侵歲輸粟救荒，天子旌其間焉。暇日，橫經授徒，孝廉戴一松而下，從之游者如雲。乃達官貴人曾莫能覯其面，居平無一字抵公府。而時艱民瘼，若兌軍之重糧，墾荒之虛額，發廩之便計，侵疆之宿奸，不難累千百言以控於上官也。

原先生之學，自秀才時揭有宋大儒名言於座，業知嚮往。既而尊慕河東薛夫子，謂本朝醇儒惟文清一人，集其語爲《粹言》二卷。至陽明良知之說，則力排其妄，詆之爲霸儒。以是其生平所學，壹歸踐履，孝親友弟，篤厚彝倫，訓子刑家，具有品式。即鄉會所舉文武士，進謁非屬以官箴，則開以世務，未嘗見有媟褻之語、惰慢之容，肆出其門，爲名卿、重帥、良守宰者，材各有適。即某至不肖，亦幸逌非徒之攻，皆先生陶鑄力也。里居，朔望必夙興展家廟，節歲、聖誕必具朝服，北向拜祝，忠孝之誠，終其身不少替云。所著有《讀易自言》《喪禮備纂》及《高平》《省中》《留臺》《恒陽》《家食》諸稿，而奏議尤其所長，業子[一]行於世。嗟乎！以先生之學之才，視旂常鍾鼎之勳，梓庋契致，而兩爲時宰所抑，莫究其施。及觀其立朝之大節，居鄉之善誼，作人範俗，道化縈隆，桃李不言而成蹊，松柏凌寒而愈勁。儒有暗修卓立，不蘄名而名隨者，惟先生爲然，允足以不朽也。

先生生嘉靖癸未六月十五日，卒萬曆戊戌八月十六日，壽七十有六。元配劉氏，累贈恭人，杞鴻臚重光女，淑德懿行載先生所爲誌中。繼配郭氏，累封恭人，蘭陽儒官有恒女。子男五，永恩，廩生，先先生三年卒，婦宋氏，繼李氏；永思，國子生，婦李氏，繼王氏；永吉，貢生，婦孫氏。並劉出。永忠，庠生，聘黃氏；永恕，聘劉氏。側室出。女三，一適王得仁，一適艾沖霄，一適曹治定，俱庠生。孫男三，光祚，庠生，娶何氏；光陟，娶徐氏。永恩出。光陛，娶李氏，永思出。孫女十一人，適劉定國、杜紹祚、劉一蘭，俱庠生；楊國命、劉一龍、王嗣武，俱名家子；餘未字。曾孫男女各一。以萬曆庚子某月日葬光祿公塋次，啓劉恭人窀穸與之合。銘曰：

有星熒熒，自天降精。在浚之城，儒碩挺生。肇錫嘉名，曰大其閎。弱冠蜚聲，觀光二京。東南得朋，搴芳擷英。學海淵泓，揚於王庭。紆朱曳青，剖符長平。刃如發硎，治效鏗鏗。入侍承明，矯矯風稜。龍鱗可攖，虎尾可抨。疾雷迅霆，破山靡驚。賁育匪勍，伊呂與并。容臺禮成，大麓允升。九伯專征，闔鉞世膺。綱紀經營，尉徼候乘。訓農厲兵，以戍以耕。南國砥寧，北陲帶縈。折逆銷萌，萬邦之屏。晉理祥刑，並於正卿。木曲直繩，讒搆交興。鴻飛冥冥，介石比貞。著書授經，身詘道亨。樾蔭庇宏，藥籠貯盈。膏霈澤零，遍於八紘。月旦所評，天章所旌。典册疏榮，泉宫妥靈。儲祥毓禎，施於雲仍。堂斧有銘，文獻足徵。

進階中憲大夫大中丞温公墓誌銘

萬曆丙子夏，余謁告還里。道聞大中丞三山公卒也，爲欷歔咨悼者久之。余生也晚，未嘗奉教公之門，然慕公。公，鄉先生有道者也。余從左右史後，嘗閱先朝故實，見郡國所上最書，多首公南北疆事，奏公之績甚偉。即公既謝病歸，諸上書薦文武才者，猶籍籍推轂公不絕也。籍令起而受事，其所建立，史可勝書？乃今已矣，惜哉！

公諱景葵，字汝陽，別號三山。幼穎敏，七歲受書，日可誦千數百言。弱冠補郡諸生，撫臺石岡蔡公深加器重，時延與切劘文藝，自是文譽日起。嘉靖戊子舉於鄉，五上春官不第，謁選長山令。長山有范文正公祠，公增葺其宇。凡守己勤民，壹以范爲師，曰“庶幾不羞先正之神靈耳”。期年，邑大治。百姓肖公像祠之，事詳李中麓公記中。丁未，用治行第一徵入，爲福建道御史，丁母憂歸。庚戌，服闋復除。其秋，虜大入，薄近郊。九門戒嚴，無敢内一旅。公上書請時啓閉，以内奔命之衆，内外便之。既解嚴，肅皇帝懲已事，議實邊鎮，城通州，特簡公監儲京、通二倉，並董治城工。公經營調度，咸當上意指，事竣，蒙優賚焉。壬子，以公按遼左，兼督學政。公至，以身爲多士範，稍懲其踰弛者，士皆凜凜奉科指，文教爲之一新。時遼人多以墾田致富，然不爲戰守備，虜一入，咸棄耕具以走。公建議度城堡疏密，募富人出貲，築亭堠以依農，至今遼人賴之。無何，島夷寇浙直，公奉詔募兵山東，監送維揚。比還，例當補郡，乃出知真定府事。會姑蘇告急，廷議非公不能辦，則又移公姑蘇。公方入竟，寇咋舌驚，相謂曰："溫御史至矣。"輒引去。蘇既劇郡，值兵燹後，簿牒填委，豪右宿猾多因緣爲奸利。公至，姑置不問，第罷城守，示民休息，積儲繕器，慎固海防，爲守禦備。已乃案舞文者數輩重繩之，以風郡吏，郡吏皆慴伏。已又收郡丁賦圖籍雜覈之，某爲濫免，某爲詭寄，悉爲釐正，以抑諸豪右，諸豪右亦皆慴伏。於是法令大行，稱者以先守況公比焉。郡有織造局，中使監織者嘗勒其額價十一，與郡守共沒入之。公禁勿取，中使大失望，數侵公，公正色遇之，終不爲動。鄉大夫以事請托者，公初善詞應之，使者去則悉焚其書，書自是不更來，然未嘗不服公之執也。

己未，擢霸州兵備。居一歲，以督臣楊襄毅公薦，移永平。是年，土蠻寇一片石，公勒兵禦之，虜不獲入。尋城撫寧諸縣，築石門寨諸營、榛子鎮墩堡，皆不煩公帑，刻期而就。又增搆郡城樓櫓，規制甚傑。故相李文定先生爲文記之，亟稱其廉勤任事云。壬戌，加山東參政。癸亥，以墻子嶺上變，晉公右僉都御史，經略薊遼。明年，虜穿塞入黃土嶺，號二十餘萬。公躬督諸軍擊虜，斬前鋒一人以徇，軍聲大振，虜稍却。公策虜南下不利，必折而東，宜急備關。其夜，虜果攻關。時我軍已先守陴，一虜先登及雉，我軍斲其腕，墮，虜不敢逼而退。公因乘虜不誡，夜出勇敢士襲擊其營，虜內驚，自相蹂躪，因大克獲。捷聞，詔晉公右副都御史，奉兼賜白金、綵幣，稱異數焉。公在疆事既久，雖盡瘁弗恤，然以勞搆疾者數矣，因上書乞骸骨歸。溫旨慰留不允，書三上，乃允，時丙寅春也。公歸，日唯鍵門坐一室，敕門者謹謝客。即縉紳大夫，固求公一見，終無所言，言亦不及他事。人以此益服其高。兩遇登極大慶，薦章無慮數十。公雅志不欲起，第作別墅一區，架亭其上，出入游焉，以示無復仕進意。已堪輿家言，城東水泊都海濱，地吉。公往視之，曰："樂哉斯丘，吾將返真於此。"因遷賈恭人柩厝焉。遷一年而公卒，是爲萬曆丙子六月十七日也。

公自少嚴重，步趨咸有繩度。即在軍旅間，羽書旁午，而端凝整暇，望之肅然。既老猶斤斤不廢檢押，時與一二執友談論名理，對坐移日，容未嘗少欹仄。事親至孝，居喪哀毀，若不欲生。晚建先祠於第之東偏，前起寶制樓，以尊藏天子之綸璽，曰："吾即老且休，不敢忘君父也。"處兩兄一弟，友愛篤至，拊兄弟之子亦如己子。然塾訓甚嚴，即嗣君習傳富文學，爲諸生高等，猶然督過不置。嘗勒先賢格言四種示誡，種種皆切德義，可誦法。卒之日，猶以孝友忠信諄諄進諸子勖之。其貽謀宏遠如此。余嘗謂修士寡奇，通儒鮮節，公才諝幹略，質有其文武，而提躬飭行，粹然一軌於人倫。其家法似萬石君，方嚴似包孝肅，雍容鎮靜似羊叔子，至決功名進退之際，則二疏讓其達矣。語云"行欲方而智欲圓"，公殆兼之哉！余特論次其大者以補國史所未備焉。

公生正德丁卯十月十四日，享年七十。其先系出太原，相傳爲唐御史造之後，國初有諱泉者，以從軍占籍雲中，遂爲雲中人。曾祖春，祖廣，俱有隱德。父自學，歲貢生，以君貴贈中憲大夫、山東按察司副使。母馬氏，贈太恭人。配陳氏，贈恭人。繼賈氏，累封恭人，先公十年卒。太學生蒲坂張公爲之銘，茲不具述。子一，即習傳，邑廩生。習傳將以明年四月二十八日奉公與賈恭人合竁，則持狀詣余乞銘。銘曰：

有赫執法，顯名自唐。公紹厥世，風稜載揚。攬轡遼陽，抗族吳會。霾曀潛消，海波不沸。來旬來宣，於彼盧龍。枕席過師，尊俎折衝。虜窺嚴關，公躬秉鉞。是馘是俘，膏鈇係緤。膚公入奏，式當帝心。寵之大賚，文綺兼金。方茂爾猷，遽云乞骨。暫許其歸，亟需其出。胡天降割，泰山其傾？豈乏耄耋，終謝典刑。無謂公亡，不亡者在。國有信史，家垂炯誡。楚楚玄宮，表茲海壖。光靈炳如，過者式旃。

詹事府詹事兼翰林院侍讀學士劉公墓誌銘

萬曆丙申夏六月望日，宮詹學士劉公直卿卒於家。其弟太學生虞龍繰絰走塞下，號而控於余曰：「痛哉，天禍龍之家也。春初，龍父見背。甫三月，而龍之兄又塯。以龍之煢煢，不任門戶，而亡兄褓襁孤纔兩歲，里中豪業起而齮齕之，龍懼巢卵之俱毀也。」余聞之，惻然泣下，曰：「是誠足痛心！顧此亦子畢力於父兄而幹蠱之時也。計今所宜亟圖者，莫若恤典。子姑詣闕而請恤乎！」龍唯唯辭去。過陽和，謁大司馬梅公於軍門而控狀。梅公，直卿門人也。即日檄邑宰護其家，而給龍道里費，資其行。至京疏奏，上念宮詹講讀勞，特敕所司諭祭營葬，蔭其子國子生，視卿臣禮有加焉。而鄒宮洗為作狀，蕭大司成為立傳，所以圖直卿不朽者更周，龍還，持以示余，屬為之誌。余即不斐，忝直卿契誼，曷敢自後於諸君？

誌曰：直卿姓劉氏，諱虞夔，別號和宇，世為山西高平人，家縣北太中里。曾大父贇，始徙居米三鎮。大父韜，由鄉舉官學博，以彬泉公貴，封戶部主事。彬泉公諱崇文，嘉靖丁未進士，仕至淮安太守，配張安人。歲壬子冬，彬泉公監兌江西還，止都門外趙醫家宿焉。一夕，趙夢峨冠紫衣人剝啄於門，覺而聞兒啼聲，則直卿生矣。生周歲，病脾垂殆，聞鄉先生王一庵精術學，往卜之，得三傳四課玄胎之應，曰：“兒無恙，且當蚤達，爲文學貴近臣也。”既髫，病良已。聰慧勃發，日可讀書積寸。其於經，初治《尚書》，已治《周易》，最後治《春秋》，咸自探討，不由師授。年十六，魁省闈。弱冠登辛未進士，選讀中秘書。詩若文，力追古作，兩擅其長，凡首閣試者三。癸酉，授翰林編修。明年，使秦藩。尋充《大明會典》纂修官，教習內書館。壬午，考九載績，轉侍讀。是歲，分纂起居章奏，兼理誥敕。逾年，充經筵講官。丙戌，擢左春坊左諭德，兼翰林院侍講，掌坊事。已簡充日講官兼清武職黃。《會典》成，晉左庶子兼侍讀。戊子，以太常寺少卿兼翰林院侍讀學士，掌院事。明年，晉詹事府詹事，兼官經筵、日講俱如故。忽聞母張安人病亟，圖請告歸，而安人之訃至，一號幾絕。已強起具疏，言“臣不孝死罪，臣母就木而臣不及視含殮也，歸何以見臣父？惟上哀憐之，俾臣得徼恩於母，而請罪於父，以僇於宗，死且不憾”。上特允之，詔封彬泉公如直卿官，而安人贈淑人，予之祭葬。於是直卿感上恩，愈益悲摧。比奔還，髮禿過半。重以奄岑之役，蚤暮拮據，日或不再食，脾侵敗矣。服除，撫按交章奏薦，有詔起副正史總裁，而忌者撼浮言中之。直卿自念生平重名檢，乃橫罹姜斐，意不能無介然。然是時，彬泉公春秋高，以得侍左右爲幸，寔難其出也。無幾，彬泉公捐館，直卿扶病號踊，益毀瘠不勝喪，竟委頓苦次卒，距其生年僅四十有五。

直卿天性故恭謹，又自以英齡擢上第，驟踐清華，宜求不負其職，益務挹損，逡逡有以自下。遇詞林先達於朝，傴僂却立，牽其臂乃肯前。與之揖，磬折欲盡，與之語，吶然若不出諸口也。朝下，蹩蹩策馬，歸鍵一室，攤書盈几，搜奇抉隱，率夜分始就寢爲常。發爲文章，泉溢竺涌，而彌好深湛之思。其典制，謂舊草徒傳鈔耳，必考義選詞，字彫句琢，無片語不工麗乃已。自餘應酬諸作，徵求者填户，亦必遲之累旬月，躊躇滿志而後出之，即一尺蹏，非再四點竄不發也。侍上講幄，依經演義，就事陳規，每靳於感悟。嘗説《詩·夜如何》章，反覆發明人主憂勤之念，上爲動容，顧謂輔臣，嘉其稱職。庚辰、癸未，再分校禮闈士，鑒別精審，今蕭大司成良有、鄒宮洗德溥，並以所薦第一人冠兩榜，次亦皆揚歷中外有聲，得士稱最盛焉。獨戊子順天鄉試，以次當及，而微有嫌避，謝不往，知者謂此爲其隱德。蓋直卿雖退然若不勝衣，而外飭中凝，卓有定執，非其義，一然諾不肯輕，一色笑不肯苟，一造謁不肯失足也。尤嚴取予，官邸資用，常仰給家儲。諸問饋常儀，概謝弗内，内之報必倍，人以是盡諒其廉。掌詹時，儲議未決，奮袂起曰："兹寧異人任乎？"趣草疏，勸上蚤定大計，不報。比廬居，議益譁，復草一疏馳奏，當塗阻之，遂不果上。草今藏於家，曰《漆室葵忱》云。

嗟乎！《易》吉凶貞悔之象蓋錯陳矣，而獨《謙》之六爻，其辭皆吉，見謂人道之所好，而天地鬼神以莫不益，故曰君子有終也。直卿之鞠躬履方，小心畏義，可不謂謙謙君子乎？乃忌者猶求多於直卿，猥與他人之夸毗讇張者同類，而共詆之，安在其好謙也？本直卿始進出太倉荆石王先生門，親見先生之文章風節標幟一世，因勉自藻潔，庶幾其克肖焉，不愧先生弟子耳。乃溘焉齎志以殁，此狀所以致慨於天人之交畸而傳，深惜其年位之不逮者也。詎不痛哉！元配郭，繼侯，大司馬璠孫女，封皆安人，先直卿卒。子男一，侯出。初名元徵，更名京，即承蔭者，聘張氏，爲少司農養蒙女。女二，一侯出，字憲副郭鑒孫，殤；一側室畢出，字鄉進士張國仁侄。始直卿爲母張淑人卜兆嶐嵸山下，葬三年而直卿卒然不諱，形家遂有言其地不利者。至是，天子斥上方金爲直卿營兆域，卜游仙山之原吉，於是太學君龍擬即其地闢壙二，一居中，遷淑人與彬泉公合，一居左，直卿與郭、侯兩安人厝焉。書咨余，余曰："均之賜兆也，在彼與在此奚擇？"遂以萬曆壬寅月日畢窆於茲阡。系之銘曰：

天生名世，有開必先。若夢若卜，良非偶然。猗惟宮詹，休徵襲吉。紫衣在門，玄胎在室。匪微匪耄，匪築匪漁。韶年俊望，凤駕亨衢。濟南終童，洛陽賈傅。經術向歆，史才遷固。藜青夕校，竹素晨紬。學非不博，而嗜冥搜。藻潤王言，銓綜國憲。文非不工，而耽珮璪。螭坳記注，虎觀講論。有書必直，非道不陳。程士南宮，再提衡鏡。茅茹彙征，得人甚盛。升儲東禁，數效箴規。葵忱鬱積，天聽終回。翼翼小心，斤斤亮節。砥行立名，金精玉潔。云胡多難，讒與喪并。謙而招損，孝乃傷生。昭荷皇慈，特加優恤。寵賁几筵，澤沾窀穸。祔而從示，地曰游仙。氣通一體，合莫三泉。鐫我銘辭，閟之中羨。嘉祉蘊崇，永綏貽燕。

文林郎陝西道監察御史傅公墓誌銘

太原傅侍御公昆季，並以文學科第顯重於時，而相與尤睦。伯藩參公霖，仲耀州守震，而侍御公霈，時所稱爲傅叔子者也。萬曆辛卯，公按蜀還京，聞仲解耀州事，抵里而病，亟請告歸，視仲湯藥，仲尋瘳。明年壬辰，大計郡國吏，冢宰陸頗違衆，恣行其私。時藩參公用九卿臺省薦，新起治兵遼陽，聲績甚楙，而坐免。公里居，聞之駭曰："有是哉？兄之枉也。夫向者余尹華亭，而冢宰家平湖，以不能徇法，故數忤其意，憾余寔深。乃今遷禍余兄，余何忍獨完？"則馳疏具訟冢宰所以修憾故。疏入，冢宰風言官以大計代兄辯非例糺公，鐫秩一級。公喜曰："幸白兄冤，即從之田間有餘慊矣。"自是昆季朝夕相過，燕飲談笑爲歡，怡怡如也。乃癸巳秋，忽感宿疾，以九月十七日卒，年纔五十耳。子之諭謂公與不佞同鄉書，厚善，衰絰來山中乞銘。不佞傷其篤於義而詘於年也，因不忍辭。

按狀，公諱需，字應霈，號兆野。其先山後人，自遠祖彥才徙居忻州，生學生受。受生臨泉王府教授天錫，天錫生太學生康，康生西岡翁朝宣，尚寧化王府郎青鄉君，爲宗人府儀賓，始入居會省。別配殷氏，以甲辰年三月二十日生公。公疏眉炯目，隆準豐頤，鬚髯髯垂臍，負氣敢任，綽有西岡翁之風。少從藩參公受《易》，工古文詞，兼習音律。舞勺補郡庠生，藻譽藉甚。士人慕其名，即百里之外，十年以長，願折行輩師事之。督學霽崖周公特加器重，屬纂晉通志，諸所編次，每槀具，不煩刪削輒允，晉文獻迄賴以成書焉。甲子舉於鄉。萬曆丁丑成進士，選咸陽令。路當孔道，厨傳繹騷，公躬晝條格應之，賓旅不淹，供億倍省。又嘗橋澧水以濟涉，發廩煮粥以救餓，却庫掾羨金之獻，封之於官，以抵下戶之徭，民甚德之，至播之歌謠，爲觀風者所採以聞。政且成，丁母憂去。服除，補華亭。稱江南嚴邑，富人右族習結納令，令多以賕敗者。公特鎮之以廉靖，示不可涅。有函書畫饋者，公拒弗受。饋者曰：“清獻公不琴鶴乎？一編半幅何足麾焉？”公嘆曰：“琴鶴，清獻公所自有。茲欲我取諸官而携之以歸，寔憚遠將有虛明惠耳。”饋者怍沮，自是無復敢以私謁。松故苦櫃頭之役，非數千金不辦，往往行重賂求脫。公痛裁冗費以寬役者，賂格不行，一時歡聲如沸。嘉定趙少宰聞而快之，上言其便，請下其令於三吳通行之，以紓重困。天子可其奏，因益知華亭令賢。丙戌，徵入爲陝西道御史，遣巡倉漕。值晉饑，道殣相望。首言民生休戚係守令，勸上襃惋愊之吏，惠養元元，毋使循良實政爲卓異之虛聲所掩。又太倉歲增內供金二十萬，不足將取諸窖房，公抗疏力言歲額不可增，窖房金不可動，朝論韙之。已奉命按蜀，綱紀文武吏，一軌憲度。而尤詳緻於名實，諸傀巧詭譎，飾僞課、獵虛聲者，毫髮無所假貸。大帥李應祥憚公嚴，橐千金求庇，公立發其奸贓，論罷之。憲副某以講學怠官事，事多耗亂不治，公案其所勘灾狀，及所傅爰書多寡參差，輕重不相覆，亦紏罷其官，衆服其執。然事無纖巨，躬自綜裁，頗用是妨於眠食。方伯彭公見其容悴，勸之節勞。公曰："盡瘁，臣子分也，敢愛其軀？"比得代入朝，聞仲病，長女又卒，憂哀交感，眠食益廢，遽移疾歸。歸一年，而值藩參公之枉，爲兄受過，方高其義，顧何意其一抑不復伸，遂以死也。

嗟乎！世之不令兄弟見小利若錙銖，紾臂鬩墻以相攫敓者比比然矣，未有據高華、列禁近而肯捐官榮以殉兄之急，病則求省，冤則求明，甘疏斥以如飴，没其身而無悔者也。推公之心，儻亦夷齊首陽之志乎？求仁得仁，又何怨矣！原公平生篤厚，人倫孝友，自其天性。西岡翁嘗冒寒，中夜暴戾，公急出千金延醫治之。不效，則走謁郡文學通醫者。時文學已熟寐，聞叩扉呼號聲，驚起問故，公長跽告以父病，涕洟交下。文學與偕來診視，曰："無害，脉結耳。"探囊藥投之，應手蘇，人以爲孝感焉。歲餘，翁復病脾而泄，公晝夜侍廁牏，衣不解帶者三越月。卒之日，哀毁不欲生。將葬，之獝頓問銘，陷絳澤中，幾不能出。顧謂從者："無急我，我得下從先人足矣。"令咸陽時，聞母夫人訃，一號仆地，喀血升許，以不得親舍[二]斂爲恨。奔還，伏苫凷間爲孺子慕，忽忽若有見也者，曰："母啖我何，飲我何。"蓋歷三時，更數醫而後少瘥也。同年鄒進士元標以故相不奔父喪，露章詆其無親，上怒，廷笞之。衆懼禍，即至親莫敢近者。公獨携沈太史往視，且候其母，爲庀道里費，資其行。慷慨敦友誼又如此。以斯觀公，其居倫誼之間，苟可以處厚，即生死禍福，視之蔑如，何有於官？然治邑邑治，持憲憲肅，不有其宜而官辦，益足以徵公之器業矣。配楊氏，封孺人，河間別駕江女。

子男二，長之諭，娶盧氏；次之詔，娶賈氏。並庠生，嫻文學，足世其家。女三，長適鄉進士韓萬象，先公卒；次適雷郎中子景陽；次許聘田京兆子有年。所著有詩文兩卷，奏議三卷。以乙未年十二月二十八日葬於澗河之新阡。銘曰：

傅氏亢宗，以三才子。簪笏參聯，如鼎斯峙。叔也岐嶷，彗性幼啓。經授諸生，志摹二史。筮仕渭城，興梁溱洧。賓無留行，民歌樂只。繼宰雲間，斧斤髖髀。庭絕懸魚，里紓包苴。徵拜中臺，豸冠貂珥。正色昌言，直哉如矢。出司六察，嚴霜清徵。貪吏股卜，宵人顙泚。乍入遄旋，曰仲之以。艾痛亦痛，藥喜亦喜。爰有柄臣，爲伯藰尾。義不反兵，直摩仇壘。踐虎撩蛇，諒無完理。白兄覆盆，官輕敝屣。依棠且湛，食薇良旨。道重天倫，教扶人紀。餘慶遺芬，足垂千祀。我銘其藏，詞非溢美。

南京刑部廣西司郎中陳公暨配朱宜人合葬墓誌銘代

嘉靖乙丑，余分校禮闈士，得今宮諭陳君公望爲舉首，則莆秋官大夫石溪先生子也。先生以經學起家，兩魁賢書，而公望修其業以顯，若合左券，奕世科名之盛，海內所未有焉。然先生謝事早，人以不得究所施爲先生憾。公望既貴，再值大慶，還先生官。已復晉秩朝列大夫，業足以顯先生，而先生卒。卒之日，天子念公望經幃勞，特推恩命有司爲先生致祭，起冢如法。而先生配朱宜人者，先先生十年卒，至是公望欲並啓其竁與先生合，則介書余請銘。公望初第時，余獲覯先生子舍中，恂恂古質，一見知其長者，心甚誼之，故茲於公望之請不辭。

按狀，先生諱言，字宜昌，別號石溪。其徙居莆，自唐清遠令公樞始。宋有尚書公仁璧、僕射公靖，並爲名臣。明興，則參政公觀以文學受知高皇帝，嘗召備顧問，未及大用卒。觀生鄉進士熊，熊三傳爲淼，淼生槐峰公宣，則先生父也。母爲黃孺人。先生少頴精力學，文譽藉甚。初試有司不利，氣嶽嶽不少挫，嚮往益堅。家故貧，嘗授徒連州。州帥與先生善，有持重賄浼先生白事者，先生叱止之，曰：“貧，吾分也。吾不能以此自巇，敢用巇人？”其志操如此。嘉靖丙午，魁省試。明年丁未，再魁南宮，遂成進士。大宗伯泰和歐文莊公雅重之，請於銓曹，以先生爲邑令。先生治泰和，務伉直行，一意有所興除，不爲豪右斁法，尤恥伺上官指巧爲迎合。撫臺某獵賄所部，陰屬公爲購書，先生陽若弗喻也者，而束書露饋之。某大慝，謀螫先生。先生因引疾謝不任，請就教職，得浙之湖州。湖，胡安定公故授徒處也。先生至，則申約束，日切劘諸弟子。諸弟子執策請業，前席爲滿。間有跅弛不檢者，輒踞之堂下，譙讓之，衆肅然敬憚焉。已稍遷國子博士，積歲不調。會肅皇帝欲爲李都尉立傅，政府欲私某子甲，太宰建安李公不從，竟疏先生名以上。於是先生得擢禮部儀制司主事，傅李君。異時都尉率貴，倨驕其師，先生獨抗顏自尊重，務示都尉以禮，時論以此高之。越明年，大宰李公以讒被譴，政府修宿憾，批根及先生，謫倅郴州。郴故僻，公處之怡然，無幾微見顏色，而職事一切辦治。暇則進諸士講藝，一如在湖州時。會其年與事省闈，得今武陵陳中允等六人，皆知名士，而郴士曾君選輩亦斌斌相繼起，人多先生之鑒拔焉。已擢知泰州。值島夷訌江淮間，幕府請餉甚急，先生周爰調劑，下不殫民力，而軍興亦給。州有疑獄，所淹繫甚衆，先生訊，立出之，衆歡感若更生。尋轉南刑部員外郎，晉郎中，蓋駸駸達矣。竟爲憾者所中，用守泰州事坐謗免歸。歸三年，而公望登第，先生喜曰：“吾志有托矣。”因營別墅一區，名其室曰“怡老堂”，時臥起吟咏其中，泊如也，蓋優游十五年而卒。其卒也，正衣冠，應對賓客如常，一言不及於亂，人以爲先生素養之徵。

先生性坦率，於人無所德怨，亦不以德怨望人。而內行尤篤，母黃孺人卒，諸同產纍纍，先生窮年講肆，盡以所得資諸孤，費無所私，仕則又割奉予之者數矣。晚而林居，稍稍葺先壟，拓祀田，敘次家乘若干卷，曰："以此示子孫，令無忘吾孝悌敦睦之行也。"嗟乎！先生本用經術顯，不習爲吏，以故仕於世多齟齬；然其用乃在人倫風教之間，視卑卑施於名實末矣。要以公望日執經侍人主，紹明先生之家學，則先生未可謂不遇世也。先生受室古田尉受敷女，爲朱宜人。宜人始歸先生時，值姑既歿，家落甚，至不難脫簪珥以佐朝夕。先生既仕，宜人齎用一無所加，即屢起屢躓，宜人亦不以其故自貶，斯可以觀宜人已。其他懿行具許太史誌中，兹不具論。

先生生正德丁卯七月三十日，卒萬曆丁丑七月二十七日，得年七十有一。宜人生正德乙巳閏九月十一日，卒隆慶戊辰七月十三日，得年六十。子男二，長經邦，即公望，左春坊左諭德，宜人出，娶林氏，封孺人；次經學，側室何氏出，聘蕭氏。女五，長適庠生黃必輔，早卒，次適庠生吳梟，皆宜人出；次適庠生余澄，次許李治，次許方應偁，皆何出。孫男一，翰佐，聘方氏。孫女二，長適林升，次許鄭淞，皆公望出。其合葬在某山之原。銘曰：

人亦有言，寸長尺短。枘鑿難投，瑕瑜不掩。於惟先生，含華咀實。孔門文學，漢庭經術。蘇湖安定，國子陽城。生平宦績，太半傳經。白首爲郎，孰云廡仕？考槃自怡，象賢有子。後祿方將，長算遽詘。帝錫愍恩，寵存逮歿。誰其祔之，曰惟淑媛。隧而相見，德音罔愆。封斯樹斯，納斯銘石。垂千百年，永奠玄宅。

户部郎中吴公暨配張孺人墓誌銘

代望姓必首吴氏。吴氏固族大，多名貴人，乃瑰意偉行，負奇而喜任俠，進以風節自顯，退而修鄉黨之誼以爲高，則故地官大夫楚石公尤其矯矯者哉。

公諱璞，字叔温，其先楚人也，因號楚石。遠祖諱伏三者，國初從太祖定中原，留屯代之振武衛，遂爲代人。曾大父通，大父勝，並隱德。父圭峰公寅舉正德辛未進士，授户部主事，期年卒於京師，遺丈夫子四人，瑶、珠、璨，公其叔子也。公在娠時，母楊孺人蓋有異夢云，比生，神采秀穎，圭峰公固大奇之。弱冠游郡庠，與伯子少司馬南野公嘉會並有文名，深爲督學儼山陸公所器重，時稱爲二吴。嘉靖辛卯，公以《書》經舉鄉試亞魁。甲辰，謁選大城令。時縣大水，民盡亡徙。公上狀所司，力請蠲貸，仍設法招徠，稍稍給以牛種，民乃復業如故，爲作《感羊歌》頌之，語在《生祠記》中。治大城八月，用能聲調遵化。遵化麗薊鎮，疆事旁午。公至，受大中丞似庵郭公及東穀孫公委，行視諸要害，驗修守，計兵食，程器械，所措畫無不當兩公意指。有裨將某坐失律，陰以金帛饋公，冀掩其敗。公叱不受，竟以實上簿，諸將咸服其廉。已升山東德州知州。州當漕河之衝，民苦重役。其黠者或牟鹽利，群聚爲盜，有司莫敢問也。公至郡，首均河夫之役，歲省顧直七千餘金入大司農。又置偵卒緝私鹽，及擿發諸盜，即閭里銖兩之奸，舉莫能遁。鄰邑豪嘗匿惡少數十百人行劫，嚴捕不獲。監司知公才，屬公捕之。公出豪不意，輕騎詣豪所，豪倉卒莫救，遂舉衆就縛。公還報監司，一夕馳二百里，監司異其神速，薦章交公車焉。歲庚戌，徵爲户部貴州司員外郎，督薊鎮邊工。事竣，撰雲南司郎中。其歲，虜大入，薄都城。公受命發車徒輸糗糒給軍，即貴戚閹宦一無所避。

不旬日間，轉芻餉以數萬計，閩左不知其勞也。是時，逆璫柄戎政，勢張甚，諸曹郎白事率巽詞下之。公獨引禮制與抗，璫終不能有加於公。辛亥，丁母憂，謝政家居，生業僅僅自給。顧好義樂施予，自宗族姻舊，昏喪訟獄，有望於公者，戶外屨常滿也。郡倅賀某以負官鏹繫獄，久不能償，將鬻其妾，公爲出金代償之，賀得完家以歸。石州之變，故家子婦從虜中逃還至代，公遣女婢饋飲食及易衣裳齎送之，州守感其義，所存恤者甚衆。

晚年，兩奉恩詔，進階四品，乃卜墅城南，架樓鑿池，栽蓮泛艇，日與所厚善觴咏其中，翛然若方外人焉。所著詩文數卷，藏篋未刻。忽遘疾卒，是爲萬曆乙亥六月初一日，距生弘治乙丑正月二十二日，享年七十有一。元配張氏，繼劉氏。子男三，嘉魯，廩生，張出；嘉虞，太學生，側室劉氏出；嘉楚，側室張氏出。女四，長適張參政子津，次適劉節推子銘，俱庠生；次適王主政子鉉，其一未聘。孫男四，蕁、蔚、菽、菁。孫女五，鄉進士王乾亨，指揮僉事蔣一鳴，庠生張垣、施重光、劉繼綸，其孫婿也。嘉魯兄弟將以明年十月廿六日啓母張孺人竁合葬公先塋之次，則馳狀京邸，乞余爲銘。余惟公居鄉振煢恤匱，汲汲然務行其德。乃其莅官，則風節獨持，不少詘於權利。今觀其却金事，大類楊伯起，亢禮權貴，類汲長孺，一何其矯矯也！當在德時，豪族多不便公者，數謀陰中公矣；然公輒先覺，卒未嘗墮其計中。以是監司薦剡有“獨立風波，卓有經濟”之語，抑可想見其識略已而。狀又言，當圭峰公歿於官，公纔七歲，與兩兄扶櫬山行，會道傾仄，櫬且仆，公手輓紼以身當櫬，櫬得不危。在大城，嘗駕小舟勘水災，忽雷雨大作，水暴漲，勢將覆舟，衆皆恐怖，公獨正襟危坐。須臾有黃、赤二龍垂髯而下，夾舟以行，舟竟無恙。以此二事觀公，公之純誠正直，神固相之，豈爲一二豪所乘哉？矯矯以風節完宜矣。爲之銘曰：

孰助其紼，俾轝不傾？曰惟至孝，通乎神明。孰維其筏，俾波不驚？曰惟正氣，偃乎雷霆。苞苴可入，懼浼其篋。熏轑刻炙，懼折其肱。宜犴宜獄，得公則生。靡室靡家，得公則寧。謀寢彼凶，感浹彼悍。來祀考德，請視此銘。

工部都水司郎中張君墓誌銘

太師鳳磐先生張文毅公之薨也，有丈夫子五人，服官中外，文藻、器業咸克世其家云。乃冢嗣君甲徵以都水郎行河，夙夜頜頜勤事，積勞致瘁，遂以隕年，士大夫深悼惜之。將葬，伯子執金吾贊，奉其仲父藩參君泰徵書屬余誌其墓。余曩嘗次文毅公狀，又嘗誌王太夫人，歲甫一紀，而再辱都水君宛岑之役，其於人世之感何如也！

按狀，君諱甲徵，字懋一，號首岑。世居蒲坂，自高祖考寧，曾祖考誼，祖考嵋川公允齡，皆以文毅公貴，贈封皆光禄大夫、柱國、少師兼太子太師、吏部尚書、中極殿大學士。高祖妣雷，曾祖妣王、解，祖妣王皆一品夫人。母王夫人以嘉靖癸丑之四月十一日生君。少穎敏，七歲能解《孝經》大義，九歲能賦詩。稍長受書，日可誦千數百言，聞識該洽，自耆宿不能傲以所不知也。楊襄毅公見而奇之，目以爲國器，屬少保本庵公以子妻之。隆慶庚午補郡學諸生，每試輒冠。萬曆庚辰以蔭入太學，壬午舉鄉試第二人。明年成進士，授兵部武庫司主事，提督京衛武學，材官子弟翕然服從其教，成就獨多。是時，文毅公秉政，凡江陵苛條峻法不便於國與民者，次第解更，曠然與天下更始。楚黨不自安，謀所以排公百方，度不能移上意，憚公愈甚。會公謝政，歸治嵋川公喪。乙酉夏大旱，上步禱郊壇，赫曦中見從官有竊揮紈扇者，詔糺其人，楚黨以君對。上察知其誣，弗罪也。其年冬，文毅公薨於里第，君痛不及視含斂，號泣摧毀，殆不欲生。服闋，除職方主事，以滿績晋文毅公階特進，加母太夫人封。尋改吏部驗封司主事，調考功。余嘗與言「正人嚮用，國家之福，第今士風躁競，宜嚴杜邪枉之蹊」，君乃矢心公慎，於凡官資勳級，躬自銓叙，吏胥不得倚以爲奸，弊竇頓塞。然引繩批根，思尋端修宿憾者未已也。壽宮成，君前在兵部時，有董役勞當叙，忌者排而弗予，重摘其過，復賴上憐察得免。庚寅，丁母憂去。癸巳，京察，竟絓讒囂，謫兩淮運判，徙倅東昌。故事，京朝謫官，家居待遷，卒不之任。即之任，偃蹇上官前，以客禮自居，厭薄簿書，一無所事事也。君曰：「隨事效忠，臣子職分，庸敢廢職以懟君乎？」則欣然受牘，若忘其爲遷然者。久之，升刑部主事，提都官獄，念諸幽繫圜土者，類皆株連羅織，繫非其辜，日屬曹掾爲辟除燥濕，而輕重解紓之，全活甚衆。詔理刑漕署，猾胥、悍卒、蝥賊舳艫中飲博狃狂囂凌訴誶者，悉繩之以法，運道賴以清焉。已轉工部都水郎中，督理張秋河道，念巡歷頻數，供億不貲，第畫策分授所司，省試有程，吏民按堵。然殫精竭慮，神漸耗而病作矣。亟請告歸，卧蓐兩月，竟不獲起。以萬曆庚子十二月八日卒，距生得年四十有八。

君天性孝友，親歿，遇節時生忌祭奠，哀慕不異初喪。兄弟會食，少一人不歡。既宦各方，往來問訊，無月不相聞也。貌樸而莊，望之若難近，而襟宇夷曠，人與之處，灑然若飲醇者。尤敦道義，幼嘗從學琴臺南公、西濱郭公，終其身師事之不衰。門無雜賓，而延禮四方知名之士，惟恐不及。里中後生從之講業及蒙其賞識者，多起而爲鴻儒巨卿，咸服其有人倫之鑒焉。所居室圖書充棟，手不停披，而絕口不問家人產。乃宗姻緩急有求於君，靡不得所欲去，即囊篋既罄，不難毀器幣佐之，初不計其能償與否，視不能償，且并其券燔之矣。愛人喜施類如此。配封安人楊，即少保本庵公女，生子贊，錦衣衛右所副千户，娶南氏，

繼余氏。女適弘農衛指揮同知許廓然，封淑人。側室朱生子巽，
聘何氏。女適胡來賓。孫男二，東昌，東山。孫女一。以萬曆二
十九年九月二日祔葬敕建文毅公塋兆左次，禮也。

　余自惟交君之日淺，知契特深。始君會試中式，有引江陵諸
子登第事，槩疑及君者，謂君宜避父嫌，暫輟廷對。君奮然請於
文毅公曰："兒即不肖，何至以兒故累大人之至公乎？荷鉏力田，
足供子職，豈必科名？誠得放歸幸矣。"公曰："兒攻苦半生，
甫掇一第。乃以親受疑，亦不幸而爲輔臣之子耳。何庸爾言，吾
休可也。"因上疏乞罷，上優詔弗許，而君始強起應制。然自是
意念悒悒，常思有以自效而謝人言。用是蒞官營職，弗計崇卑，
推分任真，罔恤寵辱，識度過人遠矣。在武庫時，齎餉過太原，
倖帥倨弗遜，君便草疏自劾，謂不可以己瑣委故辱戎樞，其人惶
恐謝過乃已。癸未，余濫竽武闈，君執事闈以外，諸試策雷同及
蹈襲記誦者悉真弗録，以故是科所收士頗精。行河時，榷稅大璫
繹騷境上，寖妨河務，衆相視莫敢誰何。君作書歷數其左右恣橫
狀，規以大義，璫悚服，相與轉親。風概又何其凛凛也！雖數罹
讒搆，績效未終，而顯世翼猷，居然可睹，良不愧文毅公子[一]矣。
銘曰：

　生而貴兮爲文毅公之冢嗣，髫而慧兮襄毅公稱曰國器。韋平
傳經，儀儼聯第。猗鳳毛之足珍，胡蛾眉兮衆忌？豈粹白兮可
淄，洵在泥而不滓。歷樞省而天部，典漕憲若河防。端模範兮懸
藻鏡，抑倖帥兮懾權璫。川九折而彌直，金百煉兮愈剛。率家猷
兮展錯，賁先烈以焜煌。歿全歸其無忝，祔大隧兮永藏。

校勘記

〔一〕"子"，疑當作"梓"。

〔二〕"舍"，據民治學社本當作"含"。

復宿山房集卷之二十五

誌 三

行人贈兵部主事馮公暨配封太安人蔣氏墓誌銘

芹泉馮公諱惟重，字汝威，貴州副使閬山公仲子也。馮氏之先青州臨朐人，洪武初有思忠者徙實遼左之廣寧。閬山公既顯，念家本齊也，因携其五丈夫子復歸臨朐，即郡城家焉。公生而穎敏，十歲能文，有雋譽。方游廣寧，已冠廣寧諸生；既徙家郡，復冠郡諸生。郡諸生嚮公名，競走問業，公人人爲剖析疑義，無弗滿意去者。閬山公官留都，公從而南，講業青溪，一時名公如許石城、邢雉山輩與公游，皆遜謝，以爲不及，名益日起。嘉靖甲午舉於鄉，歸從家醮。時廣寧苦虜，閬山公顧念先人丘壟，臨食而嗟，謂諸子"誰可往視者"，公請行。間關烽火中，逾月始達，竟芟荆蔓，築垣立石而還。戊戌，舉進士，授行人。會肅皇帝南狩，簡命公往告湖湘。湖湘暑濕，盛夏癉熱，公日夜驅馳不少休，至廬而病，疽發於背。同年友張公、董公來視疾，泣謂公宜急歸就醫藥，勿令卒有不可諱，以憂父母。公毅然曰："使臣不任，及於踣頓，廢天子成命，死不償責，敢委而歸，以重大戾？"竟卒於廬。

狀稱公豐頤修幹，善譚論，嘗傾座客。與客飲，度酣輒起，飭裀帶滌器，更益整峻，人以此占其醉否。喜爲詩，詩宗大曆以前，書復遒美。公即高才，睥睨一世，而意嘗有以自下者。坦夷洞達，絕無城府，人以此益親。公既死，而蔣太安人以節顯。蔣太安人者，故青河令蔣公女也。初，蔣公讀公文奇之，既見公矩步便旋，益大喜，謂此真快壻，遂以太安人歸公。歸逾月，而閭山公將南遷，獨難太安人曰：“吾方謀歸故里，獨奈何令新婦長去其鄉？”太安人顧無難色，急裝爲行，於是歸計遂決。公之行役也，太安人留守官邸，生今憲副君子履，遣使馳報公，未至而公卒矣。太安人聞訃，一慟而絕，絕而復蘇，顧視憲副君嬴[一]然褓襁也，復大慟曰：“嗟乎！死易耳，如生者何？又何以慰死者？吾其爲死者撫生者，以明吾志耳。”乃勉就飲食，携憲副君以歸。閭山公廉吏，家無余貲，而公之使也，又謝一切饋遺不受，比喪還，發橐中裝，蕭然無有也。太安人乃斥簪珥葬事，至自操作以供饘粥，日撫憲副君而泣。稍長，遣就外傅，歸則躬秉機杼，伴夜讀，一燈熒熒，母子形影相吊也。憲副君成進士，太安人喜且泣，諭之曰：“若大父若父以清節顯，吾與若幾不能自存，而卒再世宦者，若大父若父所遺也。若毋以宦時忘吾與若幾不能自存時，則毋忘若大父若父所爲矣。”憲副君泣受教。故自令方城，入爲職方，出備兵雲中，兢兢以廉平爲理，則太安人之教云。太安人性簡重，自少無所紛華，既稱未亡人，服食益自貶損。與家人語，未始不稱先君，而繼以泣也。憲副君既上書闕下，言母守節狀，詔旌其門。衆方賀有令名，太安人獨泣曰：“夫子不幸，吾忍而就此？吾獨何心忍以夫子之不幸爲吾名乎？”憲副君爲職方，得贈父如其官，太安人如今封。制法服以進，太安人服之望闕謝，輒却不再御。及孫琦官太史，以使事過里中，從憲副君拜堂下，起率孫曾前爲壽，太安人喜爲一舉觴，已而慘然不懌曰：“惜哉不使若父見也。”言與泣俱。蓋黃鵠之悲四十年如一日焉。

公生弘治十七年正月七日，卒嘉靖十八年十月二十八日，享年三十有六。太安人生弘治十六年十二月二十八日，卒萬曆十年十月五日，享年八十有一。父即閒山公裕，祖振，並以公弟惟訥貴贈布政使，妣皆爲夫人。子即子履，今整飭易州兵備、山西按察司副使，娶宋氏，封恭人。女二，一適石太守繼芳，一適石茂才茂元。孫二，長琦，右春坊右諭德兼翰林院侍講，娶姜氏，封孺人；次珂，聘李氏。孫女三，許聘張元豸、遲一梧、蔣弘胤，曾孫女一，俱幼。憲副君以太安人卒之明年正月二十二日啓公兆合葬，而以太守宋公狀來乞銘。予謂方公盛時，兄弟四人俱以文章科第擅名海內，公獨未究其用以死。死數十年而公子憲副君具文武才，爲衆所推轂，行將秉鉞建旌，著功名於世，而公孫宮諭君方且執經紾廈，負鼎鉉之望，此公諸兄弟所未有也。或言太安人有餘於年，故能辛苦立門户，長子孫，蓋天之報太安人如此。嗚呼！太安人之餘於年，正天之報公所不足於年者也。是爲銘。銘曰：

謂天有知公乃死，謂天無知太安人乃不死。所可無死，以公有子。子復有子，茂綿慶祉。百千萬祀，徵德考年，不亡在此。

大理評事翟公墓誌銘

廷評翟公，余之昏姻家也。余爲諸生時，公業魁省闈，有聲，交相慕好。其後相繼成進士，游益親。丙子，余亦適謁告還里，公自留京假沐，相與會恒山下，道故甚歡。比余應詔上過公，則公病未疾[二]，憊甚，無意出矣。別公二年，公卒。又明年，公嗣子瑛等卜兆恒西之麓，將奉公柩厝焉，則持公門人李生所爲狀來乞銘。嗟乎！余忍銘公哉！余忍銘公哉！

公諱廷楠，字棟叔，別號龍洲，世爲雲中渾源人。大父諱紀，紀生蓬，號古村，授濟陽丞，即公父也，以公貴贈文林郎。母李氏，贈孺人。公兄弟四人，長典膳廷槐，次庠生廷梧，次某某尉廷松，次公。公在娠時有異徵，比生，神采穎異，及長，卓犖有大志。濟陽公心奇之，延名師授公讀。公於書一目輒記不忘，爲文典雅有矩矱。甫十三，充學宮弟子員，每試輒居高等。乙卯，遂以麟經魁於鄉。辛未登進士。家食十七年，即二親老且貧，終不以禄仕故就銓。而甘旨常給，病則籲天乞代，數有異效。及二親相繼歿，哀毁骨立，見者惻然。處諸兄友愛備至，庭闈無間言。初授涇陽尹。涇陽關中劇邑，賦訟叢沓，吏緣爲奸，且多顯貴人，法常格不下。公至，盡批宿蠹，每晨起受牒，手自判決，左右咸撟舌相視，無敢舞文者。文廟傾圮，公捐俸葺之。又時時課諸生，周其貧乏，有跅弛不檢者，則面加訶譙，士用是以行誼相勗。時歲大祲，諸郡邑無敢上狀，公獨請於所司，破格蠲貸，故涇陽民無流者。居三年，治效大行者，薦剡以十數。第事干豪右，盡法繩之不少貸，坐是豪右皆銜公，徵命且及，僅升南京大理評事。或爲公屈，公曰："莫非王臣也。"即趣裝往。至留署，奉職彌謹。時有大獄，久不決，衆務規避，莫肯先發。公爭之廷尉，立爲平反。有坐法當刑，其宗人懷金謁公，冀得寬。公叱之曰："汝豈以廷尉府爲市耶？"旦日白廷尉，竟寘於法。其執如此。然自是同寀多忌公異己，而涇之顯貴人又宿怨公，則相與共搆公。值大計，乃中以他事，免。有慰公者，且勸公辯謗，公笑曰："得喪命也，何慰？爲謗我者有耶，辯無益；無耶，奚用辯哉？"聞者服公之達。既罷，鍵關訓子，間邀所厚善，命酌談玄，翛然若方外人焉。晚年起一第，未就而灾，自是不復治室。有欲爲公樹坊者，公力辭。及公没，郡守王公始請於當道，表其閭。閭里咸重公誼，不以貴耀鄉人也。

公卒之日，爲萬曆辛巳十月三日，距生嘉靖辛卯八月廿四日，享年五十有一。配王氏，封孺人。子男五人，長瑛，娶李氏；次玠，娶石氏。俱庠生。次珙，娶白氏；次琯、次琬，俱幼。女四，一適李樹培，一適辛儀賓子田，一適葛縣尹子倫，一適余子浚初，俱庠生。孫男一，爾弘，瑛出。孫女二，尚幼，玠出。余嘗謂公家恒陰，蓋天下名山云，公豈所鍾耶？何生之偉也？乃卒以直道不容，不獲大任，又何其不遠到也！嗟乎！世瀹瀹尚同，而公矯枉以爲亢；世營營競進，而公蚤退以爲拙。位雖不終立，意則較然矣，奚必躋膴仕躐榮名而後快於志哉？所謂光嶽之正氣非耶。爲之銘曰：

惟嶽降靈，篤生魁傑。太阿發硎，飛黃奔軼。胡剛而折，胡趨而蹶？儲慶蓄祥，以詔來哲。

湖廣左布政使安公墓誌銘

公諱嘉善，字體亨，別號宿陽。其先雲内人，自遠祖麟徙居代。祖信，隱德弗仕。父琦，河南歸德州倅，以公貴贈南刑部郎中，母張氏、王氏俱贈宜人。生六子。長從善，次幼卒，盡善，明善，至善。明善，己卯舉人，任麟遊尹。公出王，最少。資性穎異，日可記數千言。弱冠遊郡庠，試輒首諸生，督學公深器重之。嘉靖乙卯舉於鄉，乙丑舉進士高第，授南刑曹主事。時士大夫宦南中者以留署無事，數相過從，譚宴爲高。公獨決辦曹事，出入有常，同舍咸服公謹敏，以爲難。已遷郎中。會關中荒，有議易置宰，擢公知西安府。公下車寬徭役，禁科擾，所以振救之百方，饑民咸舉手祝，幸更生，遠近就食者如流。吏白公廩不給，請勿食流來者。公曰：“饑民皆朝廷赤子，何分彼我？”益勸富民出粟，爲廬舍以處之，所存活萬餘人。已而歲大稔，以爲公異政所感。時有藩司某以公帑數萬金檄郡主守，公曰：“藩司自有藏，郡庫非受寄地也。”執不納。其人大銜公，公持去就爭之，卒以直顯。

癸酉，當大計天下吏，銓曹奏公治效爲循良第一。上召見褒勞，賜金幣，宴於闕下，相傳以爲殊寵。尋升山東按察副使，駐節天津。天津三輔重地，戎索積弛，公督將吏，訓勇敢士，爲扞圍計。故事，戍番上有月兒錢之徵，慮其或逋，則於發餉時扣留。公曰："士借升斗爲養，迺朘之使不得食，士何由强？"即請除之。於是行間競勸，人人超距奮矣。是歲，天子命大臣閲三邊，而天津將士獨驍健冠諸軍，論者以爲公功，復蒙優賚焉。丁丑，遷河南參政，未幾即轉本省按察使。時部使督察諸路盜甚急，而舂陵當梁、楚之交，有銅山銀鑛，奸民牟利者據其間。公設法招撫，以收流亡，不期歲，盜盡息。督撫交章上狀，即擢公湖廣右方伯。未至，遷左方伯。公聞命，自汴歸里，即趣裝發。時溽暑，南方大疫。或勸公勿行，謝曰："某荷三朝渥恩，亡以報，倘得死職，幸也，敢懷丘首？"即攬轡行。所部聞公至，墨吏奸掾皆望風引去，荆襄士民踴躍歡呼，思沐公澤如待父母。迺公竟以冒暑病瘃，履任兩閲月卒。時朝廷方議授公中丞節鉞，使專方鎮，命未下而公之訃至，朝野惜之。嗣君境扶柩北還，荆襄士民攀轅引紼，而悲號於路者繼相屬也。

公生於嘉靖壬辰八月二十二日，卒於萬曆辛巳十月十四日，享年五十。配孫氏，封安人。子二，長境，娶趙氏；次疆，娶亢氏。俱庠生。女三，一適光禄寺監事高沂，一適國子生吴嘉虞，一許聘余子汲初。孫男一，疆出。孫女二，俱幼，境出也。癸未冬十月，境等將奉公厝於城西新阡，乃就余問銘。余雅知公，且婚姻家也，不敢辭。銘曰：

莫非王臣，或燕居息。公獨靖共，終始惟一。留署清風，關西惠澤。三輔干城，中州柱石。世想儀刑，帝鑒忠赤。神遊衡湘，體安窀穸。宿山之陽，溠水之側。嗣胤蕃昌，發祥兹宅。

陝西苑馬寺卿兼按察司僉事覃公墓誌銘

萬曆戊子九月十一日，陝西苑馬寺卿致仕月窗覃公卒於家，距生之年僅周一甲子。其先湖廣黃岡祁門里人，國初有貴隆者徙屯馬邑，遂即雲中家焉。貴隆生德乙，德乙生榮，榮生表。用高貲遊賈江淮間，好義喜施，里中稱爲善人。配劉氏，通政劉公安女，方伯公整妹也。是生環，爲公父，以公貴贈兵部車駕郎中。始贈公配劉宜人生子不育，置曹宜人副之，生子，又不育。家奉大士像，曹宜人禮之甚虔。一夕，夢神人持果，其色正赤如柿，芳香噀人，授之曰：「以此爲而子。」覺而爲贈公言，贈公以爲祥識之。彌月而生公，是爲嘉靖戊子元日。因命其名曰應元，字之曰德芳。公生二年，而劉宜人亦自舉子，選爲和川郡王女儀賓，例不得仕。於是贈公撫公頂嘆：「余少孤失學，然從舅氏宦關中，習見詩書之貴矣。孺子勉之，無令外宗獨盛也。」公自是淬志向學，以十五歲充郡庠弟子員，每試冠諸弟子，文譽藉甚。戊午舉於鄉，乙丑成進士，拜歷城令。歷城巖邑，賦訟旁午。公至，應手辦，時察民所疾苦，孳孳務振其急。嘗開田北山下，因湖爲渠，教民灌溉。治東山塗徑之險仄者，以便車馬往來。民至今賴之。獨恥趨事上官。撫臺某性剛愎，用擊斷立威郡縣，所具城旦書連者多斃杖下。公請自今非重辟罷遣，全活甚多。某檄縣徵贖金千，公閱籍，止得數十金以報，丞勸公：「上所求甚奢，而公薄應之，懼無以塞其望，不如因而饋之，可自爲地。」公曰：「剝民以媚上，有挂冠歸耳。」竟無以加。某果大恚。一日，闔司以書函金饋某，適邑尉直庭下，尉舉篋不勝，書委而金見。某慚，笞尉數十，托他事逐尉去。尉創甚，公屬醫調護，厚遺之還。某謂公背己而私尉也，徧伺公陰事，無所得。會公奏最當徵，某從中沮之，稍遷南京刑部主事。庚午，滿三年績，得贈父如其官，兩姓安人。

尋轉戶部員外郎，用薦文武才調兵部武選司郎中。已調車駕司。司主四方郵傳符驗，達官貴人求請無虛日，公悉按例謝絕之，不少徇。壬申，以覃恩大慶，得加贈父母。明年，出守河南府。府治居天下樞，冠蓋四集，時有禁，不得用傳，留滯益多，而民益擾。公至，爲酌定經費，客無停軌，供億之累稍紓。移書敕屬縣汰冗役，禁株訟，勸農興學。諸屬吏率公指推行之，闔郡不嚴而化。又所在置倉儲穀備賑，初年萬餘石，次年乃數萬石，屬歲侵民得不饑。妖民許天宮左道惑衆，衆趨之如流。公懼亂，設方略禽之，亂止。嵩山有銀礦，民緣爲奸利，椎埋擊殺，有司莫敢問。公密遣捕盜八人易服入賊所，別伏健卒於要地以待。八人潛伺賊首居懸崖間，掩其不備禽之，從間道出。既遠，賊衆始覺，駭而四散，嵩、洛之間以寧。

丙子，遷四川憲副，分巡叙、瀘諸郡。境接獠夷，民俗龐雜。公設條教，開以禮法，不數月咸知向方。獠婦某謀作亂，帥劉詗知其狀，請兵之。公曰："獠所恃積聚耳，第募健兒燔其巢，此不過一卒之力，豈足勤衆？"帥從之，獠婦果寢其謀。亡何移陝，備兵延綏。入關，按行部，瞻顧城邑，憶贈公曩從舅氏宦游處，愴然悲之。益務殫心經略，若甓治神木、鎮羌諸城堡，以固封守；開永清等處荒田，以贍屯卒；覈諸將領私役士，以裁冗餉，疆事犁然飭也。貢市再竣，兩奉璽書褒賚。而會旁郡倅以查盤至鎮，公以屬吏禮遇倅，倅怏怏還，徧譖公於當路，不行。而河東鹽院亦以徵贖金故失意，入其譖糾公，朝論莫直也，量調公楚備兵。長沙盜駕舟出没衡湘間，哨卒不能捕，益乘其勢，顛越人於貨。公令哨船皆建大旗其上，哨卒以號衣爲識，分番巡緝，所往來停舶處，津吏署狀馳報，卒不得逞。盜遂息。

丙戌，轉陝西苑馬寺卿，分巡平涼。值歲大祲，牧卒坐馬死不能償，逃者過半，而部使者下追補之令甚急。公曰："馬與人孰貴？今乃欲驅生人償死馬耶？"則屬各監暫寬督促，務招撫流亡。流亡復，馬將漸充，而部使者竟謂公舒緩不任事也，奏公致仕歸。公喜曰："失一官而活數千人，歸可矣。"歸未數月，疾作，遂不起。

公性簡重，燕居無惰容，而坦夷有度，口未嘗言人之過。與客飲，觥籌交錯，油油灑灑如也。尤敦倫誼，事贈公及兩宜人，色養備至。處弟應麟，友愛甚篤。應麟死，拊其孤如己子。贈公有季女，業許聘孫上舍子。而孫上舍圽，家中衰，不敢復申前約，公卒以妹歸之，資予甚豐。外翁媼晚貧無所依，公迎養別室，圽而調棺斂葬焉。仁厚如此。

入仕二十餘年，所至以清操聞。在河南，當入覲，庫吏橐羨金數千謁公曰："此郡守舊例也。"公叱而却之，籍其金於官。三任憲臬，未嘗聽人干請，里居亦未嘗以事干有司。雲中稱邊鎮，諸宗及士大夫爭以奢靡相尚，公獨澹泊自守，服舍朴素，蕭然若儒生。没之日，所遺惟圖書數卷而已。嗟乎！以公具文武材，負經世之略，使得盡究其用，功業可勝道哉？而廉不能趨承，方不能詘折，仁不能笞督，欲以諧世而炫赫赫之聲難矣，宜其屢進而屢躓也。然覃氏世受商，而公用詩書繼外宗之軌，先後宦秦，卒爲覃氏陽元，成贈公之志，與夢符，可不謂異焉？

配袁氏，壽官玫女，累封宜人。子師孔，廩生，娶蔣氏，繼劉氏。女二，長適武舉梅啓中，次適孫紹先。孫男二，長光啓，庠生，娶鎮國中尉廷塤女；次光裕。孫女四，長配鎮國將軍蕭鑛，封夫人；次許聘余嫡孫泰庚；二幼。師孔以萬曆庚寅某月日葬公於城南獨角寺西嶺之源，乃走京邸乞銘於余。余自爲諸生，與公游，相善，仕又同朝，且忝姻好，習知公德履，不可辭。系之銘曰：

代有覃氏，竭來自黃。善慶積培，聖果兆祥。厥果維何，匪柚匪橘。元會逢辰，赤光照室。居珍儒席，充貢彤墀。花封采振，蘭署香馡。尹正周京，蕃宣楚蜀。惠浹甘棠，風清喬木。函關再入，接跗外宗。兔絲上覆，茯苓下鍾。孤芳無蹊，美實易盡。陶徑栖真，漆園抱素。靡榮不悴，乘化爲輪。周一甲子，復歸其根。綿綿者存，芬敷秀挺。奕葉彌昌，王槐並永。

陝西按察司副使薛公墓誌銘

余爲諸生時，則聞天城薛汝爲氏有俊譽，心慕之。已赴省試，集同郡士，識公於稠人中，揖而與之言，契若雅素。嘉靖甲子，公以國子生舉順天鄉試，余亦以是歲充貢籍，又同舉戊辰進士，交益親，因與締昏姻之好焉。公歷仕郡邑，踐揚中外，所至用治辦顯。而余竊禄二十年，尺寸無所自效，才能不逮公遠甚，乃公竟先余罷，復先余殂也。傷哉！明年冬，仲子維坤奉李方伯所爲狀就余山中乞銘，余不忍辭，誌曰：

公諱綸，字汝爲，號幼泉。其先揚之興化人，國初諱士秀者以從戎徙河曲，再徙天城衛，遂家焉。士秀生鎮，鎮生玘。玘四子，春、雲、雨、雷。雨、雷無嗣。春二子，長經，次綺。雲即公父，以公貴贈某，配柴氏，贈某，是生公及繯。薛氏世力田，以農致饒，後稍受賈，居鹽策維揚，而業儒則自公始。

公生有異質，少與伯兄經同受書塾師所，伯兄未及句，公已數行下。比伯兄一再讀，則公已成誦，掩卷不復省。其爲文亦然，縱橫數百言立就，文藻爛如也。於是伯兄自謂力學不如仲敏，謝去，治家人産佐公讀，公學益專。以弱冠補衛學生，兩試省闈不利。會虜大入，攻當路塞，贈公夫婦並遇害。公泣謂伯兄：“爲丈夫子不能挺身入虜，磔臊羯奴，雪父母之恨地下，寧能處危巢，坐待覆卵之禍，以殄吾宗耶？”乃盡以家秉屬伯兄，而輕身束書游太學，從日門胡先生講業。刻厲苦攻，更三年不返，卒成進士，筮仕長安縣。縣麗會省，冠蓋雲集，簿牒叢委。公至，檢宿案，次第籍之。晨坐堂皇，呼吏抱牘上，須臾論報輒

盡，徐起升輿，走謁官長，嘗日中昃始還。賦訟待理者纍纍擁縣
治，召入鞫之，須臾決遣又輒盡。於是豪猾吏咸吐舌嚥，不敢置
一詞，旁近縣訟多願就公質成者，治行稱三輔第一焉。歲辛末奏
最當徵，大司馬以公邊人，特言於銓省，擢兵部武選主事。武選
吏視武人子若居重貨，非厚賂，輒引他例鑴其級，或遂除籍不
叙。公躬覈選簿，鈎校功次，有朝投牒夕受官去者，所全甚衆。
又條上制虜安邊十數事，其大者：優冑弁以儲將材，而罷入貲
之例；練土著以實行伍，而息勾軍之擾；復屯鹽以充餉，而紓
召買之累；繕城堡以固守，而停不急之工，言鑿鑿中窾。大司
馬譚二華公奇其籌畫，擬調公職方。會開封守缺，藉才者願得
公，遂領郡符以出。至郡剖繁劇，斧解刃理，恢恢有餘，一
如長安時。而彈壓強藩，摧抑豪右，嚴重有加焉。於是治行復
稱河南第一。

　歲己卯秋試，諸生阿直指意，攻冒籍，詞連督學，公不直諸
生。會督學窮治，諸生急，其父兄貴有勢者遂以此遷怨公，謀擠
之壑而甘心矣。壬午，擢陝西憲副，治兵定邊。當市，群虜索賞
而譟，莫能止。公前叱言：「撫賞歲有定額，若等背約而索，豈
以來歲當不復貢市耶？」虜衆望見公儀貌魁岸，驚若神人，咸應
聲懾服，終市事寂然無敢譁者。督府郤文川公甚倚重之，將遂薦
公開府。而向遷怨者業撼開封事，嗾給諫某，論公解任待勘。勘
無驗，部覆調用。未幾，值政府鼎革之際，楚人噓江陵餘燼，以
攻晉人首大冢宰，遂波及公，若以鄉曲故見庇者。不勝，則復嗾
楚人按關中者，論公定邊事，乃公任定邊纔兩月耳。尋端不能
得，竟乘大計蜚謗，罷其官。既罷，士大夫交書唁公，公怡然自
得也，曰：「某幸席先世之産，兄耕弟賈，資某於學，以有今日，
於某足矣，敢薄山林？」時薛氏不析産已五世，鹽策在維揚者，
季纓寔理之。以是公子姓婚姻、田宅奴婢南北居半，數往來省視

以爲常。余每規公，人豈鴻雁也，而翔鶩南北，僕僕不憚煩耶？公復好客喜酒，池館之側、房闥之間，所至觴具設焉，間用聲伎。余皆不謂善，公顧樂之。要以公長才大略，鬱勃而不得宣，非托於奔走經營、飲食燕笑，則無以澆胸中磈礧，發舒豪宕之氣，余所謂煩乃公所謂快耳！余甚愧余陋，而慕公之達，宜有得於養生之指。乃一旦疽發於股，竟以不治。此余所痛恨於公之罷且圽也！

公內行甚備，而昆季敦睦，克紹五世之美。既貴不渝，尤人所難。昆季入貲而拜爵，經鴻臚寺序班，縷太醫院吏目，則昆季皆衣冠矣。昆獨子，爲置側室廣之，季有子，爲延外傅訓之，則昆季之子皆詩書矣。歲大祲，道殣相望，約昆季發家廩以振餓者，計捐三百金以上，號於衆曰：「此吾昆季農且賈之積也。」於是昆季又皆以仁義聞鄉閭矣。爵不獨私其身，祿不獨私其子，富不獨行其德，其篤於倫誼如此，安論吏事哉！

公生嘉靖甲午八月二十一日，卒萬曆辛卯正月十三日，得年五十有八。元配宋氏，繼徐氏，贈封皆安人。子男六，維垣，娶宗氏；維坤，庠生，娶李氏。俱徐出。維墀，庠生，娶余氏；維埏，聘高氏。俱側室王出。維垓，聘支氏，側室張出。一幼，側室石出。女四，長宋出，適遵化縣尹李杜，先卒；次徐出，即余季子庠生沛初婦也；三張出，許通政田公子中顯；四馬出，尚幼。公諸子卜以是歲壬辰十一月十六日葬公神頭山之陽，起宋安人之柩合焉，禮也。銘曰：

家於代，賈於揚。齒於胄，賓於王。宰於雍，守於梁，觀兵乎河湟。止於坎，逃於虛，媲德乎庚桑。嘅若靈鳳，其采九苞，擇音高崗。矯若騫鵬，乘風圖南，九萬翺翔。飄若冥鴻，遠迹藪澤，繒弋靡傷。腴於養，倦於游，歸休乎玄堂。隱若干將，虹蟠蜺藏，耀百世而有光。公其不亡！

四川按察司副使趙公墓誌銘

萬曆壬寅六月廿一日，四川憲副任齋趙公卒於家，冢嗣國史檢討用光輟直奔還，痛不及眠含斂也，日夜馮棺而號。其季父寬譬之，勉以大事，乃抆涕草狀，介書使於余問銘焉。余時臥病奉諱，惻然悲也。嗟嗟天民，遽至是哉！憶昔釋褐從公，相與爲兄弟歡。公少余二歲，而才志高邁，百倍於余。仕不應獨淹，退不應獨蚤，余之覥顏於公者多矣，乃今又先余逝也，余何能勿悲而忍銘公乎哉！顧知公莫若余，則何忍不銘？

按河津趙氏，自晉獻公滅耿，以其地賜大夫夙始。國初有諱思忠者，四世而生盤。盤生軏，饒於貲而喜施，嘗以凶歲捐千金，發粟二千石哺餓者，他所助昏喪緩急之家尤衆，里人至今誦之。軏生九成，仕順德府照磨，能世其德，以公貴贈奉直大夫、禹州知州。凡五娶。元配路宜人，繼周宜人，繼杜，繼劉，繼徐。周宜人生三子，長三樂，次三畏，次公，諱三聘，字天民，號任齋。季三綱，則杜出也。

公生而韶秀。童時里胥攝更夫者哄於門，諸兄走匿。公請往見令，婉孌盤辟，容止甚都。令奇其質，試以文，立奏。詫曰："此異才也。"賜之筆札，而厚遣之，更夫事得解。年十四，補邑庠生。爲文醇深爾雅，同邑暢生紹川一見遜伏。戊午，遂與暢偕舉於鄉。其年，受室柴。兩上春官。壬戌，值贈公病歸，侍湯藥，不解帶者累月，歿而銜哀茹素，毀瘠有加。服除，登隆慶戊辰進士。當館試，業在選中，以束於額，止授山東益都令。過家省墓，取道大名。兵憲某欲交歡公，邀飲不以禮，公艴然曰："將賓我而屬我耶？"拒弗應，某大憝，乃撼公枉道，擅用傳，簍殺篙工事劾公。對簿，而篙工寔不死，薄謫河南布政司照磨。甫五月，遷江都令。再逾年，丁徐宜人憂，喪之如贈公。服闋，除河間府獻縣。

公凡三領縣，縣皆麗郡，冠蓋如雲，簿書叢其前若山委。公出則戴星，入則設燎，窮日夜之力應之。館無留賓，而案亦鮮宿牘，且能推其餘力，鉤考旁近縣事，得其情也。嘗衆謁，上官問及鄰邑疑獄，其令嚛不能置對，而公對之甚悉。上官偉公才，自是旁近縣獄亦無不移公論報者。前後疏薦公十九，能聲日益上聞，而勞亦日積，寖病咯血矣。戊寅，擢守禹州。又六年所，入拜司農郎，督餉遼左。以功賜御〔三〕府金者三，增秩俸者一。己丑，擢四川按察副使，備兵川東。會翰檢君魁省闈，公喜自慰曰：“嗟呼！吾向者淹汩民社，心力畢殫，而不敢告勞也，乃今可以休矣！”遂移疾歸。歸而構閒閒亭於郊園，携賓友觴咏其中，翛然適也。

翰檢君既成進士，官詞林，以辛丑奉使道家。其年用東宮慶典，進公亞中大夫、資治少尹。公拜受策書，荷以爲榮。翰檢君當報命，公起居幸健無恙，曾未浹數月，而溘焉逝矣。距生嘉靖戊戌三月廿一日，壽六十有五。公服官二十年，其績效所表見，大半在吏治即精敏，任部劇而不爲苛瑣，大指在拊循百姓，振救其菑害，勿使擾之而已。江都苦繇賦，而公行條鞭法獨善，民便之，爲作歌咏其事。獻縣苦河溢，公爲疏源導委，俾水有所歸，民得不虞昏墊。中州苦盜，公行保甲法，什五相司。其後妖黨煽亂，株連數郡，禹州獨完，民相與戴公若父母，建祠祀焉。乃操下特嚴，墨吏猾胥，銖兩之奸不貸。逆旅主人苦客，客愬之，公重罪之，里市豪頓戢。臺察監司所使人怙勢而橫，一切繩之以法，遂無敢繹騷境內者。維揚多大賈，往地方孝廉下第，率過而謁令，求薦館賈人，所覬挾令之重，飽金錢去。公峻謝不與通，曰：“吾不以身爲市儈，佐若曹罔利也。”醫某侍公疾，語次微餂公以略，公訶之曰：“勿多言，視疾言疾耳，奈何輕以身嘗乃公三尺乎?"山人張鼎文者,以詩文游縉紳間,頗干公事,老居禹,獨不敢向公吐一詞。故事,縣令齋用恒倚辦筦庫。公所至痛自裁損,常禄外毫無所需,當去任,庫貯贖鍰若羨鍭,多者數千金,悉籍記以付吏。

丁丑、癸未兩朝京師,諸守宰爭走津要,苞苴塞途。公行橐蕭然,恥以貨財爲禮。時有修維揚郤者,姜菲於吏科都諫所,謀螫公,竟無如公之清約何也。公在獻,增葺單家橋,顏其橋曰"五節",以旌貞女之烈。在禹,檢故府圖籍,編次州志,以備信史之徵。皆曠典,有裨風教。而禮賢愛士,體貌更優。己卯、壬午兩校省闈,得人尤盛。若連太僕標、季司業道統、錢太守守成、宋大尹名世,或簡自譽髦,或拔之遺逸,一時同事者,咸嘖嘖服公之藻鑑焉。

其入爲司農郎,值鑾輿謁山陵,中貴人騎而從者,部當宿芻藥以待。公畫地以域,止中貴人域外,按次給之,迄事無譁者。監九門鹽法,日與大璫共事,嚴然以正臨之,諸胥隸蟊蠹其中者,搜剔殆盡。其監餉遼左,帑金漕粟,應手輒發,曾不淹時,士氣倍厲。廣寧北有牽馬嶺,道迫隘,騎過必下。或議開之,以度諸乘障者。公曰:"此一綫之路,我能往,虜亦能來,開之不虞延虜入室乎?"其後虜果從其地內犯,眾乃服公先見,謂公不獨習吏事,且習兵也。於時,大將軍李寧遠公每出塞,得首虜功,輒推公轉餉力。而督府顧冲庵公數咨公密議,復特疏薦其有帷幄勞,請加四品服,以示優異。事雖中格,而譽望隆隆,固已出諸邊使者上矣。比歸,創建宗祠,以歲時率族人薦蒸嘗唯謹。春秋學宮釋奠,必祗謁先師。元正若聖旦,必朝服北向,拜祝天子萬壽。其於生三之誼,老而彌篤如此。

始公從贈公順德受書衛先生所,後過順德,先生已病,拜省牀下,經紀其家而去。而雙洲衛先生者,則公里塾師也,仕三河尹，卒於官。公爲位哭奠，遣使迎其喪歸。時起居先生夫人，而以女妻其孫，即屈年輩，勿計也。拊弟侄呴呴然慈，而不廢檢括。處知交，過常面折，而事已輒忘。鄉後進從公講業者，躬課其藝之上下勸勉之，起爲高等弟子掇科第者，彬彬盛焉。至問遺女兄，共其困乏，貸妻族多金不責報，而饑寒惸獨，若靳生守中、郝生永禄，並以溝壑之急托公爲歸，仁衷盎然，又若自高曾以來傳家之心法，得公引之而愈長也。儻充其志，雖盡八荒膏沐之有餘，乃僅沾浹三數州邑而止。所待以蒸雲出雨，沛施公未竟之澤者，非翰檢君他日事耶？

元配柴氏，繼袁氏，並有内德，先公卒，累贈宜人，今加贈恭人。側室吳氏。子女各四。用光，即翰檢君，娶高氏，郎中拱辰女，封孺人。用弼，娶王氏，紀善賓女。用抃，娶任氏，朝亘女。用簡，聘稷山梁氏藩參綱女。女長適庠生侯賓周；次適衛繩武，即雙洲先生孫；次適武繼文；次幼。翰檢君與侯門婦俱柴恭人出，餘皆吳出。孫男四，茂年，光出；長寧、長榮，弼出；閏年，抃出。孫女一，外孫五。以某年月日葬紫金山祖塋之次，兩恭人不以合祔，從治命也。銘曰：

柏翳之裔，食采於耿，自大夫夙。世歷我明，厥有素封，善慶是篤。鍾美儒英，麗藻雕璩，清標崚玉。振轡天衢，皇路孔夷，或枳驥足。躓於齊梁，悴於廣陵，淹於鉅鹿。三仕令尹，墨綬十年，而遷禹牧。紛糺櫛梳，盤錯刃游，晻曖犀燭。威侔馴鼉，惠擬烹鮮，廉符留犢。甘棠在原，桃李在門，芬其馥郁。入贊大農，出領度支，節盈濟縮。著績於遼，於蕃於宣，抗旌於蜀。澤且遠施，意忽倦勤，白駒空谷。蓋曰幸哉，有子成名，代匱可屬。乃賦考槃，乃治姻賓，乃仁邦族。金籯一經，石室二史，允光詒穀。禁鼎宮筍，榮養方將，遽悲風木。疇謂公亡，錫命自天，顯揚有俶。勒銘羨門，佳氣蘊崇，永輝夏屋。

順天府通判馬公墓誌銘

　　承德郎懋庵馬公，故少保文莊公乾庵先生之兄也，以萬曆丙申十一月二十日卒於家。季子廣宗令協卜以明年丁酉十月十三日葬公祖塋之次，與楊安人窆合，乃衰絰持狀，逾河涉塞，走千數里來謁余銘。余曩從乾庵先生後，供奉詞林，雅蒙提誨，頗習懋庵公之爲人，而廣宗君之孝思更有足愍者。

　　誌曰：公諱自勉，字伯懋，別號懋庵。世爲陝西同州人。六世祖諱和卿者生克敬。克敬生太學生馴。馴生文。文生通，知博野、繁峙二縣，有惠政。父珍，宛平縣丞，母李氏。兄弟四人，而公爲長。自曾祖、祖父皆以乾庵先生貴，贈光祿大夫、太子太保、禮部尚書兼文淵閣大學士，而曾祖妣、祖妣、妣皆一品夫人。公少慧，端謹不嬉。始從宛平公京邸，受《尚書》王生所，王生深器重之。既歸，受《春秋》於雷先生。已聞耀州張先生之學，則又負笈從張先生游。凡三更師，經益精。角丱補州學弟子員，試輒高等，文譽籍甚。而數奇，屢詘於省闈。己未，充貢公車。癸亥，除郊庠司訓。丙寅，丁宛平公憂。服除，補任長垣。庚午，升信陽學正。所至躬端型範，申飭章程，課士必先德行。間或弗率，誘進循循，未嘗厲以聲色。行修過腴，則面裁其溢，戒使成禮而止。歲祲，捐俸以周貧窶。士有成生者，死不能葬，爲庀棺衾而掩之。以是三庠生徒誦德如出一口。臺使薦牘有曰“忠信之行，足以造士；道義之守，足以維風”，人以爲實録焉。壬申，擢國子助教。會今上登極恩，進登仕佐郎，錫之敕命。尋丁繼母張孺人憂。服闋，復除。所以訓迪六館士者，一如在三庠時，而道益尊，成就益衆。丙子，聖駕臨雍，賜綺衣一襲，蓋異數云。是時，乾庵先生以大宗伯侍上講幄，稱師臣，德望顯重。而公守廣文冷局，踆踆奉職唯謹。每與官僚語，無一言及家弟也。先生既入政府，公益自韜匿，謝絕賓客往來。即與家弟語，亦無一言及官僚也。

戊寅，滿三載績，升順天府通判。始公爲諸生，憤奸吏舞文，有司倚法。嘗自言："異日得沾一命，必不使煩賦重賦荼毒閭閻。"至是，鈎考簿書，剗除宿蠹，節浮汰冗，廳事一清。值乾庵先生薨於位，即日投牒求致仕去，朝紳留之不得。張文毅公鳳磐先生與公年家姻契，素兄事公，力止公行。公曰："吾與亡弟恩同手足，方不忍獨生，忍獨留耶？"竟解官扶柩歸。時有吏懷金爲所親脱罪者，公叱之曰："吾不愛官，寧愛金哉？"因笞吏，發其奸狀，同官曲解乃寢。歸襄弟厝事畢，與里中耆舊結社劇飲爲樂，足迹罕入城市。州守及諸文學鄉射、飲賓，爭以致公爲重。里人無少長，每伺公出，遮道聚觀，見其童顏鶴髮，咸羨以爲仙也。公體質修長，秀眉疏髯，目無流視，生平伉健寡疾。配楊安人之歿也，公年纔耳順，或勸之娶，公曰："娶妻爲繼嗣計，幸哉有子。曾參、王駿何人哉！"竟無再婚，亦無姬媵。晚而喜觀内典，意有所會，則焚香趺坐，冥心證聖以爲常。以是大耋能耐寒暑，晝不假寐；能辨細字，有少壯所不如。屬纊之辰，夢之帝所，覺而呼其孫，命之曰："汝其送我乎？我將去此適彼樂土矣。"一室盡驚。公從容理櫛沐更衣，端坐而瞑。比就木，其顏如生。距生正德己巳十二月十五日，壽八十有七。

公天性醇厚，篤於人倫。自母李夫人即世，宛平公耄而倦勤，公内撫三弟，外經紀門户事務，貽宛平公以安。及仕，歲時飭鰎具，遣子齋壽膝下，度至之日，望閭遥拜，不勝瞻雲之想焉。與三弟處，終始無間。訓子若孫，惓惓以忠孝慈儉爲本。下至僮僕，亦救令馴戢，勿與物爭。宗黨鄉閭一不得所，惻然憐之，必納之安全乃已。每遇麥秋，多糴麥百數十斛，俟春糶之，如糴之直。其貧不能酬直，量貸予之龠合，無所牟息，人以爲義浮於麥舟焉。丁亥，關中大祲，穀價踴貴，蓋藏之家咸射利，不肯出穀。公特命叔子就莊次盡發困廩出之，以貸貧者，所全活甚衆。嘗曰：“世惟親民官與出責者易爲德，寬一分則人受一分之賜矣。”蓋季子治廣宗，每下一令便於民，聞之輒津津喜，以爲能行己之志也。嗟乎！關西自明興二百餘年，出乾庵先生而相，曠世一人矣。乃承德公復用文學、行誼抗顏膠庠，褒然爲士紳宗主。仲以相業顯，伯以師道尊，美哉！二難之盛，匪直地靈間值，蓋亦世德之積鍾焉！至軫慟鴒原，棄官扶櫬而返，孔懷之情更足以重懿親，愧薄俗。孫曾振振，不啻瑤林珠樹，競爽堂階，天之所以報施仁人，固未艾也。

配楊安人，耆賓鳳女，生正德丁卯閏正月二日，卒萬曆乙亥二月廿八日，享年六十有九。内德載乾庵先生所爲誌中。子男四人，慎，散官，娶張氏，繼郭氏；忱，吉州學正，娶王氏；恬，先公六年卒，娶陳氏；協，即廣宗尹，娶李氏，封孺人。孫男十一人，橋、朴、梧、格、櫃、檜、柱、檢、材、椿、楷。而朴，鄉進士；橋、梧、格、柱、檢、材，並州學生也。娶於張氏者三，孫氏者二，其一王氏、陳氏、楊氏、喬氏、眭氏。楷幼，未聘。孫女九人，壻則行人張養才，庠生董芳、李之箕、張養和，而楊楣、李居益、李之棟，並名家子。一幼，未字。曾孫男九人，嗣燁，州學生，婦楊氏；次嗣㸅、嗣焜、嗣煜、嗣熾、嗣爌、嗣煒、嗣燮、嗣燦。曾孫女十二人，一適張曰灼，一字董於陞，餘皆幼。銘曰：

三承師説經乃明，四遷學博教乃行。臨雍賜服恩則榮，擢倅京輔風爲清。鴒原翽集飛且鳴，舍車而徒義弗乘。爲兄則友夫則貞，鳳去永輟鸞簫聲。敦倫樹德天所憑，躬綏多福綿修齡。蘭叢桂簇陰滿庭，生存豫順歿乃寧。藏者其魄顯者名，羨門之石詞可徵。

校勘記

〔一〕"羸"，疑當作"贏"。

〔二〕"疾"，據民治學社本當作"痊"。

〔三〕"御"，民治學社本作"玉"。

復宿山房集卷之二十六

誌〔一〕

贈禮部尚書兼翰林院學士朱公暨配夫人
陸氏葉氏合葬墓誌銘

東武先生卒，越二紀，而仲子爲宗伯，典三禮之重，蓋以經術受上知云。先生元配陸夫人蚤卒，至是繼配葉夫人卒，而宗伯公請恤於朝。上眷念甘盤舊學，乃非時予誥，贈東武先生宗伯，兩母夫人，詔所司營其兆域而並祭焉，寔異數也。宗伯公既歸，則掇其父母懿行屬余爲誌。余與宗伯公同舉戊辰進士，官詞林，又同執經侍上講幄，久諗其家世，不可辭。

誌曰：先生姓朱，諱公節，字允中。起家鄉薦，仕至泰州守。先後系胤及生卒歲月具詳少師申公誌中。先生蓋恬淡履高人也，自爲諸生，文行表表。既舉於鄉，名益重。郡守牧過先生廬必式，願見先生，而先生愈翛然遠引，結詩社於息柯亭，所交皆方聞好修士。生平欣慕陶彭澤之爲人，比謁選，果彭澤。彭澤俗好訐難治，奸民竄匿山谷，爲有司梗。先生設信義招徠之，盡蠲一切煩苛，與民休息。獨大姓撓法，法繩之不少貸。於是閭左寧而豪右戢，乃戢者則府怨矣。時島氛方熾，先生大城城，城完而民不擾。又建議守備小孤山以遏寇衝，寇不敢近，環封安堵。則以暇日群諸儒生論說經義，彬彬稱弦誦之風焉。民舍火，先生拜火，火輒止。民爲之謠曰："瓘斝玉瓚，何如我公磬折滅焰？"蓋先生治彭澤滿三年，治化大行，乃擢守泰，彭澤人肖先生像祠而祀之如陶公。

泰故凋敝郡也，歲罹兵荒，民亡徙過半，積逋以萬計，更難治。先生至，則剔徵收之蠹，里役不得浮取民一錢。或有函金私獻先生者，先生痛自責：“守豈有失德邪？此奚爲至我？”自是終其官無敢干以私。三殿工興，花石之役及泰，供億騷然。先生盡括贖鍰給轉輸之費，不足，則捐俸佐之，以寬民力，民力蘇。泰瀕海，有魚鹽之利，而河故道堙，無陂塘蓄洩，旱若澇，概委於歲。先生乃疏老河河導入維揚，修明水憲，割百畝之什一而渠堰之，商舶以通，農大穫焉。有開府某，喜爲鈎距以得事，蒐捕豪猾，蔓及無辜。先生力爭，出所部數十人於死。開府才先生，并以它部爱書聽先生亭決，出者滋衆，則相與謀尸祝先生。先生曰：“法如是，非私爾也。”已之。蓋先生治泰歲餘，泰大治，等於彭澤。乃彭澤怨家螫先生，翕而中先生以蜚語，仍用彭澤令罷去。去時，泰人飲泣攀轅以送，竟肖先生像祠祀之如彭澤云。

先生歸里，顔其居曰“悠然”。入則侍母徐夫人，歡其心，課兩子學，出則邀社中故舊釣游觴咏，一切世紛泊如也，人益服先生高。元配陸夫人，内德純茂，載先生所自爲壙志。生二子一女，未立而卒。先生難其繼曰：“安得良偶如陸者，撫是藐諸孤？”已而，聞葉翁女賢，室之，是爲葉夫人。葉夫人視諸子女不異所生，諸子女不知其無母也。尤屬意宗伯公，曰：“吾他日所恃者，仲子耳。”宗伯公少癯，讀書塾中，忽風雨暴至，方凛凛不勝怯，而夫人提一褐冒雨來，呼而衣之。其諸調護多類此。先生乃大喜曰：“吾始慮諸孤無母，今有母矣。”舉一子，甫四齡而先生卒，宗伯寔長育之。宗伯戴夫人慈，事之如陸夫人，數遣使御安車迎夫人，而夫人雅不欲遠涉，則遣婦陳夫人躬往迎之。會少弟暴卒，宗伯撫膺泣曰：“嗟乎！吾母弟存亡相倚者也，弟亡母不能獨生矣。”無何，果卒。宗伯號踊奔還，卜賜兆於某山，啓先生與陸夫人之窆而合葬焉。

嗟乎！士固有志，先生本慕靖節公而宰彭澤，竟以彭澤去。語云「千歲一人，猶比肩而立」，豈先生與靖節公之謂邪？然靖節公嘗嘆「室無萊婦」，爲詩責舒、宣愀不愛文術，生稱五柳，沒而題其墓曰「晉徵士」止。孰與先生伉儷兩賢，而又有仲子奉遺經，起而濯磨日月，踐斗樞之位，門閭之間，三槐陰陰，大隧豐碑，儼然載璽書賜號視三公。繇斯以談，先生風操似靖節公，乃所遇過之矣。要之，先生達人，遇不遇非所以論先生。爲之銘曰：

山陰之朱自尉里，傳至秩宗家崛起。稽山出雲霖四被，東武先生無乃是。五斗初爲捧檄喜，巾車歸來從黄綺。積有餘慶貽厥子，南宮北斗高曳履。相將二媛疇離祉，苾芬五鼎同秩祀。佳城鬱鬱天錫爾，億萬千年視斯誄。

封陝西左布政使王公暨配夫人趙氏荀氏合葬墓誌銘

太平王氏，世隱於農，毋顯者，而以質行高年特聞。余同年中丞君嘗爲余僂指其先，五世而三飲於鄉，而大父西園公夫婦偕壽八十以上，尤世所希覯也。乃作齋先生用經術開[二]，中丞君亟食其報，三命而躋方岳，名寵亢宗而壽過之。偉哉！造化厚王氏，而又獨厚於先生，所謂道德之符非耶？先生元配趙夫人，先生[三]生卒，三紀而荀夫人稱未亡人，甫一年亦卒。中丞君卜葬先生於城西七里之新阡，將奉二母以祔，則介洪洞劉藩參君所爲狀屬余誌其幽。余於先生爲年家子，誼不可辭。

按狀，公諱應時，字伯起，號作齋，系出龍門，其家太平自耆賓公孝始。孝生進，進生寧，寧生西園公儉。持論斷斷侃直，而性慈仁，數周恤困窮，施不蘄其報，鄉閭多其陰德焉。配趙氏，即所云偕壽者。生子三人，而先生獨聰穎。西園公曰：“吾門當有興者，其在仲子乎？”遣就里中師受《易》。博綜强記，自經書傳注覆誦如流，尤詳於子史。嘗手録《性鑑要義》，口不絶吟，而作字端楷如鏤，莫辨其爲鈔本也。弱冠補邑弟子，每試傾其儕。顧數奇，五舉不第。而内行甚篤，所得廩餼，悉奉二親具甘毳，不私一錢。即西園公力田致羨，間分其券諸子，先生獨受而燔之，曰：“吾書生也，饘粥不乏足矣，安用券爲？”則盡捐其責不收。伯兄卒，遺子女孤無依，拊而婚嫁之，咸及成立。友愛季弟備至。族大而涣，著族譜聯屬之。有豪逞忿鬩者，峻責婉譬，必解乃已。以是督學使者每郡試課行誼率首先生，獎予特優焉。初娶於趙，舉子體震，業未就而卒。已娶於荀，舉中丞君兄弟，咸有異質。群之家塾，身課之，無頃不在側。及中丞君爲諸生，先生五旬矣，猶屈首與同研席，作其勤，夜則下帷篝燈，伊吾聲相應也。無何，持二親喪，斬然衰絰中數年，志不無少抑。甲子，服闋，以久次當貢，而會中丞君得雋，欣然喜曰：“幸哉！有子足成吾志，安能復挾策從後生鬥捷乎？”遂援例授校官冠服，不仕。

戊辰，中丞君成進士，官水部郎。先生就養京邸，命之曰：“以吾先人所不能得之於我者而發祥於汝，汝必勉之。”則大書“勤”“敬”字各一幅，揭之壁間爲最〔四〕。已中丞君歷官藩臬，周回雍、豫之間，咸奉先生以從。在臬司則訓以平恕，在藩司則訓以寬紓，以是中丞君所至有惠愛，得吏民和。方中丞君守尚書郎，先生業受封爲郎、爲大夫，寖以貴倨，而益務折節，爲恭謹自居處，被服、飲食泊然儉素，無異儒生。而待故舊特厚，鄰人有廢箸者，必固辭之，辭之不獲，倍直酬之。嘗曰：“圉奪人之產以遺子孫，悖入悖出，吾不爲也。”己卯，季子體恒舉於鄉，諸子若孫復次第占博士籍有聲，人益羨以爲善慶。庚寅，中丞君滿藩伯三載績，身祖若父若身，得贈封通奉大夫、陝西左布政使。祖母、母、妻皆夫人。先生益喜過望曰："以吾所不能自致於先人者，而徵榮於汝，吾志畢矣。"則歸而與朋儕飲奕爲樂，暇日披古圖史，摘嘉言懿訓，關於養生主者録之成帙，命之曰《觀頤集》。及中丞君由京兆尹出撫貴筑，過里請留侍，先生不許，趣之鎮。受事一年，爲忌者所中，免而歸。先生喜曰："而歸來乎，以吾旦暮之身得而在側，何渠非福？"

明年甲午，爲先生九帙壽，里中姻友稱觥而祝者屨相錯於庭，先生徧受觴而釂，灑灑如也。未幾，忽癃而損食，遂不起。是爲八月初三日，其生則弘治乙丑二月六日也。趙夫人父與先生母爲同産兄弟，荀夫人亦邑名族女。趙以雍睦佐先生孝友，自翁姑、姒娌，家衆咸宜；而荀以勤嗇佐先生恬愉，自絲絮、米鹽，宮事盡飭：均之備内德、嫻閨彝焉。趙生正德丁卯三月二十一日，卒嘉靖己未九月三日，享年五十有三。荀生嘉靖乙酉二月二十三日，卒萬曆乙未八月四日，享年七十有一。始，荀夫人未笄時，夢堂坳盆水中數小龍盤旋振躍，旁一人告之曰："此而子也。"及歸先生，生四子，皆令器，與夢符。比卒，又謂諸子："爾父召我，我以其忌之前後往矣。"如期而逝。並異事也。子男五，體震，先卒，娶張氏，容城學博偉女；次體復，即中丞君，娶高氏，繼衛氏，贈封皆夫人；體恒，舉人，娶衛氏，繼張氏、許氏；體益，廩生，娶鄭氏，濟南貳守盡忠女，繼張氏、衛氏、劉氏；體豫，庠生，娶盧氏，繼戴氏。女三，一適文繼先，蚤卒；一適吳民望；一適韓惟幾。孫男十，桐、梓、楠、梧，震出；椿，復出；楷、模、標，恒出；楫、橋，益出。而桐貢士，梓、梧、椿，庠生也。孫女八，一適原受益，一適庠生李錦，一適韓受采，餘幼。曾孫男五，炳、耀、燦、焕、焯，女三。其葬爲萬曆乙未十一月十六日。嗟乎！壽、富、子孫，古仁聖之所不能兼也，而先生身獨兼其福，難矣！乃子才而教不弛於義方，禄豐而節不渝於侈汰，年耋而善不忘於箴儆，所以居其福者爲尤難。先生真有道之士乎哉！顧其養宏深未可涯涘測，讀《觀頤集》而乃知其居福之有本也。然則造化厚王氏，又獨厚於先生，非偶然矣。銘曰：

龍門之裔，世耕河汾。韓[五]光弗耀，樹德務惇。篤生大儒，研精六藝。陽城守鈔，孝先腹笥。懷瑜握瑾，蹈矩循繩。灰寒棄券，金滿書簏。式穀嗣賢，特勤雕琢。雙璧輝聯，三珠采錯。學教之仕，仕教之忠。郎曹望著，藩伯功崇。京兆保釐，中丞鎮撫。高山大川，蒸雲霈雨。翼猷宣豳，慶祉昭融。封綸申錫，三命滋恭。謙以居盈，約而防汰。老氏玄修，武公抑戒。齒兼德茂，道配名尊。得正而斃，不亡者存。有美淑媛，同居同志。隧而相從，融融洩洩。羨門之石，勒我銘詞。綿綿祚胤，儲祥在茲。

封刑科給事中楊公墓誌銘

近泉楊翁者，刑科給事中恂之父也。給諫君登萬曆癸未進士，官行人，滿三年績，得封翁行人。已擢居諫垣，又滿三年績，復晉翁今封。蓋兩拜綸制之寵云。往翁壽彌六帙，給諫君過余，謀歸奉觴事。余止之曰：“未可也。方今朝綱積弛，時事多艱，拂士藎臣分宜自效，何得言歸乎？”給諫君猶豫數日，翁使使至京，遺給諫君書，一如余言，給諫君乃止。辛卯四月，給諫君奉命册晉藩，得便道歸省。出關抵蜚狐，去里兩舍，而翁之訃至。給諫君徒跣奔還，號踊欲絶。已揮涕爲書，介施進士重光所爲狀抵余乞銘，曰：“先生幸惠念先君，微一言之重以賁於幽，先君死且不朽。”余既傷翁之歿，而給諫君又與余弟家壁同鄉書，誼不可辭。

按狀，翁諱繼美，字汝孝，近泉其別號也。上世遠不可詳，國初有以軍功中賞率升小旗者，隷代之振武衛。四傳至彪，長厚，敦行善，里人以德門楊氏稱之，語具大司馬吳公墓表中。彪配袁媼，生翁。翁生而美鬚眉，風骨娟秀。少受讀里師，見群兒抑首呻佔，心厭之，以不能卒業。而喜博綜群籍，涉獵大義，寔未嘗一日廢書。居恒禔躬治家，踐墨循繩，逡逡壹稟於禮度，人無敢以未學少之。已，念四民之業，各有所托以成名，今縱不能殖學以顯，自托於士林，幸藉先人遺貲，修其業而息之，猶賢乎？已乃挾數千金裝，游賈江淮間。見諸賈操籌策，會奇贏，規三五之息，心又厭之。獨喜與士人遊，更相過從，上下議論，其所厚善，至爲具筆札費餉之，後多舉科第、仕顯官者。於是江淮數千里間，皆籍籍重翁名，無敢以賈目翁矣。一日，部使者視鹽策，有所咨問，諸賈人咸蓄縮不能應，翁前畫便宜，占對如響。諸賈人自謂不及翁才，因共推翁爲鹽策祭酒。歲己卯，給諫君舉於鄉，翁自淮上聞捷，掀髯喜曰：“夫我乃不以儒顯，兒子以儒顯矣，尚安事賈？”即日棄資斧北還，與鄉長老結社觴咏爲歡，非公事足未嘗涉官府。既以子貴，再受封爵，滋益折節爲恭儉，曰：“吾不敢怙天子之寵命，驕汰恣睢，其以傷和而伐福也。”惟獨孳孳務施予，振人之急。有客某負翁子錢，逾期不能償，愧不敢謁翁，遇翁於路，輒走匿他所。久之束身自詣，願廢箸業相抵。翁憐而却之曰：“若恃此糊口，今以歸我，若將吸風飲露以活耶？”遂折券棄之，其人感泣叩謝去。娣倩王客死，翁爲調棺斂，舁其櫬數百里外，還葬如禮。遺女一，收撫之，擇世冑子嫁焉，資裝餽遺不啻己出。

當在淮上時，少年背[六]籠禽鳥、罱龜魚於道，以幸縱者。翁盡贖而縱之，每縱常數十百，日常損千數百錢。少年輩初謂翁偶然耳，已更籠且罱，致之輒售，輒復盡縱。於是少年輩私相指目："翁仁人也。德不獨及禽魚，即施恩吾儕數矣。"嗟乎！入市攫金，登壟罔利。乘縣官之急，攘臂趨時，苟富貴功名以自殖而不與後患，世之儒名而賈行者豈少哉？乃翁身游賈人中，敦行孝修，遇骨肉有恩；處知交及所識窮乏，慷慨有義。微若異類之物，亦無不愛惜生全之，所謂富而好行其德非耶？而狀稱給諫君若以翁隱約無所表見爲歉者。夫解網者王，放麑者傅，施有廣狹，其於用心一也。翁第不以儒顯耳，藉今遭時適世，克其好生之量，可使萬物一體，何必據尊官、都顯位而後有所表見哉？及觀給諫君所上饗廟、冊儲、停内索、省官刑諸疏，惓惓導主上於仁孝慈儉，宛然以其聞之家者效之天子之廷，然則翁所欲表見於世者，固不必身自爲之矣，何可無銘？

翁生嘉靖庚寅正月初四日，卒萬曆辛卯四月廿五日。配郭氏，處士槐女，封孺人。子男二，長恂，即給諫君，娶薛氏，户侯宗倫女，封孺人；次恒，庠生，後翁一歲卒，娶王氏，光禄典簿岸女，亦先卒。孫男三，可棟，聘大將軍鄭尚金女；可柱、可植。孫女二，長許聘舉人劉中正子思。皆恂出。次幼，恒出。以萬曆癸巳二月八日葬城東北某山之原。銘曰：

儒不近名，賈不近利。仁心盎然，春風和氣。孤嫠我依，困煢我庇。鱗介羽毛，我脱其縶。積慶自躬，發祥喆嗣。禄養鼎承，封綸再被。壽考令終，含笑入地。天道無親，有德司契。銘以傳之，爲善立幟。子孫繩繩，引而勿替。

封福建道監察御史鮑公暨配贈孺人李氏墓誌銘

余從上黨鮑侍御君游，則習聞其父封侍御君恬所翁與其大父雲居處士者，並恂恂隱君子也。而侍御君又間爲余言，父封君孝謹，大類大父處士翁。然處士翁奉母或失其歡，嘗旁皇求解乃已，而封君事處士翁自不至於失其歡；處士纖嗇勤生，嘗苦不給，而封君雅不視產，齎用亦無所詘；處士翁若黑若辱，善爲濡忍，封君即不善濡忍，終不與校之矣。余意處士翁若礦金璞玉，未離於質，而封君握瑜懷瑾，亦不欲示人以奇。要之，韜光襲采，敦隱君子之行，爲鄉閭重則均焉。乃今不三數年間，而兩翁者相繼没也。嗟乎慟哉！侍御君謂知兩翁者莫如余，故前年既乞處士翁銘，今復走使請銘封君也，則何能辭？

　　按狀，翁諱卿，字上卿，恬所其號。少習舉子業，弗利，則廢去學書，書法乃日進，久之，逼真子昂矣。於是薦紳大夫争造公請書，殆無虛日。又雅善尺牘，諸儒生有竊闚其草者，人人以爲不及也。性儻蕩，耻齷齪自營。唯獨喜酒，出遇厚善者，拉與飲，飲嘗竟日不歸，歸而醰卧達旦，宿醒未解，又復出也。翁雖游於酒人乎而内行彌謹。始父處士翁奉母及諸弟居也，朝夕或不繼。翁既壯，俯仰咸倚辦，翁所需輒具，處士翁得不以家累爲憂。弟相出分，翁初舉橐助之行賈，已數破其貨，則又割所置田予之。相既有子，乃又爲其子置婦，令人人有室矣。異母妹歸李世良，世良貧不能贍，則舉室依翁，凡衣食翁者若干年乃去。即去，而饋遺猶時時往不絶也。里人故嘗以縣賦折辱翁，翁既貴，或言宜釋憾自快，翁曰："以天幸至此，豈敢遽爲修怨地耶？"竟弗報。侍御君未第時，有書生來游邑中，矜自負所學。翁請以侍御君從之游，生則大言："竇人子初學，乃不量而溷我？"拒不納。已聞侍御君第，乃大慚恨，自來謝翁。翁憐之曰："以君才美自致宜無難，歸勉之矣。"爲齎一歲糧去。翁家故貧，又數施予，坐是無常産。蓋侍御君既第，猶僦舍居也。舍主人利翁長厚，故昂其僦直，溢取於翁。期滿，主人則謀廢屋更取直，無意償僦金矣。人或教翁，彼僦直可溢取，而子錢不當溢取耶，蓋遂抵之。翁不聽，乃更酬直如主人指。其長厚類如此。晚病酒，數病數起。起坐於一室，手古今名賢詩咏以自娱，足迹絶不及公府。族子甲行母錢里中，收息過當，翁怒切責，悉取其券焚之，自是族子弟無不兢兢服翁家法者。卒之日，猶晨起行肆中，及午而歸，忽稱疾卒。卒之後三日，而侍御君乃從浙中還，以不得面訣爲慟也，然及視其斂云。

余唯世所稱封君貴人，夸毗榮世，苟可以美田宅，致貨賂，修恩怨，何所不得？不者，則其才技智力或偶不逮，非真能有所不屑而爲高也。乃翁文藝可以自見，不求爲通；智計可以舉贏，不求爲積；勢便可以傲物，不求爲雄。暗然爲修，泊然無餘慕，斯其爲恬所翁哉！

翁元配李孺人者，柔慧端靜，自治生訓子，不復知有閫外事。比舍宗婦日勃磎於室，諸妯爭走平決，往往被訴。孺人獨不往，訴亦不及，殆稱其爲恬所翁配也。翁生正德甲戌正月十八日，卒萬曆丁丑十一月二十日，享年六十有四。孺人與翁同年生，先翁二十二年卒，其卒爲嘉靖乙卯二月十二日，享年四十有二。男三，長希顏，即侍御君，婦王氏，贈孺人，繼李氏，封孺人；次希閔，婦王氏；希孟，廩生，婦馬氏。女二，一適任邦憲，一適屯留郗謨。孫男七，甦、鼎、蕭，出侍御君；鎧、鏞、鉉，出希閔；一出希孟。孫女四人。侍御君卜以是年四月十六日啓妣李孺人兆，與翁合葬於河頭原祖塋之次，而余既次其事，遂爲之銘。銘曰：

良玉不琢謂翁拙兮，書胡爲乎工？莫邪弗割謂翁怯兮，酒胡爲乎雄？彼鷗鳶豈不張兮，孰與冥冥之飛鴻？菉葹豈不植兮，孰與幽谷之芎藭？曠兮其若墾兮，何投弗容？渙兮其若冰兮，何滯弗融？嗇於其躬，樹德則豐。坎而周封，斯其爲恬所之宮。

封廣東道監察御史趙公墓誌銘

西河翁，侍御趙君允升之父也。趙君舉隆慶戊辰進士，治某有聲，徵入爲廣東道御史，稱近臣矣。顧時時念翁不置，欲乞養歸。其同年友王生止之，趙君爲言："家大人老矣，升以獨子離遠，懼萬一寢膳不適，意且貽慟無窮。"因出所爲疏示王生。疏未上，而翁之訃至。王生往弔，趙君伏地哭曰："升鄉者以急語子，而子不吾察也。今何如哉？嗟乎已矣！唯是先人之遺德隱行，不忍復泯泯無述，敢辱子以銘？"王生許之。

按狀，翁諱立，字子豫，西河其號。其先太原陽曲人，國初有諱能者以從戎留代，遂爲代人。大父傑以長史公貴封新河縣尹，大母董氏封孺人。長史公，翁父也，諱玥，舉弘治辛酉鄉試，初仕新河尹云。長史公配孺人王氏，生五子，長即翁，次文、彥、廉、雍。翁少嗜學，刻厲有志。長史公卒，諸弟尚幼，一切資養咸仰給翁。翁左顧右復，終不以其故廢書。諸弟稍長，則群之家塾訓之，身自挾策呻佔爲諸弟先。文、彥蚤卒，遺孤允執、允若，翁又輒撫訓之如己子。後廉、雍、允執並游庠校，而允若亦兢兢循謹，公遂以篤行稱里中。里中子弟慕翁名者或爭願從翁游，所居嘗聚徒數十，彬彬有成焉。

翁既專精經師，其學日益邃。督學公試其文，甚奇之，館於河汾書院，與諸生高等者居。每試必伏諸生，諸生亦自謂所學不及趙子豫醇也。凡九舉，竟莫遇。歲嘉靖，以次貢禮闈，謁選東明訓導。東明士久不達矣，翁至，銳意切劘之，時與講論文藝，纚纚不休。蓋訓東明七年，而諸士掇科第爲達官者，項背相望，今尚寶石君星其最著也。甲子，擢陝西三水教諭。方抵官，聞侍御君舉鄉試，則矍然喜曰："凡吾所以仕，以吾志未竟耳。吾兒成此，吾止足時也，安能復從博士受祿乎？"遂束書歸。歸之日，賀客履屬於戶，翁逡逡退讓，無盛容，居常布衣蔬食，泊如也。侍御君既登第，出宰葉，以安車迎翁。翁至葉，教侍御君爲政必先守法愛民，曰："深文巧内非循也，剥下媚上非良也。"侍御君遵其言，果有異績，至今葉人誦侍御君者猶必舉手德翁焉。初，翁居葉，以侍御君考三年績，得封文林郎、葉縣知縣。比侍御君爲御史，乃以恩詔更封如今官。更封不旬日而翁卒，是爲隆慶壬申十一月十三日也，距生弘治壬戌六月二十三日，年七十有二。配劉氏，兩封孺人。子二，長即侍御君，娶張氏，繼張氏；次允進，庠生，蚤卒，娶李氏。女二，長適都閫胡希賢；次適太學生王鷺，亦卒。孫一，勳，侍御君出也。史氏某曰：余自交侍御君，蓋再見翁，貌頎而温，言簡而直，動若持，止若思，心知其爲有道者焉。乃今觀其行迹，自家塾、鄉黨以至學官第[七]子無不靡然顧化，此非獨經術足訓，繇躬有令範耳。《語》曰“雖有離般，不若繩墨”，信然哉！明年，萬曆改元，某月侍御君將葬翁先壟之次，遣人來趣銘。銘曰：

時格於逢，其道固隆。位詘於躬，其子固崇。冶良鑄工，菽美穀豐。豸冠顯顯，帝錫女封。壽考令終，歸安乎玄宫。

封吏部稽勳員外郎李公暨配宜人
梁氏許氏合葬墓誌銘

封天官大夫沃陽李公，余同年友封部郎尚思之父也，諱明性，字復本，別號沃陽，世爲曲沃南關廂人。其先諱源者，登金進士，倅箔州，有惠政。五傳而至善，爲公高祖。善生庭芳，庭芳生玟，玟生讓。讓喜讀書，遵修古德禮事，有司高其誼，鄉飲延爲上賓。配薛氏，舉三子，明善，宜陽丞；次明道；次公。

公生而儀儻負氣，少從兩兄學。會仲蚤世，宜陽君補邑弟子，不任治生，而鄉耆公爲人仁，數好施予，則輟業嘆曰：“夫爲弟子，壯不能勤力，將坐而食父兄乎？”於是挾貲賈秦隴間，至徒步走數千里，不携一僮。又精敏有心計，若策貨情會、幣息贏縮，即巧曆不如也。然公雖游於賈人，而内行周慎，事鄉耆公稱孝，睦於兩兄稱友。仲卒無子，以次子後之。冢子未有嗣，則又立季子之子後之。歲時伏臘，宗黨宴集，公不至不歡。其篤於倫誼如此。而於財甚疏，人有急，竭蹷赴之，唯恐後諸。貸公錢貧不能償者，并其券歸之，不更收。有鬻田宅於公，僞增其直者，讎之如其指，不更與較也。尤喜導人於善，人有不可，時面數之。里中曲直多就公平者。族子甲出錢收息過當，召而責之，手裂其券，自是舉宗凜凜。或肧篋於市，公故知其迹，匿不言。無何，竊公縑事露，偷懼，夜蒲伏詣公謝。公善詞諭令自新，其人大感愧。諸惡少聞者，並逡逡斂迹，或望見公盡走匿他所，小有非義，密相囑毋令公知也。教家更嚴，嘗自恨廢學，課諸子讀，斬斬有程，頃刻不分，去敖蕩。戊午，封部君舉省試第一。己卯，孫永培復舉省試第一。子若孫相繼首賢書，聲傾海內，遇之不加寬。蓋封部君由比部更天官署，公每詒書誡務平三尺，精藻鑑，皆關國大體，以是封部君用清謹能其官。配梁宜人，卒祔祖塋次，穴當處右，陰陽家謂不利，屬公改卜。公笑曰："休咎之應在德厚薄，不聞以穴。藉令我嚮其利，誰當不利者？"竟不易。人服其達識。居恒自奉布衣脫粟，既貴，愈自抑損。家人上食無加籩，冠袍鞻舃，歲不過一再御。時葛巾野服，徒步從田父游，冠蓋貴客式廬而造請者，顧莫得見其面。晚而慕晉處士之爲人，闢園亭數畝，雜蒔花卉，而菊花尤盛。間邀所善觴咏其中，意陶然適也。

始癸酉用今上嗣位恩，封比部郎。其明年，迎侍京邸。忽病，眩不知人。得秘方，奇驗。病瘳，封部君伺公無意留，因上書請侍公歸。歸侍未幾，公輒趣之北上。凡再謁歸，公再趣之。最後曰："兒豈意我懞不復起耶？我固健善飯，不恃汝，汝行矣！"封部君不得已出。是時，公業受勳部封，而會國有大慶，當益封如封部君官，命未下而訃至。是爲萬曆壬午九月初一日，距生正德丙寅六月初十日，享年七十有七。元配梁，贈宜人，延慶守綸女。少從父聞説古圖史，能通大略，兼精女紅，父甚奇之。比歸，肅給安和，宜於上下，梱内外賢之如一口。姑薛老而病盲，宜人侍湯粥，扶掖於床蓐間數年，痛痒必躬抑搔，中帬廁牏必躬浣濯，未嘗以婢自代也。治家訓子，並有法云。先公二十二年卒，爲嘉靖庚申八月十八日，距生弘治甲子十二月十七日，壽五十有七。繼配許氏，亦以賢淑聞，生嘉靖壬午五月廿三日，卒隆慶戊辰六月八日，壽四十有七。子男五人，長尚質，廩生，先卒，婦吕氏；次尚友，廩生，即明道後，婦因氏；次尚觀，亦先卒，婦王氏；次即封部君尚思，婦王氏，封宜人。俱梁出。次尚廉，聘因氏，側室杜出。女二，一適太學生衛鍊，一適河間尹許遜子崇雅。孫男三：永培，己卯解元，娶劉氏；永達，即尚質後，聘衛氏。俱出封部君。永華，蚤卒，娶秦氏，出尚觀。孫女八，盧應期、盧三畏、劉汝誠、楊汝樻、韓師琦、仇時中、衛以材、因其盛，其壻也。封部君卜卒之明年十月二十二日葬公於城東新阡，啓二母柩合焉。某曰：曲沃宦族，大氏盡諸李，而公家以一門二省元特盛。迹公所自處，不出閭閻間，而用詩書開其嗣人，訓厲壹依於繩墨，即明經世家所未有焉。往余謁公子舍，視其貌魁梧奇偉，胸次豁如，知其長者。及觀處竊縑事，曲護其短，與之圖新，固宛然太丘之誼也。陰德如是，後欲毋顯，得乎？余與封部君同舉戊辰進士，而余弟家璧又附天厚榜舉於鄉，諗公家世，是宜銘。銘曰：

沃原膴膴，孰何大宗，曰惟仙李。倅郡自金，十世而昌，封翁特起。廢學從賈，還反於儒，其業屢徙。約則勤生，豐則樹義，佚則訓子。貯德彌盈，其藏彌深，其售彌侈。首舉漢庭，接跗聯翩，鳳毛麟趾。疏爵西曹，貤恩天部，焜煌綸璽。順化委蛇，大耋考終，易嗟爲喜。有鬱佳城，伉儷偕藏，發祥未已。

贈南京戶部主事趙公暨配安人歐氏墓誌銘

隆慶辛未，余分校禮闈士，而得東明趙子國璧舉焉。璧初以文行高等選升太學，庚午，由太學舉於鄉。其明年，遂上春官，獲第而拜南戶部主事，視榷淮陽。萬曆改元，以慶典得推贈其父梧岡公如其官，而母歐爲安人。居一歲，用廉聲調刑部，尋又從刑部擢天官署中典選事，仕亦既顯融矣，顧獨時時泣念其二親不待也。一日，持大理石君所爲狀過余而言：「不肖璧始葬二親，僅僅斂手足形而藏，非有銘也。茲幸出自先生之門，以徼榮於我二親，庶幾其有述焉，亦唯先生之所惠之，敢乞一言以志不朽，可乎？」余謝不敏，然既雅知選君，不可辭。

按狀，贈承德郎公諱來鳳，字廷儀，別號梧岡。其先贅王氏，從王姓，自曾祖貴始復姓趙氏。貴生鑑。鑑慈仁喜施，顧家貧無所得錢，得則行市中，分予凍餓者，或偏[八]買籠中禽縱之矣。一日，拾遺裝於途，視之，金也。亟求其主還之，主約謝，竟不受。以是鄉人咸稱之曰「趙善人」。善人配某氏，生公。公自少治舉子業，以強學名。然獨喜攻古文詞及聲律家言，不能卑卑操繩墨，試以故弗利。而里中諸故族雅重公文學，爭束行修迎致公爲塾師，訓其弟子。已而，弟子皆籍名博士有聲矣，而公尚困布衣不遇也。公既困，又性拓落，不喜治生，唯獨從邑中諸士人游。諸士人間酤以酳翁，翁不辭而赴，每飲輒醉，醉則據案歌呼爲樂，人謂梧岡公賢，樂而忘其貧。公所居近莊生觀，其地即生作漆園吏處。公暇日游觀中，俯仰其像，又時誦其遺編，以味其所稱畏壘、亢桑子之指，久之恍然若有得也。觀旁近有廬一區，度僅方丈，田數十畝，公棲息饘粥其間，而數爲比鄰所侵。時有謀公宅者，公先其意持券授之，其人大慚而止。或犁公田而潛移其畔於公隴上，公置不與較，曰：「咫尺溝塍間，藉令終身讓之，所失幾何？"其人又復大慚而止。長子君爲暴客所歐，創甚，衆憤恚不能平，謂公必當釋憾。公顧不報，益善遇其人。衆謂公所居近莊生，乃其性行冲夷恬澹，與物無競，亦大類莊生也。然世之學爲莊者，類恍洋自恣，而公恂恂敕行，務約之於中庸。

狀稱公事親孝，居家理。姑早寡，不能葬其夫，公割地予之，乃克葬。其訓選君學，每誡之曰："夫學猶琢也，弗學而求爲名儒，猶弗琢而求爲良玉，鮮成事矣。"以是選君淬志於學，蚤有文譽。而公亦心奇選君才，謂必大其門，竟如其願云。由今以談，公固學爲莊者，而其操履豈莊可及哉？要以善人之後，响俞仁義，本之於世德居多焉。

公配安人歐，同邑某之女。公疏於治生，而安人能以纖嗇持其匱；公嚴於教子，而安人不以姑息敗其勞：斯亦可以爲賢已。子男三人，長國珠，娶某氏；次國璧，即選君，娶某氏；次國璽，娶某氏。女一，適張九仞。公生於正德元年二月十七日，卒於嘉靖三十九年六月二十三日，壽若干。安人生於正德元年八月二十四日，卒於嘉靖四十二年八月二十三日，壽若干。其墓在邑東南漆園里許。蓋合葬十有五年，而以選君貴，又三年，而予爲之銘也。銘曰：

抱璞不售，爰學蒙莊。匪其任放，有托而藏。居則訓塾，出則酤肆。匪其浮湛，士各有志。我耕我息，我田我廬。人取我予，讓則有餘。維天報施，善不虛佑。積慶發祥，克昌厥後。生不偕養，歿則偕榮。銘幽考德，斯言足徵。

贈君對泉劉公墓誌銘

此壽光尹先君劉公墓也。公諱淮，字必東，對泉其號，世居沃之西許里。以儒起家，自其遠祖敬禮始。敬禮充郡諸生，不第。四傳而至璡，璡復爲諸生，又不第，以儒官榮其身。璡初配薛氏，生公，及庠生漢。繼張氏，生三子，泗、渭、濱。公自少刻厲有志，居常發憤先世之業，挾策呻佔，足不逾戶限，文譽隆隆日起。弱冠補邑庠弟子，每試輒出邑庠弟子上。已督學王公試其文，首錄之，拔置河中書院。書院萃三晉知名士，公之文乃又出諸名士上。當是時，以公視科第猶舉芥耳，而數試不偶，至七返，則附膺嘆曰："嗟乎！以吾生平之精力，敝於篇牘而不獲一遇，豈非命耶？吾茲已矣，以俟吾子孫學有命者耳。"乃日夜督其子壽光君學。壽光君即長，即舉於鄉，公固訶譙之不少貸。戊辰，壽光君登進士，公乃喜曰："天乎！不負吾先世之業矣！"壽光君之任，遣人迎公，公侍太孺人張，不果行。明年庚午，太孺人卒，公襄事畢。又明年夏，乃就壽光君所。既至，壽光君朝夕致洗腆，公止之曰："以兒勤政愛民，即予茹淡自虀飽也，而何用此甘脆之供爲？"亟命撤去，詔進常食如家人。時公久絀庠序，計次當貢太學矣，乃屏居一室，時時續舊業，暇則問壽光君治狀，稍失即面諭之，必平乃已。以是壽光之民不但德令尹賢，又德其翁最賢也。

未幾，公且謀歸，壽光君固留之，公曰："第行，兒自專心於職，毋我憂也。"遂行。行未至里一舍而卒，是爲隆慶五年九月初五日，距生弘治十八年八月初五日，壽六旬有七。公居家孝友，事繼母張如所生母，撫愛異母弟與其弟漢同。性坦夷，中無畛域，與人爲善，如恐不及。嘗作宗譜以聯一族，一族皆喁喁相親睦。已定鄉約以聯一鄉，一鄉又皆喁喁相親睦。歲時伏臘，宗黨畢會，公不至不歡，其見敬重如此。卒之日，素服泣迎於郊者踵相屬焉。公配常氏，子男四人，長朴，即壽光君，婦王氏，繼衛氏；次格，婦賈氏；次柄，婦楊氏；次枰，婦許氏。女四，適壻楊天佑、李櫃、王三聘、王三重。孫男三，其二蚤卒，一繼業，尚幼。孫女三。公既卒之明年，壽光君將卜葬某地，乃馳狀京邸乞予銘。予於壽光君爲同年友，聞公之懿德久矣。夫隱處蓬蓽至微也，而行誼式乎鄉閭；累世不通至困絀也，而榮問施於來哲。非崇蓄厚植者能然乎？是宜銘以傳之。銘曰：

幽谷之蘭，維其芳矣。瓜瓞之末，維其揚矣。媺節茂義，化一鄉矣。含英葆曜，五世其昌矣。玄堂窈冥，玉歸藏矣。恩綷仁及，死不亡矣。

封山陽尹楊公暨配劉朱墓誌銘

公諱珩，字伯玉，別號昆岡。其先汴人也，宋南渡時，有以都尉從者，占籍海寧，卒而賜葬武康，其冢在焉。入我明，名楊五官人者，生二子，仲蚤卒，遺子榮、杲。伯以事配河南衛，絀挈與俱，至洛陽南門家焉。伯死乏嗣，榮獨能守其貲，而儌儻喜施，嘗推其饒代逋租、振窮餓、起廢祠，一郡咸高其義，稱爲西楊，以荆之云。榮生萱，授承德郎，配任氏，生四子。長鴻，補郡文學，即公父也。文學公逡逡雅飭，而諸弟數從從昆弟訟產，詞連，恥對吏，竟抱鬱卒。卒時，公生甫月餘，一姊兩歲耳。母林奉大母任，並稱未亡人，慟苦甚。而諸父乃繆稱文學公死由怨家，愬吏。吏至，欲啓棺驗狀，任擁公泣曰：“吾兒自以天數終，何驗爲？不則舉纍纍孤嫠殉之矣！”吏感愴嘆息而去。公生有至性，甫能言，問母父安在，母泣言：“兒安從識若父？若父棄兒襁褓中也。”公一號幾絕。忽一夕夢父寢疾，己爲禱於上帝，詞甚哀。既寤，述父狀貌，晳顏而豐頷，與生平奇合，家人驚以爲孝感所致焉。

稍長，修文學公業，日誦書數百言，見稱警敏。而值諸父搆訟，盡破亡其貲，則間輟業而視生。會大母疾，數醫弗效，則又輟業去究岐黃家言，審方奏藥，久之醫日精。大母疾良已，而學遂廢。然竟大母没，不稱勞。即更困乏，亦不以其故懟諸父也。諸父没，公且經紀其棺斂，所遺子女，公且拊之。姊適高氏，獨無依，公曰“是少與吾俱孤者也”，贍其夫婦終老。外舅沈卒，遺王媪，公事之四十年，以節終。其篤於倫誼如此。尤剛介有趣操，不可撓以利害。童時嘗之盧氏收貴[九]，會貴家他出，遺金庋上。公意其忘也，旁取楮覆之，坐守以待。少頃，亡者奔還，直趨櫃所，發鑰視之，搥胸奮呼曰：“袁某傾吾生矣。”公問故，其人言：“櫃中之藏，租金也。追[一〇]縣官程督，辦以待輸，獨袁某知之，而今亡矣。”言未竟，袁適至，其人捽袁欲質諸官，觀者如堵。公前讓之曰：“若自不慎，奈何汙人以不義乎？”指庋上覆楮示之，啓果得金。觀者咸嘖嘖嘆：“異哉生也！還金而紓兩人之難，他日必獲嘉應焉。”後十餘年，舉伯子，爲今憲副君。憲副君以乙丑登進士，報至，乃盡取貴[一一]家券燔之於庭，曰：“吾今有以遺吾子矣，安用此戔戔者？”未幾，伊庶人國除，没入上腴田一區，近公先壟，有司欲以私公。公笑曰：“吾棄數百金灰燼中，而乃取非所有，是爲欲富乎？”竟謝弗受。憲副公[一二]起山陽令，徵入爲比部郎，尋改御史，踐更藩臬。所至稟公之訓，每教以勤職愛民，無計温飽。憲副君爲御史，糺中官不法，左遷。公聞之喜曰：“吾兒以抗直獲譴，不愧御史。吾可不愧御史父矣！”人至今誦其言。

穆廟初，拜恩受山陽知縣，有司歲奉几杖而賓致公且十載。晚以病目辭，第於城南闢別墅，搆亭疏泉，雜蒔花竹，延所善游其中，甚適也。忽遘疾卒。嗟夫！公藐然孤耳起褓褓，中支家難，轉詘爲贏，恩施三族，慶流來體，卒享素封之貴，以上壽終，所爲豪傑之士非耶？棄券辭産，節廉自喜者，猶能爲之。若還亡金伸義，於冥冥難矣！自謂不愧御史父，諒哉！

公卒萬曆庚辰三月十五日，距生弘治己未二月二十七日，享年八十有二。元配劉孺人，歸公二年而殞。繼沈孺人，別有誌，茲不具。繼朱孺人，封工部主事永女。子三人，長松，即憲副君，婦張，封孺人；次楠，婦王；次楨，婦金。女二人，一適庠生劉浹，一適引禮侯入覲，並沈出。孫男四人，際昌，國子生，娶曹，憲副君出。際盛，娉劉氏女；際雍、際明，俱幼，楠出。孫女三，一適庠生吳本厚，一許娉鄉進士劉慎子紹箕，一未娉。曾孫男一，偉勛。曾孫女一，許娉鄉進士劉廣業子玘。憲副君卜以今年某月日啓二母竁合窆邙山新兆，則馳狀京抵〔一三〕屬余銘。銘曰：

　　繄公之先，帝姻是托。自汴徙杭，入明還洛。傳系六世，公也繩之。鳳遭閔凶，不絕如絲。卵翼而飛，克家幹蠱。若巢既傾，再搆厥宇。封仁植義，大廈崒嵂。庇此惸獨，廣焉姘嫭。是鍾嗣賢，襃然名碩。慶祉方長，弛恩肇錫。圖聯九老，社續耆英。優游卒歲，壽與榮并。有鬱佳城，玄靈歸安。徵德勒辭，芳聲永播。

封樂亭縣知縣于公誌銘

　　侍御濟南于君以萬曆壬辰奉簡書來按宣大，明年春西巡至朔，過而枉余山中，容蹙然若有憂者。叩之，知封翁在，春秋八十有七矣。問其起居，則康强甚適也。余曰：“耄而康，壽當未艾，奚憂爲？”侍御君色稍解，因具述翁之生平告余，乃知翁樸茂醇厚人也。六歲時值劉賊之亂，居民走匿，翁大父鄉耆公獨擁翁膝前，開關坐待。賊經門三日，無一人窺戶内者，大父心奇翁福器焉。少長知學，貧無資，竊從諸傭爲人耘田，得一日之直以易楮筆，自謁塾師而請業，業日進。會父典倉曹，間挈以佐書算，學遂廢。尋去業農，胼胝田間，瘏身忍性，後廁役寢，先廁役興，櫛沐未嘗見日。弱冠絕聲伎，中年以後衣不純采，六十屏居外寢，隆冬不貂，方春即葛，飲啗不求備味，出入行游不以輿馬，用是筋力強固，既耄不衰。歲庚寅，偶慕岱宗闕里之勝，拉一老友，敦兩蒼頭肩壺檻以從，東登太山，謁孔廟，往返千餘里不謂疲，猶曰恨未及抵登萊也。矯健如此。然拔自貧困，衆忌而傾之數矣，時有天幸焉。巨豪某嘗以囂訟搆翁，淹繫五載，事白，豪坐誣罔論戍。會赦，郡守不欲出豪，翁爲力請得出，守嘆服翁高義。已有兄弟三人濟惡，里號三凶，與翁季弟有郤，憚翁，未敢逞，日謀螫翁。翁初謹避之，後醉忘記，過其門，三凶掖入其家，縛之，淬刃於室，將甘心焉。其父覺，倉皇奔救，解翁縛，趣之去，得脫。恩官，兩人斃於獄。翁請原其少者，曰：「囚死，法不足憐，獨念其父向嘗活我，不忍讐其子而没其父之善也。請貰一個以存其宗。」所司曰：「人則忍若，若不忍人，真長者哉！必當有後矣。」是夕，果生侍御君。甫鬌，遣就外傅，程督甚嚴。壬午，舉於鄉。明年，遂成進士，拜樂亭令，以滿績蒙恩，封翁文林郎、樂亭縣知縣。比徵入爲御史，有宣大之命。請留侍翁，不許，曰：「兒謂我憊耶？我殊不憊。兒持憲省方，第能奉宣天子寬條，霈福澤於邊徼，即千里猶在几席，豈須左右？」侍御君不得已行。行部甫徧，而翁之訃至，號踊欲絕，即日徒跣奔還，兩鎮吏民追送遮路，靡不感慟泣下。還而手自草狀，走使來屬余銘。余覽狀，與向所聞合，遂不辭而次之。

狀又稱翁事父母孝，生養死葬，殫情備物，歲時上冢，風雨必親，食新必薦，不以薦者不忍食也。昆弟蚤卒，各遺二女，撫字裝遣不殊所生。性喜酒，每姻舊過從，輒留飲，無少長，率與盡歡。嫠婦孤兒沾丐於翁之釜甑者，指常百十數最不若。僮婢計年而配，亦必以時。至於饑施糜，疫施藥，掩骼施棺，流潦載途則施地而除道以便行者，大抵本之人心惻怛，類樸茂醇厚人行事，皆實匪褒。

翁諱奉祖，字孝夫，東湖其號。系出東海廷尉公。國初，諱文禎者，徙居濟南青城，生福立。福立八子，長曰成，即鄉耆公。成生志明，任俠負氣，急人之難，數百里外咸知名。生子三人，翁其仲也。嫡配劉氏，邑處士鸞女，贈孺人；次武定鹿氏，父虎，封孺人，卒；次鄒平滕氏，父繼宗；次玉田劉氏，父淮。子男二，長永清，即侍御君，鹿出，娶楊氏，封孺人；次永昇，國子生，滕出，娶劉氏。女五，劉出者適李競秀、陳繼智，鹿出者適柴存誠、王景先、李光先。孫男四：永清出者，四賓，娶李氏，李春生女；四覲，聘楊氏，工科都諫其休女。永昇出者，四門，聘孟氏；四目，幼。孫女五，一適庠生王桐子愛民，一許進士張延登子萬程，一許儒士王廷奏子永昌，一許庠生范經濟子無激，一許舉人王象晉子與胤，俱永清出。翁生正德丁卯五月十八日，其卒爲萬曆癸巳六月二十六日，以甲午十一月八日祔葬先塋之次。銘曰：

被褐懷玉，中瑩外樸。弱其志，强其骨。少私寡欲，多壽多福。渙若冰，曠若谷。挫鋭解紛，在險得出。無苟貲，善貸物。詒爾子穀，克綏後禄。高門蠱蠱，佳城鬱鬱。是爲東海，于公之續。

雲居處士鮑公墓誌銘

雲居處士，今封侍御君卿之父，侍御君希顔之大父也。余與侍御君爲同年友，雅知翁。翁生弘治七年九月八日，往年嘗爲翁上觴稱八十壽，謂翁百歲不奢。今僅僅三年所，忽報翁卒矣。傷哉！時侍御君爲位哭京邸，余往吊焉。侍御君伏地哭，慟甚。已扰涕再拜，言曰：“嗟乎！顔大父已矣！顔既不得在左右視含斂，乃其逸德隱行復泯泯無述，顔罪罰滋甚，敢以銘累子。”乃出鄉進士馬君宜春所爲狀示余。余悲其意，許之。

按狀，翁諱全，少微無字，晚愛慶雲諸山，因自號雲居處士。其先出漢司隸公，世家長子。曾祖思誠，祖誥，父璟，母李氏。翁自幼醇樸，頊頊無他能，顧性至孝。嘗從里師受學，學且成，會父病痿，則廢書侍父藥餌。父病寢篤，翁日夜扶掖床蓐間，更數月不少間。即衣被稍垢，嘗手自湔濯之，不以屬諸僮僕。父沒，遺諸姊及弟尚幼，翁一切拊之成立。諸弟相繼歿，所遺子女孤無依，翁又一切拊之成立。翁家故貧，又數值家難，食指日衆，嘗作勞終歲不足以供，然未嘗有戚戚容也。母李性嚴，即翁當户，少不當意，嘗怒譙翁。翁見母怒甚，輒引避。避去復來，逡巡寢門外，伺母顏色，入請罪，怒解乃已。年五十餘歲，時上壽，猶自歌舞爲歡。居常得一果一蔬，亟以獻母，曰：「吾不患貧，獨患不適母心耳。」蓋事之四十年如一日。以是里中稱孝友者，必曰鮑翁鮑翁云。封君既克家，諸孫亦皆林立。翁每領孫，必奇侍御君，嘗指謂封君曰：「夫吾與若乃以家累困田間，吾視此兒勃勃英物，天其有意振吾門乎？若謹督之。」封君唯唯。侍御君既貴，翁布衣蔬食，齋用一無所加。每誡家人曰：「吾家數世及見此，爾輩當知惜福，毋爲造化所譴。」邑令劉君重翁德，以三老禮翁，翁固辭不往。尋達於部，使者授高年爵榮之，翁始一御寫[一四]展墓，已不再御。日唯屏居一室中，觀爲善、陰隲等書。暇則交歡里中父老，時舉古昔德義事，以風勸里人，里人無不親附翁者。今歲春，侍御君按應天還，便道省翁。翁固無恙，侍御君且行，執翁手泣，翁止之曰：「吾老矣。吾及見爾登第，爲良吏，爲名御史，吾願足矣，豈必居膝下哉？即吾侍而曾大父母，終其身田間何益也？」侍御君乃行。行至京兩月，而翁之訃至。其卒爲萬曆四年三月十日也，蓋享年八十有三。翁初配吳氏，繼劉氏、趙氏，並有淑德。子二人，長即封侍御君卿，娶李氏，贈孺人，繼秦氏；次相，娶馬氏，繼王氏。俱吳出。女一，過〔一五〕李世良，劉出。孫男八：希顏，即侍御君，娶王氏，贈孺人，繼李氏，封孺人；希閔，娶王氏；希孟，廩生，娶馬氏。俱出封君。希曾，娶苗氏；希尹，娶常氏；希堯，娶胡氏；希舜，娶常氏；希召，娶胡氏。俱出相。孫女二，一適任邦憲，一適屯留郇謨。曾孫男十一，鼐、鼎、鼒、琮、璜、琦，餘幼。曾孫女五。

　　侍御君奉命按浙，封君以是年十二月十二日葬翁河頭原祖塋之次，啓兩母兆附焉。余惟翁生平純誠樸茂，雅不隨衆浮湛，而亦無崖異璨詭之行以詫庸俗，顧獨恂恂以孝友稱。至與鄉人處，亦油然有恩，即暴客譁其門弗校也，見困蟻縶省〔一六〕必赴也，豈其慈愛惻怛性自有之乎？昔漢郎中令建爲親浣中帬廁牏，太史公嘉其質行，以翁相方孝謹，豈出其下？惜哉不遇時，藉令生漢世，二千石何足道也！乃隱約閭巷，抱處士之義以終，殆所謂不於其身於其子孫者耶！是宜銘。銘曰：

　　一哄之廛，豈無逸民，而或同塵。嶄巖之下，豈無幽人，而或離倫。與衆役役，若芒若芒，居則申申。獨行踽踽，罔浮罔湛，貌則誾誾。菽水匪珍，以娛吾親，老而彌殷。裋褐匪溫，以樂吾貧，貴而彌敦。舉世賤真，鬻珊者顯，抱樸者湮。出於其身，後則有孫，不湮者存。

校勘記

　　〔一〕據上下卷，"誌"後當有"四"字。

　　〔二〕"開"，疑當作"聞"。

　　〔三〕"生"，據民治學社本當作"先"。

　　〔四〕"最"，疑當作"勗"。

　　〔五〕"韓"，據民治學社本當作"韜"。

　　〔六〕"背"，據下文當作"輩"。

〔七〕“第”，據民治學社本當作“弟”。

〔八〕“偏”，據民治學社本當作“徧”。

〔九〕“貴”，疑當作“責”。

〔一〇〕“追”，疑當作“迫”。

〔一一〕“貴”，疑當作“責”。

〔一二〕“公”，據上下文俱作“憲副君”，疑爲“君”之誤。

〔一三〕“抵”，據民治學社本當作“邸”。

〔一四〕“寫”，據民治學社本當作“舄”。

〔一五〕“過”，據民治學社本當作“適”。

〔一六〕“省”，據民治學社本當作“雀”。

誌　五

封中憲大夫前通州遊擊將軍崔公墓誌銘

　　翁諱經，字邦濟，號石溪。其先潁上人，國初有名程者，從高皇帝征建昌有功，授百夫長，遣屯綏德衛，尋徙榆林邊，崔氏乃著於榆林。程生效忠，效忠生整，整生岩。岩戰清水營，中賞率進爵一級。至子林益累功拜副千户，封武略將軍，則翁父也。配淑人高氏，是生翁。

　　翁少嗜學，於書無所不讀，每恨以世蔭故不獲自致。然戎事少間，即涉簡編不置，綽有儒將之風焉。嘉靖間，虜數盜塞，諸將皆蓄縮務自完，翁獨用敢深入力戰爲勇。嘗提孤軍與單于大兵遇，轉門六日，水飲並絕，士衆欲潰，翁身被數創，誓死毋相棄走，衆乃益奮自堅。會天大雨，虜度不能得翁，解去，然自是憚翁威名矣。已奉命守禦八角城，虜皆嚙指相誡，不敢近八角邊，曰：「彼有人焉，未可犯也。」丁巳，擢遼東都閫。時歲大饑，人相食，翁請於所司，言：「遼陽阻關爲固，市糴不通，一遇歲侵，斗米千錢，道殣相屬。今宜暫弛關禁，聽轉京東粟充入遼陽，饑民宜可少紓。」所司用其言，遼人賴以全活甚衆。已未，拜遊擊將軍，開府通州。通州近輦轂下，軍吏盡市人子，不知尺籍。翁酌立科條，部署勸懲，咸有程度，軍吏乃稍稍向方。亡何，念仲子中丞公且第，諸子若孫亦彬彬立可付托，遂引疾歸。歸之明年，而中丞公舉進士，公軒然喜曰：「吾志畢矣。」因日與所厚善若田夫野叟相從於壺觴杖屨間，人莫辨其爲故將軍也。

翁始以功封昭勇將軍，中丞中〔一〕第，自理官徵入爲尚書郎，歷雲中、岢嵐、井陘兵憲，遂建鉞全晋，勳業爛焉在策府。而翁兩因其貴，初晋階昭武將軍、輕車都尉，再貤封中憲大夫，蓋三錫命而兼文武之榮。人謂翁雅好文，恨不能自致，即自致，奚以加矣？寵禄方茂，遘邁疾不起，惜哉！

公性仁厚廉讓，而有大節。始大父繼室楊無出，宗人欲別葬之。翁泣曰："生侍大父巾櫛，歿則棄之，如大父神靈何？"楊竟得祔。嘗值遺副飾於途，舉以徵亡者家，亟還之。其事聞里中，里中人皆以爲難。自宗黨姻戚，昏喪緩急，周救備至。或負責不能償，則召其人焚券而遣之。人以此益親附翁。涖戎事三十年，首督府薦書者一、撫臺薦書者三，其他縉紳大夫傾慕誦説，嘖嘖不容口。歿之日，悲思吊輓者連數郡焉。

史氏某曰：昔漢大將軍青至尊重，三子皆侯，而天下之賢士大夫毋稱焉。隴西守廣以忠實心誠信於士大夫，而功微數奇，終其身歉封爵之賞。彼固各有所不得兼也。翁閥閲貴盛，亡忝大將軍，而聲譽文雅，視隴西不啻過之，則加古名將一等矣。世之怯夫懦帥，見敵則走，疇能冒白刃北嚮，使士爭死？其椎魯悴悴，口不能道詞，又安得審時畫便，拯萬民於溝壑中？要以翁之精忠偉略，得力於問學居多，韜鈐、詩禮之業，烝烝萃於一門，謂本之乎詒謀非耶？

翁生正德元年二月十三日，卒萬曆戊寅六月初十日，壽七十有三。配柳淑人，壽官彪女，生正德二年七月十八日，卒嘉靖戊戌七月十七日，得年三十有二。繼王淑人，義官景女。子男四，長鎮，蚤卒，娶文氏；次鏞，即中丞公，娶蘇氏，封淑人；次鑰，實授百户，娶劉氏；次紹，娶文氏。女一，適百户徐桂。鎮、鏞、鑰，俱柳出。紹，王出。孫男十二，養浩、養性，并綏德衛指揮僉事；養志、應襲舍人；養愚，衛學生；次養正、養大、養直、養恒、養淳、養清、養淑、養潛。孫女五，曾孫女三。中丞公將以六年九月二十二日奉翁葬於廟兒梁之原，與柳淑人合，乃馳狀屬某爲銘。某忝中丞公部中士，諗知公家世誼，不獲辭。銘曰：

潁上啓系，豫章肇勳。剖符錫爵，國恩世賁。六葉其昌，猗翁濟美。飾武以文，敦詩說禮。胡馬內哄，憤彼憑陵。提戈首路，超乘先登。一旅重圍，兵矢垂竭。輕身獨鏖，虜衆齰舌。專城晉鄙，分閫遼陽。除關通糴，歲饑不傷。擁纛封圻，軍容頓肅。爲王爪牙，新士耳目。疆圉既靖，丘園遄歸。知足而止，行樂不違。於爍家聲，增休閨奕。式穀中丞，作邦柱石。載榮綸命，貤恩益封。因貴於子，大亢厥宗。後祿方綏，倏矣其逝。遠邇思悲，惟德惟義。鬱鬱松楸，有新玄室。淑媛從之，厥德維匹。我次其迹，勒之爲銘。後世有述，斯言足徵。

封昭毅將軍錦衣衛指揮使李公暨
配孫淑人合葬墓誌銘

余以萬曆癸未典試武闈，得今錦衣衛管衛事、都指揮僉事李君光先，晳而廣顙豐頤，顧眄偉如也，私心器之。已詢知爲會寧、高陽二伯後，尚寶丞玒曾孫，乃徵其文武傳世蓋有本云。時都僉君父昭毅將軍歿已二紀，葬西寧里中，配孫淑人，喪未祔也。都僉君數爲余言，父母異厝，於人子心終不安，則謀奉母喪西歸，期昭毅公之竁而合窆焉，久不獲請。歲壬辰春二月，援故事力請於上，許之。將行，持宮詹盛鳳岡公所爲狀過余乞銘，余既習公家世，不可辭。

按狀，公諱崇文，字輔國，守村其別號也。先世西寧衛人，勝國時有諱南哥者，仕爲西寧州同知，值天兵定關輔，率衆歸附。高皇帝嘉其誠，授忠顯校尉，命佐長興侯耿炳文經略西平，創置規畫，甚稱上意。已而撫安番部巴沙等施，各受金牌符信，納賮，比內臣。上以爲能，悉以西事委之。又以收納罕東有功，晋秩本衛世襲指揮僉事。文皇帝時，督申藏等十三族進貢至京，大被寵幸。二祖詔旨中皆呼南哥名，語甚溫，眷注若此。南哥生英。英襲父秩，隨駕出剿虜，陷陣先登，俘獲以數十萬計，擢都督同知，先後受賚予亡算。洪熙間，率材官騎士出昆侖塞逐虜，以大捷聞，俘名王桑兒失加等檻送京師，詔封會寧伯，食禄千一百石，給世襲誥券。而是時，會寧猶子文亦以戰功起家，封高陽伯，肘征西前將軍印，鎮守大同。一姓二伯，簪組蟬聯，西平人榮之，謂近世所未有。歿而并祀世忠祠，予贈謚焉。會寧之歿也，子泉應繼封，會妬功者抑而不予，僅得襲指揮同知。然朝廷念其功不忘，尋晋都指揮使。已又以捕盜功，晋都督僉事、右軍都督府管事。昶生玧，登進士第，授中書，歷官符臺丞。蓋李氏之業，自州倅以恭順開先，而會寧、高陽以百戰勛伐益光大之，至符丞公更用儒術崛起制科，爲天子侍從臣，於是李氏家聲赫然雄五郡矣。

符丞公二子，長寧，襲錦衣衛指揮使，晋都督僉事，是爲東村公；次實，娶狄氏，即公父母也。公生而有英氣，猿臂善射，年幾冠，喜遊獵，從二三節俠走馬長安道中，酣歌慷慨，睥睨一世，時人莫測也。會東村歿，亡嗣，而公父蚤卒，公即承伯考秩爲錦衣指揮使。值虜內犯，公躬帥健騎馳往逐之，虜望風遁去。人謂充其才氣得一當虜，萬户侯不足爲公願。乃遭時承平，武詘而無所用，竟齎志以歿，惜哉！公雖騖於豪舉乎，然與人交和易可親，族黨幾二千人，無長少賢愚，待之咸有恩意，飲食笑語，歡然如一人。里中人赴京師者肩摩踵屬於門，欵接餉遺，應酬不少厭。其厚如此。公元配孫氏，錦衣衛都指揮錦女，封淑人，精女紅，佐內政井井有條。歲時輒西望拜，拜輒泣下，以不逮尊章爲憾。一時譽功者并譽淑人，稱賢配焉。淑人先公卒，繼支氏，金吾衛指揮某女，封太淑人。子男一，即光先，孫淑人出。娶劉氏，寧晉伯斌女，繼潘氏，武驤衛指揮震女。女二，長適豹韜衛指揮王紹，次適山東都司僉書、署都督指揮僉事谷子奇。孫男一，化龍，娶許氏，忠節公曾孫女。孫女一，適錦衣衛千戶王遇。公生嘉靖癸巳正月二十日，卒庚申四月十七日，得年二十有八。孫淑人生嘉靖辛卯十二月十三日，卒癸丑十一月二十日，得年二十有三。以某年月日合葬於西寧祖塋之次。

而都僉君又爲不佞道公庭訓時事，甚嚴，誦習稍懈，輒怒而撻之，或裁其飲食示誡。孫淑人之疾革也，囑公云："兒生多佳徵，宜督令成立，勿墜家聲，奈我不及見矣。"公頷之。今都僉君以武科上第，執金吾，領禁衛，天子爪牙腹心視之，異日者乘時建豎，以紹會寧、高陽之烈，其勳業詎可量哉！李氏爲有子矣。乃爲之銘。銘曰：

謂將無種？會寧之裔。公材且勇，謂材有用。天生公材，厥施未竟。豈其數奇，萬戶可封。惜不遇時，匪時則遭。河清可俟，而不永年。雖詘於躬，有子桓桓。如虎如熊，慶祉方隆。歸葬於宗，傳美不窮。

太學生米公暨配蕭氏韓氏合葬墓誌銘

隆慶丁卯冬，予偕計北上，過吾姨母門，入辭焉。姨母方病臥，則拜牀下，姨母伏枕泣曰："恐不及見汝歸矣。"予亦泣，相慰數語別。明年戊辰，予登第，聞姨母尚能詣予家，問家人事，意已瘳矣。無何，疾復作，以己巳五月初二日卒。子祥等謀啓父葵庵公暨蕭母竁，合葬新阡，則馳狀京邸乞予銘。予持狀大哭，憶母嚮者之言，果不及予歸以死也，慟哉！

按狀，葵庵公姓米氏，諱萬家，字時給，世爲山陰人。曾祖
瑾舉宣德己酉鄉進士，任南戶部郎中，遷永平太守。祖福。父，
太學生川，母王氏。兄萬秉、萬室，次公，次萬庭。公少孤，依
伯兄爲養，力學絕苦，嘗持帙坐一榻，所坐處榻爲穿。治《春
秋》，詰以三《傳》，了應如響。甫弱冠，與仲兄同廩於庠，每
試輒居高第，人以爲盛。嘉靖己亥貢於太學，癸卯五月初九日
卒，享年五十有一。予爲兒時，嘗往來公家，猶及記公狀貌，豐
頤廣額，皠然甚偉也。先君爲予言，與公爲僚埡十餘年，未見公
有疾言忿色。每飲輒盡，醉或群狎公，公岸然不爲動。其長厚如
此。又愛人喜施，姻友有急，至傾囊振之，不責其償。嘗赴雲
中，邑人周某患暴疾，時更嚴，衆逡逡莫敢出，公冒禁爲延醫治
之，周得不死。初配蕭鄉耆經女，嘉靖戊子卒。繼韓，即吾姨
母。姨母，吾外祖壽官鈇第三女，舅氏唐縣丞治之妹也。既歸
米，聞閨中人稱蕭賢，乃諸事務從蕭，撫蕭所遺子女如己出。蕭
子即祥，婦馬氏、王氏，女適臨洮府經歷趙良弼，皆姨母嫁娶
之。葵庵公疾革，顧姨母曰：“蕭子女吾無憾矣，如此屬何？”
蓋指禪、裕暨二女也。姨母泣曰：“吾不負蕭，乃負君耶？”因
自誓以明不二。比公卒，屏去簪珥，居常敝衣垢面，娓娓操作以
給諸子女，即尺帛粒米不忍妄費。時祥雖長，姨母即不忍爲己子
女私，猶與祥共產業一，歲間課農事，豐約身自總之，不以累
祥。即所入雖錙銖，亦無不示祥知者，人莫辨其爲繼母焉。禪、
裕俱嘗從予學，稍媮，則姨母輒鬱鬱廢飲食，或訶責之曰：“吾
知汝曹如是，何若亟從汝父地下也！”二子悚然。裕夭，禪補邑
庠弟子員，娶劉氏，繼張氏。女長適邑人宗峴，次適代州陳祥
璉。孫女二，祥出。孫男一，禪出，聘予弟生員家翰女。外孫趙
克，儒官；趙克[二]，生員。餘烝烝盛也。

　嗟乎！姨母嘗自言警敏不及諸姨，曰：“吾臨事吶吶不能一

語，至巽懷也。”乃今孀居二十餘年，撫遺孤，振門户，凛然烈丈夫之節，謂巽懷者能之哉？古鳲鳩愛子，秉心如一，柏舟守志，矢死靡它，姨母殆近之矣！是宜銘，以俟采風者擇焉。銘曰：

孰所生？孰所成？孤爲重，死爲輕。良人無憾蕭以寧，歸與同兆諧所盟。

封一品太夫人高母鍾氏墓誌銘

嘉隆之世，館閣諸名賢秉清方之節，而矋然不淬於俗，繫朝野重望者，首稱吾師南宇先生高文端公云。顧微獨先生秉節茂也，蓋亦有内德之助焉。萬曆己丑，先生配封一品太夫人鍾卒於里第，其子中書君循學哀告於朝，恩命且下，乃奉莫比部睿所爲狀，屬某誌而銘之。某出先生門下，習其家範，誼不可辭。

按狀，太夫人姓鍾氏，浙之仁和人也。父曰拙峰翁潭，母冷媪。鍾於仁和爲大族，其先世隱田間不顯，而德義甚茂，有善祥焉。初，青烏家過其先壠，相之曰：“是丘也，法當鼎貴，而耀自他，無乃以女士興乎？”未幾，太夫人生，而穎敏莊嚴，八歲通《孝經》、小學諸書，兼精女紅。翁媪心奇之，不輕字人。時先生垂髫，有雋譽，父東園公爲行言翁媪所。翁媪心喜，自負謂與相者語符，欣然許諾。年及笄，歸先生。先生方衣逢衣治博士經，而太夫人拮據操作以佐之，矻矻如也。先生用嘉靖庚子舉於鄉，明年辛丑成進士上第，簡讀東觀書。使使迎兩尊人，而東園公意耽武林山水，不至。太夫人乃獨奉姑徐來邸中，晨昏上食惟謹。癸卯，先生拜翰林院編修。姑徐思歸，太夫人察知姑指，力贊先生奉姑以還。還而東園公不欲先生久於家，太夫人察知翁指，則又力贊先生治裝如京，而身請留侍翁姑於室。翁聞之，弗許，曰：“婦不往，令吾兒獨守官下，誰與佐中饋邪？”太夫人乃行。丙午，奉恩詔封孺人。在官中，得寸縑束帛，必以獻遺二尊人，務安先生於公。而先生孺慕滋益篤，戊申，竟移疾歸，與太夫人共承色養者二年。東園公復趣其還朝，至則遇皇祖爲莊皇帝開朱邸，置講僚，詔推擇詞林碩望，首先生。命甫下，而聞東園公訃，先生匍匐宵奔，太夫人擗踊與俱，以不及視翁疾，躬親舍〔三〕襚，時泫然相對泣無已。未幾，姑徐亦疾。太夫人不解髢而侍簀前者三閱月，夜則露禱於天，蘄以身代，而姑徐竟歿。時先生以過毀不勝喪，諸中外一切事皆倚辦太夫人。太夫人代先生斟酌損益，悉合禮經，人謂即先生躬自治奚殊矣。

先生素冠居里中四年而起，始遷春坊中允，管國子司業事，再遷南京翰林院侍讀學士。久之，乃繇國子祭酒擢禮部侍郎，改吏部，兼學士，升禮部尚書。太夫人皆從，與襄內政焉。而朝廷亦兩進太夫人號，丙寅以少宰秩滿進淑人，丁卯則以大宗伯奉恩詔進夫人云。

先生之爲大宗伯也，會肅、莊二皇帝鼎革之際，丕釐典禮，廷議蠭涌錯出，咸取衷春曹，旦暮待報。先生考古憲經，而酌時之所宜，嘗草疏至丙夜不寐。太夫人爲爇脂火、設茗具，佐先生，間詢先生所條議，出一二語策之，奇中。先生故善病，不任勞，己巳，以病乞休，疏十二上乃得請，加太子少保，乘傳歸。

先是，先生舊第灾，不復搆，歸而假館以居，蕭然如儒生。太夫人數尺〔四〕奩具，調劑其出入，即先生不知其家所繇給也。壬申，今皇帝出閣講學，詔簡名德舊臣可備保傅者，特起先生於家。辭，不允。乃單車詣闕，至則晋文淵閣大學士，入參機筦。甫逾月，會莊皇帝大漸，召輔臣受顧命。時先生已病，強趨侍玉几前，還而抱烏號之悲，病增劇，遂不起。太夫人哭幾絕。已乃忍慟而經紀先生喪，凡賜祭、賜葬諸大事，部使者及門，必內取太夫人指行之，所擘畫犁然允當。蓋太夫人既稱未亡人，而綜持家衖，彌務爲勤儉，凡上所賜金綺，什襲藏之，毫釐尺寸不忍費。每誡子循學："而父入官三十年，以清白自砥，家無贏貲，門無雜賓，小子識之，無忘所爲兢兢紹先德者。"循學謹受命。乙亥，授中書舍人。戊寅，奉恩詔贈先生爲光祿大夫。太夫人爲一品太夫人。自先生卒十八年而太夫人卒，卒時猶亹亹語循學："而父在相位不久，然朴忠正直，矯焉以風節名世，足垂不朽。而當訓敕後人，令讀書，守家訓，無愧爲文端公子孫，吾目瞑矣。"語訖遂絕。是爲萬曆己丑六月二十一日也，距生正德丁丑十一月十八日，年七十有三。

狀又述太夫人賢，不但高氏族宜之，即鍾氏族亦無不宜之者。其孝事拙峰翁媼，始終盡禮視其子，勗季弟爲青衿弟子，勉以力學視其兄。伯母吳及姑適張氏者，並熒也，所以饋遺收恤之甚備。其敦厚倫紀蓋一視先生。而獨不喜隨俗爲祈福施舍，人有詭情飾説至其前者，一見洞照，顧不肯顯言其過。物有餘不足，能坐策貴賤，而御臧獲甚嚴，卒不令逐時以取饒也。其明達類如此。舉子一，即中書舍人循學，娶通政馬君女，封孺人。女二，長適吳憲副子禮部員外郎果，次適馬通政子國子生應華。孫男一，自瀛，早卒，娶太守姚君女。孫女一，適余參政子郡學生士博。曾孫一，嗣文，聘鄉進士王某女。中書君以某年月日祗奉恩命，啓先生隧，合葬於賜塋。

余嘗觀吕文簡公所著先生誌，未嘗不喟然嘆也。當嘉靖之季，時政堶齳，士爭騖於功利，而先生數出數引歸，遡考其時，太夫人寔同心一德，有桓少君挽鹿車之風焉，可不謂賢哉？比化瑟更張，而先生大用，人方卜世以泰階之符，藉令久於相位，其燕婉箴規，必且有福邦家而澤函夏者。奈何天不慭遺一老，使太夫人晚節十八年之間，第爲鰲緯之私恤，悲夫！爲之銘曰：

湖山之間，陰陽所會。伉儷象賢，兆符鼎貴。佐家相國，媲

德均勞。朝端稷卨，女中禹皋。典禮寅清，演綸密勿。化瑟未
張，人琴遽沒。後十八載，啓帝賜阡。隧而相見，璧合珠聯。百
世流光，九京不作。理石羨門，大書閨嫠。

封一品太夫人王氏墓誌銘

一品王太夫人者，故少師兼太子太師、吏部尚書、中極殿大
學士張文毅公配也。其稱太夫人，以子貴加封故。

按狀，諸王於河中爲望族，有東泉公恩者，配馮孺人，而生
夫人。夫人生數月，母場失恃，乃育於大母張孺人所，而東泉公
客遊於外，歲且久，夫人不識也。稍長，始從家媼詢馮孺人時事
及東泉公狀，語輒泣數行下。比東泉公歸，攬衣慟哭，伏地不能
起，見者嗟異焉。長而婉孌有慧性，事大母唯謹。大母絕憐愛
之。而季父東溪公有人倫鑒，奇此女，常欲予貴人，以是偃蹇媒
妁者數矣。會朱邸中暴者使使強委禽，東泉公猶豫莫決。東溪公
恚曰：「無嚴王孫而輕予女，必却之。」竟謝罷朱邸使者。久之，
乃歸文毅公，本東溪公意也。夫人家故饒，及歸張氏，食貧，乃
日椎布操作，至脱簪珥佐緩急，無幾微見顏色，文毅公重之。癸
丑，文毅公登進士，讀書中秘。其冬，夫人如京師。乙卯，以姑
王夫人喪，從公歸蒲坂。戊午，服闋，從公如京師。辛酉，以公
編修考績封孺人。戊辰，公官諭德，以先皇帝建儲恩，封宜人。
其冬，公以省覲告，從歸蒲坂。是時東泉公歿且十年，亡嗣，喪
未發也。夫人歸而修窀穸之事，甚哀。葬竣，手植四柏於冢上，
曰：「是培塿者而誰主之乎？此柏所以識也。」已又遷張孺人、
東溪公之兆，改厝吉地，而封樹之曰：「吾微大母、季父不及此，
忍忘厥恩？」聞者爲之感動。明年春，從公如京師。辛未，公官
少宰，以疾告，復從歸蒲坂。壬申，公起家，掌詹事府事，復從
京師。其秋，以今上登極恩封淑人。乙亥，入相。十一月，以命

婦入朝於慈寧宮。明年正月，入朝於慈慶宮，各賜彩幣者四。戊寅二月，長秋始建，入朝於仁智殿，賜幣如兩宮。逾月，以公晉少保，封一品夫人。庚辰，公以一品考績晉柱國、少傅，夫人封如前。壬午，公以遼左功晉兼官，予世蔭，夫人封復如之。癸未，以封公喪，復從公歸蒲坂。

　　蓋夫人與公出處相從，敬相待如賓，時燕婉進規，益友莫及。最後公首總機衡，夙夜憂勞天下，國耳忘家，夫人之助居多。初，公為編修時，嘗再迎封公於邸，夫人所以事之謹甚，朝夕執饎，必躬自洗腆而後進之，一錢寸縷，不為私藏，出納必請於封公，不請不敢發篋。封公既歸，公歲時遣人問起居上壽，夫人必躬治橐中裝，務出其厚，稱公意焉。每傷王夫人無祿，御食飲必泫涕久之，若不勝哀者。其孝德多類是。乙酉，公薨，夫人哭慟甚，屢絕而蘇，誡諸子治喪毋用委巷禮。比葬，乃徒步從之墓。婦人之泹葬也，必以輿，鮮徒步從者。夫人喪舅姑及父與公，凡徒步而從葬者四，秉禮若莊，士人尤以是賢之。戊子，免公喪，趣甲徵、泰徵起詣闕，而謂：「定徵留待〔五〕我。」諸子謹受命。於是甲徵以職方主事考績加夫人今封。庚寅四月，忽遘疾，疾革，盥饉易服而逝，寔是月八日也，距生嘉靖壬辰七月二十九日，年五十有九。甲徵等以恤典請，詔特啟文毅公之窆而合葬焉，因命並祭文毅公，籩豆加等，稱異渥云。

　　夫人性莊嚴，不妄笑語，其勤儉慈愛，植於天性，雖盛饌具供賓祭，而饔飧無二簋，不以鮮髓自給。雖好施予親黨貧不給者，而身衣綈素，自象服外無它飾焉。雖鞠諸子慈甚，而所以誨之極嚴，有過譙讓，夏楚不少貸。雖馭群下有恩，而禁戢甚肅，毋敢睚眦里中者。嗚呼！是可以為內則也已。狀又言，夫人幼時有貴徵，遇萬仙翁者，見而奇之曰：「此女天下貴人也。」家人心異其言。乃夫人生而都一品，拜七命，秩等元臣，歿而宗伯致祭，司空致葬，用三公之禮，禮之貴，名蓋天下，竟與萬仙翁之言符焉。所生六男子，甲徵，考功主事；泰徵，精膳郎中；定徵，中書舍人；久徵、元徵，國子生。姻娶皆名家；唯獻徵殤。三女子，一適武選郎中馬愷；一字舉人楊煊；一字舉人韓燷，先卒。孫男六，贊、罿、輦、質、罃、䴉。孫女五。甲徵等將以辛卯二月二十二日，奉夫人柩祔於文毅公之兆，而劖石納壙中，請余銘。余嘗狀文毅公相業，謂其有旋乾轉坤之功，而本之誠心自然，與溫國文正公相似，尚未及文毅公刑家之化，以方文正何如也。乃今觀王夫人懿行，無論溫國夫人，即以入文正公所著《家範》中，寧有異邪？且溫國夫人賢而早逝，不得相相業於元祐之朝。而王夫人寔相文毅公秉大政，與助其解弦調鼎之烈。繇斯以談，王夫人之德福視溫夫人不啻過之矣！大都代間有名之臣，亦往往有名世之配，彼其髻而著貴徵豈偶然哉？

余既誌其事，而系之以銘。銘曰：

蒲文毅公今夔龍，手扶日轂升天中。坐令八表開昏濛，刑家化國道所同。袗縠治內何肅雍，素絲緝袞輝山蟲。金鼎大匕鹽梅從，鸞書屢進夫人封。名齊五嶽班三公，入朝長信虔儀容。文綺珍紉賜獨豐，雲仍奕葉慶澤穠。瑤瑜成列蘭爲叢，神隨蓂彩還太空。佳城璧合蟠雙虹，黃河蜿蜒條山崇，銘石與俱垂無窮。

贈太淑人張母陳氏墓誌銘

張母陳太淑人者，今東閣大學士新建公母也。閣學公自爲史官時，與某同執經侍上講幄。兩人同有母，同養於京。而某不孝，先姚竟卒邸舍，舉喪以歸，至今慟焉。閣學公及太淑人無恙，奉以還里，歲餘，上召閣學公於家，辭不至。居二年，太淑人卒。卒二年，相麻下，閣學公復力辭，上優詔不許，乃以明年春襄太淑人厝事，始應驛召來。蓋閣學公歸也以養太淑人，其出以葬太淑人，爲子與爲母如此者，可以兩無憾矣。

閣學公父曰賀，仕大官丞，祖曰元春，爲梧州太守，並以閣學公貴贈通議大夫、禮部右侍郎兼翰林院侍讀學士。梧州公與陳方伯奎相友善，而方伯子冠爲工部郎中，郎中有女少慧，數歲能誦《孝經》《烈女傳》，方伯公每出宴，雖夜分拱候以爲常。方伯公憐而欲貴之，見太守子有奇表，遂字焉。年十八歸贈公，人謂太淑人貴介，宜不任爲婦。而太淑人婉嫕[六]有共德，事江淑人與贈公所生母尤淑人兩姑者，各得其意。在娣姒間，居弱處後，逡逡如也。於是臯內外咸稱少婦賢。及江淑人喪，贈公伯仲析居久，太淑人盡出奩中裝佐喪費。而是時尤淑人亦已春秋高。贈公遊南雍，累舉不得志。太淑人從容説曰："及親而仕，三釜爲悦，且孺子幸可教，吾姑以悦吾親於今日而待孺子於異日，可乎？"贈公感其言，謁選，授大官丞以歸。太淑人與贈公朝夕事尤淑人盡歡，殁而喪盡禮。其課閣學公伯仲，引經誼繩墨，訓督之甚備。閣學公以戊午魁省闈，戊辰成進士，官翰林，迎母於京。壬申，用今皇帝登極恩，封母太孺人。尋補經筵日講官，用直道忤故相江陵公意，徙南京司業。會大慶覃恩，得封母太安人。中遭排抑，起符丞，歷國子祭酒、詹事掌院事，太淑人皆就養焉。丙戌，升禮部侍郎，教習庶吉士，充《會典》副總裁。《會典》成，贈祖若父如其官，而太淑人晋今封。太淑人謂閣學公："物忌多取，主恩不易酬，無亦惟是進退禮義，勉持末路，無隕越爲天子羞，亦所以報也。"於是閣學公四上書，稱疾乞歸。歸再逾年，而太淑人卒於正寢。其卒，神色不少亂，人以爲定力之徵。

蓋太淑人雅好内典，自贈公在時，日相與焚香誦《黄庭》《金剛》諸經，輒有所悟入，而以其爲女爲婦，生長縉紳家，更通達曉大義。自閣學公侍經闈講讀，開發當上心，數蒙賜賚，則時時勉閣學公報稱。閣學公所居傍長安道，構爲似樓，時奉太淑人登，登而望見宮闕，未嘗不歛袵肅容，祝聖天子萬壽也。太淑人在閨閣中，動以禮自律，非姻族往來，足不逾壺外。春秋饋祀甚虔。嘗勸閣學公置義田，建祠堂，以收族人。尤好施予，貧者予財，病者予藥。六畜非賓祭不殺，羽毛螺蚌，歲鬻百億縱之以爲快。嘗謂閣學公“人須是存天地父母之心”，以是閣學公議論行事，每依於仁。充斯念也，可使宇宙間無一民一物不得其所，則太淑人之遺澤宏遠矣。

太淑人生正德甲戌六月二十六日，距歿萬曆己丑六月二十日，享年七十有六。生子男三，長位，即閣學公，娶曹氏，封淑人；次佩，光禄寺署丞，娶孫氏，繼朱氏；次化，上林苑監署丞，娶余氏。女二，長適葉懋，以歲貢任歸安教諭；次適趙來亨，與閣學同年進士，任高郵知州。孫男九，大欽，邑庠生；大齡、大夏、大畁、大興，餘幼未名。孫女十，嫁字俱舊族。余從閣學公石渠、虎觀之間，游交最厚，稔太淑人賢，其言動可著於內則。至其勸贈公以仕，而諭閣學公以歸，盈虛進退之際，皆與道合。蓋太淑人晚而習静，一日呼閣學公曰：“予今乃不知有我，不知有人，此何也？”閣學公瞿然對曰：“此氣定也。”病且歿，不改其度。嗚呼！豈惟進退，且了生死矣！銘曰：

處也而出，大官有婦。出也而處，學士有母。慧鏡外觀，净珠內守。寶儉與慈，用昌厥後。在帝左右，斟酌大斗。澤被九有，惟太淑人不朽。

贈淑人劉母張氏墓誌銘

不佞在詞林，善宮詹學士劉君。君自守史官，掌制誥，尋直講讀，日侍上左右，數迎父淮安公、母張安人里中，安人時獨來。萬曆己丑，不佞起田間，猶及啓居安人子舍。無何，報安人歸。逾年而訃至，宮詹君哭踊欲絶。上愍之，特非時予誥命，封淮安公通議大夫、詹事府詹事、翰林院侍讀學士，而安人得贈淑人，詔遣官諭祭營兆。兆成，宮詹君使使奉蕭宮允所爲狀來屬不佞以銘。不佞雅習淑人懿行，不敢辭。

按，淑人姓張氏，世家高平雙桂坊。大父紀，字振之。父輔，配尹媪，以嘉靖丙戌十月十日生淑人。淑人生而肌膚瑩然，如水晶可鑑，振之公以爲奇。會監司行縣，館振之家，相其宅，謂當以女士顯。於是振之公益重女，不輕許人。會淮安公以角丱試有司，文譽藉甚。父封戶部公爲行言，振之公重公名，遂訴然予女，以嘉靖壬寅歸公。公家故貧，伯叔並趻踔不視生業，而姑陳安人操子婦特嚴。諸子婦分受事，爭趨簡佚，而以煩劇遺淑人。淑人婉娩受之無難色，顧益務勤恪，以先諸姒。雞三號，業操杵提甕，春汲聲相屬於堂下矣。久之，一室盡宜淑人，稱其賢。明年癸卯，淮安公舉於鄉，又三年丁未成進士，拜中丘令。中丘南北孔道，公嘗戴星出入，淑人内調甘旨，奉舅姑官中，而外給公厨傳不時之需，嘗手自織縑充費。至今中丘人祠祀公，稱有遺愛縑云。治中丘二年，值虜警需才，急擢公户部主事，以淑人從。績滿，得封安人。後從司餉昌平，事竣，當督運儀真，直倭警需才，又急特擢公守淮安。公至郡，軍書旁午，常夜宿外舍繕城守，不闖内室。而淑人内政滋益修，公以是得專竟郡事，無返顧焉。明年，倭大入，舟蟻薄城下，公躬提兵出擊，入語淑人：“吾兹委身枹鼓間，不復顧家矣。若幸自愛。”淑人曰：“君能爲忠臣，吾獨不能爲節婦耶？”因指閫盟：“此吾死所，君行，第勉之。”公出，淑人鐍門户，將一子一女徘徊。庭中有關將軍像，焚香祝曰：“神威靈震海寓，而今賊夷狂逞，寧不爲全淮百萬生靈垂佑耶？”因取珓卜之，曰：“我兵勝則陽，否則陰。”擲之得陽，私喜。而忽訛傳我兵失利，一城盡哭。淑人亟挽兩兒趨井傍，伺變急將共墮。俄馳報賊潰走，城又解嚴，乃扶涕叩謝關將軍，歸神佑焉。公還爲言，戰之日，遠近望見鬌將軍擐甲持戈，躍馬貫陣而入，賊披靡自相躪藉，我師遂捷。考其日，正淑人卜玆之辰也，事良奇矣。兩臺上公功，詔晉秩一級，而相嚴夙銜公，格弗予。公不爲動，治軍自若。淑人諫曰："君豈忘牴牾相嚴子事耶？有功不錄，讒且乘之，盍解綬歸侍兩尊人，成君志乎？"始公奉命監兌江西，相嚴子多入居粟者金，將有所托，公拒弗應，入語淑人，以禍福觀所從違，淑人正色對曰："禍福有命，與其徇私而倖福，無寧奉公而罹禍耳。"公以此大重淑人。至是，淑人心度相嚴不但已，因力贊公歸。疏具且發，而嚴相子果嗾訪仙王御史，搆公昌平事訐奏，公被逮下獄。淑人携子女間關數千里歸自淮上，入伺翁姑顏色，奉洗腆，寬其憂，退而具橐饘衣，屢數遣使齎訊公京邸。聞户外履聲輒驚，遽擁宮詹君出問北來音耗，淚籔籔滴兒頭顱也。宮詹君泣，思見父，則復扶涕慰兒："無啼，而父旦夕至矣。"已御史所奏公事勘無驗，時方計吏，竟用考功法中公罷歸。公居恒悒悒自嘆："以公正獲譴，豈天道非耶？"淑人指宮詹君慰公曰："天道非者，安得有此兒乎？"公灑然意解。

　宮詹君幼善病，七歲猶未免於懷，淑人褓抱掖持，擘腕欲脱。及能受書，淮安公嘗丙夜起課兒讀，淑人輒起，與俱調護兒飲啖，勞佚之節呴呴如也。宮詹君以丁卯魁鄉薦，纔十六歲，淑人誡之曰："兒尚勉學，毋以一舉自多。不見吾織乎？累絲不已，積而成匹。藉令一幅而怠，所就幾何？"比成進士，官翰林，則又惓惓以歛英華、守謙讓爲勗。以是宮詹君弱冠升朝，文名駕宇内，而冲然有以自下，進而弼仔肩，襄上理，其器業殆未可量，淑人寔訓成之。間訓婦闈職，必以身爲教曰："無忘吾在中丘時。"宮詹君再校士禮闈，淑人焚香祝天，願得真才報國。入簾之日，戒毖扃鑰，閫内外無敢通片言者。顧語婦：「吾在司農署時如此，今選舉重典，豈特錢穀哉？」一日，宮詹君侍上日講退，淑人曰：「若試爲我説經如上前。」宮詹君爲布席陳書，誦説其義。淑人色喜曰：「是不必文，第明白易曉，庶有開悟。然又必積誠感動之，不徒章句規勸間耳。」聞者謂斯言即大人格心之學，儒先生所不及也。

淑人故病衄血，良已。會聞季子病，趣歸。歸而季子弗起，哭之慟，遂感宿痾不治，卒。是爲萬曆庚寅十二月二十二日，得年六十有五。子男三，長虞夔，即宮詹君，婦郭氏，累封安人；虞龍，縣學生，婦秦氏；虞皋，即先淑人卒者，婦李氏，繼孟氏。女一，適上黨太學士崔汝第。以萬曆壬辰某月某日葬邑東南龍縱山下，負甲抱庚。

淑人孝事舅姑，生養死葬殁思，曲盡情禮。伯叔蚤亡，視其遺孽甚善。伯嫠不安其室，遺二女，淑人撫之如所生，長而擇士族嫁焉。姻黨緩急有謁於淑人，及它貧無依、饑啼寒號者，靡不稱情周恤之，俾得所欲乃已。然不欲自爲德，事必取淮安公指焉。至其自奉，盂飯豆蔬，衣布衣數澣，蚤興晏罷，娓娓率作，無倦容。蓋卒之前七日，猶强起自製衣，遺宮詹君於京也。嗟乎！《詩》《書》之言女德尚矣，乃徽音懿行，各專一操，靡得而兼焉。淑人春汲修婦道似《雞鳴》，織縑佐君子於官似《葛覃》，宜於娣姒似《桃夭》，以績訓子似公叔、文伯之母，至引義明節，不以禍福死生怵心，侃然烈丈夫之概，即《卷耳》專一、《柏舟》矢志何以加？蓋天寔蓋之以昌劉氏，宜其紛有此内美也。宅相炳其休徵，神明孚其虔禱，非偶然矣。

乃狀稱，淑人視母家甚周。父朝佐公年九十，食一甘脆必裹而餉之。疾革，執手泣，以不得逮其終爲憾。兩弟賈而折閱，爲脱簪珥佐其資。妹倩客死，走使數千里，輿其櫬歸葬焉。繇斯以觀，張氏藉淑人福澤不薄矣，何獨昌劉氏哉！是宜銘。銘曰：

有美淑媛，冰雪其膚，藐姑射仙。作嬪哲人，成此宅相，彼卜匪愆。受事居勞，提杅晨舂，爲諸娣先。受禄居約，辟纑夜績，佐君子廉。勢摧如山，仗公拒私，禍兮所甘。寇迫於垣，致節殉忠，生也可捐。金甲者髯，神兵下援，在險得全。鐵冠者讒，蜚章橫彈，遇坎輒旋。冥鴻翩翩，鵷雛九苞，何謂無天？翺翔禁林，文摛斧藻，士賴陶甄。恪恭夙宵，論思旇廈，慈訓昭宣。象服魚軒，考槃偕老，子舍承歡。恩聯二姓，德施三族，惠問如川。歿軫皇慈，特頒優恤，賜兆加籩。寵嵷山下，珠光玉氣，非霧非烟，是爲淑人之阡。

封淑人史母安氏墓誌銘代

安淑人者，大司馬史鹿野公配、山東右方伯鶴峰公母也。淑人卒，方伯公自山東奔歸，徒跣數千里，哀毀骨立。亡何，以淑人狀介京邸乞予銘，予與方伯公同年舉進士者，誼不可辭。

按狀，淑人之先蓋蔚州人，始祖從高皇帝取天下有功，授明威將軍，世爲涿鹿左衛指揮僉事。父景，母廖恭人。淑人生而穎慧，幼時善剪綺爲花，雖所未見，旋自手指中出，能即奇肖。其組紃刺繡稱是。獨不喜媟嫚，見兒女子嬉聚，即從其旁所行，弗視也。安公嘗謂廖曰：“吾視此女不凡，必當配名貴人。”自是里中求者數輩，咸不諧。時大司馬方角卯，已即爲督學王浚川公所雅重，名勃勃起矣。乃柏庵公亦聞安氏女善，則走妁約爲大司馬昏，安遂喜諾，尋委禽焉。淑人既歸公，即日勸公績學，夜則篝燈與對。公乃以正德癸酉舉順天鄉試第一，明年甲戌登進士，選庶吉士。淑人自爲新婦，即尚儉素，及公貴，愈自菲約，雖尺帛寸蔬不以抵妄費，曰：“寵賚之章，繇家人好大耳。奈何不自囊中節之，而至取諸官以供甘脃之資也？”太淑人寢疾，淑人留侍床蓐者數年，每需藥則藥輒具，需茗饌則茗饌又輒具，蓋亡頃刻去側，繇是公得不以太淑人爲憂。已公爲給事中，疏奏大學士某，忤旨逮獄，衆嘖嘖危之。淑人獨毋恐，曰：“批逆觸諱，自言官事，寧欲畏罪自全哉？”未幾，果詔釋公矣，衆高其識。

公繼轉光禄、大理，尋掌都御史臺。大理與都御史，皆風紀重地，公每覆讞，則淑人輒諮所具爰書狀，從旁原一二語，曰：“失入如錮，失出如脱。設令所鞫獄僅有一罅，可憐而活之，是自家造福也，于公何人哉？”公用其言，多所平反。故事，文臣命婦四品以上，始得與朝賀。淑人自司馬公爲大理，已即受四品封，每入賀，輒被寵賚，若《内則》《女訓》等書及諸衣物甚渥也。嘉靖初年，皇后御西苑行親蠶禮，一夫人列諸命婦前，年老傴僂，行忽失步，幾跌。内侍趨牽淑人衣進曰：“若儀貌精采，當居前。”遂代跌者，一時相顧榮之。舉二子，長直臣，即方伯公；次獻臣，國學生。始淑人教二子學，即如相司馬公，二子稍婾，則曰：“女奈何愧？女父焚膏達旦，伊吾聲與機杼相應也。”方伯舉進士，爲松江守，擢山西憲副，則又誡之曰：“刑，凶器也。女父爲理時，持法若操刃，恐恐然懼誤及人矣。女能爲女父，吾子也；不能，非吾子也。”方伯公唯唯。

嗟乎！淑人可不謂有士行者哉！言及廟堂宰相，待罪而岸然處之，不恤私昵。禁闈深嚴之地，則閨閣所未睹見，一旦驟詣，眴轉皇惑，不知所置足矣，而能以威儀棣棣自見於稠人中，斯非所自持者定故哉？持法三世，不冤一夫，雖慈祥自天性，而以陰德進説，動援古人，安可謂無所助也？蓋不但爲名貴人配，且爲名貴人母，錫貤封，膺耋壽，光垂綸綍，慶流後裔，休哉！

柏庵公諱某，登成化進士，任河南僉憲。太淑人姓王氏。司馬公諱某。淑人生弘治己酉五月初四日，卒隆慶戊辰六月十六日。子直臣，娶張氏，封安人，繼吳氏；次獻臣，娶徐氏。女二，長適都指揮楊爵，次適錦衣總旗郭芬。孫男七，孚先，生員，娶頓氏；光先，舉人，娶陳氏；德先，錦衣衛百戶，娶徐氏；茂先，娶焦氏，繼楊氏；恭先，聘劉氏；立先幼。直臣出。慶哥，獻臣出。孫女二，長適翰林修撰楊瀹男，次適同知尚世清男。曾孫女三，長適指揮馮效忠男，次許太學生陳嘉禾男，其一幼。葬之日，戊辰十一月十五日也。爲之銘曰：

匪其多能，孰匹厥文？匪其多助，孰相厥勳？分虔主饋，義知格君。麟趾仁厚，素絲清芬。詒穀爾子，於昭今聞。貞志内注，蘭儀外賁。宮闈動色，褒寵交殷。洵百世其炳譽，永妥靈於茲墳。

封淑人王母周氏墓志銘

周淑人者，故少司馬、總督陝西三邊軍務傅巖[七]王公之配也。淑人世爲代之振武衛人，祖都閫公紀，父義官公鈺，母趙氏。代俗右世胄，將家子多與其流輩爲昏姻，率猒薄儒生，弗予女。乃義官公獨雅重儒生，又私奇傅巖公才，遂以淑人許焉。淑人生十六歲而歸傅巖公，歸十年而傅巖公舉於鄉，又三年，公登進士第，起掖縣令，徵入爲給諫，歷刑科都給諫，而淑人得受孺人封。公自南太常少卿擢大中丞，填撫寧夏，而淑人進封恭人。比遷兵部右侍郎、兼都察院右僉都御史，督陝西三邊，以奏二品績進今封，凡三命而至淑人。

淑人始歸，傅巖公諸姒或以武人子易之，乃淑人容止婉婉有則，大不類武人子。即佐傅巖公學，紡績呻佔，嘗共一燭，孳孳若故習儒生家者。傅巖公既貴，揚歷中外垂三十年，所在屹然稱重，至念勳業所繇，則未嘗不歸其助於淑人也。傅巖公在寧夏時，疆事多從中制，守臣惴惴不自保，公以爲憂。淑人慰之曰："臣道取自盡爲義耳，皇恤其它？"以是傅巖公得堅決行一意而有成勞，卒亦不及於患。比公罷督府還代，以志業未究，時時扼腕憂國事。淑人爲言："詘信固有數。始君爲儒生時，衆見謂逡逡局趣，語以今日，則有竊笑以爲懸而不可知耳。乃今建纛秉鉞，專制境外，大將以下橐鞬而拜道左，入謁則膝行蒲伏頭搶地，豈不亦布衣之極乎？夫能有今日者，乃其能；不有今日者也，又何憾焉？"公灑然爲解。居三歲，公卒，淑人率二子爲公服喪如禮。已二子並以蔭通籍京朝，淑人則又從二子於京。每訓二子居官奉職，一如佐傅巖公時矣。又天性純至，方傅巖公爲奉常，姑董太淑人以南土卑濕，難其行，淑人留侍，能曲順董所欲，當其心。董疾，則籲天請代，董稱爲孝婦云。傅巖公往與從兄弟析産，割貲予之者數矣。公卒，而從兄弟之子數有言，則淑人又數割貲予之，終不與明，其厚如此。

余惟世祿之家，鮮克由禮，矧處閨閣中，習見紈綺富貴態，驕佚若性，安從得禮教之言聞之？淑人即長於世胄，而佐傅巖公詩書之業，卒顯其名，令義官公成相攸之譽，謂武人子能之乎！大難大疑，得淑人一言而決，學士猶或以爲難。其事姑稱孝，睦於夫之兄弟稱和，肅雍之範，自梱内始，可以風矣。淑人生正德丁卯十月二十七日，卒萬曆丁丑五月五日，享年七十有一。子二，長峰，以蔭任順天府通判，娶馬氏，歲貢生翰如女；次岸，以蔭任光禄寺典簿，初娶吳氏，少司馬南野公嘉會女，先卒，繼亢氏，沔縣簿慶禧女。女一，適博興簿劉繩。孫男二，早殤。孫女四，俱幼。通判君兄弟以今年戊寅三月三日啓傅巖公竁而奉淑人合焉，乃走使持趙侍御君允升所爲狀，就余山中乞銘。余不佞，且臥疴之日久，惡能文，姑據狀而次其事，俾掩諸幽。至傅巖公家世，則載姚江胡太史誌中，茲不具述。銘曰：

周宗奕奕，纓弁世承。閩芬揚華，淑媛乃生。厥黨寔繁，豈無良匹。作嬪於儒，兩美斯儷。相在爾室，肅肅雝雝。國人化之，二《南》同風。朂哉夫子，質有文武。殫力宣猷，爲國羆虎。帝眷西顧，曰予重臣。内德兼茂，三錫褒綸。褒之維何，勤敬檢飭。以佐元戎，詞核而直。褕翟在室，簪笏在堂。食報既厚，垂裕寖昌。生也有涯，名則不朽。我銘其藏，托兹瓊玖。

校勘記

〔一〕"中"，據民治學社本當作"公"。

〔二〕"趙克"，名與上重，必有一誤。

〔三〕"舍"，據民治學社本當作"含"。

〔四〕"尺"，疑當作"斥"。

〔五〕"待"，疑當作"侍"。

〔六〕"嬹"，疑當作"嬾"。

〔七〕"嚴"，據民治學社本及下文當作"巖"。

誌 六

封太恭人郝母李氏墓誌銘

　　故侍御溫泉先生郝公配太恭人李氏卒，其子大參君杰自山東徒跣窮日夜奔還，號慟摧毀，僅以其骨立，吊者咸悲哀之。居有頃，屬其兄子鄉進士洲抱濟南文學嚴君所爲狀就余山中問銘。余不佞，備在婚姻，何敢辭？

　　按狀，太恭人蔚望姓李氏女，父庠早世。侍母王媼，凝重有儀，不類凡女。母常撫其背泣曰：“吾視兒多貴徵，異日必爲宜室婦，第不知大誰之門耳。”乃爲慎擇所歸。而會侍御公喪其元配王孺人，以妁氏請，遂許焉。太恭人始歸侍御公而食貧，則盡屏珍綺諸服玩不御，日衣故敝衣，頜頜操作，夜則篝燈組紝，佐侍御公讀。伺公稍倦，爲治茗具以進，諰諰相慰勉，侍御公得不以力學爲疲。嘉靖乙酉，侍御公舉於鄉，筮仕衡水令，尋調任丘，用清直著聲，則太恭人寔贊之。其言曰：“居官欲守，無以貨利薰心；抗節欲高，無以功名損志。將安往而不得哉？”侍御公深重其言。

　　壬寅，侍御公徵拜福建道御史。時郭武定怙寵張甚，公退食，列其不法狀將奏之，太恭人請曰：“君治牘意豈在郭勛耶？”首頜久之。疏上，月餘不報，侍御公每晨起待命，則太恭人禱於室，爲侍御公乞不死。已而，命下，果止奪俸，無它虞。甲辰，侍御公按滇南。時大參君兄弟業有俊譽，太恭人外持户，內訓二子學，梱閫之間，辨治若官府，以是侍御公行萬里無返顧焉。

大參君既登進士，由行人擢臺諫，太恭人每誡之曰："兒繼爾父居言路，慎無忘爾父劾武定疏也。"後大參君抗章論執政高公，侃侃不避人言，即侍御公劾武定奚殊矣？無何，高公再當國，頗修宿憾，人咸爲大參君危。太恭人第屬大參君解官歸，曰："丈夫志不合，有卷身而退耳，安能飾貌求容乎？"居歲餘，高公報罷，大參君起爲陝西憲副，請御太恭人以行，不就。大參君既轉山東，則念太恭人耄矣，謀上書陳終養事，而太恭人又譙止之，弗許也。今年八月，大參君將入賀聖旦，將以便省太恭人於家，未行而訃至。其卒爲萬曆丁丑六月二十四日，距生弘治丙辰二月二日，春秋八十有三。

太恭人性至孝，始逮事姑張孺人，能曲意敬順。姑疾，爲侍湯液滫瀡之具，無一不當姑心。疾革，則焚香籲天，請以身代，姑稱爲孝婦云。冢嗣君本爲諸生高等，蚤卒，太恭人偕冢婦字其孤而訓之。孤既舉進士，而太恭人猶爲經紀其家不置也。前後更夫、子貴，凡三錫命，而服御儉素，無所改於食貧時。宗黨姻戚，雖至困辱，遇之不加疏，婚喪緩急，有謁未嘗不各得其所欲。卒之日，白衣冠者以千數焉。冢嗣君婦，楊氏。大參君婦，吳氏，封恭人。女三，長適舍人白鑑；次適甄紹祖，先卒；次適指揮胡璉。孫男八，蒲，庠生；洲，癸酉舉人；汾、濂，先卒；洛、泂，俱庠生；洴、渙，尚幼。孫女四，一適指揮章接；一適生員王橙，饒郡司理淳之子；一適指揮祁光祖；一許聘余子湛初。曾孫二，煊、燧。葬之日爲十月十有九日，其兆在東鄉之原，與侍御君窆合。

嗟乎！世所稱賢父慈母，直沾沾柔惠，以呴沫爲濡濕耳，乃術法言引於正義，惟名節爲兢兢，億兆無一焉。太恭人相侍御公父子以言顯，至寵辱進退之際不爲少怵，雖烈丈夫何以加？樹子以及孫，芘且三世，而凝然若貞松勁柏，志操愈明，其所自持有越在倫品之外者矣，是宜銘。銘曰：

彼君子女今尹姞，作嬪莊士稱良匹。婦戒雞鳴母斷織，言中國經動爲式。臺諫兩世邦司直，風紀規隨如畫一。有狐晝嗥鸜奮擊，慫慂其旁意不懾。誰搆毒者爲虺蝎，從容包身無遽色，翼卵培萌孤再植，趾美科名宗益赫。帝寵駢蕃命三錫，在約不詘盛不溢。六十餘年如一日，伉儷偕藏同此室。

封恭人劉母牛氏墓誌銘

劉恭人者，封憲副松巖翁配、大參晉川君母也。余與大參君稱同袍兄弟十七年，於今數壽兩尊人於堂，兩尊人起居無歲不相聞也。萬曆癸未秋，大參君以轉漕如京，私語余："星二親今年並七帙，幸道便還，將拜家慶於漳水上也。"余曰："然則願附王生一觴。"大參君許之，持以行。行未數月，走使奉恭人之諱抵余，曰："星不孝，延禍吾母，爲家大人憂。疾首痛心，靡所控籲，敢句吾子一言，用藉不朽？"余驚，訊狀，方大參君歸奉兩尊人膝下歡，留不欲行，恭人因以大義迫遣之去，則復遣孫用相慰之於淮上，曰："慎毋西顧念吾二人，吾二人無足念也。"其健自負如此，乃倉猝旦莫間遂不治，迄無一語及家事云。余受狀，愴然悲悼，念既習知恭人賢，則不可辭。

恭人姓牛氏，出沁水寶莊。父勤，母陽城郭氏。恭人生而聰慧端淑，女紅內則不學而能。父母愛之，爲擇配，歸封翁。翁時爲決曹掾，給事邑中，或終歲不歸。家四壁立，恭人旦晚爲舅姑上食，至脫簪珥治餐具，不仰掾橐一錢也。比翁竣役歸，挾少貲游梁，賈既無贏，而翁又特好義，輕去財，所得緣手盡。恭人從中拮據紡績，治門內外事，犁然咸辦，復不仰賈橐一錢也。姑楊晚而病痿，臥起飲食，非人不力，恭人扶哺之於蓐間數年，牏厠浣濯必躬親之。姑嘗語人：“吾所以延餘年，以有婦故，其孝即吾女弗若也。”於是里中咸稱恭人爲孝婦焉。封翁性下[一]急，遇人寡容，而恭人時佐以柔婉，家衆滋益和。然訓子獨嚴。初，大參君受書外傅，歸必課所誦習幾何，譙讓不少貸。從子東啓少失恃，恭人收而字之，所以撫愛訓督一如大參君，卒視其立，爲邑知名弟子。大參君既成進士，自中秘官諫議，用抗直敢言觸當路，左遷蒲城，意殊不平。恭人慰之曰：“兒自以戇危身，得從薄譴足矣，豈應復懟耶？”時隆冬就道，旅次薪火不屬，恭人密誡家衆毋言寒，言寒傷兒心。已大參君稍遷盧氏令，入爲司徒郎，尋轉河南僉憲、浙江學憲，所至輒迎恭人，或就不就。其在汝洛，大參君數苦過客往來，厨傳煩百姓，入而言狀。恭人不勝顰蹙，每誡內人：“毋恃奉稍而侈費，侈費傷兒廉也。”始萬曆丁丑，大參君考司徒郎三載績，得封松巖翁戶部員外郎，母安人。壬午，以皇子生，上兩宮徽號，覃慶中外，而翁、恭人進今封。恭人即再受命，褕翟爛然在御，居常被縞着緼，無異寒素家。與鄰里處，貴而彌降。尤喜振人之急，人或姑婦姒娣相望，恭人出片言譬之，渙然解矣。故卒之日，里中男女無長少咸爲盡哀，其中心仁愛乎於人人也。而恭人弟邑庠生志道又言：恭人歸松巖翁也，以父性喜酒，常蓄嘉醞待之。父過，輒偕松巖翁前酌爲壽，每過必盡醉而後返。父歿，哀毀遘疾，兩月然後蘇。則恭人不獨事姑爲孝婦，即爲女亦孝女也。用能篤生令嗣，服封綍而垂榮名，殆天所以厚其報歟？

恭人生正德甲戌九月初七日，卒萬曆甲申正月廿四日，壽七十有一。子二，長東星，即大參君，娶李氏，封恭人；次東銘，娶王氏。女三，長適庠生王體道，次適王九府，季適李給諫子沽。孫男四，用相，邑庠增廣生，娶韓氏，繼霍氏；用康，娶郭氏；用檢，聘李氏；用俊，幼。孫女三，長適何署丞得正子遵海，次適王參政淑陵子庠生洽，季聘張祠部之屏子洪猷。曾孫女三，幼。以卒之歲四月十五日葬於祖塋阮家坪之次。銘曰：

佐廉掾，佐廉賈，良人以爲輔。爲孝婦，爲孝女，梱內以爲矩。安子於官，安子於旅，終焉譽處。堂上綸璽，堂下繡斧，歸休乎玄圃。是爲晉川君之母。

封太恭人王母龔氏墓誌銘

巡撫甘肅王中丞母龔太恭人卒，葬有日矣，中丞君書抵不佞而屬之銘，曰太恭人意也。先是，中丞備兵上谷，移岢嵐，奉板輿而西，道出山陰，太恭人指敝廬而問曰："彼間而額太史者誰也？"中丞以不佞對。太恭人喜曰："固兒同年友乎？"於是中丞擬徵不佞文爲太恭人壽。既奉諱，因屬使爲銘。嗟乎！某即不嫻於辭，獨奈何逆太恭人意哉？

按狀，太恭人姓龔氏，父攀，世居臨清，徙太康。母萬太恭人。生十四年而歸贈翁，稱副室。贈翁娶於蔡，蔡故睢陽仕族也，有婦德。太恭人亦婉嫕[二]自親媚於蔡，得其歡。贈翁爲諸生，夜讀，太恭人爲籌燈設茗粥甚具。贈翁好客，客不時至，從中索飲膳，飲膳又輒具。蔡夫人以爲能，雅敬重之。數年，夫人卒，遺一子一女，皆仰太恭人，太恭人撫之無異己出。贈翁視閫以內，條貫井井，儼若蔡夫人時，意不欲更娶，太恭人固請再三，乃繼室以李夫人。李生女，太恭人亦始舉中丞，抱持兩兒并哺之，劬勞並至。蔡夫人所遺一子一女者，頗不得李歡，時時督過之。太恭人委曲擁護，事嘗得解。又數年，李卒，太恭人始專內政。贈翁以明經貢太學，謁選得縉雲，不色喜。太恭人慰之曰："官豈有崇卑，各欲自效耳。誠潔己愛民，即名卿何以加？"贈翁治縉雲，用惠政得民，去而見思，太恭人寔助之。滿三載績，贈翁忽病瘧，幾殆。小間，太恭人婉言請："吾汝薄游數千里外，無壯子在側，獨一稚子從，緩急不足恃，盍歸乎？"贈翁曰："吾志也！"遂投牒還。還而橐中纔數金，值伯子埏餼學宮，爲具行修費輒盡。比爲所哺女治奩具，則并太恭人簪珥俱盡矣。贈翁得兩兒晚，愛之甚，太恭人獨佐之嚴，歸必問所就業，出則微伺所與遊者何人，稍縱輒譙訶不少貸。兩君同就省試，太恭人必祝天，願伯子先。及中丞君成進士，蹵然曰："埏竟先埏乎？天奈何不報蔡夫人？"伯子四十未有嗣，太恭人爲置妾媵，所以調護之甚周。即就養中丞宦邸，數年於外，每飯意未嘗不在伯子及所哺女也。中丞君筮在滋陽令，有所論報或鞭笞聲聞於內，輒輟食而嘆，諭令從寬。比徵入爲給諫，首疏劾大璫，或言大璫且反螫者，太恭人從容謂曰："忠諫自兒職分，他更何恤！"尋出中丞君參楚藩，諸寮友過而相慰，太恭人從屏間聞其語，退語中丞君："兒起家不數年至藩臣，客猶謂薄耶？"是時，太恭人用今上登極恩，業受孺人封，比中丞奏參議滿績，而晉封太夫人。中丞君由岢嵐擢都御史，撫甘肅，有詔趣行。中丞君意不能離母，太恭人曰："兒受國重寄，稱疆場[三]臣，義不得復顧其私。我家居而視諸婦諸孫，亦自愉快也。"中丞君單車赴鎮。既受事，於戎務倥傯中，數慮太恭人啓居，則謀上書而乞養。太恭人聞而弗善也，馳使止之，中丞君乃不敢復言歸，而太恭人遽卒。

太恭人孝敬慈儉，出於天性。每遇舅姑忌辰或節序薦饗，哀容可掬。朔望一御蔬素，晨起焚香肅拜以爲常。贈翁歿三十年，嚴正之操有古烈女風，子若孫定省於闈中，即盛暑未嘗見其祖露。米鹽、匕箸嘗手自經紀，不稱勞，居平粒米寸絲不忍妄費，衣被或數澣弗更。而特好施予，內外姻族有求太恭人者，人人得所欲去。卒之日，遠近赴吊，咸爲盡哀，天子使使者諭祭焉。

史氏某曰：婦人助籩，承嫡與夫難兩當也，而己之子與嫡之子難兼愛也。太恭人侍贈翁，更兩夫人，兩夫人之性行有間矣，而太恭人始終克諧，温惠若一，其愛兩夫人之子不異中丞君。其老也，能違中丞君而不能違兩夫人之子，殆慈仁隱惻，誠結於一不可解也。蓋中丞君宦迹多在秦、代間，秦、代之人親附中丞君不異慈母，循其行事有以也哉！太恭人生於正德癸酉七月廿六日，以萬曆十一年四月十五日卒，壽七十有一。長子埏，歲貢生，先卒，婦郭氏。長女適壽官韓月桂。並蔡夫人出。次子垼，即中丞君，婦李氏，累封恭人。次女適省祭郭尚寶，即太恭人所哺李夫人女也。孫男二，錫第，生員，蚤卒，娶劉氏，殉夫，奉詔旌節；錫卣，生員，娶劉氏。孫女八，一適生員劉汝連，一適劉汝愛，一適李宗堯，一未聘，長君出。一適生員師準望，一適賈漢招，一適劉養白，一未聘。中丞君出。曾孫一，汝嘉。曾孫女一，未聘。以萬曆十一年十一月二十四日合葬於贈翁之兆，禮也。銘曰：

何昴何參，燕處訢訢。何桑何榛，鳩愛惟均。言不逾垠，裨國益民。子順婦貞，化浹乎人倫。銘之無文，鑱諸佳珉，傳千祀其弗湮。

封恭人蕭氏墓誌銘

憲大夫完庵王公之卒也，大中丞三山温公寔銘之。後十五年，而配蕭恭人卒，子德安司理君淳介書使某曰：“往天禍孤，奪先大夫，辱三山先生之銘也，而藉以不朽。兹又奪吾母，以不肖辱知於吾子，儻徼一言之惠，先恭人亦且不朽。”某曰唯唯。夫三山公，鄉先生有道者也，其言宜足重。某至譾陋，即有言，何敢望温先生？雖然，若恭人賢則習之矣。

恭人父璉，蔚州衛勳裔，母殷氏。恭人生而嚴重，不妄言笑。年十八，歸憲副公。公，贈南比部郎仲子，家世農也。母吉太宜人，常率伯子夫婦居田間理畎餉，公獨抗志治博士業。恭人入則奉几案佐公讀，出則操井臼佐姑姒作勞，閫以内若得兩新婦之助焉。正德己卯，憲副公舉於鄉。又十年而仕，由大理司務轉南比部郎，更兩省法官。每當論讞，恭人輒從旁設悲憐之詞，以感動公，以是公亭平疑獄，一依於仁恕，民用不冤。己亥，值大報覃慶，拜宜人封。明年，子淳領鄉薦。甲辰，憲副公升貴州黎平守。黎平，古牂牁郡，去家萬里，溪峒諸蠻矯虔易動，人多危之。恭人謂公：“此莫非王土，君素以忠義自許，寧憚遠耶？”遂與俱往。居五年，用奏最恩晋封恭人。癸丑，遷公貴州按察司副使，飭戎普定，去黎平更遠矣。而恭人從之愈益坦然，無一語及家園事，以是能安公於官。丙辰，公奉詔致仕。計恭人從宦中外二十餘年，而簪珥服御一無所益於舊，歸而與憲副公偕老林泉之下，泊如也。

始，姑吉太宜人卒，姒武寔持家秉，恭人所以事之一如太宜人。憲副公上春官也，有司爲制勸駕饘食之費，間蓄其贏，悉納篋鑰於武，即緡錢寸縷不以入私室。武卒，遺孤潤，恭人拊之無異己子，每之官必携與俱。潤死，則復收潤子女拊之，曰：“是其大母與吾共釜鬵，甘苦同之者也。”嘗爲憲副公置黄氏姬，黄卒，遺一女，恭人自子之，嫁爲治奩具甚厚，人尤以爲難。遇姻族煦嫗有恩，無擇貧富，視襏襫領領者，或反益親。諸婢時有難色，恭人叱之曰：“其人雖貧，吾親也。親豈以貧故損耶？”其厚如此。司理君數詣公車，以不能去恭人，殊無意仕，恭人趣之曰：“兒以禄養爲薄，宦遊爲遠，而父非耶？”强使謁選，得江西饒州府推官，已調湖廣德安。道家，奉觴恭人，甚歡也，復次且不欲行。恭人則復趣之，乃行。抵德安二年而恭人卒，萬曆九年正月廿日也，距生弘治九年十月二十三日，享年八十有六。子一，即司理君淳，配楊氏。女二，長適新城司訓嚴汝泰，次適庠生馬瀹，俱先恭人卒。孫男三，楊，庠生，娶李氏，指揮綱孫女；橙，庠生，娶郝氏，侍御温泉公孫女；一幼。孫女二，一適孫鸞，一許聘李檢。曾孫三，曾孫女四。以萬曆九年十月初七日啓憲副公窆合焉。

某惟閫教之失久矣，貴家子以結褵入室，即侈然驕其失[四]，輕佻不事事，時睥睨諸姒，不啻庸奴，遇之少有違言，則日夜搆於室，求析箸。幸以其夫立德，色滋甚，何但金多足詫而已。乃恭人以婉孌新婦，佐下帷之業，時可以佚，而務折節下冢姒，分其勞；憲副公既貴，分可以專，顧猶逡逡奉筅鑰唯謹，安其卑。敦睦之懿，延及於子若孫無少間，近代所未有也。用能以廉貞之操，慫恿憲副公萬里外，歷險遠而不警，甘澹泊而無悔，豈非明倫誼、毅然負丈夫之概者哉！可以銘矣。銘曰：

卓被髦士，奮迹於田。恭人相之，殖學彌堅。孰謂治生，不如伯力？乃有恭人，晝餉夜績。孰謂所就，不如仲多？姒也持鑰，寧計誰何。萬里滇陽，嶮巇汗漫。載輔其行，義不避難。珠璣瑇瑁，滇産稱饒。歸而垂橐，故業蕭蕭。有穆閨儀，孰宣其曜？帝制焜煌，炳焉臨照。遺休餘慶，孰闡其芳？惠文執法，後禄方將。史譔其銘，合符於隧。考德徵詞，庶幾無愧。

封恭人吳氏墓誌銘

吳恭人者，大司徒少泉郝公配也。司徒公清忠端亮，卓有古大臣之風，而恭人壼儀雍肅，寔儷德焉。曩余入仕，司徒公業爲名御史，其後歷官藩臬，所至有聲；然率單車往，恭人未之從也。既遷中丞，撫遼，恭人始一往，往則遘疾而還，侵尋綿滯，遂以不起。司徒公悲之，爲卜兆城東二十里辛莊之原，東河之干，將以八月十九日葬焉。則介其甥鄉進士胡生世蔭所爲狀，就余山中徵銘。余忝托姻末，誼不可辭。

按狀，恭人姓吳氏，父霖，蔚州衛指揮僉事，母余氏。恭人生而莊靚，寡言笑。笄年歸司徒公。時舅侍御溫泉先生予告里居，簡重有家法，而姑李太恭人性特嚴，子婦有過，不難面詰。恭人小心抑畏，旦夕上食，必躬致味而後敢進。舅姑加餐則已，不則愯然懼曰：“得無不適口乎？”用能曲當舅姑之意，得其歡。司徒公少有俊望，敏記誦，恭人每然膏組紃以襄其勤，稍輟，輒規之曰：“舅姑祝君成名，若種之待穫焉，不殖將落，能無惕乎？”司徒用感勵，文譽日起。壬子，以《禮經》魁於鄉，丙辰成進士，筮仕行人，俸入甚薄，而溫泉公又廉宦乏籝金也，恭人則不難脫簪珥充僕馬之費矣。辛酉，司徒公擢拜監察御史。癸亥，奉命按貴陽，以二親屬恭人，恭人所以事之滋益謹。溫泉先生病，恭人爲營醫藥，治之百方，夕則秉燭候伺寢門外，或丙夜不去。姑憐而勞之，曰：“婦可以少休矣。”恭人泣曰：“子勞王事而不遑將父，婦懼不能任緩急，敢即安乎？”蓋溫泉先生歿，而司徒公自數千里外來奔，凡含襚棺衾，無一不如其所自盡也。服闋，復除河南道，資當内轉，而以抗直忤權貴人意，移疾歸。無何，補陝西憲副，公論詘之，恭人特趣公之任，而身自留侍太恭人。太恭人病，恭人侍之一如溫泉先生，乃扶掖床蓐間，滌濯厠牏，急則拜斗籲天，蘄以身代，懇惻有加焉。太恭人疾革，握其手，語所親曰：“自吾爲未亡人，一綫游息延之十餘年，非孝婦不及此，吾無以報孝婦者。”語畢，泣數行下，所親咸爲感涕，於是里中嘖嘖稱恭人孝婦矣。至與伯姒及諸姑處，相得歡甚，無異同胞。長姑喪明，一味之甘必以分饋，四時之衣，察其寒燠致之，終老不厭也。鄉鄰姻族雖至卑微，遇之必與均禮，其孤嫠貧窶不能自存者，各稱其有無賙恤之，人人得所欲焉。乃自奉則澣衣縗巾，泊然冲素，自爲宦家婦四十載，曾未見其施珠翠、御錦綺者，即檢之篋笥亦無有也。尤晰於大義，當司徒公忤權貴人受抑，不無介焉於中，恭人慰之曰：“君，言官也，以言舉職。職既舉矣，遑恤乎他？"己丑，公建鉞遼陽。時虜患孔殷，赤白囊交錯於道，公周爰經畫，分授諸將機宜，劻勷不遑暇食。恭人憂之，每從旁問所爲計，公食乃食，公寢乃寢。公當提師出，則寬之曰："疆事至重，君特頫精行間，無須內顧。"然公出，而恭人怔怔怦怦，憂悸並作，疾端萌矣。壬辰，公入筦戎政，尋拜大司徒，方受上眷倚，而恭人獨時時泣，勸公曰："名盛則忌，位高則危，此殆君知止時也。"公曰："吾念此熟矣。"因屢疏乞骸以歸。

嗟乎！古今哲婦克踐閨彝者有之，若識達官常，憂存國事，怵盈滿之戒，灼去就之幾，此在學士大夫，猶然牽溺不能決，乃恭人目不涉圖史，迹不逾房帷，引義陳規，暗合大道，豈尋常笄黛之倫可同日語哉？始，司徒公居臺中，考三載績，而恭人得封孺人，制詞有"孝敬惠慈，穆宣壼政"之語。及任憲副，值今上登極恩，而恭人晉今封，則又褒之曰"操其儉素，以介廉勤"。宸綸煌煌，足稱實錄，徵徽考懿，永世且有辭焉，尚奚俟余銘？

恭人生嘉靖辛卯七月七日，卒萬曆丁酉正月六日，壽六十有七。生子四人，長、季蚤亡；仲子洛圖，恩蔭太學生，娶徐氏；叔子洛書，娶董氏，繼鄒氏、董氏。女四人，長適京營參戎章接；次適山西副將祁光祖；次蚤卒；次許聘余子湛初，未婚亦卒。孫男一。孫女一，適寬奠副將馬棟之子炳。銘曰：

詹彼衮司，台光陸離，助宣者誰？厥有女士，儀髦齊體，無違夫子。晨筐摘蔬，春盤薦魚，佐饋惟劬。謂學猶殖，滋培勿息，佐勤夜績。仕貧且淹，簪珥可捐，脫以佐廉。孝佐屺岵，生侍匕箸，歿襄楄柎。貴而彌冲，嗇以居豐，履盛戒盈。偕歸衡宇，鴻冥鳳舉，忽遺其侶。埋璧於山，沉珠於淵，晶熒屬天。銘詞質直，勒之貞石，聊誌奄岁。妥靈玄宮，佳氣鬱鍾，發祥無窮。

封恭人靳氏墓誌銘

　　余同年友上黨玉溪暴君参秦藩一歲，而配靳恭人卒，則爲走使持大中丞七泉先生所爲狀抵余，曰：“奇不穀，逮罰室子。室子歸奇四十年矣，凡奇之學攻苦、仕盡瘁，室子寔拮據贊之。奇不忍没其勞弗著，敢累吾子以銘。”余誦書惻然悲其意，而七泉先生言又足徵也，乃不辭而志之。

　　恭人與藩參君同爲屯留人，父鈞士，直隸懷遠縣尉，母李。恭人生而端重，不妄言笑，將出户，視帬前後襝整乃行。懷遠公以爲有貴徵，當婚士族，邑富人行妁數輩，弗許也。藩參君時爲弟子員，有聲，以妁來，欣然許之。宗人竊言：“暴生貧，奈何予女？”懷遠公曰：“是非若輩所知。”竟以恭人予藩參君。藩參君家世農也，父贈藩參公，母王太恭人暨兄嫂並鄉居，而藩參君以從學故，獨就邑中所親厚故人家寄食。當受室，始别儌一舍。舍乃負郭窮巷，僅僅數椽。恭人入舍中，守一釜一甑，躬執爨以餉藩參君，不見爲貧。翁姑以事入城，倉卒上食，必委曲致鮮髓以進，舅姑甘之，以爲適口。歲時製衣履以獻，舅姑著之，以爲適體。每稱曰“吾孝婦，孝婦”云。

　　恭人間省舅姑於鄉，舅姑亦輒爲具餉恭人，貴愛異於諸婦。諸婦初不能無望，及見恭人折節下之，始稍稍解。藩參君用諸生高等掄入河汾書院講業，已襄垣紫巖先生聞其名，延爲其子弟塾師，三年不返。恭人從閨中操女紅紡緝，上奉舅姑，下治子女，婚娉一不以關藩參君分其心。蓋藩參君歸，閲室中之藏，得絹布二笥，扃鐍甚固，發之則恭人三歲所蓄也。於是藩參君嘆曰：“嗟乎！吾乃今知吾妻，以吾治生所蓄，孰與吾妻多？吾妻賢妻也！”藩參君屢試省閩不利，嘗鬱邑不自得，恭人慰曰：“功名遲速有命，君憂不學，豈憂不遇哉？”藩參君感其言，績學愈力，遂以嘉靖甲子舉《禮經》第一人，明年連舉進士。會贈翁暨太恭人相繼坊，恭人相藩參君襄事如禮。既殯，猶晨夕哭奠其位以爲常。己巳，藩參君除服，入京受戶部主事。逾年，改河南道御史，見稱廉直，而恭人更佐以節嗇，度奉入制費，即尺紈寸珥無所芬華。藩參君持斧再按部，恭人課二子讀，必稱藩參君曰："無墮乃父志也。"藩參君守衛輝，以二子從。歲值大比，當遣就試，仲子逡巡不欲行。恭人目攝之曰："兒不及畚自試，讀書欲何爲乎？且而兄行，兒安得獨止於是？"二子偕試，並列高等，而仲子適以是歲餼學宫。恭人喜曰："兒幾失餼，乃以母命得之。"其訓子有方類如此。始恭人長女適路京兆子，畚折，恭人日夜哭，過瘁，滯床蓐者十餘年，竟坐是不起，以今年六月十七日卒。距生嘉靖癸未十一月廿九日，得年六十有一。子二，所學，娶李氏，僉憲之茂女；所養，娶董氏，儀賓某女。俱廩生。女二，一適國子生路承，賜京兆王道子，先卒；一適庠生龐敏遇，大尹鳳鳴子。孫男三，忠貞，娶段氏；謙貞，娶陳氏；安貞幼。孫女一，許聘庠生申應宣子。以是年月日葬東堰新阡。

史氏某曰：世稱桓少君之賢，豈非以其能斥容餙安貧士乎？恭人歸藩參君而食貧，宛然提甕之節，乃黽勉有無，勤生訓子，抑又過之。然少君食報三世，而恭人一再拜封遽歿，不及終贊藩參君大業，此藩參君所爲追悼其平生而悲也。銘曰：

鳳和鳴兮匪卜，嬪寒士兮白屋。躬綦縞兮周旋，歷諸艱兮挦蓄。相素絲兮藩維，佐義方兮家塾。賁封制兮孔殷，悼修齡兮易蹙。閟高丘兮即安，勒貞珉兮志淑。

封安人孫母蔡氏墓誌銘

蔡安人者，解梁孫孝子公婦、封吏部文選司主事對岡翁配，考功副郎維清母也。副郎君舉嘉靖乙丑進士，授中書舍人，業封母孺人。無何，以清望擢吏部主事，會今上御極而覃恩，乃又進封母安人也。安人始從副郎君京邸，居二歲歸，歸一歲遘疾。副郎君忽心動，趣謁告還。安人目攝副郎君，意不欲其解官來，爲強起御飲食，示無恙，久之病良已。值歲當計吏，冢宰奏起副郎君署考功事，副郎君低回不欲行。安人作色曰："兒以我故解官而慢天子之徵命，豈以我數病當不復起耶？夫人之有死，等死耳，奚必死於子爲死也？"副郎君乃行。行如京不數月，而安人之訃至。副郎君日夜伏地哭，幾絶，乃持其姻友趙户部君所爲狀過余，泣而言曰："傷哉，清不得侍吾母之終而視其含斂也，何以逭死？誠徼惠於子，可爲吾母計不朽，清死且不恨。子其圖之矣。"余與副郎君偕舉於鄉，習知安人賢，誼不可辭。

　　按狀，安人生而柔慧，少從父寶坻司訓公秉禮授《孝經》《列女傳》讀之，自是言動周慎，壹軌於禮度，儼然儒生。司訓公奇之，爲擇可昏者，以敦行無如孝子公家，遂許昏其子禮，是爲對岡翁。孝子公諱孝，早孤，事繼母李，服勤百方無所失，卒歡其心，太史吕涇野先生倅解，表其閭曰"孝行"，以是人稱之爲孝子公。孝子公配孺人張，生四子，皆出分，獨對岡翁侍。安人始入室，尚逮事繼祖姑李也。孝子公朝夕率子婦奉李起居，凡李所欲言有不可以示孝子及對岡翁者，悉以示安人。即孝子及對岡翁所不能得於李者，安人婉婉居間申慰一二語，李灑然當意也。而姑張孺人者，性更嚴，居常操子婦廩廩，多所督過，顧特宜安人。姑病，安人宵衣侍卧起，常浹旬月不少怠，下至褕廁浣濯，必躬執之，不以有諸姒爲解。姑病且篤，安人焚香拜北斗，祈以身代。歿則時時哭，視諸姒特哀焉。孝子公晚而喪明，對岡翁日延醫理匕劑，安人從中出飲食具佐之，至脱簪珥無難色。孝子公既卒，遺繼姑李，安人又輒曲意奉之，一如侍繼祖姑李暨姑張孺人也。其孝如此。

余惟婦道之薄久矣，箕帚櫫粗且不能無勃谿於室，而安人委蛇敬順，周旋房闥間，更事三姑而不渝，卒成孝子公與對岡翁之志。世濟順德，概之士行，猶或以爲難，蓋安人既自有婦，每誡之曰："吾曩事舅姑、祖舅姑，至勤苦矣，要以善承其意，不值在甘毳間也。"斯可以觀安人已而。狀又載，安人相對岡翁勤生，訓子績學，撫幼少，振窮乏，諸懿行甚備。兹不具論，論其孝。語云"一孝立而萬善從之"，信然哉！

安人生正德己巳十二月十八日，卒萬曆丙子五月十九日，壽六十有八。子男二，長維明，州庠廪膳生，先卒，娶張氏；次即副郎君，娶李氏，封安人，側室張氏。女四，長適庠生馬騏，次適太僕寺少卿侯居坤，次適鄉進士劉志仁，次適庠生李瓊。孫男三，懋德，聘户部主事李春光女，懋謙、懋學，俱副郎君出。女孫四人：一適庠生馬蛟子逢樂，早卒；一適兵部主事李瑱子庠生希栝；一聘户部主政趙欽湯子楷。俱維明出，而副郎君字之。一副郎君出，尚幼。副郎君爲安人卜宅，得兆條山之麓、澗水之陽，以萬曆六年三月十九日奉安人柩厝焉，遂勒余言於石而掩諸幽。銘曰：

奕奕孫氏，以孝用譽，史旌其閭。非獨士也，爰有婦順，史銘其墟。史氏旌之，史氏銘之，厥詞匪諛。

封太宜人孫母趙氏墓誌銘

往余奉先淑人喪歸也，時大參籠陽孫君備兵雲中，以余同年友，又部下士，辱臨吊焉。其明年，推上恤恩，檄有司爲先人起冢。役甫集，而會虜酋嗣封，公提兵監塞上，於白登道中奉母太宜人諱，徒跣歸矣。歸而以不及躬訣太宜人，慟甚，乃馳一介抱地官大夫崔君應麒所爲狀就余問銘。余儼然衰絰中，非喪事不言，烏能文？顧念大參君之痛太宜人與余之痛先淑人情非有兩也，余非礱石而爲先淑人圖不朽，忍違大參君意乎？

按狀，太宜人者，前沂水令、贈奉政大夫、廬州府貳守鳳岡公配也。鳳岡公之歿，蒲少師張文毅公寔誌之，茲不具述，述太宜人事。太宜人姓趙氏，世爲獲鹿望族。父司榷公某，配馬氏，生太宜人。太宜人生而婉靜，有令儀，司榷公奇之曰："是女必貴，毋予庸人。"而適典膳公謙爲沂水公擇配，聞趙女賢，曰："是吾家婦也。"遂委禽焉。年十七歸沂水公，猶逮事王舅姑。太宜人入室，則隨姑蕭孺人奉王舅姑，而又自奉其舅姑，周旋重闈，閫以內若得兩婦之力焉。蕭孺人性嚴，操下凜凜，諸婦鮮當意者，太宜人獨委蛇奉順得其歡。沂水公家故饒，凡農圃孳畜、米鹽絲枲，稟計受算者雜遝戶庭，更僕不能譬，而太宜人以一身從中綱紀其務，夙興晏息，日娓娓督課以爲常。後兩姒相繼入，姑念季婦與苦甚休矣，終不以其故蠲分勞也。迨姑老，而太宜人業有子及婦，乃侍姑愈益恭，倉卒上堂，非具巾幗、飾聲悅，固不敢見，見而立終日，不敢欠伸跛倚，及有嚔咦嚏咳之聲。晨昏率諸婦起居寢門，伺姑所欲，嘗先意儲具以待。如此者蓋四十年猶一日也。

沂水公少力學，讀書山寺，恃太宜人持壼內，得無返顧。比貢入成均，謁選沂水令，尋改潞安郡博，服官累年，而倚太宜人於家，拮據俯仰，曾不費官橐一錢，以是沂水公得安其廉。沂水公性陗直寡合，太宜人時勸以冲和。沂水公自度不能也，竟偃蹇罷歸，翛然山水間，顧謂太宜人："第若爾言冲和而適官，能恬愉如今日乎？"太宜人曰："恬愉之境，正非冲和者不能適耳。"沂水公益喜自快。育大參君兄弟，慈而不暱。生而衣以布衣，飲之脫粟，俾知惜福。長則爲延師講業，令各以才占一藝，而時訓飭之，期於有成。以是諸子爭自淬勵，用文武科名顯，則不獨沂水公之教也。大參君既貴，以佐郡滿績奏最而拜恩，得贈沂水公如其官，而太宜人有今封。翟衣鼎食，奉養滋腴，乃居常曳縞啖素，無少芬華，曰："吾自安此不薄矣。"其儉如此。晚而康强善飯，齒髮步履不減盛年，比從大參君於雲中，春秋八十有四矣。其歲，一日而舉二子，太宜人褓抱而手摩之，歡甚。以屬大參君曰："兩兒家瑞也，宜善撫之，顧吾不及見矣。"居無何歸里，歸而病脾，乍愈乍作，竟不起。時丁亥七月十日也，距生弘治某年十月二十二日，享年八十有六，以是歲月日啓沂水公窆祔焉。子男四，長應龍，次從龍，俱冠帶武舉，應龍娶姜氏，從龍娶高氏；次攀龍，娶高氏，繼王氏；次化龍，即大參君，娶崔氏，封宜人。女二，長適庠生周九思，次適知印王無私，先卒。孫男十二，修業、纘業、廣業，應龍出。衍業、永業，從龍出。新業、敬業、居業，攀龍出。振業、持業、新業，俱庠生[五]。孫女十四人：壻庠生高嘉賓、高嘉樂、高喜言、楊國柱、曹時明，武生胡蛟、傅訓、高嘉瑞、王嘉楨、田世祥、蔡如陵。其一許娉崔郎中子，即前所稱地官大夫應麒者也。一許娉庠生郭勝之子。餘幼。曾孫男九，斯繁、斯秀、斯美、斯盛、斯貴、斯才、斯遠、真七、重九。曾孫女七。當隆慶戊辰同榜舉進士者，在獲鹿有二人焉，一大參君，一寧波守高君自新也。初但謂兩君同邑耳，已乃知兩君母並出趙氏，爲同產兄弟，則相與嘆趙氏鍾美宅相，若二甥必非凡族矣。以今觀於太宜人，子姓蘭叢，玉立斌斌，質有文武，所以張大孫氏者，尚未可涯，而寧波君子弟復多聯姻孫氏，稱世好，兩家羔雁賁相望里中，而趙氏滋益顯重，非盛德孰能當此者乎？及稱大參君婦一乳二子，並吉祥善事，可異語云。天道無親，惟與善人。嘻！豈皆偶然之故哉？銘曰：

疇謂姑也，嚴諧于而室，終老沾沾。疇謂士也，恬昌于而嗣，慶祚炎炎。福并壽兼，生榮歿安，歸祔乎奇山之南，銘百世其弗劖。

壽官王公暨配孺人郭氏戎氏合葬墓誌銘

吾宗自曾大父臨邑公而下，世受書業儒，即儒弗就，率斤斤修志，意尚名檢，節廉自好，有清白吏子孫之風焉。乃癯身忍性，非其力不食，非其有不取。敦倫扶義，以質行始終，不爲約則扼損，豐則夸毗。我叔父石洲公尤卓然足述云。

叔諱憲成，字克守，別號石洲，知臨邑公繼之孫、儒官公朝用之子也。儒官公四子，伯憲文，仲先贈公憲武，次叔，次憲康。大母趙蚤歾，伯敖湓廢產亡走。繼大母徐厭諸子口累，遣使出分，先公寔收叔拊之。叔稍長受書，而家日落，先公泣謂叔："吾汝生計蹙矣，不蚤自力，一旦耕與讀俱困，奚恃而相保？"乃脫身讀書南山之精舍，而屬叔使視產。叔用是廢業而力農，胼胝田間，或終日不再食，獨計所以餉先公者。間從先姊韓淑人所受橐饘負而走三十里外致之，日一往返以爲常。壯受室郭，外氏憐其貧，時有饋遺，謝不受，曰："吾兄義不受韓門裝，吾乃待婦家而炊耶？愧吾兄矣。"已內兄聚庵公舉進士，拜壽光令，嘗迎叔於官，至見其齋廚蕭然，比歸，一緡尺帛無所受贈。曰："物[六]以我傷丈廉也。"聚庵公既擢侍御，里居，里富人得過縣尹，夜懷金及屋券，浼叔居間，叔峻却不聽。他日過酒肆，拾遺橐金，復守以候失者還之。於是聚庵公聞而嘆曰："王氏其興乎？世有令德而又培之，厥祚必昌，天之道也。"是時，先公已廩於學官，而叔益困於耕。先公數割其廩以佐叔，俾行小賈，而某兄弟復皆占博士籍有進，叔自是齋用漸克。無何，某與璧相繼叨科名，孫輩且蒸蒸起，歲時家慶，遞前爲壽，叔素不勝酒，至是特喜而酌，曰："吾不意吾子姓有今日也。"丙戌，某獲微上恩，馳贈先大父、先父皆如某官，先大母、先母皆淑人。叔又喜曰："吾不意吾父兄有今日也。"叔天性孝友，某兒時，每見叔上食大父，率精潔稱大父意。大父晚而喪明，不辨杯案，叔嘗手匕箸餔之，且餔且祝哽，必加餐乃已。嚴事先公過於大父，燕見必肅容色而後入，不命之坐不敢坐。先公或朝出暮還，則秉燭以待，先公未寢不敢寢也。戊午，先公病瘵垂殆，叔披髮引酒自灌其首而祝天，願以身代。頃忽有異人至門，授禁方療之，病良已，人以爲虔禱之應焉。待弟友愛備至，即小不遜，寧濡忍不肯遂成其過。老益輯睦，與鄉人處，務率以禮讓。每朔望爲會，少長咸秩，輒舉德義事訓敕之，諸跅弛不檢者，咸凛凛受約唯謹。學宮圮，邑令勸民出貲助費，民莫應，叔首輸金若干助之。工舉，令嘉其誼，延賓鄉飲，一往不再出。已奉恩詔拜高年爵，冠服歲不過一再御，常葛巾野服，扶杖之田，遇騎者於道，輒自引避，不欲煩人以降接也。長厚如此。

元配郭氏，太學生冕女，母王夫人。兄民望；次民敬，即侍御公；次民信，南召學博也。母少慧，精女紅，兼通書史，自名閥歸貧，家人懼弗堪，母恬然安之若素。性雅不善飾，又以貧，故斥簪珥盡，居常縞綦操作，不施朱粉，出門不以帷車，而容服舉止娟靚有儀，見者敬焉。其在室，慎密寡言笑，咳聲不逾閾，履聲不下堂，刀俎之聲不越庖次。而獨於舅姑孝，姒娣和，不難委曲以中其歡。尤好先淑人，即歿且十餘年，念之尚簌簌淚下。鞠諸子慈而不爲姑息。方璧六歲，時先公課之急，啼而奔寢門，母閉弗納，則自歸而受笞也。乃不及見其成，痛哉！繼配戎氏，處士堂女。郭母沉靜，戎母伉爽，賦質若殊，其於以拮据佐勤，搏約佐儉，均之懋内德焉。至拊愛諸子，呴濡有恩，又抱哺諸子之子而視其立，若戎母者，歸見郭母於地下無怍色矣。

叔生正德戊寅正月二十日，卒萬曆己丑十二月廿二日，享年七十有二。郭母生正德庚辰八月廿二日，卒嘉靖丁巳十二月晦日，年三十有八。戎母生嘉靖癸未三月三日，卒萬曆乙未八月二日，年七十有三。子男三，長家翰，廩生，娶李氏，處士萬女，繼侯氏，處士天相女；次增廣生家藩，與妻加氏先卒；家璧，己卯舉人，娶米氏，督郵萬倉女。俱郭母出。孫男四人，翰所出者，淳初、洧初，長娶馬氏，應州貢士綸女；次未娶。璧所出者，匯初、濯初，並庠生，長娶周氏，戶侯時盛女；次娶成氏，舉人以蒙女。孫女六，一適米擇可，一適郭炳然，餘幼，並翰出。曾孫男二，泰紀、泰衡。曾孫女三。翰等將以十一月既望舉合窆之禮，而謀誌銘於某。嗟乎！某髫年而先淑人見背，寔以身託郭母，郭母所以擁衛之甚周，恩猶吾母也。其後先公見背，則以家託叔父，叔父所以綱紀之又甚周，恩猶吾父也。乃郭母歿時，某方困於諸生；叔父之歿也，某適羈於官下。皆不克襄其葬事，以報一日之恩。於今戎母歿，祔葬有日，幸獲執紼，而誌銘猶未備也，某安忍其泪没無聞哉？是用揮涕而誌之，系之銘曰：

伯奇孝矣，履霜則疏。不如叔也，竭力菑畬。於陵廉矣，避蓋則矯。不如叔也，鴒原相保。樂羊懷金，入愧其妻。孰與歸橐，刑于縞綦。孺仲擁絮，俯慚兒子。孰與趨庭？彬彬詩禮。愿不徇俗，狷不離倫。含醇履素，率性之真。比古逸民，作鄉三老。善積而昌，允惟天道。南山之麓，高鎮之岡。有封若斧，伉儷偕藏。我銘其幽，以俟鴻筆。載美穹碑，永輝泉室。

校勘記

〔一〕"下"，疑當作"卞"。

〔二〕"嬀"，疑當作"嬀"。

〔三〕"塲"，疑當作"場"。

〔四〕"失"，據民治學社本當作"夫"。

〔五〕疑有脫字。

〔六〕"物"，疑當作"勿"。

墓　表

封翰林院檢討徵仕郎沈公墓表

封翰林院檢討柏溪沈公之卒也，其子贊善君鯉日夜悲號，爲孺子慕。無已，因延諸史貌公象，曰："傷哉！鯉終不得承顏於先公矣。有能肖其貌者，則先公猶不死也已。"更數史貌之，弗類。乃屬其伯兄照泣曰："始吾以衆史貌先公似之也，乃今弗克似，吾安忍遂没先公也？伯强爲我狀先公行事，務求其似焉，以托于立言者，則先公猶不死也。"狀具，介而抵王子求表諸墓。余惟人貌榮名，贊善君以青宮舊學結知人主，既逮事柏溪公生，馳封如其官。殁之日，天子又爲遣官諭祭，敕所司治葬事，榮名無窮矣，奚事托于言以顯？矧余譾薄，奚足爲役？然不敢辭。

按狀，公諱杜，字名卿，柏溪其號。其先吳之昆山人，自四世祖福二戍大梁，尋徙歸德，遂爲歸德人。大父忠，贈禮部主事。父瀚，以進士歷建寧太守。前母張氏、李氏，母李氏，並封安人。建寧公四子，而公居季。公生而廣顙豐頜，儀觀魁然，而內無城府，一見知其長者。始鬌，建寧公見背。宗黨中外交弱公，訟鬩紛起，其黠者至欲擠諸壑甘心焉，卒不能有加於公。人謂公有天幸，數遇暴弗爲害也。然自是家稍落，儒業亦浸廢不竟，則從督學使者受諸生巾服，奉建寧公祀。會歲大侵，生益匱，乃棄舍取直爲旦夕資，而脱身依舅氏居。歲餘，始克自創屋。屋四壁立，公日手詩一帙，坐卧吟咏其中，意泊如也。自少工草書，兼善繪事，每吟咏有得，即模其意于畫，畫不盡意，則抒其緒于書，咸瀟洒有特趣，無所師承焉。比贊善君知學，則棄去，課贊善君讀。或手自抄牘以授，間有疑義，爲走質他所，歸而解說如其指，亦不令有常師也。贊善君既貴，宗人前讐公者惴懼，若無所容，公顧且芘覆其子若孫，遇之愈益厚，視置宿憾不啻棄遺迹矣。性喜酒，有田一區，歲務多種秫爲釀具，即饘粥不繼，不以其故廢飲。蓋晚而病未疾，猶時時引酌，然常以夜。每抵暮，輒命諸子入侍，遞奉觴爲壽，或至夜分乃罷，病以此稍益浸尋焉。嘗戒諸子曰：「凡有所市於人，我成彼毀，我贏彼詘也，寧溢予之，無溢取之，豈必得在我，失在彼哉？」友愛諸兄、姊尤篤。諸姊貧無資者，衰且死無托者，公悉調護振給之，終其身不少間。視諸兄之子與視其子一也。方贊善君舉於鄉，蓋與伯子照俱，報者抵郡城下，更嚴未入城中。人傳言沈氏一子舉矣，公不問其誰也，遽攬衣起，命酌自賀。家人言：「公安知舉者爲郎君，而喜如是？」公曰：「得一足矣，莫非沈氏子也。」人至今稱其言。

王子曰：曩余從贊善君史局中，習知柏溪公逸行，以今觀于照所爲狀，誠如其言不虛。方建寧公歿，公藐然孺子耳，而以身居不逞間，屢脫于厄，此非獨有天幸，必有所用以自全者？嘗聞古之至人，其神天游，故能勝物而不傷。公逍遙于圖書吟咏中，樂而忘其貧，非心有天游，則惡能泊然無累如此乎？以能置德怨，齊得失，忘彼己，虛而委蛇於世，殆得全於自然者焉。意公善飲，豈以其全于酒者若彼，遂全于道者若此哉？余特論著其略，其鉅者方托大方以顯，余不能詳之矣。

公生正德己巳十月廿七日，卒萬曆丙子十一月十四日，享年六十有八。配宋氏，封孺人，側室馬氏。子男四人：長鯉，即贊善君，娶張氏，贈孺人，繼周氏，封孺人；次鱗，娶朱氏，繼陳氏。俱出孺人。次餎，生員，娶許氏，繼張氏；次魯，娶何氏。俱馬氏出。女二，長適段鍊，早卒；次適生員劉熠。孫男五人，墀、坪、域、埭、垓。孫女八人。葬之日爲某年月日，其墓在域西十里亭之側，從賜兆也。

貴州左參議贈户部左侍郎王公墓表

始某小子爲諸生時，受知于督學濼川先生，所以獎予之甚厚。猶及記先生訓飭士，每以忠孝大節爲勗，士用烝烝起，咸克有樹于世，若郝尚書杰、田通政蕙、李方伯承式，其顯者也。即某無似，以不得其職乞身歸，先生而在，庶幾免非徒之斥焉。去世滋久，教澤如存。會少司徒見峰公竪石先生之隧道，屬某文之，願有述也。

按狀，先生諱重光，字廷宣。系出瑯琊，自王大父貴徙居新城。貴生伍，伍生鱗，教授穎川王府，以先生貴贈户部主事。先生少穎敏，髫歲能文章。角卯補邑諸生，選貢太學，每試常冠。丁酉舉鄉試第十人。辛丑成進士，授工部主事，奉命治水徐洪。聞穎川君病，倉皇趄省，抵河阻風，仰天而祝：“親病，人子恨不能奮飛，乃一水盈盈，爲風伯所制，天乎！胡能忍予？”俄而風息舟濟，人以爲孝感焉。既至，穎川君病間，御之洪上。洪爲漕艘孔道，懸崖巨石，旁觸下撼，時虞不測。先生爲鑿險築堤，舟至得無留行，運事賴之。穎川君疾再作，營治無驗，歿而奉其喪歸，哀毀逾禮。服除，補户部郎，榷稅九江。渡潯，投盟書其中曰：“所不砥節奉公，而私一錢于橐，有如此江。”既受事，盡廉其弊竇塞之，宿蠹爲清。庚戌，虜大寇雲中，朝議以先生具文武材，擢僉憲，備兵雲中，兼督學政。時大將軍仇咸寧驟新貴幸，氣勢熏灼。先生與處，務以理勝之。其部卒數十萬衆聚鎮城内外，數攘奪酒食于市，占據民舍，迫辱人婦女。先生命邏卒逮至，重法繩之。鸞改容，謝過惟謹。倉儲不繼，鸞操所司甚急。先生從容謂鸞："士得米易耳，得金難，折支可乎？"鸞欣然聽許。于是士喜得金，官不苦餉，公私賴之。鸞初議開馬市，意在唊虜自紆。而虜數出其羸瘠馬，要厚直，得所欲去，因復入掠如常，鸞不能禦。先生教鸞市視馬良駑，上下其直；兵視虜順逆，張弛其威。虜漸戢，不敢逞其後。鸞用部將言，襲虜失利，欲盡法堠卒自解。先生簿問嘆曰："冤哉！莫夜潛師出塞，堠卒安所施耳目乎？"則盡釋之。辛亥，我軍與虜戰，裨將某逗留不進，行金請免，叱去之，竟傅去罪。吳總兵卒僇平民，幸首功，立斬以徇于軍焉。居雲中二年，兩蒙金幣之賜。癸丑，晉少參，移守上谷。列機宜十二事，鑿鑿中窾。而以戇直忤中外當事者意，調之貴陽。時羿蠻猖獗，攻剽赤水、摩尼間。而撫臣方以三殿之工，受命采木，道路梗塞，甚以為憂，檄先生決策。先生計諸蠻所恃眾與險耳，乃分部諸校馳據要害，絕其援，而自統大師繞出其後，諸蠻皆狼顧奪魄，驚若從天而下。先生因勒單騎前，諭令自新，眾咸歡呼羅拜，感若更生。捷聞，上嘉其功，留督大木。先生益感奮自效，出入山箐中，窮高歷深，至以浮槎涉飛湍，釘履陟絕巘，屢瀕危弗阻也。既得異木，籍奏，而眾視其峭壁千尋，迴流百折，懼出之難。先生製《祝嘏詞》三章，昭告山川之靈禱焉。禱畢，木行若馳，眾以為神。然居瘴鄉久，竟觸霧露而病。病篤，猶輿疾出視木，還而顧謂兩子："吾以王事故瘝身，事幸而辦，死可矣。"言訖卒。是為戊午八月十五日，距生弘治壬戌十月二十五日，年五十有七。事聞，上憫其忠勤，詔賜祭一壇。壬戌，三殿告成，大司空申叙先生勞烈，詔追贈太僕少卿。是歲，少司徒公登進士，人以為有天道。又二十年，而得加贈如少司徒官。

　　先生配劉氏，封太淑人。子之翰，國子生，封河南憲副；之垣，即少司徒；之輔，户部郎；之城，温州府貳守；之猷，河南參政；之棟，廩生。孫象乾，巡撫都御史；象坤，山西方伯；象蒙，江西道御史；象賁，太僕寺寺丞；象斗，户部郎；象節，翰林檢討；象恒，祥符令；象泰、象晋，俱舉人；象震、象艮、象復，俱廩生；象鼎、象旭、象豐、象益、象巽、象履，俱庠生。曾孫十八人，玄孫一人。嗟乎！自致身之義缺而世鮮純臣，匪獨其於君國疏，所以自待其身者固薄矣。先生幼失恃，三更繼母，事之如所生。兩弟蚤夭，撫其遺孤如己出。與鄉人處，恂恂如也，居平見謂醇謹質行君子耳。乃其當官蒞事，利不蘄苟就，害不蘄苟免，鞠躬盡瘁，死而後已，抑何凛然烈丈夫也！蓋先生嘗署其門曰“赤心報國，直道事人”，本其素所期待要自不薄。而漢賈生乃謂人臣誠死封疆者，在上所以屬之。若先生者，誰其屬之哉？生而位不滿德，歿而賞不售勞，志士慨焉。及觀其子姓，起科第，爲鉅卿、重帥、侍從、監司者，賁相望于一門。而貴筑之門肖像建祠，秩春秋之俎豆，然後知先生之弗禄詘于身者，盡垂裕於後昆，而約于一時者，乃侈其報于千載也。天祚明德，人貌榮名，寧有既哉？系之銘曰：

　　琅琊華胄，鄒魯大儒。學探道奥，志攝氣樞。鑿石吕洪，狂瀾抵定。投書潯江，清衷可鏡。句宣雲朔，師表衿紳。英髦蔚起，允荷陶甄。匪直人文，一新觀眺。蕭蕭軍容，翕安節制。倖帥跋扈，虎尾是蹂。朋邪根據，鼠器可投。蠢爾羿蠻，猖猖狂吠。計扼其吭，反擊其背。疾雷乍震，膏雨隨敷。凶渠請死，老稚歡呼。以奏膚公，天子曰嘻。山則有木，汝留度之。乃入深林，乃升大麓。瘴雨晨馳，嵐烟夜宿。梁木甫集，哲人遽萎。恤恩昭錫，慶祉冥綏。竇桂王槐，周楨翼翼。丕踐先猷，永扶皇極。先生之烈，二儀行空。先生之節，百世可風。其徒爲文，表之隧道。言具有徵，汙不阿好。

封南京尚寶寺卿沈公墓表

烏程沈氏，世以文獻爲湖之望族。自余釋褐，識今少司空鏡宇公于朝，俊俊鞠躬君子也。已復識公二子公車下，二子者，潅與演也。演以《春秋》，潅以《詩》，並薦辛卯京闈第一人，明年連舉進士，於是沈氏之家慶益奕奕盛寅內矣。

歲乙未，司空公介書使抵余山中，以尊翁之訃來告，且屬余表其隧，曰"先大夫治命也"。余自惟椎無文，無足辱翁知者。及讀狀，徵睹其德履，因知沈氏所由盛，而又知翁之有取于余，本之質直、厭綺語，意謂椎無文者之詞，或近實而不誣也，其安忍辭？

按翁之先，自九世祖撝和公始，五傳爲贈儒林郎瀿。瀿生全怡，全怡生空庵公汝梁，汝梁生兩川公煓。舉正德己卯鄉試，娶于溫，生三子，翁其長也。諱塾，字子居，號巽洲。生有至性，數歲失大母李，朝夕侍空庵公茵匕，能委婉承順當其心。空庵公口授翁書史，旁及宗姻鄉曲，世次門第，俗尚推移，過耳輒記，覆之一字不錯。十歲，空庵公即世，佐父兩川公襄事，豐約有適，兩川公以爲才。年十三，受《易》，已更受《禮》，已更受《春秋》，十年凡三徙業。以二十二歲補學官弟子員，竟卒業《春秋》。其治左、胡、公、穀等傳疏，甫百日盡綜其異同，著爲說，自專門宿儒莫能難。以是沈氏世受《春秋》顯。兩川公之與計偕也，翁冲年攝家秉，事常辦。厥後四上春官，倦游不出，悉以家政付翁。翁從鉛槧間抱筭鑰，程督之用，拮據節嗇，積纖致贏，而出入鍾量平。姻知有需，隨叩立應，不以治生難靳施舍也。丁未，兩川公棄養，柴毀不欲生。奉母溫二十年，孝敬猶一日。庶母顧有乳哺恩，存事歿哀，不殊所出。其內行純備如此。尤開朗有幹局，事倉猝至前，能毅然策避趨，決取舍，爭得失，不可以禍怵、利汙、貴倨撓也。歲寅卯，倭夷内訌，挈母溫暨家屬千指東西避護，持于烟波烽火間，卒完其室。歸亡何，白巾賊起，詐言有神符天兵，所嚮燔掠甚慘，民率空室廬走。翁獨戒近堡人毋動，籍少健得三百人，各署之長，裂帛爲旗幟，分部而守。時奸民有欲應賊者，計沮，賊尋知有備，遁去，闔竟以寧。庚午冬築室，掊地得藏金，役人以告，翁曰："室吾室也，藏非吾藏也。"趣白縣。縣遣吏至，而惡少年竊聽者已哄然聚而攫之，翁得不染于爭。庚辰，歲侵，米價翔貴，今中丞李及泉公爲湖守，謀抑其值。翁曰："不可。夫米惟其貴也而聚，聚則反賤。抑之，販夫他徙，米益不來，民有懷珠玉而槁耳。不聞富鄭公之在青州乎？聽民自爲值，而民便。"李公悟，遂不減值。李公素簡亢，少所容接，獨莊事翁。翁中情潔白，心所自信，毀譽莫移，事所宜言，肝膽可瀝，曾不以形迹故囁嚅也，則悾悾忠益足諒已。

司空公尚檢柙，家居絶不通造請，翁笑謂："若遠嫌，而自爲重得矣，如枌榆之急何？夫嫌生于私，不私何嫌？云何不自信也。"司空公守祠部時，雅善平湖陸公、吉水曾公兩公。尋移天官郎，霂接寖疏。翁謂司空："兩君賢宜忘己，爾賢宜忘人，此兩相重也。何至中道而廢平生？"建儲議起，言者強聒不置，翁竊嘆言："期濟事，無濟于事，奚庸于言？言輕則主聽疑，事敗則任者難乎其救，呶呶何益？"翁似此扼攬，數寓書邸中及之。余至今服翁之先見焉爾。時得翁鎮定調護之，豈至絲棼衡決如今日哉！

翁經術該洽，爲文簡奧，有《尚書》《爾雅》風。盛年鋭意當世，謂功名可指取。晚而自傷不逢，乃攟摭經史百氏疑義未安者，衡以己見，思勒成一家言，會病目未竟。則念沈氏聚族且百年，不可當吾世而令宗系失傳，佚先人之徽懿弗著，因倣歐、蘇

二氏例作族譜。歲時率族人上冢，周省封樹，埽除奠獻，雍雍秩
秩如也。舊獨春祀，至是復增秋祀。而益拓兩川公所置祀田凡若
干畝充費，間察族人之貧者、孤無依者賙恤之，勤生力學者獎予
之，其告窳敖濫則面數而切責之，以是舉宗斤斤遵約束唯謹。教
家更嚴，庭闈間肅若官府。晨起攝衣冠出，長幼畢從，夜則籌燈
危坐，子姓左右侍，爲陳說德義，評隲古今，常亹亹至夜分忘
倦。而平居所御無紈綺之飾、雕鏤之玩、絲竹之娛，泊如也。惟
篤好六籍，即垂老猶大書特誦若經生。但不喜爲詩。及觀西竺、
南華氏之書，以爲厄言無當，左道非經也。既貴，郡守過臨，具
盤餐饗之。或言守貴人，宜有加禮，翁曰：“奈何以守貴壞吾素
風？”兩孫仕京朝，書誡之曰：“士惟敦實行，求不愧此心耳，
奚必立門户，樹頤頰爲名高？而父三十年官評，非以建言講學重
也。師而父足矣。”嗟乎！士通則寡修，介則鮮任，蓋兼材若斯
之難也。翁淹貫三經，抉微四傳，可不謂通儒哉？非道不說，非
其有不取，抑誰如其介者？乃提身教家，仁親睦族，一軌于人
倫，何其修也！童子而堂搆，書生而扞城，爲守宰畫便宜，爲宗
社朝省分猷念，又何任也！世多推高翁獨行，獨行烏足以盡翁。
覘其學，爲己而無近名，要歸于實踐，庶幾不愧屋漏之君子歟！

　　翁用司空公貴，凡三拜命而至奉政大夫、南京尚寶司卿，配
閔爲宜人。其卒也，詔賜祭一壇，並祭閔宜人，給半葬不爲例，
制詞襃之，有曰：“學窺理奧，動秉義程。行誼篤于暗修，籌策
關干[一]經濟。”煌煌天語，亶其傳翁之神千載如生矣。乃翁易簀
時，猶若有念也者，以不及待司空公秩滿馳恩兩川公也。時兩川
公以季子政和君最贈文林郎，而母温贈孺人，業稍稍慰地下。翁
孝思即有所不足乎，而燕貽之慶固潢然有餘，睹于子姓蒸蒸、簪
組蟬聯之盛，亢宗顯世，方熾以昌，國恩殆未可量已。以是表
翁，翁當無遺憾也夫！

　　翁生正德壬申七月十二日，卒萬曆甲午八月五日，壽八十有
三。子五人：長之鏖，即司空公節甫，以字行；次太學生之鑒，
政和尹；之釜。俱閔宜人出。次太學生之釜，膳部郎；之吟。側
室吳孺人出。女二，長適光禄寺丞錢士完，次適太學生徐國霖。
諸孫淙，舉人；淮，翰林檢討；演，駕部郎；沾，太學生；泇、
潽、湝、溜、涓、涓、澤，並庠生，嫻文學有俊譽；浡、浮幼。
孫女十六人，曾孫男十人，曾孫女九人，婚嫁皆名族。詳載誌
中，不具書。

都察院右僉都御史李公墓表

　　余與大中丞敬田李公同舉於鄉，又後先成進士，以建樹相期
許。不自意侍上講幄，備員政地。公由瑣闈歷藩臬，建節酒泉張
掖。間詒書謂余：“公在中書，余在邊，邊事其有濟乎？”壬辰，
余以爭儲議不合，賜玦還山，公亦罷鎮歸，出處略相符也。互問
眠食，俱幸無恙。乙未，有大星隕霍山下，公意殊不懌，竟以四
月十有七日卒于里第。故事，撫臣塟，當加賵賜兆。公用言者
去，誣狀未白，格不得請。於是公嗣時華等卜兆厝公，而乞余表
其墓。余知公深，誼不獲辭，乃捃摭公遺事，書于麗牲之碑。

　　公諱廷儀，字國瞻，別號敬田。自上世爲霍人。七世祖真，
用人才薦起，擢守滇南。五傳至贈都諫公文勝，是爲公父，配郭
氏、馬氏、許氏，皆贈孺人。許孺人以嘉靖己亥正月六日生公。
公生有異徵，凤慧過人。髫年從其鄉尊宿姚先生者授《尚書》，
問難數詘其師，姚因大器公，妻以女。自是爲諸生，有聲黌序
間。甲子，領鄉薦。辛未，始釋褐。時虜新款塞，廷議除甲科有
才望者治邊邑，公正得吳堡，地僅大縣一鄉，而賦寔埒大縣。公
謂邊氓爲國扞圉，奈何重困之？諸法外征徭一切報罷，民困少
蘇。又延其秀穎子弟，訓迪獎誘之，士皆雅化。用治效調洛川

令。洛川故稱沃壤，而河壖田齧于水，半爲砂礫，民無從出租，輒亡去。公稍減其賦，而蠲帶徵，徙者盡復，租得無逋。俗善嚚訟，公引情理兩解譬之，服則遣去，不罰一鐶。民爲之謡曰：“李青天，不要錢。”徵命下，民扳卧載道，鋒車幾不前。去則肖公貌尸祝之，至今訟公不衰。公既入爲給事，直兵垣，乃上言並邊諸郡邑疾苦狀，請以詔書優恤静寧、鎮原諸路。已又言臺臣省臣閲視京營者，宜共事不宜分番。已又言戎政積弛宜振刷，條上七事，悉中窽，上皆嘉納之，報可。庚辰，改吏科左給事中，尋擢工科都給事中，愈益發舒。三上書言事，謂鑄錢積穀之令宜弛，東吳織造之數宜減，中貴陳乞之濫宜禁，時論韙之。河決爲患，朝議紛呶，公請開新河以避黄流，守舊隄以固青浦。司空以公策屬治河使者，河工底績，上推原公功，賚予甚渥。忌公者不欲公在近禁，循例遷公河南參政，治兵汝南。汝寔繁有丱徒，公謂詰盜當先恤民，禁侵漁，廣脈[二]貸，嚴保甲，謹饑防。期年，盜盡解去爲農。汝在唐邸封内，所需屯糧例當有司徵進，護衛諸弁利乾没，欲自收之，公執不可。軍民胥大快稱便，其尸祝公、頌公無異洛川也。

　　丙戌大計，公以治行卓異，奉詔紀録。臺省交章薦邊材，皆首推轂公，遂遷公陝西按察使，治兵固原。固原，節鎮重地，兵事旁午。公約束將吏，拊揗士卒，儲峙糧糒，疆場之事無不備不虞者。督府部公深倚重公，嘗稱公處官事若家事，用官財若己財，蓋自謂不如也。鍾侍御閲邊還，報公功，詔賜帑金旌異。亡何，甘肅撫臣缺，上允廷推，晋公都察院右僉都御史，授節鉞往鎮其地。鎮孤懸天末，套虜生心，患叵測，或爲公虞。公曰：“人臣義不避難，惟上所使。既許國，能復愛身乎？彼叱馭者何人也？”慷慨就道。既抵鎮，核尺籍伍符，申明司馬法。厚撫屬番，得其死力，令爲諜以偵虜。虜酋莊明者，修水泉邰，誘吉能萬衆入扁都，將內訌。公堅壁清野，休兵秣馬待之，虜知有備，嚙指遁去。己丑，虜王以儺瓦剌、收丙酉表請由朔方赴青海。已得請，公列上防禦機宜，即部署諸將守要害，備非常。虜王至境，果橫索宴賚，拒不聽，省幕府金錢以萬計。其支部闌入永昌、定羌者，公又戒偏師闌擊之，斬馘甚衆，顧獨不欲上首功徼賞耳。而西虜火酋者入寇洮岷，我師失利，所謂風馬牛不相及也，言者詆公觀望失援。公不自明，上疏直陳虜情始末，乞身歸。時李給諫閱視關以西，廉得公備虜狀甚悉，上言“撫臣某有功無過，不宜聽其去，令勞臣解體”，不報。公歸，口不言西事，而居恒侘傺仰屋竊嘆，竟病怔忡不起。悲夫！公天性孝友，事後母不異所出，割貲爲兄償責，育亡弟孤，數爲德于鄉閭，事甚夥，可謂篤行君子矣。然剛腸激烈，言無囁嚅不盡者。在諫垣，所上封事不關白政府，江陵公銜之，以請罷大臣閱視，奪公俸六月，公竟不爲屈。河南守趙君繼節忤江陵指，逮繫闕下，客避匿不敢見，公力爲營救，出之厄。或謂公奈何逢相怒，公曰：“余知有故人，不知有相也。”公再校關中士，一校禮闈士，所錄皆名流，布滿中外。公罷，謀薦起公，公謝不敏。夫公豈奢情于得失者？獨念封疆之臣業已致身綏下，而卒不得一當虜以報天子，所爲居恒侘傺仰屋竊嘆者以此。嗟乎！李廣不侯，說者謂其數奇。彼直猿臂善射，一將之任耳，志士猶爲扼攬，矧以公長才偉略，揮霍擔當，藉令假以便宜，不爲中制，趙營平之老成特[三]重，班定遠之宕佚簡易，不足侔也。而今已矣！可勝扼攬哉！余特表而出之，俟世之持公論者采焉。家世昏姻不具，具誌中。

贈陝西布政使司右參政李公墓表

某嘗考覽晉乘，而知吾里之多賢也，顧所紀率名公鉅卿以宦顯者，而高士逸民不少概見，豈其潛德隱行，修之冥冥，世不及耳而目之耶？則與黃耇牖下没世無稱者奚擇焉？余因是慮史傳之闕遺也，爲中丞李君父贈藩參翁作表，表其墓。

翁諱憲，其先河津人，國初名彥祥者徙居解，三傳而生慶，慶生壽。翁，壽之長子也。生而穎慧，見鄰舍兒挾策伊吾，心好之，願與俱，父辭以家貧不能行修，則竊從兒所循聲誦習之。久之，通書大義。學字，字亦奇進，遂以善書聞里中。里中人咸詫翁田家子，安從謁師識書工翰墨乎？翁不自明也，逡逡謝不能而已。父圽，家中落，所遺薄田草屋至不能供饘粥，蔽風雨。翁出入作息其間，神情閒暢，視世所徵逐芬華靡麗之習泊然無營也。是時，弟宰甫髫年，翁所以拊愛之甚備，長而爲之娶婦，教以治生，俟其力能自食而後出分，分又特推善產予之，宰是以立。居數歲，家漸饒，間與二三高年結社施漿以救暍者。姻黨緩急有謁于翁，無不得所欲去，不責其報，亦絶口不言德也。客有鬻石硯者，售未竟，迫他故去，寄硯三篋于翁，值可數十金，去二載還，殊無意索硯矣。翁舁還之，封識宛然。客德翁甚，徧以其事告人，人莫不服翁長者。郡守高其行義，署爲里正，里徭賦供億一切責翁，咸應手辦。即州人訟不決者，爭口語不相下者，就翁質數言，是非立平。守器翁才諝，遇翁益厚，而翁益斤斤務斂飭。會審編，閭右豪利輕賦而移重于翁，力擠翁守前，加翁數算。衆咸不直豪，爲翁切齒。翁獨不辯，曰："吾非不能白之于守，懼挾守之重以自解免，負不義名。寧彼負我耳。"

始翁之舉中丞君也，星家占當大貴，翁私喜。至是文譽藉甚，每試輒居弟子高等，翁益喜自負。歲辛酉舉於鄉，還拜庭下，翁誡之曰："吾家世農也，不自意得兒以亢吾宗，吾即旦暮地下可矣。所願于兒者，以謙抑居鄉，以忠藎報國，毋恃勢而修怨，毋背公而營私。此吾之志也，兒其勉之。"於是鄉嘗寄硯于翁者，聞中丞君舉，手額嘆以爲有天道，而擠翁重賦者，聞翁誡中丞君語，亦慘然自愧責，感翁之容德也。居二歲，以癸亥夏某月某日卒，距生某年月日，享年若干。配王太淑人，柔明端慎，有婦德。當翁居約時，拮據蚤夜，積微累纖以佐之，翁得不困。翁卒而中丞君方弱冠，太淑人益務勤儉，以佐中丞君學，不使家故分其心也。隆慶戊辰，中丞君舉進士，任閬州司理，太淑人數問治獄平反幾何，以傅生義爲悦，大率如雋母。中丞君徵入爲户部主事，值覃恩，得贈父如其官，而封母爲太安人。以萬曆己亥某月日卒，距生某年月日，享年若干。卒又數年，而中丞君任陝西右參政，奏滿乃加贈翁中大夫，母太淑人。子男二，長春霄，先卒；次春光，即中丞君，娶丘氏，贈淑人，繼喬氏，封淑人。孫男一，爲棟，庠生。孫女四，長適太常少卿孫維清子懋德，庠生；次適山東按察使趙欽湯子槙；次適庠生閻叔和子雍；次幼。

嗟乎！知力之於人，惟無所藉則已，苟可藉以爲資，巧者飾藝，貪者徇財，夸者乘權，黠者怙勢，不極其欲之所至以自快不止。翁殖學優于爲儒而名不蘄達，力田優于致富而貲不蘄贏，權能得之官而身不蘄庇，勢能得之子而怨不蘄修，聰明强毅之資可以有爲而能不爲，而獨陰行善于冥冥之中。若施漿、還硯二事，其中心慈祥精白可以格天地，質鬼神，不但知所取予而已。肆克闡慶于中丞君，用文武才擁節旄重鎮，而樹安攘之烈，寵承天子之休命以光顯翁，方融未艾，固天所以厚善人之報而宣昭其令名，不欲其没没者也。

某與中丞君及孫太常、趙憲使並同年友，至善，數相與叙家世，道故舊，習翁之潛德甚詳，因表而出之，以副晋乘。

贈行人司右司副李公暨配孺人武氏韓氏墓表

贈行人司右司副啓庵李公，余同年憙之父也。憙自登進士，官行人，轉右司副，蓋時時追慟其親，每語余曰："憙甫髫受書先君，尚記先君夜然膏課讀。時家貧，膏不繼，燎薪代之也。稍長，遣從先伯兄學。伯兄邑居，先君恐憙不能離遠，則更日一至邑中以爲常。先君卒，先母韓承先君志，懼憙廢學，至躬績紝以資憙費，不足，即脫簪珥無難矣。以先父母之恩勤，庶幾食報一旦，竟弗待以死，傷哉！"語畢，泣數行下，余深悲憐之。會上登極覃慶，得贈父如其官，母爲孺人。因奉使過家，乃載册書告墓。已益治封樹，周以繚垣，前豎綽楔，中建祠亭，徵余詞表諸隧道。余既君同年，又其孝思有足述者，則不敢辭。

按，公諱鑰，字德握，別號啓庵。其先隴西人，唐末有宦太原不返，留居東岡者。洪武初諱繼先者，自東岡遷祁，遂爲祁人。繼先傳三世生鳳，鳳生子瞻。子瞻娶溫，繼邢，生六子，長銘、次鎧、次錠、次贈公、次錫、次欽。公爲人質直，無它嗜好，少居城中，出見紛華，心厭之，曰："丈夫不自苦筋力，安能飾衣履從市兒游乎？"則去田城趙。城趙者，趙簡子故里，其地僻甚。公往，旦夕操畚鍤作勞田間，人罕識其面，歲以所穫輸父母。父母喜謂"諸子中獨季子治生力也"。公雖業農，未嘗呫呫效儒生，然少間即涉書史以自娛，其居處言動壹遵古人，而內行尤篤，事父母出入必告，曰："古人事必告天，吾有事必告父母，父母與天一也。"居兄弟間，曲盡友愛。以兄銘出前母，事之倍恭。始田城趙，旁近有失業田數頃，爲眾所據，族人謀奪之，則陰諷公曰："彼貿貿來田者，皆無所受券，宜及其未定取之，多則可併，寡則可分也。"公厲聲曰："彼利人之亡而有其田不義已甚，從而爭之，則我與若奚間也？吾寧捨穗而食，不忍受不義名！"言者乃止。甲午歲饑，公家廩菫菫自給，顧時出粟以周餓者，或設糜粥食之。里中李時奈等十餘人餓且死，咸賴公得活。配孺人武氏、韓氏，並有淑德。武所遺女，韓拊之，一如己出，資嫁甚厚。公既任義好施，孺人益佐之以慈惠，故貲稍裕輒盡。人或勸公、孺人居積，公、孺人指司副君謂曰："有兒如是，積善以貽之，顧不昌耶？"竟如其願云。公卒嘉靖庚子九月初七日，距生成化丙午三月二十九日，年五十有五。韓孺人卒嘉靖壬子三月十六日，距生弘治己未正月十七日，年五十有四。子一，憙，即司副君，娶王氏，繼董氏，俱贈孺人；繼吕氏，封孺人。女一，適趙時隆，即武所出。孫男一，自知，庠生，娶趙氏。孫女一，適庠生馬化麟。

史某氏曰：世俗熙熙，交鶩于利，即寸畛尺域必争訟，或彌年不休也。富有貲者，乘人之急而收倍息，實不能徒假人一錢。以公族之衆，視反侵地若稍諸寄耳，而義不苟取。至其拯困救乏，則不啻自比箸間節之，非心誠仁愛敦行善者乎？蓋司副君既貴，乃知天之所以報施善人者不虚，雖不逮禄養，其榮名無窮矣。余特論次其略，令後之考德者有所觀覽焉。

贈户部廣西司主事趙公墓表

予與沁水劉晋川君同讀書翰林，時明山趙君主計部，晋川君蓋與同邑，爲予言趙氏世德之厚，里中莫及也。已從明山君遊，乃見其器宇宏朗，與人不毁畛域，則竊嘆曰："斯晋川君所稱爲不虚美者哉！"無何，明山君晋秩郎中，奉命督餉陝右。將行，持其先考妣承德公、太安人狀丐予爲文，以表其墓。予既嘗知公之家世，則不容辭。

按，公諱夯，字伯義，世爲沁水人，居武安村西，去縣百里。其先曾祖業，祖弼，祖妣劉。父傑，號館東老人，妣關，寔生公。館東公嘗服賈松滋間，携公與俱，而屬弟孟舉以侍劉。公一日請曰："大人遠涉數千里外，所營息非欲以奉吾大母哉？顧吾大母年且八十，視吾叔伶俜，懼不能任門户。兒幸逮事吾大母，此天使以報劉而成大人之孝耳，兒留家便。"遂止不往。未

幾，叔果卒。劉失明，公養生送死，悉如館東公所自盡。值歲
饑，諸弟侄共爨，殆五十口，公調劑盈縮，能人人給也。性耿
介，不苟言笑，每燕居端坐，閫內肅然。諸子稍長，即令就外
傅，外傅不及課，即自譙責之，至鐍其館，終歲不令窺園市。里
中少年有爭論者，聚數十輩不能決，公前以一語折之，衆爽然自
失矣。且愛人喜施，人有急難，捐金助之，不問其能償與否。嘗
曰："責報則計利，急人知則近名，業已施之，而又欲其德我，
何心哉？"故生平植德樹義，務在沉晦，恥以皦然之迹炫耀於世。
嘉靖壬辰六月，妣卒，公一哭輒欲絕，輒不飲食，竟以是遘疾，
不浹月卒。是爲七月十一日也，距生弘治丙辰二月二十五日，年
三十有七。太安人，馬處士騰遠之女，女紅、中饋咸精，尤喜勤
儉，日娓娓操作無倦色，姑甚重之，指爲婦中模楷。方館東公從
松滋還，賓客日更迭至，太安人爲更迭治具茗饌如一，即承德公
不知其所緒。承德公卒，太安人撫二孤，謂之曰："吾茲忍死，
冀汝輩成立，以慰汝父地下耳。"乃自紡績以佐二子。二子憚太
安人嚴，亦爭自濯磨，勃勃然振也。庚子，明山君舉於鄉，則太
安人喜曰："吾可歸報汝父矣！"尋疾作，以甲辰十月二十日卒，
蓋年五十有一。

　　嗟乎！以予觀於承德公夫婦，豈非各成其志者哉！當館東公
賈遊於外，以一老嫗丁愛子之喪，無謂其理棺斂難也，即冢子若
孫，無一在側，而盱盱然西向而泣，其能以壽終哉？故劉之以壽
終也，以承德公爲之孫也。承德公没，以二幼子奉一孀母，度所
治產，視向時五十口之家益拓矣，非得善持者，即二子奔走不
給，奚遑誦讀焉？故明山君之貴也，以太安人爲之母也。然承德
公哀毀以殉母，其以孝終矣。太安人後承德公一紀，成其二子，
而始繼之以死，非完節哉？肆今恩錫封綸，光賁泉壤，過而歆艷
之者曰"此承德公、太安人之墓也"，則豈世之瞢瞢悶悶湮没無

聞者哉？孰謂天道難知也！公子，長大倫，即明山君，娶常氏，封安人；次大化，太醫院醫官，娶王氏。女二，一適張君玘，一適馬文明。孫男三：鎰，娶王氏；鍊，生員，娶馮氏。倫出。鈞，生員，娶裴氏，化出。明山君始爲山東夏津縣令，丙寅冬以考最徵入計部，其受推贈則今皇帝改元隆慶之丁卯也，得備書云。

封文林郎滎陽縣尹張公墓表

余自病廢歸里，捷[四]關臥一室，不復操筆爲文詞。而柏鄉張駕部君向尹長治，有惠愛，乙酉典試省闈，余子浚初寔辱收焉。因知其尊人滎陽公賢，蓋燕趙間倜儻豪俊士也。滎陽公卒之年，駕部君介傅太史惟明所爲狀抵余山中，乞表其墓，使再三至，不獲辭，爰力疾而次第其事。

公諱翰，字以清，別號柏庵。四世祖遜，自太原榆次徙家柏鄉，生文中。文中生揆。揆生璨，官京口督郵，配趙氏，生三子，公其仲也。少受學里中魏先生，與其子少司馬公共研席，端謹不嬉，先生特器重之。丙午，補邑庠弟子。尋與兄弟析箸，夾城而田，晝東西走視疃畝，夜篝燈伊吾達旦以爲恒。其學於書無所不闚，有得輒手録成帙，同學咸推其該洽焉。壬子，督學阮公拔首多士，廩之學官。乙卯，秋闈，擬當魁選，值督郵公捐館，奔還，遂寘不録。其後屢舉屢詘，士論惜之。乃公嶽嶽自負，益務飭行砥名，表見于世，不欲碌碌作章句儒，徒徼科第爲也。公九歲時，執大母喪，哀戚如成人。比大父疾，公躬侍湯藥，扶掖床蓐間累月。大父心重公，臨終以少子瑠托之，竟輔之成立焉。督郵公之没也，母趙善病，孝養備至，棺斂具皆先事辦，少弗精良，後輒更。嘗治一椁，選材千數百里外，賈三倍購之，不以有兄弟諉。兄公安簿幹待選銓曹，墮中貴人局，約質其四百金爲請求費，謬言識公冢嗣上舍君，可憑也。事後不酬，公安公日譟上舍君索償，曰："佺寔誤我。"母趙患之。公曰："以兄故詒母憂，以子故干兄恚，以財故汙子名，無一可也。"則盡括家貲抵之，庾廩如洗。弟省祭公乾嘗爲仇家所搆，賴公力救得脫。己巳，公以久次當貢，而會省祭公病困，徘徊不忍行，方留與庀後事，而佺時爲縣庫吏，以宿佚虧庫金百，聞部使者且至，一室盡驚，計莫知所出。公走貸魏氏金還官，而徐割其產償魏，佺又得脫。省祭公乃從蓐間叩謝公曰："兄恩深無以報，願以某田某園抵負。"公佯應以慰其意，卒不取。然坐是失貢期，至辛未乃獲與計偕。故事有賓興費，賦之閭里，公辭不受。令曰"例也"，不得已受，其籍注完以報，實未嘗入一錢。歸自太學，裒先世遺迹爲譜，以聯輯宗人，春秋率以上冢，修會食禮，藹然有古敦睦之風焉。時里有郝能妻，矢節撫孤，垂老無間，公白之監司，旌其門。庠生魏大本詿誤繫獄，公理出之。又條例八議上之學院龐公、撫院宋公，兩公覽公議，咸擊節稱賞，謂："經生中安得此人？殆經濟才也。"

己卯，拜滎陽令。邑苦逋賦，民多亡徙。公至，廉知弊由里胥侵匿故，乃計田算租，人授之牒，令自詣縣輸，不復關里胥手，租自是不趣而完。而前亡徙者數百家皆相率復業，公益市牛種贍之。已覈其徭役偏重者、供億冗繁者、郵傳冒濫者、囚徒淹恤者，具爲擘畫其便，倣前所條八議推行之，不期月而利盡興除殆盡。又察孝子、順孫、貞婦褒表之，斁倫傷化者按法勑斷之，風教一新。周藩寢園距縣東南鄙，內豎數怙勢爲虐。公至，榜禁格境上，其人凛凛斂戢。鄰邑生田滎陽者謁公，即客席，公曰："田滎陽，滎陽民也，安得據令上？"命引却其坐，生惶恐謝過乃罷。公既廉不受饋，同官有約公饋上官者，公曰："饋須多金，吾不能剝民膏投餒虎也。"或勸公少異，公曰："吾昔爲諸生，

博士師謀勸借富民撐尊經閣，以吾不可而止。同舍生酗酒擊傷
人，約闔學生具牒愬有司，亦以吾不可而止。自吾師友不能以非
義要我，乃欲我以非禮媚上官求容乎？有去而已！"遂解組歸，
與親故釀飲爲樂，間乘款段恣遊原野。遇方士諳養生家年者，延
而館穀之，與談經伸導引之術，亹亹竟日弗厭也。晚以駕部君最
績貤封文林郎，慶祉方茂，偶以哭仲子過傷遂病痿不起，傷哉！
公方面豐頤，美鬚髯，儀觀頎偉，而愛人喜施，喜豁如也。自三
族中表饑寒疾病婚喪，待公而贍給者無慮數十輩。它所振救，若
賈豎走卒、盲子乞兒，全活于衢市者甚夥，然不自爲德也。嘗道
遇洛中卒染疫垂斃，公探囊中藥投之，立蘇，復資之錢以去。他
日，卒番上，持香芋獻公，且言往事，而公已忘其爲縶桑[五]之
餓夫矣。存亡死生，不責其報，所謂燕趙間倜儻豪俊士非耶？顧
倜儻豪俊士多矜尚意氣而闊略于名檢，公自爲秀才，已即慕董江
都之正誼、范文正之先憂，其經術議論可以有合而不求合，暗修
實踐，壹歸于人倫。至不難破産以全恩，迂其身以徇門庭之急，
古學士所稱有道仁人，曷以尚之？及觀其審取予、決進退之義，
皭然不受物之滋垢，抑又異乎世之汶汶冒没于利禄者矣。雖位不
配德，乃功見言信，志亦少售焉。闡先猷而光大之，俾家慶國彝
焜燿罔極，寧不有待于後之人哉？是用表而出之，以詔來哲。

公生嘉靖乙酉閏十二月十日，卒萬曆乙未二月廿九日，壽七
十有一。元配安氏，生子汝敬、篤敬，俱太學生，先卒。女一，
適解元馮嘉遇。繼褚氏，封孺人，生子主敬，爲兵部車駕郎。孫
男七，孫女四，曾孫男三，曾孫女一。婚姻多名家，詳載誌狀，
不具書。

司禮監太監張公墓表

張公之秉司禮也，上方操英斷，斥逐權貴，釐弊蠲苛，拔幽

振滯，嘉與天下，弘在宥之理。熟視左右誰可綰事者，命若曰：
"咨爾宏，老成端雅，忠勞茂著，其旦夕祗奉予一人。予一人其
勤用德，爾無比於憸人，弗恭厥辟，惟爾辜。"蓋上亦監前車而
難所代，其慎重如此。

公既受命，務孳孳奉法循理，潔己率屬，細大之務壹軌於令
典，諸所調護宸居、將順德美者力爲多焉。天下頌上明聖，而歸
公之能事上也。無何，公以疾乞休。無何，而公溘然逝矣。訃
聞，上爲改容易服，諭祭九壇，視故事有加，賜寶鈔、齋糧、銀
幣甚厚，敕所司給木營兆，造享堂碑亭祠祀之，賜額曰"旌
忠"。兩宮聖母皇太后、后妃等各賜銀幣有差，病[六]異數云。

公爲人齦齦，廉謹澹泊。無他嗜，雅嗜書，公務之暇，手不
停披，能通諸史言，尤明習法令故事，引臧否切中事情。先是肅
皇帝朝，公以少年穎敏，簡乾清宮近侍，數歲中累遷至司設監太
監僉押管事，賜蟒衣，又賜羅蟒、玉帶，業已貴幸矣。而公兢兢
自持，彌勤彌恪，無幾微席寵自矜之色，由此日見親近，特命內
府得乘騎出入。已調內官監太監，扈駕幸承天。已命爲乾清宮牌
子，隨朝捧劍。已掌銀作局印，復賜金彩斗牛衣。已又掌惜薪司
印，當扈駕時會衛輝行宮火，公以身擁駕出烈焰中。其司惜薪
也，見奸孔百出，商人滋病，嘆曰："嗟乎！茲丘積而壑委者，
夫非民之膏血乎？祖宗設司謂何，而令耗廢如是？"則亟爲禁奸
塞竇，省不經之費鉅萬，商稱便。肅皇帝嘉悅，命乾清宮管事，
賜金寶帶、環各一，方駸駸欲柄任之矣。隆慶初，舊京守備官
缺，先帝念重地，非廉有才者處之不可，詔公往。公趣治行，至
則鎮靜無擾，獨時時從學士大夫游，揮麈譚古今，意瀟如也。

今上踐阼，召入司禮監秉筆，賜坐蟒，仍令內府得坐檠杌。
皇太后手輯《女訓》以教六宮，則簡公督教事。尋掌內官監印。
五年春，皇太后將爲上詳求淑哲，正位宮闈，公奉慈命歷江淮

間，所過秋毫無染。上以故益眷任，親灑"文雅端慎"四字賜之，給禄米百石。自是内政專倚辦公矣。公笵政，即纖悉惟謹，又無不當上指。逮相擇壽宫成，上謂公典事中人久，閲歷多，可屬以重事，是以有總督工程之命。未幾，公以寢疾疏歸政，上不許。疏再入，乃許。命月給廩三十石、輿隸三十人，并其名下二十八人以從。雖拜命董匝日，恩施優渥，近代未嘗有也。

於戲！寵利之際，自惜難之。彼其遇合負權，赫然甚盛，而釁瑕旋生，傾輈繼路，豈閨閣之臣貴重則不善哉，不務修潔而挾重器多也。若公可不謂善始善終邪！蓋止足之戒，公之所自爲計審矣。至其屏絶私門，保全善類，非正公不發憤，斯亦有足多者焉。其以榮名終，非苟而已也。

公名宏，字德夫，别號容齋，廣東新寧人。其侄、侄孫以公任爲錦衣指揮使者一，爲錦衣正千户者一，爲錦衣百户者三。其生卒、葬里詳具志狀中。

校勘記

〔一〕"干"，據民治學社本當作"于"。

〔二〕"脈"，疑當作"賑"。

〔三〕"特"，據民治學社本當作"持"。

〔四〕"捷"，疑當作"鍵"。

〔五〕"緊桑"，據《左傳·宣公二年》當作"翳桑"。

〔六〕"病"，據民治學社本當作"並"。

行　狀

光禄大夫柱國少師兼太子太師吏部尚書中極殿大
學士贈太師謚文毅張公行狀

萬曆乙酉十月十六日，故少師大學士鳳磐張公卒於蒲坂里第，厥嗣兵部主事甲徵等告哀於朝。恩命既下，乃摭其生平行誼，將乞碑誌於名世元老以垂不朽，而先屬不佞爲之狀。

狀曰：公諱四維，字子維，中條有別峰曰鳳鳴山，因以鳳磐自號云。張氏自上世居解州鹽澤南陂，元季有思誠公者始遷於蒲，其子友直公乃占籍焉。友直生仲亨，仲亨生克亮，克亮生秀，世以高義聞里中。秀字彦實，是爲公高祖，生孟儒公，諱寧，配雷氏。孟儒公生首陽公，諱誼，配王氏，早卒，繼配解氏。首陽公生嶁川公，諱允齡，配王氏，今少保鑑川王公姊也。自孟儒公至首陽公，皆以公貴，累贈光禄大夫、柱國、少師兼太子太師、吏部尚書、中極殿大學士。自雷夫人至王夫人，皆一品夫人。而嶁川公則親承封命，凡六拜制詞焉。初，孟儒公之卒也，雷夫人煢煢稱未亡人，與其子女依外氏，故首陽公德外氏，爲雷翁媼木主祀于家。首陽公好讀書，居常手一編，或爲鄉人誦說大義，恂恂如也。嶁川公生十年，而首陽公卒，解夫人亦煢煢稱未亡人，事雷夫人惟謹，里中號曰"雙節"。嶁川公孝友仁厚，惇信樂義，外托什一以游，而内操儒行，楚、蜀、燕、瀛之間，無不知嶁川公名。王夫人舍[一]德而隱，以勤儉治家。語具申少師、楊太傅所爲誌中。

蕭皇帝五年而公生。公生而穎異，甫能言，解夫人抱持膝上，問兒所欲，公即大言曰"欲一當明主，康濟天下"，解夫人大驚。夫人時或不懌，則具道異日顯親之具，以寬適其意，未嘗不解頤而笑，固知公非常兒也。七歲就外傅，動如成人，出入必以禮，同學者皆嚴重之。十五，舉茂才高等。時督學劉公繇翰林出視學政，高自簡貴，鮮所許可，見公年少有偉度，異之，則下堂循行，因睨觀公草，草未竟，而劉公讀之以爲奇，乃特移坐堂皇上，更數題試公，公立就。于是劉公嘆服曰："蒲即多才，易得耳，若乃國士無雙。"遂置以爲第一。自是每試未嘗不第一。己酉，舉鄉試第二人。癸丑，成進士，以庶吉士第一讀中秘書。公以爲國家待士厚，不宜工聲悅、取世資以自菲薄，於是取國家典故悉研究之，詢考四方利弊及興革所由，無不洞察。當是時，公已隱然負公輔之望矣。華亭徐公嚮公甚，謂異日濟大業者必在公。公侍坐，語及國計，徐公曰："此參政他日之憂也。"其見期望如此。

乙卯，授翰林院編修。無何，以母王夫人喪歸。戊午，起家，除原官。是時，寵賄滋章，士以造請相尚。公獨闢一齋，與乾庵馬公、正峰孫公數人吟誦其中，自守泊如也，當事者顧益重公。己未，充廷試掌卷官。壬戌，充會試同考官。時主考相國袁公以博物策士，當代對，偶病不能具草，以屬公，公對，具如袁公指。袁公嘆曰："真博物君子也！"八月，充重錄《永樂大典》分校官。乙丑，復充會試同考官及廷試掌卷官。莊皇帝元年丁卯，重錄《永樂大典》成，升右春坊右中允，兼翰林院編修，予五品服，充經筵日講官。公盟心登對，冀有所感悟，每至政柄國計、宮壺宦寺之類人所難言者，未嘗不三致意焉。右[二]右侍臣聽之，無不灑然變色易容者，莊皇帝肅然敬憚。公是秋充順天

府鄉試主考官，冬升左春坊左諭德兼翰林院侍讀，代草誥敕兼清
武黃。戊辰，充廷試受卷官、武舉主考官。是冬，給假歸省，莊
皇帝以公講幄勞，特賜銀幣，仍給驛以行。己巳春，還朝。庚午
秋，升翰林院學士，掌院事。故事，學士不攝講讀銜，則班僉都
御史上，途遇閣臣不引避，朝廷重之，未嘗輕授。至是，特以命
公，眾翕然謂天子且相張公矣。冬，升吏部右侍郎兼翰林院學
士，尋轉左。辛未冬，以疾乞歸至再，莊皇帝遣中使問疾，賜羊
酒蔬粲，予告歸。壬申春，今上在東朝，出閣講學，詔慎簡
轉[三]導之臣，乃起公充侍班官，協理詹事府事，尋掌府事，兼
教習庶吉士。居無何，復引疾歸。上踐阼之二年甲戌，詔再起公
以原官，仍掌詹事府[四]事，充肅皇帝《實錄》副總裁。是時，
嵋川公年且七十矣，公方朝夕色養，扁所居堂曰"愛日"，聞召
不欲行。嵋川公曰："家世受國恩，未有以稱塞，奈何以老人負
明主寤寐旁招意?"公乃就道。蓋公既入都，而輿情手額具瞻，
僉願公亟相天子。乙亥秋，手敕升公禮部尚書兼東閣大學士，入
內閣參與機務。公疏辭，優詔不許。公既拜命，侍上講讀于便
殿，上以御書"一德和衷"大字賜公，公稽首謝。既出，上顧
左右曰："新輔臣器度與眾不同。"注視者久之。冬至，駕幸南
郊，以扈從勞賜公蟒服、麒麟服。丙子春，命代祀先師。秋，充
重修《會典》總裁官。聖駕臨雍，以公分獻。冬至，命分獻于
圜丘。丁丑，命為會試主考官、廷試讀卷官。夏至，命分獻于方
澤。秋，再命代祀先師。肅皇帝《實錄》成，敕加公太子太保，
進文淵閣大學士，賜鞍馬。

公之在宮詹也，寔專綜《實錄》編摩事，自嘉靖十年以後，
凡三十五年間，朝章邊務、國賦人才暨柱下仗前之事，眾睹記弗
詳者，公悉殫心探討，博證而精覈之，犁然具備。再逾年，書
成，江陵公覽而稱善，因出舊所編初紀者，盡屬公筆削乃定焉。

九月，命主會武宴。冬至，再命分獻于圜丘。戊寅春，大婚納幣，以公充副使，賜金花銀幣，仍賜蟒服、斗牛服各一。以贊襄六禮勞，敕加公少保，進武英殿大學士，餘官如故。予三代誥命，蔭一子中書舍人。冬，扈駕南郊，賜蟒服、鸞帶諸物。己卯，三命分獻于圜丘。庚辰春，三命代祀先師。上耕藉田，以公充九卿首。上注視公終九推，眷禮有加焉。三月，扈駕謁陵，賜蟒羅、繡繰、伽袋、暖壺諸物。廷試，再爲讀卷官。六月，奏一品三年績，賜羊酒、鈔錠，加柱國、少傅兼太子太傅，餘官如故。再予三代誥命，蔭一子國子生。辛巳春，扈駕閱武，復賜蟒、羅帶繰諸物。冬，四命分獻于圜丘。壬午夏，再命分獻于方澤。六月，遼左大捷，上嘉公運籌功，進兼太子太師，餘官如故。復予三代誥命，蔭一子世襲錦衣百户。

　先是，天下苦江陵公法令煩苛，吏詭故釣名，而民益瘵。是月，江陵公卒。八月，遘皇嗣誕生，公乃因慶典密疏，請下寬大詔，省督責，緩征斂，舉遺逸，賑災眚，以培養國家元氣。上憮然曰：“先生言是，亟議行之。”公乃擬上詔書條格，罷鑄錢、丈田之令，欲以漸罷政事不便者。詔下郡國，民忻然若更生。而楚人故竊弄江陵公政權者，皆側目攝公矣。九月，以大慶加公少師兼太子太師、吏部尚書、中極殿大學士，蔭一子尚寶丞。初，江陵公病時，其帷幄私人日夜聚謀，憚公等二三當軸臣皆正人，且杜群枉路，乃詐爲江陵公遺疏，薦起新昌公于家以自代。俟其至，首去公，約三御史次第爲排公疏，而紹介逋逃罪人徐爵者往來關説于權璫馮保所，保從中可之。謀既定，於是一御史乃先論罷王太宰，一御史因重劾太宰及公。上曰：“元輔忠臣，御史何得爲此言？”持其章不下，而手詔諭公出視事。最後御史疏復上，上怒甚，奪其官三等，出之於外。公上疏引咎求歸，而併乞宥言者，上襃答不許。無何，言者發大司空回喬不忠狀。司空，故所謂帷幄私人也。上遣中使至閣，諭欲去司空意，公疏對如上指，上乃勒之致仕。居數日，言官論奏權璫保及爵表裏爲奸，歷數其大罪。上覽奏震怒，昧爽召公入朝，令擬旨曰：「奴輩擅我威福久矣，必速誅之！」乃下爵詔獄，安置保于南京，籍其家。或追論江陵公與保、爵交通，毒害忠良狀，上曰：「此同罪，何得無誅？」欲逮繫江陵公諸子，籍其家。公屢疏救解，以爲彼誠負上，然上始終遇臣之禮謂何，且國體不宜如是。上猶未允，公乃以去就爭之。上重違公意，事以故暫已。臺諫爭發舒黨人奸狀，于是諸帷幄私人盡坐斥，而猶抨擊不止。公言於上：「治道去太甚耳，宜略苛細，存雅道。」上從之。時六卿半易，朝省虛位，乃請詔臺省舉骨鯁端亮之臣向所遺棄者布烈〔五〕庶位，一時六官之長皆民譽云。每見必語之曰：「今主上神聖，公道昭明，各舉其職，無廢憲度，閣臣自不相撓也。」於是，事歸六列，言歸臺諫，公爲調劑而奏之，更一切束濕之政，期月之間朝宁改觀焉。

當是時，公值鼎革之會，鞠躬盡瘁，知無不爲，至廢食息。一日，上視朝，公立金臺側，忽眩暈而欹，上曰：「張先生不耐早寒耳。」命二中使扶送至閣。癸未春二月，詣天壽山恭閱壽宮，司禮監給器具。尋乃扈駕臨閱，上陟降高山，縱覽形勝，顧謂近侍曰可用二人掖張先生以登。其恩禮隆異如此。三月，爲廷試讀卷首臣。是月，嵋川公卒於家。四月，訃至京師，公哀毀骨立，如不欲生。上特遣中使宣諭曰：「聞卿父辭世，朕心甚悼。孝情當盡，尤宜節哀，以慰朕懷、副衆望。」中使諭上意，欲奪情起公視事。公泣曰：「生不逮養，沒不奔喪，何顏以立於世？爲我謝上，臣死不敢奉詔。」中使具以復奏，上嗟嘆惋惜，賜賻襚紵絲六表裏、銀三百兩、鈔萬貫及米油、香燭諸物，諭祭六壇，遣禮部員外郎張志致祭，工部主事沈一中造葬，而王夫人得並祭焉。公廷辭，上命馳傳，賜道里費，遣行人護行。聖母及潞王賻襚各有差。翌日，面辭于文華殿，稽顙奏曰："臣行能薄劣，日侍左右，無所裨益。今當遠離，伏望皇上法祖孝親，講學勤政，清心寡欲，惜財愛民，日慎一日，保終如始。臣不勝惓惓。"上答曰："先生輔政久，朕所倚信，兹以憂去，其節哀自慰，稱朕意焉。"因泣下，殿中侍立者皆感動。公既辭闕，兼程以奔，旦夕哭臨，癰生於腋，過陝州創甚，扶病渡河，至首陽不能進，月餘始抵舍。九月，上以閱定壽宮，遥賜銀幣，蔭一子國子生。甲申二月，葬嵋川公于敕建新塋。葬之日，公執紼痛哭，徒步十餘里，奉遷王夫人之柩與嵋川公及繼姚胡氏合窆焉。輀車所至，聚觀如堵，見公悲號孺慕狀，皆嘆息，有垂泣者。公既痛嵋川公不得一見爲永訣，而公兩弟又相繼卒，繼姚胡亦卒，公欒欒哀疚，卒以身從焉。蓋公初病腋癰，繼病耳閉，百藥罔效。乙酉六月，禫嵋川公之喪，而弟室及從子又亡，公以盡傷，復病脾泄。十月朔，禫繼姚胡之喪，公已伏簀不能興矣。月之既望，晨戒僕人具盥漱，整巾服，扶藉端坐，舉手揖空者三，及昏而逝。

公天性孝友，內行淳篤，與人處斷斷不苟合，而厚於故舊，無間存歿。初，迎嵋川公於京邸，徵縉紳父老爲好會，以適嵋川公意，事必咨而後行。嵋川公既歸，月一馳使問起居。得家書必斂容屏息，莊誦如侍側。或久不至，則憂曰："吾親得無有所苦乎？"既登鼎足，雖身理繁機，而心時時念嵋川公。嵋川公之卒也，公歸抵舍，憑棺一慟而仆。所親或執六十不毀之文以解，公曰："吾拜慶而出，銜哀而入，吾終天之痛安能已也！"及兩弟之喪，公雖病，猶強起爲之經紀，曰："吾痛吾弟，因痛吾親焉。"宮保楊南澗公自髫年知公，南澗公没，公爲修葺其祠宇、坊表。執友劉君輩遺孤，待公而舉火者數十家。新鄭、江陵兩公，皆以才識交公歡。兩公既輔政，凡國家大事皆以咨公，公亦盡言無所諱。新鄭公之去國也，公方拜宮詹之命，自獲鹿取道，與會於樂城。入都，江陵公謂曰："新鄭以得罪君父去，公奈何見之？"公曰："疇昔之交高公，猶今事公也。去而遠之，謂交誼何？"江陵公乃釋然。公生平嚴重簡默，呐呐如不出口，至其臨大政、決大疑，當機而斷，自謂賁育不能奪也。北虜款貢，衆謂夷情且不測，公獨陳便宜于新鄭、江陵兩公所甚悉，兩公韙之，議乃定。鑑川公嘗曰："微伯甥在內，吾事將不諧矣！"五開苗叛，撫臣募卒討破之。事平，或言募卒皆四方烏合，留之且生亂，請罷遣歸田里。公曰："有事用之戰，事已奪之餉，何以使人？是趣使爲亂也。"會滇南有警，即命將將此屬以往，疏請留本省征輸備軍興之用，所以卒定莽寇之亂者，本公之謀云。關中大饑，公言於上，出內帑賑窮乏，蠲租賦，民乃寧。其應變定傾皆此類。公歿十餘日，訃聞，上震悼，爲輟朝一日，諭禮部厚擬恤典以聞。於是禮官奏稱："故元輔當深文操切之後，而廣聖恩，薦忠讜，去憸壬，勞績勩[六]著，請賜祭葬、贈謚。"上乃命贈公太師，謚曰"文毅"，官一子尚寶丞，諭祭一十有三壇，官爲營葬，則中書舍人鄭國俊、山西布政司參政劉中立來致上命，始終恩禮備極隆異焉。

公配王氏，儒官東泉公恩之女，封孺人、宜人、淑人各一，封一品夫人者三。生子男六，長甲徵，癸未進士，兵部武庫司主事，娶楊氏；次泰徵，庚辰進士，禮部儀制司員外郎，娶孫氏，封安人；次定徵，中書舍人，娶楊氏，封孺人；次久徵，官生，娶羅氏；次元徵，官生，娶楊氏；獻徵，早卒。女三，長適兵部武選司郎中馬愷，封安人；次字舉人楊烜；次字庠生韓爌。皆早殤。孫男四，贊，聘南氏；罼、輦、質皆幼。孫女二。公生嘉靖五年丙戌五月十二日，卒萬曆十三年乙酉十月十六日，享年周一甲子。甲徵等將以丁亥三月十七日葬公于蒲之風陵鄉王莊里侯家莊之南，公所自卜兆也。

某爲公桑梓後進，寔踵公武于詞林。初在史局，誦公文章，見其春容爾雅，蔚爲宗工。比從講筵，竊窺公學術，則見其直諒多聞，納乎聖聽，然而示[七]睹公大全也。公既居中持國柄，乃伏睹公憂勞夙夜，蹇蹇匪躬，以身任天下之重，方其艾邪剔蠹，一日而宇宙回春，此與司馬文正公元祐之政豈異哉？夫文正公，晉人也，閱數百年而公乃紹美，其罷新法、復舊章同，旋乾轉坤之效同，而勞瘁以致疾又同，然遡觀其德，則均之以誠心自然爲本云。不佞何能贊公，謹叙次公生平而稍爲衡概之如此，伏惟名世元老覽而財擇焉。

武清侯贈太傅安國公謚莊簡李公行狀

公諱偉，字世奇，別號毅齋，其先出山西平陽府翼城縣，代有顯者。永樂初，曾大父政從文皇帝靖難軍，占籍順天府之涿縣，遂爲涿人。大父岡，父玉，俱以公貴贈武清侯，母某氏贈夫人。公生有異質，童時與群兒嬉里中，偶羽衣道士過其前，驚眄，語人曰："此男骨相奇偉，異日當大貴，位極人臣，宜善視之。"大父聞其語，心獨喜，拊愛異于諸孫。常摩其頂曰："聞先人言，吾上世累德幾數百年，後當大發，豈在茲乎？"遂命其名曰"偉"，從羽衣之言也。

公家故饒，比長受室，家漸落，人或訝羽衣言大謬。嘉靖丙午春，公夜夢空中雲五色承輦，旌幢鼓吹導之下，直達寢所。驚寤，倉皇攬衣起，猶隱隱若車騎紛綸狀，鄰舍多與聞者，不解何祥。其冬十一月，聖母慈聖宣文明肅皇太后降里中，異香彌旬不散。司候言后星見燕，分直帝城東南。其地女家多喜自負，莫能當之者。庚戌秋，虜闌近郊，畿輔戒嚴，公始攜家入京居。數歲，聖母儷莊皇帝裕邸。癸亥，誕今上。公乃悟羽衣言與嚮所夢悉徵。客有賀公者，公輒遜謝："此宗社之慶也，豈臣下所敢徵福?"隆慶改元，莊皇帝推恩戚里，授公錦衣衛都指揮僉事。壬申，冊立今上爲東宮，加公中軍都督府都督同知。是年，上嗣登大寶，尊兩宮聖母爲皇太后，晋公爵武清伯，追贈三代，歲食禄千石，賜乘肩輿。尋以昭陵工完，及朝宗橋成，益禄百五十石。戊寅，大昏禮成，推尊上兩宮聖母徽號恩，又益禄百石。壬午，皇子生，晋公爵武清侯，仍給三代誥命，官兩子皆都督。公蒙受恩眷，寵榮無與比，而小心畏慎，終始如一。凡聖駕躬祀南北郊，若詣山陵及幸學、耕籍，必命公居守，公晝夜部署宿衛士巡警不少懈。數奉遣命告祭太廟，及恭請高皇帝神主配圜丘，必齋居熏沐而後將事，一登降陟趨，咸質諸禮。與士大夫處，無崇卑，務折節爲恭敬，然未嘗相干以私。以是縉紳益雅重之，多與之游。先後蒙被恩澤，所賜第宅、莊田、金幣、寶鏹之類種種羨溢，而自奉甚約，凡狗馬聲伎、珍綺玩好之具，泊然一無所嗜。朔望一食蔬素，每晨起，衣冠拜天畢，即望闕遥叩。歲時伏臘，輒建醮諸寺觀，爲聖母、今上祝釐，以爲常。暇日訓敕諸子，惓惓以驕奢爲戒。歲入租廡下，輒指示諸子"此顆粒皆出國恩，宜共惜福，慎無溢費"。又揭聖母所賜"謙謹持盈"寶翰于庭，語諸子曰："懿訓昭然，爾輩所宜恪守，不可使後日謂外宗恣横自吾門始，以上虧聖母之德。覆車在前，深可鑒也。"諸子奉教命，循循一軌於禮度。下至僕御，亦皆歛迹市里，無敢縱者。又性慈祥，諱言人過，人有善稱譽若不容口。聞人疾苦，惻然憐之，甚于己身。嘗手調匕劑濟人。貧不能葬者給之棺椁，歲不下數百。他所施捨賑恤多不可紀。

　　忽遘疾，以萬曆癸未十二月十三日卒，距生正德庚午正月十八日，享年七十有四。訃聞，聖母與上震悼無已，爲輟朝一日，賻贈加等，賜諭祭二十壇，敕有司治葬，贈太傅、安國公，謚莊簡，尤爲異數云。配王氏，封夫人。子男三：長文全，次文貴，並中軍都督府左都督。文全婦田氏，繼吳氏，文貴婦俞氏，並封一品夫人。次進，御馬監太監。次女適平江伯陳公王謨子錦衣衛正千戶胤徵。孫男四，誠銘、誠鉞、誠鑛、誠錫。孫女八，長適左都督朱公希孝孫錦衣衛指揮同知應梅，餘幼。

文全等卜以今年月日，奉公柩葬於阜城關八里莊賜地。墨衰過某，列公行事，嗚咽請狀。某與同里，習知公謹厚謙挹，無戚里富貴態，其所稱述皆不虛，遂次第其語爲狀，備鉅公采擇。

先考贈吏部左侍郎兼東閣大學士石溪府君妣贈淑人韓氏梁氏景氏事略

孤不幸，先妣韓蚤世，先考不忍棄孤襁抱中，爲孤兩續如母也者而撫之立。而不幸先考又即世，並詘一日之養焉。晚竊薄祿，逮養繼妣景于京，往歲又不幸見背，養又不終，此孤窮號極痛怛焉，傷心而不欲生者也。荷主上哀憐，寵之優恤，自先祖考、先考皆得贈爵如孤官，先祖妣、先妣皆贈淑人，給之誥命，仍遣官營葬諭祭，三泉之下，式靈承之。惟是先考妣潛德隱行里門外不盡聞，非得當世名公筆而傳之，烏能垂不朽。謹摭家人所睹記，次第其語，乞狀門下，幸賜收采。

先考府君諱憲武，字克定，別號石溪。其先出太原，自太原徙京兆之鳳翔。有長眉王氏者，國初以材勇簡充南京龍江左衛衛士，從文皇帝北上，遣屯雲中塞，遂即山陰家焉。七世祖顯，顯生文秀，文秀生得林。得林生冲，朝邑典使。冲生緒，臨邑知縣，有惠聲，歿而祀于鄉。臨邑公配溫氏，生三子，季朝用，殖學不售，以儒官終，是爲先大父，配趙氏，生四子。伯憲文，少縱失學，數從里中豪恣游，破產欲盡，所遺瘠田草屋，先大父推以畀府君，曰："兒與兩弟共之，兩弟衣食婚娶盡在此中矣。"時府君年十五，痛家中落，慨焉願任力服父事，則挾策之田，且耕且讀。而責家日持券哄于門求伯，伯走。府君身往謝責家，與期而償以致伯，而內不令先大父知也。弱冠補邑弟子，聘先姒韓淑人，爲壽官廷瑞公第四女。廷瑞公與大父同廩學宮，相善，數器重府君，因予女焉。當昏，行徵錢幣弗辦，而廷瑞公資女甚厚。府君檢其奩，簪珥、服玩，非家故所徵聘物，悉謝弗納。已廷瑞公更裹糧載薪遺之，又謝弗納，曰：“丈人豈謂壻貧不能贍其室，而倚外家以生耶？壻寔不貧。”於是廷瑞公重壻志，第誡諸子：“無狎王生！王生，懇壻也。”而是時僚壻馬君饒于貲，陳君、米君並富文學，有俊譽。府君以寒素介其間，屹屹不少孫，而三君顧益折節暱就府君。久之，府君內愧，自訟：“己則不競而務上人，徒以成人之容德乎？”乃退而以門內事屬先姒，脫身從友讀書城南山寺。三年，文奇進，試于督學蘭溪章公，大見稱賞。以其年餼學宮，由是姻族子弟多執經從府君游者，則復率弟子講業于山寺。二年，會先大父廢明，家寖多故，始歸侍先大父邑居，而爲兩弟置婦，且時時問遺女兄弟于夫家不絕也。姊夫張患篤疾垂殆，載詣府君，府君推室而居之，爲營醫治療，積歲弗瘳，歿而調棺斂葬焉。先大父歿，家指日衆，子女及兩弟子女訓育婚娶，復無一人不倚府君立者。已伯自遠外攜二子贏身歸，府君抱持哭甚慟，自解衣衣伯，而解諸子衣衣兩侄，引伯上坐，率子弟前酌勞問，絕口不及廢箸事，懼傷伯心也，乃更割園宅一區贍之。府君雖不幸多家累，而才局精敏，未嘗以冗劇廢書。每晨起程書讀，晝不中程，夜嘗足之。訓課子弟亦然，以是子弟多斌斌成就者。辛酉，督學餘姚宋公校士畢，進諸生高等前，府君獨前，十數人列後莫敢前。宋公怪問故，乃知皆府君弟子門人也，嗟異久之，因出府君卷示邑宰曰：“此其文，固優爲人師矣。”凡六試省闈不利，以甲子貢於太學。就教未除，聞孤舉於鄉也，亟治裝歸。歸而數置酒召客飲，飲嘗竟日。已病疢，漸不勝酒，侵尋增劇，卒。是爲嘉靖乙丑六月廿七日，距生正德己巳正月廿五日，春秋五十有六。

府君頎貌修髯，丰神峻整，居常攝衣冠坐，子弟肅容色後敢入，入而言囁嚅莫敢盡。出行，里中人望見之，咸驚謂"王先生來"，相率避匿。而府君步趨滋益恭，雖暮夜被酒，泥潦在途，人未嘗見其托邪徑走也。節帥部使行縣有問，府君占對侃侃，靡所遜避。嘗以輸輓徵顧直病民，與度支郎彭抗辯，彭不能詘。督帥麾下胡騎數百夜叩關，時方城守，府君與守者言："暮夜之戎，不可不審，宜距勿納。"翌日，督帥至，恚甚，廷詰諸生據城者主名。府君前曰："賊兵壓境，孤城危于累卵，而偏師以胡服夜臨，不具鉦鼓，亦無部曲，橫騖原野，妄有擊傷，愚民無知，轉相驚惑，所以嬰城固守防虜禍也，敢距軍吏？"時胡騎頗邀殺避兵老幼及僇僵尸首爲功，故府君微言之，而督帥恚益甚，擬傅諸生守城者罪。會分守楊公守愚入白督帥："兵寔不戢，剗可以逞？請旦日驗首功。"一夕，棄髑髏城內外，阬塹皆滿，督帥意始解，不復咎諸生，而邊城遠近咸籍籍重府君名稱快矣。其他慷慨扶義，振人緩急，出之于厄，自三族之外、百里之內類多德之，而立意較然，耻以利傷行，遠之若糞溷焉。從兄死，無後，宗人瓜分其產，割一券遺府君家，故廢業也。府君曰："以吾視廢業，不啻遺迹，安忍利人之絶攘爲己有乎？"謝弗受。族婦爲虜所掠，脫縛歸，無依，輾瘃欲死，府君憐而收之，屬婢掖以臥起，三閱月愈。里人娉以爲妾，府君曰："義婦不爲虜而爲妾乎？"却其娉，更擇善配遣之。忻口武氏，府君逆旅主人也，娉婦未娶，而女家亡徙塞下，賣爲劉氏女，迹得之，請贖，劉氏弗肯出女。府君爲厚具錢布贖以歸，不告所費。逾年，復過忻口，則婦已抱子矣。武舉室叩堂下，奉觴爲府君壽，其鄰里爭欲識府君面，相與竊窺府君，讚以爲長者。府君三釂起，仍厚遺之乃去。而生平所最恨者，惟剽人陰事，於坐間竊竊偶語，嘗掩耳不願聞，甚則投袂起曰：「奈何藉他人是非爲口實行酒乎？鬼神忌之矣！」人至今服其言。

先妣韓淑人，諱妙善。父銖，廷瑞其字。母王媼，懷仁人，寧陽尹洪女。先妣性敏慧，精女紅，兼通書史。兒時，聞外祖授舅書，三四讀已能然記，覆之一字不錯也。外祖奇之，別授以《孝經》《小學》《女誡》諸篇，無幾誦輒徧。既笄，歸府君，室四壁立，而所齎裝資從府君謝歸，置不問，獨携一女奴，布巾笥盥器其中，泊然安之，若素處窮約者。三日，媼率諸姨來視女致饋，賓從車騎甚夥，府君欲勿納客，更日而款。妣從容言：「今客以具來，與其更日款，不若因其具饗之，省且無失意於客也。」府君曰：「甚善，顧視若能辦不耳。」妣則易服入厨，次劑肴蔌而進之，徧饗内外客，下逮厮役，靡不需飫去者。客起，大父謂府君：「吾家以貧，故久謝客。今一日而饗客數十輩，盡其歡，非新婦不及此。家庶幾復振乎？」府君讀書山寺也，或旬月一歸，或逾時不歸，所需衣廩，妣常預儲以待，橐而授兩叔致之。而敬養翁姑，衣食兩叔，復充然各得所欲，不以匱乏聞也，以是得安府君于學，無返顧焉。與諸姒處甚睦，而郭尤愛。郭，叔憲成妻，侍御聚庵公妹。妣溫惠柔明，郭婉嫕[八]恭讓，故兩人深相得焉。嘗趣膝並乳兒，共泣居窮，期異日兒立無相忘也。乃兒立，而兩母俱不待矣。孤自孩抱即嚴府君，無敢啼笑翔嬉其側。五歲而府君授之書，訶禁愈屬。妣不敢面護兒，抱置廡下，舉所授書，耳提數過，俟習乃遣就府君。府君或命之屬對，亦往往受先妣指乃應也。妣既病革，執孤手囑府君：「幸寬兒，當有成。痛吾不及見耳。」語訖瞑，是爲嘉靖壬寅九月初五日，生正德己巳四月初十日，得年三十有四。子男二：長即孤，家屏，配霍氏，累贈淑人，封兵部主事宗嶽女。繼李氏，累封淑人，邑處士

松女。次小閨，殤。女二，長適閻允諧，鞏昌府倅瑞子；次適庠
生趙國賢，俱先卒。孫男六，浚初，乙酉解元，娶翟氏，大理評
事廷楠女；湛初，庠生，娉郝氏，浙江按察使杰女，娶孫氏，兵
部郎中訓女；沛初，娶薛氏，陝西憲副綸女；汲初，娉安氏，湖
廣方伯嘉善女；青錢、青旆幼。孫女四，長適國子生郭煥然，先
卒；次許娉通政司參議田蕙子中顯，殤；二幼。俱家屏出。曾孫
男三，泰庚，娉覃氏，陝西憲副應元孫女；二幼。曾孫女一，浚
初出。

　　妣韓歿，妣梁入繼，代州振武衛處士梁公繼宗女。歸府君七
年卒，爲嘉靖庚戌八月十八日，年二十有五。生二子，不育。

　　妣梁歿，妣景入繼，同邑景公聰女。始妣梁肅括子女，以嚴
稱，家事取辦頤指而治焉。妣景入，拊子女有恩，於孤尤篤，其
衣食孤也，美好常偏給焉，曰"孺子長而材也"。孤有過，常曲
庇之不以聞府君；諸子有過，不俟聞府君扶勉之矣。其治家蚤起
晏息，自舂炊浣濯，無一不躬其勞。而自奉皆最下草具，即垂老
不更其儉也。孤既第，迎妣于京，爲具甘毳，一舉匕攝袵，輒迎
天祝："始吾食貧時，詎圖有今日哉？吾知福矣。"見遺粒于地
必惜，得尺縑寸帛必鐍而藏之，雖子女不輕畀也。府君常言：
"吾三娶而知婦德之難也。梁能施不能蓄，景能蓄不能施。"意
蓋嘆先妣云。然終佐府君立家者，妣景之力也。歲丙戌，孤再迎
妣于京，視妣善飯，私喜。忽一夕暴下，暈仆地，飲藥蘇，蘇數
日，復下，藥弗效。趣召兩弟于家，三日夜馳至，竟待其來與訣
卒，時八月二十七日也，享年六十有四。子男二，家璽，廩生，
兩娶郭氏，典簿應宸女，繼李氏，雁門李祿女，張氏，張永安
女；家楫，娶霍氏，宗嶽弟宗道女。女二，一適許天祿；一適庠
生李术，蚤寡，以節自誓。孫男三，湨初、青編，家璽出；青
衿，家楫出。葬以萬曆十六年三月初一日，敕建塋域在縣北四十

里周家莊南嶺下，負亥抱巳。

嗚呼！先考妣困田間，至彫窶矣。乃其禔躬立家，咸卓然有趣操可述。孤幸際熙朝，禄食二十年，而悠悠曠瘝，靡尺寸可自托于世，負國恩，忝先懿，有餘僇矣。考德立言，無以孤之不類而概所生，並廢其美不著也！慟哉！

校勘記

〔一〕“舍”，疑當作“含”。

〔二〕“右”，據民治學社本當作“左”。

〔三〕“轉”，疑當作“輔”。

〔四〕“事”，據民治學社本當作“府”。

〔五〕“烈”，疑當作“列”。

〔六〕“冣”，疑當作“最”。

〔七〕“示”，疑當作“未”。

〔八〕“嫕”，疑當作“嬺”。

復宿山房集卷之三十一

祭文一

祭北嶽恒山

惟神上幹[一]乾樞，下維坤軸。包幽據并，嶽崟突屼。内屏神京，外控荒服。肆威靈所匡扶，合華夷其輯睦。氣序均調，桑麻蕃熟。垂髫含和，戴白鼓腹。本神庥之所詒，允國祚之攸屬也。某去國三年，退居巖谷。少室方温，終南見趣。奉召而來，過經嶽麓。瞻仰徘徊，威靈髣髴。登薦椒漿，用伸虔祝。神其佑予，陰導默督。願奉神釐，往陪鼎足。精白一心，公忠誠篤。如其不然，容容碌碌。甚或側媚希寵，奸回持禄。詎惟神羞，且羞邦族。神其厭之，敢徼神福。

祭河陽橋

猗惟桑乾，比靈河洛。建瓴上游，襟帶雲朔。洪濤巨浪，黿涌鯨騰。望洋秋嘆，履薄春兢。我昔憂民，溺由己溺。舟楫非才，乘輿靡給。今也卜築，在河之陽。紛紛病涉，目擊心傷。是用捐貲，購求山木。費不外資，役惟躬督。導水傍注，掘泥下穿。鼎疑漢出，石謝秦鞭。砥柱雄蟠，飛梁縣控。趾奠金鼇，形紆玉蝀。五旬而畢，萬衆爭觀。咸偉厥制，驚嘆無前。高若凌雲，虛若御氣。彼岸偕登，慈航共濟。車閒騎逸，道咏途謳。豈緣人力，寔荷神庥。薦藻羞蘋，禮恭情慊。匪利福田，幸違坎窞。百千萬歲，不騫不崩。蘆溝曉月，千里同明。

祭王襄毅公

河華之間，偉人相繼。駿發於公，鴻勳蓋世。西曹振采，南甸宣勞。大殲島寇，丕靖江濤。乃建節旄，乃司疆場。允武允文，時禽時闖。運籌掌上，覘虜目中。明如觀火，迅若撥鬖。自西徂東，天驕膽落。既壯軍聲，彌恢戎索。孽胡內附，天寔厭兵。公排群議，獨受其成。殫竭經營，仔肩利害。竟伏單于，稱臣保塞。戢戈囊矢，垂二十年。金湯謐如，孟帶晏然。帝眷公功，書於盟府。陟位三孤，持衡兩部。倚毗方切，累疏乞閒。裴公綠野，謝傅東山。觴咏雍容，虞都之下。威望折衝，填安諸夏。凌烟畫像，永示儀刑。降王遞襲，時問公齡。昔也公存，氈廬遠徙。今也公薨，戎心荐起。高山藜藋，誰則爲樊？宸衷軫舊，思起九原。隆恤駢蕃，易名加秩。冢象祁連，篆陳芬苾。銘光竹帛，緒衍箕裘。全昌備祉，亦復何求。所爲惜公，公家之故。萬里長城，溢焉傾仆。玄扃復土，日月有期。里人胥愴，猶子增悲。酹酒束芻，臨風寓奠。炳炳星精，公神宛見。

祭霍司馬

惟公名世謨謀，匡時經術。才與誠孚，用從體出。畬服理官，平亭疑律。民自不冤，法如畫壹。乃擢西臺，風猷愈茂。隼擊霜空，鵬騫天漏。戎籍是稽，利用禦寇。河湟之役，撫臣逡巡。公慮惘憶，奮不顧身。元凶授首，干羽階陳。帝心簡在，再陟中丞。總憲上郡，斥候彌增。士選以飽，馬健以騰。累官三輔，來旬來宣。民無流徙，粟支十年。遂督秦隴，秉鉞有虔。上曰懋哉，卿才武庫。左提右挈，朕無北顧。惟茲九邊，爾勳畢著。言登緯雲，安危是負。帝之長城，天之北斗。一時漢廷，誰出其右？歲在執徐，皇奮厥武。靮鞈有奭，軍實攸數。公佐厥成，維師尚父。天顏載怡，玄袞用錫。樂只君子，凝香晝戟。彼何人斯，兔絲燕麥。箕畢好殊，格兹石畫。公惟老臣，豈其唯唯。乘流則逝，遇坻而止。優哉遊哉，介雲汾水。人偉其去，復望其起。胡天不吊，山摧澮涸。劍氣湮沉，履聲蕭索。深山窮谷，罔不悲愕。矧我與公，葭莩有托。懷糈陳詞，用慰松楸。南華有言，生浮死休。公位八座，公名千秋。人誰無死，公死奚侔！

祭沈司空

嗟乎！古稱五交同源，異趣素交，獨希千載一遇。曩余偕計，升書禮闈。謁公郎署，式企清徽。迨厠朝行，一再奉教。契分冥投，匪緣介紹。公遷少府，尋轉符卿。差池南北，迹判神并。贈余綺琴，遺余縞帶。金石名言，肝鬲至愛。歲當己丑，徵公太常。狄雲在望，重遠其鄉。三紀官資，陪京十七。日便遑將，寧甘杌柅。余嘗方公，曾史由夷。寒松古瑟，玉尺朱絲。廉不近名，貞不戾俗。邦國典刑，時人耳目。醲華縟采，彌戢彌揚。振振公子，鳳雛麟驤。媲美郊祁，聯芬軔轍。焜燿弓裘，登閎閥閱。余爲公慶，且覘公還。拜前拜後，庶預榮觀。公既司空，余已林墅。世或唾遺，公獨節取。封翁大隧，徵表于余。匪攻余短，貴在直書。勉掇蕪詞，報命之辱。曾幾何時，遽取梁木。好音纔至，凶問偕詒。書仍削草，人乃乘箕。手澤空留，心期永畢。追念生平，潸焉涕出。情違掛劍，悼軫藏舟。緘詞束帛，遙薦靈修。慘澹吳烟，蒼茫越樹。彷彿神游，鑒臨其處。

祭大理張公

吁嗟昊蒼，云胡夢夢？謂鑒觀之不爽，乃盈虧之失衷。相彼樸樕，仕臄以崇。亦有罷駑，禄汰以豐。貪冒者進，婾嫛者容。

捨剋者寵，夸毗者雄。猥薄基而厚藉，寧度址而規墉。倚吾師其嶽峙，本間氣之積鍾。覽中原之文獻，擅昭代之儒宗。九流抵掌，列宿羅胸。茫洋學海，崒崔詞峰。才吳鈎而越砥，器金鍾而大鏞。初策名于蘭省，奏最課于花封。擢拜瑣闥，獻替抒忠。鳴先仗馬，袞補山龍。晉掌容臺之典册，出監方鎮之兵戎。固北門之鎖鑰，飭橫海之艨艟。聲靈赫濯，勳望崇隆。入聯紫橐，慶溢彤弓。賴持平于鳩署，忽謠諑于狐叢。衆擬聖讒而投北，師甘孫臏以居東。道存用拙，慍鄙書空。栗里亮節，洛社高縱。披一編其訓子，藝十畮以明農。蒼生待澤，守宰趨風。造浚郊其有駟，占渭水之非熊。薦書累上，徵綍疇壅。蓋傳棧而忌直，或簧鼓以蔽聰。

某品慚溲渤，忝備筠籠。甄收誼重，陶鑄恩釀。自執經于旀廈，尋參預乎機庭。溯淵源之所自，矢依飯如駈蛬。顧負大之無力，效推輓其靡終。靳瓜衍于士伯，虛安車于申公。感深報諈，背汗顏紅。迨罷歸于林樾，猶辱軫于飄蓬。矜疏斥之非罪，嘉舍藏之偶同。即遠違于杖屨，稔訊知其神鋒。矍鑠健步，清明在躬。意閟寵于槐棘，將注壽于喬松。曾幾何其日月，溘遘疾而長終？駭昴箕之隕夕，怪樹稼之凌冬。悼斯文之將喪，悵後死其奚從。世與道兮交厄，理若數其焉馮。豈天行之緯繣，亦儳差于吉凶。門墻蕭索，雲霧冥濛。阻築場于匍匐，慘哭寢而哀恫。瀆椒漿其不腆，裁蕪誄以非工。托明信于祝史，冀薦陳于帷宫。諒英靈其孚格，恍肸蠁之冲融。

祭方伯周公

博九州之名勝兮，咸侈談乎西雍。昳太華與終南兮，知靈淑之所從。鍾間氣以發祥兮，蓋聖喆其代有。矧令德之世延兮，尤天意所篤厚。爲時樹此先覺兮，乃吾師其誕降。器岐嶷以瓌偉

兮，自鬌亂而稱良。遡關洛之淵源兮，繹羲文之圖籍。邈游情於
邃古兮，陋雕蟲之末習。時摛華以吐粹兮，郁歔欲其成虹。叶吉
夢以應薦兮，若神道之感通。初宣譽於四方兮，賁羽儀於晋楚。
執豸簡以飛霜兮，曾何畏夫强禦？務鉏暴以斥貪兮，益剔蠹而振
蠱。吏望風以縮慄兮，紛總總其解組。當遼左之弗靖兮，嬰孤城
以阽危。赫援枹以登陴兮，走劻敵其若摧。洎[二]攬轡於江左兮，
群多士而迪之。抗砥柱以迴狂瀾兮，信斯文其在兹。沛教澤以旁
暨兮，復周流乎晋之鄙。闡絶學於河汾兮，士彬彬其興起。耿唯
守此中正兮，何枘鑿之難周？離佗儌以多懼兮，益精白而好修。
始彌節於雲朔兮，繼驅車於嵐石。試諸艱以劻勷兮，何遑恤乎安
席？兼文武以經緯兮，卓勳業其嶙峋。受帝天之寵渥兮，曰駢錫
以封綸。叶和鳴於塤箎兮，藹麟趾之振振。萃人瑞於一門兮，介
繁趾其方新。胡迷望於陟岵兮，紛霜霰其委集。自千里以來奔
兮，刑盡銷而骨立。遂感疾以深痼兮，客膏肓而告凶。嗟梁棟之
摧折兮，爲轢市而停舂。豈執禮之逾中兮，忍伐性以毁滅？乃恨
夫一訣之未能兮，嘗號慟而屢絶。忠孝自其天植兮，切仰止於師
模。噫九原其不可作兮，世孰覿夫真儒？疑還精於列宿兮，麗雲
漢其昭蘇。抑炳靈於河岳兮，永帶礪乎寰區。某等慚樸樕之群材
兮，荷郢斤之斷削。溢背棄於繩墨兮，將倀倀焉奚托？一步趨而
不敢忘兮，想謦欬其猶欽。曰訃音其不可信兮，泪滾滾以沾襟。
違生三之報禮兮，懷愴惻乎此心。庸陳詞以遥奠兮，庶靈爽其
攸歆。

祭董先生

惟公系啓河汾，族聯并冀。通籍上都，宸居是麗。五侯軒
蓋，七貴金貂。砰轟烜赫，公志不搖。陵邑遷人，州郡游俠。合
衆連交，公氣不慴。被褐曳縞，韞璞懷珍。質行匹古，高標抗

塵。服賈力田，惇仁樂善。義重平量，惠深折券。潛光弗耀，浚慶攸鍾。篤生哲嗣，哀然亢宗。早掇歸科，荐登法從。繡鷹霜凝，花驄雷動。揚歷藩臬，督賦明刑。綱紀振肅，河洛澄清。公時耄年，既膺封爵。仗屨逍遙，精神矍鑠。嗣君參蜀，公尚趣裝。曰惟祗服，毋念遑將。曾幾何時，臥疴不起。渺矣鸞驂，溘焉蟬委。巴江迤邐，劍閣嶔崎。東奔號踊，觀者歔欷。某等梓里聯芬，桑田悼厄。瞻仰音徽，泉臺永隔。芳芷在俎，清酤在卮。靈輀既飾，合奠陳詞。

祭少司寇邵公

神禹秘圖，藏之石匭。後數千年，鍾靈啟瑞。是惟名碩，應期挺生。神峰嶽峙，襟宇淵澄。射策明廷，儲才禁院。手披天章，星輝霞絢。治書柱下，珥筆臺中。神羊在圄，霜隼橫空。乃貳理卿，爰司聽棘。平若釋之，寬如定國。嗣專節鉞，開府荊襄。威宣雲夢，惠浹衡湘。帝念膚功，召還左右。弼教明刑，俾貳司寇。文昌地近，台鼎非遙。方期峻陟，柱石熙朝。何物蕚鱸，遽萌歸興？上疏九閽，投間三徑。東山望重，峴首恩深。屯膏未究，世抑甘霖。賜環有期，脂車在即。胡厭塵寰，神游八極？訃聞梓里，慟徹楓宸。加籩營竁，異典駢臻。凡在縉紳，靡不驚吊。矧共年書，更憐同調。彈冠結綬，戴笠懸車。偕行偕止，出處相如。藐焉諸兒，叨陪蘭玉。恩比伏雛，情深祝蠋。眷惟遺愛，奕世不忘。當茲永訣，舉室旁皇。塞北江南，關河阻絕。匍匐無從，哀衷軫結。重跰百舍，束帛緘詞。臨風遙奠，涕淚交頤。

祭參政馮公

洸洸大風，表海惟舊。喬木鍾芬，棠華啟秀。野王經術，敬通文章。家猷綺錯，世德金相。嗟我伯翁，玉樓遽召。一脉天培，四乳奇肖。禀規機杼，纘服簪纓。花封試吏，樞省論兵。觀察雲中，旬宣河内。經緯才全，澄清志鋭。周回方鎮，鎖鑰郊關。干城倚重，磐石維安。勳業昭融，忠勞鬱積。况復鳳毛，增輝燕翼。説經東觀，典禮南宫。調元道裕，踐斗班崇。繡斧且徵，白麻行相。周公拜前，衆咸屬望。云胡好遁，遽狎東山。初疑戒滿，暫欲怡間。何恙弗瘳，修齡頓促？凶問驚聞，劌心刲腹。念余附驥，同榜同門。兼叨部末，誼浹恩渝。迨交嗣君，彌惇世好。緣分綢繆，肺肝傾倒。不才主棄，捧玦西還。相逢易水，慰藉舒顔。詎料岐分，遂成永别。夢想丰儀，屋梁落月。塗開大隧，香浮上尊。几筵賁寵，泉閭寧神。我絮我芻，馳人千里。誰謂不誠，伯高鑒只。

祭司寇郝公

嗟乎！僑札定交，不緣姻締。朱陳約昏，匪繇朋契。惟余與公，里閈聯比。齒則肩隨，業均道藝。歲在丙辰，公躋二第。後公一紀，而余踵繼。公列西臺，余忝中秘。時時過臨，特蒙訓厲。訓厲維何，立身大義。佩公格言，若箴若礪。觀法于公，若坊若幟。公峨豸冠，神鋒聳峙。請劍上方，埋輪近地。冰雪嚴威，鷹鸇勁氣。睹公節標，因知淬志。公按藩方，軺軒徧暨。七德監戎，六條察吏。立靖群咻，坐寢狂噬。睹公器能，因知敬事。會公入朝，僭申姻議。一介嫡男，托公贅壻。葛藟條枚，情好彌摯。公尋撫遼，節旄是寄。守則金城，兵皆鐵騎。穢洗腥膻，氛披霾曀。膚功上聞，褒嘉優異。晋秩錫金，賞延于嗣。睹公勳猷，用知經世。自辱公交，兩周辰次。尺寸兢兢，懼玷高誼。祇緣戇愚，犯顔罪廢。退而聞公，總師于薊。入佐戎樞，尋主留計。望實方隆，衮歸暫憩。數遣候公，知公疆毅。卜公之年，期頤不嗇。顧此東山，未容留滯。軒駟俄徵，履鳬再曳。畢公克勤，武侯盡瘁。膏而未霑，星辰奄翳。凶問驚傳，我心如刺。傷哉老成，天不憖遺。是君是民，疇奠疇庇。時方阽危，疇其匡濟。上用悼咨，予之葬祭。典冊煌煌，哀榮無二。祖載有期，厥儀夙備。白馬素車，胡能躬詣。束帛瓣香，命兒代致。形止神馳，潸焉隕涕。九原可從，飾巾以俟。

祭憲副薛公

恒嶽嶔崟，炳靈冀北。是生偉人，萬夫之特。襟期磊落，器宇停涵。楓宸射策，花縣垂簾。徵拜郎曹，分猷司馬。算屈孫吳，策侔鼂賈。八命作牧，襄帷汴都。民歌有袴，野不鳴桴。大河九曲，長城萬里。隼旗既揚，龍牙載啟。波澄延水，塵静榆關。烽烟晝寂，刁斗夜閒。薏苡生珠，蓋斐成貝。弗竟厥施，鴻冥蟬蛻。素心可托，玄首未華。訂盟泉石，結社烟霞。杖屨逍遥，琴尊嘯咏。課讀明農，高風孰並。我有家難，惟公恔焉。苫廬三載，誼比鶺原。我既出山，公游淮海。還聚京師，丰神無改。歸而卧蓐，曰股有瘍。以我婦子，省公于牀。既差既瘳，倏聞凶訃。醫則誤之，奚關天數。虹光晝散，斗氣宵沉。春停里耳，痛軫予心。窀穸有期，生平永别。迹阻馮棺，情違臨穴。我有子弟，遣告芻靈。陳詞寫臆，涕泗交并。

祭何禮部

嗚呼二禺，我同年兄弟，蓋四百人。而我廿八人者，寔同師門。肩隨踵屬，棠李君昆。既翕既具，倡和訢訢。或唯或否，咨議誾誾。晨星接佩，夕月開尊。志符道契，彌久彌惇。君胡一蹶，遽爾湮淪？謂君禀受，君質强固，獨王於神。謂君調燮，君達養生，能葆其真。君以誠信，恢廓靈府，剗削畛域，壽固宜臻。君以文詞，蜚英中秘，韜光郎署，詘固宜伸。宜平而陂，宜亨而屯。冉疾顏促，理烏可論？昔也建安、廣陵，相繼訃聞。君尚悲悼，謂天難諶。詎知今也，于君之身。昔也相慶，若箕與堪。今也相吊，若參與辰。聚也何盛，逝也何殷？嗟乎傷哉！濛汜頹景，羅浮暮雲。平身交誼，永隔音塵。嫠婦執紼，稚子扶輀。伶俜毒楚，疇不酸辛？遙遙丹旐，悠悠旅魂。束芻合奠，涕泗沾巾。

祭都督楊公

在昔周楨，不顯亦世。昭代諸楊，芳勳孰繼？太師襄毅，燕翼深長。乃文乃武，鼎呂巖廊。公試澤宮，哀然首舉。環衛鈎陳，遂提禁旅。桓桓赳赳，抑抑恂恂。敦詩郤縠，雅咏祭遵。擁篲鑾輿，疏附先後。慶忌公忠，日磾謹厚。徼巡都邑，中外肅清。耿侯威重，羊叔仁明。惟帝眷公，象賢之故。蟒玉麟緋，升崇都護。伯兄司馬，樞府運籌。郎君國史，早步瀛洲。閥閱高華，簪纓嗣續。次第趨朝，珂聲相屬。箕堪兩兩，堂構重重。偉哉譽望，海內咸宗。全祉如公，謂宜壽考。玄鬢未斑，溘焉遐老？賜山起冢，祠以少牢。宸綸宣諭，悽愴焄蒿。終始榮哀，汗青可紀。作述無憂，公歸樂只。某等情聯梓里，義篤蘭金。遙聞復土，悲愴能禁？酹酒束芻，因風寄奠。翹首營星，公神宛見。

祭封少師張公

唐虞故都，貞元間氣。更五百年，翁當其際。含淳抱朴，黟然暗修。仁衷春盎，義問川流。樹德孔滋，韜光弗耀。篤生相師，登閟皇道。旂帷造膝，溫室承顏。雲龍感會，魚水投歡。迨首台垣，斡旋化軸。鍊石比功，撻市引辱。拔淹振抑，蠲煩滌苛。回欣宇宙，蒸為太和。四海喁喁，共茲籲禱。冀安相師，俾翁壽考。繄翁尊養，寵極人臣。袞衣佩玉，禁鼎分珍。揣銳持盈，去奢去泰。考父僂僂，武公抑戒。厚德之載，福詎有涯。譬彼巨艦，萬斛非加。胡不百年，溘焉脫屣？訃音忽來，悲動朝市。相師在疚，帝心惻如。詔毋過哀，賜之愍書。宗伯秩邊，司空啓竁。恤典焜煌，泉臺有爛。某等生聯維梓，化感庚桑。變薄易鄙，接蔭均芳。大椿既摧，誰其梁木？尊酒束芻，臨風遙哭。哭以天下，匪哭吾私。表裏山河，神其在茲。

祭封少宰劉公

自古在昔，亦有耆碩，流芳惇史。萬石刑家，太丘範俗，爲世瞻企。誰其繼者，沁水之陽，翳翁趾美。翁也挺生，體合沖虛，心棲玄理。戴仁而行，抱義而處，皭然不滓。豈無厚殖，可以自封，而翁弗侈。豈無一命，可以自榮，而翁弗喜。施不蘄報，種不蘄穫，曰余有子。有子象賢，如玉在璞，如金在砥。起家詞林，爲帝諫臣，批鱗逆耳。長沙可行，淮陽可遷，其直如矢。人忌翁子，或爲翁憂，翁獨色喜。謂子能仕，父教之忠，無以有已。追際昌辰，揚歷中外，旬宣綱紀。乃陟烏臺，乃貳天卿，明鏡止水。天子曰咨，芝根醴源，式穀惟爾。渙錫封綸，貴厥所生，紆金拖紫。數御板輿，迎養于京，饋芬薦旨。翁也安之，以恬以愉，亦云樂只。胡厭人寰，騎箕上升，歸魂太始？哀哀棘人，風木銜悲，永懷無已。訃徹宸聰，深緣孝思，加邃賜誄。隆隆者碑，鬱鬱者墳，足垂千祀。嗟余疇昔，俯仰南山，夙欽橋梓。知生則吊，知死則傷，神馳千里。于以奠之，爰采溪毛，爰羞澗芷。靈兮何在，縹渺雲鄉，去天尺咫。

祭封少司馬梅公

吁嗟傷哉！翼軫分躔，荊衡表鎮。江漢炳靈，代鍾賢俊。賢俊輩出，庸渠偶然？若芝有根，若醴有源。猗惟太翁，西陵巨擘。世業一經，家聲萬石。襲芬沿潤，抱素含醇。浚祥勃發，喆嗣振振。伯氏猶龍，仲氏猶鳳。天路偕翔，人寰雷動。南床筆橐，中秘圖書。謀光燕翼，訓厲庭趨。抗旌朔方，芟夷大難。得翁之威，功全摧陷。提衡粤省，簡拔名流。得翁之識，才盛甄收。節使旬宣，樞卿都護。用子子民，爲衆父父。某自京雒，辱交二難。習聞高義，阻覲慈顔。廢處山間，忝依帥屛。安車北來，竊嘗引領。丰標嶽峙，襟度淵泓。心超物外，趣得環中。膳鼎珍頤，封綸婁錫。葆嗇養恬，持盈戒溢。福降配德，神王克形。卜翁之壽，詎遽冥靈。胡厭塵囂，遨遊寥廓？太白騎鯨，丁令馭鶴。雲迷大別，星隕少微。素冠庶見，公衮將歸。撤我長城，違我良翰。哀動華夷，情均感戀。閔予衰慝，倍切歔欷。宿恩莫報，後會無期。可緩須臾，及觀徵拜。砥柱中朝，邊氓永賴。爰吊爰慰，且戚且欣。楚些寫悼，晉乘銘勳。漬絮束芻，告虔祝史。英爽鑒歆，儼親杖履。吁嗟傷哉！

祭封都諫王公

嗟呼！詩咏椒聊，條遠實蕃。亦有葛藟，末庇其根。翁晉舊家，亢宗上谷。累葉其昌，善慶彌篤。青箱纂緒，振藻揚芬。辟雍齒冑，冀部監軍。儀肅屛星，操甘冰蘗。流惠四封，誦聲籍籍。五斗不薄，九折非危。衆馳我止，龍蛇以時。稅駕山樊，幅巾里第。疏傅清風，太丘高義。堦蘭玭桂，有儼其行。干霄直上，季常最良。瑣闈糾繩，綸扉獻納。讜論忠讞，帝聰允洽。庸疏封綍，迆恩所生。嚴慈並壽，冠帔偕榮。方迓康禧，忽膺微眚。嗣君怔怦，日圖趨省。翁使慰季，曰無我憂。偶愆啟處，恃藥漸瘳。吉語乍傳，訃音儵會。少微宵沉，大椿夕悴。靡張不歙，靡往不還。歸冥就盡，翁兹得全。所哀嗣君，情違一訣。曲踊長奔，茹辛泣血。吾黨小子，庶見素衣。吊而相向，並涕均歔。颸淒九原，雲寒二望。桑梓依然，典刑既喪。悠哉堂斧，執紼無從。陳詞遥酹，少寓哀恫。

祭封侍御趙公

惟公并代右族，明經世家。飽飫六籍，含英咀華。弱冠攻文，爲時嚆矢。凌跨風雲，睥睨青紫。吹竽鼓瑟，取舍何殊。荆山失璞，滄海遺珠。久淹蠖屈，尋膺鶚薦。帝簡師模，陶成袗衯。揚鑣藝苑，振鐸芹宮。蘇湖懿矩，關洛高風。自冀徂雍，教思無斁。髦士雲興，英流電激。鳳毛振采，燕翼紓謀。青氊勇撤，野服歸休。爰及淑嗣，通籍天府。上國鳴珂，名城縮組。三年奏最，徵拜蘭臺。惠文峻秩，柱下雄才。榮養既崇，封章再錫。胡平儵陂？胡欣儵慼？天固難度，生也有涯。溘焉屬纊，邈矣乘箕。某等下里後生，通家猶子。山斗儀刑，夙勤仰止。滄桑聞變，梁木懷驚。束芻莫致，歌薤空情。冥冥仙臺，遥遥神域。甌帛陳詞，用攄哀臆。

祭故別駕戴公

昔閔馬父，譬學於殖。薦蓘既勤，乃亦有稭。公自垂髫，英資岐嶷。振藻秋林，研精道域。譽掩時髦，聲蜚貢藉。鴻漸鵬騫，賢關動色。一第非難，倅車是即。作郡股肱，朱幡緹軾。上谷軍儲，夙叢蟊賊。公監其庚，紅腐露積。蔚守方虛，邊烽驟逼。公攝其疆，兵械且飭。貪夫殉財，徵需孔亟。公却其求，苞苴逆斥。俗方委蛇，公獨軒特。抱志而歸，川游巖息。樂哉有子，聯芬並奕。家學世承，有光訓迪。緊都諫君，升華省掖。讜論忠藎，邦之司直。詔閱西陲，往稽戎積。還伺寢門，定省旦夕。彩服偕來，以愉以懌。會見嗣君，禮闈分席。文武斌斌，門墙林植。慶祉方長，頓違所適。扶疾言旋，中道而踣。來以安車，歸施素帟。悠悠旅程，嗣君匍匐。訃聞于朝，群紳悼盡。矧我後生，私衷倍感。人亦有言，光陰駒隙。公學而仕，佐二千石。壽邁古稀，養隆鼎食。迹公得天，獲報匪嗇。九命方來，寵公窀穸。酌言酹公，用紓幽惻。

祭封司務王公

嗟嗟我里，代有賢豪。匪直顯者，潛德孔昭。公居河東，鴻飛鵬搏。睥睨塵囂，逍遙丘壑。孤標外植，奇情內涵。垣夷曠達，望之若仙。彥方直聲，魯連逸軌。善蓋一鄉，誦流千里。儲祥毓秀，延于嗣人。雲間日下，國器席珍。伯待公車，仲游天部。慶集二難，養逾三釜。迨膺帝命，綸綍疏榮。山林朝省，韋布簪纓。乃壽乃康，既怡既懌。擊壤歡歌，樂胡足喻？邑鄰絳縣，地近關門。謂受秘檢，駐世長存。胡平而陂？胡盈而昃？生也有涯，天固難測。某等滄桑聞變，梁木懷驚。束芻莫致，歌薤空情。冥冥仙臺，遙遙神域。甌帛陳詞，用攄哀臆。

祭李封君

嗟乎！金礦玉璞，公葆其真。太羹玄酒，公飫其醇。粹白不飾，孤貞不磷。力田好古，治性惇倫。君陳孝友，龐公隱淪。太丘高義，叔敖至仁。卓哉質行，允矣先民。是延瑞慶，哲胤振振。珠聯璧合，蔚爲國珍。長需大對，季業成均。仲持憲臬，振起斯文。河洛重潤，圖書再新。帝曰多士，惟女陶甄。女績既懋，錫命女申。宸章焜燿，寶册嶙峋。榮禄既逮，多福駢臻。謂宜壽考，食報無垠。胡詘長算，遽及遵迍？鄉違宿德，國鮮陳人。春停社輟，遠邇含顰。某桑梓後輩，葭莩舊姻。昔也居里，杖屨時親。今也登堂，謦欬無聞。候驚搖落，哀極酸辛。微誠可薦，白芷青蘋。

祭李封君

惟公河東著姓，并冀名家。亢宗鉅鹿，揚芬闡華。蚤業詩
書，壯精法令。飾吏以儒，期爲世用。秦關鄭驛，所在蘧
廬。官惟稱職，卑亦可居。解組歸田，衡門泌水。德比太丘，
義高畏壘。慶詒哲嗣，鳳翥麟驤。花封製錦，粉署含香。鼎
養方隆，綸褒荐錫。胡厭人寰，遽游神域？某等忝同舊里，
久企高閎。滄桑聞變，薤露增情。薊雪春寒，燕雲晝暝。酹
酒陳詞，懵焉悲哽。

祭張封君

嗟乎！荆山拱璧，玄水靈珠。匪直自珍，鍾粹則殊。公負瓊
才，韜光弗耀。冀野比蹤，鹿門同調。基仁纍義，浚慶攸
徵。是生哲胤，作亢高閎。擢穎南宮，奏書丹陛。照乘懸
黎，蔚爲國器。聲蜚玉笋，緘報金泥。一經既貴，百歲偕
怡。樂境忽悲，修塗轉促。天有忮心，世無完福。不待三
釜，而夢兩楹。悠悠風木，詒慟曷勝！某等梓里含情，桑田
憶變。酹酒陳詞，遡風合奠。靈御何所，瞻睇渺茫。靈山之
下，汾水之傍。

祭王封君暨兩配

太華儲精，洪河孕秀。馮翊諸王，毓德惟舊。爰有高士，孝
悌力田。韜光韞采，閭里推賢。疇其儷之，大邦之媛。饋事
敬共，閨彝允踐。誕生令子，夙挺英標。翩翩雛鳳，靈文九
苞。羽且爲儀，屺忽失恃。以慈繼慈，徽音克嗣。祝同藿
蠋，愛比桑鳩。奄觀鯤化，六翮橫秋。蚤上公車，大廷需
對。曰予有親，懼祿不逮。乃分虎竹，往倅酇叢。文翁教
化，武侯治功。治蜀有成，倏移履幕。匹馬東來，依然琴
鶴。金城直北，咫尺王庭。誰

與版築，百雉攸寧。渾水湯湯，斥爲舃鹵。派引支疏，俄成沃土。雍雍泮藻，蔚蔚菁莪。談經講秩，雨化弘多。士誦于庠，旅謠于路。麥登兩岐，襦歌五袴。惠聲四布，上徹楓宸。帝嘉最績，載霈恩綸。賁及松楸，憂忘護草。菌鼎在堂，板輿在道。謂宜介福，壽祉綿綿。胡然厭世，飄颻上仙。訃音西來，震驚千里。棘人欒欒，號踊能已？豈曰家難，寔重民瘼。哀同喪妣，痛欲呼天。林壑朽人，位深感庇。素輤行還，可勝嘘晞。函牲于俎，注酒于卮。遡風遥酹，寫臆陳詞。

祭舅氏韓公

嗟乎！世有媌嫇洆涊而躋膴仕，抑有委瑣齷齪而享修齡者矣。吾舅英標偉植，抗志於當年；藻思雄文，蜚聲於上國。藐王公而睥睨，輕青紫於掇拾。當仁不讓，赴義如渴，固歸然烈丈夫之概也。而爵不過縣尉，職不過主圉。譽未孚于上官，勞不登于最簿。棲遲枳棘，困踣風塵，斯已詘矣。幸而田園未蕪，蘭桂方森，未老歸休，斯亦林居之至適也。而遭時不靖，旋值兵燹，舉族星飛，闔門燼滅。吾舅奮身當賊，橫罹鋒刃，折脰斷臂，僅僅不殊，禍已慘矣！幸有諸甥，求原隰之哀尸，負子遺之餘魄，遞侍湯藥，獲起瘖痍。兼之天愍韓宗，未殲厥緒。柳説命于虎口，梯受孕于枯楊。雖生計之已虧，尚後事之可托。胡淵鯉不壽，子婦並亡？顧門宇之寂寥，將衰殘之疇賴？以此憂想迷心，悲哀失度，狂呼躁動，遂以成癲。蓋至情之所鍾，豈藥石之能救？嗟乎慟哉！甥居京聞訃，含斂未親；今灑泣登堂，几筵尚在。虛慚宅相，莫贊孤氂；祇奉明靈，永歸吉兆。并陳薄薦，用寫哀思。嗟乎！使吾舅委志下寮，何榮名之足保？甘心降虜，何身家之足完？而乃道不苟容，棄官如屣；義不苟免，視死如飴。今歸其厝，厝已安矣，豈必躋膴仕，享修齡，而後快於志耶？

祭內兄霍主政

維年月日，故承事郎、兵部職方司主事應山霍公，卒已六年，而不能葬也。妹壻翰林院修撰王某，以客歲謁告還里，入其門，儼然几筵在焉。撫柩慟哭以去，則謀以身任其葬事。明年，憲大夫胡公首義，約同年官晉中者七人，各捐奉來賻，郡大夫徐公寔總其會，因卜以五月十有五日葬于州東新阡。葬事既飭，先期一日，某刲牲羃酒，匍匐伏地，而哭之以詞曰：

嗟乎慟哉！弟自繈抱，托綴高門，亦越四十年矣。蓋二十年爲妹壻，十五年爲筆研交，五年爲同年友，又同官京朝也。其間拊摩慰藉，提挈引掖，所爲勤勤懇懇於弟者，豈啻骨肉之間哉？方始締姻，同時姻黨皆州里右族，競侈富盛。而卑門猥以寒畯，歲時羔雁，詘焉不周。兄曾不厭其貧，顧益厚恤之。兄少負俊才，文譽籍甚。弟顓蒙孺子，局趣無奇。兄曾不鄙其駑下，顧益誘進之。兄弱冠蜚英，翩翩雲霄之翼，而弟困于諸生，累試不利，兄曾不鄙其不遇，顧益推獎之。歸妹無何，溘焉中殂，葭莩失恃，衿帨載更，兄曾不棄其故，顧益親幸之。弟遭家難，先人見背，死喪之威[三]，惟兄急之。借詣公車，幸而附驥，服官之道，惟兄開之。故弟處約得兄而紓，在險得兄而濟，學得兄而奮，仕得兄而通，所爲藉資于兄者，四十年如一日也。自兄之逝，弟居則鮮依，出則鮮隨，同心之言，鮮謀鮮咨。當斯之時，旁皇四顧，悲噫如何？

嗟乎慟哉！方弟西使還京，兄勞弟邸舍中，覯兄容色，軼掌非常，心竊憂之，然不虞其爲病也。兄既奉遺命歸，弟送兄都門外，弟囑兄以善息，兄囑弟以守官。握手之言，今猶在耳，豈遽虞其爲永訣之辭耶？嗟乎慟哉！兄嘗自言，有所歉者二，未舉子一也，未登進士第二也。既登進士且有子，兄死知無憾矣！然孤兒嫠婦，煢煢依命，安在其無歉然者耶？嗟乎慟哉！弟昔也羈旅，未聆屬纊之言；今也登堂，徒抱拊棺之慟。情慚我殯，義愧托孤。感念恩私，良負地下。不腆牲醴，薦以侑哀。語澀涕長，哽塞莫盡。

祭内兄李司訓

憶昔岳父，性嚴以方。家規肅肅，凛若秋霜。教兄讀書，宵帷晝案。目不規園，手不釋卷。兄廩于學，父志少酬。曾未沾養，溘焉仙游。岳母衰年，依依令妹。從我于京，幸而康慰。兄嫂即世，遺孤孔多。令妹憐之，周爱拊摩。贊有佐無，既昏既娶。家累稍紓，生計漸裕。妹亦有子，子亦有成。兄妹甥舅，聚樂融融。我解官歸，兄膺鄉貢。名籍恩榮，道因師重。彼蒼不吊，奪我賢妻。孔懷之故，兄獨悲啼。何意仁兄，忽于滯疾。後妹五年，亦兹永息。念兄醇篤，璞玉渾金。一真未鑿，萬事無心。念兄廉貞，寒冰苦糵。甘貧若飴，苟得若涅。念君和易，自由與人。載色載笑，三爵彌欣。念君冲夷，平原廣路。獨往獨來，忘情去住。以兹厚德，詘于修齡。天莫可必，我痛奚勝？乃率諸甥，乃陳哀薦。灑泣紛如，靈其垂昄。

祭成廉

於惟德門，封殖自昔。顯允中丞，作國柱石。慶流來裔，振其家猷。伯魁晋省，仲宦中州。舄奕休光，遠而彌耀。匪其象賢，芳徽孰紹。兄也挺出，頭角標奇。蘭芬蕙馥，稱其家兒。漱潤詞源，咀華藝圃。援筆不休，下帷絕苦。蚤登鶚薦，首冠麟經。公車三上，天府知名。春風暫違，卿雲待奏。胡然玉樓，有召則就。長算短晷，奔蹄促轅。數或司之，莫測其然。所幸佳兒，鵷鸞有種。不亡者存，仁觀昂聳。惟予與汝，累舊連姻。童

卬相愛，久而益親。往歲計偕，會君京雒。弟子率從，歡然並
酌。今也歸里，伏在苫廬。素帷在望，倍戚增歔。音隔亡琴，情
深挂劍。魂兮可招，臨風致奠。

校勘記

〔一〕"幹"，疑當作"榦"。

〔二〕"泊"，疑當作"洎"。

〔三〕"戚"，疑當作"慼"。

復宿山房集卷之三十二

祭文二

奠張文毅公夫人

嬀汭之濱，遺風尚在。相國相家，交修內外。追惟文毅，寅亮天工。刑于閨闥，德秉肅雍。采藻采苹，勤勞備至。丕贊元勳，篤生哲嗣。甘霖弘霈，薄海回春。雞鳴夙儆，如友如賓。雛鳳聯翩，分曹縮組。燕翼誰襄，如師如父。魚軒翟茀，曾趨內朝。山河委蛇，令範孔昭。文毅早徂，昊天弗愸。詎謂賢媛，溘焉亦盡？某等叨陪君子，夙仰音徽。悼今思昔，心顏交摧。鸞馭何之，瑤池翠水。束帛緘詞，遡風薦誄。嗚呼傷哉！

又

翼翼姚墟，山環河匯。是鍾哲人，厥有名配。猗與文毅，寅亮天工。時惟碩人，穆其家風。內則既章，中饋是托。夙興夜寐，既勤既恪。式相夫子，爲時良輔。蕩滌煩苛，需以霖雨。孰使文毅，靡內顧憂。偕德同心，夫人之休。文毅有子，翩翩帝鄉。選曹祠部，分署聯芳。孰使式穀，象賢惟肖。和丸畫荻，夫人之教。鼎養方適，百歲爲期。誰趣雲軿，返於瑤池？文毅之歿，惜不永年。云胡夫人，亦此棄捐？嗚呼！六拜封章，三都一品。綸綍焜煌，榮躋師尹。徽音克嗣，彤管流芳。女史可傳，是爲不亡。載啓玄堂，瘞茲雙玉。詔視窀穸，恩禮終篤。椒漿蘭藉，奠饋陳詞。渺渺虞都，神其格思。

祭王太夫人

嗟乎！有煒彤管，炳炳烺烺，具載母儀。徵德考祥，得全全昌，如母者希。歐母畫荻，陶母徹薦，居約而微。叔姬憂鮒，季姜戒歇，履盛而危。母也慈明，章美內含，祚胤天釐。陳詩習禮，言皆典則，動叶箴規。作儷伯翁，鹿門比迹，鴻案齊眉。解佩贈來，脫簪佐急，義浹仁滋。晜成哲嗣，聲高祐旦，才掩郊祁。仲典文衡，教行河洛，表樹風移。伯泣[一]台司，忠孚黼扆，枌運星隨。孫冠省闈，天人大學，霄壑英姿。母也一身，尊都榮養，壽介康祺。承顏子舍，退朝問寢，稟訓諗疑。導之清靜，調元密勿，養福黔黎。世方手額，祝母千歲，用安相師。相師出處，關國輕重，占世平陂。向御母南，大厦一木，撓敗弗支。徵車既入，宗社磐石，泰山四維。作還復往，群情彷徨，望切雲霓。雲胡板輿，晝游珂里，夕返瑤池。霜飆瑟瑟，寒生薄海，喪姃均悲。具曰苦凶，日月奄恤，霖雨何時。某徽寵二難，年書寅席，忝托提攜。蒙母憂眷，子視不肖，婦視縞綦。盤中之甘，篋中之錦，推食推衣。不肖罷歸，婦先朝露，母特憐之。嘔喻拊慰，言猶在耳，感結心脾。深恩莫答，徽音永隔，能已歔欷？翹首江天，含辛漬絮，揮涕陳詞。千里一介，踸而遣奠，神與俱馳。

祭張太夫人

翼軫分躔，衡廬表域。光嶽之精，篤生鴻碩。慶祚疇啓，自光祿公。夫人佐之，肆躋顯融。石室紬書，金閨荷橐。天冊高文，淵源家學。兩雍冑子，中秘庶常。師嚴道重，母儀韋彰。迨貳秩宗，婁膺封綍。貴乃彌恬，老而思佚。潘輿載駕，萊彩偕旋。脫簪收族，斷味修玄。謂且百年，永綏純嘏。胡厭塵寰，歸依净土？某等辱交令子，夙企徽音。滄桑忧變，樂棘關心。眷是哀榮，母其無恨。千里緘詞，庸告虞殯。

祭沈太夫人

惟靈淑德柔儀，蕙芬蘭郁。梱内則之，以雍以睦。躬自女士，蘊美含章。是鍾令子，蔚爲國香。捺藻玉堂，持書蘠扆。鉅典鴻編，允稱良史。簡侍經幄，乃師乃賓。嘉謨入告，聖聰日新。金幣駢蕃，茂膺寵錫。稽古之榮，詒穀之力。曩也迎養，安車式偕。既遂其往，復跂其來。胡藹斯萎，集霰于背？豈不考終，謝彼百歲？疚哉令子，輟直南奔。帝心軫惻，用推特恩。特恩維何？有賻有祀。侑以懲章，哀兼榮至。念我共事，夙仰音徽。感存悼逝，心顔交摧。纍酒陳詞，于京之邸。遥酹兹靈，越山湖水。

祭郜太夫人

嗟乎！員方電采，赤水玄珠。浚祥有開，鍾粹自殊。猗惟太母，含淳葆哲。配嶽生申，應箕降説。雲間綰組，柱下影纓。神羊直觚，威鳳孤鳴。晋貳棘卿，出總節帥。三尺無頗，五兵夙戒。壯猷勞烈，更踐封疆。鷹揚遼水，虎視燉煌。帝嘉厥勳，施于社稷。寵命荐申，馳恩婁錫。因貴于子，成孝以忠。慈闈燕喜，鼎養方隆。胡迨修齡，倏膺美疢？婺彩宵沉，萱華夕隕。潘輿萊服，吳侍終違。疚哉我師，擗踊東歸。歸即倚廬，衔哀茹感。睊睊栖棬，空餘口澤。某等叨遊門下，夙企閨彝。仙軿云邈，如慕如疑。彤管溯徽，蓼莪輟誦。合幣陳詞，庸紓悲慟。

祭賈太淑人

於惟夫人，鍾祥華族。令德令儀，媲古賢淑。古有任姒，克誠克莊。夫人則之，蘋藻敬襄。古有孟歐，能勞能愛。夫人則之，荻丸具在。勗成名碩，夏鼎周楨。擁旄建鉞，武緯文經。臨撫我人，翕稱賈父。本厥昫濡，式沾慈祐。棠陰垂庇，桑土遺思。家謳戶誦，日祝慈禧。萊彩潘輿，承歡展慶。況復賢孫，蘭輝玉映。胡不千歲，溘焉上征？砆[二]沉婺隕，社輟春停。訃音西來，怵心震耳。舉室悽然，哀若喪妣。雲中薊北，阻絕重關。繐帷莫吊，輀綍能攀。絮酒束芻，陳詞遙誄。塞笛邊笳，悲風共吹。

祭郝司馬夫人

嗟乎！自昔名碩，作帝股肱。必需邦媛，一德相成。猗惟夫人，儲芬甲族。慧性韞珍，柔儀映玉。曰嬪于郝，天定厥祥。王雎咏摯，鳴鳳占昌。溫清寢門，蒸嘗筵几。晨釜湘蘋，春盤薦鯉。思孚娣姒，誼浹鄉鄰。鬒髮可鬋，膏燭可分。解佩贈交，累絲勸學。遂翼風鵬，扶搖羊角。皇華甘澍，白簡清霜。燕私有儆，用砥官方。攬轡周巡，擁旄都護。家秉有持，用紓內顧。閨帷蕭相，士女姬公。善創善守，無成有終。惠問川流，榮光霞焰。象服魚軒，金章紫誥。中丞振旅，入領司農。六符星朗，八座班崇。眷倚方隆，歸思莫遏。豈其倦游，言申契闊。鹿門伴隱，冀野賓從。精神並健，笑語雍容。況復嗣賢，彬彬階叱。麟趾鳳毛，瑤環瑜珥。康禧茂介，慶祉駢臻。謂宜偕老，千歲為春。仁侍東山，起膺環召。傾否亨屯，一新世道。胡然耽化，遽即杳冥？霓裳雲冷，鸞鏡塵凝。堂上鼓盆，堂下泣血。悲慟里閭，春停社輟。乃某愚子，夙贄高門。薄緣未竟，舊好彌惇。感誦慈徽，忍聞凶變？匍匐違心，涕洟被面。束芻絮酒，寫臆陳詞。工祝致告，明靈鑒茲。

祭胡太淑人

嗟乎！鳳采九苞，儲華丹穴。縣黎照乘，毓珍圓折。瑞各有鍾，矧乃賢傑。傑哉中丞，瓌才亮節。再領郡符，周回憲臬。冀北并南，寔徧車轍。勞箸邊書，榮專閫鉞。武以文經，紀從綱挈。精神渙汗，風霆比決。惠澤淪濡，膏雨比浹。桑土綢繆，金湯比設。氛祲廓清，日月比揭。勳猷爛焉，帝心嘉悦。因子貴母，歸休貽哲。肅徵母莊，廉徵母潔。仁徵母慈，義徵母烈。鸞誥申頒，虹紆霞疊。母也承之，恩光燁燁。孝哉中丞，循陔念切。奉詔予寧，萊衣晝曳。還侍北堂，茵陳鼎列。母也安之，其樂洩洩。謂且含飴，拊摩振蟄。謂且引年，荐登耄耋。何疾弗瘳，寢簟遽撤？豈其仙游，玉虛金闕？我思棘人，爲我心惙。喪妣哀均，猶子誼鈌。執紼無從，寸腸百結。甌帛緘詞，遡風遥醊。東海洋洋，寄聲嗚咽。

祭劉太淑人

玄水儲祥，丹川毓粹。是鍾淑媛，静娟柔慧。作嬪鴻碩，允踐閨型。襄帷露冕，佐理專城。佑啓嗣賢，勤襄庭訓。載筆紬書，升華禁近。玉堂視篆，旂廈陳謨。論思獻納，帝心允孚。晉陟端闈，仁參鼎軸。舟楫鹽梅，人望攸屬。魚軒翟茀，御膳宮衣。仙庭具慶，榮養偕怡。得全者昌，何恙不已？偶輟杯圈，遽遺簪珥。宮詹痛甚，屢哭屢僵。情違陟岵，悲深負墙。肆軫皇衷，特頒寵恤。坊斧開阡，籩罍薦苾。封綸愍册，焜耀三辰。疇曰母亡，不亡者存。某夙企音徽，驚聞哀訃。感變桑滄，摧心薤露。雲迷洛浦，月黯高丘。驂鸞馭鶴，莫測神游。甌帛緘詞，臨風遣奠。燕雀啁噍，助予悽惋。

又

太行巨麓，洪河上游。儲晶匯粹，駿發于劉。岳牧猶龍，宮詹猶鳳。爲世儒宗，向歆比盛。疇其治內，成之助之。以婦則友，以母則師。曰惟夫人，任姒比德。雞鳴贊晨，熊丸戒夕。肆承家學，揚芬紫庭。鑾坡視草，虎觀談經。啓沃嘉謨，彌綸大業。日月光宣，風雲會協。寵承帝眷，慶洽天倫。親闈綵侍，子舍茵陳。榮養偕娛，康禧未艾。千年大椿，靈萱不待。飆淒蔗境，晻靄高丘。瑤臺既夜，萬壑皆秋。社輟春停，里中可想。慘我群紳，情均悵惘。素車白馬，奔吊無從。陳詞遙誄，以告芻靈。

祭鄭太淑人

古稱淑德，惟姒與任。任躬懿範，姒纘徽音。婦順母慈，並爲世則。夫人兼之，其儀不忒。左右君子，直節壯猷。泰山喬嶽，干城好逑。詒哲開賢，鳳毛麟趾。駸駸天衢，騰驤尹始。世美焜燿，寖昌寖明。成之助之，若砥若型。有命自天，鸞書婁錫。象服是宜，煌煌褕翟。居亨撫盛，福履方綏。胡然就盡，佩委簪遺。姑峪雲霓，妃山霜霣。訃音乍傳，朝紳共愍。某等瞻橋依梓，忝列通家。豈無良禱，生也有涯。望望素車，靡從執紼。束帛陳詞，臨風恍惚。

祭劉太恭人

猗與恭人，降淑自天。閨儀肅穆，母德醇全。兆叶和鳴，教勤三遷。宜家啓祚，爲國生賢。卓哉令子，爲世名碩。魁榜揚芬，賢科舊迹。儲材中秘，瀛洲巨擘。青瑣司封，徽猷石畫。氣壯袪奸，瞿讒不螫。屈首親民，究宣王澤。晉歷清曹，出表臬藩。督學越中，山斗名尊。轉餉曹渠，嘉績茂騫。爰遡厥自，聖善淵源。天子曰都，視秩貤恩。龍章鳳誥，煜耀朝暾。遐祉純禧，齊眉並德。胡不百年，考終用惻？寶婺沉輝，帷堂失色。內範永違，群心共盡。某等誼偕令子，賢書是聯。兄弟好密，休戚情懸。聞訃驚惶，雪涕淪漣。束帛椒漿，聊以告虔。嗚呼哀哉！

祭孫母

於爍孫氏，望于河東。世惇孝行，慶澤滋豐。緊奉常君，嚴慈儷德。更事重闈，敬順靡忒。觀教梱內，肅肅雍雍。是成令嗣，協氣所鍾。既顯嗣君，母也不祿。夫人繼之，徽音再續。蒙休襲趾，坐理堂皇。恩同陟屺，愛均在桑。鼎食茵居，方娛榮養。曾幾何時，訃音來上。椿庭清晝，萱背凄陰。鞠哉奉常，其如此心。某等里閈後生，年家猶子。感變滄田，欷歔無已。瓣香束帛，合酹明靈，洋洋來格，星帔雲軿。

祭張母

惟母坤元儲粹，寶婺降精。是生甲族，占鳳知興。婉儀蘭潔，貞衷玉瑩。宣陳詩而習禮，動左琚而右珩。作嬪世胄，儆戒雞鳴。蘋蘩治饋，克享宗祊。肆長祥之浚發，掩寶桂之芳叢。伯蜚英於幕府，季奏策於承明。蔚鳳翻而豹變，泂武緯而文經。宗聲茂振，先業光亨。翟褕異數，綸綍殊榮。重茵列鼎，鉅閱高甍。謂神怡而益壽，將福厚者彌寧。胡造物之多忌，顧昃盈而陂平？捐鳩杖以不御，渺乘霞而上征。黯北堂其集霰，摧椒莖之落英。瑤簪墮而珠委，金燈燼以帷空。凜寒颸以西來，震衆聽而具驚。大夫令嗣，哀毀煢煢。悲號徒跣，遠道孤旌。草凋露白，月落參橫。烏啼哽咽，鶴唳悽清。終違陟屺，慟惻何勝！某等分聯世講，誼重同經。望隴雲其迷莽，嗟執紼之無從。聊陳薄酹，遙薦微誠。

祭郭太宜人

維母黃輿毓粹兮德斯靜專，結帨名閥兮履順承乾。蘋蘩主饋兮宗祊繼統，蕭雝垂範兮族黨稱賢。璇源浩浩兮長祥浚發，子姓振振兮玉立珠連。夙贊義方兮熊丸荻簡，克成令器兮鳳跱鸞騫。四鎮宣猷兮望隆砥柱，兩朝錫命兮寵疊瑤編。母乃端星冠兮曳霞帔，列牲鼎兮臨芳筵。乘翟茀兮出入，扶鳩杖兮迴旋。聽塤篪兮和鳴，睹萊綵兮滿前。謂心怡兮益壽，蓋福厚者彌延。胡厭囂而恬寂兮，儵遺世而迅邁？凌長風之冷冷兮，馭青鳥之翩翩。萱華夕隕兮瀼露宵渧，寶婺韜光兮懸黎墜淵。北風來兮訃時宣，予小子兮驚欲躓。悼吾里之不幸兮，憶音容兮愴然。渺繐帷兮千里，阻恒嶽兮一天。悵含襚之莫及，具牲帛兮孔虔。馳情兮遙奠，瞻拜兮何年。哀哉！

祭何母

於惟淑人，厚坤鍾粹。克誠克莊，思齊思媚。矜帨宜家，蘋蘩主饋。壼教蕭雝，母儀純備。烈女之行，丈夫之志。祚胤發祥，誕茲令嗣。伯縮西臺，沖酣中秘。麟鳳之品，珪璋之器。既荷寵章，珍冠繡帔。洩洩融融，彩衣日侍。德顯分崇，節完心遂。耋壽攸臻，期頤荐致。方祝亨遐，胡虞顛躓？鳩杖載攲，霜帷奄棄。寶婺飛空，懸黎墜地。時維兩君，攀號毀頷。墨惟其容，血惟其淚。賓友含悽，搢紳驚喟。某等忝屬通家，獲聞內惎。懿範徽音，久矣瞻庇。謂松蓋貞，常榮弗瘁。謂淵蓋清，常盈弗匱。斯訃一聞，使我心墜。乃陳我籩，乃舉我觶。香絮牲蒭，用修明祀。於惟慈靈，既合既襚。將馭輕鑣，永歸玄閟。渺渺仙程，翩翩征幟。凄霧宵濛，悲風晝吹。行塵不留，翟車南次。瞻望弗及，潸焉涕泗。哀哉！

祭馮母

懿惟夫人，柔明天啓。儷美儒紳，陳詩習禮。壼儀雍穆，有開其先。徽音克嗣，姆訓聿宣。覆翼鷦雛，恩勤閔育。翩羽高翔，德輝旁燭。兩試巖邑，清風素琴。弦歌百里，式慰母心。徵入銓曹，冰壺水鏡。綜叙官材，益綏家慶。潘輿往迓，鼎養方將。溘焉長夜，寶婺沉光。哀訃北來，鄉邦咨悁。忍見棘人，宵奔徒跣。太行黯澹，濩澤冥濛。繐帷千里，匍匐無從。漬絮束蒭，陳詞寫愫。瞻彼瑤池，白雲莽互。

祭李太孺人

古稱郎官，上應列宿。任得其人，惠斯下究。惟兹邊邑，假在遐陬。徼天之福，屈重賢侯。學富縹緗，才優康濟。明經起家，分符試吏。丸熊稟訓，織屨懷劬。情欣毛檄，躬御潘輿。母也偕臨，仁言煦煦。曰汝視民，猶予視汝。推溝軫瘝，竭澤恩艱。噢咻疾痛，蠲苛滌煩。邑賦精通，丁多亡徙。賴侯招徠，歸者如市。邑當孔道，廚傳騷然。賴侯節縮，過者不喧。約己裕民，冰清蘖苦。鮓却陶盤，魚生范釜。庭無鞭箠，户盡弦歌。政成化洽，四境休和。治行流聞，臺章屢薦。封綍煌煌，馳榮聖善。云胡既貴，厭世而仙？鼎茵遽撤，翟茀長捐。蕭瑟霜飆，震驚百里。棘人欒欒，號踊能已？豈曰家難，寔奪民瞻。悲同喪妣，痛欲呼天。林塋相生，倍深感愴。莫拒歸輪，空嗟繐帳。束蒭漬絮，遠莫致之。臨風遙酹，薤露增凄。

祭裴孺人

惟雲與宜，聯封比屋。耕鑿同方，弦歌共俗。爰有宿學，來為邑師。我有子弟，師其教之。教之期年，質文一變。色笑雍容，魯侯在泮。思樂泮水，志不違親。循陔念切，陟屺情殷。躬奉天經，以為士倡。多士則之，翕然崇養。繄余有母，迎侍皇州。鍾釜未餍，匕箸長投。漸[三]負孝思，靦顏人世。師獨憐余，慰余苦次。慰余幾時，諱音東來。艱屯互遘，並感均哀。顧惟尊慈，壽登大耋。詎若先靈，中年訣絕？尊慈考終，姻族滿前。詎若先靈，旅襯蕭然？生事歿思，于師無恨。還致蕪詞，以告虞殯。

祭何夫人

伊淑女之嬋媛兮，質婉嫕[四]而好修。循姚姒之遺則兮，紛眾美之能周。授衿帨以于歸兮，芳菲菲其繁飾。雜琚瑀與璜珩兮，貫素絲之纚纚。理閨中以練要兮，洵委女之有齊。御琴瑟以靜好兮，信兩美其必偕。鳳凰翼其雄飛兮，依朝陽而振羽。望帝都以相從兮，曾何懷乎故宇？方撫壯而攬芷兮，謂既得此殊榮。何顧頷以罹殃兮，日佗傺而改容？奉姑嫜以周旋兮，阽危而不能舍也。扶弱息以欷歔兮，曰此呱呱之慇也。蘭帷忽其不御兮，委玉瑱而墮之。擬乘鸞以上征兮，紛雲旗之委蛇。神高馳以晻曖兮，渺不知其所在。豈臨睨于舊鄉兮，懷糈糜而往待。唯吉士其永懷兮，怊惝怳以怦忡。違德音以終古兮，又孰喻其中情？瞻繐帳之縹緲兮，喟憑心而太息。酌桂漿以贘詞兮，庶青鳥其來集。

祭李太僕夫人

於惟褘靈，天啓清淑。閨德夙揚，徽音允穆。于歸名宗，作配太僕。如芷和蘅，如輿倚輻。矯矯太僕，抗疏明廷。大瑠屏竄，絕徼肅清。龍鱗可批，虎尾靡驚。孺人相之，流此休聲。穆穆孺人，克順克理。琴瑟靜好，籩豆敬止。有嚴鞶帨，無違圖史。忘家忘私，以晜夫子。婦儀既備，內助允臧。隤祉錫羨，帝命斯煌。龍章已賁，鳳雛未將。溢先朝露，瘁此蘭芳？遺琴罷響，故劍銷鍔。風物凄其，秋容蕭索。旅櫬宵征，適淮去亳。愁雲停翻，帝城之郭。某等枌榆舊誼，鴛鷺聯班。分痛太僕，式哀邦媛。陳此椒桂，念彼蘋蘩。不腆之奠，敢致靈筵。

丙子請告祭考妣墓

嗚呼！自兒違遠慈靈，亦越五年所矣。五年之間，無以春秋伏臘，出埽丘壠，入奉蒸嘗，是兒生養之報既虧，歿思之誠又闕。父兮母兮，生兒謂何？兒亦唯追念先志，所重立身，是以勉樹功名，久滯金闕。幸而徼時厚遇，主德幼清，猥以家學前陳，特蒙聖眷。既叨贈典，尋轉官階，薄寵微榮，庶賁泉壤。胡乃福過生灾，形勞致疾，雖沃心之匪懈，懼遺體之或傷。是以輟直求歸，扶羸就攝，冀依慈佑，少界餘年。抵家以來，撫子姓之寖蕃，幸門宇之粗立。頃者璧蜚英於省試，璽廩食於學宮。感茲餘慶之詒，益覺沉憂之釋。兒今體力稍平，匍伏隧前，酹酒陳詞，用抒哀薦。白霜黃草，悽愴何勝！

己卯告顯考贈公入祠鄉賢

於惟我父，孝悌之性，仁厚之衷。剛放之氣，正大之情。教家有法，訓士多成。義抗貴倨，惠浹孤惸。里欽巷敬，高山景行。胡德豐而壽嗇，甫賓貢而遽終？悲設施之未竟，咎天道之難明。詎知光亨有數，不必其躬；章顯有時，不必其生。茲者部使厲俗，咨訪前英。惟父德義，允協輿評。爰疏祀典，爰啓祠宮。諏吉奉主，俎豆其中。冪人執濯，宰夫戒牲。邑侯齋宿，冀妥明靈。兒某象賢是愧，紹慶知榮。欣潛光之有耀，將賁及於無窮。乃知至貴者德，不朽者名。壽詘而譽永，生困而歿亨。庶幾哉慰我父生平之蓄抱，而抒其泉壤之幽悃。敬治醴薺，陳薦几筵，用伸虔告。

己卯起召辭考妣墓

兒歸來兮家園，忽荏苒兮三年。保劬勞之[五]遺緒，終墓次兮所安。茲明詔兮來下，祗君命兮敢延？抱隱痛兮覆出，顧丘隴兮淒然。奠椒漿兮告別，涕承睫兮潸潸。

丙戌奉先妣景淑人喪歸安靈

母昔家居，多憂寡歡。迎母于京，庶幾承顏。承顏幾時，幾飲幾餐。一疾不起，匕箸長捐。鄉山阻絕，旅櫬蕭然。荷蒙恩恤，給傳扶還。衝風躡雪，千里間關。一呼一踊，足繭咽乾。兩旬抵舍，瞻寢非前。婦號宇下，女泣帷間。子姓甥壻，衰絰駢闐。共欣吉出，忍見凶旋。維茲正寢，母昔所安。歌斯哭斯，奉几陳筵。嗚呼慟哉！

百日祭

嗟乎慟哉！他人一母老相依，兒更三母三割離。韓母棄兒兒酷啼，梁母棄兒兒酷思。賴父在堂母繼之，父教兒嚴母以慈。饑就母食寒母衣，頓忘身在二母時。朝呴暮濡四十載，一巢三卵無參差。巢成卵育雛能飛，母心可安神可怡。云胡一旦棄雛去，浹月彌旬不復歸？向疑京邸不可居，而京[六]里舍空衾帷。向疑鼎食不充饑，而今菽水持向誰？向痛二母蚤見遺，而今母駕亦飆馳。倏忽百日可指數，悠悠痛恨千秋萬古無終期。有餐盛盤酒注卮，泣率子姓前致詞。一父三母相追隨，明靈不泯同鑒茲。

周年祭

嗟乎！日迴月旋，羲輪不停。春露方濡，秋霜奄零。傷哉我母！昔年此日，棄養于京。今年此日，殯宮在堂，燧火俄更。瞻彼日月，昏則有明，虧則有盈。何獨我母，長夜不旦，大夢瞢瞢？相彼物候，萎則復萌，枯則復榮。何獨我母，一靈永蟄，息影銷形？世人之俗，感時則驚。胡歷八節，不關母情？世人之壽，計歲而增。胡周一歲，不增母齡？新穀既升，以供母餐，母腹莫克；授衣屆侯，以製母裳，莫被母躬。往日既邁，來日滋征。生不能養，悔恨何勝？用陳哀薦，于豆于登。當筵號慟，裂眥摧膺。

發引祭

痛惟母歿，忽已逾時。朝臨夕叩，惟此繐帷。繐帷雖虛，母靈如在。爲日幾何，遽及祖載。人謂母葬，大事克襄。兒悲母葬，中心孔傷。傷哉母兒，從此決絕。地下人間，幽明永隔。母昔在柩，恨不可親。此柩一出，母魄轉湮。母昔在帷，恨不可即。此帷一空，母靈轉闃。佳城鬱鬱，父母所居。母今歸窆，幽魂與俱。逝者有知，偕藏共妥。獨不念兒，煢煢失所。丹旐既發，虞殯難留。兒號女泣，從之靡由。酹酒陳詞，特修遣奠。仿佛母容，徘徊眷戀。

禪祭

念兒有身，父生母鞠。三年於懷，報恩並詘。茲爲景母，居廬持服。缺養是追，罪悔是贖。繭繭梅梅，縗麻飦粥。以此行喪，終身不足。其如制何？禪期見促。素冠乍除，哀誠轉鬱。俯仰祠宮，瞻依宰木。疇謂安平，培[七]增躑躅。一豆一觴，一肴一蕱。以薦明靈，居歆髣髴。

祭叔考石洲公

嗟我叔父，竟至此哉！方叔少時，遭家多難。依我二親，拾薪共爨。我父力學，叔也力田。以耕佐讀，人無間言。迨育諸兒，群之家塾。翼燕情均，鳩桑愛篤。一門子姓，詩禮雍容。科名趾美，蔚焉亢宗。門祚昌融，我父不待。叔享尊榮，怡愉未艾。昔侄歸里，爲母持喪。叔猶慰侄，曰勿過傷。侄亦晨昏，伺叔眠食。幸叔康强，庶幾延歷。云胡一疾，經冬涉春。醫藥罔效，臥起艱屯。迨侄起家，辭叔床下。叔曰兒行，勿予繾綣。侄來數月，日夜憂焦。時時修訊，冀叔有瘳。何知別來，遂成永訣。聞訃摧心，肝腸寸裂。號天徒慟，縮地無能。臨風遥酹，淚血交傾。

又祭墓

侄昔起家，辭叔應召。叔病在床，勉侄就道。曰勿我憂，我年已耄。風燭可虞，歲月難料。不待汝還，汝勿我悼。侄持叔手，慘然傷抱。勸叔加餐，庶需藥效。何圖至京，奉叔訃報。瞻望鄉山，奮飛能到。今來至家，登堂履奥。出惟叔命，反將誰告？四顧旁皇，五情震悼。含斂未躬，棺緋靡導。慈顏永遠，大夢能覺。復宿山前，清泉環繚。雙玉偕藏，式安新兆。祇薦壺觴，用申哀禱。

祭叔妣戎孺人

昔我叔父，元配郭母。當侄少時，多蒙恩撫。郭母蚤世，母也繼之。視侄如子，媲德均慈。迨侄宦遊，二紀于外。叔父云亡，幸有母在。歸依堂下，庶可承歡。偶疾弗起，匕箸長捐。痛母痛叔，倍增傷悼。叔孀三人，一恩莫報。絕地而踊，仰屋而號。潔陳哀薦，慈靈匪遥。

祭叔考石湖公

昔我大父，生子四人。伯仲叔季，文質斌斌。伯也蕩游，廢產過半。諸弟伶仃，時乃析爨。英英二叔，我父是依。衣食昏娶，竭蹙支持。叔尚盛年，服勤農畝。既壯有室，資生小賈。賈名儒行，義表仁衷。家門漸振，生計粗克。乃去市廛，乃捐一切。斷酒絕葷，栖心静業。禪林梵宇，檜栝旃檀。營修甚費，供養惟虔。廣藝福田，冀成聖果。了悟無生，四大非我。維摩不病，兜率終還。金篦道路，隻履西天。諸子若孫，奉其遺蛻。含斂棺衾，收金入櫃。既殯于寢，爰樹之旌。得名得壽，是謂考終。乃布几筵，乃薦蔬素。衰絰盈階，用申哀慕。

又

嗟乎！天無知耶，叔何以壽？天有知耶，叔何以無後？豈數之不能兩盈兮，抑福之難於兼湊？原彼蒼之善人兮，要自有陰護而默佑。何枝葉之非根苗兮，何卵翼之非雛鷇？壻即子侄即兒兮，何疏親與薄厚？生而冠履之滿堂，殁而衰麻之擁柩。寧比夫伯道與中郎兮，厥非式微而單陋？兹祖載之屆期兮，營泉宫其既就。祔先兆以歸藏兮，永息心于無漏。有飯一盂，有蔬一豆。薦齋素以告哀兮，恍鑒臨于左右。歔欷慟哉！

祭伯兄道夫公

于嗟我兄，逝已逾歲。家慶積疏，宗規頓廢。籩豆輟陳，塤篪罷吹。多難交乘，殷憂並萃。源鴒晝飛，霜鴻夜啼。我心孔傷，誰其相慰？兹值靈輀，歸藏大隧。卮酒告哀，不勝涕洟。遺孤我撫，遺嫠我饋。兄如有知，庶無繫累。

告亡妻霍淑人啓攢

惟予與汝，生而同庚。當在提抱，業締姻盟。翁喜得婦，舅喜得甥。媒不煩議，聘不責徵。笄而入室，衣縞簪荆。安予窶

陋，期予成名。下帷方賴，斷瑟俄驚。柔蘭雖隕，芳芷遺馨。歿
更三紀，三被恩榮。鸞章鳳誥，燁煜鏗鎗。爵從予貴，足慰汝
靈。骸從予葬，忍委汝形。茲陳斂具，冠帔輴輇。奉遷汝柩，往
即佳城。庶同繼配，待我餘齡。將九京其參合，終千古以階寧。

亡妻李淑人一七祭

嗟吾妻兮何之，忍決絕兮生離。閨房帷兮無人，紛兒號兮女
啼。聞號啼兮痛心，若刃割而刀批。豈喪偶之足悼，悼德音之永
違。遡居窮于當年，迨從貴于今茲。孝敬勤儉兮，孚内外而無
間；冲夷静正兮，歷終始而弗渝。翁姑賴汝兮，生養而歿寧；朽
夫賴汝兮，宦成而身歸。弟妹賴汝兮，有家而有室；諸兒賴汝
兮，左提而右攜。諧娣姒兮交睦，撫甥侄兮均慈。食千指於一
庖，煦九族而春熙。恩沾臧獲兮，曾不聞其訶譙；惠施煢獨兮，
咸曲軫其寒饑。惟仁心之盎然，肆慶祉之豐培。荷封綸兮申錫，
孕子姓兮多奇。或彬彬而載弁，或勃勃以勝衣。覽盈階而繞膝，
方與汝兮偕怡。胡宿痾之劇作，忽委蛻而上馳？兒號母兮聲震
天，婦哭姑兮淚沾帷。諸親黨兮失賴，其誰不哽咽而歔欷？豈應
咎醫之無良兮，術詘而效寡；良自恨予之不德兮，釁積而灾移。
鳳去兮巢空，弦絶兮琴摧。即七日之不復，何百歲之可期？摘肝
肺以陳邊，酌涕淚而注卮。意精爽其未遥，鑒哀誠而格思！

七七祭

人孰不有伉儷兮，孰不期于偕老？縱百歲之難齊，或白頭之
相保。念汝結帨而歸余兮，僅少余兮三齡。余弱冠而汝笄，若苕
華之始榮。遭余家之貧空兮，立四壁于一屋。朝舂炊而佐饔，夕
組紃而佐讀。被縞綦以襲陋兮，糗藜藿而不充。殫拮據而盡瘁
兮，遑膏沐以修容。竊愧余之駑鈍兮，步屢前而屢蹶。爲余忍訽

而蒙譏兮，終不告余以脣舌。更坎軻兮十載，踐亨衢而稍舒。稟至性以貞固兮，視宦達無異于寒儒。驚朝雞兮二紀，荷鸞章之三錫。傾篋笥之所儲兮，曾何私一錢與寸帛？睹于祿豐而享嗇兮，宜福量之未盈。胡疢疾之纏綿兮，漸日積而月增。汝病困而思歸兮，余亦宦成而知止。退與汝偕隱于田間兮，庶明農而教子。胡雅志之莫遂兮，忽險釁之相乘？迫大命而不可挽兮，悵美緣之易終。遡芳菲于盛年兮，耿既偃蹇而虛負。將貞姿共此歲寒兮，復疾風之見妬。憐余髮之種種兮，兼善病而多憂。何能堪此飄泊兮，如失岸之孤舟。循房闥以彷徨兮，宛若見汝之寢處。欲與言而不可得兮，鬱余懷其奚吐？老而奪我良匹兮，毒苦止余之一身。不忍見此捐棄兮，弱孫稚子之繽紛。從初喪以至今日兮，期已盡乎七七。連衰經以成帷兮，何頃不號踊而哭泣。衆咸悼輴輇之遠逝兮，隔泉路之迢迢。茲特陳余詞以薦哀兮，或芳魄之可招。

百日祭

嗟乎！日靡昏而不旦兮，歲靡冬而不春。何吾妻之往而不返兮，歸修夜而憩恒陰？從訣絕數至于今兮，七盡又紀七七，羲輪駛其不停兮，倏忽周乎百日。覽寒暄之一變兮，驚節序之更新。爰撫今以悼昔兮，黯欷歔其愴神。昔吾汝丁茲辰以聚首兮，舉椒觴以醻勸。今椒酒湛其盈樽兮，不以醻而以奠。昔兒女丁茲辰以拜慶兮，循行隊而有儀。今衰經紛其環棺兮，不以笑而以啼。昔宗姻丁茲辰以燕集兮，列辛盤以大醺。今實筐筥以楮帛兮，不以饋而以吊。眷茲情景之種種兮，無一不觸目而摧心。腸寸寸以欲斷兮，淚承睫而岑淫。吾豈類彼雁鳬兮，暖繾戀于儔匹？念此衰年病骨之餘生兮，伊誰關切乎緩急？子弟非不孝且友兮，抑豈奉養之無資？念此卧起飲餐之冗節兮，誰能調適吾情性之所宜？朝徘徊于靈帷兮，夕追尋于夢境。鬱余懷其誰控兮，安能訴諸衾影？緒牢慅而煩懣兮，憂何止余之一身？閔閨職之秏廢兮，若紐解而絲紛。果悲苦能傷人兮，度吾生其難久。痛汝徒勞碌于生前兮，吾又遑恤吾之身後？頃卜兆而得吉壤兮，將經始乎玄堂。遲厝事以有待兮，庶與汝而偕藏。陳籩罍以薦哀兮，羅盈階之縞素。慘風日以淒其兮，僾精魂其臨顧。

周年祭

嗟乎！昔余與子居室兮，亶静好而相宜。更四十年如一日兮，曾未嘗暫别而驟離。胡自去冬而舍我兮，澁電逝而飆馳？歷春涉夏而逾秋兮，忽冉冉其及朞。人皆惜陰如惜璧兮，詫流光之易移。余獨度日如度年兮，苦晚景之淒其。仰慨夫蘋蘩之失職兮，俯憐此兒女之纍纍。外疲於人冗之雜遝兮，内傷夫壼政之陵夷。釜甑遷其故處兮，扃鑰弛於箱笥。童婢涣散而無統兮，米鹽屑越如漏卮。耳不忍聞其喧囂兮，目不忍見其參差。孰率作而使之應兮，孰綱紀而使之齊？余乃今知余妻真賢妻兮，不可一日而無之。余食非余妻而不甘兮，衣非余妻而不時。暑宜葛而猶綿兮，寒宜褐而尚絺。蘭在畹而不芳兮，月當楹而靡輝。社燕至而啁噍兮，霜鴻過而徘徊。何節序之可以留連兮，徒導戚而增悲。計歲三百有六旬兮，愀然無頃刻之伸眉。志惝怳以如夢兮，神惛惛而似痴。憂熏心以難拔兮，病切骨而疇醫。將旦暮之莫必兮，何餘年之可知。爇槐檀以爲薌兮，舂新穀以爲粢。合宗黨而咸在兮，修哀薦以陳詞。朔氣煦然似春温兮，宛笄珈之在兹。

發引祭

嗟乎！人世夫妻，疇無恩愛？死生别離，情均感慨。惟予與汝，恩愛倍深。感兹永别，慟何可禁？慟也云何，糟糠荆布。黽勉有無，拮據旦暮。窮佐予學，仕佐予朝。儉佐予廉，勤佐予勞。予嚴汝莊，婦子咸肅。予惠汝和，宗姻咸睦。自内徂外，賴汝匡予。不能暫舍，蚩蚩巨虛。彼蒼者天，云胡爲虐？時可偕怡，疾乃遽作。汝病臥蓐，予心如焚。雖則憂危，及視汝存。汝殯在帷，予心如磔。雖則悲酸，及守汝魄。泉宫既卜，汝柩將歸。光塵俱杳，肸響[八]終違。堂寢蕭條，可勝闃寂？求一馮棺，已不可得。慘焉予抱，紛其涕零。叩之冥漠，寧知我情？我年幾何，河清可俟。如歸待予，會言近止。

哭亡侄湨初

痛吾兒兮，痛莫痛于無孃。在緥褓兮失乳，泣呱呱以喤喤。賴大母兮收視，營抱哺以多方。用保全于雛鷇兮，得胎卵之不傷。痛吾兒兮，痛莫痛于稚齒。五歲從我于京師，伯母鞠之爲嬌子。製衣履兮偏兒以鮮，分果餌兮偏兒以旨。燥濕調節其燠寒兮，蚤晚護持其臥起。煦煦然育閔之恩勤兮，蓋終其身而後已。痛吾兒兮，痛吾兒之英奇。眉目生而韶秀兮，性格復爾其淳懿。少從諸兄於學館兮，容止婉孌而委蛇。諸兄愛而呼之曰五哥兮，咸稱爲吾家之白眉。年舞象而歸里兮，既奠雁而有妻。始識本生而有父母兮，聚一室以嬉嬉。痛吾兒兮，痛吾兒之孝悌。事繼母而得其歡心兮，恭遜克諧于昆季。姻族美其和謙，朋儕重其契誼。自家庭以至于鄉黨，曾未見其有疾言而盛氣。痛吾兒兮，痛吾兒之於詩書。手不停於翻閱兮，口不絶於伊吾。初試而占博士之籍，再試而就賓興之途。頃三試兮高等，幸進取兮可需。胡長算之頓屈，抱壯志兮未舒？蓋病沉而囈語，猶呫呫兮廩餼之是圖。痛吾兒兮，痛吾兒之於嗣續。計娶婦兮十年，數生男而不育。嗟一脉之靡承，止孑孑兮五齡之閨淑。吾弟年五旬而始衰兮，豈珠還之可卜？吾不忍見其摧傷兮，兒何忍遺之以荼毒？矧吾老且病以尫羸兮，魂飄搖如風燭。將望兒送吾之終兮，豈料兒先吾以卒。奄五七之屆期，悲日月之倏忽。日月有去而有來兮，何吾兒長往而不復？偕舉室以歔欷，設盤餐與豆肉。宛吾兒之在目兮，慘剸心而刺腹。嗟乎痛哉！

校勘記

〔一〕“泣”，疑當作“菭”。

〔二〕“硃”，疑當作“珠”。

〔三〕“漸”，疑當作“慚”。

〔四〕“嫣”，疑當作“嫣”。

〔五〕“之”，據民治學社本當作“兮”。

〔六〕“京”，據民治學社本當作“今”。

〔七〕“培”，據民治學社本當作“倍”。

〔八〕“響”，疑當作“蠁”。

復宿山房集卷之三十三

啓　一

賀晉王封

　　温文成性〔一〕，敬慎禔躬。養正於蒙，夙禀刑家之訓；承祧惟震，式符當璧之祥。肆啓价藩，光膺顯册。禹宅下土，首開晉冀之疆；周篤懿親，蚤建叔虞之宇。執桐圭而作寶，分玉輅以疏榮。慶葉三靈，歡騰四履。

　　某忝依封部，幸隸編甿。朱芾斯皇，久企宜王之度；華裾可曳，阻陪從史之班。敬托魚緘，肅申燕賀。伏願宣昭令德，纘服先猷。綿胤祚於本支，奠邦家於磐石。其爲欣抃，詎克敷陳！

賀楚王封

　　胄本神明〔二〕，性成仁厚。令儀令望，譽蚤著於衡湘；克長克君，化浸行於江漢。肆膺宸眷，肇啓藩封。承周室之脈膰，允光帝典；分漢庭之册璽，式備王章。凡在司存，莫預周旋之力；矧惟虛鄙，敢當勞賜之儀。敬用璧歸，伏希睿炤。心之感結，詞不具宣。

答周府西亭宗正進書

　　磐石大宗〔三〕，淵源宿學。左圖右史，聚書不厭旁求；往行前言，畜德允資多識。貯冰壺於腹笥，垂金薤於毫芒。潤飾昭代之典章，事詳三篋；振起中原之文獻，力勁千鈞。公族賴以主

盟，國人於焉矜式。官並秩宗之寵，齒冑陳儀；道符彤伯之尊，
躬行示範。允循循而善誘，肆振振其率從。詎惟董正之功，寔贊
修齊之化。

不佞技慚墨守，識愧朱遇。卓爾不群，久慕河間之雅；猗與
有斐，未窺淇上之文。伏辱德音，宣諧素願。顧箱盈琬琰，知控
謝之非恭；乃筐實玄黃，本登嘉之莫盡。敬抒悰於介紹，庶締好
於平生。

謝晉王尉[四]在告

某用世非才，致君無術，偶以冊儲之議，謬陳逆耳之言，上
咈聖心，遂干嚴譴。孱夫扛鼎，竟罹折足之凶；孤犢當轅，宜速
摧輪之釁。硜硜引決，但憑小丈夫之心胸；嘖嘖推稱，敢辱士君
子之齒頰？

罷歸田畝，幸邇藩封。居父母之邦，獲依桑蔭；被親賢之
澤，竊永椒聊。誠假餘年，可苟安於耕鑿；庶徼洪庇，將厚托於
絣幪。詎意睿慈，特垂溫眷。勞使臣於絕塞，惠音札於衡門。珍
筐充庭，驚睹七襄之爛；裒言盈楮，寵逾一字之褒。登拜知榮，
省循增愧。附謝械而三沐，賜莫報於瓊瑤；祝慶祉以千秋，祚永
凝於磐石。

謝代王慰在告

某奉職無狀，賜玦以歸。罪廢之人，鄉閭所耻。幸遇周親啓
宇，明德紹庭。屹爲磐石之宗，茂衍璿源之澤。固人共戴，謳歌
無間於前王；倦客新還，耕牧尚知其故處。卑枝可息，即同大廈
之絣幪；涸轍易盈，敢辱西江之灌注？

猥蒙睿眷，厚損睍頒。分鼎俎之珍，業沾異渥；盛筐筥之
具，愈倍恒情。登拜爲榮，省循殊愧。肅申謝悃，附布末忱。伏

冀鑒存，曷勝瞻感！

謝晉王賀生

伏念某蓬蒿陋質，樗櫟冗材，自廢居畎畝之中，適隸在湯沐之邑。敬哉有土，撫唐叔之遺封；卓爾不群，邁獻王之令望。雍雍在宮之範，以御於邦；泱泱大國之風，丕變乎俗。山河表裏，咸依藩翰之尊；巖谷幽隱，倍荷容光之照。不獨納汙而藏垢，夫且噓枯而吹生。歲當弧矢之賤辰，輒損筐篚之盛貺。上儀隆縟，玄黃貢采於衡茅；睿旨温諄，丹膱增華於糞壤。寵非其質，登嘉無任傴僂；恩結於心，循省何能報塞？肅峷下走，奏謝牘於屬車；僭附微芹，表積誠於薦盟。願起居之珍護，綏純嘏於緝熙。不盡瞻依，式虔頌禱。

賀樂昌王太妃壽

小春應候，南極開祥。恭喜敞佳宴於瑤池，萃歡心於朱邸。九秋露湛，香浮王母之觴；五色雲高，光捧元君之駕。壽直齊乎仙佛，慶允洽於家邦。

某忝托鴻禧，阻申燕賀。擬效華封之祝，聊陳芹藻之儀。伏冀麾容，曷勝寵藉！

賀張新建拜相

嘗謂正人在位，朝廷自尊；君子得輿，善類交慶。蓋表儀繫於所樹，而聲氣要在相投。

門下拔俗貞標，格心大學。嘉謀告爾后，向推啓沃之猷；聞道在吾先，備荷切偲之誼。尋更聚散，互有去來。即囂然憂畎畝之中，已屹乎負巖石之望。祥琴甫御，宸册涣頒。求忠臣於孝子之門，無煩夢卜；置良相於明君之側，允叶賡歌。仰八柱以承乾，光贊垂裳之化；翊重華而出震，會收定策之勳。

某同寅協恭，幸參聯於揆席；乘時輔運，願遄駕於鋒車。不盡歡欣，但切延佇。

賀沈鄞縣拜相

門下淵涵大學[五]，嶽峙貞標。道裕彌綸，勞深啓沃。嚮當綵服趨庭之日，業廑紫宸側席之思。而皇情徒注於安危，至孝直期於終始。三年禮室，久虛作礪之求；一旦樞庭，頓慰瞻巖之望。泰交孚合，詎惟宗廟社稷居歆？解澤淪濡，將俾草木禽魚咸若。制麻郵布，草野歡傳。藐踽踽之孤踪，倍津津其喜色。寧忘情於賀廈，奈絕口於言朝！

台使遠臨，珍儀駢錫。誼敦故舊，覘知吐握之虛懷；仁急顛連，想見施爲之次第。欣焉手額，感欲魂搖。即彈冠之願永違，乃安枕之期可卜。敬占謝楮，并附慶私。物菲心虔，形留神往。謨謀密勿，夙欽補天浴日之猷；匡濟艱難，佇睹旋乾轉坤之略。

賀沈鄞縣首揆

格天業懋[六]，巍居首揆之尊；取日功高，遄定元良之位。朝廷一二日萬機之政務，盡倚決於淵猷；祖宗千萬年一統之基圖，倏維安於鼎力。紓房喬之謨謀，劀以杜克明之果斷，挈二相而兼總其長；養狄公之沉密，發以韓稚圭之雄剛，匡一主而兩收其效。此宗廟社稷神靈所共孚歆，朝野華夷倫類靡不歌頌者也。

某償轍孤犢，逃籠倦禽。息影銷聲，招驚魂而未復；操心慮患，省積咎以滋危。乃幸晋陟上公，獨提魁柄。竊謂專精於寅亮，佇觀運掌於經綸。詎圖泰階之柄象，方新震器之升華。惟咫咫尺而乾坤旋轉，俄頃而天日熙融。紫詔頒恩，慶寬條之概及；丹書記過，欣宿蟄之都蠲。若和羹汝作鹽梅，賴燮調其辛苦；人刀俎我爲魚肉，荷保護於存亡。從此奠枕而安衡泌之栖，敢不書紳以識峏巆之賜。蕭裁荒楮，走一价以掃門；薄薦菲芹，企三台而賀厦。冀垂鑒炤，良切瞻馳。

賀陸太宰

今朝廷所重者人才，郡國所急者吏治。品格資於鑒別，績叙視所銓綜。必權度之素精，斯統均之克稱。

門下道心澄徹[七]，涵水鑑以無私；德望尊嚴，酌斗樞而獨運。山濤選再居部，夙推啓事之名；姬公晋陟冢卿，益遂進賢之志。人才長短，若樠櫨榱桷之異用，已預度其所宜；吏治汙隆，猶涇渭淄澠之分流，胡激揚之弗效！世道從兹清淑，泰階賴以登閦。喜倍切於彈冠，願莫諧於聽履。敢藉魚械之便，附申燕賀之忱。冀護八座之起居，茂膺九重之眷顧。

賀郝司農

仰惟鼎衡宿望，經濟宏猷。宜晋上台，不俟今日。適疆事萌芽於南北，而聖心軫注於安危。特簡股肱之良，托在本根之地。導泉貨而布之上下，國脉端賴以疏通；持斗杓而酌其盈虛，元氣允資於調護。

蓋周禮詔會，格心之術居多；而大學理財，絜矩之方甚約。允惟耆德，克總繁機。顧留都之撰席久虛，衆不勝其徯袞；乃執事之封章屢上，愚亦訝其費詞。疊承天語之丁寧，兼迫鋒車之督促。三讓而進，雖盛德之彌謙；一節以趨，知君言之不宿。

正擬勸駕，猥辱賜書。感惠貺之駢蕃，得無慚悚？念寵福之滋至，寔切歡欣。敬尚一介之微，代陳謝悃；并致寸絲之獻，用抒馘私。冀原諒其不躬，邈神馳而未已。

賀王宗伯

某初起田間，再塵朝序。三年禮樂，適當崩壞之餘；九列簪紳，忝預趨蹌之末。瞻承未浹，擢拜維新。

蓋昭代之典章，定自皇祖；乃舊京之文獻，領在春官。周道中興，將復岐豐之治；漢儀雜就，寧稱齊魯之儒。惟謀猷夙契于上心，斯簡命特專于南省。乘積德百年之運，踐文昌八座之司。君子經綸，應雲雷而展采；大人製作，炳天地以爲昭。汝作秩宗，懋贊中和之極；吾從先進，佇觀渾噩之風。聽履馳情，奉書動色。玄黃爛若，深慚及物之儀；素絢茫然，奚有成章之報！

肅伸〔八〕謝悃，并布賀忱。伏冀鑒涵，可勝銘戴！

賀馮宗伯

門下性苞九德，道匯三才。承明著作之庭，挨國華而黼藻；旆廈論思之地，導聖學於緝熙。奏對若陸敬輿，度務炳蓍龜之先見；貢舉則歐永叔，明經黜軋苗之淫詞。佐銓而痛抑私交，濟濟庶僚罔闖蹊徑；振鐸而肅端師範，藹藹吉士盡列宮墻。哀然巖石之瞻，展也阿衡之望。萬人之愛，選相久協輿情；六官之長，曰卿適孚帝眷。乃渙音於中禁，俾正席於文昌。汝作秩宗，贊禮樂中和之化；官兼學士，預樞機密勿之司。況震器有歸，維城之基永固；而泰符肇啓，升階之慶方來。定策勳高，拜麻事近。神人共快，朝野同歡。

某忝托平生，倍欣盛際。蟠泥尺蠖，可紆天墜之憂；夾日五龍，允竊雲垂之庇。偶乘便翼，附寄蕪械。不腆溪澗之忱，非能備物；有容廟堂之度，尚冀包荒。

賀鄭司馬

遠塞荒陲，久淹台履；忠藎勞績，篤契上心。協將相以交
歡，合華夷而輯睦。威行異域，允惟折衝千里之才；功在本朝，
復見舞羽兩階之世。皇情眷倚，即股肱未喻其推心；而疆事劻
勷，乃啓處積芬於軨掌。肆膺内召，晋總中樞。統七校之師，上
將寔陪乎萬乘；掌九伐之法，夏官特重于六卿。喜溢行間，歡騰
韋下。

某也情同瞻衮，敢曰無以公歸？時值彈冠，庶幾復從僕御。
肅崇牛馬之走，敬布燕雀之忱。伏冀鑒容，曷勝忭躍！

又

兹者西陲奏捷，策府程勞，主上追念舊勳，特頒異渥。金吾
貴胄，恩延奕世之榮；鼎鉉崇階，詔俟起家之命。寵光燁煜，朝
野聳觀；慶祉駢蕃，華夷抃仰。

不肖某情殷舞蹈，迹阻摳趨。猥蒙瑶札之詒，謬辱衮言之
藉。撫番爲用，尚記稟畫于當時；振旅而歸，直待收功於此日。
謀惟預定，忠必見酬。總由簡任之明，曷効周旋之力？褒稱過
溢，愧悚交并。敬附謝械，兼申賀悃。願綏台履，晋秉樞衡。究
宣安攘之藎，永篤靈長之祜。

賀田司馬

威震河西，功高闑外。有嘉折首，不數月收三捷之勳；迄用
攻心，以一麾制諸戎之命。聲靈赫濯，氣倍厲於鷹揚；恩數駢
蕃，祉更多於燕喜。肆京觀既築，永銷青海之氛；乃樞筦久虚，
涣發彤庭之召。候吏争傳其歸衮，朝紳共切於瞻巖。即某朽廢之
人，預托高華之庇。尚稽鳴豫，猥辱惠音。雖皇悚而若驚，固歡

欣而欲舞。目今邊徼適逢多事之秋，允賴廟堂畫決先幾之策。幸紆石畫，入贊宸旒。用佐中興，無煩固遜。

賀蕭司寇考績蒙恩兼值生日

南極騰輝，弧矢紀春秋之歷；中台朗象，旂常書日月之勳。福衍箕疇，功熙舜載。

門下紀綱重望，底柱貞標。負文經武緯之資，樹外威內順之略。明刑弼教，名夙著於爽鳩；詰禁制軍，伐兼隆於司馬。當周室生申之日，正虞庭奏績之時。天錫純禧，帝嘉勞烈。年逾耆艾，躋三壽以作朋；位冠孤卿，毗一人而稱老。八荒開域，百辟瞻巖。

某忝托鴻麻，倍深燕喜。潤溪沼沚，阻申介壽之儀；帶礪河山，快睹酬庸之典。敬專下走，用展微悰。伏願道與日新，福如川至。迓岡陵之茂祉，駐世百千萬年；繫社稷之安危，中書二十四考。其為頌禱，不盡敷宣。

賀舒司空

寵膺節鉞，總領漕儲。躬提水上之軍，歲輓江南之粟。治兵治賦，寓部署於轉輸；裕國裕民，紓催科以撫字。亨屯見經綸之手，濟川利舟楫之才。三載勞深，九重眷渥。肆疏宸綍，特晉台階。領文昌八座之班，司空繼禹；奠豐芑萬年之祚，安漢如周。邦之榮懷，眾皆翕服。

某徒欣於庇廈，其何力以培風！猥辱齒存，祇增顏汗。敬乘便翼，附布賀私。瞻慕殊殷，敷宣罔既。

賀潘司空河工告成蒙恩

澤水九年，靡輟懷襄之警；決河廿載，至虘皓旰之歌。由來平土之難，未見乂民之速。

門下目營四海，量納百川。夙問道於崆峒，向受書於宛委。客星犯斗，暫迴博望之槎；巨浸稽天，再駕司空之欙。決排疏淪，智以無事爲神；謀度諏詢，策用不爭爲上。隱金椎於堤堰，既思利涉，且思利漕；沉玉璧于泥沙，但知防川，何知防口！肆收功於砥柱，屹障狂瀾；寧比迹於昆明，浪通絕域。兆庶幸紓於昏墊，九重洞鑒其忠勤。文綺精鏐，庸表玄圭之寵；鸑鷟鳳誥，式呈緣字之祥。異渥渙頒，同朝共慶。河渠可紀，將徵太史之書；巖石具瞻，尚阻群寮之望。倍下風其無力，頌明德以徒殷。猥辱瑤札之詒，誠慚慰藉；敬勒荒械爲賀，莫罄敷宣。

賀羅少宰

門下經綸大學，黼藻宏猷。代言追渾噩之風，典禮著寅清之望。瑞如星鳳，縉紳之想慕維均；會際雲龍，旒纊之眷知有素。值祥琴之既御，宜溫綍之遄宣。汝作鹽梅，本亟需於調鼎；衆稱水鑑，乃暫藉於持衡。詎惟甄別官材，佐綜叙九流之任；庶其收采人物，爲統均四海之資。泰階將賴以登閎，世道可占其清淑。感賜環之並召，願正切於彈冠；奈伏枕之淹時，迹恐違於聽履。猥蒙音眖之逮，不勝喜愧之交。敬托魚械，少抒燕賀。伏希慈炤，曷任懸馳！

賀趙少宗伯

門下人倫楷式，吾道南車。正師席於兩雍，茂衍菁莪之澤；迪英髦於四學，蔚興薪樆之材。信愷悌可以作人，非寅清疇能典禮？肆疏宸綍，簡宿學以升華；俾貳春卿，敷皇猷而潤色。文中子之周禮，嚮不廢於家居；武德間之讜言，今且酬之台席。乘積德百年之運，綜憲章三代之規。肆綿蕝於諸生，豈須求野？端章

甫爲小相，安見非邦？會佐皇極於中和，允錫詞林之光寵。阻趨
賀而是愧，辱音既以彌慚。敬附謝函，兼抒私忱。伏希麾頓，曷
任瞻馳。

賀莊司寇

紀綱峻烈，經緯宏猷。當湖湘襟帶之衝，值饑饉荐臻之候。
拊綏安集，則中澤興鴻雁之歌；彈壓澄清，則當道迸豺狼之迹。
惟勳庸之茂著，肆譽望之交孚。帝眷留京，重豐芑萬年之計；詔
遷秋省，貳文昌八座之班。舜咨四岳而舉皋陶，漢約三章而付定
國。眾共需於解澤，僕何力以培風！謬辱齒存，寔增顏汗。敬托
魚械之便，聊申燕賀之私。不盡鄙悰，尚容嗣布。

賀田通政考績

大麓階崇，台席總樞機之任；中臺績懋，宸卓敷綸綍之華。
朝野歡傳，家邦歆艷。

門下經綸偉抱，底柱貞標。惠聲蚤播於花封，清譽郅隆於蘭
省。迨班九列股肱喉舌之司，日奏諸州水旱兵荒之事。去副封如
魏相，壅蔽盡除；典參録如牟融，忠勤不怠。達聰明目，宣九重
日月之光；開誠布公，疏萬善江河之量。猷兼望著，奄及政成；
勞與資深，久孚帝鑒。肆庸書之報最，頒慶典以加優。褒札溢於
十行，闈彝並耀；封册貴於三代，世德增輝。允愜仁人孝子之
心，堪侈聖主賢臣之遇。

忝依末蔭，與庇餘榮。不勝忭舞之悰，但阻瞻承之願。薄修
燕賀，聊贊鴻禧。冀賜粲容，倍欣寵藉。

賀范司成

天子之學曰辟雍，地崇首善；大師之席爲函丈，道重躬行。

必造士之得人，斯化民而成俗。

門下兩朝惇史，一代真儒。東觀紬書，炳青藜而餘照；西垣瀺直，哦紅藥以猶芬。自輟承明，別啓蓬瀛之署；遂遵養晦，薄遊豐芑之鄉。不期月而睍消，會九重其天定。人之有道，舜命契以陳常；汝其往諧，夷讓夔而典樂。緋袍蒼佩，聿新法座之儀；賁鼓華鏞，頓肅圜橋之聽。民生三而共戴，工吹萬以方熙。薪樗可材，詎止奏場師之效；參苓預蓄，行且充國手之需。翊文運以昌融，兆泰符而朗耀。詞林生色，吾黨伸眉。敬托魚械，聊抒燕賀。伏希炤納，曷任瞻馳。

慰方司徒予告

國家不可一日無元老，尤不可一日無重臣。故者舊尊於典刑，而公輔强於柱石。得失之效，安危所關。

門下鼎呂三朝，表儀一世。方當坐紆朝略，弘濟時艱，而乃托志東山，抗章北闕。大鵬暫息，應龍深潛。將林墅之樂是耽，胡君國之憂忍釋？居堯舜之世，由、光詎可逃名；際高惠之朝，園、綺終當定策。慎無怡情於綠野，尚期注意乎蒼生。某臨楮不勝蘄望！

賀習司成

門下淵源正學，砥柱高標。本期披闥以呈玕，幾于落井而下石。雖諸艱其歷試，更百折以不回。泰運既新，端人彙進。稍遷郎署，吾儕已幸於彈冠；再擢胄筵，斯道大伸於振鐸。菁莪中沚，允孚樂育之懷；豐芑舊京，茂衍燕詒之澤。彼陽亢宗之惇行，未喻師模；即孔穎達之傳經，何裨皇化！詎如門下望隆山斗，士心素切於依歸；會啓風雲，帝眷荐隆於簡任。

某俯省固陋，與庇光榮。愧賀臆之靡申，辱誨函之猥逮。竊念公爲先知先覺，方將自任以天民；而況爾有嘉謀嘉猷，能無入告於我后。特茲延佇，不盡勤惓。

賀田翰長

祕閣絲綸，夙擅代言之譽；舊京典册，特資潤色之猷。寵冠群倫，光增吾黨。

門下七閩間氣，一世真儒。射策丁年，褎然舉子大夫之首；校黎乙夜，爛焉極左右史之觀。埒前輩之風流，儼斯文之宗匠。十年中禁，參聯荷橐之班；七載東山，出應彈冠之會。署冰銜而視草，麗銀榜以生花。白玉爲堂，近北門之日月；朱衣啓路，壯南國之風雲。擬景倩於登仙，衆皆屬望；置敬輿爲内相，帝自掄材。虛台象之三而成位乎中，渙頒大號；應泰符之六而謨謀其上，佇俟嘉猷。

弟猥幸因緣，徼同榜同門之契；載更離索，隔吹塤吹篪之歡。思捧袂以無繇，辱簡書而遠逮。文成黼藻，直慚一字之褒；篚實玄黄，能效七襄之報。肅茲拜賜，聊附启居。敬在未將，神與俱往。

賀梅督府

門下殿邦重望，經世宏猷。勳名懋著於三秦，威略夙行於四塞。吾儒稱爲大勇，天子鑒其精忠。特移憲府之麾，晉秉節堂之鉞。合北地、金城、武威諸郡，盡屬提封；連赤斤、罕東、哈密諸番，咸歸控馭。儼若九關鎖鑰，詎惟函谷之泥？屹乎萬里長城，寧羡燕然之石！慶延宗社，喜動華夷。

某忝庇榮光，倍增欣快。敬托魚械之便，肅將燕賀之忱。物菲心誠，形留神往。

賀蹇督府閲最蒙恩

薊遼重鎮，輦轂近郊。仰藉旄麾，特專節制。綢繆牖户，豫周陰雨之防；鎖鑰關門，頓絶烽烟之警。功高屏翰，名震華夷。肆考八事之成，首叙萬全之績。閲書入奏，慶册寵頒。五服五章，命德寔縣天眷；一言一衮，顯親宜待宸綸。在國典本以酬忠，於下情何能與力！

猥承逮藉，愧悚殊殷。附布賀忱，歡欣罔既。

賀劉督府考績

斗南重鎮，嶺表雄藩。仰藉旄麾，特專節制。東西經略，周愛百粤之防；次第廓清，卒靖三苗之難。瓊海之逋囚就執，巢穴斯空；珠池之劇寇蕩平，波濤頓息。忠勞茂著，久淹履幕之星霜；最績升聞，寔炳旟常之日月。聖心嘉予，慶典行頒。宴錫彤弓，會舉一朝之饗；勳標銅柱，載揚千古之徽。肅附賀械，不勝欣抃。

賀蕭督府考績

策府奏功，楓宸錫命。德與官而並懋，爵兼賞以隆施。車服增華，箕裘闡奕。家邦胥慶，將吏交歡。

門下天挺人豪，嶽鍾雄俊。軺軒行部，威名夙播於穹廬；旄鉞臨戎，恩信肆孚於異類。不煩鞭撻，掃欃槍於鎮静之中；悉發櫫鉏，開甌脱于大荒之表。軍實充而内帑之金錢倍省，邊防飭而列成[九]之壁壘增堅。先事綢繆，計慮直垂之久遠；與民休息，謳歌無間於幽遐。

適當閲塞之期，獨擅折衝之烈。帝嘉丕績，涣發明綸。秩晉孤卿，上應台垣之象；賞延奕世，近聯環衛之司。重以文綺兼金，絢雲虹而並爛；魚緋縉玉，瞻巖石以彌尊。允惟優渥之恩，式著忠勤之報。所爲壯封疆之氣概，慰宗社之神靈，氓隸以之傾心，夷酋因而戢志者也。

某情深抃躍，迹阻謳趨。肅陳絲縷之儀，用賀嶕嶢之庇。伏冀勳猷日暢，更二十四考於中書；慶澤滋綿，傳四世五公於後裔。臨楲頌禱，倍切欣榮。

賀蕭督府擒史酋

昔先零誅而罕開震動，郅支滅則呼韓入朝。豈獨伸討逆之威，固且樹懷遠之烈。封疆盛事，今古美談。

惟茲史、車二酋，耕牧近塞，向稱歸附之衆，忽爲侵叛之臣。釁驟發於蕭墻，禍漸延于堂奧。幸憑節鉞之重，獨抒帷幄之籌。追奔不假于師徒，問罪直窮其黨與。伏中行說而笞其背，執渾邪王而拔其营。蟲百足以猶僵，兔三窟而亦獲。腥羶一氣，詎無巢傾卵殈之悲？骨肉相殘，其如土崩瓦解之勢。纍囚並繫，恥總雪於除凶；一鏃罔遺，功豈誇於度幕！

庸書入奏，獻廟社以居歆；慶典渙頒，賁樞庭而有耀。精鏐彩幣，珍分御府之儲；玉佩金貂，寵晋台階之秩。懋官懋賞，信恩禮之非常；允武允文，本謀猷之克壯。折衝是賴，錫命惟宜。

愧我謬悠，向竊聞於始議；乃今淪落，竟無補於成功。乍聞吉語之傳，但覺喜心之感。未能修賀，猥辱逮存。蒙隻字之褒榮，已逾於華袞；羨一朝之饗美，奚贊於彤弓！肅使謝陳，菲儀將獻。敷宣莫既，祝頌良殷。

賀梅督府

節鉞寵兼，震風霆其倍肅；旂常昭揭，耀日月以增輝。光賁山河，慶延社稷。

門下天挺人豪，嶽鍾俊傑。左宜右有，才投之萬變而不窮；大受小知，用效之一隅而未盡。勳高雲朔，經營且賴其謀猷；忠契宸闌，倚任有加於股肱。乃眷北顧，曰予禦侮之臣；遂授左符，畀公總師之任。五侯九伯，顓征特假以戎麾；六郡三河，都護式資於帥屏。升華上宰，瞻衮冕以維新；渙號中權，幸旌麾之孔邇。敬專小价，即布末悰，依戴殊殷，敷陳罔既。

賀梅督府考績

策府奏膚，紀星霜於節鉞；楓宸褒最，揭日月於旂常。望重中司，勳高列鎮。榮輝所被，欣躍維均。

門下命世人豪，殿邦賢哲。振臺綱而糾慝，夙清京洛之塵；持廟算以監師，遂定朔方之難。迨膺宸眷，來總戎行。兼文武以紓謀，酌寬嚴而布令。安民和衆，里閭無愁嘆之聲；建威銷萌，牖戶豫綢繆之計。日成月要歲會，功名備載於春秋；王功國勳民庸，績叙允禪於社稷。即勞猷之懋著，宜恩數之隆頒。肆晉台階，光麗四星之象；兼承緄璽，寵𨒪三代之封。盧矢彤弓，媲周庭之異渥；歌鍾鎛磬，掩晉室之彝章。朝野聳聞，華夷忭仰。

某感深覆露，力愧培風。當茲大慶之辰，莫已私衷之豫。敬裁荒楮，用布賀忱。冀賜鑒容，可勝歡戴。

賀楊督府閱最蒙恩兼值生日

閥閱勳高，三錫渙絲綸之命；巖廊望重，千秋綿鼎蒨之禧。震夙開祥，泰道交孚於上下；師貞叶吉，豫鳴徧浹於華夷。

門下崧嶽儲神，星潢毓粹。應名世之期而間出，蘊天民之道以先知。鑒衡夙擅於人倫，綱紀凜持乎風采。力襄西夏之難，闢草昧以經綸；總領全晉之疆，亙窮荒而控制。聲威赫濯，名王益戢於羈縻；猷績炳烺，信史不勝其紀述。予曰有禦侮，可戰而亦可和；帝襃其積勞，懋官而因懋賞。彤弓覺報，嘉辰適協瑞於懸弧；紫綬貤封，令甲肇疏榮於改玉。恩霑四代，徵善慶之豐培；光耀十連，詫寵靈之遝邑。册頒節府，賁階增賁於芝函；宴敞春臺，柏觶襲芬於秬鬯。

某欣逢盛會，喜倍恒情。牽幽土之羔羊，莫克稱觥而介壽；慕淮南之鷄犬，無繇舐鼎以從仙。聊陳溪澗之毛，用祝岡陵之祉。所願天心純佑，台履崇頤。玄圃大椿，綏萬六千年之景福；明堂隆棟，歷二十四考於中書。勒竹帛以垂鴻，衍箕裘而翼燕。臨楮頌禱，不盡敷宣。

賀邵中丞轉內臺

不佞忝廁顏行，辱推心誼。迨更間闊，遂遠提携。頃尋洛下之游，青雲再附；奈隔郢中之唱，白雪難賡。賴有薄緣，會逢新命。藉旌麾於節鎮，總綱紀於蘭臺。方幸歸闕有期，可副皈依之望；不圖省方未徧，正煩補助之思。將大振楚國之饑，出之溝壑；且永戢湟池之警，奠彼金湯。經營需召伯之成，彈壓俟鮑宣之人。絳騶首路，秋聲早動於鳴蟬；蒼珮趨朝，宵夢屢驚於擁篲。式廑延佇，不盡敷宣。

賀中丞張師考績

策府書庸，炳旂常之日月；楓宸注寵，煥綸綍於雲霄。燕喜非常，龍光有赫。

恭惟台座中朝魁碩，振古人豪。文經武緯之才，嶽峙淵停之度。三千奏牘，抗正氣以批鱗；數萬甲兵，運圓機於指掌。分藜秘閣，參聯金馬之班；秉鉞專城，再整貔貅之旅。邦內爲甸服，邦外爲侯服，折衝自尊俎之間；帝城多近臣，帝鄉多近親，彈壓先輦轂之下。江淮目爲天塹，寧誇橫海之樓船？河朔倚若長城，詎羨當關之鎖鑰？武有七德，兼安民和衆之猷；憲總六條，備激濁揚清之體。解佩帶爲牛犢，化已見其銷兵；軾車轍之螳蜋，心未忘於對敵。憂深畜艾，拮據更三載之勤；慮謹徹桑，綢繆周萬年之計。日成月要歲會，紀程石以鑿然；王功國勳民庸，勒鼎彝而炳若。雖不矜不伐，禹讓彌誠；而懋賞懋官，堯恩荐渥。是有慶矣，侈報宴於彤弓；又何予之，新章服於玄袞。史書工誦，掩五侯九伯之榮；君禮臣忠，慶千載一時之遇。

某等材同腐朽，教無所施；器若斗筲，政何作算？乍埋乍揖，徒矻矻於精神；不蜚不鳴，竟悠悠於歲月。來歸自鎬，習聞吉甫之膚公；受命於周，幸睹召穆之成事。吾之師也，喜色相告以欣欣；國有人焉，聲靈若增而濯濯。有嚴列榮，力莫遂於梟趨；不腆承筐，情式均於雀賀。

伏願勳高八柱，奉乾極以常尊；位極三台，躋泰階於永穆。綏宗社同休之祉，垂乾坤不朽之名。

賀胡中丞

大廷推轂，崇上將之韜鈐；重鎮擁麾，肅中丞之斧鉞。班高獨座，寵並登壇。燕喜維新，鴻聲茂著。

念兹雲朔之地，適當夷夏之交。數載以前，迫於黠虜；四州之衆，幾無完民。自通關市之盟，稍息邊陲之警。顧頻年操奮，人力重困於罷勞；舉國投戈，士氣漸虞其積弱。猲猲投骨，方挑五部之爭；悻悻當輪，詎戢一朝之怒？恐恃和而滋玩，思制變以彌艱。矧歲荒時疫相乘，頗呼庚癸；乃將悍宗强莫制，兼慮蕭墻。匪賴名賢，疇堪節帥！

門下文章一代之英，才略萬夫之選。含香清譽，凤冠仙曹；借箸深謀，僉推武庫。雲中射隼，風高塞北之旗；渭上蜚熊，夢入東河之軾。迨更憲府，兼總戎行。綢繆周牗户之防，操縱制裵之命。膚公屢奏，時望咸歸。肆簡帝心，俾專閫寄。絳驪玉佩，儼風裁於中臺；青幕牙旗，凜霜威於絶塞。授以非常之任，隆其不御之權。爲王爪牙，蹲重關之虎豹；作國柱石，奠諸路於金湯。溯爲憲之才，一弛一張本兼文武；贊中興之烈，以安以攘允輯華夷。

某忝屬編氓，謬稱國士。曩年襦袴，曾廑騎竹之謠；此日旌幢，重感維桑之庇。第京塵正赤，徒騖髴於鷹揚；乃塞草欲青，尚逡巡於燕賀。敢云疏節，寔抱微誠。肅俟塞鴻，僭干行馬。眇戔戔之束帛，敬在未將；猥喋喋以陳詞，喜能盡喻。伏希鑒納，無既瞻依。

賀李中丞

江南財賦，幾半九州之饒；吳下人文，復邁六朝之盛。眷兹重地，宜得名賢。惟望實之素隆，況猷爲之夙試。調停寬猛，見吏治之承風；振救窮危，措民生於安堵。肆膺簡命，晉總節旄。兼文武之雄資，受紀綱之重任。中丞儀采，百僚之瞻仰維新；左輔科條，衆庶之服從既稔。駕輕車以神駿，路失崎嶇；游利刃於全牛，節忘盤錯。

側聞代報，倍激歡悰。但阻賀於賓堦，徒懸情於幕府。式均燕喜，不盡揄揚。

賀周中丞

門下殿邦重望，經世宏猷。開府七閩，茂著旬宣之績；升華九棘，式隆簡注之懷。既爲漕而擇人，復分麾而作帥。治河治賦，乃兼憲節於中丞；馭吏馭兵，特副戎樞於司馬。保釐豐鎬，枌榆興帝業之師；屏翰江淮，砥柱纘禹功之緒。將平成之是賴，詎灌輸之足稱？聖眷維新，群情允屬。

某無能愛助，但切歡欣。謬辱齒存，倍慚稱塞。敬乘鴻翼之便，附申燕賀之忱。慶祉方將，揄揚莫罄。

賀常中丞

殿邦偉望，命世宏猷。直節素著於諫垣，駿譽茂宣於岡幸〔一〇〕。帝心簡在，士論交孚。肆渙廷綸，晉陟中丞之席；特膺齋鉞，出兼上將之權。秉七德以臨戎，霜威頓肅；按六條而察吏，風紀維新。從此澤中紓鴻雁之聲，帖然按堵；海上靖鯨鯢之浪，偃若安瀾。詎惟兩浙之福星，寔炳三階之泰曜。

伏承鼎翰，倍激歡悰。敬附荒椷，聊抒賀臆。有懷儀采，不盡瞻馳。

賀宋中丞

三千禮樂，寔生鄒魯之鄉；十二山河，特表青齊之域。併爲節鎮，領以憲臺，必兼文武之資，斯稱紀綱之任。

門下望隆柱石，才裕經綸。惠猷夙歠於并汾，聲烈茂宣於閩海。肆膺簡命，晉總戎麾。錫弓矢以建侯，用詩書而謀帥。親若姬，賢若呂，服圭袞以保東方；禮在魯，韶在齊，乘軺軒而考遺俗。中丞儀采，百城頓肅于風霜；左輔科條，眾庶新霑于雨露。

遜聞代報，倍激歡悰。阻賀賓堦，懸情幕府。神其先往，敬在未將。

賀李中丞

門下大呂黃鍾之器，冰壺水鑑之標。自典銓司，塞倖竇而杜私門，百官式序；迨升棘寺，讞微文而排巧比，一夫不冤。善類恃以爲依，正氣存而未泯。象如碩果，方居剝復之間；星應中台，忽指井參之分。奉璽書而遄發，秉節鉞以遙臨。符采輝煌，助錦江之澄麗；聲靈震疊，增劍閣之尊嚴。凜焉紀綱法度之司，允也詩書禮樂之帥。望隆朝宁，慶洽家邦。

弟忝厠同袍，方期捧袂。嚶鳴出谷，竟虛求友之情；飲啄蘄樊，未免近人之患。無緣咨覲，祇切懷思。庸托鴻翔，少抒燕賀。無文之敬，大雅所原。

賀李中丞

門下命世人豪，殿邦魁傑。嶽峙淵涵之度，文經武緯之才。執橐而供奉禁中，風猷夙著；擁旄而旬宣塞上，聲績彌宣。輿望所歸，帝心持簡。臨軒推轂，遂由憲長而陟中丞；開府建牙，乃起儒生而登上將。屯燉煌、酒泉、張掖諸郡，再拜營平；撫赤斤、罕東、哈密諸番，復封定遠。偉哉三軍司命，屹然萬里長城。

弟某忝托同袍，欣聞受鉞。詩書謀帥，慶吾黨之有人；尊俎折衝，羨大邦之維翰。情深忭躍，迹阻趨承。敬勒魚械，少抒燕賀。伏希焇納，曷任瞻馳。

賀郭中丞

四夷種落，號獫狁爲天驕；九塞藩籬，至宣雲而斗絶。節鉞領之使相，駕馭賴於英雄。

門下文武兼資，才誠兩合。諫垣荷橐，夙攄獻替之猷；戎梟分麾，久著經營之烈。肆膺宸綍，晋總師干。圻父爪牙，屬橐鞬而雲擁；關門鎖鑰，載鈴柝以風清。將吏具瞻，士民胥慶。

某忝鄰封部，不勝孔邇之情；第阻堂堦，莫展末將之敬。敢乘便翼，附薦溪毛。伏冀鑒存，曷任欣抃。

賀張中丞

門下鑑衡清譽，經緯宏猷。中禁納言，式副樞機之任；容臺典禮，有光俎豆之司。人望所歸，宸衷久注。詩書謀帥，兼才總屬於真儒；袞烏臨戎，顯號獨高於上將。征南幕府，耀日月以維新；橫海樓船，偃波濤其頓肅。七閩增色，百粤承風。

某忝托同袍，倍欣建鉞。莫贊下風之翼，徒矜吾黨之光。敬藉魚械，附申燕賀。有懷慶祉，不盡瞻馳。

賀蕭中丞

滇雲重鎮，仰藉旌麾；宣慰諸司，畢修職貢。收萬里折衝之效，紓九重南顧之憂。肆渙宸綸，特移閫鉞。以鄖襄據四省之會，而兵荒乘累歲之灾。非八面之雄才，疇堪解割？必四時之和氣，乃克昭蘇。簡命本之帝心，推讓協於廷論。

俯循薄劣，無力培風；仰庇高華，但知賀夏〔一〕。敬因便羽，附布歡悰。慶抃之私，敷宣罔既。

賀吕中丞

帥閫分符，奠金湯於四塞；戎垣決策，固鎖鑰於重關。凡在岈嵝，式均踴躍。

門下鑑衡夙望，經緯宏猷。政事本於文章，教化先之德禮。古心古道，格復邁於時流；仁聲仁言，愛每遺於去後。民所歌舞，天自簡遴。錫弓矢以建侯，用詩書而謀帥。殿中柱下，參聯獨坐之班；冀北并南，況屬舊游之地。保釐全晋，增氣色於山河；都護諸軍，肅風聲於草木。士民胥慶，將吏交歡。

不圖棄斷之餘，及庇甘棠之蔭。受一廛而終老，投三徑以怡閒。獲遂卑栖，即同大造。敬展登堂之祝，用抒賀厦之忱。伏覷麾容，可勝寵藉。

賀梅中丞

三雲重鎮，特隆旄鉞之司；五部名王，盡仰冠裳之化。彈壓必資於碩望，經綸允賴於長才。

門下國器天成，性樞神縱。嶽峙淵涵之度，文經武緯之猷。糾慝繩奸，夙抗貞標於柱下；除凶戡亂，直收勝算於行間。大難既平，英聲益暢。詩書謀帥，本簡在於上心；尊俎折衝，已預徵於遠略。精神渙汗，一新幕府之科條；符采振揚，頓肅山河之氣色。

如某朽憊，向忝提携。自廢處於丘樊，永隔閡於人世。福緣未盡，竊幸受廛為部下之氓；疢疾殷纏，不克執靮充車前之卒。正恐自棄於名教，猥塵下濟於天光。既慚美褎之褒，兼損多儀之錫。寵違其質，感結於心。薄致芹誠，聊抒燕賀。覬惟鑒納，良切瞻依。

賀房中丞

憲府崇嚴，獨坐列星辰之席；戎軒鎮靜，中權揭日月之旍。號渙十連，歡騰四履。

門下扶輿間氣，海岱名賢。道德冠乎人倫，事功本之學術。器若虛舟，涵納容千萬斛而有餘；材同利刃，解批更十九年而不折。計轄軒且半天下，具存藩翰之勳；肆節鉞來撫雲中，特荷宸旒之眷。出關伊始，威聲業震於穹廬；按塞方新，喜氣頓回於朔漠。壯河山其增概，賁草木以敷榮。

在某淪落之踪，更切遭逢之慶。第緣臥病，無能扶杖以趨迎；用是逡巡，未敢函書而鳴豫。猥塵慈軫，枉使覜於衡茅；寵錫褒章，施雕圬於糞朽。極知不棄，曲垂臨照之光；顧念何修，可答蓋容之造。肅峙下走，叩布謝忱。并薦菲芹，少抒賀臆。冀蒙莞入，庶惬瞻依。

賀萬中丞

某天壤棄物，溝壑餘生，猥徼積素之知，忝托垂雲之庇。嘘枯吹槁，叨恩迴邁乎尋常；補剗息黥，造命允資於橐籥。繡裳在望，方榮我覯之遭；節鉞有嚴，遽及公歸之候。簡儒臣而登上將，謀猷渙發於詩書；自方岳而晋中丞，勳望彌隆於屏翰。青齊形勝，壯山河百二之規；鄒魯人文，新禮樂三千之化。信東方之厚幸，如西土之遺思。

正此旁皇，莫遂攀留之願；忽承音睨，倍榮繾戀之懷。豈獨爲吾有身，違岼巘於大廈；抑憂晋方多難，撤保障之長城。枳棘祥鸞，雖遷喬其足快；榆枋斥鷃，即控地以誰憐！拜賜傴僂，深感隆施之渥；望塵延仁，寧知後會之期？敬布謝忱，兼申賀悃。情長語澀，形止神馳。

賀萬中丞東征奏捷

蠢焉島寇，恣其凶殘，獮噬外藩，鼠窺近塞，致干天怒，命將徂征。謀臣盈庭，羽書載路。悉列鎮之精銳，竭内帑之富饒。久屯而遠餉者七年，僨事而失利者數輩。戎心彌猘，我計滋窮。詎惟淹河上之清人，漸且搆舟中之敵國。壞形已著，敗局誰收？

所幸天啟聖衷，公膺特簡。寵兼四鎮之節，拜表輒行；旋移八路之麾，援枹徑往。肅軍容以嚴憲，破賊膽以先聲。指縱南北之師，部署風雲之陣。兩軍夾擊，三道齊驅。陸攻而釜山之巢穴俄空，水戰而炎海之波濤欲赤。斬馘無算，蒐薙靡遺。億萬衆之生口盡還，數百里之侵疆頓復。鐃歌霆震，露布飆馳。雪耻除凶，功允高於千古；存亡繼絕，義足動乎諸侯。釋九重宵旰之憂，鞏一統輿圖之祚。神人共凷，朝野交歡。

某夙企鴻猷，預占駿烈。雲開百濟，欣聞時雨之兵；地隔三韓，阻介春風之使。猥塵音覘，枉賁衰遲。訊知疆理之清夷，想見起居之愉快。勳標銅柱，威名遠駕於征蠻；宴敞彤弓，慶祉仁承於歸鎬。敬乘便翼，附布賀忱。不盡揚言，但有忡踾。

賀黃中丞

卿月臨邊，地盡河湟之域；使星越國，天開昴畢之墟。道遠曷云能來，欣然倒屣；喜極直延之入，率爾披函。乍啓蓬心，頓伸槁項。

門下一腔正氣，八面雄才。保釐朔漠之疲甿，熙如化國；藩屏王庭之要害，屹若長城。惠浹棠陰，居則愛，去則思，襦袴同聲而尸祝；威行榆塞，貳而執，服而舍，氈裘帖息於羈縻。三雲之怙恃方殷，適拜中丞之命；十乘之啓行甚邇，遂總大帥之麾。鷗鶋懷我好音，感格允需於恩信；羆虎賈其餘勇，駕馭寔賴於英雄。西夷款而東夷之款斯堅，秦人安而晉人之安彌稔。竊鄰光其孔邇，儼若承顏；悪台度之曠涵，依然注念。溫訊將春風偕至，新恩與宿澤交釀。在洪慈不自覺其綢繆，於朽質則曷堪乎隆縟？徒荷逾涯之渥，莫知報德之階。

聊附一械，用申三祝。所願鴻勳茂樹，麟閣崇升。亟維宗社之安，丕造寰區之福。薄緣未畢，翹仁惟殷。

候王中丞罷鎮

廿年仕路，尾附光塵；三載廬居，浹沾惠澤。幸茲起瘻，所賴披荒。乃簪裾未展於朝行，履幕且移于關輔。百參何益，良慚帷幄之籌；一范不留，疇落氊裘之膽？徒撫心而激烈，恨無策以攀援。正此懸情，忽承委貺。其人如玉，指駒谷以言旋；投我以瓊，豈夋山之能負！蕭茲登拜，附致候忱。南國甘棠，尚憶召公之澤；東山小草，無卑謝傅之名。暫值袞歸，仁觀環召。有懷覼縷，不盡敷宣。

校勘記

〔一〕《四庫存目》本首句前有“仰惟殿下”四字。

〔二〕《四庫存目》本首句前有“仰惟殿下”四字。

〔三〕《四庫存目》本首句前有“仰惟門下”四字。

〔四〕“尉”，據民治學社本及下文“謝代王慰在告”當作“慰”。

〔五〕《四庫存目》本“門下”前有“仰惟”二字。

〔六〕《四庫存目》本首句前有“恭喜”二字。

〔七〕《四庫存目》本“門下”前有“恭惟”二字。

〔八〕“伸”，據本卷《賀陸太宰》“附申燕賀之忱”，當作“申”。

〔九〕“成”，疑當作“城”。

〔一〇〕“幸”，疑當作“寺”。

〔一一〕“夏”，據本卷《賀呂中丞》“賀厦之忱”，當作“厦”。

啓 二

賀任侍御監臨

門下文章宗匠，綱紀清班。攬轡荆襄，提衡鎖院。肅僚貞度，威棱飛繡斧之霜；籲俊蒐奇，識鑒徹冰壺之月。矢公矢眘，謹擇可者於闈中；某賢某良，籍而獻之於闕下。惟善爲寶，信楚國之多材；以禮爲羅，慶明廷之得士。詎惟桃李之植，出自公門？將同茅茹之升，光於泰道。肅茲附賀，不盡瞻馳。

賀徐督學

學校教化之原，師模甚重；邦畿首善之地，功令居先。

門下表正人倫，望素隆於山斗；提衡才品，鑒不爽於秋毫。共推吾道之南車，宜主斯文之正印。都人凜凜，向遵綱紀之猷；髦士彬彬，今沐陶鎔之澤。榮疏宸綍，喜動儒紳。敬托魚緘，恭抒燕賀。有懷慶祉，不盡瞻依。

賀陳侍御起官

蓋聞祥金不躍，更百煉以彌精；神駿從淹，凌十駕而會遠。

仰惟臺下嶽鍾異質，器居鼎呂之間；天賦奇才，品出驪黃之外。觀風代北，氣欲吞胡；按節滇南，志將繫粵。賈生畚見，豫攄表餌之謀；諸葛重來，仍講縱擒之術。而智策愚決，一傅衆咻。棄卞璞而弗珍，詆魏瓠爲難用。陸沉既久，孤直彌疏。滯下惠於小官，出長孺於外郡。本緣讒口，遂挑投抒之疑；不至焦頭，寧悟徙薪之計。天勝人而始定，雪見睍[一]以都消。有來飛鳥之儀，特奉賜環之召。名高題柱，夙當上心；班近含香，允孚人望。

某忝叨舊部，與庇洪庥。大廈實賴於骈欀，隆棟匪資於推挽。謬承藉逮，良用悚慚。肅附賀函，不盡延仁。

謝杜學憲

枌榆陋壤，沮洳荒鄉。自頃十二三年，每歲有水旱蟲蝗之患；綿亘千數百里，所至聞咨嗟愁嘆之聲。民生瘝而流徙相仍，宗姓蕃而恣睢莫制。富庶靡徵於晉間，憂勤久替乎唐風。

幸徼河嶽之靈，獲藉斗山之望。被繡衣而直指，占紫氣於西來。綱紀文章，聊出經邦之緒；謨謀議論，漸抒瑣闈之猷。聲光初接於照臨，耳目頓新於視聽。爲繭絲，爲保障，詎止圖尹鐸之功？若禮樂，若刑章，會且纘皋夔之烈。

不佞忝依下吏，濫廁編氓。阻修燕賀之忱，特枉鴻儀之貺。拜嘉知寵，稱塞殊慚。肅附謝椷，並申微悃。伏希炤納，曷任瞻馳！

謝吳侍御

某不才主棄，多病交疏。休閒與偃蹇相成，懶慢以支離得遂。駑駘仄阪，幸紓九折之難；蝤鶯深林，詎乏一枝之適？顧小人或説以忘罪，而孤臣獨苦於操心。天尚未回，良懼慘舒之莫測；時方多故，敢付理亂於不聞？去魏闕者十年，抱杞憂如一日。

賴正人之既入，舉善類以知歸。朝廷得李勉而始尊，州郡憚張綱而頓肅。世共欽其風采，謂有動搖山嶽之威；愚更偉其聲猷，將是旋轉乾坤之會。第緣朽廢，絕音耗于長安；詎意慈存，緝使華於空谷。爛矣筐篚之實，賁荒穢以知榮；藹焉簪履之情，撫衰頹而轉惕。夙恩莫報，荷顧復之彌殷；游息僅存，悲捐糜之既晚。

恭抒謝悃，附布候忱。願珍重於起居，用燮調乎俞咈。倘薄緣未畢，及觀象於泰階；庶餘潤所霑，獲舒顏於解澤。伏惟垂省，無任懸馳。

謝袁侍御

門下承家大學，命世高才。縮組名城，茂著循良之績；峨冠法禁，咸推謇諤之聲。肆持斧省方，彰癉激揚，寬猛壹依於憲體；乃乘軺問俗，諏謀詢度，休戚洞悉乎民情。日照月臨，并冀之陰氛凈埽；風噓雨潤，河汾之元氣潛回。不圖用武之區，獲被惠文之化。

如某偃蹇，久甘放佚於長林；猥荷仁慈，特垂眄睞于舊物。華牋溢美，允惟式玉式金；鼎貺申頒，曷啻繼粟繼肉！鏡天光於奧窔，發病目以開明；賁春色於沉淪，慰衰顏而欣卬。噓枯吹朽，極知天造之心；保末持終，何有歲寒之節！叨承過侈，愧負殊深。敬拜使以登嘉，肅緘書而附謝。酬知無地，徒懷不報之恩；佑德自天，願迓大來之慶。良廑頌禱，不盡瞻馳。

謝徐侍御

門下鼎衡鳳望，黼藻英猷。一角神羊，抗霜稜于柱下；九苞威鳳，振韶律于臺端。立朝而正直，兼忠厚之風；按部而貞肅，得將明之體。自中外共欽其符采，即幽遐懸想其聲華。不圖戎馬之區，獲藉絳騶之重。度嚴關而北，軺車麗日月以增輝；亘恒嶽以西，斧繡賁山川而動色。

某仰大觀之在上，良慶遭逢；負嚴譴以休陰，敢希臨照！猥承折節，特垂下濟之光；肅此循階，聊假依歸之地。筐盛無實，禮自愧于荒疏；盥薦有孚，意或原其明信。懇祈涵納，曷任瞻依。

謝黃侍御

某兩間棄物，一窒餘生。木槁灰寒，不齒冠裳之列；日臨月照，適依斧繡之光。薄緣自慶其遭逢，曠典亟承於問饋。古心古道，未方軫舊之情；下愚下流，總玷作新之化。賴大觀之在上，貞憲度以無前。風裁獨持，凜凜奪豺狼之氣；星輻所指，嗸嗸絕鴻雁之聲。民艱與商困交紓，國計及軍需並裕。

方幸虞弦之奏，遽聞公衮之歸。鼎使再臨，珍儀申錫。損駢蕃之異渥，敢不登嘉；撫依怙之微悰，其如悵惘。肅陳謝悃，附布菲忱。明德遺思，可恨雲泥之永隔；嘉謨入告，庶開天日以重輝。所願珍調，曷勝顒仁。

賀萬方伯

某向廁禁垣，忝私氣誼。固冀勉分猷，念共佐休明。而用世非才，致君無術。祇因冊儲之議，有失阿承；遂罹冒上之愆，致干譴斥。巖栖穴伏，惟影響之不幽；日照月臨，豈夢魂之敢覦？猥徼天幸，台光直參井之分；利見大人，鼎重作河山之鎮。總十連而有帥，吉叶師中；受一廛以爲氓，歡騰部下。

如某朽儱，倍慶遭逢。第慚不肖之迹，有玷維新之治。阻修竿牘，正此逡巡。乃辱書使賁臨，珍儀駢錫。飾青黃於棄斷，被宮徵於焦桐。情溢乎詞，良荷軫存之厚；寵違其質，庸知愧負之深？僭附菲儀，少申悾愨。冀惟炤納，曷任瞻依。

賀盛方伯

伏念戎馬之鄉，久屈節旄之重。經營數載，備闡忠猷；綏輯多方，需宣闓澤。措生靈於衽席，奠疆圉如覆盂。

方欣大廈之容，會拜价藩之命。謬期借寇公於河內，可即允留；何圖分召伯以周南，特專簡任。皇華原隰，佇觀使節之馳；紫氣關門，預卜仙幢之過。轄十連而爲帥，總領諸侯；悵一路之遺氓，若違父母。攀轅莫遂，戀衰徒殷。

敢庀筐筐，兼償籩豆。儻蒙莞納，不鄙夷燕賀之悰；兼許惠臨，獲快睹鴻逵之羽。庶少紓其繾綣，可俯慰其翹延。

賀張憲使兼謝頒曆餉歲

粉署風清，暫輟尚書之直；烏臺霜肅，遙分節使之華。候應大來，道欣下濟。

門下嶽鍾純淑，天挺瑰琦。月璧星珠，絢文章之經緯；冰壺水鑑，融道器以澄涵。羽儀蚤漸於鴻逵，譽望積孚於雞省。肆膺宸眷，擢拜監司。攬六轡以省方，法象麗井參之分；明五刑而弼教，仁風播晉冀之墟。士女見休，官師顧化。

在某朽慵，倍幸遭逢。祇緣委頓於巖阿，未敢聞名於左右。猥塵慈軫，寵逮陳人。頒寶曆以授時，錫珍筐而行慶。衰年見迫，驚看歲月之新；盛覬隆施，詫睹雲虹之爛。噓枯荄以暖律，亦自知恩；飾棄斷以華械，其如省作。肅裁蕪牘，附布賀忱。願祝鼎禧，偕升泰道。

賀黃憲使

烽烟絕徼，烏盧荒鄉。幸藉名世之賢，來任專城之寄。輕徭省賦，閭閻之積困潛蘇；剔蠹鋤奸，州邑之宿弊如埽。播仁聲於千里，徧興襦袴之謠；奏最課於九重，特荷璽書之賜。天子亟嘉其治行之異，士民惟恐其徵拜以歸。方擬叩闕下而借徇，適值即軍中而命范。蟬冠薦服，具嚴觀察之新儀；雁塞龍沙，尚按句宣之舊部。瞻依孔邇，欣戴惟均。允也人願而天從，寧止家謳而戶頌。

某浹沾慈渥，倍切歡悰。托大廈以栖身，永獲帡幪之庇；仰台階而引領，佇需鼎鉉之升。迹莫遂於𪃟趨，意少將於燕賀。伏希鑒納，曷任神馳。

賀王州守被薦

千里分符，獨懋專城之績；兩臺推轂，並旌良牧之猷。賢名蜚爍于楓宸，喜氣鬱葱於蔀屋。

門下嶽鍾間氣，天挺巍標。文續西秦兩漢之雄，道負北斗泰山之重。駕倅車於益部，尚攜琴鶴之清風；紆郡紱於雲州，不厭釜魚之冷署。理公事如家務，孳孳於振刷，而百廢皆興；引民瘼爲己辜，呴呴焉噢咻，而孑遺再造。汰浮淫之供億，費有常經；罷株[二]蔓之追呼，獄無淹繫。疏河渠而導灌溉之利，變舃鹵爲桑田；築關城以弘保障之圖，葺綢繆於牖戶。催科寧拙，恥敲扑以樹邏屬之威；勸學惟先，躬訓課而洽文明之化。政平訟理，自長吏守宰莫擬其廉能；實大聲宏，肆督府撫臺咸推其卓異。連章交薦，煌煌逾華袞之褒；拜表輒間，纏纏竦前旒之聽。忠而見察，公將鞅掌以忘勞；善罔遺遺，疇不回心而嚮道？隼旗熊軾，寵增二千石之威儀；龍首雁門，歡動億萬人之顏色。

某忝依庥庇，與藉榮光。枳棘鸞栖，慮掩朝陽之采；蓼蕭燕譽，欣觀零露之湑。迹雖阻於登堂，情特殷於賀廈。敬修竽牘，肅布筐筐。倘荷鑒容，不勝榮藉。

賀關縣尹考績

邊胡倉攘之鄉，麗郡衝繁之邑。自淹銅墨，勞猷已及於三年；人盡弦歌，治效大行於百里。最書入奏，課居漢循吏之前；慶典行頒，寵在晉康侯之右。朝陽瑞鳳，鳴高岡以惟時；出谷新鶯，遷喬木其非遠。徵車且至，寔戀戀於清光；賀筐未將，徒欣欣而喜色。

猥承慈眷，謬賜齒存。曾何愛助之功，敢當獎藉？厚損騈蕃之惠，倍益惶慚。敬拜使以登嘉，肅附書而控謝。尺械寸縷，聊抒感抃之衷；八座三台，未盡瞻依之願。

送關尹行取

仰惟宜民令德，經世長才。宰邊邑者六年，浹膏澤於百里。自宗儀士庶，具頌仁聲；若部院監司，咸登最績。棠陰蔽芾，久淹南國之車；芝檢焜煌，俄應上方之詔。予違汝弼，特虛瑣闈以登延；公歸我悲，式瞻袞衣而繫戀。

敬陳束帛，用餞前茅。祖帳春風，莫聽歌驪之曲；高岡旭日，佇聞鳴鳳之音。某臨楮不勝馳仁。

賀王相公令嗣領解

懿惟令嗣世兄，珪璋粹質，黼藻雄文。夙呈吐鳳之奇，久擅雕龍之譽。頃游國學，遂首京闈。榜朝出而名夕播於四方，錄一傳而紙增價於數倍。捷音遽聽，驚如貫耳之霆；病目盱衡，喜得開顏之日。呼室人而相告，歡騰子弟，親若共于一堂；羨國士其無雙，才屈英髦，避咠止於三舍。是惟天祚明德，衍其裕後之祥；以故世濟巍科，標厥象賢之美。是父是子，鳴初和于在陰；爾公爾侯，巢仁依于阿閣。

不勝慶抃，肅布賀私。禮詘情長，形留神往。

賀賈中丞令嗣發舉

門下善慶深培，浚祥茂發。是鍾哲嗣，早掇巍科。藻譽翩翩，三輔壯風雲之色；文光焯爛，九霄賁奎壁之章。闢天府而奏名，共稱得俊；敞霜臺而報捷，僉曰象賢。詫驥足之非群，信鳳毛之有種。

某忝塵編籍，謬辱通家。聞喜獨先，觀光甚快。是父是子，允爲盛世之禎；爾公爾侯，端叶高閎之瑞。就冬日而可愛，凤嘗捧袂龍門；候春風之始和，仵見着鞭鼇隴。肅申燕賀，陳采幣于堦前；恭俟臚傳，引緑袍於殿上。

賀王中丞弟侄發科

科第世家，古今代有。然或以子繼父，襲迹而偶升；亦或由祖逮孫，更時而間發。是容有數，未足爲奇。乃若系本一宗，家無二業。霄壑之資皆天挺，春秋之榜不虛開。珂佩趨朝，則班馬遞依於文石；節旄監鎮，則荀龍相望於雄藩。公侯之勳業彌昌，昆季之聲華滋茂。即一舉而三人並列，何四世之五公足誇！誠曠代之希聞，爲明時之創見。氣運式參乎元化，光榮詎止于高閎？

某夙忝夤緣，獲玷通家之誼；不勝欣抃，聊旌賀厦之悰。頌禱惟殷，揄揚莫罄。

賀梅督府生子

兑秋應序，九苞呈鸑鷟之毛；震凤開祥，一索協熊羆之兆。香凝榮戟，慶衍弓裘。家祚與國運偕昌，天道及人情並冏。

門下中正大人之度，愷悌君子之心。持憲若持衡，不觭輕而觭重；保民如保赤，每周詢而周謀。元氣滋培，陰德久格乎於蒼

昊；休徵荐至，長祥宜浚發於宗衸。時維七八月之交，耀長庚而
現采；人合億萬輩之祝，感恒嶽以降靈。芝有根，醴有源，本出
遙遙之冑；水爲神，玉爲骨，況鍾勃勃之姿。傳雁信于衡湘，懸
想重闈喜色；播麟書於雲朔，騰聞四履歡聲。豁老眼以乍明，振
衰軀而欲舞。瑤林瓊樹，欣聯奕世之緣；玉果犀錢，愧薦浴兒之
會。聊展陳於絲縷，充翫弄於圭璋。從兹孫子以繩繩，仁見公侯
之袞袞。式摅頌禱，不盡披宣。

賀劉宮詹生子

筮簜鍾祥，肇協熊羆之夢；圖書啟瑞，適符龍馬之期。慶洽
重闈，歡騰載路。

門下才優王佐，學擅儒宗。黼藻皇猷，夙掌絲綸之命；圭璋
帝德，蔚宣追琢之文。本經術以論思，勞深歲閱；矢謨謀而弼
亮，望重台垣。大盈若冲，雅執謙謙之度；碩膚是孫，彌形几几
之容。心與天而同游，善惟日之不足。乾元資始，體父道以稱
尊；震索得男，紹宗衸而闓奕。藍田玉氣，宵呈大行、王屋之
間；椒寢珠光，夜照泫水、漳泉之上。嶢嶢頭角，無煩摩頂以知
奇；勃勃精神，寧俟聞啼而決貴！俾仁人其有後，信天道之神
明。燕翼子以詒孫，況親心之悅豫。

欣聆盛事，喜浹私悰。瓊樹瑤林，幸托通家之契；金錢犀
果，阻陪大廈之賓。敬寫麏書，庸申雀賀。計返雙星之日，正彌
厥月之辰。在笥衣裳，愧靡充于雲錦；滿床簪笏，願益衍於星
弧。頌禱惟殷，敷宣罔既。

壽李少師太翁

晝錦紆榮，九命錫元公之袞；星弧紀瑞，千秋奉大老之觴。
萃福祿壽考於一門，合父子祖孫爲五世。有秩斯祜，不顯其光。

恭惟台座肇基明德，浚發長祥。黃雀銜環，不負生全之報；綠槐滋蔭，久施封植之勤。肆惟老師閣下，一出應名世之昌期，獨對成顯親之大孝。金華論道，闕敷黼黻之謨；玉鉉調元，參變鹽梅之實。師師濟濟，率臣鄰德讓之風；斷斷休休，錫海宇和平之福。巖廊功遂，屺岵情殷。九二利見大人，已文明乎天下；五十而慕父母，寔純一之由衷。安車陳歸國之儀，命服曳趨庭之綵。堂開綠野，地即丹丘。玉帶銀魚，識山中之宰相；木公金母，行地上之神仙。

刾惟嶽降之辰，正值陽生之候。景移蒼陸，舒化日於冀階；氣應黃鍾，襲融風於蓬島。爵齒德爲天下之達尊，孝弟慈成一家之和氣。壽筵載啓，駝羹傳禁鼎之珍；封綍累加，鸞誥渙宸章之秘。親以子貴，及觀股肱元首之始終；福與日新，共羨齒髮精神如少健。三千大千爲世，普利其緣；八十九十曰耄，孰窮其算！慶孚朝野，盛絕古今。如彼瑤池，徒侈談而無驗；方之洛社，雖聚樂而未融。

某等識慚窺豹，幸擬登龍。自釋褐以來，皆束帶而立。四科徒設，一藝無稱。加乘雁渤澥之濱，焉能爲有？備群品參苓之末，奚貴夫多？然出楊公之門，尚慕分庭之俎豆；適袁氏之館，頗聞奕世之弓裘。吉日協靈，恭憶蒼麟之綏；華封效祝，肅通青鳥之書。儻與承筐，如親撰杖。

伏願保合天倪，凝承帝眷。聰明而爲世先覺，壽考以保我後生。丹砂可化，侍雙親白首之娛；紫閣方虛，念四海蒼生之望。

賀張師

列榮疏勳，望久崇於閥閱；懸弧紀瑞，慶特溢於門牆。窺數仞以交歡，祝千秋而未已。

恭惟台座道與之貌，天植其衷。氣自反而常伸，才無施而不可。東臺獻納，邁長孺戇直之聲；南國旬宣，懋山甫將明之烈。迨總庵而撫畿內，益飭憲以靖域中。折衝端賴於精神，按部共欽其風采。豺狼當道，何狐狸之足圖？虎豹在山，詎藜藿之敢犯？

　　茲者時惟徂暑，律應林鍾。昴畢垂芒，咸識星精降說；崧高啓秀，允符嶽瑞生申。賢聖信非偶然，五百年而一遇；春秋豈曰僬爾，八千歲以爲期。驗寶策於堯階，陽德方居□大夏；擢金莖於漢殿，晨熹乍曜於朱明。綠鬢丹顔，仙齡正茂；絳袍蒼佩，天寵逾新。偕鴻侶以齊眉，玩龍孫於點頷[三]。身兼五福，展也得全者昌；業亮三朝，欲焉履盛不伐。薦升階於鼎鉉，將圖像於雲臺。

　　某等品謝參苓，殊玷筠籠之末；集同乘雁，何增渤澥之濱！幸遘昌辰，慚非善禱。憶蒼麟而獻緌，戒青鳥以通書。魯國諸生，並切在門之想；周京六月，會瞻歸鎬之儀。

壽鄭司馬

　　台鼎凝禧，梅信入調元之匕；星弧啓宴，椒馨浮介壽之觴。慶洽庭闈，歡均朝野。

　　門下扶輿間氣，光嶽精英。學綜丘索之微言，才裕經綸之大業。軺軒揚歷，轍幾徧於寰區；旄鉞旬宣，勞獨深於邊徼。以尺組制氍裘之命，操縱曲當乎機宜；以丸泥毖鎖鑰之防，封守倍增於形概。作師洛水，九關肅虎豹之威；略地河湟，五郡掃豺狼之迹。予有禦侮，宸衷方切於倚毗；公乃辭榮，雅志暫圖於休沐。功成名遂，退尋黃石之高蹤；累釋天全，坐進丹臺之大道。

　　時維覽揆，景正迎長。七十杖朝之年，端笏垂紳，儼儀刑其山立；一陽生子之候，連珠合璧，綿氣序以規旋。道應大來，協天地泰交之會；祥開初度，值春秋鼎盛之期。迓公旦于周郊，風雷有待；接夔龍于舜殿，日月增華。

某忝托鴻庥，欣逢令誕。阻趨陪于賓履，僭修祝于仙齡。願巖石具瞻之身，翊宗社無疆之運。浹雉膏于蒼赤，垂燕翼于雲仍。

壽蕭司寇

仰惟干城重望，彌弘攘狄之勳；崧嶽精靈，式會生申之旦。炳壽星其朗朗，斗極高懸；藹春日之遲遲，烟氛净滌。鷹揚未艾，燕喜維新。

某幸托帡幪，情深慶抃。阻稱觴于履幕，聊效祝于華封。所願玉札丹砂，駐台顏而不老；彤弓盧矢，膺帝眷於方來。

又

中興佐運，勳標日月之旂；南極呈祥，光燭星辰之履。班依黼座，宴敞瑤京。百辟其刑，四方來賀。

門下貞元間氣，泰岱精英。學夙貫乎天人，才兼綜夫王霸。軺軒揚歷，黍苗浹陰雨之膏；旌鉞指麾，榆塞息風烟之警。微管氏吾其夷狄，功允賴于一匡；有李勉始成朝廷，望迄隆于九鼎。志在安國家、定社稷，曾寵辱不動其心；忠可格天地、質神明，乃險阻益伸其節。手援一世之困，乾紐默恃以迴旋；身兼四氣之和，鼎實特資其調燮。郊禖應候，嶽降逢辰。名世五百年，信豪傑挺生之不偶；升朝四十載，慶明良際會之非常。作帝股肱，葆真精其益固；司天喉舌，參元化以同悠。九重注意乎老成，四海傾心于耆碩。田夫走卒，愈知溫國之姓名；鞮譯象胥，共訊晋公之年歲。遡星弧而紀瑞，花正滿於春城；環台席以稱觴，籌紛添於海屋。想風雲之動色，占日月以增華。

某夙忝恩私，倍深欣忭。奈廢居於巖壑，阻擎跽于堂階。敬羞澗沚之毛，用効岡陵之祝。願寵膺乎宸眷，以茂迓乎修齡。壽國壽民，培宗社無疆之祉；卜年卜世，綿聖明久道之符。

壽楊督府

天仗臨戎，帥屏涣中權之號；星弧啓宴，台躔耀南極之精。喜溢十連，歡騰四履。

門下扶輿間氣，河洛真儒。學夙貫乎天人，才兼綜乎文武。銓省擅裴、王之譽，樞曹參頗、牧之籌。按六轡而揚歷諸藩，剸盤錯于解批之頃；抗雙旌而撫綏西夏，定反側于談笑之間。忠勞懋著於封疆，勳烈允裨於社稷。肆總三垂之節鉞，丕振聲威；翕馴五部之氈裘，争問年貌。望如司馬，弭並邊生事之虞；誕若甫申，鍾維嶽降靈之瑞。豪傑類五百年而出，運式叶於中興；春秋以八千歲爲期，壽荐登於大耋。

眷新陽之應候，欣初度之逢辰。迹阻摳趨，莫效臺萊之祝；情深抃蹈，聊陳澗藻之儀。願介純禧，向箕疇而斂福；亟膺宸眷，升鼎席以調元。

壽郝司農

麟紱開祥，適太史奏春之前日；鴻鈞轉淑，肇上公閲世之初元。德並齒尊，道隨時泰。九宫山下，敞群仙薦壽之筵；五色雲中，擁八座文昌之舄。蘭英桂萼，簇冠弁以紛趨；柏葉椒花，舉壺觴而迭進。人如申甫，夙鍾崧嶽之精；地即蓬瀛，敻出塵寰之表。年高而神愈王，駐顔無藉於丹砂；身隱而名益章，鼎耳尚欽乎玉鉉。儼儀刑之在望，三百里而非遥；卜壽考之得天，八千歲其未艾。

情深忭舞，祝欲效乎華封；迹阻摳承，詞僅憑于赤牘。伏願緝熙純嘏，保合太和。環召佇臨，再踐星辰之席；斗杓參運，重宣日月之旂。頌禱惟殷，揄揚莫罄。

壽郝司農兼勸駕

穀旦懸弧，注仙齡於南斗；蒲輪加璧，趣台駕于東山。道德與齒爵兼尊，朝著及鄉邦共慶。

門下扶輿鍾粹，昴畢儲精。出入三朝，堅秉忠貞之節；蕃宣四國，徧遺惠愛之思。填左輔而薊遼之師律獨嚴，佐中樞而韋轂之軍容大振。自司計于地省，暫假沐于巖居。清風高月旦之評，重望繫寰區之想。人惟求舊，倚毗本切於宸衷；嶽實生申，保佑況隆于天監。肆膺召命，仍躋八座之班；適會誕辰，紛效千秋之祝。九宮山下，列賓從之簪裾；五色雲中，現宰官之族葆。鋒車鳳駕，壽筵接餞席以聯駢；暖律迎陽，春色映恩光而焜耀。

某情深依衮，迹阻稱觴。儤指龜鶴之年，方欣頌禱；傾耳驪駒之曲，倍感暌携。采澗藻芹，聊佐蟠桃之宴；渡江梅柳，遙關雲樹之懷。詞不盡于披宣，神特勞於馳遡。

壽田□言 [四]

東山望重，暫虛曳履之班；南極光凝，肇啓稱觴之宴。長祥浚發，多福駢臻，喜溢鄉閭，慶關社稷。

門下扶輿間氣，河嶽精靈。生當名世之期，學本承家之緒。文昌八座，象喉舌以居尊；泰階六符，賴謨謀其展采。乃履盈而思挹，遂叩闕以乞閒。還訪赤松之游，就真人而受訣；坐臨綠野之墅，擁翼子以承娛。踐揚久而膂力非愆，涉閱深而精神轉王。時維覽揆，歲正更新。蓬矢桑弧，瑞紀生申之旦；椒盤柏觶，歡騰介壽之筵。

某忝托姻僚，阻陪賓從。厠衣冠於洛社，有玷耆英；奉杖屨於商山，竊高園、綺。巖間日月，欣依化國之長；天上風雲，冀副人寰之望。敬采芹於沼沚，僭効祝于岡陵。不盡敷宣，惟殷頌禱。

壽李兵憲

天開於子，乾元符震夙之期；嶽降維申，晋錫應泰交之會。履端伊始，豫順僉同。

門下質本星精，生當日至。滿腔惻隱，復其見天地之心；運掌經綸，屯克展雲雷之略。寇公之治河內，士賴徵輸；廉叔之守雲中，民安作業。自岳牧而藩伯，先後茲土，寒暑數遷；若嚴父與慈親，生成我人，呴濡備至。歷年多而施澤久，舉朔方之士庶，咸沐浴於深仁；殖德厚者獲報豐，諒蒼昊之神明，必寵綏以多福。

茲者弧辰紀瑞，璧月凝輝。攬義彎以敷暄，欣承使節；酌幽觥而薦壽，阻厠賓筵。聊羞溪澗之毛，用效岡陵之祝。伏願氣叶黃鍾之律，六律而諧六呂，調四序以惟和；壽同繡綫之絲，一絲而益一齡，增七襄而未艾。揄揚莫罄，頌禱殊殷。

壽薛憲使

門下儲神光嶽，毓瑞星虹。才兼經緯之猷，器擅棟梁之具。厥施未究，長揖以歸。擁少室之琴書，恣東山之杖屨。丰神綽約，邁姑射之仙人；游息逍遙，陋漆園之傲吏。祥開初度，序屬中秋。金飆薦爽於蘭堦，玉露含澄於桂館。賓筵夙啓，紛其祝千歲以稱觴；台席方虛，末由睹五更之賜杖。

敬托塞鴻之翼，聊申燕厦之忱。伏冀麈存，曷勝抃躍。

又

兌秋應序，金莖苗承露之盤；弧旦開祥，寶算注延年之曆。松喬作類，榆社增光。

門下恒嶽儲精，長庚毓瑞。函關令尹，夙傳道德之符；具茨仙人，密授軒轅之策。肆栖真於槃澗，心與天游；迥邁迹於塵寰，形隨神王。遡誕甫、申之日，適交角、亢之辰。桂月浮香，下珠宮之環佩；荷風薦爽，奏瑤島之笙簧。凡在姻婭，悉陳賀篚。獨某羈旅，阻侍賓筵。敬修一介之觴，庸效千齡之祝。伏惟鑒納，曷任欣榮。

賀李憲使

兌氣乘秋，震祥啓旦。崧岳應生申之會，蓬壺開介壽之筵。質本星精，佐日月之光而未艾；身參元化，撫乾坤之策以方長。

某幸際昌辰，倍深私忭。顧阻陪于賓從，徒懸想於仙閭。敬羞沼沚之毛，庸展岡陵之祝。伏希筦納，曷任欣榮。

又

一世人龍，天錫引年之籙；兩階羔雁，春開薦壽之筵。冲襟與化日偕舒，喜氣及薰風並豳。丹顏綠鬢，儼行地上之仙；玉斧緋袍，舊按藩方之使。丘園佚老，未應衰健同淹；廊廟需賢，自合明良相得。起東山其伊邇，瞻南極以彌光。

欣逢初度之辰，僭擬無疆之祝。儀非及物，幸恕輕塵。言不宣心，祇隆懸企。

鄉同榜請王司馬

九塞塵清，日月炳旂常之績；三朝望重，星辰回劍履之光。燕喜維新，鷹揚未艾。廟堂增色，閭里騰歡。

恭惟台座猷兼文武，身繫安危。仗天策以橫行，先聲褫敵之魄；抗霜旌而北指，不戰屈人之兵。梟獍懷我好音，蛇豕寢其凶毒。烏孫通譯，解鬌結而被衣冠；赤子謳歌，出水火而登衽席。烟銷雁塞，建千百年未有之勳；春滿龍沙，造億萬人更生之命。淮夷大定，晋公之歸闕有期；鎬宴弘開，吉甫之出車多日。時方瞻袞，旦適懸弧。華嶽降靈，載衍生申之慶；朱明應序，正當紀甲之初。得一爲貞，壽身壽民而壽國；持三不朽，立言立德而立功。將與畢、召爲徒，長佐太平之業；豈假松、喬作類，斯膺難老之祥。

某等里閈後生，年家猶子。轅駒局趣，未辨周行；蜩鷽決飛，敢希大翼！頌南仲于襄之績，詞莫罄於揄揚；睹方叔克壯之年，情特深於慶扑。謹涓是月某日，肅陳几杖，迎化日於冀階；潔奉壺觴，襲融風於蓬島。惟先達作人師範，夙欽山斗之瞻；惟老成爲國典刑，爰效岡陵之祝。伏願黃扉輟直，迴顧盻於橋衡；赤烏登依，賁光榮於俎豆。

擬內閣請張相公

中禁承麻，光炳三台之象；南宮曳履，榮躋八座之班。喜溢賡歌，望符夢卜。矧九重訪落，方春秋鼎盛之年；群正連茹，適天地泰交之會。疇能熙帝之載，宜特簡於金華；爾其代天之工，幸同升於玉鉉。譬支大廈，詎惟一木之功？若濟巨川，尚藉同舟之義。致吾君於堯舜，汝翼汝爲；感嘉會於夔龍，惟和惟一。

謹差穀旦，肅介瑤緘。冀赤烏之況臨，闢黃扉而延佇。

內閣請王相公

蒲輪賜召，東山擁上相之軺；樞席調元，北斗曳文昌之履。十年去國，此日登朝。爾有嘉謀嘉猷，入告我后；天使先知先覺，出牖斯民。卜泰道之將興，宜名賢之彙進。參聯四輔，庶諧化瑟之音；綜爕萬幾，允賴和羹之手。

敬循僚誼，夙戒賓筵。田有飛龍，利大人之覯止；庭充振鷺，賁嘉客以來思。

內閣請趙相公

前旐錫命，新宣楓陛之麻；上衮升華，仹聽槐階之履。班高玉鉉，名重金甌。特膺黼扆之知，晋涉文昌之席。協人情於夢卜，百辟瞻巖；熙帝載而登庸，六符啓泰。對揚宸命，預藉龍光。敬肅賓筵，祗迎台馭。宴需雲而衎衎，挹湛露以瀼瀼。喜起一堂，共篤和衷之誼；燮調四序，尚擴贊化之猷。

同鄉請新進士

奎文炳曜，光騰昴畢之墟；泰運啓熙，慶洽風雲之會。中青錢於萬選，售白璧以連城。鄭驛宵馳，動歡聲於梓里；燕臺春敞，瞻瑞靄於蓬壺。

門下黼藻雄文，圭璋粹質。太行恒霍，鍾三晋之晶英；禮樂詩書，漱六經之芳潤。探驪珠于學海，陋矣吹竽；戰毛穎于詞壇，壯哉拔幟。自龍門過砥柱，撼黿極以縱巨鱗；吸汾澮簸桑乾，軼鵬程而翻健翮。奉王言于玉陛，策奏天人；列仙籍于金閨，牓題甲乙。垂鞭御陌，廣花間得意之詩；釋褐頖宮，憶柳下聞聲之兆。處囊而脫穎，盡慰平生；拔茅以連茹，式參元化。

某等聆許生之月旦，少已知名；想荆公之風裁，今方識面。師師善讓，猶存晋問之遺；瞿瞿深思，不改陶唐之舊。擬同時登俊，未能或先；慶吾黨得人，於斯爲盛。乃諏穀旦，戒念日以夙陳；用迓德星，象周天而衆聚。建干旄之孑孑，執策前驅；如束帛之戔戔，舉觥左辟。願鴻儀其賁止，貽我籩豆之光；接燕笑以攀如，敦此枌榆之誼。

同鄉請新舉人

伏以五星耀彩，炳奎璧于中天；雙鳳呈祥，振羽儀于上國。

文極一時之選，才稱三晉之奇。

恭惟門下圭璋俊器，擅蜚譽於黌宮；金石雄編，蜚英聲於胄監。遊神學海，已探驪而得珠；賈勇詞壇，終處囊而脫穎。豐城二劍，當並躍於延津；燕市千金，信空群於冀北。上書天府，身依日月之光；待詔公車，遇感風雲之會。光生巖穴，名震京師。

生等喜鄉國之有人，幸朝廷之得俊。敬涓某日，用展群情。月桂分香，集冠紳於帝里；露槐垂蔭，導珂佩於天衢。冀覯鶚薦之榮，重賦《鹿鳴》之什。

修志開館答監司公席

繡幰時巡，布惠風於四國；青旂春擁，回嘉氣于群生。事匪空行，動惟豫順。五兵不試，適當燕喜之辰；萬略新開，況應文明之晝。

門下神縱性樞，左宜右有；功旋化軸，陰慘陽舒。及正月之始和，爰戴星而夙駕。臨前見泰，對時育物以行春；地上有風，省方觀民而設教。襃帷露冕，喜漢官今日之威儀；結馴聯鑣，慶豪傑一時之參合。閔文獻不足，謂求諸杞、求諸宋，事或可徵；念咨度當周，必遵於邑、遵於野，謀斯有獲。乃乘按部之便，遂疏式廬之榮。必躬必親，亟問亟饋。所至則重，豈惟吾黨之光；有開必先，蓋實斯文之幸。澤特沾於過化，願允愜於摳趨。是以有袞衣，豈異東山之愛；相從而俎豆，何殊畏壘之誠！

敬懇旌輪，庶其永今朝、永今夕；肅稱觥觶，聊以薄言獻、薄言醻。望台座以瞻依，掃衡門而延佇。

請按院

繡斧周環，幸值南巡之會；軺軒暫駐，欣承下濟之光。嚮慕由衷，攀依動色。

門下斗山重望，綱紀英猷。代天子以省方，茂著澄清之烈；觀人文而成化，曲施造就之仁。師道與憲體偕尊，吏治及邊防並肅。按行絶塞，驅馳備閱乎風霜；蒞止荒城，臨照允同于日月。

干旄在浚，敢希姝子之遭；袞鳥居東，良繫周人之愛。於我信處，瞻鴻陸以留行；酌彼行潦，稱兕觥而薦壽。懇祈垂顧，曷任翹延。

請周憲使

天宇秋澄，三事就登場之緒；霜臺暇豫，一游乘省歛之期。銍艾有終，式憑保障；車旄暫憩，庶愜攀依。

門下神挺崧高，氣鍾河秀。德器鏗然佩玉，動則有聲；道心湛若壺冰，撓之不濁。蟬冠豸服，夙推柱史之風稜；鶴列魚麗，兼熟兵家之形勢。遂持憲節，來視戎行。原隰皇華，備涉驅馳之苦；葍田采芑，力紓安攘之猷。肆烽羽之無驚，乃倉厢之盡入。含哺鼓腹，幸同聖世之民；介壽稱觥，尚憶豳人之俗。

時維九月，零瑞露于兼葭；地接三雲，仰福星於桑梓。西巡在即，北望殊殷。尊俎夙陳，冀發登樓之興；干旄枉顧，佇瞻在浚之儀。

請縣尹

鳧鳥遙臨，快睹天飛之翼；牛刀小試，驚傳風動之猷。蒞止維新，瞻依胥慶。

門下貞標嶽峙，偉器淵停。學富五車，夙闡墳丘之秘；才高八斗，蔚宣河漢之章。偕計而對公車，漢賢良其比俊；剖符而得邊邑，周侯伯以同尊。枳棘荒鄉，雖愧栖鵷之地；黍苗陰雨，亟需澤雉之膏。山川共詫其回春，老稚咸歌其來暮。

如某朽懱，更切歡欣。念吾儕之小人，遭逢非偶；事大夫之賢者，稟印宜先。爰筮吉辰，肅儐觴豆。庶聆至教，永作規繩。躬擁篲以惟虔，覬乘輿之薈蕡。

請存問劉使君

楓宸定策，青宮升震器之華；微省宣麻，白社荷星軺之賁。拜君言而祇肅，瞻使節以扳承。燕啓需雲，歡孚兌澤。

門下圭璋令望，黼黻英猷。德宇溫如，侍玉階而儤直；文思浚發，勒金薤以垂芒。肆御札十行，尚軫存于簪履；乃皇華六轡，特托重于輶軒。襃東禁之羽儀，愧擬商山綺、角；專西垣之詞命，欣逢漢殿應、劉。爰修潢潦之尊，中孚薦信；冀委雲霄之佩，下濟垂光。儼憑軾以惠臨，豫掃門而延佇。

請郝司農會親

《詩》崇倫叙，首歌求淑之章；《禮》重昏姻，豫謹行媒之節。蓋惟氣相求，聲相應，不失其親；斯男有室，女有家，言歸於好。

門下軒駟高扉，簪纓貴胄。含香蘭省，名重兩都；布德棠陰，澤流千里。褰帷露冕，夙欽行部之儀；錫宴賜金，共趾臨軒之寵。聲先岳牧，泰山喬嶽嶙峋；秩晋藩維，烈日秋霜峻潔。

如某支離寒族，偓促孤踪。門豈崔盧，有玷山東之閥閱；人非王謝，敢攀江左之風流？且令愛閨門婉嫕，小兒里巷顓蒙。未解牽絲，何期繫綵？幸地連并代，桑梓風氣之同；天啓夤緣，男女年齡之合。一言而決，諾有重于千金；兩美必諧，聘豈資於雙璧。雖韓土孔樂，若違燕譽之圖；儻陳後其昌，或擬鳳鳴之卜。自是蔦蘿施于松柏，永芘帡幪；蜩鴷奮于枋榆，尚求接引。謹諏穀旦，載啓賓延。接儀采於一堂，風光月霽；固盟言於百世，地久天長。

報翟公昏期

某徼福先世，締好名門。契允孚於斷金，幸曷啻於倚玉。顧貧慚雍伯，莫陳雙璧之儀；貴謝韓侯，久虛百兩之迓。

兹者鴻鈞乍轉，貞元合以開祥；鳳曆新頒，天地交而成泰。女及笄，男及冠，孰無父母之心？正次王，王次春，適際婚姻之候。執雁而往，醮子惟虔；鳴鸞以來，歸妹有待。遵御輪之禮，敢俟著而俟庭；稟結帨之規，庶宜家而宜室。

與李憲使求親

河洲荇菜，式勞琴瑟之求；沼沚蘋蘩，端賴筥筐之薦。宗祧是托，姻契初訂。行柯斧于高門，敢云偶大；厠冠裳于末里，久擬親仁。至藐一介之男，尚虛兩髦之匹。

伏聞令愛，鳳稟柔嘉。向不輕以許人，天特爲之作合。遂令鷦鷯弱息，謬孚鳴鳳之占；魴鯉珍鱗，竟協食魚之願。一言而諾，重何啻於千金；二姓克諧，好且通之百世。恩聯肺附，喜溢心顏。依依有耀之光，肅函書而布謝；耿耿未將之敬，尚請命以陳儀。

又謝李許親

頃者不揣寒陋，仰附高華；幸惠温俞，僭修薄聘。儷皮爲幣，慚無白璧之陳；百兩以將，愧彼朱輪之迓。俟庭俟著，婚姻之禮粗成；有室有家，父母之心斯慰。

是惟親翁敦修古誼，不以俗調徵求；用是小兒早叶良緣，得以宗祧付托。自遠有耀，敢妄意符敬仲之占；故舊不遺，庶相與守周公之教。肅函芹獻，馳布謝忱。伏冀鑒容，曷勝欣戴！

與李親家送奩

良緣天啓，賁纁璧以充庭；嘉禮時成，肅輪轅而就道。結縭稟訓，合卺孚歡。伉儷之願克諧，父母之心交慰。

門下仙源疏派，名閥干雲。家聲闡奕乎先猷，壼政嗣徽于內德。是鍾哲胤，具挺英標。羨白眉之最良，締朱陳其惟舊。河魴靡擇，介柯斧以行言；候雁可將，盛篚筐而委聘。畸零弱息，撫愛有甚於生男；婉娩柔姿，操作未嫻於爲婦。若釜錡，若箕箒，尚托嚴姑之福庇，教自初來；即禮樂，即詩書，尤需察父之義方，勖之遠到。佳兒佳婦，知勤顧復之恩；宜子宜孫，仁迓騈蕃之祉。克昌厥後，發祥允賴于貽謀；式遄其歸，遣嫁獨慚於備物。篋笥楎椸，充入室之用以無加；蘋藻蘋蘩，修見廟之儀而有恪。韓姑于焉燕譽，永綏樂土之禧；向平從此浮游，頓釋情塵之累。其爲感忭，不盡敷陳。

謝劉宮詹賀生第九子

蓋聞物珍則罕聚，類夥則易蕃。是以芝蘭弗榮，而灌栁叢植；鶼鶼寡育，而蜩螗群翔也。

不肖門祚單微，善誼淺薄。未知抱子，向慚人父之愚；既老休官，漸見丁男之壯。能勝衣矣，能勝弁矣，雖過望以箕裘；而佩韘兮，而佩觿兮，總不好夫紙筆。天運如此，方當寄慨于銜杯；日暮云何，寧復容心于建鼓？乃塵根未斷，腐秋草以爲螢；業障相尋，絓老牛而舐犢。莫爲白母，翻增孔伋之悲；未畢男婚，愈重尚平之累。焉能爲有，是奚足多？

門下誼切响濡，仁周卵翼。以所愛及所不愛，藹焉萬物一體之心；視鄰子猶兄之子，渾然異姓同胞之契。寵頒藻翰，騈錫珍儀。載玄載黃，賁錦綳于筐筐；式金式玉，掩環珥之瑤瑜。至被孩提，以八凱之名；且擬乳臭，以九官之數。情文並溢，耳目爲驚。即傾十口之家，曷稱萬分之一？敢不拜嘉大貺，藏之巾笥；傳誦鴻慈，示諸來體。倘韓昌黎之猪龍可辨，應懷顧覆之恩；設劉景升之豚犬難移，巨爽結銜之報。

敬陳謝悃，並附菲忱。仰冀鑒容，豈勝銘戴！

謝胡憲使旌仰宸樓

寶墨藏山，蔀屋炳圖書之瑞；金泥表宅，茆檐賁華衮之榮。麗雲漢以爲章，披烟霞而增概。慶宣閭巷，耳目俱新；光焰門闌，心顔頓竦。

竊念某陶穴遺甿，繩樞寒畯。徼風雲之會，獲附尾於金門；依日月之光，偶溷蹤於玉署。螭頭簪筆，一字無奇；虎觀談經，五篋眇益。狠承恩于晝接，優崇儒重道之儀；遂拜使於天題，塵責難陳善之諭。詎知命蹇，難勝眷遇之恩；儵及灾纏，因請退休之亟。歸田既許，戀闕能忘？每盥手而啓縹緗，輒注心若親黼扆。蝸居湫隘，燥濕不時；鴻寶莊嚴，對揚非稱。乃糞除三逕，抽宿莽以定基；經始層檐，搆群材而建宇。當其無有室之用，八窗生白惟虛；如彼謀於道以成，兩期殺青斯竟。在澗在阿在陸，敢妄意碩人之考槃；苟合苟美苟完，殊遠愧公子之居室。特尊藻制，麗中霤以昭垂；庸展葵忱，顧尚方而耿佩。蓋思對揚休命，永懷旅廈之恩；豈圖流連景光，暫適林泉之趣？

門下望重長城，才雄武庫。吞雲夢者八九，咸歸大人之胸；搆廣廈以萬千，盡獲寒士之庇。底定疆場，斷鼇足以非寧；奔軼風塵，搏羊角而未遠。時乘繡幰，旬宣朔漠之郊；或枉干旄，軫慰衡門之下。樓邊黃鶴，雅識瀛仙；閣上青藜，慣迎太乙。顧庾公逸興，尚虛明月之尊；即孺子專城，未下清霄之榻。時如有待，歲聿云除。華榜虹蟠，歷嚴關而昇至；丹書鳳翥，指陋室以題將。工逾飛帛之文，豈觸機于運帚；妙掩凌雲之署，非殫技於懸梯。且命以仰宸之嘉名，深獲夫創樓之初意。昔仲宣作賦，則荊山之迹迄存；弘農著銘，則梁苑之規如在。以況鴻筆，允藉芳聲。扃之垂堂，並天章而交燦；傳之奕世，綿星紀以無疆。

某感惠璠瑤，銜沙莫報；矢音韶濩，擊缶能諧。敬勒蕪椷，並抒菲薦。情特深於抃躍，詞不盡於揄揚。

謝周方伯表園亭

昔嚴中丞以小隊出郊，杜少陵之野亭斯重；魏觀察以玄貞表宅，張志和之釣隱彌高。自非盛德之光，孰闡幽人之貴？

如某陋質，廢處窮陬。控地鴟鴞，卑伏榆枋之下；入山麋鹿，長逃蓬藋之中。幸托庇以安居，數屈尊而臨顧。猥希非望之寵，冀沾不朽之施。得一字兩字以為榮，乃大書特書而見睨。璇題昭揭，炳焉奎璧之章；瑰製聯翩，鏗若琳琅之律。槐堂綠野，功名總愧於裴王；北海南山，德福敢兼乎仁壽？至蒙慶賚，愈溢分涯。回視杜少陵之野亭，殆尤增色；以方張志和之釣隱，詎止成名？奉為鎮宅之符，期朝夕瞻顏於咫尺；遺作傳家之寶，俾子孫誦德於無疆。

肅附謝言，不勝銘戴。

謝崔侍御旌門兼賀生

隆稱旌淑，蓬茨揭日月之光；大德資生，樗櫟沐雲天之澤。惟有章是以有慶，既得壽而兼得名。寵遇非常，欣承曷已。

門下殿邦賢傑，命世人豪。養正氣之浩然，蜚英聲而籍甚。影縈珥筆，抗糾奸摘慝之章；攬轡登車，樹激濁揚清之烈。巡行之轍半寓[五]內，六條具飭，壹準臺綱；表率之軌在雲中，百度惟貞，尤敦風教。

以某罪廢人之鄙，幸爲下執事所收。雅度包荒，詎直衣冠之分；洪慈軫舊，寔惟簪履之情。用不忍自外于作新，則妄意勉圖乎被濯。奈高春之既仄，臍力已愆；況末路之多艱，精神頓耗。黥劓竟疏於補息，老大徒付之傷悲。豈是衰軀，可堪盛典。表厥宅里，當覽揆之賤旦，而錫以嘉名；賁於丘園，委承筐之曠儀，而華其初度。才愧東山之公輔，敢云望重蒼生？齒慚洛社之耆英，猥辱禮優黃耇。盧西河之上，愛賢再見文侯；居北海之濱，養老重逢西伯。歸仁既晚，悵斧繡之行還；拜賜頻繁，佩瓊瑶其能報。惟願少綿乎晷漏，及聞高步於星辰。庶依台席之衡，永奠巖居之枕。

謝徐中丞送扇

朱旂應候，南熏緬想於歌風；彩箑陳儀，西土恪修其貢職。從來巴蜀，道更萬里之遥；獻于闕庭，製掩五明之麗。是惟乘輿得用，夫豈臣下可將？

門下冰壺水鑑之標[六]，玉質金相之度。備四時之和氣，態絕炎涼；揚八面之仁風，功參長養。頃循成憲，入輸天府之珍；逮念故人，分給巾笥之玩。手擎知重，懷袖增光。當與松竹論心，共期立朝而保歲寒之節；詎止蒲葵長價，但能趨市而競日出之時？願垂蔭斯民，救暍無忘于去酷；提衡吾道，休陰尚念于扶陽。祈祝惟殷，感藏不盡。

謝李中丞送扇

陽居大夏，陶鎔萬象之爐；風動南薰，搖揚五明之箑。貢推蜀筐，製掩齊紈。是充御府之珍，豈比巾笥之玩。

猥承寵貺，謬逮故人。即得一而已多，乃累百其未已。滌除煩暑，清飆回四座之凉；障絕炎埃，遠蔭救九衢之喝。提携知分，噓拂懷情。敬附謝言，不勝感佩。

謝王中丞惠酒米

頃承腆貺，拜賜方新；再辱珍詒，損惠彌渥。與之庾，與之釜，視五秉以有加；酌彼罍，酌彼觥，傾百壺其未已。舉匏相屬，欲賡《既醉》之詩；數米而炊，敢廢先嘗之禮？第飲河有慚於量狹，乃食粟奚貴於軀長？傳醴交修，總賴折衝於尊俎；稷饑未釋，尚期藏富於閭閻。肅附謝忱，莫抒報臆。

謝周憲使送炭

槐檀取火，候應玄冥；椒桂分炊，春生黔突。忝竊仁人之惠，頓紓寒士之顏。

門下中正爲觀，文明以止。霜融繡斧，熙熙化日之輝；冰映玉壺，皜皜秋陽之烈。太和元氣，薰蒸已浹於幽遐；永夜孤燈，體恤更偏於煢獨。翹翹刘楚，載欲汗牛；馥馥薰蘭，允疑塑鳳。以充環堵之室，信尺璧之非珍；用烘敗絮之衾，何重裘之足願？雲中襦袴，將賡賢守之謠；爨下柴廖，倍感亡妻之戚。灼烏銀于茶竈，烹雪誰同？調玉燭于茆蒼，負暄徒切。肅兹占謝，不盡敷陳。

謝李郡守送炭

雁門之北，燕谷之西。條風不度之鄉，凍雪常凝之地。貧如東郭，曳敝履而下穿；困似袁安，擁敗絮而僵臥。何知節序，猥辱眷存。束椒桂以分炊，詔槐檀而取火。烟生黔突，暖入青氈。覺挾纊之非温，豈重裘之足願？

敬兹登謝，不盡感銘。願及新陽，益培元氣。

謝關大尹魚酒

　　門下眷念衰軀，特頒嘉餉。金鱗玉鬣，珍分東海之鼇；桂醑椒漿，甘賜上池之露。烹愈二簋，馮歡不嘆于無魚；量匪百瓢，楚客幸宜于設醴。稍嘗異味，頓減沉痾。靡物可酬，特兹占謝。

校勘記

〔一〕“睨”，疑當作“睨”。

〔二〕“秼”，疑當作“株”。

〔三〕“頷”，疑當作“額”。

〔四〕“□”，《存目叢書》本作“繹齋親家”。

〔五〕“寓”，疑當爲“寓”。

〔六〕“摽”，民治學社本作“標”。

復宿山房集卷之三十五

啓　三

先贈公入祠鄉賢謝兩院

門下憲度肅貞，風猷丕振。揚清激濁，聲動中朝；立懦廉頑，化行北鄙。頃蒙櫬下敝邑，咨考鄉賢，有司特舉先君，以應鈞命。既再三而覈實，合終始以同辭。遂辱溫俞，獲塵盛典。疏光榮於維梓，備禮數於庚桑。靈承俎豆之間，寵逮衣冠之後。垂於百世，是爲不朽之恩；銘此寸衷，深愧無緣而報。附緘公牘，仰謝台恩。感激徒殷，敷陳罔既。

謝邢公爲先曾祖臨邑公作傳

歲前，承貴邑劉大尹公寄惠所纂邑志，中有先曾王父傳，前徽闡耀，末裔增光，敬乘便翔，附書稱謝者。

伏以大邦文獻，貴傳琬琰之編；先世聲猷，忝托丹青之筆。榮施不朽，感切如存。念昔曾王父之受官，寔叨黎比公之封域，單車之任，勺水盟心。撫塵甑以忘貧，施蒲鞭而掩泣。力行教化，一歸謙讓之風；躬勸農桑，盡破煩苛之調。尊賢敬老，父兄事者若干人；省賦輕徭，流移歸者千百數。仁聲四播，衆騰王佛之稱；冤獄屢伸，因咈上官之指。誣不盜爲真盜，如彼何哉；耻殺人以媚人，有去而已。風波洶洶，引身希棄篆之高踪；天道昭昭，轉盼白竊鉄之枉狀。歸田暇日，每云不愧於神明；没世多年，敢覬有辭於父老？

門下司存二史，兼總三長。綵侍餘閒，博丘墳而掞藻；瑤編彙粹，輯邑志以成書。自有官職，概列紀年之次；獨曾王父，特收循吏之中。往迹采之故家，言皆實錄；公評質諸輿誦，名匪虛稱。徵信自今，傳流未艾。再拜而薦之寢廟，儼靈爽之歆承；什襲而藏之巾笥，迄雲礽其寶重。幽明共戴，天壤同悠。無一物之可酬，惟三薰而效祝。臨楲瞻遡，曷既銘藏。

謝鄭中丞

某支離陋質，樗櫟散材，遁迹蒿萊，甘心腐朽。猥荷台慈特達，眷注勤惓。噢咻於疾痛之中，藻潤其疲羸之狀。何公之薦賈誼，未比其知；叔向之識蘧明，詎方其遇？第自分溝中之斷，棄不復收；何敢擬席上之珍，聘而後出？

門下與人不愛其情，進賢欲加諸膝。遂使鼎疑真贗，取信於下惠之言；馬誤驪黃，定價於伯樂之顧。卒憑履幕之薦，再塵旂厦之徵。溯所自來，知非偶爾。所愧宿痾雖減，莫濟中乾；舊殖盡荒，何資入告？探伯魯之簡，祇切憂兢；臨楊朱之岐，可勝述繆？肅茲馳控，以代先容。王程有嚴，方迫束裝之冗；台光非遠，已儲撰履之誠。謹啓。

謝賀起官

某樗櫟散材，蓬蒿陋質。具非用世，叩北闕以長辭；養豈遵時，逃西山而終晦。烟簑雨笠，良分願之所安；夕佩晨鍾，詎夢想之可及？何意槍榆弱羽，再翔下風；伏櫪尩驪，仍遵皇路。原本所自，敢背生成？顧宿痼雖蠲，莫救中乾之厄；舊殖盡落，深慚入告之資。方此臨岐路而徘徊，何敢辱鈞臺之獎賀？袞褒璀璨，飾腐朽以增榮；鼎貺駢蕃，委孱庸其能戴。彈冠以出，特深貢禹之歡；書紳後行，覬稟顓孫之誨。肅茲登拜，曷既銘藏。

謝賀轉禮侍

某并代賤儒，京朝散史。裴回史局，效靡見其短長；供奉經帷，勞何裨於殿最？猥更久次，荐躐清班。服案端闈，謬厠正人之選；授書中秘，虛塵吉士之游。小器易盈，方自甘於止足；湛恩滋渥，乃屢溷於除音。維是春省之亞卿，寔佐秩宗之三禮。謂宜妙簡名碩，詎圖誤及虛庸？籩豆則存有司，雖俯循於職事；章甫願爲小相，敢自任以周旋。所賴老成爲典刑，明習朝章之舊；庶從先進之禮樂，壹還世道之淳。禀俟方殷，惠慈遄布。一言一袞，飾糞壤以增華；五服五章，麗雲霞而垂眺。與其進也，識仁人接引之心；何以酬之，慚國士捐糜之義。肅茲控謝，不盡敷宣。

謝張師賀拜相

某塞下鄙生，淺中弱植。材同樸樕之冗，學無根核之深。收在門墻，儲之館署。因得出入周衛，充筆橐之班；供奉燕閒，奏呻佔之技。積以歲月，漸疏瀹乎宸緫；溯厥淵源，本習聞於師説。用僥非常之遇，屢叨不次之遷。視東省之籩罍，司存是愧；佐中銓之衡鏡，躐冒彌驚。矧是綸扉，寔關政本。調羹補袞，同寅自有三公；伴食署銜，分案何須一介？柴愚參魯，師辟由諓，元非從政之才；夏時殷輅，周冕虞韶，敢寇爲邦之略？老師爲吾道慶喜，曷趣於彈冠；門生以天意占會，且聆夫振鐸。遠塵鼎翰，沾沾情見乎詞；兼損筐頒，種種與傷其惠。肅茲登謝，不盡敷宣。惟冀示我周行，俾不迷於進止；庶幾偕之大道，永有賴於裁成。

謝賀拜相

某樸樕冗材，斗筲小器。猥夤緣於厚遇，忝供奉於清班。徒更出入之勤，靡見短長之效。蝸涎易涸，漸覺中乾；駑力將窮，寧堪遠駕？負且乘於銓省，正此凌兢；引而置之綸扉，其如震惕。況值多賢之際，自有巖瞻；豈茲不肖之身，可當岳薦？拔泰茅而並進，愧彼連茹；受鼎實以參調，虞將覆餗。所賴憲邦宿望，名世魁人，示我周行，偕之大道；乃辱衮章過飾，珍覬隆施。誼重同升，情深不寐。眷惟提挈之雅，曷勝感佩之衷？肅附謝言，并蘄箴誨。式塵瞻仁，不盡敷宣。

謝同官賀起召

某自丁家難，永謝朝榮；幸荷寵靈，歸襄厝事。豐碑大隧，典出無前；鉅册高文，光垂不朽。直從祖禰而下，具感君相之恩。乃當春杪奉書，過叼報睨；迄茲制終除服，久闕候忱。夫豈木石無知，甘自放於林壑？祇緣草土待盡，懼數溷于門墻。所恃矜原，或寬罪責。何圖敝簪遺履，特辱記存；破琴絶弦，再塵收賞。朝祥暮召，能自致而無階；左提右携，本先容之爲地。士所貴在乎知已，向業委心相從；親既歿身可許人，今縱逃名焉往？無奈福緣都盡，憂病交摧。精力憊而屢仆屢僵，神志昏而如聾如瞶。即留之天壤之內，已不挂人數之中。況可重玷綸扉，更塵揆席？此某揣躬度力，知重荷之難勝；息影休陰，狃卑栖而自畫者也。謹陳愚悃，冒懇慈憐。儻蒙鼎力中旋，下情上達，停起家之優詔，免叩闕之長號，終始曲全，死生莫報。

謝賀浚兒發解

竊惟朝廷設科目之制，意在需才；郡國奏賢能之書，號稱貢士。自非俊彦，曷副明揚？兒浚閭巷童昏，山泉蒙困。世守蠹魚之簡，業愧雕龍；門留凡鳥之題，譽慚穴鳳。猥沾教澤，葳蕤涵雨化之春；肇啓文明，奥突鏡天光之旦。應弓旌於部下，繡鞶帨於闈中。率爾摛篇，偶合主司之指；褒然舉首，遂成豎子之名。

雖衡鑑一秉至公，無容提援；而陶鑄寔繇大造，何幸遭逢？設燕承筐，賁周室賓興之典；續食勸駕，陋漢庭偕計之儀。物采焜煌，禮文綢繆。衣冠侈爲盛事，鄉里托其榮光。

某愛切將雛，情深祝蠋。鷦鷯弱羽，驚決起於榆枋；羔雁末行，喜班躋於桃李。科名奕世，表宅里以維新；契分通家，托門墻而滋渥。國士無能爲報，徒懷特達之恩；小子莫知所裁，尚既曲成之誨。敬修尺牘，恭布一絲。感謝殊殷，敷宣罔既。

謝李親家賀恩蔭

不佞十載林栖，百念灰冷。乃鄙懷耿耿，寤寐所弗忘；惟國本搖搖，號咷而未定。宸衷天啓，册禮時成。主器有歸，宗磐孔固。不佞得以蠲除宿蠚，結竟初心，何喜如之？於願足矣！

詎圖存問曠典，所以優禮耆賢者，波及於孤臣；蔭叙殊恩，所以延賞勳裔者，概沾於弱息。日月容光必照，爛幽壑以生輝；雨露不擇而施，滋枯荄其委潤。小人忘罪，庶媮歲時伏臘之歡；僮子備官，曷知朝夕晦明之績？滿將招損，逸則生淫。方當稟訓禮法之家，敢遽絲籍衣冠之族？

伏蒙台慈俯眷，翰札遥頒。褒逾一字之榮，貺擬百朋之侈。豈一技暫戢，足煩鵬顧之垂；抑五世其昌，過信鳳鳴之卜。緬惟德意，直欲屬姻婭於丹霄；循省才情，何能謀子孫之壟斷？所冀抗顏泰岳，惠句濠梁。憐鮑宣清苦之操，俾終完其幼志；折華廙輕儇之氣，免詒玷於官評。是惟造就之恩，詎止呴濡之澤？肅申謝悃，不盡馳神。

謝賀生

大塊勞我以生，忝賦萬形之一；皇極錫民於壽，與分五福之餘。際泰運以知榮，撫頹齡而增慨。日中不學，倏當炳燭之時；

漏盡而行，奄迫鳴鍾之候。髮種種其漸短，道茫茫乎未聞。托視息於蘧廬，隙駒屢邁；收精魂於林壑，芻狗虛陳。陰陽錯謬而失調，亮天工其無術；民物夭昏而寡遂，培元氣以何能？方尸位之是慚，豈行年之足計？伏塵慈注，賁錫褒章。盛德好生，具荷仁人之寵；縟儀稱慶，寧戡長者之施？敬用璧歸，懇祈鑒炤。儻少寬於督過，敢自恕於知非。

又

某榆枋陋質，蒲柳衰材。生也懸弧，空抱四方之志；老而炳燭，虛憐一寸之陰。道總愧於朝聞，節更慚於晚植。旅進旅退，但隨俗以浮湛；可有可無，何關世之輕重？況頹齡易下，頓驚齒髮之疏；而宿疾難攻，兼苦膏肓之痼。正茲委頓床蓐，乞骨求歸；乃承頒賜筐筥，嘉生錫賚。度餘年之無幾，豈溢寵之敢當？佩至愛以心藏，璧多儀而控謝。幸垂原亮，不罪拘迂，其爲感銜，倍增隆渥。

又

詩嘉未老，本資用世之材；莊稱大年，實寶全生之術。如某不佞，與衆同蚩。弧矢夙懸，空負四方之志；弓旌再辱，竟寒一簣之盟。伴食悠悠，廩餼虛糜於歲月；窮年矻矻，功名靡著於春秋。望末路以彌艱，犢輗易僨；眷高春之既下，駒隙難留。雖株守歲寒，或保全於晚節；奈鍾鳴漏盡，尚未輟於宵行。方懷知止之圖，猥荷嘉生之寵。伊蒿伊蔚，殊增罔極之悲；有臺有萊，敢僭無期之祝？肅茲控謝，不盡敷宣。

又

不佞某贅疣陋質，擁腫凡材。少不競時，志意積墮於夙夜；

壯而涉世，功名靡著於春秋。自罷歸畎畝之間，日偃臥筐床之
上。衰因冗劇，悴允類於秋蒲；病以憂綿，腐且均於塞草。猥徼
厚遇，叨依日月之光；獲苟餘年，寔賴乾坤之造。乃茲賤誕，方
鼓缶以咨嗟；猥辱慈存，紛承筐其委貺。上下下而褒嘉過溢，良
慚耆宿之稱；子元元而顧復惟殷，忍負公侯之愛？肅茲登拜，侈
初度之榮觀；眷惟解推，期終身其歡戴。感真次骨，言不宣心。

又

璇樞默運，倏周花甲之旬；玉燭熙調，光賁桑弧之旦。曆新
人舊，悠悠紀夢以從頭；晷短心長，耿耿佩恩而次骨。不謂衰年
之迫，重叨曠典之頒。門下德備中和，猷資文武。田里樹畜，開
邊民衣食之源；禮樂詩書，收吾道經綸之效。牛放馬歸不用，塵
氛淨掃於三陲；雞鳴狗吠相聞，烟火直通於萬里。肆戴白垂髫之
眾，咸含哺鼓腹而嬉。以某待盡之夫，與識有生之樂。俯循頂
踵，瓦全丘壑之中；允賴仁慈，錦覆雲霄之上。秋蒲朝菌，方愧
負於栽培；棄斷焦桐，乃數厪於雕繪。天蓋地容之度，父生母鞠
之心。苟殘喘可延，托帲幪而未艾；即頹齡善下，需藥石以彌
殷。猥承美疢之詒，厚損多儀之錫。情文過縟，涯分兼逾。甫自
慶而忽慚，轉以榮而爲懼。敢無登拜，終是怔營。敬此附書，聊
三薰而布謝；尚容卜吉，嵗一价以陳詞。

又

化國日舒，末照添五紋之繡；節堂春煦，寸陰分尺璧之珍。
生適幸於逢辰，惠特厪於行慶。榮敷朽質，喜溢衰顏。

門下道貫三才，猷兼七德。精忠作屏，金湯鞏磐石之基；偉
略游環，鞭篲制韜裘之命。合華夷內外，盡人而翔泳於太和；即
草木昆蟲，何物不蕃滋於大造？

矧某荒穢，特辱撫存。川納山藏，未喻併包之雅；風噓雨沐，式蒙長養之仁。肆勉攝其尫羸，獲苟延乎旦夕。注流光於駒隙，本挹晨曦；遡委沫於蝸涎，疇非河潤。乃者乘新陽而布令，頒曠典以嘉生。復見天地之心，良荷陶鈞而忭舞；齒及崦嵫之景，奈驚鼓缶以咨嗟。敢不拜嘉，其如踧踖。福兮易盡，尚留不盡之恩；生也有涯，庶節無涯之寵。肅茲陳控，懇乞矜原。倘少緩於顛隮，且終煩於顧復。瞻依殊切，銘佩能忘？

又

盛德好生，上契乾元之撰；多儀及物，榮沾鼎養之施。捫心不盡於鐫鏤，揣分寔艱於稱塞。

門下功高作屏，念切推溝。合雲朔千里之疆，仁漸孔浹；於草茅一介之士，禮遇加隆。齒及小年，詔春秋於蟪蛄；寵之大眤，振鍾鼓於爰居。洵里巷所詫聞，爲丘園之曠事。周文善養老，庶無凍餒之虞；之武不如人，能效驅馳之用。投石誠慚於努力，報瓊徒切於含情。敬遣家僮，上干閽吏。叩台臺而申謝，僅憑尺一之書；祝壽域以弘開，普造大千之命。

又

桑蓬紀旦，詫星霜閱歷之頻；蒲柳經秋，荷雨露滋培之渥。榮增陋質，喜溢衰顏。

門下道裕經綸，猷兼張弛。安民和衆，滿腔皆惻隱之心；制變銷萌，閫鎮享清寧之福。勳伐隆施於社稷，恩威周浹於華夷。自蠕動肖翹，舉欣融於化育；即支離擁腫，並休暢於恬愉。

如某淪落之踪，兼抱沉綿之疾。幸徼慈恤，察傷省痛以惟殷；獲保餘齡，補劓息黥而自慰。苟須臾之死可緩，皆乾坤之造所延。豈是賤辰，克當台眷？好生念篤，直欲躋之仁壽之鄉；惠老恩優，何但豐其粟帛之賜？瑤函珍篋，麗銀漢以垂光；玉札丹砂，酌金莖而委潤。禮文殊絕，敢不拜手以登嘉；涯分過逾，終是搖魂而踧踖。敬尚家僕，叩布謝忱。感佩高深，匪涓埃之可答；敷宣衷曲，窮毫楮以難陳。

又

蓋聞修身所以立命，好德斯克考終。故形不虛賅，年非漫閱，必有樹於當世，乃無忝於所生。

若某者，器愧通方，學慚聞道。生平碌碌，曾乏善狀之可稱；末路悠悠，轉覺頑根之難化。第令壽同社櫟，業違繩墨而非材；況復質類秋蒲，能歷風霜而不悴？本徹慈軫，曲垂大造之仁；肆獲苟延，少假須臾之息。何圖鼎貶，貤逮弧辰。日月有明，注光華於駒隙；江河善下，委膏澤於牛涔。驚曠典之非常，式將拚舞；眷多儀其有爛，敢後登嘉？顧齒讓尊者之前，古今未聞其僭；福溢小人之量，鬼神且害其盈。不勝悚惕於中，是用控辭於上。冀原情而體察，庶遵分以皈依。熙熙登老氏之臺，寧煩縟禮；皞皞游文王之囿，總沐殊恩。詞不盡於對揚，心永期於篆刻。

謝沈相公賀生

弟某支離陋質，偃蹇孤踪。控地鶺鴒，托榆枋其未穩；入山猿狖，灾林木以頻驚。兩間共棄之身，一綫僅存之息。危如朝露，居恒惝怳以忘生；凛若春冰，敢覬優游而卒歲？門下量涵溟渤，誼切雲霄。故舊不遺，媲古昔大臣之度；顛連曲軫，異他人兄弟之情。武接夔龍，已邈隔星辰之劍履；齒存犬馬，尚速察晷刻於璇璣。越千里以勞人，累重函而委貺。精鏐文綺，寵分帝賚之儲；麗藻瑰篇，渙灑天章之賁。飾英華於蒲柳，朽質增妍；褒節概於桑蓬，壯心頓厲。敷言錫極，造命信由君相之恩；御氣乘虛，長生詎羨真人之訣？三薰登拜，視丹砂玉札以非珍；什襲尊藏，與大貝天球而共寶。感激至形之鼓缶，捐糜未稱於投瓊。惟仰瞻六符於泰階，啓上宰平明之象；庶盡納八荒於壽域，培本朝悠久之基。忝竊光榮，特塵頌禱。

謝馮宗伯賀生

天地之大德曰生，不遺枯朽；河洛之至文復出，渙發昏曚。澤釀湛露之湑，瑞炳瑤光之曜。衰軀頓辣，老眼爲新。

門下學富縑緗，才雄黼黻。絲綸掌制，追典謨訓誥之風；旅廈説經，闡仁義道德之奧。精忠默運，衮闕賴以彌縫；正氣孤騫，明堂恃爲砥柱。肆帝心簡在，曰伯夷汝作秩宗；蓋神器有歸，惟絳侯可屬大事。三命而升華，南省具瞻台座之星；浹旬而定策，東朝竟取虞淵之日。奠國基於磐石，世共偉其高勳；削罪籍於丹書，某更私其末庇。十年病骨，始知安枕之期；一息游魂，敢憶懸弧之旦？乃歲塵德念，逮寵頹齡。走使冰雪之中，委貺蒿萊之下。琅函璀璨，托仙官之符籙齎自蓬瀛；錦軸焜煌，疑天女之機絲墮從霄漢。三薰三沐，拜嘉莫喻其欣榮；一字一珠，莊誦曷勝其珍重？攻玉軫他山之用，曾何益於瑕瑜？徙薪録曲突之謀，寧足程其功過？褒揚逾溢，惠錫駢蕃。粉滌備極其情文，慚悚寔浮於感激。淮南鷄犬，永違餐鼎之思；冀北駑駘，良負加鞭之意。惟願機庭畚入，配四象以調元；亻見壽域弘開，兆六符而啓泰。言宣罔既，心祝殊殷。

謝蕭司馬賀生

某天壤棄物，草澤逸人。頃更憂患之頻，漸覺衰頹之甚。膏肓並據，侵齒髮以交疏；皮骨空存，奈精魂之不屬。灰寒木槁，直需就盡之期；冰薄淵深，倍切持終之懼。方共庚申而守歲，寧知甲子之周天？

門下量廓重溟，心周萬彙。雅誼曲敦於故舊，至仁首急乎顛連。肆綿溝壑之餘生，寔荷乾坤之太[一]造。猥因賤誕，輕瀆尊慈。嘉其彌六之年，寵以多儀之貺。瑤箋錦軸，耀奎璧以增華；文綺兼金，賁丘園而動色。駢蕃惠侈，詫使節於雲霄；鞠育恩深，憶母劬於震夙。喜兼悲集，愧與榮并。伊蒿自恨其不材，社櫟敢矜其能壽？惟二天是托，聊紓日昃之嗟；及一息苟延，或保歲寒之節。是爲厚庇，豈假隆施？敬力疾以登嘉，用拊書而稱謝。鬱中藏之耿耿，容嗣布其區區。

謝李親家賀生

某支離陋品，偃蹇餘生。日月歲時，六旬虛度；功名道德，一藝無成。俯循蒲柳之秋，寔愧桑蓬之旦。猥塵慈注，勞公子以遠臨；寵錫華章，兼豐儀而下賁。謝庭之蘭美如玉，即之也溫；安期之棗大於瓜，多而且旨。耀榮光於朽質，動喜色於衰顏。拜手登嘉，肅書附謝。居然叼異渥，竟莫執於瓊瑤；何以制頹齡，尚有需於藥石。良深感苾，不盡敷宣。

又

某學鮮根荄，材無質幹。莊樗擁腫，棟廊廟以非堪；魏瓠枵虛，泛江湖而差適。茅屋蒲國之上，藥爐丹竈之間。尺鷃一枝，不用買青山之費；蠹魚數卷，聊充送白日之資。自惟休佚而處陰，或可優游以卒歲。奈何年衰病劇，造化小兒數侵；福盡緣窮，骨肉至親多故。一歲而兩遘齊衰之戚，旬月而四殤褓褓之孫。形豈木石也哉？奈悲傷之戕伐；命猶風燭而已，隨憂苦以飄搖。即朝夕之不謀，何春秋之足算？猥塵慈注，寵其初度之辰；

遠辱台伻，授以嘉生之貺。筐筥錯采，絢銀漢之雲霞；七箸分甘，溢金盤之沆瀣。枯同塞草，夫豈敢負煖律之吹噓？痛軫伊蒿，寔未忍酌春觴而燕笑。勉登珍果，用識隆情；別附琅函，直陳下悃。冀惟矜亮，不盡瞻馳。

謝賀正

王正啓序，帝震乘權。東郊之淑氣方新，北陸之凝陰欲盡。

恭惟臺下，翼猶顯世，令德宜民。忠勞茂著於蕃宣，功高作屏；惠愛積乎於休養，念比推溝。福星垂六路之光華，山明川媚；解澤回群生之命脉，巷咏途歌。舉三垂並圍於熙臺，宜百順駢臻於福極。

某忝依慈庇，倍切歡悰。奈伏枕於巖間，阻稱觴於棨下。猥蒙優眷，特隆折節之交；賁錫多儀，厚損授時之惠。恩有加而無已，寵太溢則難勝。拜賜傴僂，堪愧龍鍾之態；函書控謝，聊申燕廈之忱。冀應泰符，遂升鼎軸。光輔熙明之運，永綏樂利之氓。

又

新陽應序，遠塞逢年。十連並圍於熙臺，百順咸歸於福極。

仰惟臺下，心符乾始，望重師中。精神折千里之衝，靖烟氛於朔漠；惠愛造群生之命，浹膏澤於儲胥。肆文恬而武嬉，重見舞干之世；乃家謳而户咏，均懷覆幬之恩。兹青規乍轉於璇衡，適黼扆亟需於劍履。仰層霄而戀戀，祇懼公歸；永今夕以依依，式摅私禱。朋尊介壽，阻申草野之悰；大烹養賢，猥辱廩庖之餽。無事而食，濫竊愧於齊竽；有脚之春，暖獨欣於鄒律。垂慈過渥，拜賜知榮。此生端賴於拊循，何物可堪於報塞？肅占謝牘，并布賀忱。冀應泰交之辰，錫彤弓於不日；光輔離明之運，調玉燭以中天。

又

皇建有極，綿萬曆二十五載之太平；王次於春，頒一歲三百六旬之正朔。履端伊始，拜賜獨先。開病目以知新，披昏情而鳴豫。

門下大心體物，元善長人。道全三極之精，躬備四時之氣。節旄葆止，方快睹於威儀；弦誦穆如，已改觀於風俗。合并汾之士女，並囿春臺；舉晉冀之山川，如開縣圖。群情闐懌，咸賡來暮之歌；泰道光亨，宜展迎年之慶。祗緣伏枕，莫克稱觴。猥蒙折節之交，厚損授時之貺。耀榮光於仄陋，敷生意於凋枯。本托洪庥，游息庶紓於俛仰；重塵慈渥，歡悰能已於揄揚？敬附菲忱，庸代辛盤之薦；願祈蕃祉，茂延台鼎之禧。

又

璇衡轉淑，寒消黍谷之氛；玉燭調熙，煥入茅檐之曝。暄依趙日，稔卜堯年。慶惠寵頒，歡悰允洽。

門下神從嶽降，心與天游。昭回萃萬象之精華，文足經，武足緯；舒慘贊二儀之化育，陰不伏，陽不愆。生成侔大造之功，安攘佐中興之運。自山河表裏，咸衽席於春臺；即夷狄遐荒，共胼㦬於夏屋。師貞丈人吉，三錫之命行臨；泰交君子亨，六符之階已兆。

某忝依慈庇，幸際昌辰。阻修獻歲之儀，猥辱授時之貺。農祥有俶，怳開耳目以知新；台望方隆，仁俟股肱之喜起。肅申謝牘，附布賀忱。敢謂藻芹，可效辛盤之薦；庶銘椒柏，聊承樽俎之娛。不盡感銜，式虔頌禱。

又

泰道光亨，慶協履端之候；師垣豫順，寵承錫極之禧。開病目以知新，激歡惊其欲舞。

門下名齊二曜，氣備四時。弛張兼文武之猷，位育闡中和之懿。輯華夷於一統，內則順治，外則威嚴；回宇宙之太和，民無夭昏，物無疵癘。皞皞文王之囿，並咏騶虞；熙熙老子之郊，不生戎馬。戴堯天而擊壤〔二〕，總惬含哺；就趙日而振衣，殊慚獻曝。猥承折節，俯垂下濟之光；特藉頌春，盛委先施之貺。情深噓槁，惠溢傳柑。敢不拜手以登嘉，終是靦顏於稱塞。肅申蕪牘，附布芹忱。企八翼於雲霄，願佐中天之運；占六符於象緯，永綏下土之氓。不盡瞻依，式虔頌禱。

又

旭轉青旂，霽景敷暄於朔漠；霜融紫鉞，韶華散彩於衡門。賁泉石以增輝，絢烟霞而動色。感深病骨，喜溢衰顏。

門下心與天通，性由神縱。文武備弛張之略，中和兼位育之能。勞猷久著於旬宣，惠政一依於休養。老終壯長，咸蒙綏靖之庥；內順外威，允庇廓清之烈。肆净凝陰於北陸，潛回淑氣於東郊。柏觶椒盤，方愧陳儀而獻壽；銀幡綵勝，猥蒙行慶以頒恩。折節下交，振精神而欲竦；傴躬拜賜，循涯分以何堪？泰道光亨，忠素孚於帝鑒；師垣豫順，願亟踐乎台衡。

又

斗懸絶塞，天盡窮陲。春風不到之鄉，朔雪常凝之地。重綿欲折，俗素苦於禦冬；二耡不登，頃且艱於卒歲。猥徼厚幸，仰托洪慈。已溺已饑，特軫推溝之隱；議蠲議振，亟圖靖圉之籌。

拊綏安輯之有方，嘔喻噢咻之備至。肆士戢於伍，民安其居。不圖鴻雁，集中澤以歌謠；及與鳶魚，沐新陽而翔泳。剝極而復，斯見天地之生機；泰交而亨，允屬明良之盛際。稱觴獻履，尚稽修賀於公堂；加璧授餐，狼辱錫音於空谷。嘘同鄒律，舉一壑而盡囿太和元氣之中；酌並堯樽，偕九族而分霑玉露金莖之惠。報瓊瑤其無物，愧寸草於羲暉；采溪澗其有虔，薦五辛於鼎實。願開壽域，佐聖皇必世之仁；永奠金城，鞏宗社無疆之祚。

又

青規轉燠，繡斧增華。戎軒揭日月之光，憲府霽冰霜之色。陽春有腳，循行不擇於遐荒；造化無心，噓植特偏於枯朽。春風棠樹，久依蔽芾之陰；膏雨黍苗，重卜豐登之兆。俶載南畝，欣于耟之及時；躋彼公堂，擬稱觥而無地。狼蒙慈注，寵以賀歲之牋；倍激愚衷，增其負暄之愛。敬申謝牘，并布慶私。所願應泰卦之三陽，孚於衆正；歛箕疇之五福，錫厥庶民。某臨楮不勝祈祝。

謝萬督府賀正

三十年曰世，浹沾必世之仁；八千歲爲春，遠荷頌春之惠。有懷燕喜，不盡鸝鳴。

門下八面雄才，一腔正氣。西征東怨，起燉煌迄於遼海，所至慰霖雨之思；北伐南威，自沙漠暨彼炎荒，相戒曡雷霆之烈。築鯨鯢爲京觀，一麾而島嶼遄清；蹲虎豹於重關，三矢而天山大定。我行永久，方策勳而開洛鎬之尊；從事獨賢，俄奉命而領封圻之甲。五侯九伯，任鈇鉞之寄以彌專；百濟三韓，稟羈縶之盟而恐後。奠陵京於磐石，闢河朔之陰霾。閥閱功高，樞衡望重。久結知於帝眷，僉注望於公歸。時維震出之辰，適叶泰交之會。

無能獻履，供霄漢之飛鳧；兼愧銜環，效泥塗之困雀。猥塵歲貺，曷任頻饗。豈曲軫貧交，知我無如鮑叔；而獨存厚道，軫舊再見周公。總之德盛難酬，惟有心知不泯。耿焉佩戴，逖矣瞻馳。

謝萬督府賀正兼賀生

蒼龍啓籙，瞻瑞靄於天東；青鳥銜圖，賁瑤華於斗北。枌榆動色，椒柏孚歡。

門下智勇兼資，才誠兩合。十年一劍，陸剸水擊而霜刃如新；萬里片帆，電掣飈馳而星旄自落。築鯨鯢爲京觀，威稜遠播於炎荒；擁羆虎於外藩，勳望獨尊於都護。革車三十乘，似齊桓定衛之初年；君子六千人，勵勾踐讐吳之銳志。黍苗膏雨，業綏小國而見休；荊棘烟塵，應苦遐陬之留滯。數瓜時其既過，忽梅信之俄傳。懷人在水一方，正溯鴨江之浩淼；勞使重繭百舍，備更驛路之崎嶇。及除日以儵臨，與條風而偕至。辛盤餉歲，兼分異域之珍；藥裹延齡，并賜文房之玩。充函溢筐，不盡登嘉；委羽銜沙，詎堪稱塞？師貞叶吉，仁觀錫命之臨；泰交應期，會托升猷之庇。一絲不腆，三祝殊虔。

謝餉端午

某兩間棄物，一息餘生。病骨新還，向速陰陽之沴；驚魂未定，何知節序之移。猥恃薄緣，獲依末庇。神鼎作鎮，萬怪俱藏；法鏡在懸，纖塵不止。家執銷兵之契，人懷續命之符。介子可生，當無煩於禁火；屈平而在，或未忍於投沙。自幸所遇之時，迥出前賢之上。栖衡飲泌，揣分量其已逾；切玉包金，寧會慈之敢覬？叨承過渥，報塞彌艱。敬薦蒲觴，觴三行三祝而成禮；兼陳綵縷，縷一絲一歲以徵年。伏冀鑒容，不勝欣戴。

又

時臨地臘，序應天中。仰惟道化昌融，光輔朱明之運；聲獸圐達，肅清紫塞之塵。奠北徼若覆盂，兵銷不試；廣南薰而鼓瑟，民愃咸紓。肆變災沴爲休祥，盡易呻吟而弦誦。

如某朽傖，亦預昭蘇。挹噓拂之清風，無須蒲篿；沐漸濡之濊澤，匪待蘭湯。逍遙徒羨於莊生，汨沒堪憐乎楚客。托身大廈，何非覆芘之慈；叨惠多儀，重損駢蕃之渥。飲河鼴鼠，揣分量以難勝；六日蟾蜍，置軀殼其焉用？恩加知寵，感極生慚。聊申絲縷之誠，庸報瓊瑤之貺。倘蒙麾納，曷任欣榮！

又

日臨東井，燭龍擁羲叔之車；風播南薰，韶鳳叶蕤賓之律。化因道洽，慶以時行。跨海金梁，濟淪胥而登之彼岸；彌天錦冪，蔭道暍而扇以清飊。陰不伏，陽不愆，六沴潛消於橐籥；文足經，武足緯，五兵盡化爲櫌鉏。當茲燕喜之辰，適應鼉成之候。輕羅細葛，莫輸在笥之供；文綺精鏐，特損盈筐之貺。沿風俗於荊楚，意在懷賢；遵月令於周秦，賞因逮下。俯循謇訥，已收反舌之聲；回憶狂愚，尚抱嬰鱗之惕。將形吊影，良慚繫臂之雙絲；得味分甘，寧羨黏筒之九子。草化螢其易腐，艾結虎以徒工。觸景增悽，感恩聊慰。肅申謝悃，并附賀忱。五服五章，仁錫九章之命；一絲一歲，願綿千歲之禧。

又

節屆天中，重午炳離明之曜；塵銷斗北，三雲合泰定之符。師貞協而慶祉駢臻，民愃紓而頌聲交作。徹桑未雨，咸歌保障之弘勳；蓄艾有年，盡起呻吟之滯疾。納群生於壽域，人懷續命之

繢；總七德於戎行，家佩辟兵之印。聲靈赫濯，蕩平無間於幽
遐；惠澤汪洋，涵浸更偏於枯朽。所慚委懙，粗支旦暮之身；特
荷慈憐，數損歲時之睍。恩私過侈，涯分兼逾。華袞疏榮，良愧
七襄之報；緇衣比愛，聊將一縷之忱。幸賜鑒容，曷勝鼎戴。

又

蕤賓應律，炎后司衡。日中天而向離，共仰文明之治；雷得
雨以作解，咸蒙長養之恩。棠陰蔽芾於三雲，蘭氣氤氳於萬户。
綵繪順俗，經綸出襦袴之餘；化瑟調元，聲教溢弦歌之外。民瘼
久蘇於蓄艾，群情總切於傾葵。

乃某朽懙之夫，倍感呴濡之惠。無能薦壽，猥荷垂慈。粟肉
蘋蘩，疊拜魯臺之饋；形容憔悴，偏憐楚澤之癯。每登對以知
榮，奈省循其增恧。敬效一絲之悃，用祝千歲之鼇。物菲心誠，
緒長詞澀。

謝餉中秋

山間節序，再逢搖落之期；塞上烟氛，胥仰廓清之烈。纖塵
無警，九扈咸登。素商發而溽暑收，白社開而新涼入。悲秋作
賦，軫騷客之幽憂；問月停杯，謝謫仙之雅況。幸依履幕，在冰
壺水鑑之中；若跨津梁，游貝闕珠宮之麗。寵靈既侈，惠貺滋
頻。立身天柱峰頭，俯眄溝渠之斷；候氣廣陵濤畔，遙憐涸轍之
鱗。澤與湛露同濡，量若太虛兼覆。鼎丹可舐，已違雞犬之緣；
煉石無成，竟齎蟾蜍之恨。負恩不淺，報德何繇？敬附毫毛，庸
抒悃愊。伏希炤納，不盡瞻馳。

又

月鏡秋懸，耀寒芒於憲府；霜笳晝静，凝瑞靄於戎軒。慶祉

昭升，寵光賁錫。絢衡茅而動色，輝巖桂以敷華。

門下德器淵停，道心玉映。屏纖塵其不着，洞萬象而俱融。囿四封於冰壺水鑑之中，躋百姓於瑤島丹丘之上。山河鎮定，翕歸底柱之勳；天地清夷，偕享華胥之樂。

乃某朽憊，伏在幽深。星辰命坐於孤虛，世界分安於缺陷。荷台慈之周渥，乘嘉序以頌儀。金薤琳琅，律叶鈞天之奏；木瓜瓊玖，珍疑銀漢之投。豁耳目以開明，振精魂而竦厲。食芹思獻，結草待酬。願茂對於昌辰，日緝熙於純嘏。

又

節屆中秋，涼生遠塞。邊塵不聳，人紓北顧之憂；場稼新登，家享西成之利。金穰瑞協，玉燭光調。合九野以澄清，舉三雲而焜燿。餘輝所被，朽質知依。幸荷作新，罔遺譏於月旦；即同造就，或補敗於天刑。猥以歲時，數荷餉惠。食瓜斷瓟，念小人之腹易充；加璧投瓊，豈匹夫之懷可有？傴僂拜賜，寵何旉於逾涯；摩效酬知，報寔慚於無地。肅占荒楮，并附芹忱。庶俯鑒於秋毫，益篤培乎慶祉。

又

日循西陸，律應素商。繡矛行秋，埃壒凈三雲之翳；銀蟾向夕，琉璃瀉萬頃之波。清寒凜徹於冰壺，高朗熙調於玉燭。炳聲靈而赫濯，賁勳業以昭融。圓滿山河，幸無虞於缺陷；遐荒風俗，欣乍變於文明。食農圃之瓜壺，粗知適口；挹仙盤之沆瀣，殆欲搖魂。禮並恩逾，榮兼懼集。登嘉大眖，曾何一物之酬？歌舞至仁，但有千秋之祝。肅茲占謝，不盡名言。

又

日行西陸，序屬中秋。枳邑淹栖，久滯朝陽之鳳；桂宮虛敞，新懸照夜之蟾。清寒色溢于冰壺，高朗光調於玉燭。三雲户版，咸依樂土之居；百里弦歌，宛叶鈞天之奏。食瓜斷瓠，在小人之腹已充；加璧授餐，豈尊者之賜敢覬？叨承過侈，登拜殊慚。聊將一羽之忱，用介千秋之祉。

謝餉重陽

雁塞秋深，警息三雲之柝；龍山宴敞，歡分九日之觴。拜嘉貺以知榮，撫芳辰而滋惕。

門下異才天挺，正氣霜凝。功大而守之以冲，口不言其勞勛；任重而鎮之以静，身獨繫乎安危。裦帶雍容，先事弭萌芽之釁；斧斤揮霍，當機中窾卻之宜。肆望叶師貞，久净風烟於北鄙；乃澤孚兑説，奄觀歲序之西成。士女共適於恬愉，夷夏相安於輯睦。鴻庥所庇，燕賀維均。迹阻登堂，莫效稱觥之祝；恩周逮下，猥蒙溢筐之頒。振摇落以清飆，欣承爽籟；襲芬芳於湛露，頓減沉痾。省涓分其已逾，報涓埃其何有？肅書申謝，聊將一縷之忱；徵璽行臨，願正三台之席。

又

商律迎寒，秋深憲府；糕盤行慶，寵溢衡門。拜嘉貺以知榮，撫芳辰而滋惕。蓬蒿至陋，本風塵飄泊之踪；蒲柳易凋，愧雨露栽培之澤。猥徼厚幸，仰庇洪庥。投一壑以栖遲，倏及授衣之候；服三時之耕作，適逢入谷之期。不饑不寒，庶可優游而卒歲；以休以助，寧圖豫順以同民。叢菊兩開，緑蟻掩江州之惠；茱萸並插，絳囊均漢殿之效。置杯水於坳堂，良慚負大；恃恩山

如泰華，詎羨登高？圖報稱以無階，但鐫鏤而次骨。九五福曰
壽，敬祝台齡；八千歲爲秋，冀綿慶祉。

<h2 style="text-align:center">又</h2>

序屬杪秋，節臨九日。四郊無壘，具蒙靖圉之庥；九扈咸
登，適屆滌場之候。豐成有象，兌説均歡。惟兹蒲柳之資，先衆
芳而隕落；幸托榆枋之蔭，甘一壑以栖遲。澤畔行吟，總愧靈均
之節；籬邊獨酌，寧追元亮之蹤。猥辱鼎儀，賁加朽憊。紫萸黃
菊，輝物色以增妍；湛露清霜，映天光而倍爽。拜恩誠渥，報賜
何能？紉芰荷以爲衣，不堪補袞；采藻芹而薦豆，聊可稱觴。敬
布微忱，用祝慶祉。伏希炤納，曷任瞻馳。

<h2 style="text-align:center">又</h2>

兌秋向暮，商律迎寒。潦水盡而川流清，爓火銷而烟光薄。
四郊無壘，適值清時；百穀登場，兼逢稔歲。賓僚宴集，想盛會
於龍山；父老招邀，續舊游於蜡社。摘東籬之菊，未敢稱觴；采
南澗之蘋，曷堪薦豆？猥辱瑤牋寵逮，過褒荒落之踪；鼎貺下
詒，厚損駢蕃之渥。江州送酒，未喻隆慈；漢殿賜萸，式均嘉
惠。肅兹登謝，抒寸報以無繇；祗切瞻依，祝千齡而未已。

<h2 style="text-align:center">又</h2>

雁塞秋高，龍沙霧净。三雲襦袴，授叔度之衣裳；百里弦
歌，化言游之禮樂。宸綸行召，方佇望於雙鳧；國是久需，會聳
觀於一鶚。戀戀車塵之下，暫幸扳援；悠悠節序之移，豈煩眷
念？庚金委眠，匪待首山之呼；菊酒分甘，寧羨江州之送？賁丘
園而動色，輝泉石以增榮。言不盡於敷宣，心獨塵於頌禱。升朝
在即，計日惟殷。

謝賀至

帝日重華，載啓迎長之旦；卿雲五色，特占大有之年。數有開而必先，理無往而不復。純陰既剝，發生方見於天心；泰道將亨，經濟允需於大業。保釐三輔，培元氣以寬和；鎖鑰重關，握中權而鎮定。肆燕谷無煩于吹律，暖同挾纊之溫；舉周邦咸喜於橐弓，安享銷兵之福。洪庥茂衍，慶祉駢臻。思獻履而未能，辱惠書其滋愧。寒灰乍爝，徒分夜績之光；短綫無長，奚補天工之亮？敬乘便羽，肅附賀忱。瞻怙殊殷，敷宣罔既。

又

至日閉關，塵斷玉門之貢；代天巡守，霜融繡斧之花。眷榆塞以回熙，本蘭臺之錫祉。邊氓休息，復其見天地之心；君子經綸，屯乃應雲雷之象。道驄共避，惠風播自英風；殿虎忘爭，正氣承之和氣。洪庥茂衍，泰道初亨。某久虛賀廈之忱，奈阻登堂之迹。奉書感惕，獻履懷慚。敬附一椷，恭申三祝。

又

律協黃鍾，迓初陽於七日；春生繡幰，浹和氣於三雲。在所恬嬉，函蒙祉福。

門下德符乾始，望重師貞。月璧星珠，經緯合璿璣之運；參旗井鉞，卷舒收亭毒之功。仁風肆播於遐荒，惠澤弘霑於凋瘵。群陰正剝，斯知天地之心；百順咸臻，宜納神人之佑。顧鄙悃尚違於獻履，而多儀猥錫以承筐。計一歲一加，凡再拜迎長之貺；乃寸心寸草，曾幾伸報上之忱。枯荄總玷於噓培，襪綫何堪於補綴？蒙恩滋渥，負愧殊殷。惟景附周圭，冀日新夫明德；身依夏鼎，祈峻陟於台階。是爲感圖，式塵籲禱。

又

周正應候，軒紀得天。陽長陰消，全仗廓清之略；外威內順，僉推安攘之猷。勳庸昭揭於旂常，丈人貞吉；志意積孚於黼扆，君子道亨。介繁祉以維新，囿群生而並育。弦歌四境，同游化國之娛；燕笑一堂，獨軫向隅之泣。籩頌斯渥，恩暉首被於枯荄；觴祝無從，福履徒欣於戩穀。入參樞軸，佇膺三節之宣；大展經綸，永作萬邦之憲。敢云善頌，庶愜歸依。

謝監司徵郡志

曩奉憲條，濫竽郡志。久慚曳白，未竟殺青。端辱命於門墻，敢希恩於館穀。

恭遇臺下，才綜王伯之略，愛國而兼愛民；學本聖賢之心，重道而因重士。得志行乎中國，靡施不宜；輕身先於匹夫，有謀則就。襜帷行部，式西河以非榮；弓劍盈門，造東方而未盛。始承適館之授，錯文綺於珍函；繼蒙開閣之迎，羅苾芬於瑤席。物采炤春華而共爛，謙光襲和氣以交融。

蓋自繩契以來，典重編摩，固曠古而一見；由干旄而後，禮勤吐哺，亦間世而獨聞者也。所愧技劣寵優，勞微饗厚。紀言紀事，尚無副不朽之圖；食志食功，其如據非望之福。且玄黃以獻，君子總詘逢迎；雖蘋藻可羞，王公詎昭明信？感恩一盼，顧駑價以知增；擬報七襄，答鴻慈其安稱。繼此得見，所欣慕於執鞭；迄用有成，敢優游而挾策？敬抒謝悃，莫既敷宣。

答鄭督府謝擬勅諭

某學慚朽蠹，技謝雕蟲。自淪落於空山，已盡荒其舊殖。猥辱賜環之召，再塵持橐之司。偶值降麻，遂當視草。令公之勳勞久著，詔書宜錫以百千；馬光之才品無論，著作尚謙於四六。詎圖陋質，獲與斯文。識豈畢誠，謬贊用兵之議；能非陸相，僭修諭將之辭。豹略僅睹其一斑，鳳藻莫裁於五色。詞多骫骸，美欠揄揚。祇以薄緣，適逢盛典。更五年而兩制，待一手以重摛。事則相須，勞於何有？乃塵鼎札，誤賞竽音。雖台臺不以人而廢言，在具臣敢貪天而爲力？獎藉之過，悚惕彌深。肅附短械，庸謝不敏。伏願對揚休命，無泥於語言文字之間；恢拓勳名，直出於鍾鼎旂常之上。

答王棘督府謝文

門下鼎衡重望，經緯長才。自總鎮師，力襄廟勝。所以奠安疆圉，綏靖吏民。謀悉出于萬全，武克兼乎七德。勳業昭宣日月，邊氓共效謳歌；功名具載《春秋》，野史何勝紀述？惟茲閱武場之役，繕壁壘以更新；式弘訓師律之規，飭鼓旗而豫愻。魚麗鶴列，縱橫羅八陣之圖；鷟奮鷹揚，踴躍奪千牛之氣。軍容有赫，節制惟虔。不圖原圃具甩以來，重見被廬綿上之舉。方欣欣喜色，樂觀厥成；豈諓諓蕪詞，能鳴其盛。乃采菲不遺於下體，已荷曠涵；而敝帚至享以千金，奚堪大賚？極知恕擇，不以人而廢言；其如過叨，可無功而受食。雕蟲抱愧，涸鮒沾恩。徽寵良溢於分涯，受賜寔難於報稱。言不盡謝，神與俱馳。

答王中丞謝文

豐碑載德，永垂昭揭之光；柔翰摛篇，莫罄揄揚之技。方慚拙作，或貽玷於佳珉；猥辱隆褒，特彰施於華袞。寵存過溢，愧悚交并。

竊念先師，道德文章，負人倫之重望；勳猷節烈，樹世教之高摽。培桃李於宣雲，膏濡化雨；采梗楠於貴筑，餐沐蠻烟。急君國而不有其身，格皇天而克昌厥後。亶忠貞之必報，洵美盛之可傳。固史氏職業所存，況門人聞見甚悉。謬蒙委命，粗効編摩。憑几然藜，夢屢驚於乙夜；操刀刻楮，才既竭於三時。江漢秋陽，詎克形容其粹白？泰山北斗，曾何摹擬其高明？事惟據實以書，詞匪阿私所好。李幹立睢陽之傳，若有遺徽；蔡邕撰林宗之銘，差無愧色。微言可采，已叨菲之榮；大賚是頌，寧任瓊瑤之貺。表章安定，劉彝未始居勞；叙述《太玄》，侯芭不聞受報。豈兹片簡之役，可當百朋之酬。重負駢蕃，祇領一二。奉書披控，統冀矜原。

答魏中丞謝文

竊惟著作乃不朽之事業，奏議尤有用之文章。皋益以來，罕馨嘉謨之誥；晁董而後，徒煩故事之陳。鳴鳥不聞，寒蟬共戢。豈獨抱空虛之質，才謝經綸；抑繇貶勁直之操，習爲柔靡。節無可述，書何足傳？

仰惟公祖，振古人豪，中朝儒碩。身任綱常之重，力扶風教之頹。守法守官，壹歸之守道；立功立德，兼志於立言。對仗而請劍裂麻，凜凜冰霜之色；分閫而埋輪破柱，眈眈虎豹之威。保釐宣五位之寬條，安攘策萬全之石畫。後先疏奏，幸存焚草之餘；遠近傳觀，快睹鋟梨之盛。獲章章而卒業，托疊疊之昌言。因於文墨議論之間，覘其學問涵養之益。謂恬愉濟以悃愊，信剛大發自中和。洵社稷之重臣，安危足賴；完天地之正氣，俯仰無慚者也。乃謬爲之表章，庶少抒其揚厲。顧乏桓譚之識鑒，敢妄評揚子雲之書；況微皇甫之詞華，輒僭序左太冲之賦。猥勤刻楮，曾莫肖其纖毫；詎意采菲，遂不遺於下體？瑤章爛錫，飛葭荷六琯之吹；珍篋緘頒，敝帚享千金之直。重勝衡則殆，不任魂搖；寵過分若驚，寧堪顏腆？肅兹拜賜，恭布謝忱。惠侈瓊瑤，無物展涓塵之報；文垂琬琰，何緣附宇宙之名？愧與歡并，感非言悉。

答馮憲使謝文

門下翼猷顯世，雋望承家。族冠崔盧，門出雲霄之上；經傳韋翟，聲施海岱之間。文章與節義俱芬，慶祚合恩光並耀。向軫永言之慕，特隆不朽之圖。猥授簡於拙工，俾效囁於惇史。祗緣荒落，兼涉憂虞。據案然藜，夢屢驚于乙夜；鑴精刻楮，才既竭於三年。雖紀述之匪諛，可無愧色；乃形容之未盡，尚有遺徽。方懼負於孝思，寧足塵於收采。穹碑大隧，佇騰奎璧之章；土鼓蕢桴，詎協簫韶之律？玷貞珉其已惡，享敝帚以增慚。肅拜鼎儀，附申菲薦。豐施嗇報，莫抒稱塞之忱；美彰盛傳，庶慰顯揚之願。伏希崇炤，曷任懸馳。

答殷中翰謝文

不佞伏蒙先師大恩甄錄，至教陶成。朽木可雕，深忝及門之彥；斗筲無算，與參從政之班。居場既遠於心喪，華國尚傳其緒業。高文大册，爛焉雲漢之章；隻簡單詞，鏗若笙鏞之響。家藏人誦，天未喪於斯文；玉版金鏤，書且行於没世。會屬題其歲月，因僭附以姓名。《春秋》謹嚴，豈游夏一詞之可贊；宗廟美富，儼宮墻數仞以難窺。肆詒文梓之灾，莫洗白圭之玷。方慚形穢，敢辱投瓊？冀在情原，無河返璧。

校勘記

〔一〕"太"，疑當作"大"。

〔二〕"攘"，疑當作"壤"。

書　一

擬上執政論士習書

　　某奏記相公閣下：竊惟古今所稱，繫世道重者，士焉耳。士所爲重，豈以其修辭飾貌，逡逡然踵人之故轍而由之，不敢越其尺寸，以是爲能諧世而立功名哉？亦其所挾持者大，其風節操致，复然不圇於流俗人之爲，斯天下國家有所恃而臻理也。

　　竊見當今之世，皇路清夷，士行淳潔，在位者咸以清名儉德相高。視所素嘗苞苴饋遺，婟嬰於權貴人之門，至蓄險詖不可測之衷以相傾，若刓蠱就平，澡汙還白，豈非世道大愉快事哉？然竊私心計之，國家造士，將需其有爲，非直能使其有所不爲也。假令士徒宵宵悶悶，進而無所措注，則雖人人有羔羊素絲之風，於世道奚裨哉？故愚視今世之士，繩趨尺步，甘言慧辯，豈不亦彬彬然稱盛？然寔梯突脂韋，競爲熟軟之態。至究其風節操致，复然自成一輩，而不圇於流俗人之爲，斯亦罕其儔矣。異日者朝廷有大疑大難而屬之，緩則蝡望，急則狼顧，未有能矢一奇紆一計稱上意者。詰之，則曰是有故常行者，而安用紛更爲也。實其所識無以加于故常行者耳，豈非學術不足故耶？

　　夫古之人，有扱綸而樹鷹揚之勳，釋耒而負阿衡之望，赤烏几几而流言止，歷階數語而萊兵却。彼豈取給倉卒，素預故耳。無論聖人，即管、晏、蘇、張，君子所羞稱；然其九合諸侯，雄據六國，亦各有先見之明、應機之算。今南北用兵且數歲，天子每問諸大夫計，終鮮石畫。是所識固出管、晏、蘇、張下，矧大疑大難，視用兵且十百倍者哉？所以然者，士方求志時，已即懷鉛抱策，攻舉子業，覬一旦以是掇青紫，安問天下國家事有待我而理，而姑斂精勞神於不急之務哉？及既顯，視鄉所爲業不啻弁髦棄之，乃稍稍留意於官政，則亦不過簿書期會之間，若所故常行者，循襲之以塞論報。幸無廢墜，輒詡然矜其材智，謂可端坐而俟遷，它非所論已。間有抵掌任事，慷慨而前者，懼相譏彈，以爲是狂率不馴于雅俗。百鳥一鶚，勢將自沮，則有風靡波流，與之俱化，又安從穎脫豪傑之士也？故今雖有所不爲差異往昔，而實陰具委靡不可振之形，度所幹濟幾何矣，奈何使人謂清名儉德之輩亦無與于理哉？

嗟乎！每念此至熟也，顧烏能一朝驟革其故，而且姑制其流，徐正其本，庶幾有補焉耳矣。竊欲司銓者以名實爲殿最，其所獎拔必瑰瑋卓犖之士。不則寧以其木強，勿寧以其儇給，令詭情匿迹，逡逡行列中者無所容其諧，斯或可制其流。進此則慎簡師儒爲第一義，次莫若正文體，使支詞成套不得售有司，人當童子時即嚮衷學，庶其本正哉！夫士有學術，然後有道德；有道德，然後有事功。今徵事功於士，而無變其習，猶欲植大木而仆其根也。執事以爲何如？某惶悚再拜。

上郭相公

某，塞下豎儒也，竊沾教澤，忝廁詞林，仰止景行，式塵嚮往。迨參禁直，淑艾彌殷，凡台師啓沃嘉謨，彌綸大業，世所不聞不見者，益得遡求鴻鉅，剽竊膏芬，不但周官具存、蕭規畫一而已。

頃者主上眷懷舊德，尊禮高年。隆師傅之上儀，修老更之令典。詔使奉璽書而造里，有司陳几杖以登堂。誠人寰所絓聞，朝廷之曠事也。某欣逢盛會，與庇末光。阻侍賓揩，徒欽燕喜。猥辱瑤箋寵錫，鼎睨隆頒。循省虛庸，寔慚接引。勒狀鳴謝，并附不腆，少布積忱，伏冀台慈鑒存。

上陳少傅

老師經世訏謨，格心大學，燮調元化，扶翊太平，功成不居，龍蟠鴻舉。海內人士莫不翹首下風，歆艷誦慕，若松柏挺秀，靈光獨存也。某夙廁門牆，特承恩造。自執經從玉壘丈後，尤藉漸摩。乃及清秋，恭逢大耋。獲睹今上所以尊禮舊德，寵異高年，予告乘郵，金幣駢蕃之盛，則謂國恩家慶，振古所無。恨不能負弩前驅，稱觴高會，猥從公祝，濫附一言。顧蒙台慈省存，誨貺下逮，啓函拜賜，喜愧交并矣。伻旋勒狀叩謝，并候台禧。所願頤真葆和，永膺難老。伏楮不勝祈禱。

上王司馬

邊庭款議，仰仗主持，如俺酋誓死不渝，諸夷禮僧求懺，種種吉語，時獲剽聞。每對客誦揚，輒至竟日。第今世之士，吠聲者眾，通方者希，咫尺物形，阻垣莫見。某初至京，凡虜中情實，幕下機宜，蓋數以語人。時燕趙之士知者十九，中原之士知者十七，至吳粵荊襄之人，知者十三耳。隔域彌邈，和音彌寡，勢固然也。

近日南臺之疏，彼生不見邊疆之壘，目不識氈裘之形。凡老伯所決策，彼曾不能窺闚其津涯。垍蛙語海，夏蟲疑冰，又何怪也？且支詞蔓語，無當事情，京朝士紳，莫不鄙笑。老伯社稷重望，鍾鼎殊勳，豈顧以斯言為加損哉？某不佞，竊亦有憤於妄誕之口，故敢直述其愚。頃鳳磐先生又請告矣，天下事為多言所害如此，可扼腕恨也。臨書惶悚不盡。

答畢公冡宰

門下道德文章，模楷一世。雖不敏不獲蚤自列於門墻，然高山景行，竊知嚮往。

頃者衮烏北上，幸慰具瞻。顧無能伏伺燕閒，敦請榘誨，徒從都人士後，聳觀宴鎬之儀、快睹餞郿之寵而已。驪軒既發，言念豐芑。陝區鑑衡重地，老成當軸，善類所歸。循省虛庸，寔慚造就。顧遠塵鼎翰，慰藉沾沾，銜感誨提，豈勝貫佩？旋遽附謝，并布鄙忱。聽履有期，日以延佇。

上殷相國座師

某塞下鄙生，少乏師承，長無聞識。荷蒙老師甄拔，得與海內英俊同列門墻，請業鑾坡，紬書金匱。一時遭際，累世光榮。原本至恩，曷殊大造！

往年西蜀之役，賴我師閔念烏私，曲垂鴻庇。成命既下，無端受疑，復賴我師洞燭肺腸，曲爲排解。仗庇西邁，歲暮始還。方翹首廟堂，伺音鼎軸，偶聞朝報，衮烏東歸，日夜旁皇，莫喻端委。抵京之日，始知嫌生小郤，難起細人，切齒腐心，不勝憤惋。念惟帝師宿望，王佐鴻猷。今上嗣服惟新，用人求舊。成王冲幼，周公不久於居東；尤[一]祐清明，司馬行期於入洛。此諸生之至望，百辟之同情也。祗藉便翔，用申省候。臨書東向，不盡瞻依。

上張少師

某邊徼鄙生，無足比數。猥蒙老師恩造，收置詞林，濫塵講席，循省涯分，逾越良多。不幸遘狗馬疾，又蒙老師垂軫，獲予告給郵以及銀幣、圖書，種種異數，則又無秋毫不出自特恩也。

抵里以來，亦圖勉自振刷，仰副生全。不謂積戾故深，被覿滋痾，俯仰一室，喪病相仍，子焉游魂，亦復屢絕。自是摧心折志，萬緒畢隳，懸企門墻，何啻隔世？即三年間，老師大慶大吊，至榮極哀，雖草木禽魚，尚關欣瘁，某乃局趣次且，尺縅靡申。第令積誠如山，懷思若渴，區區悃窾，何由自明？顧自以爲身在草野之下，病痼之中，乃欲以漶漫空函，轖瀆省覽，誠懼干冒嚴重，非分所宜。然違負恩慈，曠廢禮教，每一念至，則又未嘗不惶汗浹踵也。何意老師俯矜度爾，曲照孤暌。既寬婾惰之誅，重辱招延之命。遂使搶榆弱羽，再翔下風；伏櫪尪魅，仍遵皇路。感知遇則夙恩未報，新寵曷勝？揣才分則舊殖盡荒，諛聞非益。此某所爲展轉兢惕，狼顧於進止之際而不敢自裁者也。部札既至，王程有嚴，即日戒裝，寧容稽滯？惟是家門乘多難之餘，衰病伶俜，嫠嫠滿室，必須稍爲安頓，不致詒累老親，庶可安意出門，一心營職。儻蒙量寬時日，歡感無涯。謹勒荒械，專力祈控。摳趨不遠，容躬叩堦下，罄竭鄙悰。

答楊冢宰

某起自田間，再依衮烏。方幸典刑在上，瞻聽不迷，乃雅志圖歸，連章未已，竟奉優詔以行。去國之辰，百官祖餞春明，青門以來，未有其盛。還而南卧林墅，圖書琴鶴，日在左右，優游逸豫，抑又可知。第時事多艱，老成遠引。棟隆既撤，大厦疇支？有識者以此卜世道之平陂，占朝廷之理亂矣。辱奉誨牘，歆艷清娛，如在閬風之野，可慕不可到。會求一壑以托此身，尚未知能遂瓦全否耳。肅茲附報，并候起居。東望海雲，曷勝馳注。

答陸冢宰

不佞承教，輔相宜寬徐啓沃，存納約自牖之義。非如小臣，可顯諫直諍，一不合則有去而已。老成之見，自是不同。顧所謂寬徐云者，防人主未萌之欲易，奪人主偏至之眤難；處國事寧一之日易，當國事搖撼之際難。今聖心雖未必偏眤，而已有萌蘗之漸；國事雖未即搖撼，而已非寧一之時。論格君之道，固宜從容開諭，委曲匡扶，而事有不能遲迴以待，理有非緩頰可爭者，當又不得不繼之以激切耳。昨奉聖諭，似且剋日御門，臨朝聽講。而今已旬月，尚未聞清蹕之音。倘入秋復然，則又不得不有一番奏請。我輩大臣，所當焦心灼慮、蚤夜不得息者，正惟此時。幸而事可功成，何樂於顯諫直諍，以去就決之？但恐時偪事迫，不得不顯諫直諍，若此者非可以預言也。敬復。

答王司農

不肖某嚮廁朝行，獲奉履絇之末塵，仰藉訓提，是用率循以無及於顛隕。乃自青門一別，表著之地，虛若無人。小人何所畏而不爲，君子何所恃而無恐？此某悵蓬麻之靡附、懷松菊而長逃者也。

里居以來，巖瞻孔邇，日冀走一价，以候鼎茵。而殃咎積叢，灾虞荐至，銷魂折骨之變，有不敢控陳於左右者。頃歲，朝綱陵替，國是讙張，西賊甫平，東夷竊發，而開礦之使，稅店之胥，又所在騷然。居者不安於閭，行者不安於路，人情洶洶，咸抱憂危，即不肖廢處窮陲，何能使身在世外？乃知古人沉淵蹈海，非不重生，誠不堪其憤激耳。台臺三朝柱石，一代典刑。中外士紳，咸伺道履之卷舒，以卜時運之否泰。則今國步多艱之日，允惟舊人共政之辰，安能堅臥東山，與庸夫小子同其高枕而無憂乎？天欲治平，安車蒲輪，且郊迎衮舄於霸水之上矣。

答王司寇

不佞某之於門下，猶周人之於桓武也，世被教澤矣，然未能一介紹於門下爲歉。顧獨慕好門下之著作，時劚其片言隻簡，寶之若天球大貝也。晚而獲睹其《大全》，珍重愈甚。蓋無頃不置几案間，間有微文疑事不可致詰者，就集中檢之，輒得其解，所受益殆不可勝紀。故雖去門下數千里，音候闕如，乃區區宗服之誠，即執策請業不加密焉。頃迫召命，力疾出山，亦庶幾瞻奉光儀，畢其就正之志。而舊京根本之地，倚明公之重，不啻九鼎。於是旌輪且北，而適有大司寇之命，留不果來，則天之絕不佞，使不得遂謁門下也。門下顧不棄而惠之德音，開不佞以嚮往之途，欣慰何似？至念及朝野橫議，君國隱憂，謂宜圖所以斡旋其間，思深哉！老成人之慮，不佞與三公共勗之矣。

答海冢宰

惟翁高標亮節，嶽峙人寰。某仰止私衷，久知嚮往。

頃者，帝懷舊德，藉重留銓。凡在朝紳，莫不喜色相告，以爲正人一出，泰道可期。雖以譾劣如某，亦得瞻奉儀刑，稟承提誨，即執鞭所欣願焉。伏蒙瑤札見詒，知以端月初旬就部。肅茲附復，并布賀忱不盡。

答丘冢宰

大臣去就，舉世屬耳目焉。矧翁宿德重望，巋然爲國典刑，一顧瞻左右，百辟視以爲嚮往，乃輕言去哉？

陪京根本之地，冢卿九列之長，所賴銓綜吏治，甄叙官材，與夢山公提衡而統均四海者，上意惟翁是毗是倚。朝而拜命，中道而辭歸，推翁之心，當亦不應若是悤也。且以不佞之暗劣，日伴食省闥間，汶汶悶悶，無少建明。方之於翁，若未嘗具眉目者耳，而尚逡巡未即去，亦徒以老成人在位爲足恃也。如翁之請，恐去者相望于巖中矣。業奉溫旨慰留，敢此以私勸。幸勉承聖眷，終惠蒼生。

答潘司空

泗城水患，有旨會議，凡河情地勢，臺下勘核詳矣。祖陵形勝，乃國家萬年王氣所鍾，關係最大，非一郡一邑之利害可比。以此相權，便知輕重。乃鄉官有施家溝、周家橋兩路並開之説，此一偏一曲之見，不過圖便身家，苟目前之安而已。而祖陵之王氣傷洩，清口之運道阻妨，將誰執其咎乎？臺下身任重寄，事得專爲，固宜極力擔當，不必牽於築舍之議也。

外增開閘河應議夫費，及興作次第，具已奉教。不宣。

又

承教，修完沿河堤壩，遥堤之内有格堤，以遏其順流；縷堤之内有月堤，以防其橫決。心思精密，法制周詳，自陂九澤以來，河工所未有也。乃襟帶三省，逶迤二千餘里，創新葺舊，尺度寸量，斯已勤矣。兹復定爲加幫之例，歲報之規，誠使典守得人，修築如法，晏然故道，百世可循。正恐洪水易防，人心難淑，智者作法，愚者更焉，不能保其翕由如今日耳。即今西垂中虜，談兵者如蝟毛起，人人自謂方叔、召虎也，而總督一缺，求其代便不可得。其於河務當亦然耳，豈不可慨也哉！

答張督府

董酋扣關之請，臺下當機決策，自有徵權，不佞何足與議？顧虜雖異類，其嗔喜好惡，不大遠於人情。順之則服，逆之則叛。方其叛時，尚當懷之使服，況其既服，豈可拒之使叛？董酋往日過惡不可知，但據其目前款關請罪，情詞卑順，便可准從。本年額賞，委應速給，以安其心。董酋既馴，則長酋不能獨拗，而相繼歸順者，又不但小阿卜户而已。此羈虜安邊之計，惟臺下斷然行之，封疆幸甚。

又

虜衆數萬騎入塞，泛河之危，幾于累卵。賴旌鉞之重，指麾將吏，竟却劇寇而保孤城，且別收搗巢之捷，功不細矣。雖小有殘傷，譬之水決火炎，欲保無浸淫，無焦灼，神聖所不能，豈所以論于鋒鏑之下哉？乃中丞公疏中，失亡則絲髮無隱，功績則退讓不居。此又其忠實之心，勞謙之節，主上所當特加褒異，以風示邊臣者也，豈反應没其功不叙乎？

答王方伯

不肖積誠無素，妄意回天，致咈聖心，譴訶橫逮。僨轅之犢，何可語忠？第國本搖搖，爭議累年，遲疑不決，此非異人任也。言官勸請預教，概被降罰，省闈幾空。此何等政令，而可嘿然無一語申救乎？申救不從，義不得不引去。雖云懟上，猶愈于竊位妨賢者耳。誠辱翁慈見原，庶不重玷鄉里，敢謂一去足以逃責哉？

寧鎮，翁所舊遊之地，知其形槪甚真，誠非固原士馬可敵。不肖出京時，即聞督府公提師逼臨，竊以爲非計，恐進則乘危，退則損重也。承教謂不宜輕試，當如古人承制行事，勿從中授，自是老成持重萬全之略，如此則渠凶可計日擒矣。及聞廟議，方起故將軍及它兵憲罪廢者以往。遠水近渴，懼不及事，賊且滋蔓耳，安從述石畫告之哉？可嘆吕公端介寬明，力行古道。吾鄉彫敝已極，賴其節省拊綏，庶有來蘇之望。未審其新政如何。大抵銳意事功者，戒于張急；詳緻條教者，忌於煩瑣。簡要二字，疑未理會。及此便中，當自以意規之也。

答張先生

自師翁秉政，旋乾轉坤，世道又一更始。海內士民，承澤印流，皆以爲太平可立致。不意忽及太翁之慟，以衰絰去帝左右，國事若中流失舟檝，奚獨關里閈欣悴而已？

長途溽暑，銜恤西奔，向切懸念。伏聞膚澤小滯，旋就安和。社稷之身，神明所護，區區鄙私，欣慰無量。即今主上眷懷良弼，日塵側席之想，天下莫不聞。更覬勉抑哀誠，亟襄大事，旦夕且有徵命。九重延佇，安能久虛？臨書耿切，不盡瞻馳。

又

客歲獲奉瑤札，未及報命，會忝制麻。自惟經術行能，無一可受知主上，取重薦紳之間。猥被登延，畀非其任，瞻望閣門，逡巡而不能前者數矣。既承誨牘，與進惓惓，亦思勉自雕琢，以求不爽於先進之程度。而性成質定，譬之木驪膠舟，用乃知其不適耳。夙夜圖惟，僅僅有一去可自遂。而又值盈庭聚訟，舉國紛囂，沸鼎風林，未嘗有頃刻之靜也。惟時叢疑積訴，憂危之狀，所不能言，而猶靦顏在列，隱忍苟容，汙鄉國衣冠，爲三晉山川之辱不淺。每念及此，憤懣塞胸，慚汗露背，恨所負於門墻者，不獨在音候疏節而已。顧一念焦勞，當誰可告語者乎？復軒、敬田兩憲使，皆某肝鬲交，於其入賀也，得稍稍披衷愫焉。

答姜冢宰

頃公子先生入奏計，獲奉翰札，知翁圖慮國事，意念深矣。今世道清夷，主德明聖，凡百有位，相與分猷勵翼，共襄太平，豈非朝寧之榮觀，而正人君子所深願與？乃比周細輩，攘臂縱橫，不謂虺蜴生庭，而羌夷起交戟之內也。荊榛既剪，再睹周行，鎮定匡維，寔賴老成之庇，某何力焉？德音再辱，深感誨提。恭喜晉秉留銓，此尤人才士習所繫轉移變化之原。鄙悰倍切，慶抃附賀，不盡惓惓。

答魏督府

不佞至謭陋，何知邊事？然每奉翁教，固不覺雪然意舒，灑然心服也。翁前疏請罷和，謂不宜斬然俱罷，當以虛實緩急權變其中。而不佞謬有圖之以漸之說，雖不敢竊自附於高明，而權變之間陰寓漸次之意，寔同一算計也。第翁欲先正罷和之名，力圖戰勦；不佞欲先修戰勦之具，徐議罷和。橫豎遲速，稍有不同，而翁臺之持論甚偉，不佞之慮患亦深。何也？自前人之玩寇，而武備積弛，士氣積衰，非一日矣。他人裕蠱，以我禦窮。驟而罷之，外既多敵，內復不支，利則爲他人蓋愆，不利則待[二]他人受過。固不若翁今所議，置其順者，勦其逆者，去者不追，來者必拒，勢分則易制，敵寡則力專。從此我兵日練，我備日飭，而我反當以罷市賞挾虜，而虜安得以增市賞挾我？是治之以不治，款之以不款也。萬全之略，誠無逾此。疆事庇賴宜何如？承教欣抃之甚，顒佇顒佇。

答張撫臺

頃雨澤愆期，風霾屢作。主上側躬亢旱，兼軫念邊陲，宵旰焦勞，蔬膳布衣者兩閱月矣。某不佞，忝在禁近，靡克分憂，徒切皇悚。西夏孤懸絕塞，更苦兵荒。承教，得知四月末旬已沾膏潤，即來莽鮮穫，秋成可期，足慰聖衷矣。至撫鎮行塞，董侍御初議及此，近日正擬申敕，而聖上嘉納其言。台臺業編歷境上，於城堡、軍馬稽核已周，是不待勸而後趨、諭而後動者也。使疆臣忠勤體國，一一如是，豈憂匈奴哉？

與李方伯

凡士君子立身處世，取自信耳。晦明嶮易，天地不能違，況乎人事，安得無參差哉？以翁丈之道德純粹，功業光美，海内莫不知。而承順風旨，苟塞文例者，乃摭其過於車轍馬迹之間，以爲抵禁。初得奏狀，良用駭然。幸廟堂凤注重名，特從薄議，同時藉庇，概及於寬，所謂虩虩致福非耶？夫含沙不擇景，梟獍無好音。古今賢人君子詿譏評而坐讒搆者豈少哉？而至以行道被彈射，其彈射無復之矣，不當自信而益自慰耶？若乃怏怏失得之途，是寸雲可以翳[三]太虛，培塿可以礙九壤，必知翁丈之不然也。敬因侍御君趨省之便，附一介以候台禧。悢悢之悰，不盡瞻慕。

答鄭經略

邊烽久戢，西事猝興，遠邇繹騷，上下震恐。賴臺下以上公之重，輟從樞府，出總戎麾，十乘啓行，群情稍定。度關而北，倍道兼馳，先聲所臨，風霆共迅。弦鳴雁落，草動蛇驚，近塞諸酋，奪魄可想。臺下區別順逆，昭示恩威。青酋不絶，則扯酋之勢益孤；保塞之夷獲安，則離巢之夷自屈。此所謂携其黨則渠惡靡援，披其枝則本根自撥也。即足未周六鎮，而戡定規模，經營次第，已確然制勝掌握之間、折衝萬里之外矣。慶幸何似！惟是洮河天末，霜露秋深，師行有程，起居保重。諸凡方略，揣情觀變，自有圓機，捕影捉風，勿徇多口。來諭謂一腔赤血，以報朝廷。此之忠誠，天日鑒臨，鬼神訶護。不佞即至頑鄙，感激高誼，成敗利鈍，願與共之。心有所知，必當傾布。

又

甘陜失策，全在委番唊虜，撤我藩籬，資敵爪距，是不削自弱之勢耳。今截路以杜流虜，而又懸賞以鼓諸番，番無虜之害，有賞之利，宜其掠者乘隙而思歸，居者應募而樂就也。即夷婦送回番族，雖其志意恭順有足嘉者，而外憚兵威，內防番變，亦迫于勢之不得不然也。總計送還及編爲兵者已五千餘人。而兩贊畫分行招撫，袞鉞復親至西寧，定築堡保番之策，番族有所恃以自固，其歸附當日益多。番漢并力同仇，西事不足平矣。

又

漢設五郡，本爲隔絕羌虜，使不得連和爲內地患。而比年流虜西牧，乃至假道以延之，建寺以居之，委番以奉之，是昔人離羌虜爲二，而今反合之使一也。如是數年，番虜一家，甘肅洮岷寧復可保？天祐社稷，降此艱屯，用開臺下經綸之業。首嚴假道之禁以制虜，使不得西通於番；次下招撫之令以收番，使不得外迫于虜。兹又議焚仰華寺，以壹空流虜之巢穴，永拔浸淫之病根。從此番無虜患，附我自堅；虜失番利，狡謀自阻。奠安五郡，廓清兩川，當可計日而待矣。欣暢欣暢！

至於卜酉以闖邊被創，則憐其請罪而准令罰贖；不他失禮以回巢借路，則嘉其恭順而賜旗護行。虜王以遺孽遷延，則威之以大兵，而勒限催促；火真率所部逃遁，則震之以露布，而預飭松藩。操縱弛張，一一中會，非機智識略運用爛熟，疇能如斯？惟是邊將周章故套，恫喝虛聲，踵弊承奸，其來已久。顧以詿惑我輩則可，豈可以搖撼師中之丈人、壯猷之元老哉？自非臺下真見定力，鮮不以訛傳妄報，遂動聲色。所謂虜得多方誤我之術，我犯無所不備之戒。坐此誤事，良不鮮矣。誠不可不一申飭，以明節制，以釋群疑。但其人頗有微功，策勵方始，姑涵貸而訓戒之，責其後效可也。

又

私念臺下驅車遠塞，以孤軍當番虜之交，夙夜劻勷，不遑安處，危苦極矣。耳食之輩，技癢之流，猥欲稱兵，動言罷市，甚至上章告急，貽書詆譏。是羌虜易摧，而口舌難戢也。可恨如何？

原所以呶呶之由，但謂扯酋屢約歸巢，輒負不果，疑與火、卜二酋合謀入犯耳。夫扯酋徘徊西塞，即不佞輩亦深以爲憂。然恃臺下在事，弛張操縱，意自有妙算，非人所及知者。正來諭所謂“人之性命，不自愛惜，而爲人所愛惜”，斯言足以破紛紛之惑矣。幸今虜已移帳起身，將由鎮羌出境。即六月動頭，七月終旬可盡，亦讒[四]五六十日，事誳指可待。得此酋東還，虜情既無可疑，人言自無所指，臺下可緩帶而圖海上之功矣。若葉中丞之書、魏督府之奏，雄談豪辯，雖竦聽聞，而以臺下萬全之略視之，不啻太和元氣中之一候，更望采納而并容之也。蓋群策兼收，必且相濟；兩説並立，不免起争。今臺下經略，而魏、葉二公督撫也；二公主謀，臺下主斷，雖其言未可用，姑且收之以備一着。彼所謂絶款貢，即我所謂分順逆，非有二也。但我識先後着，而彼欲以末着爲首着，差不同耳。能收之則彼爲我用，而我大；若見謂異同，我是彼非，相持互敵，而我反小矣。語云“德有容乃大，事有忍乃克有濟”，此不佞一得之愚，冀惟裁察。凡軍中謀議，有取舍而無示異同可也[五]。

又

奉書，知大兵以九月望日分道並出，直抵穹廬之北，去邊五百里，不見一虜。蓋自漢衛、霍度漠以來，僅有此舉，猗與盛矣！還至仰華寺，復縱火焚其遺搆，一椽片木無有存者。犁庭掃穴之烈，何以加焉！流虜盡散，火真遠逃，西海既清，兩川大定，更有何事可滯？節旄振旅而還，刻日可待矣。必如言者，謂須梟火真之頭，絶腥羶之種，一虜不留，然後爲收功，爲竣事，則請言者自爲之，非廟議所敢責成也。業有明旨，趣臺下前茅矣。延仁，延仁。

答郝中丞

遼左之命，上所特簡，亟當赴鎮，已具別械矣。承教閫務所宜，字字切要，非至親厚友，誰肯以此道相示者？顧延接賓客，咨問時事，正弟今日所爲缺然者。京省士大夫公事相見之外，退則闔門而已，實不敢通一客，交一語。一則廣延博訪，爲首相之事，分宜處錞；一則濫交多言，啓是非之端，尤當歛避。而實不敢簡賢傲士也，但親家不察弟所處之難耳。自非硜硜自守，把捉此身，倒東墜西，能至今日？至於吏治士風，頹薄已極。奔趨鑽刺，蹊徑多端，而將領尤甚。矯枉歸正，本自無難，乃人各懷私，源濁流清，世無此理。夫能秉公忘私，則心虛氣正，百事可爲。一有纖芥纏綿，擺脱不去，一着礙手，着着皆差。外則紀綱陵替，法度難行；內則詔令頻繁，苛察無已。以此圖治，不亦難乎？大可慮者，宗支繁衍爲一多，宦寺闐溢爲二多，錦衣冗員爲三多，邊兵冗食爲四多。有此四多，竭四海之財力、萬姓之脂膏不足以供。而泄泄略不加省，悠悠漫無措置，方且崇飾虛文，料理細事，枝梧苟且，以娛目前，則不佞所靦面而厚顔者，詎獨以伴食爲羞而已？

偶因賜教，敢悉其愚。諸可誨提，幸惟嗣音。

又

昨聞遼報，私念遼無藩籬之固，況值秋穫之時，親翁履任方新，經營未徧，遽遭此寇，深用憂惕不寧。兹聞虜已出邊，城堡保全無恙，不勝欣慰。自非英猷壯略，部署指麾，中機應節，安能保全城堡，且有斬獲之功哉？即人畜資糧少有鹵掠，臨陣將士不無損傷，以虜衆數萬，分道並進，而欲秋毫無犯，一矢不遺，安有此理？親家誓以不欺報主，據實奏聞，且議功從輕，議罪從重，如此乃見親家之忠誠謙慎，視他蔽罪張功，其人品氣義不啻霄壤矣。未有實心實事，久而不著聞者。至於念邊臣之苦，體恤矜原，則在皇上推恩，當亦不肯負任事之臣耳。

又

京營重任，總憲崇階，聞報之辰，歡抃無已。此不但升朝足賀，即薊遼要地，倭虜交訌，得離此艱難震撼之衝，已若釋九鼎之重，去羊腸之險。今言者咸謂倭夷詐遁，謀尚叵測。而都督驕橫，經略周章，甚難調馭，得不牽連粘帶，爲福固多。京兵積弱，勢難遽振，況輦轂之下，怨謗易生。撫彫疲者先恩意，振廢弛者首紀綱。恩意孚則群情歡附，紀綱立則百務條舉。寬大簡佚，不縱不苛，如斯而已。切勿沽振作之名，生紛更之擾也。

臨淮文雅廉明，勳貴中出色者，相與共事，可保同心，宜敬之重之。若册儲大典，始議並封，尋詔待嫡，前星消耗，益復杳茫，耿耿之愚，死且不瞑。其他紛紜爭辨，鼎沸波翻，世道人心，誠未卜於何止極。大都喜事好名，後生常態，而轉移機軸，要在政本之地虛平鎮定，匪待多言。近來下既好爭，上復導之，下既好訐，上復資之。揚湯止沸，不務息薪，防口防川，其潰愈甚，宜夫矛盾相尋，葛藤不斷也。不肖身負重譴，跧伏巖間，淪落支離，誠無佳致。然得脫離是非之外，拔足嗔喜之場，翛然泊然，亦自有一種風味。蓋喜其退休，而又恨其歸來不早也。若親翁才優經濟，身繫安危，方當整頓乾坤，何可遽懷泉石？以忠誠任事，以正直持身，以和厚處人，以静嘿鎮俗，爲之自我，當如是而已。不可着意軒冕，亦不可着意山林也。出處去就，自有時宜，萬勿膠執。是望！

答孫中丞

某起田間，趨闕下，獲再奉顏色，庶幾朝夕左右而請教焉。乃帝眷留臺，特屬翁紀綱之任，擁絳騮而南矣。岐路旁皇，款款之愚，竟莫能悉。别之三月，日望袞烏於舊京，謂且儼然升獨，坐總百寮也。何知西來紫氣，猶尚逡巡于關河之間乎？夫大廈方欹，狂瀾欲倒，所望翁撐柱之力不細，何忍遲遲其行，而負中外人心之跂矚也？

答晉中丞

承教，時事可虞，不在小醜，而在饑饉。救荒至計，當勸富室以贍貧民。仰見憂國之懷，濟時之略，不勝感服。顧今所難者，不在治法，而在治人耳。得翁在寧夏，則寧夏之民自當不饑。非有翁恤民之心，即舉翁法授之，格而不行，行而不實，猶未嘗恤之也，其狀難以言盡矣。

上張師

春初遠廑臺使，枉訊山居。適值召命之臨，已將某朽憊不堪覆出之狀達師左右矣。是後三辭不允，詔使在門，終不能單車還報，則不得不出。其實才志精力委難驅策，蓋瀕行而病卧者又復月餘，乃克啓行。入京又月餘，體力乃稍稍漸復也。重煩慈注，申布教言，至"植本自我"一語，尤某所宜服膺拳拳而不敢忘者。嘗見前人爲副相，以權不在己自諉，則推事而袖手旁觀；以權不在己忌人，則攬事而壯煩相競。斯二者，並有人我之心，其爲得失之念一也。

某自昔年在閣時，入參國議，有知未嘗不言，言未嘗不盡。事有未當，未嘗不相與評駁，寔不敢推事旁觀。然言之從與不從，評駁之可與不可，惟當事者所裁斷，而某未嘗着一成心，徇一偏見也。退而省過私室，未嘗納一私交，出一私語，以禁中事外聞也。故亦未嘗攬事而至於相競焉。今某所患者，才技短拙，學術空疏，無能輔養君德，拯救民艱，是爲慮耳。至於人己之間，得失之念，夙承師訓，頗能決町畦於眼界，置冰炭於胸中。昔人有言，吾獨立於世，顧影爲儔而不懼者，心無彼此於人也。或可慰老師遠念云。

答王司空

久違台範，幸值榮滿北上，庶幾瞻奉顔色，一抒積闊之悰，某之願也。而旌軒中止，抗疏固辭，介石之貞，似未可挽。兼念士風波倒，世道綦翻。當此其時，得蒙優詔賜歸，安車就第，主恩臣節，終始美完，自青門以來所不能兩見者也。俯循鄙拙，自絓虞機，比得脫還，未知皮毛當作何狀，山靈厭之矣。

答袁撫臺

今歲亢旱爲灾，自京師抵山東西、河南北，異地同乾，流移之民，交錯道路，此臣主所共憂者。而中州天下之樞，更爲可慮。

聞臺下始入境，即已發廩振饑，人心稍稍安定。乃兹條奏救荒事狀，復皆關切民隱，若慈母之止啼，良醫之起痿，察知其痛之所在，凡可蠲除振拔，自不容不急急圖之耳。而驛遞、誣盜二事，病民尤甚，禁戢尤難。蓋緩徵輸、留錢糧等事，其權在朝廷，一得請而緩者緩，留者留矣，今易行也。惟驛遞與捕快二事，其權乃在有司，蘇之由我，而未必能蘇也；禁之由我，而未必能禁也。則非今之難行也，其奉行之念不勝其顧忌之念故也。何也？凡擾驛遞者，非卑官散役也。卑官散役安能爲擾乎？擾之者，上則貢使，次則達官貴客，又次則撫按司道、公差人役耳。而有司有敢抗貢使者乎？有敢失意於達官貴客者乎？有敢觸忤上官公差者乎？是三項者不可問，而惟裁之於卑官散役、數夫匹馬之間，所裁能幾何矣？此驛遞之害難禁也。非驛遞能害地方也，地方自疲於奔走以成其害也。至於巡捕人役，其捕盜而出，編遣由有司；執盜而入，鞫問由有司。不良者更置之，誣執者反坐之，彼遂能反乎？不過曰其徒衆積素窩訪，轉相騰謗而已。殊不知騰謗正彼所以挾官府、害良民之具，而有司蓄縮不振，曲意濡忍，則非捕快能挾有司，有司自屈于積棍以成其挾也。此不佞所謂奉法之念不勝其顧忌之念者也。而强直自遂，不媚過客，不畏强禦者，郡縣亦不可謂無人。顧所以維持護覆，俾之安其位、行其志者，又在乎上之人加之意而已。今臺下疏議及此，誠一設法禁戢，不但良民喜於除害，而有司亦得以展布矣。不佞於此二事，感慨日久。偶誦大章，敢兹就正，伏惟教裁是望。

答魏京兆

某起自田間，再趨闕下，方幸朝夕左右，稟承誨提，可以踐墨循繩，少圖尺寸。而帝眷明德，托重留京，袞烏既南，儀刑斯遠。然訓言在耳，銘座書紳，所謂啟沃之術在于機括處轉移，輔理之方在於綱領上提掇，旨哉言也！相道無餘蘊矣。惜某淺中狹度，學欠沉潛。念起家逾年，毫分無補，不勝竊祿之愧。用是上書自劾，冀以一去感悟上心。而忠志難投，天威莫測，會且蒙譴行矣。慚負教愛，愧悚如何？獨有培養精神一段工夫，已不克施之下官，尚可理會於山間耳。若門下淵源大學，經濟宏猷，宗社蒼生，正茲倚賴。即荊庭蘭室，至情所關，晝繡過家，暫煩料理，何至以長休請乎？草此奉慰，并布腹心。

答李撫臺

鑄錢本以濟銀幣之不足，爲其費省而利贏，故足造也。今鑄之於南，所費不貲；解之於北，積而無用。何苦以無用之貨，糜不貲之財，而使工疲於鼓鑄，官憚于遠輸，其亦失策甚矣。

不佞竊嘗謬議，今公私匱竭之際，惟有錢法一事可以通利權，便民裕國。而但苦於主持不力，行使不均，故其法乍疏乍塞。下反操柄，上反聽之，而説者猥云宜從民便。夫錢，民之資也，衣食賴焉。安有予民以衣食之資而民反不便者乎？其以爲不便者，止用之於市肆，而官吏俸糧、軍民租稅、罪犯罰贖，不得搭配。是塞其源而欲其流之通也，其不行有由矣。誠如大議，自官府，下至市肆，通用制錢，與銀相權而行，他錢弗與。即有他錢，別設法收之，以爲鑄錢之料。如此則法守一，利權通，民孰得而阻撓之者？倘以爲民便可聽，則工之便亦可聽也。豈有錢不可强而行，獨可强而鑄哉？鑄則必行，不行則不必鑄，此兩言者甚易決耳。生愚無識，獨服大疏所議爲是當，即贊之於大司空也。

答沈光禄

再奉誨函，仰知雅志，直將高蹈遠引，莫肯夙夜。此於潔身之義得矣，如君國何？然士習方騖於奔競，而臺下抗恬退之節以明高；主上方耽於宴安，而臺下設痎疾之端以示戒。所以風屬世教，劘切聖躬，意義深矣遠矣，非漫然求去者比也。誦之欽服。肅此謝教，并申攀挽之悰。幸抑遁思，勉副眷留。

答郜督府

互市之權，我與虜共之者，一低一昂，勢居然也。惟彼方挾其重以要我，我怵于其挾而急與之講，則彼得勢而益昂矣。惟不有其挾，而亦不受其要。彼以急來，我以緩應。曠日持久，彼計滋窮，勢必自折。翁處卜酋，得其術矣。來貢者進，不來者不強。馬好惡、期先後，悉置不校[六]。若是則我乃益緩，彼乃益急，宜其遷要挾之謀為就講之說也。卜酋既下，諸酋畢來，此所謂以拒之之法招之耳。且莊酋認罰，又已有端。套虜聯翩而下，功何偉也！顒仁，顒仁。

又

諸老每談邊事，輒言兵當練，田當墾也。安邊長策，誠無逾此。顧練兵墾田，亦非可以旦夕見效。餉不足，則兵不可得練；費不具，則田不可得墾。今司農廩廩為國守財，不敢加錙銖於額外。兵多餉少，地曠租微，欲以興事，良亦難矣。近雖稍有給發，不知可少紓待哺之急否？誠及翁在事，藉資乘會，酌定規條，練士開屯，次第修舉。即不敢望邊庾盡滿，行伍皆充，而所謂完一分抵一分之餉，有一人得一人之用，固當立見成功耳。惟翁毅然圖之。

答王麟洲督學

不佞諸生時，即蒙先師教育，比塵仕版，復隸鳳洲公部下，蒙作新焉，則徼寵於德門渥矣。顧緣歷闊，音候久殊，穎焉之衷，徒有瞻憶。

頃者泰符肇啟，端士偕升，門下奉徽璽于丘園，提文衡於閩粵，將使海濱化俗，嶺徼興賢，大師得人，寔茲欣慶。若某猥以虚鄙，濫厠深嚴，集木臨淵，未喻怔悚。擬以進止大義，稟俟誨裁，乃遠辱瑶章，謬加褒藉，愧汗如何？肅附謝言，并布衷愫，惟門下惠顧世好而幸教之。

答陳漕臺

泗城水患浸淫，民居墊溺。不佞稔聞其狀，第未知所以疏導之法，宜從何處下手。昨得總河公書，備言開施家溝與周家橋非策，謂其洩祖陵之王氣，妨清河之運道也。且言其説出於鄉士夫懼改州治，憚於遷移，因倡此議。不佞竊謂人情安土重遷，或偏見一隅之利害，而不睹大全，亦容有之。乃今接奉教札，具示淮黄源委，高低曲折之詳，水勢河情，較若指掌，則周家橋亦似可開。夫下流洩則上流自通，外水消則内水自減，此事理易見者。而總河公以爲不可，其説止於洩王氣、妨運道兩事耳。今云黄河[七]相會處，去祖陵百六十里外，又在後不在前，則流破天心之説總屬支離，而與祖陵似無干礙。且開後設減水閘，以時消息，如來諭所云，水大則開閘以洩水，小則閉閘以濟運，似又於運道無妨矣。乃總河公執言不可開者，其生平精力用之於高家堰獨多，誠恐周家橋一開，而高家堰或決，隳成功而招後議云爾。而不知翁之爲泗城謀固善，爲高家堰亦未始不周也。且不開周家橋，而高家堰亦安保常完而無決也哉？幸翁再與總河公從容計之，計定而舉。謀不必自己出，功不必自己成，漕務、河防均之幸甚。不則，當遣官閱視會議，恐地方又增一番勞擾耳。

答石司馬

某忝侍末行，向同猷念。而適以邊庭倉攘之日，被譴罷歸，豈其避難而以憂勞詒左右？事會偶然耳。

翁天植忠貞，英略規運，與政府二老謀斷相資，何釁不除？

何亂不戢？正無所用於債事之人也。乃款貢之議，不肖與聞始事。史酋既執，宣薊之間可得安枕，陵寢庶亦不驚。兩年市賞，委宜准復。況西夏方有松套諸虜之急，羈縻牽制，正惟此時。所以冒有陳説，幸蒙不鄙轉聞於上，遂定今盟，不但可堅款虜之心，且可爲制逆虜之地，封疆幸甚。

　　至于戰守之備，他鎮不及知。若雲谷之間，賴蕭、邢二公振作經營，儘勞心力，廟堂之上不可不特加體恤委任而責成功也。若寧夏叛卒，當始發時能作區處，或設間購求，防其内潰；或分兵屯守，杜其外援：只須一介之使、片紙之檄可定。而遷延規[八]望，縱火待泉，直至賊勢已成，逆謀已合，匈虜入犯，而後請命朝廷，求援鄰鎮，掘井救焚，不啻晚矣。即今遣將徵兵，監以直指，天威震動，宜無不剪之凶，然已費力百倍。顧事勢至此，有進無却。即傾内帑，灾良民，難復顧惜。螫腕斷臂，豈應慮傷好肉也？只恐賊壘未易破，破而禁妄殺，正易制令也。嗟乎！寧鎮之宗藩、士民亦甚衆矣，知謀勇略之士宜不少矣，而甘心叛卒，受其迫脅，如土木偶人，隨賊提挽，經時歷月，無能出一奇一計當賊者，意爲身家耳！而賊不滅，身家寧可保也？生愧蕭如薰，死愧梁琦矣。彼哱氏父子跋扈日久，而以姑息養成其不軌之謀，隨府一恣睢暴戾無行之人，而以才賢薦起，使入于不善之黨，屬階禍本，若有數以凑合之。庸人緩頰高談，裕蠱而有餘；賢者奔走馳驚，救敗而不足。翁遭時則然，不得不身任社稷之重，勞固不可以辭，而將何所歸罪哉？承賜咨稿，内旨意准將史酋監候，不必解京，甚得鎮重之體。且監候緩死，可因以招安餘黨，後面更有着數可做。前此擒獻趙全輩，正由倉皇梟斬，致遺餘孽，所以有今板升之族，良失策矣。至還諭虜王約束諸部，毋得擾邊數語，亦甚緊切。松套諸虜，利賄助逆，須得虜王禁約。縱未盡從，亦少歛戢，我軍乃可得利也。惟翁留意。某罪廢不宜^{〔九〕}軍國事，恃愛漫及，幸秘之。

校勘記

〔一〕“尤”，疑當作“元”。

〔二〕“待”，疑當作“代”。

〔三〕“醫”，據民治學社本當作“瞖”。

〔四〕“讒”，據《經世文編》本當作“纔”。

〔五〕《經世文編》本篇末有“至祝至祝”四字。

〔六〕“校”，《經世文編》作“較”。

〔七〕“黄河”，據本文上“淮黄源委”及《四庫存目》本、《經世文編》當作“淮黄”。

〔八〕“規”，據《經世文編》當作“觀”。

〔九〕“不宜”後，《經世文編》有“言”，當補。

書 二

答孫中丞

比來國是紛紜，朝綱陵替，雖則士風浮薄，亦由表率非人，於公平正大之體或未盡焉。自翁拜命，朝士大夫無不翕然傾服，咸謂人心世道反正還淳，在翁此行，誠未可以疾爲解而戀戀里門，興嘉遯之思也。西山之西，有蕨可采。不佞非獨無是志，時尚可爲，而莫肯夙夜進退之義，覺猶未協耳。惟翁酌之。

若徵信于筮，則不佞亦頗通其說。夫敦艮以厚終爲吉，取在不變所守。翁直節貞標，屹然山峙，不可轉移，正在今秉憲之日，可以表見趣操，完美平生，何厚如之？豈止而不進之謂哉？且《艮》之上九爻，動變爲《艮》之《謙》，其繇曰："黍稷醇醴，敬奉山宗。神嗜飲食，甘雨嘉祥。庶物蕃茂，時無灾咎，獨蒙福祉。"夫山宗，孝陵也。庶物蕃茂，饑而不害，歲將屢豐也。由此以觀，翁往且當培豐圯萬年之澤，而獲嘉祐、綿休祥于未艾，詎可曰止？並以就正于秉策者。

答張撫臺

薊鎮疆事，積靡日久。比聞蓄寇養禍，更倍往時。蓋虜欲無厭，所求皆遂，而我兵虛設，一矢莫加。以此之退怯，成彼之憑陵，又何怪焉！

臺下躬履邊垂，策慮悁憶，慨然斷謂可剿，此奮武之壯猷、靖圉之遠略也。乃爲共事者所牽沮，不克同心并力以騒除于門庭之間，豈天意未欲息胡難耶？今夫爲難薊鎮者獨長昂，雖有東西二虜，一則絓後顧於遼陽，一則餌厚賞於宣鎮，其不能相助明甚，抑何憚於彼，可爲而久不爲也？嗟乎！人情謀國之念，率不勝其自謀之私。誠使優游玩愒可以自全，何暇遠慮？臺下旦夕且入，今國紀陵夷，所見無非薊邊事者，意慷慨憤厲，又不知當何如耳！

又

田兵事偶爾議及，輒以謬見請裁，非謂其可行也。承教，議復輜重舊營，則兵有所歸，餉有所出，爲計更善。顧生竊疑之。本議墾田爲興水利也，本募南農爲訓北農也。乃今募兵爲農，以一訓十，以十訓百，農尚憚習，墾田之利尚未可必興，而議者已有聚兵難散之慮，況於籍兵歸伍？彼已爲兵，誰復訓農？若曰派以田畝，科其仔[一]粒，則此乃屯田也，非水田也。水田之興，不論軍屯民地，成熟抛荒，凡可通河渠、作溝洫者，皆得墾治。若屯田，則止撥軍人領種而已，民田成熟者孰肯與之並耕而食乎？若是，則千六百人墾田有限，安在興水也？墾田有限，安[二]則收穫亦有限，公帑何時可償也？幸臺下更策之。雖業有成議，慮始不得不詳耳。狂瞽之言，高明裁教。

答劉撫臺

夷夏之限，全在藩籬，藩籬固則堂室安矣。車里、元江阻遠滇雲，迫近莽穴，内携外附，事勢居然。所恃我之兵足以威，恩足以結，外破散其黨與，而内收頓以羈籠，則不招而自集之術也。即今岳罕俘矣，莽酋遁矣，諸部降矣，元江、車里能無震乎？彼内不見收，則外合益固，是棄降以資莽耳。賴公籌畫便宜，計安久遠，乘討莽之威而收元江，又因元江之附而下車里，是不煩一矢而荒服悉歸，土疆盡復也。堂堂天朝，豈有愛於爵賞而不以順遠人之心哉？惟是糯猛既馴之後，八百、老撾不可獨令自外，亦須降下，乃為完策耳。姚州、鎮南，並稱要地，擇官而任，亦經略所有事也，該部俱當覆如大議矣。

答賈撫臺

各邊屯田，廢壞已久，清查甚難，間有開報，止具虛文，原非實數。所以按籍則歲增一歲，徵比則年累一年，蓋徒查糧而不查地，徒增糧而不知均糧之過也。誠如貴鎮，設法總查頃畝，細查荒熟。熟地有餘，則通融攤糧；本堡不足，則照舊以俟開種。如此則舊田糧均而易輸，新田科輕而樂墾，屯政安有不舉者乎？推此行之各邊可也。至軍馬芻餉之數，悉為清查；鹽糧工程之議，曲為酌處。無一事不當於實用者，幸力行之。

答陳撫臺

風會日流，道義寖薄。忝從珂佩，因見古人，一別光儀，寔切眷焉之想。江藩重鎮，節鉞遙臨，將吏士民，均有厚幸。惟天時苦潦，漂廬害稼，頗以災聞，軫瘝咨艱，當不能不廑仁人之拊念耳。

如僕虛庸，弱植重荷，罔知建樹，深愧觀摩。辱惠德音，足徵不棄。所冀時加箴砭，無徒以美疢見詒。

與楊司農

昨歲江南霪潦，田禾廬舍漂蕩無餘，歲額漕糧多從改折，計太倉儲積當無幾何。而今島寇方張，軍需倚辦，民嵒國計，重以兵食，調停補苴，百倍繁難，知匠心之獨苦矣。

向來章奏，太半留中，行取銓除，悉皆廢格。自翁兼部事，聽選者、候補者、久次宜升遷者，不旬月之間，而經年累季之滯牘蠡然盡舉。而章入即下，亦無復向之稽留矣。孰謂主上不可以忠誠感格也？一時中外人情，無不歡欣讚頌，願翁即真。而不佞弟祈望更切，修祖宗銓選之法，纘先師統均之規，誠在翁之一身矣。

及覽執奏開礦大章，累幅連篇，備極忠懇，不勝嘆服。奈言利群小惑上已深，此非可疾諫強爭者。徐俟端倪，別作旋轉可也。

答蕭督府

今海內窮困已極，而邊方尤甚。所恃以撫恤軍民者，全在將吏；資給儲餉者，全在屯鹽。屯政久隳，鹽引積滯，祖宗之舊法已大壞矣。方當根究弊源，力圖興復。而奸商夤緣漁獵，且藉開荒名色，攘臂邊城。占田既奪農利，占引又奪商利。開荒無實，既壞屯政，中鹽無實，又壞鹽政，若此者可謂有法紀否乎？至於將吏鑽求升用，禁例甚嚴。向時干請者，或陰有庇托，尚不敢陽露其名；或小有營謀，尚不敢大彰其迹。今乃公具姓名，盛行賄賂，內憑城社，外附要津。至求閣部為之致書，督撫為之咨薦，剝剝軍士而下不敢言，欺凌司道而上不敢問，若此者又可謂有法紀否乎？

不佞每念及此，切齒痛心，恨不能少有匡正。而此中根柢之奸，盤固之蠹，如臺下所云云動相掣肘者，更可恨而不可言矣。憤惋宜如何？顧悻悻之愚，無可告語。恃在教養之下，素服臺下公忠正直，知於此輩必有潛消默折之術，因敢略布其私。

又

不佞迂儒耳，何知疆事？第西陲單弱，固所素聞。而該鎮每有書來，輒言戰勦，私心訝其非策。然竊意兵家尚聲，或陽以爲名，而陰持其重，臨事當又審慎，未可知也。比得洮州損將之報，及定羌堡事，乃知謀非素定，禍出輕嘗，操縱無權，恩威兩失，逆節之萌未必皆虜酋之罪矣。事已至此，不亟省圖，乃徒責備東藩，欲概停撫賞。臺下謂順逆不明，怨憤必起，未靖西陲之禍，又挑東塞之釁，誠確論也。

但今又有火酋勾引順義渡河之報，乃該鎮安危禍福不測之時。得臺下傳諭，虜王平事東歸，甚幸。萬一助兵火酋，渡河生事，即扯布等酋市賞未可盡停，而虜王與不他、失禮二部市賞似亦宜暫爲停革，以張國威，而紓震鄰之急也。惟臺下籌之。

若史、車逋逃之夷，臺下已自有處。乃元老頃與不佞議，諸夷非我族類，甚費撫防，即目前收還，後日必又反側，不如乘其叛而逐之，似亦肅清內地、杜絕釁萌之一機也。裁斷是望。

又

擒獻史酋事，臺下獨勞神慮，成此不世之功，謂宜獎答高勳，渙頒異數。而兩年市賞靳于虜王，失信外夷，狹小漢制，不佞誠私心恥之。茲奉大疏，於市馬撫賞中量議裁革，堂堂朝廷，使賞功之典，幕府不得專制於外，而動從中覆，其何以存國體而堅夷狄恭順之心也？

至寧夏叛兵，當其始發之時，爲總督者，特遣一介之使，下片紙之檄，招誘其渠魁，撫安其脅從，不應則赦其黨與，而求其首惡如劉東陽者，或從中間之，或從外購之，或募敢死士襲而刺之，方略不可枚舉，但謀其首而其黨自攜，且有執以爲功者矣。最拙，則舉三鎮之兵力以臨一鎮，何堅不克？又拙，則遣通官傳諭松藩諸虜，無納叛卒，得叛卒一人獻者，賞銀若干。則我以叛卒餌虜，而虜以叛卒爲奇貨也。縱不能必其執獻，亦可免其交通矣。計不出此，而袖手坐視。今日討宣大兵馬，明日討虜王約束。屋中失火，招呼遠鄰，遠鄰即來，屋已灰燼，而況未能便集乎！在內者復不知委任督責之術，今日議起某廢將，明日議起某司道，周章孟浪，全無主持。就如婦人渡河，小兒冒雨，脚手不定，傾跌叫呼，殊可笑耳。以此戡禍戡亂，不亦難乎？彼其向之高談戰剿，其伎倆竟何如也！

夫在宣大，以夷狄擒夷狄，而史酋可縛；在固原，以全軍制叛軍，而劉東陽不可得。人之智略功業，相去何啻天淵而已。不佞廢棄之人，不宜復聞國事，承教因漫及之。抑憤懣積衷，狂態頓發，殊不能嘿嘿寧忍也。

又

往聞荆翁特疏謬舉，固已預憂坐累，妨其魚水之歡，爲書止之，詞甚懇切，以爲薦我非所以全我，而愛之或恐其害之也。無何會疏上，而詰責之旨果下，紛紜譴斥，銓省幾空矣。不肖草土廢人，誅之殛之何足憐惜？乃部院大老、臺省諸君，並以不肖干連，無端受咎，不肖無乃爲妖星厲鬼，禍衆殃人者耶？聞狀以來，股慄心寒，無顏可立人世，恨不即死以絕株累之端也。

顧念不肖即愚戇冒上，何至震怒不解？若此人臣一身，生之惟上，殺之惟上，威何所不行？而不于其身于其舉之者，又何必曲求旁引，而曰此會推堪用，非會議起用，至以上言德政例之乎？此其中簸弄樞紐，造作機械，不止毒不肖一人。不肖死於君則死耳，寧能死於此輩？則不得不強顏苟活，以待斧鑕之及，而後敢死也。

夫國之大政，莫大於用舍刑賞。以某之不才多罪，放斥之可也，誅殛之亦可也。而荆翁以請告歸矣，太宰又不安其位去矣，撫鎮司道以畫邊事觸忤强禦者，尋端罷之、逮繫之矣。乃要功生事，誤國殃民，與夫跋扈飛揚、恣行胸臆者，曾未嘗出一言片語問焉。用舍刑賞，舛錯如是，宜老成憂國者所爲感概咨嗟也。顧奈何輕言去哉？幸爲社稷計，爲三鎮軍民計，非某敢以一人之私願依依左右也。

答王荆石相公

辱惠手教，所以誘進不肖者，沾沾盈楮，至暱就之謂，是在天比翼，前劫一身。不肖即不敢自附于羽儀，而腹毳背毛相得於形骸之外，固已久矣。將托性命、寄死生於左右，子孫同好惡不相背也。而几案之前，跬步之近，行藏進退，敢有二心？所陳病苦，委皆情實。審己量力，知足知止。此正不肖所以保生平之盟，成一體之誼者也。

第令輿疾而出，旅退旅進，乍蹶乍起，其狼狽可厭之狀，爲道路所指笑，翁台寧願之乎？乃舉乙酉故事，謂不肖不宜援以爲例。以翁台德望隆重，莘野傅巖未方其出處，而尚云有五可辭。則不肖所當辭者，詎止於五？即不肖前勸駕翁台，今非自謬爇火，宜待光於日。日已出，爇火固應息也。至謂翁台痛國是思歸，非慮國事難處，惟恐翁台有去志，則不肖豈應復出？翁台肯留，則不肖尚堪出耳。

此皆肺腑，非敢有一字矯僞，惟翁憐察。

又

自翁奉詔歸省，主上數月以待，公卿士大夫數日以待，而不肖某乃數刻以待也。延佇久矣，覬望深矣，即旦夕至猶以爲遲。而奏使再來，箋誨申布，人間母子依依難舍之情，惻怛肫誠，古所未嘗有，讀之而不歔欷隕涕，相體相憐，真桀跖爲徒、梟狼作類者耳。世上何物浮榮？袞衣玉食之供，足相羶漫。而亦豈兒女麋鹿之私，呫呫把臂附耳，可移易至性者哉？良以主上腹心非翁靡托，士紳耳目非翁靡從，宗社大計、軍國繁機非翁靡定靡決。一出則隆棟升而國勢安于磐石，不則綱紐弛而朝政棼如亂麻。天下否泰安危，所關非細故而已也。

某不敢謂親後於君，忠重於孝。而晨昏定省，稍緩於宵旰之憂勞；彩侍歡娛，不迫於蒼生之愁痛。時固可以暫出，而情不忍於坐觀也。翁試觀今日之事勢，與夫朝野之人情，能翛然怡悶，居然養重否乎？徵命不可反汗，詔使不可淹留，萬口同然。而某不能以一人之私趣翁出，又安能以一人之私贊翁不出也？若翁肯幡然一出，俟國事稍定，人心稍安，於是復圖歸省，某即至選愞不任，當竭力慫慂之矣。

又

自去冬奉書後，日夜延頸而望旌輪，心欲折，眼欲穿也。蓋誠見樞軸之地久虛無人，天柱地維岌岌乎有搖扤傾欹之勢。得翁蚤一日至，庶朝廷蚤一日可寧，不肖某可蚤一日紓於厭覆之患。而過歲不聞音息，已自惶感無聊，思欲竊銜委轡而走，不意乃竟以奔蹶償轅，遘此摧輪脫輹之禍也，其何顏可復見門下？

正席薨驚悸中，忽接台翰，知堅意老伯母側不肯出。所上表，視前兩疏詞愈迫，情事愈危，誦之令人酸鼻刺心，淚簌簌數行下，何忍復以君臣之義傷翁母子之恩？且不肖方此乞骸引去，又何敢以逐臣棄婦而談忠節之事？然不體翁之至孝，而強翁必來，則不忠於翁；不思國事之艱危，而曲順翁意，謂可以不來，則又不忠於國。此兩者即不肖某亦且心戰莫知所決，則聽命於主上可也。主上意旨嚴緩，翁出山蚤莫，關宗社治亂安危大數，自有任其憂者，而不肖已不敢與聞內命，幾兩旬矣。不肖所恨者，前後侍翁政本之地五年，一嚬笑步趨，無不視翁爲楷式；是非毀譽，出處進退，無一不願與之共焉。而翁在朝時，不能留其去，其歸省也不能待其來。册儲之議向賴翁得引其端，翁去遂隳其緒。不肖不但負主上，負翁之恩亦不淺矣。顧不肖所以去，要不止册儲事，自翁去而主上所以待閣臣者體貌可知也。上任之甚輕，而下責之甚備。與其辱國，無寧冒負國之罪而已。翁能諒不肖之心否也？

又

不肖某向侍左右，曲荷提携，以克執矩循繩，苟免顛躓。一自綵輿南指，寮寀星分，不肖猥以孑然之身承攝筦鑰。大廈一木，勢固難支。然猶强勉撑持，意謂衮烏遄旋，釋擔有日。何圖徵車留滯，命駕無期？因是狂簡靡裁，戇愚自用，偶爭儲議，遂冒天威。孤犢當轅，宜有軛駕摧輪之患，無足怪者。尚賴主恩浩蕩，未即加誅，放許生還，良屬厚幸。然罪釁深重，慮非一去可逃。即伏處嵁巖，時恐恐然若雷霆殷震也。蒲輪既入，魁柄有歸，不肖始稍稍收復驚魂，發舒意氣。顧自恨付托不效，決裂貽憂，當終已無復面顏可介紹門下。伏辱台伻遠涉，鼎札下頒，寶牘瑤函，如從天墜。且悲且喜，感何可言？恭諗太母怡愉，道履嘉暢，宮府雍穆，朝省淑清。此天所以純佑人國家，俾君臣父子之間慈孝相安，明良交合，斯百順所繇萃，六符所繇呈也。即時事多艱，士風滋薄，以翁台德誼聞望，學術才猷，康濟轉旋，何施弗效？乃猶取節棄斷，問道覆車，循省乖違，豈勝愧忏[三]。楮短緒長，莫罄萬一。

答陳漕臺

承教，匡扶主德，謂宜調停靜定，此是格心之論。夫子謂信而後諫，先儒亦言委曲以開導之，盡力以扶持之，至誠以感動之。則諫牘果不在紛紜頻數，紛紜頻數則上易厭，厭則主過遂，臣術窮矣。

鄙見謂須專而有漸，勸朝講則單言朝講，請建儲則單言建儲，如此則言不煩，聽易入也，且其爲力也厚矣。勸朝講而聽，乃請建儲。請建儲而聽，乃更言他事。如此則言之有漸，聽之不覺，其入而易從也。其有不從，然後可以強諫力爭。即數而取厭取疏，以去就決之可也。而今之諫章，只可當一條陳疏。以事多爲傾竭，而不知一事不從，百事停格矣。諫術真難言哉！敬復。

答申相公

頃蕘牘入奏，未蒙俞旨，翻辱美褒，愧死！愧死！至承台諭丁寧，刻期相待，若謂賤疾可不攻而愈者。嗟乎！以翁視僕，豈愛惜軀殼，圖苟旦夕之生，稍有微痾，不勝其喂唧者哉？誠自度其虛羸困殆，有不克支撐者，而後乃敢言病也。若僕之疏庸謭劣，不足以塵末席而奉下風，其可憂可懼者豈獨在疾？與其辱命，寧方命焉。雖負翁今日之恩，猶可全前日之愛也。不則僕誤翁，翁且誤國。求如今日，僕有未形之愿，翁無失人之悔，兩相成而相重，豈不難哉！區區鄙誠，入告於君相，退言於妻子，一口一心，更無別緒。如或矯情爲讓，詭故偷安，有一於斯，天日共鑒。惟翁憐察。

又

昨小疏承教，前段已略加竄改。第求去之說，鄙念已決。反覆更置，竟不能成。且亦詞意不屬，聖音厭聞。規勸之言久矣，更之恐又成套話。某此去正謂翁台三位地，藉此斡旋上心，或亦一變計也。謂某不戀戀左右，豈人情哉？惟台慈垂察。

又

小疏上已四日，不下。干冒天威不測，此身莫知所措，詰旦先發妻子行矣。倘有不測，全仗台慈，得保全首領以歸，始終之恩也，銜結敢忘？

又

不佞某不自循揣，妄言自陳，以冒天威，詒憂左右，愧負不淺。第一念忠赤，本欲藉此以感動上心，爲門下措手之地，今疏稿見在可覆也，有一語可疑，一字可訝乎？而志意難明，欲益反損。某何足惜？二百年來内閣體貌，某一人壞盡，豈不惡哉？惟門下一賜迴旋，俾某得早一日出國門，即門下終始之大恩也。

又

不肖某性資最劣，舉動多尤。向恃標表居前，姘幪在上，故迷冥知所嚮往，荒穢得以蓋藏，未即顛隮，寔皆門下護持之力也。自違履舄，頓軼周行，橫騖狂奔，摧轅耍駕，駑材重載，勢必及兹。語云：沉淵陷谷，乃感前茅。震雨凌風，方思大廈。正不肖今日之謂矣。尚賴餘庇，得逭嚴誅，薄譴放歸，大喜過望。惟是堂廉隔絶，宮府暌離。國體朝綱，日以淪替；人心世道，日以傾欹。整頓匡扶，必須舊德；謳吟想慕，況切群情。翁台又安能恣杖屨於青山，置經綸于高閣已耶？不肖某乞得骸骨行矣。田間苦樂，海内安危，占象泰階，以翁出處。臨楮不勝翹注。

又

不肖某本塞下腐儒，無當用世。謬辱翁台推擇，延置機庭。比遭家難免歸，又復虛席以待其禫除而趣之起召。此於知遇之厚，期望之隆，不肖豈懵於心而甘自棄者哉？

顧當寅僚之盛際，太倉、新安二老主謀，而翁臺主斷，譬之艨艟操舵，理篙楫者足賴，不肖唯應處佚而卧安瀾之上已爾。乃自三老相繼請告以歸，堂廉隔閡，朝省人情，翻然易局。不肖於此時駕無舵之孤航，泛茫洋之巨浸，欲無覆没得乎？即不以戇諫得罪去，去志決矣。去而冒雷霆之震，不足驚；忍草芥之擠，不足愧。所愧者決裂大體，隕隊前徽，負知遇知思[四]與所以期望者，當終此生，無辭可置對左右。以是罷歸十載，音問積疏，雖川塗之阻修，寔由心顔之忸怩也。未審翁臺能諒之否？頃仗精忠格帝，大信成孚，主器有歸，群情僉定，不肖因得徼存問之縟典，冒蔭叙之殘榮。洪芘雲垂，餘沾波及，揆今遡昔，敢不知所從來？南首江雲，但有馳注。

答蹇撫臺

邊計重大，將士苦寒，必須錢糧稍有贏餘，乃堪調度。若析薪而爨，數米而炊，此但可以贍五口之家，非所以立三軍之命也。

承教，遼鎮覈减額餉，歲省一萬一千有奇。在臺臺自毫釐而節之，不可謂不損約。乃以國家之廣大，而與士馬爭一芻一粒之利，裁削於匙箸之間、槽櫪之下，亦大窮乞矣。薊鎮陵京重地，恐又不可以搜剔他鎮者而概操之也。惟主持是祝。

又

比來詔令數易，國是參差，文例猥繁，事權牽掣。其弊惟在條陳龐雜，人一意見，而意見又非真睹真聞；人一口吻，而口吻又乏公非公是。其才者捕風捉影，弄筆作文；不才者且指東擊西，傾危敗類。非獨邊事然也。

乃部院題覆，概無擇言；內閣票呈，一切依擬。則其過又豈獨在條陳已哉？承示會題車營備禦大疏，謂議論大繁，勢必徒事文具，無補邊防。此正不佞之疾首痛心而恨者也。顧習定套成，何法可挽？爲之太息。

又

凡舉事最不可有功利之心，除却功利，無事可爲，一有此心，便復害事。即如古人治水墾田，豈不是要興水利、成田功？然必勤胼胝者八年，而後水道始通；較豐凶於數歲，而後田賦始定。則知旦夕之功、目前之利，雖聖人不能圖也。

畿輔水田，非盡可開墾，亦非盡不可開墾者。朝廷用言官議，委其事於尚寶君。尚寶君於水田身親涉歷，精意講求，決以爲可成者數年矣。一旦受事，不患不任，正患其任事之過，求功之速，或拂民情，招物議耳。乃尚寶君亦自言：“始事寧少勿多，寧緩勿急，寧相順勿相強也。”何圖尚寶未出，而豐玉之工已興矣。當其興工，固且恐尚寶一至，煩擾地方，而不知倉卒經營，亦自有一種措辦。於是農不足而募南兵以充矣，餉不足而貸庫金爲費矣。其後費不能供，兵不可散，而議復輜重營以處餉矣。法誠善，意誠良，然去水田之議則已漸遠。不佞向固疑之，而有書以質於前督撫公，謂募兵爲農，以田授兵，乃屯田，非水田。而農可散，兵不可散。兵且無餉，農何時有粟乎？會有成議，兵車營竟復。而尚寶君見豐玉間田已成，其志意滋廣，遂去而之河間、真定談治河決渠之役矣。役未興而議起，以有今日。

不佞因有感於國家之事，其爲而無成，非獨怠事者之過，而任事者不能從容計慮，次第舉行，稍有急功利之念，亦必決裂破綻而不可久，則此水田之工是已。向使豐玉不募治田之兵，真定不徵治河之卒，以開墾屬之百姓，以勸相付之有司，而行田使者歲不過一出省視，但以勸相勤者爲盡職，勿以墾田多者爲賢能。如此行之數年，當令荒蕪漸闢，水利漸興，而官不知勞，民不稱擾，豈至急目前之功而阻累世之計哉？嗟乎已矣！事已至此，無可爲矣。獨今水田雖罷，而營兵固存。帑庫之金既無所償，輜重之餉將何所給？誠不能不塵臺下之籌畫也。顧此輩向已失之邊招，今可驅之邊散？惟分已開之田以抵額餉，抵者有數則餉當半省而易供；散無用之卒以補別伍，補者漸多則卒當益少而易散。是在一運量之間而已。不佞何足與計？第大教下及，憯有區區之愚，因敢就正左右。幸賜裁擇。

答雒撫臺

今九州貢篚，載道而來，疲人損費者，某不能悉數，而蜀扇其一也。夫一歲之暑無幾，去暑之用，其資於扇者亦無幾。削竹敷紙，裹勁外規，揲〔五〕而運之，輕颻頓發，豈必蜀扇然後可以致風哉？即出於蜀者爲佳，多不過千握，少數百握，而內庭之用已自充然而有餘，何至殊形異製，什伯其名，累篚連箱，萬千其數？若此者使官爲之，官耗其職矣；使民爲之，民妨其業矣。不知其式樣之定、數目之增起于何時，而至今遂遵以爲額貢，歲歲爲蜀累也。第令巴蜀之民無他租賦，以扇爲繇，道路阻修，業苦遠致，而況於常賦之外又有此獻，是天下之租一而蜀中之租二也。矧租或有時而蠲，扇則無歲不入，其累當何時而已乎？誠使上用詘乏，雖費且勞未可已也。乃御用監每歲製扇，所費不貲，扇豈少乎？而又益以蜀中之貢？竊謂自兩宮六御而下，即日三易扇，亦無用若是多耳。而內歲歲有製，外歲歲有供，不見其積者，則賜予無節也。以賜文武大臣，無幾耳；以賜戚里，雖多不過百分之一；至以賜閹宦，則不啻十散其九矣。是耗官帑，糜工費，勞人萬里而致之內庭者，無益於上用，盡之供閹宦之資者也。豈不可爲扼腕恨惜哉！舉一扇而他物入貢者大都類此矣。

古之聖王以一人養天下，不以天下奉一人。今天下之所奉者，豈止一人而已？奈何欲天下不困於徵輸乎？某夙夜念此至熟，而貢扇適至，見所籍上之數，不勝咨咨大[六]息。退而拜私覜之辱，益復驚訝，以爲過多。及詢之二公，乃知故事相沿已久，皆有所予，非一手一袖物也。嗟乎！在我手袖者，猶不能無所予，而況爭議於人主之前，欲以樽節其出入，豈不難哉？不佞蓋因是而增慨無已，而又自愧不能一伸其愚衷也。然感明公之惠則已深矣，體國憂時，諒同兹念。

答許相公

某畸單寡耦，局趣無奇，徒以一念朴誠，謬爲翁台收采，腹心至誼，視儕輩有加焉，顧愧無以佐下風、贊末議者。猥自附於升儲之請，而犯顏逆耳，乃使翁獨失意於主上。某於此時，豈當首鼠自全，諉以爲不與己事哉？然所以逡巡未即去者，政本之地，虛其無人，姑暫守直廬之筦鑰有所待也。何圖赤烏既遠，黃綺不來。鳧鷖詠而周室方危，鴻鵠歌而漢儲未定。期期不可，敢謂無人？乃譴何[七]橫加，斥逐欲盡，此時欲復依違保禄，緘默全軀，誠恐盡棄平生，無顏復通。

門下勉希高躅，直冒嚴威，死生以之，無言去就矣。時方席藥，敬此附書。倘藉庇生還，尚當渡河逾淮，遠謁杖履。臨楮無任瞻馳。

答葉撫臺

邊事自款貢以來，因循養寇，已非朝夕。臺下憤扯酋之反覆，詫平處之非宜，慨焉有雪耻除凶之志。即此一念，忠可以貫金石，義可以激三軍，不佞誠不勝竦服。

第今卜酋既已認罰，扯酋亦將東歸，火真之勢漸孤，則臺下蕩平兩川之功可計日而就。若虜方馴伏，未有釁端，而遽議革號斷賞之事，恐虜勢連合，不惟臨洮搆兵，而延寧、宣大之間亦已樹敵，紛紜糾結，勝敗未期，萬一參差，何以收拾？是臺下舍易成之績而規難必之功，釋一隅之守而任七鎮之責也，同舟之人且有忌心矣。幸臺下熟計而緩圖之。即機會可乘，時難再得，亦必須與經略公密切商議，議定而舉，舉必萬全，正所謂師克在和，集大事當協人心也。人心協比，何謀不遂？何爲不成？所云革號斷賞之事、雪恥除凶之烈，終當有賴於臺下，豈必計效眉睫哉。

賀沈相公

《春秋》之義，尊上公爲之宰，四海無不統焉，位貌至隆重矣。顧非能自爲重也，人主重之，聯爲心腹；百官萬民重之，恃若砥柱。然後能重其身以重朝廷，而宰之名足尊，則翁台之今日是已。

翁台以甘盤之舊學，稷益之嘉謨，懋姬旦之經綸，負阿衡之望實，舉世期之以公輔，聖主優之以賓師，蓋三十餘年於茲矣。壬癸之間，宜比肩余、許；卯辰之際，宜接跡申、王。詎惟宜起不肖某而先，夫豈應在蘭溪、新建之後？此自士大夫公論，非不肖所敢效諛者。乃今風雲之會合雖晚，而霖雨之霑沛應期。主上眷注久而相得歡，則倚毗彌篤；群情徯望切而具瞻遂，則愛戴彌堅。誠上下交重之一時，荃宰足尊之殊遭也。

某鼎慚覆餗，駕愧摧輪。林壑之辱人，廟堂所吐棄。然而蓬依麻直，猶襲蘭薰。氣味尚存，形骸匪隔。又自審襆衷償事，由於望輕；竊羨夫正色立朝，翕然倚重。願以身爲驥步之戒，鑒於前車；因抒忱於燕賀之將，托之尺牘。尚祈緝熙主德，潛格非心；軫恤時艱，漸回元氣。則世可比隆於三代，而某亦太平之一民，手額欣欣，曷勝鳴豫。

答鄧憲使

承示《方中丞二集》，生受而一再讀。其它詩文皆可纂入志中，獨其處將事宜內有數語暴鑑川公失計。竊意當時始議正由二公協心合算，遂建此無前之偉績，即少有異同，無大矛盾，幸而事可功成，豈必自己，至形之文字辯論間，逾益小矣。昔徐吾夜績，猶將借光於鄰，曰"益一燭不加明，去一燭不加暗"也，而況同時督撫任社稷之役者乎？且公之功正不必詘鑑川公而後顯也。

某固非知言者，然誦其文至此，則竊詫其有拔劍爭功之態，而虧虞廷德讓之風。大臣立言恐不宜如此。此一篇文字所繫邊事最大，後來尚論者，以此覘公之爲人，恐反生訾議云爾。儻曰克^{〔八〕}國言功，無嫌自伐，則非後生小子之所敢知矣。

答褚中丞

某疏鹵迂愚，無足比數。特辱翁臺知愛，左提而右挈之，方幸瞻怙儀刑，稟承誨督，亦趨亦步，範我馳驅。乃雅意西山，抗章請沐，雖以主上眷留，公卿推輓，匪席之旨，竟不可撓。悠悠我思，曷勝繾綣！重以一迹孤踪，孑焉寡與，徘徊岐路，去住莫知所裁。懸想杖屨優游，琴尊清曠，仙几^{〔九〕}敻隔，徒有嘆羨而已。

伏廑遠念，惠我德音。懷感隆情，曷勝軫結。

寄楊漕臺

不奉台教，積有歲年。廢處田間，轉益疏曠。然德門慶趾，浚發於公郎；宸宸渥恩，賁敷於衮席。時竊聽睹，則固未嘗不高仰而侈談之也。至於經畫河淮，周爰分導，卒使决者塞，淤者通，巨浸俄平，狂瀾頓戢，祖陵之弓劍無恙，士民之釜甑攸寧。此之爲烈，真可以比績平成，而宣房瓠子之歌不足爲今日誦矣，欣服又如之何？

塞雁江天，風期綿邈。偶便一椷起居，南向不盡瞻馳。

答梅督府

承示火酋桀驁狀，以捏工川之豐廣，駐牧有資，加歸德堡之孤危，應援難及，宜狡虜之睥睨而憑陵也。然恃臺下居重於上，多方伐謀，知火酋之志必不能逞，旦夕且自困，有拔帳而去耳。何也？歸德所可慮者，不慮一火酋，慮火酋連結套虜，整衆偪我，倚順義爲聲援，而脅下諸番爲羽翼也。以今策之，相真台吉與之大不相能，此內郤也；順義必不肯棄市賞之利而爲之助；番族必不肯棄茶馬之利而甘於降此外携也。我因撫其携以搆其郤，俾之自顧不暇，此所謂以夷制夷之術。知臺下計必出此，故度火酋之必不能逞也。雖然，古人軾怒蛙，塞蟻穴，亦安可不預爲備乎？則大疏築堡、增兵、儲餉之議是已。

答許撫臺

接奉大疏，酌議均徭。此敝省小民所疾首蹙額，日夜愁痛，求逃其累而不能者也。荷蒙寬恩軫恤，設法興除。哀我人斯，欣然有更生之望矣，感當何似？

不佞嘗謂有田則有租，有身則有庸，正糧正差，非民所苦也。民所苦者，糧外之糧、差外之差耳。而差之累爲尤甚。今小民破家、廢箸、鬻子女而不足以供，以至於流移轉死者，大率皆差徭繁重所迫，非糧之累也。蓋糧之額有數，如數而辦，有司無奈百姓何矣。差則不然。有力差矣，而力差之名目又項項不同；有銀差矣，而銀差之行款又種種各別。朝夕科派，日月追呼，非夫役工食，則馬騾草料；非新官祗應，則過客供張。以至交際冗儀，作興濫費，分文銖兩，戶灑丁攤。繁若蝟毛，急如星火。此小民竭一身之力，傾一歲之儲，盡輸之於官，而猶不免於逋欠者也。有逋欠因有追比，追比急則逃亡多，逃亡多於是包賠衆，而無不累，無不逃者矣，則今日之弊是也。失在經制不定，而有司得以妄費，里甲得以多斂故耳。今將銀、力二差及夫馬等項，概入均徭，則編僉有定例而里甲均。均徭兼丁糧酌派，而於寄莊富室，量有增加，則徵納有定額而貧富均。至於馬匹草料，應裁應折，夫皂工食，應募應徵，皆有一定規制。此法一立，上之所費，下之所供，俱有常經。不但無差外之差，而正差亦輕省易辦，拴整易完矣。差既易完，則逃亡者少，復業者多。各輸應納之租，並免包賠之累，又何至有糧外之糧？而民困安有不紓，民生安有不遂者？

桑梓私情，不勝感激。惟毅然舉行是祝。

答何宗伯

客歲因劉學博附候啓居，耿焉之衷，未盡萬一。惟翁文章道德，表著詞垣，壁立巖瞻，未足比望。而遭時不靖，橫議繁興，緝緝翩翩，遂罔君子，舉朝之士，幾無完人，誰能爲門下剖心者？即某辱愛素深，赴義誠切，亦惟仰屋竊嘆而已。

今遺蒭餘烈，尚復浸淫，有觸即施，旦夕殊不可必。方當跳身跋足以去，而洄淵習坎，淪胥轉深。自門下視之，何啻溺人之可笑哉！乃辱書見褒，良用愧悚。誠使天祚斯世，泰大方來，某不難振袂整冠，以待東山之駕。苟非其時，會且歸矣，安敢竊言以謾長者？伏惟勉爲蒼生自愛。

答顧撫臺

塞下之民，無所托以爲生，則不可使久居危難之地。故古人議備邊，必先募民以實之。議募民，必有所以安頓生養、經常可久之法，然後民樂其處，而無轉徙之心也。遼外乏邊圉之阻，内無墩堡之固，每當賊入，輒便收保。賊入既頻，收保亦數。是民之衣糧資畜，不待被虜，而奔走轉搬，失亡耗費，可立盡也，況暇治南畝之業乎？遼所以蒼莽荒蕪，人烟寥落，正坐此耳。

門下計安重鎮，恤收保之難，則築室儲糧，積薪浚井；飭扞禦之備，則督鑄火器，倣造飛車。乃復周閲川原，規溝洫之廣深，相阡陌之條貫，將以畫汙萊爲井牧，奠舄鹵爲金湯，限胡馬之驅馳，便農人之耕作。此誠撫遼之長策，經國之遠猷也。幸門下毅然圖之。

某邊人也，夙夜籌度疆事，以興屯田爲第一義。敢贊於下執事，庶幾觀厥成焉。

又

匿敗誇功，邊方敝套。凱書捷奏，主上習聞之矣。至于鹵掠人畜，焚燒積聚之事，久不奏狀，即奏狀能幾何哉？而頃者泛河之役，諸所失亡，一切籍上，毫髮無所隱，宜駭主上之聽，動色下問也。乃遼事之難，虜禍之烈，與夫舊套之隱匿，今次之直陳，二老亦略述狀於上前矣。以主上之明聖，豈有忠不見察者哉？遼事廢弛已久，非一大解，更未易整頓，是在翁今日耳。佇俟圖上，贊厥成焉。

又

東征之役，始謀已竦。本兵誤之於前，經略誤之於後。稔禍至今，敗壞極矣。乃以屬之臺下，漏舟破屋，勢固難支；潰堤決癰，力豈易措？不能不更煩整頓，大費經營也。

蓋朝鮮之倭與臨洮之虜不同。臨洮必用經略，往者虜闞我門庭，不能勿問。而梅督府公方自劾待罪，遣經略使靖兩川，且以代督帥也。朝鮮中倭，則藩籬之急耳。欲固藩籬而存屬國，則薊遼督撫固在，就近委之，其耳目真，臂指順，酌緩急而爲之備，保我疆圉而已。不得已而赴之，屯師竟上，遙爲聲援，推朝鮮之鋒而殿其後，不爲戎首也。又不得已，然後酌量徵發，次第進兵，分番休舍，使芻糧可達，士馬不疲，斯庶幾萬全之策焉。計不出此，一聞警報，輒不勝周章躁遽，奏遣專官經略，而所遣又恂恂儒吏，未嘗更邊事習兵也。徒據其海邦籍記，遂詫以爲圮上之書，而付以重寄。當是時，不佞固預知其不任也。已而，請增置堡臺矣，請增設將領矣，請召募而三輔騷動矣，請徵調山西、宣大之兵出，又遠而四川、兩浙之兵至矣。其他搜銅鐵以鑄火炮、鍛蒺藜，賦車牛以載衣甲、轉糗糒，沿海郡縣，怨聲如雷。不佞即伏在山間，震耳怵心，寔未嘗得一日安枕也。遠邇繹騷，公私靡敝如是，曾未聞其出一奇，當一隊，收一戰之功，而山人游客盡拜官矣，厮養隸卒盡富貴矣；車騎戈甲，連數鎮之師，半委山谷矣；金錢芻粟，傾數百萬之積，盡填溝壑矣。兵老財殫，智窮計詘，乃始聽用狎邪無賴之輩，往來倭營，哀求和好，今日議貢，明日議封，外墮狡夷之牢籠，而內坐守寸步難移之困局，固宜其爲解擔釋負計，而思委艱難於後人也。可恨宜何如哉？

今時勢與資力並當困詘之際，國威與士氣並當挫衄之餘，爲臺下誠難。然非臺下精忠峻節，偉略宏猷，未易辦此。國家不幸而遇兩公損其威，猶幸而仗臺下救其敗耳。今第鎮以定靜，籌以從容，按甲休兵，據險守要，沉幾先物，觀變俟時，必當有釁隙可乘，關緐可制，無徒效前人徼幸於孤注，竭作於一鼓也。昔衛爲狄滅，齊桓公率諸侯爲城楚丘，《春秋》高其義，未聞遂與狄讎，違[一〇]諸侯之兵伐之也。今第以保會稽之耻，激厲朝鮮，以成楚丘之功。獎率將吏，無爲主而爲客，則得體矣。若欲從井救人，糜兵餉於不測之地，如前人所爲，非佞所敢知矣。

棄婦逐臣，不宜妄議國家事。以蒙臺下知愛，曾共猷念，托肝肺之交，故輒布其區區。忠憤激昂，不覺狂肆，更惟秘之。

答陳宗伯

不佞某自違台範十載，於兹悠悠之踪，靡可占對。向來風波震盪，危厲薰心。屬遭家艱，歸伏丘壟，自謂在險得出，與世長辭矣。不圖遺簪棄履，謬辱收存，而赤舃尚淹，黃綺未至。漂揺周室，徒痛恨於鳲鳩；調護漢宮，疇羽翩乎鴻鵠。此某所以望閩山而佇想，指越嶠以馳神者也。

幸頃天啓泰符，帝懷舊學，樞庭虛左，麻詔行頒，庶當延候鋒車，參聯揆席。而逢天癉怒，罪在譴呵，旦夕罷歸，光塵永隔。緣窮福薄，悵惘如何？公子還，敬謝德音之辱。

答王撫臺

開荒之議，大是難言。以爲不可開，而却有可開之地；以爲可開，而却有不願開之人。人所以不願開者，富有田者，盡力於熟田，不肯治荒田也。貧無田者，又無力可治荒田，必仰給牛種於官。官給牛種，豈召之來而遂給之耶？必報姓名，必關里甲，必遞領狀，皆不能徒手得，必有費矣。還牛種於官，又有費矣。起收子粒，追呼之使相屬，又必有費矣。此三項者皆正費也，未爲累也。

田未墾時，荒田也，官田也。既墾而田主人至矣。田主人欠糧則拉與賠糧，欠差則拉與賠差。非必真正田主人也，本非其田，而賴之使賠者，亦有之矣。賴之於官，非必不才有司聽其賴也。即才有司而急於差糧之完，屈之使賠者，亦有之矣。非直一歲賠也，歲歲佃之，則歲歲賠之，不棄其田，賠未已也。故人之視荒田不啻坑穽，官雖召之不應也，雖給之牛種，寬其租粒不往也。何也？差糧之累難支，而官府之令不信也。此百姓之所以益逃，而田土之所以益荒也。

乃諸鎮以墾田入奏者，動輒數千百頃。不佞視其籍，惟有切齒而恨且嘆耳。將誰欺乎？夫田既日墾，則租當日多。租日多，則餉當日減。今各鎮一面報開荒，一面請餉，則其未嘗開荒可知，其所報開荒直虛文耳。臺下卻欲實做，必踏勘地畝，攤派稅糧，使荒熟有定數，輕重有定額，而後召民開種，令其樂從。此舉事之所以甚難，報成之所以獨後也。若止具文書如他人，則何難之有？而又何至有怠政之議哉？雖然，寧以怠政去官，無寧以虛文冒賞也。即此一事以議臺下，而臺下之人品宦迹乃益見其高，毀譽去就，何足計也。

答溫撫臺

今方鎮之患，惟冗兵冗餉為大蠹，以其一增則不可復減也。浙省自兵民再譟，添設營軍，歲餉以數千計，聚食方新，誰能議削？翁一旦簡汰老弱，去其二總，省餉五千金，兵減而眾不驚，餉減而眾不怨。蓋前人務減餉而翁務減兵，減兵正所以減餉也，其意正同，但措置有善不善耳。兵略可易言哉！

答趙撫臺

比年朝綱陵替，奸偽雄行，游客山人、星卜僧道之流，布滿都市。或指托權要，騙詐官吏；或挾持左道，煽惑愚民。當塗不能禁，反為之介紹於各邊總鎮，肩踵相接，驛遞騷然。所至裝橐縶縶，滿欲後返，有職官積俸數年，未能比其獲者。以此惠奸養慝，奸慝安得不繁且橫乎？台臺棧道所遇，大抵皆此輩。其指稱宮闈者，猶粗悍庸蠢之徒，技止於剽貨殺人者耳，有司尚得執而問之也。更有有司不敢問，且轉相資送者，此輩氣力技能何止剽奪？則綱紀縱弛，所從來久遠矣。亂世景象，種種可虞，言之令人氣短。

答趙中丞

恭喜光膺簡命，入總蘭臺。風紀是司，表儀攸賴。正人得地，善類知歸矣。

某循揣曠瘝，正圖引去。茲值袞烏且至，則私心自慰，可復徵夙昔之好，奉信宿之談也，欣抃如何！長江天塹，倚翁之重，慮周備飭，後至者有席成功而守畫一耳。及奉大疏，諰諰爲江防計久遠，即纖毫未究，亦不肯以其勞貽後人也。謀國者不當如是耶？

答王宗伯

元旦獲從三公後奉詔對，得一瞻天表，承下濟之光，出而不勝抃舞，慶以爲遭逢盛事，謂册建、豫教大典可刻日舉矣。而屢請未許，諸抗章顯爭者以十數，率留中不報。日夜焦灼，自恨積誠無素，無以感寤上心。辱示大章，亹亹忠藎之言，扶日迴天當在此舉，然亦未卜垂覽否也。

宗社大計，我輩憂苦略同。旋轉有端，嗣容馳報。

答王憲使

某嚮從封傳爲萬里游，相與共驅馳卧起者累月，私門下之愛特深。比過珂里，而辱覿季方，傾蓋歡然，即又不殊門下。竊自念行萬里無所遇，獨幸於山見二華，於水見洪河，於人見昆季，自分以爲生平之大觀備是矣。顧數年之間，踪迹參差，不無少闊。客歲瞻承未幾，而會天子重巡岱之命，門下遂特[一一]斧而東。乍合乍離，徒有悵惘。頃者獲從交戟内，聽兩賢昆應卿雲之瑞奏名，誠不啻威鳳祥麟，聯翩而接趾也。清時元凱，獨萃德門，靈淑所鍾，其來遠矣。即日望步武鼎軸之上，靈寶許氏豈得擅美乎？

某忝列通家，不勝欣抃，而愧無能馳一函以賀，又無能效殷勤於二難，深慚涼德。乃遠辱瑤札，獎藉過逾，何克以承？唯是一念依麻倚玉之私，勉相切磋，以副生平，而答高義，差足自效爾。

校勘記

〔一〕“仔”，疑當作“籽”。

〔二〕“安”，據民治學社本當作“然”。

〔三〕“忓”，疑當作“汗”。

〔四〕“知思”，疑當作“之恩”。

〔五〕“揀”，疑當作“秉”。

〔六〕“大”，據《經世文編》當作“太”。

〔七〕“何”，民治學社本作“呵”。

〔八〕“克”，據明治學社本當作“充”。

〔九〕“几”，疑當作“凡”。

〔一〇〕“達”，疑當作“連”。

〔一一〕“特”，疑當作“持”。

書　三

寄趙汝邁

弟某忝綴顔行，幸同氣誼，固冀勉分猷念，其[一]佐休明。而誠匪積孚，妄意補袞，回天之事，一言忤旨，九死危身，霆擊霜摧，罪寔自取。幸蒙聖恩浩蕩，放使歸田，得無久汙簪紳，重累鼎足。度關而北，山色相迎，誠不意病骨驚魂，復有稅鞅之所也。

惟是朝綱久替，時事多艱，鎮定解紓，獨勞神慮。不佞身爲其易，而遺門下以難，即竄伏嵁巖，而負君負友之罪，終無所逃，固不敢謂去國足以成名，弛擔足以塞責也。所恃新建之徵車且至，太倉之勸駕方殷。門下相與，一德和衷，交謀互斷，太平之業計日可興。某雖病也，猶及被服末光，沾承餘潤，含哺擊壤，孰非君相之明賜乎？

行時數枉軒車，不辭而發，中心有違。臨書瞻慕，不盡依依。

又

弟草野廢人，不敢妄議軍國事。惟生居邊地，必邊地安而後身乃可安。二十年來，虜酋內附，并代雲谷之間晏然，耕獲不妨，生齒蕃殖，款之利也。

乃頃套虜不靖，數擾西陲。彼中疆臣，厚責東鎮，意謂不能

宣諭款虜，禁止助逆，將欲奏絕虜好。夫憤款虜之助逆，而欲宣
諭虜王、申嚴約束是也，欲罷款而概絕虜好非也。試以火喻，助
逆之虜猶比屋之災，罷款之虜則燎原之焰也。自西鎮視之，款于
獨受其害，而自朝廷之疆宇視之，尚有一隅之安。今苦西陲之
難，而重貽東鎮之殃，兵連禍結，求欲復就今日之羈縻而施其約
束難矣。舉二十年生養休息之民，一旦驅而置之戈矛鋒刃之下，
慘乎否耶？非獨生靈足憐而已。廢款而戰，士馬將復增，芻餉將
復發，竊恐一歲市賞之費，不足以供客兵旬月之需也。當此帑藏
匱詘之日，其何能支？畫疆而守，亦各計安其境宇耳。東虜款則
患其助逆，罷款能遂不助逆耶？雖鞭之長不及馬腹，即東鎮宣諭
虜王，不能使虜王必聽；虜王約束諸部，不能使諸部必從。鼠竊
狗偷，勢所必有，要之潛形匿迹，人亦無多。彼中既有所馘之
功，則此輩半充首虜之數，方得戰勝之力，宜不必復窮款之失算
者也。蓋虜王之不可以戰屈，其來已久。空庭絕幕，徒駕虛聲；
海內騷然，良受實禍。未有坐制匈奴，使之稽首稱臣，奉約保
塞，如今日者。疆臣怵於多口，重於虜和，卜酋屢次輸誠，疑而
未許，戰小有得，失亦相當，後效難期，不得不以罷款爲解。豈
知款以二十餘年，計利便較然，三尺童子皆明其不可罷。乃欲以
一隅之小警而隳二紀之成功，雖廟議自有主持，而邊人安得不搖
動乎？

　　事關桑梓，敢此僭陳，伏惟四相公留意。若能推東虜之款併
西虜許之，東西畫一，永無參差，更經國遠猷，封疆之全福也。
蓋款之利，華夷共之者也。卜酋慕東虜之撫賞，而又悔犯順之
挫衄，其折而求款，出自其情，萬無可疑。歲不過數十萬金，
可使與東虜交臂受事。而未即聽許，不知款與戰所費孰多，而
城堡破壞、生靈塗炭之禍不與焉。熟策而力主之，當不相惧
也呵。

答鄭允升

不佞某兄事老丈垂二十載，自謂舉同籍，學同館，仕同朝，契分綢繆無與比，而乃兹又隸部下，昔所齒讓，而今君我矣，甚幸。顧所以訓迪不佞弟，俾無忝于風教，以終二十載綢繆之誼者，寔惟此時，宜不忍與頑民同視而共棄之耳，則何以使弟得聞其過，幡然知嚮往也？無使人謂老丈一館弟，不能化化齊民乎！第令飾以美褒，寵以華睨，以是爲愛而已。白頭如新，何所貴於廿載之誼？請教左右。

適拜書使之辱，因遂布其腹心如此。願時時賜之箴誨，無視爲套語也。

答蔡用抑

拓疆易，守疆難，守疆而無後患尤難。田州、東蘭互爭疆土，不可以虞芮平之明甚。而況叛目占據，竊料漁人之功亦未易收也。第令收之，改流設土，增兵置餉，恐非所得二州之田、百石之粟可辦。得不償失，利不酬害，誠在可已。而況取不能守，守不能完，啓釁搆爭，紛紜未已，可無慮耶？

承教，謂宜許歸田州，令其以夷攻夷，雖有後事，我勿與知。此我中國御夷大體，非獨權利害、校得失而知其不可也。惟翁臺毅然主張，無徇小利、拘成議，封疆幸甚。

答范汝益

數年以來，國多忌諱之禁，縉紳士大夫，慮亡不三緘其口，以象金人。而我輩二三兄弟，意氣激卬，時有所持論，不習骫骳，則權地仄目久矣。長孺淮陽，蕭傅馮翊，直道見疏，無足爲老丈惋嘆者。所恨十五年雁行魚貫之侶，颷分星散，相繼離居，夕佩晨衿，豈堪寥落之感？幸茲宮府鼎革，弦轍一更，正士端人，靡不彈冠相慶。念惟高標亮節，嶽峙詞林，廟堂珍其羽儀，世道藉以砥柱，賜環非遠，捧袂可期。凡我同袍，正茲延佇，太史履舄安能久滯漳南乎？

弟某不才，瓦全自愧。頃復邂逅慶典，微冒叙遷，循省分涯，寔虞非據。且宿痾時作，野性難馴，會當委轡脱銜，逃西山而長往，恐不及待徵輪之人也，奈何？

答張明誠

弟自銜恤西還，日翹首相麻，以爲旦夕爰立，太平之澤且需其草土廢人也，而竟輘直以去。難進之指，弟所稔知，無俟臆度。獨念"莫肯夙夜"，"莫肯朝夕"，詩人所憂。弟即竊迹先逃，而正士離居，安能不爲世道慨也！

湖山之間，丹烟繚鶴，劍氣紆虹，知爲翁丈承娛之地、居珍之所。弟恩慚鳥鳥，迹謝冥鴻，出既謬悠，處復狼狽，愧生平道義多矣。然輒鮒易足，本無過求；鷦鷯卑棲，頗能自適。或亦翁丈深諒也。晚節令終，相期白首，敢佩服斯訓，永矢弗渝。惟是創痛餘魂，摧以宿疹，不獲遠從杖屨，尋汗漫之游爲愧耳。

又

承教時事，謂以同異爲毀譽，以毀譽爲用舍，茲弊已久。前書謬謂冢宰君子也，可以公正服之，平淡調之，慮其執持之過，矯弊任情，或與内閣齟齬耳。今乃以推避爲高，而使司官執命。夫使司官執命者，無所不乖張，無所不齟齬矣。蓋内閣猶梁，九卿猶柱，柱直梁平。柱先軟矣，即有合抱之梁，不能使牆壁不攲，椽瓦不壞也。今九卿未必皆得人，得一冢宰、一總憲有力量有擔當者，把捉得住，鋪排得來，毀譽必不能撓用舍，同異必不能亂毀譽也。執政今日誠萬分苦心，千般費手，弟非不仰體，正爲弟淺中弱植，不能勝任，僨事而歸。在翁丈與元老，却須寧心忍耐，極力調停，有任的意思方可。來書乃謂元老平氣虛心尚難挽回，況能裁斷失虛平，是相業第一義，正須用之裁斷。除却裁斷，無處見虛平。今何能便説挽回？且丟開挽回，不要計算，虛平不已，終當挽回也。就如冢宰推避，且不要發他推避之過，包涵誘進，倚任責成，能使之不能推避方好。若因他推避，自亦推避，誰當任者？既已在事，不得不任毀譽是非，周孔所不能免。只要内秉虛平，却不嫌外專裁斷。裁斷到恰好時，毀譽終較少。若猶不免於毀譽，而我之裁斷不差，虛平一念到了，無玷缺也。

弟此言正如躄夫論步，敗軍語勇，徒取譏笑，道義骨肉之前，不能不傾倒耳。

答賈德修

弟猥以虛庸，徼冒非據。僭徵之應，厥售恒賜。更歷三時，日惟走望，對鏡照面，旱魃自猜，夘曰其能調燮？投劾求免，未獲允從。會宫工落成，概蒙叙賚，欲同登壘，食比晝嫚，内自愧矣。忝臺下道義至愛，辭受進退，大節所關，貪昧之差，良朋所爲割席也。不蒙譙讓，重以寵褒，嘉我樹擅[二]，忘其維籜。豈中丞風裁方用之於激揚，不暇圖切偲之誼乎？然闊久得奉德音，是爲快耳。

答朱秉庵

虜酋遣調部落，移帳西行，名曰搶番，情寔叵測。恃鄭範溪公駐師湟中，調度堵防，可無他慮。第與督撫意見不合，互爭議論，不佞大以爲非經略之體。

夫經略兼制七鎮，經略所不可者，七鎮必不能專，而七鎮所議以爲可者，經略亦須當聽。聽之而料量時勢，裁酌機宜，緩急後先，惟所措置，則用其策，而七鎮得効其長，不用而七鎮亦不恥其短也。此爲大而能容七鎮，乃可以制七鎮耳。顧持款之是以拒戰之非，我單言款，猶彼之單言戰也。東墻西壁，偏向正同，何能相下？不相下則爭，爭則不和，不和何能濟事？故西事之矛盾，不獨葉中丞偏言征剿，暗於機宜，而鄭公亦未爲知大體也。

夫戰、守、和三字，猶五味之酸鹹甘苦，相資爲用，缺一不能。即戰非其時，亦須收存其策，以備一着。兵家先聲後實，今以戰爲聲，以和爲實，孰得而窺我之用乎？不務集群策以屈群力，而欲執一味以當五味，此葉中丞之所以不服而繼之以爭也。蓋既違其長，又暴其短，事勢之迫，相激使然，雖謂鄭公不善用葉公可焉。即今唇鎗舌劍，人人自謂知兵，不佞誠切齒恨之。而當事者又不務鎮定省口，以辯禦辯，以爭息爭，爭辯紛紛，何時可已？

承教慎封守、備器械、練營伍、足糧餉四事，皆防邊禦虜要務。四事修舉，可戰可守可和，此不言而坐勝之術也，何爭議之有？恃愛妄談，不覺煩瑣。

答劉效忠

承教時事，竊謂東山一出，遂蒙小草之譏；深源未行，曾繫蒼生之望。人之清濁無恒操，而世俗取舍亦無定評。總之駕車者寵，戴笠者辱。當共歡未流且放之日，固與皋夔比譽，是何可以得失利鈍概當世賢豪，廟堂用人自應不錯耳。

謬蒙褒惜，比擬過逾，愧負欲死。獨所云道泰年豐，誠夙夜私願，而夷情邊事，尤桑梓隱憂。幸仗臺下威靈，城守軍容，精采百倍，以息討伐於彼，而偃甲兵於此。秦疆晉塞，禔福惟均；

社稷蒼生，托力不細。又何但不肖某屑屑爲病憊之軀私其惠顧之恩已哉？

答朱少欽

羅生使者至，恭諗台履清娛，竊慶天佑相師，太平之符于是焉在。而又自幸獲延游息，得乘鱗羽之便，又及一奉起居也。卒卒不遑覼縷，惟是年來天災物異紛見疊出，而人心積玩，國事日隳。章疏留中以爲常，卿寺虛席而不補，所急者惟礦金、店稅與沒官之産耳。至于島夷狂逞，奄及門庭，而廟算悠悠，尚無成議。方且修城建署，設將增官，奴使朝鮮，攘其資藉。竊恐倭未至而朝鮮已不勝其敝，勢將折而入倭，而我師亦不能獨完矣。奈何哉！

杞人之憂如此，諒亦翁丈獻慮所及。誠不意主上聰明仁聖，我輩鄉所交口而頌堯舜之資者，一旦鮮終至此，每一追惟，輒欲慟哭。所願天啟宸衷，翻然開悟，蚤徵舊學，銳意圖新。翁丈即抱道至高，寧忍不爲社稷蒼生一出？得見翁丈出者，弟病且死有餘快焉。

答邵世忠

頃恃翁丈道義至愛，謬以杞人之憂上請提誨，極知褊淺。顧今時事一變，主德亦一變，上下隔閡、中外參差之狀有難以一二數者。即如章疏入內，或經旬彌月不下，或屢請然後下，或竟不下。下而更無所可否，漫然留、漫然發之而已。綱紐如斯，國事安從而理？譬之人身痿痹之疾也。內庭舉動，復多媟嫚，操下更苛，外疏於政而內祥於刑，寖失常度矣。故弟以爲主德之一變也，而深以爲憂，謬上一疏請朝講，僅一再出又遂止。自度其力之終不能奈主上何也，而因有歸志耳。承教，人主之德，在涵養天下，事須從容求濟，此惟有大學術大識力者，乃能有此轉移幹旋之妙用，豈所責於不肖弟之委瑣齷齪者哉？

聞榮代且近，入當自見，諸所願請教者，面而乃得盡其說也。蓋今主德、時事方如此，而一二名德老成亦好爭細事，與後生輩較唇舌，頗又非體，正弟之所詫以爲不宜者。得翁丈之教益，自信其所見不差矣。

答王家駪

不佞弟寡陋迂愚，無能掩於知己。猥徼寵袒誼，辱奉二難之提攜，漸芷依麻，以得投氣味爲幸爾。

頃者大廷論相，荊翁以鴻猷宿學特簡帝心，入贊機衡，允孚人望。乃俾弟之不肖，濫廁其間，一鳳一梟，固自知其非匹也。正人柄用，泰道方新，躡景希光，不無彈冠之願。而詔使敦趣，未即肯來，遂令弟之去留，因不敢決。奉書，知有兩郎之變，瑤華易隕，玉樹難培，仰體慈情，固應摧慟。第徵書三往，宜可幡然。且爲伯母紓含飴之思者，亦莫若元方御左，季方御右，相將而游上都，用寬慰其心，勝於以悲憐哀苦之色相對於閨中耳。真切！真切！若褒藉不肖弟者，大非弟所克當。即弟所欲請教，亦惟候昆玉旌輪聯鑣而出，乃敢布其區區也。

答羅一甫

弟入山以來，所夙夜深念不能無遺慮者，惟冊儲之議，一日未定，此心一日不寧耳。幸仗三老密謀，群公大力，多方維幹，竟感宸衷，慨然舉行出閣講學之禮。又慎簡宿德鴻儒，端方博雅如翁丈者，隆以師保之任，朝夕諭教之。從此蒙泉養正，震器有歸，自九廟神靈，百官萬姓，幽明遠邇，寔共歡欣。弟罪釁餘生，亦庶幾濡被前愆，解除後咎，咽可下食，而背可帖席矣。聞之而喜宜何如也！

至謬蒙期許，責以雲龍之會，魚水之投，果其人也？伴食五年，投會久矣，奚待今日！元公引拔本之諸丈噓提，薦非其人，用之辱國，不用辱身，均非所以全弟也。弟所願者，吾二三兄弟接踵機廷，一德和衷，共熙帝載。弟即荷戈塞下，負耒田間，微藉寵靈，式叨榮庇，固不必參陪左右，乃見交情耳。

答沈肩吾

頃者主上眷懷舊學，用天子迎師之禮以迎門下，使命結轍于道，即三聘之勤不隆於此矣，弟也敢一人簪紱之私是昵？惟是聖意倚毗，物情瞻仰，非明德無以光於上下，用是敢數懇之左右，庶幾幡然思，賁然肯來，則弟亦竊庇其末照云爾。

及奉教章，沾沾循陔陟岵之情，若一舉足不忍違者，知門下之于天性深矣。即復申事君之説於綵侍之前，度不能奪其所重，其何有於簪紱之私？雖然，古之哲父，子仕則教之忠。其孝子之勞于王事者，則亦曰"不遑將父"。今日之事，弟豈敢要於門下，曰必以從君？顧竊聞年伯之起居康强甚適，亦欲門下之一出也，則亦不但君命當從而已，惟門下裁之。主上即有寬旨，終不能聽門下之堅卧而莫肯夙夜也。

又

前楊掾來，辱惠至教。謂臣事君，猶病之有醫，家之有幹，醫不督過而委病，幹不去主以取名，誠善諭也。弟拜手銘心，朝夕省焉。

乃今一年矣，幸濡忍未即去，而醫不醫、幹不幹猶昔也。病者日以沉篤，而主人之家務日隳墜，翁丈豈當以弟今之容容爲愈於昨之悻悻耶？夫所貴於良醫忠幹周旋不去者，其術與力必有所欲試而未盡。而弟之術窮矣，力竭矣，悻悻求去，大有所不得已，非敢取名也。翁丈乃責以賢相之道，謂宜學韓魏公之博大，不宜傚劉文成之峻隘。所以評相道則誠確論，以責不肖弟則何但不類而已。魏公之相度真不可及，文成佐命元勳，氣橫四海，忠貫日月，其峻隘亦豈易到？弟之所以卑卑不振，正坐空疏簡佚，無器局，無鋒稜，進無所効其長，不得不退而覆其短耳。今有山峙淵涵，識量兼裕，合魏公、文成爲一，而戀戀庭闈間不肯出，是盧扁深藏，趙孟高卧，而使庸醫劣幹接迹而馳，其誤國家、誤天下蒼生，豈獨弟輩之罪哉？何敢漫，何敢謏也？

又

弟三十年于几研之側，不能爲謏，而喜爲戀，翁丈所稔知也。使翁丈飄然之思，義可自遂，弟固當勸之，豈應阻之？君臣之際，僚友之間，事勢人情，義固大有所不可也。翁丈試思，向來捐身捐官以幸有今日者何心？十疏百疏推達二公者何心？皆一念忠誠體國，求賢共濟之心也。善作者欲善成，善始者欲善終。當艱危之時，獨任其重，而無苦顏；值寧帖之候，參秉其成，而有違志。無論非朝士大夫之心，非主上之心，非二公之心，即翁丈之心，亦有不能恝然者耳。

來書謂錢若水後有弟，弟非能學若水者。即若水急流勇退，亦見得太宗有輕忽輔臣之意，故欲去。弟鄙見偶與之合，所以悻悻求退，而主上不予留也，夫安得不行？若翁丈今日主上之眷倚既篤，二公之孚契又深，正宜一德和衷，協襄泰運，爲海宇生靈造無疆之福，而可輕言去耶？乃沾沾慕兩疏，羨若水之爲人不置，豈兩疏賢於五臣，而阿衡事業反當在若水下耶？時殊勢殊，委任權力又殊，不可謂兩疏、若水非高人，而何可執以爲定迹也？

龍江、金庭二公，我輩三十年肝膽洞然之交，其心事青天白日，可百口保其不負者。稍有異同，意見之間，毫釐之差，而酸鹹甘苦正可賴以互濟者也。二公各一味，翁丈以無味和之，仍且收調鼎之功，弟草野之下與沾其膏馥焉。慎無使操刀執釁者，得乘隙而水火其中，此於害公餗不細矣。有味哉！翁丈大章不立黨之說也。此言一出，而相度休休，天空海闊，其何所不蓋容，亦何所不宣鬯？小群悉涣而爲大群矣。快服！快服！願永堅此心，與二公交相印證，無使纖介參之，弟當於山間司盟府之載書焉。蓋弟在政府時無他長，惟不植私交，不洩禁中語，與姑蘇、新安、太倉無枘鑿也，是則退而可以無作者耳，故願翁丈與二公之交好也。蓋正人進者治之機，而正人合者尤治之機也。弟曾與二公書，有同舟期於共濟、推車主于必行之說，敢并以聞。

答裴元暗

不佞弟迫於簡書，累辭不獲，蓋不得不策駑而前也。而材之不適於用，自量固已審矣。翁丈宜有以督誨不肖，俾無爲世誼之玷、知愛之辱。乃所以救之於末路，全其生平，徒飾美褒，矜耀其虛榮而已。是益弟之愆尤，而稔其痯疾也。豈弟所望哉！

楚即歲裖，恃仁人在上，溝壑之瘠可保必無。塞下饑氓亡徙垂盡，獨不得與鄖襄之民共沾庥澤，可憐已。然今海內元元，在所困敝，亦不獨塞下，只是無良有司以拊循之耳。其所爲拊循，類多飾虛文，鮮實惠。翁丈但以名實之間，加意綜核，寧獎悃愊，無爲浮薄吏所移，吏治自興，民生自厚。此又蹈前日之失，所類燕人對越人談舟檝之便者也，可笑。

答徐公望

弟草土殘人，樗腫瓠枵，不堪世用，自知甚明也。而迫於簡書，兼拜使命之辱，卬須我友，三聘不加勤焉，於是始力疾出，踉蹌赴闕下。豈不欲齊年並駕，聯平生之好，附義無窮哉？乃行道未半，門下已擁傳而南，聞之竊嘆。世態如斯，大賢尚不免於讒妬之口，何有不佞？蓋次且而不能前者數矣。

比過關，抵易水，獲接手教，益復咨嗟惆悵，懍焉增懷。入京以來，落穆畸單，仰視屋梁，獨有明月。時又朝講久輟，章疏頻留，儲位尚虛，廢閣復進，失職之愧抑又可知。門下黼藻嘉猷，鏡衡清望，機廷綸閣，主上所虛席而延也。詎可優游以塵痾瘵？弟一人戀慕之私不足恤耳。

答沈幼真

別已三年，頌頌私衷，何頃不在左右？第緣國事紛沓，群吻喧囂，鼎沸波翻，未嘗暫靜，則束書待發者數矣。老丈遠韻高標，翩翩千仞，何物塵坌可及門牆？乃婪菲細人，妄生枝節，青蠅汙穢，其何損於連城？弟義愧解紛，要以贊公論而衛善人，亦良心不容已耳。今是非較然，如辨白黑，海內莫不知。達人大觀，宜置此度外也。

弟辱丈特達之愛，本有今日，寔賴觀摩。獨以枯朽先容，而明珠夜光反無因得至，縱不自醜，奚所逃責？是在弟矣。

與張行甫

某在同袍兄弟中最辱知愛，及同館又加密焉，至今痾瘵間猶眷眷神相屬也。試郡之命，誠非所以煩名世大賢。然孔子周游列國，獨稱衛庶富可致，至旁皇擊磬而不能去，其地可知也。而汲冢之書，洪園之矢，竹林嘯臺之勝，名賢遺迹，往往而有，又可以托物寄興，游目騁懷，不但生養教化，澤流千里而已，豈不至諭快哉！

乃弟木驢膠舟，器非適用，安足爲世有無者？來諭獎飾過逾，曾無一言督過之，是疏我也。伻旋，肅此附謝并候，所願虛心應務，折節下人，惇大謙撝，益弘雅度，蓋館中省中人所甚慕，則必有所甚忌者耳，惟於老丈敢以此言進也。

答劉子明

自袞爲升朝，竊以爲正人進者治之機，不勝爲世道慶。已又念君子進者，小人之所忌，復不勝爲世道憂。項聞主上眷知，擢二天部，無小人之忌，乘正人之時，甚慰，甚喜！以統均重地，衡鑑清曹，得正大光明如翁丈者參佐其間，不憂吏治不興，官材不當也。矧冢宰公當代名賢，我輩氣味。近得其澄清一疏，及抽籤注選之法，意在嚴斥貪殘，痛裁僥倖，此弟生平區區微志，所欲爲而未遂者。發自此老，寔獲我心，良用欣服。丈當相與黽勉主持，共圖振刷。

天下事非定見不能決斷，非定力不能擔當。彼倒東墜西、瞻前顧後者，始於熟軟，漸乃摸稜；始于糊塗，漸乃闒㘏，誤盡國事，害盡蒼生。弟不願丈效此人也。

答賈學叔

今疆臣動謂邊事難處，似以爲任重機繁，未易擔負、未易解割者，不佞以爲不然。

夫以爲不可擔負者，其退縮之氣勝也；以爲不可解割者，其牽纏之念多也。誠如翁臺，精忠爲國，專志籌邊。汰冗兵，稽冗餉，餉有餘則節，不足則請。將領材者用，不材者即斥。己有功則獻功，有過則引過。如此，是以疆事處疆事，而一毫之己私無與也，何事不可擔負？何事不可解割？即如卜失兔叩關請罰，則許其款；莊、明二酋桀驁不服，則嚴爲備。以此治夷，而外無遺策；以此入告，而内無匿情，夫何退縮牽纏之有？假如調度兵餉贏絀不以實，舉刺將領功過不以實，奏報夷情順逆不以實，是方寸之内，不勝牽纏，不勝退縮，而欲擔負重任，解割繁機，誠甚難矣，何怪邊事之日壞哉！

偶感漫談，非佞左右也。

答胡從治

敝縣雖蕞爾小邑，然邊城也。異日者，虜時時犯我雲中塞，或烽未及傳，而胡騎已薄城下，瀕危數矣。職官兵馬與城池並設，畫地而守將二百年。乃自健卒分於簡抽而軍伍削，守備改爲操守而官職輕。延至今日，軍以合操遠赴，僅餘空城；官以委守數更，幾如傳舍，則何但削且輕而已。遭時泰寧，人按堵而帖席，宜無足慮。儻十數年後，猝有他虞，城虛無兵，其誰與守？此生桑梓之至急，燕雀之深憂也。

曩雖嘗白狀臺下，顧以成規既壞，舊貫難循，且事關題請，未易興復耳。幸蒙臺下經略四封，不遺寸壤，而尤惓惓於敝邑。乃兹盡撤操兵，悉歸原伍，且奏設守備，俾復原官，遂使城有兵，兵有將，數十年廢墜之緒一旦更新。此闔縣士民所賴托性命而寄死生者，其歡欣歌舞，感宜如何！不佞幸以芻蕘之言，徼蚡菲之采，片詞偶合，造福無窮，歸而遇鄉黨知遊，當且無愧顔而有德色也。謹此附謝。若乃鴻猷闓澤，惠庇我人，尚圖金石紀之，永垂來祀。

又

恒岳祀典，乃本朝闕事。當此遣祀之會，一舉而正之，于國家大祀，匡益不細，何但雲朔山川增重已也。承教甚慰。

第今之議禮者，我知之矣。非以地重輕其人，即以人重輕其地。使此山在南戒之南，豈待今日而始有正祀之議哉？可慨也。

又

自衮烏東歸，久稽修候。每懷動定，但於晨熹既湛、朝旭初升之時，翹首扶桑，見五雲捧日而出，以爲海上三山正當其下，中有啖桃金母，煉藥仙郎，即翁台侍年伯母鼎茵處也。景光綿邈，風汎難通。滿擬春明一探奇迹，而忽至文犧怖楅，澤雉驚樊，躑躅嗃啁，良可憫已。遠承眷注，寄惠德音，寶笈瑤華，珍重莫逾。獨於慶賜，概未敢當耳。敬此璧謝，別具一縷，侑太母千歲之觴。

答易惟效

弟自入都門，兩承音誨，望弟以古良弼事業，即救時之相，猶將薄之。弟即謭庸，固亦知率服訓言，勉圖砥礪。而意長識短，志銳才疏，妄發輕嘗，沮格輒罷。適會四方災報，交錯公車，自惟起家逾年，一籌莫効，投劾請罪，冀悟上心。乃疏入，干冒威嚴，四日不下。方此席藁待命，而使睍見臨。竊料門下將謂弟感會風雲，結歡魚水，何知批鱗履虎，正此蹈險地而觸危機哉。

嗟乎！文犧太廟，黃犬東門，已事前言，可爲永鑒。弟豈能以孤子之踪，冒命鼎鑊之內？褊狹之性，寄人股掌之間？行矣！行矣！所慮世道瀾頹，仕途坂折，高賢登涉，不無疚心。言孫行危，是所祝於門下。

答劉汝睍

仰惟貞標偉望，爲中外所推服久矣，乃留滯窮邊，備嘗艱苦，此輿論所共屈，而不佞弟尤扼擥弗平者也。幸膚旄鉞之寄，填撫三秦，函關以西，不啻列長城而峙九鼎。快甚！快甚！

火酋竊據西海，蕩軼兩川，聚散如盉蝱，飄忽如風雨。既難驅之使去，復難撫之使馴，此戰與款交訕而並困之勢也。戡定掃除，在臺下宜有成算。弟廢人也，何足與謀？顧火酋孤雛易制耳，無足慮者。慮在左連套虜，右連番夷，助之者多，斯圖之未易。今惟有羈縻套虜以携其黨，招收番族以斷其交，使火酋寡援，勢當自弱，我兵蓄銳，氣當自奪。切忌棄番以資虜，挑虜以樹敵，是或可爲。至於出奇決勝，非不佞所能遙度而逆計矣。

答鮑叔愚

時值承平，海內無事，即有俶儻非常之才，何由自見？惟封疆軍旅之任，足以辨別器能，展布猷略。而遼左在九邊尤爲要害，此正藎臣誼士所當殫謀竭力之秋也。

翁丈居平譚及邊事，忼慨憤烈，毅然有封狼胥、禪姑衍之志。而今乃躬膺其責，才與地會，功與名偕，所爲扞蔽六州、蕩平三衛者，應有定算，此弟所踴躍慶抃者也。第兵食寡乏，此弟向在中司所稔知者。頃稍增額餉十餘萬金，亦頗充于往年矣。且中丞顧公識略、氣誼並高，而擔當有幹局，可與同心戮力，共濟時艱者。翁丈得遇此公，如巨艦順風，倍覺利便耳。

弟草土廢人，不宜關説時事。夙忝意氣之交，身所不能爲者，固望同志者爲之也。

答許直夫

吳淞江綿亙百里，湮塞多年，一旦挑浚衝刷，俾茭蘆蒼莽之域，劃爲深渠，支流畢疏，圩岸錯峙，所以便蓄洩，防旱潦，經理甚悉，有功於吳人良不細矣。

海塘之役爲慮更遠，且工費估計纔八萬餘金耳。以八萬餘金而全六七十里之疆，免於衝城殺稼之患，利益較然。而廟議謂歲值灾旱，饑溺不能並救，姑緩其一，以待他日，然興事者有後時之嘆矣。奈何！

答余行之

册儲之議，弟與穎老同志合謀以請，天日在上，毫無他端。而始壞於張主事之爭先，繼壞於胡給諫之交搆，遂致成命中變，大老離居。國是搖搖，若泛舟中流而失舵師，茫然未知所依薄也。可恨如何！

弟暫守直廬，元無事柄，而國家大政固宜責成所司，寔不敢以毫髮私心與之也。邇來舉措盡屬冢卿，其孜孜進賢退不肖之心，固弟所雅敬而深服者。第其咨詢太博，意見微偏，舉者未盡賢，賢者未盡舉，弟寔不能無觖望焉。承教建言得罪諸君皆一時名流，所當次第甄叙者，敬聞命矣。

答李從學

剿播之議，葉公明有喜功之念。會楊酋調去，臺下有說，事不得諧，乃以其憤懣無聊之氣洩之於川東，謂其欺蔽，而不自知其蔽于何恩之欺也。大疏所辯，于理甚直。葉公果能服善，當自愧遜耳。至五司之改土爲流，宜求其情而爲之區處，不宜信其詞而爲之變置，亦當以臺下之議爲是。是非既明，便須虛中應物，何至過自抑損，以去就爭也？

寄薛汝爲

晝繡過家，羔雁交錯，弟無緣參賓從之末，接奉餘歡，一何其寡緣也！計旌節入關中，一時惠文使者咸遜風裁。定邊即僻左，儼然干城之寄。覽觀古名卿重帥封拜之業，無不自西事起。

老丈負文武俊望，器略絕倫，茂績高勳，何地不可建乎？知不以險遠介然也。

茲值圓良上人振錫西游，將謁門下。昔支公投分於安石，文暢借譽於昌黎，方外之交亦名公大人所不棄者。且一鉢一衲，他無所求，因敢爲之介紹。

答黃鳴周

往薦紳先生稱詞林之勝，必推吾儕兄弟，中更聚散，稍稍寥落矣。乃今聯翩接踵，又復並時而遷爛焉。雲霄之侶，賁相望於兩都，此之爲盛，真設館以來所未有也。

獨弟材品庸下，猥綴末行，鵷鶩同栖，已自非類，況乃秕前薪後，躐貳清曹？既負且乘，顛隮可立而待，不將累盛美，爲吾儕兄弟之羞耶。再求有言：「如其禮樂，以俟君子。」弟謹視籩豆，暫此司存。若乃載潤典章，宣昭文治，則化成天下者之責也，弟齋心俟之矣。

答張子中

自荷囊從門下游，意氣相投，親於骨肉。其後岐分星散，相繼離居，夕佩晨衿，不無寥落之感。幸往歲聚首京邸，再奉清歡，積闊私悰，稍稍抒寫。無何分符復出，作宰青齊。枳邑栖鸞，固知非地。然而詞林藻譽，鎖闥高標，廟堂珍其羽儀，世道藉以砥柱。賜環改玉，旦夕可期。區區之私，寔塵懸企。

伏承誨牘，周環披誦，浣慰何如？惟是謫仙堂序，吏事蕭然，何至以館下故人，瓜分五斗。過矣，過矣。

答張南榮

伏奉珍誨，諰諰盈楮。凡爲君國謀及爲不肖弟謀者，委曲詳盡，非道義至愛，安從聞此言乎？顧所云潛消默運功夫，雖非弟疏鹵可及，而濡忍則已久矣。三數年間，無論弟言輕不入，即閣中一切揭奏，何嘗蒙皇上省納者？豈惟不納，少有咈逆，輒被譴責，如昨年處穎老事是已，閣臣見輕，一至于此。弟誠慕與穎老共棄，不願效他人阿意取容也。況册立之期，弟曾傳奉明旨，操之如左券。然皇上可以此誑弟，弟敢以不信之言誑天下士大夫乎？用是褊志狹中，不勝悻悻之鄙，思以一去成皇上之信，伸閣臣之體。即弟去而閣中之體貌尚存，翁丈與諸公即日受事尚可措手。其意頗欲自勉，而不虞其決裂遂至此也。僨事之罪可勝言哉？然弟之當去更不止此，翁丈會且自知。自古及今，未有一柄衆持而能爲政者，況持之者非止一輩乎？勢不得爲，才不能爲，固宜引身而去，以付賢者，不應尸位誤國也。鄙見如此，不知當世賢士大夫能見原否，惟可恕之翁丈也。竊意主上聖明，幡然甚易，誠使不肖弟去而得大賢如翁丈者，相與共興太平之業，弟即在草莽，有餘適焉。

答田希智

歲前聞有授鉞之命，私念陝西四鎮，甘肅獨稱孤懸，且邊長守薄，餉寡兵疲，裕蠱積衰，最難振刷。須得臺下忠誠任事，練達通方，乃克補苴調停，作興鼓舞。此非但甘肅之福，固社稷之幸也。深用欣抃。

兹承音使，伏諗台履亨嘉，境上寧謐，折衝禦侮，事効自殊。又喜又喜！大都今之邊患，款不可恃，然罷款則虜益不可支；戰不可忘，然好戰則兵益不可息。休兵按甲，積餉除戎，物力既充，戰款皆利。徒言罷款，而不顧兵之强弱、餉之盈詘，非完策也，惟臺下圖之。然他鎮單禦虜，甘鎮兼撫番。能使番不入虜，虜不足憂矣。喋喋。

答金子魯

久別懷思，獲奉音使。不意天壤棄物，辱收有道之門，即頹然衰也，亦足自壯矣。感慰如何！

及披覽撫閩諸編，若常平義倉，兵防海賦，以至保甲郵傳，銀力差徭，莫不設法興除，悉心經畫，條分縷析，事事周爰，吏治民生，恬嬉可想。自非軫恫瘝之隱痛，裕康濟之長才，而白意赤衷，又足以風厲庶寮，俾之奉行如一，何能截然就緒，翕然變俗如此？使邊海諸鎮盡若明公，何憂乎凶荒？何畏乎倭虜？而洶洶騷動如今日哉？

弟朽憊，不復可希覬麻澤，沾溉蓬蒿，惟《義倉》、《社學》二書，尚可依倣芳規，聯輯鄉里。當於暇日，與二三田父就溝塍之上共肄習之，不可謂不沾明公之麻澤也。真實！真實！

答李惟貞

自不肖弟歸田之歲，而翁丈撫鎮郊圻，今忽十年所矣。從來旄鉞鎮帥，勞苦兵間，未有如斯之久者。然以倭虜交訌，礦稅繹騷之際，非得壯猷措置，鼎力撐持，何能使近甸奠若覆盂，危民帖然安席也？勳迹炳焉烈矣。謂宜入而在帝左右，廟謨國是，賴以取衷。乃茲暫藉留臺，不無少鬱士望。第頃紀綱積弛，蘖孽滋萌，海汛江防，日嚴儆備。陪京根本之地，殆非無事之時。於此得人，高廟神靈所倚重也。

弟山林朽質，旦暮餘生，分與塞草俱枯，不敢復施面顏人世。猥辱台慈逮憶，拊藉勤倦，猶幸爲當代正人所取，死可不悔。耿耿私憂，獨念主器雖定而宮彝未序，帷帟之內尚多可虞。主威若尊，而政柄潛移，貂璫之凶，寖莫可制。士大夫慮激切之取忤，而氣節靡于依違；懼正直之招尤，而體貌安于陵替。部寺臺省，常年虛除補之員；殿陛闕庭，累歲無朝參之地。此等景象，言之痛心。而上下相蒙，恬然安之而不以爲怪，豈非宇宙異事，可憂而更可駭者乎？弟所欠一死，然一日未瞑，祈一日爲太平之民，不忍見此世界也。

經綸匡濟，允屬忠賢。天祚國家，會見正色。巖廊之上，一新柱石之儀。弟某曷勝欣願！

答沈純甫

往歲門下起家撫陝也，不肖弟曾奉尺緘謬爲勸駕，尚冀勉分猷念，共佐清時。乃無何以愚戇犯顏，造請室而待誅矣。音使至門，遂失延接，然知必詒左右之憂也。幸而薄譴以歸，塞草關榆，庶堪偃息。而以根株之累移禍朝紳，被放三年，殊無一刻片時可以破愁顏而開笑口者。跼天蹐地，匿影銷聲，猶不免於觸危機而絓數罟，則信乎命之奇蹇也。所願二三兄弟接趾樞庭，門下復以曠代忠賢持平棘省，正人在位，固不肖弟所恃無恐者焉。

顧自旌鉞去秦，徵車屢趣，堅辭不就，甚負蒼生。以弟之硜硜，誠亦不能無望於門下。時方多難，事尚可爲。休否亨屯，允需名碩。經綸伊始，徵藉良殷。猥辱惠書，過承褒飾，凡所期待於弟，正宜擔荷於身者耳。

敬茲附謝，并候台禧。爲國爲民，願言珍護。

答劉道徵

弟戇愚冒上，危身辱國，明哲所羞，何敢言出處之節？過承獎飾，至以汲長孺爲比，愧負欲死。乃區區此心，誠不敢以身圖誤宗社之大計，三諫不聽，理固宜逃耳。若夫委曲從容，終濟大事，以俟後之君子，弟不能也。

三吳重地，幸藉名賢。積蠹叢奸，因循且二十年，一旦爬梳洗刷之，草野有聞，不勝私慶。乃功緒未竟，袞鉞遄旋。賢者固不可測，悠悠輩惡足以知之？然口碑在江南足垂不朽矣！還侍兩尊人膝下，曳綵稱觴，家慶可想。顧今中外多事之日，經綸康濟，須得真儒；江河就下之時，撐柱挽回，更憑端士。則翁丈固未可淹留子舍，譴〔三〕戀親闈也。

弟廢處邊鄉，與世長絕，不應復以台鼎功業慫慂左右。用舍異遇，龍蛇以時，各成其志而已。

答李元甫

弟尸素多年，毫髮靡所自效，當罷已久。徒以二三執政相繼去位，冀得大賢入參樞軸，弟或可弛於負擔。而不意適以豫教之請，申救言官，致干上怒。雷霆之下，勢不得不引罪而歸，非敢悻悻效小丈夫也。既出春明，回首清光，遂成永隔。徘徊瞻戀，何能不黯然銷魂乎？

抵里以來，邊鄉岑寂，交游甚稀。杜門臥一室中，起坐飲餐，隨意所適。家人生業，耕織昏嫁之事，掩耳不願聞。于于徐徐，粗覺閒暢。惟國本未定，時事多艱，揆席久虛，而制麻遲遲不下，朝野想望，劇於思霖，弟私憂隱衷又可知矣。豈升儲之典，聖意已決，將待明春冊建禮成，而後渙爰立之命耶？太倉且還，新建已至，正人類聚，乃相與有爲之時，慎勿芥蒂前嫌，堅持去志也，即主上亦未肯允從耳。

答于可遠

前歲遠承音使，賁寵山居，病冗交侵，迄未能峀一价報命也。即門下肝膈至愛，忘情報施，而弟固不可齒於人群矣。

天步多艱，宸衷寡豫，殷憂啓聖，殆剝而將復之時也。主器久虛，有爲園綺；新法不便，有爲溫公；邊釁漸開，有爲安石。

世共手額，弟亦懸思，誠得太平有期，小人全軀，説以忘罪，其亦可焉。乃瞑眩之中，再麛銀鹿，衝寒遠臨，攬衣出迎，不覺陽漏大宅。恭諗台履康勝，倍億曩年，天祚宰衡，允關元化，宗社之慶豈獨予盰？及披《岱畎吟編》嘉箋題贈，球琳比麗，蘅芷含馨，仰見逸興干霄，冲襟體物，令人卧游鉅麗，夢想清虛，可慕而不可親，能誦而不能和，祇自愧其塵俗耳已。復深念瓌才藻業，世所賴以謨謀帷幄、雅頌廟堂者，詎可屑越山水之間，用以黼粉烟霞、宮徵泉石已哉？賢不虛生，士不虛附。考時卜世，宜有安車蒲輪，遵潞河而東矣。

答陳元忠

弟且三載懷想，履絢于庭闈山水間，侍清娛而陪曠覽，即瀛海閬風之樂未足喻也。若乃藏山大業，經世訏謨，稟訓傳芳，又直大方餘事耳。

伏承誨牘，誇我以太峨之勝，襟江帶河。覆以天都色相，宛然便欲神往。太行夏屋，詎獨無奇？其如俗子操一編，如捧盈不能釋手，山靈竊笑矣。顧主上方眷懷耆舊，思與共政，而老丈鏗鏗專席，又聖情所特注者，會且見安車並起，視太峨若蓬廬。異時訂西山之盟，長逃不返，固當屬之弟焉，非敢以虛詞謾也。伻旋附報，并趣嚴裝。蜀道阻修，曷勝勞望！

又

明興二百餘年，未有父子並相者，有之自德門始，遂爲昭代盛事，即田夫走卒，婦人孺子，亦莫不欣艷而樂道之者。雖先世善慶積鍾，浚祥厚發，要以天祚國家，將啓昌明之運，則必有喬木世臣，爲之擁佑而翊贊之，固社稷、蒼生長久之福，非獨爲翁一家一鄉之光而已也。

惟是今日時事，與老師秉政時頗異。當老師在相位，上虛心而下異意，故爲老師難。今則同袍共貫，不患不協，而堂陛隔絕，宮府參差，上任之弗專，而外庭責之甚備，爲翁丈抑又難矣。其他人情世態，變幻多端，雖非不肖弟所敢言，而固知其調停之未易也。所恃翁丈德望素隆，人心素服；老師流風遺澤，未遠猶存。輔理之猷，取戶庭之間，措之堂皇之上，當無施不裕，無感不孚，何憂乎紛紜？何畏乎巧令哉？若弟槁木寒灰，息心已久，猥辱齒牙謬及，致咈聖衷，遷怒諸司，概如譴斥，省循罪戾，真如妖星厲鬼，作祟邦家，更何面顏可立人世？人臣一身，生之惟上，殺之惟上，法何所不行，而必罪及無辜之人，根株相累而後爲罰也？顧且奈何，則亦束身以待命而已。

翁丈誠眷存舊誼，矜憐不才，尚冀機務餘閒，稍垂清慮，圖所以全弟於草野之間，不敢望有希覬，重玷門墻也。

答李本寧

有言老丈爲汗漫之游者，將徧於五嶽十洲乃已，令人翩翩然有方外之想。顧獨念遐探遠涉，此皆幽人隱士無意於世者之所爲。而老丈以鴻儒惇史，久滯外藩，改玉賜環，寔維茲際，何忍以高文大業屑越于烟雲山水間，輕置而不惜也？弟至菲劣徒，以依麻漸芷，忝同臭味。而積薪處上，揚秕居前，每自省循，慚汗如雨。矧茲政本重地，豈不佞弟可濫厠其中？受命以來，出入閤門，不啻淵谷，計山林朝省，正可與老丈互相更調，乃能各適其適耳。

幸丈亟來，弟尚得一奉顏危[四]，稍遲恐不待遂行矣。

又

同館中稱博雅俊朗者惟門下，而以才高氣銳，受忌于時，俾不得盡其所長于承明著作之庭、密勿謨謀之地者亦惟門下。其空疏淺率，如簸揚糠秕，叩非望之福而居前，而竟以不任見斥，則某之謂矣。

竊嘗謬爲之評，門下以蚤露其長而淹，不佞弟以晚攻其短而躓，總之棋收局冷，不復可論其輸贏，其於以亡羊則一也。所相懸者，門下春秋鼎盛，家祚融昌，又所居湖山名勝之鄉，杖屨琴尊，儘饒清翫。而弟衰年善病，憂患頻仍，又邊地荒凉，風沙冰雪，四時之景，無一可娱。縱少寬舒，起步欂櫨，不離咫尺。小人戚戚，安望久存？每追憶昔游，徒感嘆咨嗟，付之夢寐而已。

盛伻遠辱，惠我好音，倒屣相迎，欣如面晤。及啓誦翰教，知門下襟慮亦稍紛紜，乃信世界茫茫，無處不有缺陷，數有適值我輩，將如之何？勉强自寬，以待天定，是則可爲。不盡之言，副在別簡。

答王年丈

砥砆魚目，爲國鴻寶，而連城照乘之珍，不見售於世，此鄭人之可笑，而荆人之可悲也。顧天寔司其柄，無奈彼何。以丈之高明，宜曠觀遠覽，推分任真。乃鬱鬱不自得，與淺中狹量之士同其情，致干和抱病而返，安在其爲丈夫哉？

倘臻藥喜，能西來會我於荒村茅舍中，山雪河冰，儘堪烹茗調湯，以療熱中之火，其肯許之否？

校勘記

〔一〕“其”，疑當作“共”。

〔二〕“擅”，據明治學社本當作“檀”。

〔三〕“讎”，疑當作“纏”。

〔四〕“危”，據《四庫存目》本當作“色”。

復宿山房集卷之三十九

書　四

答趙宮諭

　　某不佞，竊嘗奉教門下，投一言之知，蘄自砥厲振刷，以不辱于契誼，此心時耿耿焉。顧資性迂愚，器量淺隘，不能削觚毀樸，茅靡波隨，而意所弗平，輒妄有是非，罔知避忌。居今之世，其非不佞所能適甚明。

　　頃因祕閣延賢，謬使不佞得從荊石先生之後。某雖不自量，豈不知非據之地不可以處，鬼瑣之迹不可以溷於魁人宿德也？然所爲覥焉就列，未即引去者，計荊翁且與封輅偕入，庶幾乘大來之會，得以伸眉張目，一觀泰道之新，即去而耕塞下有餘快耳。乃伻來表奏，方以請攝爲辭。若是則捧袂無期，蓬麻靡托，不佞亦安能眷眷久居於此乎？至損辱牋誨，纚纚千餘言，援古大臣之義相勗，示以守己自重，審勢察微。此皆他人口不肯道，某之耳未嘗聞者，仰見門下憂時之切，愛某之深，顧某何能稱塞德意於萬一焉？雖然，持微收重，非具斡旋之略者不能，若定所守於我，不爲苟容，不難勇退，則當服膺至教，勉矢硜硜，決不敢棄生平而負知己也。第荊翁與門下動定尚未可知，不佞方此窺左足而決去留，何敢遽議守官之事？業有詔趣門下，恐門下不容復淹矣。

又

　　某資識迂愚，暗於世調，趨舍臧否，與俗異同，心所不然，言弗敢諱，此其所蔽也。若一念樸誠，則以爲事君交友，皆當勿欺，使心一是非，口一是非，羞肺肝而愧衾影，寧死所不能爲也。

起家一年，日侍三公左右，才技短拙，無能少分猷念則有之；而事關國體，言出公論，心之所知其不可者，未嘗不盡言相告，自以爲忠於三公矣。主上朝講久輟，儲位久虛，章疏多停閣不下，而日聞掖庭鞭笞之聲，不佞以爲此非細故也。會時亢旱，引罪自劾，冀以一去感悟聖心，又自以爲忠於皇上矣。乃昨歲一疏入未下，僅蒙宣諭忠愛，許以卜日出朝而止。其事載之《起居注》中，可考也。今歲第一疏上，九日而後下。第二疏竟不下，據內閣言，則以爲忤上意也；據人言，又以爲非上意也。而紛紛之說雜出，不佞惡從而知之？惟一去可自決耳。乃疏再引疾以去，又不許。而會聖上三出視朝，三公以爲聖意方有迴旋之機，不可悻悻求去，乃此暫留，而覬冒則愈甚，愆尤則愈深矣。《語》云："事君數，斯辱。朋友數，斯疏。"不佞蓋兩蹈其失焉，而何敢以不肖之迹塵門下省念乎？及奉密諭，慨惜時事，言言中膏肓、切情窾，此正不佞所仰屋而嘆，而向所盡言相告者亦居半矣。以當事者之高明，豈不內照而一齊衆楚如咻之者何？門下德望學術，三老所推，方望以箴砭之言相切磋，或宜尊信，而可輕言去哉？亦非不佞所願于門下者矣。

旋遽，手占附報，并謝心教。外四君子者，不佞素所雅重，敢不皈依。

答蕭撫臺

自臺下被命撫鄖三省，將吏士民延首而南望者，已五閱月。袞鉞幸已承代，其將吏必且凜凜受署，士民必且喁喁望澤，環鄖襄數千里之地，鼓舞可想。來教乃若虞於民俗龐雜，灾沴頻仍，圖所以鎮定安輯之略。此在臺下經綸之業，特其緒餘耳。誠移向之撫滇者撫閩[一]，一指顧咄嗟，可使獷悍畢馴、凋殘盡起者也。不佞何能贊一詞哉？然滇所慮者夷，而閩所慮者盜，夷易戢，盜難防也。禦夷在將，而弭盜之權在有司。今有司飾最課、躐虛聲者往往而有，其以循良得譽，悃愊受知者絶少。惟臺下留意，不佞所至願焉。

答徐符卿

人臣任事難，而任創獲之事爲尤難。北方水田，未有興者，而興之自公始。此天所以惠國家而生公，以開無前之利也。責任誠至重矣！不佞雖嘗佐末議左右，顧安能必有司之議與公之議合，而田野百姓之心與公之心合乎？此所謂創始難也。

乃今輶軒出巡數月矣，其所過州縣，有司安之，行阡陌間，父老安之，迄無一言片詞稱不便者聞於京師。而客自外來，若不知有水田使者在於地方，固知有司之議已合於公之議，百姓之心已合於公之心矣。不佞乃不復以公之任事爲幸，而惟以得有司、百姓之歡爲喜。夫使有司、百姓皆已歸心，而功安有不成者乎？區區鄙私，不勝欣慰。惟公殫心圖之，單車溽暑，無以爲勞。此不世之功，稍輟則難作者也，錢糧、工役易處耳。

答張太守

廣平，吾丈舊游之地，旌軒再至，其士民歡欣愛戴可想。顧往歲纔邯鄲一縣被澤耳，今闔郡望賜，非溥施弘濟，恐無以慰其心。

今時吏治，大抵虛華鮮實，專務飾功課，獵聲名，而於百姓疾苦漫不關心。甚者敲朴民之肌髓，治厨傳，充苞苴，以悦上司，稱過客。枷鎖在獄，筐篋在庭，餓莩在途，而吏胥皂快無不飫甘嚙肥、履絲衣帛者。吁！此豈但無爲民父母之心，亦并人心而亡之矣。不意讀聖賢書，受朝廷官爵，而挾以殃民毒衆，負聖賢之教，背主上之恩，如近時士大夫者也。

望吾友以此輩爲戒，躬行節約，勤恤民隱，愛民如子，治郡如家。如此而民生不遂、民心不服者，自古及今未之有聞，不必問上司之知與不知矣。忝在道義，敢以相規。不佞罪戾叢積，亦冀吾友苦言見督也。

答趙儀部

某自總角爲諸生，即不喜設町畦，立門户，惟心所獨契者，欣然慕好嚮往之，而又耻爲世俗昵比之態，故今入仕二十年，簪紳之游徧海内，而孑然若無與也。非寡交之謂也，不欲以不肖之身辱賢士大夫，而樹私交之幟於世。然而心之所獨契者未嘗無人，人自不知耳。若公之貞標亮識，昌言於棄友徙木之辰，時不佞尚未識公顔色，而已心嚮公於層霄千仞之上矣。迨備員春省，忝厠同寅，竊見一時賢傑方矜意氣，競功名，而公獨蹊桃不言，畹蘭自苗，冲然有君子長者之度焉。不佞乃益服公德器不可及，則羨以爲野鶴之在雞群也。其慕好之深如此。以是會一二名賢長者數誦公，及會公，却又不能自道，倘所謂"遐不謂之"耶？

頃叨庇起家，再侍左右，庶幾稟承榘誨，奉以周旋。而不意有重闈之感，素輤東矣。别後悠悠，甚慚鱗曠。乞休莫遂，復此羈淹。朽僒之軀，顛隮可待。辱書齒及，特布生平嚮往之私，以見交道自有合，而不在情好疏密間也。世之言交者，溺其分矣，即不佞終身孑然，寧有憾哉？述以請教。

答李年丈

承教經略西鎮十事，章章誦之。所爲固封守，調兵食，撫番禦虜，可謂盡制曲防，謀無遺策矣。而獨有言洮河綿亙數百里，邊長費鉅，修築爲難者。竊謂封疆之役，但當計便利何如耳，費不足惜也。據大疏，度量道里，估計夫費，工不逾三載，費僅四五萬金而足。國家何惜此小費，而不以就百世之功哉？此一事者，須翁毅然決策。自餘是者十九，俞旨行下矣。

答趙中丞

當撫遼左時，適值封倭之議，殘棋敗着，局已大輸。姑且尋劫索和，苟延暮刻，希塗耳目而已。扶同欺蔽，轉換支吾，凡有識知，莫不惋恨。固知端人正士，必不肯依違遷就其間也。袞鉞既還，夙負盛名，爲衆所高仰者，始排封議而攘臂請纓。及擁節旄，遂緘口不復言剿伐之事，且回面佐款而行成矣。士之不可以名取言觀如此，世豈復有公論可憑，清議可畏哉？乃益服門下之卓識遠見，加人一等矣。

至於國事可憂，莫大於否鬲。剛正如天，卿不能扶撥萬分一，亦復容容，他尚何望？如推官一事，一官不點，更推一官。夫一官之外，別有一官可推，則上之不點當矣。疏一日不下，更延數日或旬月，然後催請。夫一日之事可延至數日旬月，則上之留中是矣。且每推輒列三四人、或六七人以請，若此是禹咎稷离林植，而周召畢散之佐如雲也。即聖代多賢，亦不應取以充數。使如拈鬮射覆，可以偶獲而幸遷，其待之固甚薄矣，何望主上崇重之，尊禮之哉？昔趙中令嘗薦人于宋太祖，不用。已更薦之，至怒而裂其牘。復補牘以進，再裂再補，不易初言，太祖竟悟。使今之司銓者有缺，則慎簡以推，推則必求其用，用則必求其速。上或不點，則力薦其才望之宜。疏或不下，則直陳其缺人廢事之弊。不聽，則連章而請。又不聽，則伏闕以俟，以去就爭，以死生爭。前者被譴，後者復然，上即威嚴，能無感動？惟得失之念重，顧忌之累多，藉口于調停，專意于阿順，始力爭而不敢，繼力爭而不能，展轉柔從，勁氣銷沮，雖有執奏，罔敢批鱗，一請不諧，便已結舌，下怯上玩，遂以爲常。無怪乎官屢推而不點，疏屢趣而不下也。可勝嘆哉！可勝恨哉！

此非草野廢人所宜妄議。忝在臭味，聊此發抒，當亦不以爲狂謬也。

答戴年丈

向侍丈京邸，值時事紛紜，我輩以孤危之踪，能靜正相依，力抗搖撼，虛舟任觸，墨守從攻，心迹付天，功名委命，幸免墮落讒穽，抵冒機鋒，敢望僥逾以有今日？是誠夢想不及，耳目所驚，驟然臨之，且疑且却，旁皇躑躅，如臨淵谷，如據蒺藜，即丈有不能曲體其情者矣。要以一念精忠，天日可鑒，硜硜小節，山嶽難移，決不肯弁髦生平，瓦合時俗，以羞當世之士類，辱三晉之山川也。倘國事可爲，當勉圖匡正；或世道難挽，必且以大義引還。若乃壯頑以逞，弟不敢也；折節自全，弟不爲也。忝在知己，因以此言布之。丈之心事，與弟正同，惟直己守道，付公論於士夫；抱職守官，聽用舍於主上。是則可爲，他何足計？惟丈深圖之。

答王憲使

不佞之再出也，值賢友總憲中州，得時聆誨提，以開荒陋，庶幾勉自樹，以待旌軒之入，相與共猷念，佐清朝。而言不當幾，數斯取辱，自廢已矣，如負道義之愛何？

然不佞心事他人不知，賢友知之。即不以册儲之議譴歸，恐亦不能容容苟禄，妨賢誤國至今也。賢友經世宏才，殿邦重望，旬宣之迹幾半天下，聲名燁然人耳目間，旦夕且當有殊擢，豈羨王太常、趙中丞哉？彭方伯亦駸駸起矣。不佞得藉手諸君子，巖栖而喜可知也。

答吳宮諭

不佞初從田間來，即蒙門下誨貺之辱。感承雅誼，附致一械，而私衷寔未能悉也。

夫近日時事，患在是非龐雜，邪正混殽。前書已具言之。乃所以龐雜混殽，非邪能亂正，非能亂是也。邪正是非，如陰陽黑白，烏能亂之？病在正與正角，而邪者乘焉；是與是評，而非者附焉。故君子之所争，不能纖芥，而一爲小人所托，其相仇相反，乃至於水火冰炭之不相入。門下試觀於昔時之分曹與今日之列局，然耶？不然耶？然則龐雜混殽，非獨小人之紛揉，正由君子之齟齬耳。不佞不量淺弱，登朝以來，思欲爲賢人君子理其纖芥之嫌、幾微之郤，棄細就大，疏塞爲通。而計疏於束緼，力詘於負舟，不效之狀有未可使聞之左右者，顧何嘗不扼擘而嘆？舉門下與當事者，兩恨而並咎之哉？門下氣誼太峻，故妬忌者易乘；當事者器量太狹，故比周者獲附：其於以墮于小人之術中一也。然門下之過，在曩時之分曹；而當事者之過，在今日之列局。列局已甚，而分曹亦有以啓之矣。

龔君來，辱寄瑤札，即擬裁謝。而適值乞骸之候，杜門一月，遂此稽延。再奉訊章，愧悚殊甚。及閱絶交一書，才雄辯偉，義正詞嚴，孝標誦之，尚避十舍，第追鋒突騎，八面合圍，窮極人情，不宜至此。不佞前所云門下氣誼太峻，以今觀之，不又然耶？幸姑善刀而藏，以待宰割天下，勿徒爲忌者所乘而已。恃愛忠告，勿以爲迂。

又

不佞自起田間，再塵朝序，固冀延登鴻碩，共佐熙明。而他人有心，執焉不化。比當承乏，事可專圖，乃又荆棘布前，坑穽置後，向之摧抑名賢者，今且延禍于不肖矣。

册儲大典，不肖初入京，已竊窺上意爲女寵所惑。寅年冬，偶以單身守直，得因太倉公之請，反覆轉旋，是以有明年傳造錢糧，後年册立之旨。及卯年，謬從新安公請，觸上怒。新安公既忤旨去，則不肖固不應獨留也。逡巡數月，復申前請不得，科臣固爭又不得，反加降罰焉。不肖於此時能復容容保禄耶？封還内降，拂衣平津，大義固不得不然矣。惟是朝省正士，坐累一空，適中内外搆陷之計，可恨耳。以聞門下，得無愾嘆？

兩公子珪璋美質，黼藻雄文，並紹家聲，蔚爲國器。即日聯翩霄漢，接武瀛洲，方擬修世好之緣，相與切磋大業，而今不可得矣。

匆匆附音，但有馳慕。

答李撫臺

不佞嘗竊嘆，今天下民生凋悴，風俗澆漓極矣。所以然者，由紀綱不振，而貪墨之吏昌，故民生蹙；教化不興，而浮薄之士縱，故風俗衰也。而是紀綱、教化之責，内則在朝堂之上，人主與大臣共握其樞；外則在郡國之間，撫按與司道交持其柄。所謂樞與柄，非詔旨、憲條之謂也。以綜核而行黜陟之權，以表率而示取舍之的，權設期於不移，的設期於必赴，若此乃能運其樞與柄於天下，而御吏吏應，訓士士從。今朝廷之上所謂握其樞者，不佞亦與一人之數焉，而紀綱之弛也，教化之偷也，不佞何敢盡列其狀？顧自度其力之終不能幹旋于萬一也，則徒有愾嘆而已。

臺下澄清大志，砥柱貞標，而又鎮撫一方，事得專制，此正紀綱教化振勵作新之一時也。承示大疏，議肅吏治，則欲慎舉刺，公品騭，而總之參伍衆論，斷之以虛明；議惇士習，則欲禁

華靡，戒浮頗，而總之倡導自身，先之以清正。披誦再四，不覺
歛袵竦服曰："何幸得聞法度之言，德禮之論也。"夫吏治清則
科求省，而凋悴之民可蘇；士習厚則謀競消，而澆漓之俗可挽。
舉此推之天下，同志者皆能遵用其説，世道之大幸也，何獨全楚
被澤而已？惟臺下毅然自信，設誠而致行之。景應響臻，事效可
立見者，不佞當翹首以俟。

答邢撫臺

　　不肖自席藁待命，時已月餘，疏已五上，而明旨未降，天怒
方殷，草菅餘生，不知能倖逃於斧鉞否也，敢復與聞軍國之事？
然封疆大計，戰款機宜，與今督撫重臣，才猷勳略，或抗言于廟
堂之上，或折辯於臺省之間，則已涸舌焦脣，不遺餘力矣。凡老
成端亮之士，孰不知款之不可輕罷，將臣之不可輕議也？而自臨
洮啓禍，一時鑱鋭浮薄子乘機鼓謲，嘵嘵至今。又一二閩臣，捕
影繫風，隨聲附和，間或高年大老，亦從後生新進，搆煽譸張。
此等情踪，臺下安從睹狀也？不肖左枝右拒，陰解陽排，耳目具
存，旨意見在，而經略公尚以不肖爲詘其功也，不知不肖所以伸
之者已百倍擔荷矣。乃不肖朝離閽門，煩囂夕起。向猶議戰以堅
款，而今則徑議罷款矣；向猶藉款以攻經略，而今則藉款併侵岳
峰公矣。試觀四十日來，旨意如定擬，戰款如罷免，經略寧能出
一字以持國是，以決邊計，以憂邊臣否耶！從此中外紛紜，上下
衡決，勢不啓疆生事，辱國喪師，禍未但已。不肖即去之林樾，
而桑梓首難，身家安得晏然？此不待台諭下頒，而自知關切，所
當盡力匡救者也。

　　利害安危之端，已備與潎陽、東泉二公反覆開説，二公似皆
許可。款議當終不可罷，岳峰公當終不可搖。惟是史酋早擒，則
市賞可復。市賞既復，則虜情馴服，而款貢可堅。外患平，內議

亦漸衰息矣。

答鄧太史

某淺陋，未嘗知學，每侍論説于先生，其言希夷微眇茫無涯矣，不啻衛文侯聽古樂，惽然恐卧耳。則竊自嗤其鄙，以爲終身將不可入于道也。

自荷囊從執事游，進而接其丰容言論，冲和恬澹，合體自然，退而未始不服其養也。微伺其所得，乃在端居静坐，不爲私妄間隔，此心真見定力，並臻實際，非徒談空説妙者比。始自幸其有歸依，有入路也。薰陶久之，鄙吝粗浮漸覺銷减。既違麗澤，輒復蓁蕪，瞻跂之思，良以頏切。忽奉翰牘，意在轉告，倍增悵然，何恙不已，而有兹請？鳳凰千仞，應龍重淵，下上有時，要非恒情所可測度。俯慚碌碌，羈栖塵網，蝸涎齟技，爲用幾何？西山有薇，會且歸矣。伻旋附報，臨風戀戀，不盡所言。

答郭撫臺

承惠嘉刻，章章誦之。竊伏羨戎務倥偬中，諸將稟畫受署，日不暇給，而軍書表奏，動輒千數百言，事理敷暢，文藻爛然。猶時有餘閒，抒思于序紀歌咏，合之閩浙諸草，連篇累帙，觸目琳琅，所謂天縱異才非耶？攤之案頭，旦夕覽玩，庶幾悉山川之概，剽人物之評，於臺下學問事功亦可管窺其萬一焉，非特嚐[二]炙其腴潤而已。再此謝教之辱。

答王撫臺

裁冗官，汰冗餉，於義甚正，名甚美，固籌邊者所樂聞也。第更制立法，須參酌時勢，料量人情。人情未諧，時勢不可，雖管晏不能措其智。薊鎮南兵果冗，餉果濫，前人已曾議裁矣，乃令未出，而聚譟之旗已樹轅門下，往事可鑑也。今欲更事，緩圖之則須日月消磨，用驟不得；驟革之，則須機事沉密，如迅雷疾弩，發則必行。未有議未定而聲耗先傳，形迹先露，西來者言減臺官，東來者言減兵餉，衆耳咸屬，群心既搖，若此而欲其弭然順令，帖然無譁，難矣。

幸翁丈早聞其事，亟會督府議狀，尊俎談笑間，釋危疑而安反仄，此曲突之功，銷變未形者也。今但鎮之以寧靜，無輕有更張，群情自定。夫海上之鷗，馴之以無機心而已，別無他術。俟督府公書至，當自以意告之。

答王撫臺

西鎮屢次出師，大有俘獲。捷書入奏，君臣動色相賀，侈以爲不世之勳焉。某草野廢人，不敢與知其得失，獨計西虜敗衄，勢必以報復借力於東夷；東夷若行，勢必以助逆借口于西鎮。展轉牽纏，將併我山西、宣大之邊皆廢款而從事於戰，干戈之禍，搶攘無寧時矣，我邊人能偃然如今日哉？幸賴臺下開喻虜王，夷情大定，目前之患或可少紓。無奈西鎮之搆釁已深，要功未艾，況青海之地又虜所必爭者，彼中搖杌，此中恐不能獨安耳。東征之士，留戍遼陽，弛門庭之防，衛鄉鄰之急，以倭之所餘者盡之於虜，痛哉！臺下之言之也。

至於關梁不通，山澤盡竭，荒凉蕭索之狀，無地不然，咨嗟愁嘆之聲，有生如一。此則國家氣運所關，疑未可盡咎人事也。

答萬督府

自翁丈開府畿南，兼制山東，竊幸君子經綸，寔維此日。已聞經理朝鮮之命，東事有托，甚以爲喜。而前車既覆，殘局難收，況將領異心，事權掣肘，則又深以爲慮也。翁丈才當八面，氣雄萬夫，鼓行而東，猝與大虜相遇，率師奮擊，遂解遼陽之圍。用是一入朝鮮之疆，而士氣倍張，倭魄潛奪，屢戰皆克，所向無前。《詩》稱"征伐玁狁，蠻荆來威"，以今觀之，又一方叔矣，功何偉也！

第建功易，居功難；制勝易，保勝難。側聞廟議，倭平之後，便藉鼎重，留守其間。營平之屯湟中，定遠之制西域，是亦一策。第善作善成，善始善終，自古難之。保勝居功，于今世調人情更復不易耳。雖然，窮寇不迫，諸羌所以終降；蕩佚簡易，定遠所以遺愛也。誠據險守要，省費息繇，拊循有方，招徠不息，倭且懷仁慕義，願爲不侵不叛之臣，與朝鮮同奉貢職矣，何後事之足虞？奇功長策，尚多可圖，是在門下次第經營也。

答馮憲使

不佞虛庸充位，尸素心慚，則上書而乞骸數矣。所未即飄然去者，徒以升儲之典，曾効一言，欲觀成事。而不意臺省疏入，橫被譴訶，誠不忍見清明之朝有此舉動。用是封還內票，妄意回天，而不自知其遂過于戇也。期期忤旨，悻悻危身，得賜生還，已爲厚幸。歸來塞下，山深地僻，俗嗇交疏，息影休陰，塵緣如洗。回想數年政府，尺寸無稱，惟獨內不敢求知于宦官宮妾，外不敢得罪於賢士大夫。進無隱情，退無私客，解官而返，家徒四壁，蕭然寒儒，此可不愧于心，不愧于知己者也。若乃陰陽人主，倚中涓爲奧援，豈但羞而不爲，才力固限之矣。昔人謂有尾生、孝己之行，而無益於勝敗之數，即得其人無所用之，不佞之無用于世也，亦正坐此耳。

今朝綱積弛，時事多艱，非得望重才高、鎮服一世者，不能有所匡濟。不佞之奉身而退也，亦懼以其不肖之身妨賢者之路，而恃後來者之足以辦此也。賢友經綸大業，韜閟多年，厚蓄宏施，正惟今日。粵西臬務，暫屈旌軒，行且拜命大藩，奉對前席，陟處華要，詘指可期。不佞以人事君，藉賴非一朝夕，林壑之下，懸企尤殷也。

答王大理

吾友抗志丘園，養恬葆重，襟宇清曠，良慰遁思。顧不佞所爲屢書相趣，欲吾友亟出者，非以朝省爲華，簪紱爲寵，嚇鵷雛以腐鼠也。亦以足下才藻鄉用方新，非有顧蜚之疑、履虎之忌，而徐于高臥，忘情紫庭，壯行謂何？

不佞與足下友也，宜以大義相勗。若乃硜硜自好，則不佞正此同調，而不敢以套語從臾者。夫盟心十畞，抗志一丘，此晨門荷蕢，所以逃《春秋》之否，而非《卷阿》鳴鳳，喈聲於明聖之朝者也。足下其審圖之。無以嘉遁爲高，用世爲溷。應龍變化，淵蟠天飛，各欲及時而已。

代雖遠地，深巖靚壑，儘足幽栖，不佞豈能一日忘去志哉？以待吾友偕出偕往耳。

又

門下柱石貞標，紀綱要地，儀刑所樹，正士知歸。頃京察黜幽，輿評甚協，非夫神鼎參設，藻鏡互懸，明允公平，曷克有此？不佞聞之而喜且服可知也。祇緣罪釁餘生，世所共棄，不應復以山林書問介紹長安。猥辱隆情軫存，勞人千里，拊藉而餉遺之，空谷足音，可勝感慰！顧衰形柴瘠，百念灰寒，數極緣窮，良負期許。惟國本未定，時事多艱，扶撥迴旋，端有望於同志。垂紳正笏，姑鎮物以雍容；借劍埋輪，無嫉邪之過甚。所云劾奏疏寢未行，雖若渾涵，已令膽落。至於部院諸老連章乞骸，吾友亦請鉞求外，某即越在草莽，審時度勢，知非所宜，陰陽消長之幾，要須審察。伏書不盡惓惓。

答劉宮諭

經幃獻納，此儒臣啓沃君心，發抒忠悃，最得盡力之地。不肖嚮者虛負此職，遺恨不淺，正學昌言，全望門下。即臨御稀闊，歲不再三，非我得爲者，姑且俟之。孟軻氏言“惟大人爲能格君心之非”，非心一格，嚮道自專，講學工夫，自無作輟矣，此又參政即日事也。

答呂中丞

戎馬荒鄉，幸藉台重，自聞簡命，無日不西首光塵也。建儲之議，往曾傳奉明旨，業有定期，而張主政以先發僨事。頃者豫教之請，不佞以約禮部，次第上章，而臺省又以先發僨事。前後乖刺，並因凌越無序，關白非時失之。台論謂其精於義理，略於時勢，誠確論矣。不佞愚見，諸君時勢固略，而義理亦未甚精也。何則？事任長則力專，言有漸則易入。諸君喜於任事而不量力，急於進言而不當機，正由義理欠精故耳。事既已僨，上怒已形，當此之時，欲歸過諸君，勢已無及，義不得不爲之申救，申救不從，義不得不引去，引去過激，勢不能不忤上意、干嚴譴也，而豈不佞之得已哉？台論謂宜積誠感格，用悦挽回。不佞之病正坐少此，所不敢獨諉過於諸君者也。乃臺下寬原不佞之決裂，厚望不佞以轉移，不及晉奉誨函，竟虛德意，愧負何可言？然不佞即不乞身歸，終無益於國事萬一，罪釁彌甚。幸而歸也，尚可以被服教化，勉畢平生。惟臺下寔磨厲之。

答田親家

恭喜滿績告成，聲猷日暢，光膺慶典，增重家邦，忝托餘榮，良用欣抃。惟不敢以山林竽牘稱賀長安邸中，煩溷裁答耳。

島夷頑悍，俶擾東藩，既已得志朝鮮，遂乃睥睨上國，戎心無厭，不待智者而知也。始謀弗臧，興師遠擊，徵發旁午，在所騷然。意謂孤注得梟，虛弦落雁，封侯之業，計日可成。而驢技易窮，狼狽無措，膏士馬於異域，委帑藏於深溪，進退兩難，智力並困。然後飾功掩敗，媚寇求和，許貢許封，誤君誤國。紓目前之急而不顧後來，苟身家之安而不虞社稷，某雖廢也，心竊憂之。

及得銀臺大章，誦服無已。即廟堂自有成算，而大臣宜效忠謀。不意蜩鳴鼎沸之時、風靡波頹之日，亦有發抒正論，力折神奸，如親翁寮寀者也。欽服！欽服！顧今士氣已竭，積貯已空，衝風之衰，勢難復振，恐不能不出此策。爲向之經略易，爲今之總督難；爲今之司馬易，爲他日之司馬難耳。此弟杞人私憂，惟可爲親翁告，未可令他人知也。

山人無一嗜好，惟筆研不能棄去，有佳筆見惠數枝爲感。

答周督學

承教慇復，謂近來士習浮薄，其咎不獨在士，亦由督率化導之術未盡，非漫談也。蓋頃督學課士，試策者絕少，論表間一命題而已，不必作也；經義雖作，不甚觀也。但觀一二書義，詞語纖新，輒稱爲奇，實之高等，至於志操貞污，行檢淑慝，茫然不加察也。以此程士，士孰肯懲婾惰而攻苦，戒放弛而歛戢者哉？浮薄輕佻之俗成，沉深樸茂之材寡，使朝廷不得收取士之效，弊誠在此。此不佞所以敢頌言之，以就正於有道。惟高明垂省，毅然修復功令，振起頹風，不佞不勝大願。

答吳撫臺

緬中有岳罕逆孽，姚營叛兵，而反覆變詐之思個又搆煽其間，勢必生禍。據稱調集兵象，水陸並進，恐非蠻莫、猛廣之力可支。三宣危則全滇急，應援之兵似不容已。即軍餉詘乏，固不能不煩區畫也。譬之豺虎在門，且須拒之外户，徐爲堂奥計耳。然幸嚮者緬夷進貢之請，臺下力主不許，若預防有今日之事者，真可謂先見之明矣。朝許款而夕叛，主上能得不疑？又服，又服。

寄任侍御

江陵事既已竟結，復有嚴旨趣之。舉朝洶洶，攻排未已。大抵進言者務激卬，而持法者尚平恕。張氏之既極矣，此外更何以加？能平亭輕重之間，上回天而下澤骨者，惟在門下。此非獨用解脱行德於冥冥，所以全國體而存主上帷蓋之恩，法應如是止耳。門下寔重圖之。

又

江西吏民苦燒磁之役，灼肌煅骨，未喻其痛楚也。累年解進器皿，堆積午樓上甚多，豈真乏用？無如閹宦輩藉此以爲利何耳。大疏備陳地方灾困，恤民之念惻然可掬。乃九重之上，知有左右之言可聽，何知有撫按之言、小民之苦哉？門下方引陶匏之儉規切聖德，嗟乎！是何異挽江河而行之山也。此不佞所以日夜惟乞骸是計，外憤内愧深矣，言之氣短。

與邢侍御

先曾王父去貴邑百餘年，一旦蒙立佳傳，清操惠政，遂不至暗智無聞，子子孫孫與有榮問，久圖裁謝，憂病妨之。兹承遠道寄聲，兼以瑶章見教，天球大貝，照耀心顔，因不覺耳目開明，神情振竦，乃克附一械以往也。

李君又言臺下別有諮詢，若將爲俎豆地者，此則何敢過覬？獨其生平大略，聞之先人誦說，十尚憶其二三。蓋曾王父以成化四年貢入太學，又十年乃生先王父。先王父從之任時纔六七歲，則任貴邑寔成化之十九、二十年也。今邑志列之弘治十年，不知何據？可再一參訂否？

其之官也，騎而前馳，曾王母乘帷車、駕二騾從其後。最後一騾，用兩篼擁樹子女衡載其上，子即先王父，女長先王父一二歲者。別無輿馬，亦鮮門皁。先父每言成、弘時官儀簡朴，曾王父尤甚。今之官者，車騎人徒，絡繹道路，聲威烜赫，百倍曩時，而勞費亦復不貲矣。

比至縣，問民疾苦，條其縣賦之最重者，請於上司，咸獲裁損。身先節約，齋厨之內蕭然，粒米寸薪，非俸不入。晨起署案畢，單騎行視阡陌，延見田夫織婦，勸以農桑，獎其勤者，以愧游惰。于是士女競奮，每當曾王父出，耕者、耘者、蠶者、績者、汲者、舂者爭效其功，以奉順曾王父指，期年而村墟烟火改觀矣。學宮傾圮，捐俸葺之。青衿少年，時加課試。間閭爭訟，率令就鄉三老質平。罪應撻者，以荆杖撻之，不忍見血，見血輒泫然泣下，爲之掩面焉，人咸稱曰"王佛""王佛"云。然善察物情，曲直奸良，一見洞燭，毫髮不能遁，以是又有"鏡王"之號。

政且滿，會傍邑訊盜，盜不任搒掠，因自誣服，所連引皆大姓，坐繫凡十數人。臺察以屬曾王父，鞫之無驗，又名籍多舛，心知其枉，不欲以株獄絓良民，力爲白狀，請盡釋諸繫勿治。臺察大恚，疑曾王父〔三〕以私庇也，則移其獄陵縣，陵縣乃悉坐諸繫論死。于是臺察稱陵縣尹才，而操曾王父甚屬。曾王父拂衣起曰："古人殺一不辜而得天下不爲，乃欲吾戕數命以博一墨綬吏乎？寧死而已。"即日稱疾不視事，竟投劾歸。

　　初，曾王父至邑，邑有鄉先生二人，一邢一王，曾王父甚敬禮之，政弗決者，每造兩公咨可否。兩公亦披誠相示，歡若同室。行之日，兩公率子弟及闔縣父老送之數十里外，至垂涕不忍別。贈言一軸，中有"簾垂政簡訟平中，琴皷民安物阜裏"之句。歸兩月，而真盜從他縣劫人事覺，具狀其辜，諸繫乃解。臺察始大悔，自恨泥深文、失長者，特糾陵縣尹，鐫二級焉。曾王父聞狀，舉手祝曰："噫嘻，有是哉！何可謂無天道也。纍纍者得不以冤死，吾棄官而游地下快矣。"諸親戚、故人操牛酒來賀曾王父，頌其陰德。曾王父曰："陰德則不敢當，惟不忍昧此方寸，虐良民以自完，差可不愧于神明而已。"眾皆嘖嘖嘆服曰："真佛也，佛也。"

　　曾王父丹顏豐角，美眉目，微鬚，貌冲而氣和。居家惡聲不及臧獲，與鄉鄰處，呴呴有恩，緩急相救助，不以暮夜風雨阻。晚而歸田，聯宗族近舍，益務親睦，一味之甘，分餉必徧。訓課子姓，讀書治生，俾各任其力，不强所不能。獨勉使做好人，行好事，寧弱勿强，寧讓勿競。居鄉居官，總此數語而已。歿之日，遠近哀悼，共懷其德誼。請於憲臺，與祀典合，因祀于鄉。大略如此。其他遺德隱行，非先人所常誦說者，不能盡考，亦不敢臆對也。

　　外，家刻一種附上。

答魏撫臺

　　邇來人情國事，日以紛披，廢錮之人，何敢深議？顧具茲耳目，良有不忍看、不忍聽者。開礦之令更屬可憂，今緹騎貂璫，銜命四出，而毫舉利孔，尋聲躡迹而瀆奏者，猶尚未已。不意二祖所創金甌世界，爲此輩群小簸弄掊擊，將使疆土無餘脉，山谷無完膚。而在廷諸公徒袖手坐觀，曾不經念于繹騷，動色于破壞也，可勝恨哉！

臺下爲國忠謀，疏請停罷，所言民艱宜恤，虜患宜防，意若專于敝省，而深惟社稷至計，旁及他藩額供，仁人之言，蓋臣之慮，所該溥矣。至稱帝王之寶，在善人不在珠玉。偉哉！格心之論，輔德之猷也。主上明聖，度必轉圜。回天之功，竊當傾仁。

又

東征之役，前車盡覆，後勁却走，無救於屬國，而延盜於中華。禍既燎原，寧可撲滅草野之下？所爲不寒而慄者也。

顧今大寇已偪，而本兵猶尚無人，廟算猶且未定。在閫外者，日請兵請餉，曾無出奇制勝之方；在廟堂者，方議戰議守，類多迂緩不急之務。以斯禦寇，竊恐寇日益深，禍日益烈也。最可訝者，名爲救援朝鮮，而重虐之，奴虜其主，魚肉其民，督之修城，督之建署，舉國奔走服役之不遑，而部卒騷擾、鞍韉之害不與焉，奈何不驅之降倭也？我寔驅以降倭，反咎其降以自恕。我則有詞，其如朝鮮之無告何哉？及今收撫瘡痍，慰安奔潰之衆，鎮以靜定，聯以慈和，朝鮮君臣尚堪鞭策。倘朝鮮盡失，縱之于藩墻之外，而距之于堂奧之間，不啻不勝而已岌岌乎殆哉？至制禦之策，議者但急於天津遼薊，而不知淮海之更可虞也。此肩臂、咽喉之分也。然與其入而禦之，孰若禦之使不得入焉？善守者能使之不得入，善攻者尤能使之不得入。全羅雖失，漢江南北猶多險阻可據，守得其人，倭不知所攻矣。閩廣浙直，處處通海，師多習舟，豈宜遠調責使陸戰？第分路航海，直搗倭巢，釜山之倭勢將自解。此而攻得其人，倭不知所守矣。鄙見如此，不知臺下以爲何如。乃今方議遠調將士於閩廣浙直也，專設督帥于天津登萊也。嗟乎！遠水近渴，無謂調之未遽集也，即集矣，兵衆則餉多，輸輓可無慮哉？臨危抱佛，無謂設之未必得人也，即得人矣，官多則權分，牽掣可無慮哉？一方之兵，則可以禦一方之寇；一方之官，自可以辦一方之事。而不務部署，不務責成，即集兵如林，設官如麻，無益萬分之一也，是自疲自盡之術也。力疾草草。

又

中國之嶽五，而恒嶽向在夷方，故藉飛來石以文其陋，而祀之曲陽，此前代所欲正其祀典而不能者也。國家統一寰宇，恒嶽幸在封內，而祀典未獲正，不惟禮文闕失，亦非所以正山川之號而昭全盛之規也。

臺下臨撫一方，百神受職。往年歲旱，禱雨於嶽廟，祝史朝至，甘澍夕零。兩歲之間，再禱再應。雖臺下精誠之所格乎，而神之靈爽亦甚烜赫矣。竊以為嶽祀之復，非臺下心孚其神而合德者未易舉也。第此典在前雲中撫臺胡順庵公曾具疏請。時申瑤老在政府，于谷老為宗伯，順庵未及與議。議未定而疏入，諸老以為非急務也，狃故而報罷。今誠獲藉臺下之重修復曠典，當與懷棘、衡湘兩公酌有定議，然後合而白之，執政典禮者無異詞，乃可連章請也，臺下以為然否？

答王年丈

邇來時年所不敢知，獨計高才重望如翁丈者，朝端海內，不能幾詘指，而久淹珂里，未即入參樞筦，出擁節旄，何怪中外紛紜，不得亟睹太平之景象也。然聞諸道路，長安棊局愈變愈險，勢將內外朋合，簸弄機權，流毒縉紳，禍當未已，誠如翁丈所憂無天日、無紀綱者。如此世界，寧可藏伏巖間，養恬而守拙耳？矧太母康祺方茂，翁丈以此時承娛膝下，即海上三山之樂無以加，何言乎榮祿也？欣仰，欣仰！復軒兄庭推未報，此好消息，將來當有受用。蓋近時一二陪推點用者，甚蒙疑議，見以爲有奥援。正推不報，雖云暫詘，却自光明，他日與翁丈連翩而起，所謂泰茅彙征，當各從其類耳。

偶患末疾，伏榻附書，字畫潦草，罪悚，罪悚。

答張侍御

天下之事，是非曲直，皆有定論，惟虚心觀理，乃得其平。兩年以來，爭議繁興，朝廷之上，幾爲訟府。彼一是非，此一是非，而是是非非者，又一是非。上下無章，綱紐盡弛。環觀側聽者皆意怵神悚，而當局者乃反以爲快也，豈不可訝之甚哉？要之，事不搆不興，不激不遂。鼎方沸也，又或揚之，馬方奔也，又或策之，亦各有執其咎者焉。嗟乎！主聖時清，臣子之厚遇也。縱不能協心壹慮贊襄乎休明，奈何修纖介之私，纏綿無已，至上崖君父之戒諭乎？不佞竊私心恨之。而義無兩徇，兩爭之勢，又不能得，不佞會且去矣。不佞去而諸公或當諒於鄙衷也。

恃愛惟與足下言之，若他人則絶口不及此。大疏所云，當力贊末議矣。

答傅年丈

翁丈省方西土，論罷債帥，及糾摘有司之貪縱者，奪其官，一時將吏凛凛嚮風，頓令江漢澄清，巴渝變俗矣。獨訪察一事，奸猾之窩巢，善良之陷穽也。名挂訪單，千無一免；而招承事迹，萬無一真。此弟所親見稔聞，痛心而蹙額者。望翁丈斷而勿行，大是快事。即行，無泥原單，無拘成案，尚可以解紓萬一。然單一行而擾害已多，案一已成而罪犯已衆，固不如其已也。

鄙見如斯，惟丈裁察。考成二事，業聞命矣。

答吳侍御

曩歲拜使之辱，一附荒椷，自後阻遠光塵，闊焉音問，徒有懸馳。比聞珂佩升朝，私竊慶幸，以爲正人進者，治之機也。鼎吕廟堂，氣色可想。

間得所上封事，凜然裂麻請劍之風、破柱埋輪之烈，復不覺盱衡嘆服，以爲學問中之文章，涵養中之氣節，謨謀議論，自與庸衆殊科。而不意今乃得見其大全也，章章誦之，賈生之通達，宣公之忠懇，殆兼擅其長焉。而糺奸徒之欺罔，劾閹宦之朦朧，爭新引、舊引之倍輸，出鹽、行鹽之疊稅，幾以口舌伐[四]斧鉞，匠心良獨苦矣。第今堂陛不交，宮府隔絕，宵人煬竈，未易騷除。一薛居州，無如宋王明甚。孤忠特立，宜且爲所得爲，盡所自盡。滋培正士，扶護善人，元氣漸充，天定可待。狂飆驟雨，能幾何時？主上聖明，當自有翻然悔過之日也。

不佞虛庸陋質，罪釁餘生，與世長辭，豈堪鞭策？惟冀明公劾回天之力，豎夾日之勳，國本不搖，主器有托，飾巾牖下，死有餘歡矣。乃今冊立無期，冠昏未舉，道路悠悠之口，夢寐爲驚，寧能一刻安枕？此不佞之幽憂滯慮，切骨關心者，十載于兹，止可控之臺下，未敢與他人言也。若夫朝政時艱，當有任其責者，豈草野所敢輕議哉？

答陳侍御

辱書，知以新正受代，省方伊始，綱紀維新。不佞聞識拘迂，何足佐清問？獨見比年以來，州縣靡費莫侈于供張，閭里沉冤最苦於訪察。此二事詣旨申飭至數也，憲令禁止至嚴也，而卒未能斷然行之者，鋪飾之文疑於敬上，羅織之害類於摘奸，即賢者不免襲其迹耳。以公剛明正大，若砥柱之在中流，倘能痛抑彌文，嚴懲窩訪，二弊既革，其於肅吏治、安民生思過半矣，幸留意焉。

答馮太史

往者輟直承明，養高湖上，不奉儀采，儵忽數年。每擬培風，輒虞轉石。乃東山甫出，西路俄還，竟阻心期，可勝悵恨。辱書垂訊，兼惠新編，弘璧天球，一時紛委。昏情頓爽，病目驟開，感慰之悰，言不能喻矣。謝謝。

《史記》舊本，雜載題評，瑣屑繁蕪，良可唾猷。茲賴門下更正，手自校讐，還之大雅，信龍門之益友、開世之宗工歟。忝在同襟，真用擊節。至裴松之所注《三國志》，遺文乍緝，墜緒獲傳，識同索珠，功侔煉石矣。徒此珍重，無以報瓊，奈何？

答王督府

近來疆事廢弛，其病痛全在議論太多，事權不一，所以賢者苦於牽制，而婾惰之輩反得以便其因循玩愒之私，則疆事之壞，其咎不獨在邊臣矣。即如今寧鎮之變，當其始發時能出方略戡定之，只須一介之使，片紙之檄，可不崇朝而下；乃遷延觀望，束手求援，縱火燎原，鎮臣不得諉其責矣。而廟堂之上，嚚然聚訟。倏然議徵兵，倏然議遣將；此議諭虜王約束，彼議行鄰省戒嚴；此薦某廢將宜起，彼薦某罪人宜釋。連章累牘，喙喙爭鳴。下既多謀，上復寡斷，俾奸險狡獪之徒，乘封疆之急以營其私，幸國家之既以就其功。而名實不分，趨舍罔決，即令賢者在事，恐亦不能收平定之功，而況遷延觀望者哉？誠可恨已！顧議論繁多，病雖在內，而舉動猶豫，罕有定見定力，事無鉅細，輒形奏章，不知邊臣之所請，即言官之所評彈者也。我欲建事功，而彼乃藉以作文字；我退讓不敢顯制，而彼乃躁率務爲敢言，轉相牽纏，亦有由矣。

《春秋》之義，重臣在外，有可以便國家、利社稷者，專之可也。不肖所望于台臺，自今事有當舉，慨然施行，無頻奏請。奏請數則議論多，是自絆之道也。辱愛下詢，不忍嘿嘿，惟覽而擲之。

又

承教東事，未見贊畫全疏，乃閣臣坐此罷去，中間情節，亦可想知。勘狀果真，干連非一，滿盤壞着，收救彌難。臺下識洞幾微，慮周久遠，入而居中籌畫，自能轉禍爲福，因敗成功。草野廢人，曷能仰贊萬一？

要以鄉鄰之鬭，與同室之鬭微有不同。始朝鮮告急時，只一裨將偏師，問罪境上，觀其順逆方略蕩平。即不得已而用兵，亦須推鋒處錞，遙爲聲援。乃當事者周章躁率，輕動寡謀，悉發銳師，遠征絕域，譬之救鬭，代人控拳。碧蹄之戰，即被傷殘，如何撒手？致有今日禍結兵連，勢不可解，良由始謀不臧，既昧于軍機，又懵於國體故也。救敗無策，遂至枝梧。枝梧不已，遂甘欺蔽。前車既覆，後來復然，國事軍情，豈堪再誤？其在今日，既遣經略，又設巡撫者三，此外又有督餉大臣，有監軍，有贊畫，而冗將不與焉。多一官則多一從衛，多一供億，多一牽掣。此不必餉軍靡費，而各官廩餼人徒、公移私牘，煩費勞擾，將竭省直之物力而不能支矣。不佞以爲省一官之供，可抵千人之餉，且事約而力專也。　又水陸之兵，蜂屯蟻聚，既苦遠調，又病久留，疾疫饑疲，不戰自憊，留屯之說，紙上栽桑耳。不佞以爲大兵利於進攻，不利退守，懼師老而餉不繼也。今度敵不攻，則決策而前，併力以圖戰勝。如其堅壁不出，我亦解甲番休。分水兵於閩浙，息騎士於薊遼，量留選卒，據要守衝。傅介子之斬樓蘭，班定遠之制西域，豈在用衆哉？惟執事寔深圖之。

　　若罷閑武人、浮游説客，指稱報効，獻策公車，溷瀆宸聰，淆亂朝議，一切斥逐，勿使濫竽。此尤肅清朝廷、慎重軍旅之體。乃本兵主覆章奏，斟酌機宜，又不可自條陳也。

校勘記

　〔一〕“闡”，疑當作“郇”。

　〔二〕“噲”，疑當作“膾”。

　〔三〕“曾王父”，原作“曾大父”，今依民治學社本與下統一。

　〔四〕“伐”，據民治學社本當作“代”。

書　五

答徐侍御

　　語云"百聞不如一見"。今之議邊事者，或援古以概今，或懲前而廢後，或執小利以讟大計，或憑臆説以撓成功，皆貴耳之談，非真見夷情之實者也。

　　某生長塞下，自記事以來，所見虜衆侵驅蹂踐、焚掠殺戮之狀，慘不忍言。偶數月不舉烽，經時無羽檄，邑里即色笑相慶，謂爲太平。至乃韜弓臥鼓，終歲晏然，露宿宵行，一塵不擾，此等光景不但目所未見，亦耳所未聞焉。非賴天祚國家，虜衆内附，我等操其羈縻約束之柄，何克臻兹？是無論供億輸將，所省不貲，而生聚休養，日以殷繁，向時廢堡墟村，人烟相望，蓬蒿藜藋，耕作寖興，款貢之效，固居然可見於此矣。而議者猥云當罷，豈不誤哉！幸臺下躬履荒垂，邊事夷情具經巡閲，故能悉款貢之便利，察邊臣之苦心如此。他人身不下袵席，足不踏邊城，而愬以千古所未有之事，聳動其聽聞，宜其拒之而不肯信也。顧不信其利已矣，而又詆其害，掩其勞而傅其過，則邊臣又安能弭然屈服已乎？夫議天下事易，當天下事難，臺下處議事之地，而能體當事之勤，此邊臣所願捐軀隕首，自効而不辭者也。疆場[一]幸甚！宗社幸甚！

　　某，邊人也，私心倍切欣荷，遂不覺其覶縷，伏惟垂炤。

答張司農

山有猛獸，藜藿不采，正人壯士，何可一日不在朝廷乎？當翁丈屢疏求歸，業知枘鑿難投，而薰蕕不共器也。乃匪石之指，竟不可移，此於勁節貞標，果挺然塵表，而莫肯夙夜朝夕，朝廷之上景象如何？嗟乎！比周盈庭，驕人好好，此輩良得志矣。黨與成于下，主勢孤于上，孰與卻晋文之席，寢淮南之謀也？聞去國之日，都門送者如堵。即輿廝走卒，咸重其行，以爲忠直不容于朝，朝綱何由而正？夫使清議出於閭閻之口，朝廷尚有人乎？可爲愾嘆。

高平使者便，附候起居。琴尊巾履，知甚恬愉。第太行王屋之下，亦可使鄙人徼一晤之歡否？

與李太僕

不佞猥以桑梓葭莩，夤緣契分，相與切磋道誼，砥礪生平，固冀合志同方，報國家作養之恩于萬一，所至願也。幸丈批鱗蹈尾，摘發權閹，爲主上去腹心肘腋之賊，洗天浴日，功莫大焉。於時中外士紳，高其名於泰山喬嶽，慕之如景星鳳凰，即不佞亦自爲分光藉寵，可附義無窮也。何圖盛名之下，借交引重，同志寖多；批繩引根，嫉邪已甚？於是風林駭翼，湍壑驚鱗，曹起而爭，而廟堂之間讙然如訟府矣。不佞於時縫冠救鬬，垂涕彎弓，緩急之情，有父子兄弟不相爲謀者。豈非以太阿斷菅，隋珠抵雀，輕試而褻用之爲可惜耶？乃丈方且以身爲孤注，憑河而往，乘塘以攻，執禽不利於言，觸羝竟羸其角，遂使戎興於莽，鬼嘯于梁，快群小之心，而傷善類之志，此不佞所爲仰天椎胸而痛恨也。

夫生同里，仕同朝，應制後先同館，謀國同猷，念不佞之於丈不可謂疏矣。而誠意不能孚，忠言不能入，肝鬲之誼化爲參辰，金石之交判若箕畢，痛也如何！然非獨聚散之間而已。自丈以摘發契合上意，上遇之以國士，目之爲忠臣，言聽計從，親信無比。謗書盈篋不省，毀言日至爲不聞也，而百抵扞百優容，百擠排百庇覆。遭逢如此，固人臣千載之一時焉。而丈曾弗顧念君臣之好，圖其始終，朝叫閽而莫伏闕，使妬忠害直之徒，得因以藉口恩寵、猥云怙恃以竦動上聽。慈親投杼，豈其本心？愛有所奪，而勢非得已也。以丈之剛腸勁氣，誠不難一去以明志，百鍊以見節；而孤負聖意，虧損國恩，臣子之情宜不容若是恝耳。

嗟乎已矣！居不見聽，去豈受規？謬悠之談，喋喋何益？然而驊騮奔佚，決衘委轡，追風之步自存；應龍震勝，沸海搖山，致雨之靈非爽也。丈夫不爲，進則殉國，退則潔身。石可礛，堅不可變；丹可瀝，赤不可渝。義澹泊而愈明，仁困衡而益熟。《詩》稱遵晦，《易》訓居貞，藏器待時，賜環有日。願言珍重，慰我勤惓。

又

吾丈一忤權地，嘉遯十年，困比積薪，艱於轉石，毀忠蔽信，時望鬱如也。幸今風静波平，雲開日出，端人登用，正氣復伸，忝在知交，可勝忭舞。

顧獨念材之大者，不以小用；器之重者，不以輕投。是以合抱之木可以棟明堂，不可以窒鼠穴；干將之刃可以剸犀象，不可以擊糞壤之蟲。吾丈貞固之節以培養而益完，英銳之鋒以淬礪而彌鍊，其爲合抱、干將，更大且重矣。竊謂宜慎其用與投者，而後可諧士論，鎮物情，表往昔之無他，全功名於弗墜。倘或藩籬未剖，圭角猶存，順風而呼，則傳聲者駭；登高而指，則見影者疑。況今國是譸張，人情險仄，上厲威而莫測，下救過之不遑，激與隨兩無一可，惟有敬慎可以守職，簡默可以防讒。此所以附書琢庵丈，欲吾丈無出言外之言，干事外之事。雖知門下所自待者甚大且重，而區區忠愛一念，則猶恐其小用而輕投耳。伏荷采葑，不罪狂僭。

而琢庵丈書來，亦盛稱門下執持，有"不犯其鋒，不入其黨"之語，審然即聖賢立身行己之道，無以加茲。如此而士論有不歸，物情有不協，功名有不盛，主眷有不隆，不佞請伏妄言之罪，永自絕於門下，所甘心焉。

答李親家

河壖荒徼，斗絕孤城。朝廷爲地擇人，特移履幕，雖云險遠，大費經營，以門下卓識宏猷，精忠定力，擔當斡[二]濟，何往弗宜？即番虜交叢，兵糧素詘，馴頑格暴，在調適其性情；袪淫汰浮，惟審知其利病。沉幾籌畫，漸次更張，運綜核之微權，持紀綱之大體，嚴不生事，寬不近名，職所當爲，如斯而已。豈須嘆大夫之不均，羨東人之粲粲哉？歷觀往哲，茂樹奇勳，大都著節艱危之中，徵才盤錯之地。在漢則伏波、定遠，近代則虞坡、鑑川，皆起自西陲，功施社稷。茲聞璽書到日，旌旆直前，將吏士民，歡迎可想。敢茲占賀，并候清禧。翹首勳庸，曷勝厚望。

又

奉書附報，僭吐狂言，何補高明，敢塵采納？愧，愧！

邊長兵寡，備多力分，誠不能不勞襟慮。虜衆求款，狡偽多端，未可輕聽。倘其真心悔過，外示羈縻，內修戰守，亦邊計所不廢焉。今西賊雖平，寧鎮已枵然空竭；島夷未靖，朝鮮已蕩然丘墟。廟堂全乏主張，將吏虛陳功伐，紛紜倉攘，後患方殷。所恃三五忠賢，苦心幹濟，扶傷救敗，尚可保安一隅。而意見參差，動有牽掣，未能幹濟，先苦調停，觀望因循，同歸廢弛，何況悠悠者哉？事可專制，不必謀之于人；功可相成，不必爲之自我。如其礙手，姑且待時，志積氣全，會有展布之日。壯頄爭口，必不其然。餘悰瑣屑，恕不具陳。

答霍憲使

不肖某草野廢人，世所共棄，乃蒙台慈特達，直從天末，再惠德音，眷注勤惓，感之不啻次骨矣。惟是夙愆叢積，家難頻仍，哀苦摧心，精魂都盡。即今呻吟床蓐間，以早得一死爲幸，敢復妄憶人間事？猥蒙台諭，謂朝疏謬及，致汙士大夫齒牙，此當不待病死，愧死耳。臺下勳庸茂著，望實日隆，作屛河湟，不啻長城，九鼎誠獲藉重。旌鉞臨撫我并代之疆，不肖某可緩須臾及沾麻澤，幸甚，然豈敢望哉？

答鄒吏部

不佞自奉徵綸，翹首光塵，日切延佇。辱書，知以初秋命駕，瞻承在即，欣慰如何？比來吏縱于貪，士靡于佞，宦成于巧，政弛于媮，財匱于兵，民傷于歲，此憂時識治之君子所共咨嗟太息也。而昌言闊議，久未之聞，默默容容，大都皆不佞之比耳。

忽接大疏，伏而誦之，亹亹數千百言，吏治、民情摹寫殆盡。而"慎撫臣"一段，寔私弊關紐，病痛本源，誦之一字一擊節也。蓋堂上論人者審，局外觀棊者明。惟公以無著之心，具高世之見，故能洞燭事理，曲盡物情如此。安得今食人之食、事人之事者，心公之心哉？大疏謂天下無不可爲之事，顧在人真心何如耳。體此一言，而吏治民瘼尚足憂耶？容他日面訂之。

答王太僕

方臺下拜命冏卿，竊幸以爲泰茅彙征之會。而偶以他人事橫相連逮，此其機扭所自，即不可懸斷陋度。而正人邪人所忌，方枘圓鑿，勢必不投。藉手于中，歸過于上，自古奸臣中禍于忠良，莫不遵用此術，然于臺下之德音曾何損焉？乃益以表其特立之操、孤貞之節，與泰華並峻，金石同堅，陵千仞而難躋，經百煉而不爍者也。使以彼三公之位易臺下一日之名，豈敢爲臺下願之哉？

至於朝綱積弛，時事多艱，儲位久虛，天災疊見。而上下泄泄，恬不思危。恃氣負才者方且分曹角勝，居權處要者亦復緘默取容。甚則主封倭之議，辱國體而不羞；納開礦之謀，殘地脉而不恤。人事如此，想氣運當然。每念及斯，真欲痛哭流涕，如臺下所云，顧且奈何？夙夜祝天，惟願主上開明，忠賢柄用，亨屯休否，會且有時。草野廢人或亦及見太平之日，即死不恨耳。

答馮少宰

夏間接奉翰札，知承顏太夫人側甚歡，而又有一熊雙鳳之祥，大以爲慶。獨徵車在門，未肯即發。宿君言"於家虛物望，而鬱名世之猷"，良非不佞所望於門下者。已聞爰立之命，主上業覆金甌，而卜日啓之，則私慶以爲向所云以國事托呂申公者不虛矣。乃不意台伻遠來，啓函如面，喜不可喻。讀至時事，上下齟齬，民財窮盡之狀，令人咨嗟愾嘆，如天之將壓而又不勝其憂也。

先是九卿災異陳言，疏傳至，讀畢即手示弟子。數年以來，諫章山積，僅得此一篇文字練達疏通，沉着痛快。忠懇惻怛之意，憂危迫切之情，賈洛陽謝其敷陳，陸宣公遜其匡救矣。已與

邑宰言之，與李兵憲言之，而不知出自門下之筆，信非門下不能
爲此文也。上乃與他疏並格不報，負此嘉謨，可勝惜哉！然傳之
天下後世，膾[三]炙人口矣。但九卿公上之則可，門下欲身爲疏
上之則不可。來諭不云乎“上視諸臣可有可無，視天下事可緩可
急”，計其注意所有以求濟所急者，方在門下，而顧以其可緩者
咈之，將亦疑其可無。此於離合之間，所關否泰不細，更非不佞
所願於門下者。即旦夕拜麻命進而當軸，其施爲次第，豈不願托
參藥於藥囊中，佐其甘苦之宜？恐三事尚未可遽言也。千萬
鄭重。

又

頃奉書，尚未聞册建之命也。越數日而得邸報，則元儲正
位，四王並封，大典一時畢舉矣。夫斯禮也，萬口爭之而不得，
十餘年議之而無成，而定策於門下一人之身，收功於典禮旬日之
内，斡旋妙手，擔當大力，梁公取日之烈，魏公撤簾之謀，未見
如斯之奇偉神速者也。雖屬公大事，自主上知人之明，而天生賢
佐，爲國家決疑定傾，造宗社億萬年無疆之福，夫豈偶然？蓋與
弟子抵掌相慶，抃蹈不能自已。而又自欣慰，壞相敗局得門下收
拾而整頓之，瑕釁以塞，罪蠹獲除，即使朝釋負而夕死，死亦瞑
目，謂門下於不佞有造命之恩可也。

第所云存問之典，應自有擇，非不佞所可濫與。萬一叨冒，
在故事，若賀若謝章奏之體式；在同官，若姑蘇、太倉、南昌書
使之消耗。果是如何，望門下有以教之。

又

前小疏留中，不敢求知其故。竊恐聖意淵微，疑必追往事，
懷舊怒，未之釋然耳。果如此者，即謝疏入，亦必留中。然不敢

不循舊例，盡臣禮也。生殺寵辱，聽之而已。當奈何？疏草呈覽，末數語亦知逆耳，但孤忠一點赤心，有知不敢[四]盡，亦以明主可爲忠言，誠不敢欺且隱也，惟丈曲全之。

答吳侍御

兩鎮興除事宜，業蒙臺下次第振舉，無復利弊可言。惟是虜衆強弱，邊軍能戰與不能戰之形，臺下可熟察而洞照者。款不可恃，實不可廢，乘款修備，因備堅款，如此而已。無惜款費，不款費將益多；無急戰功，浪戰損將益大。惟力修戰具，嚴稽款費，無使防邊之備弛於因循，款虜之資耗於侵剋。第重督撫之選，委任而責成焉，勿以煩言碎詞撓之，邊事未有不興，夷情未有不戢者也。即今史酋既擒，兩年市賞斷宜補給。一則全中國之恩信，一則勸夷狄以忠誠，切不可惜小費而妨大計也。惟臺下裁察，無以出位妄言而鄙夷之。

答李憲使

承惠嘉刻，捧誦周環，爛焉如大具[五]明璣，輝映四壁[六]也。至描寫巖巒形概，崎嶇曲折，炳若丹青，則又使人神想飛馳，恍然登降其上下矣。置之几案，時一披閱，以當臥遊。

答張太史

不佞蒙先師誨植，不啻國士之恩。乃自壬午以來，風波澒洞，雷霆震驚，曾不能出一言相明，徒懍嘆欷歔，獨抱西州之慟而已。

老丈隻身嶺海，羈滯多年，坎壈憂危，亦不佞時所關念者。第恨汲長綆短，無可措其牽挽之力耳。幸惟遵晦寧忍，以俟天定。宣成之烈，終當見原也。

答梅督府

承教，謂此時胡運方弱危困之時，易於爲德，宜且優之，以示中國寬大之體，爲封疆久遠之計，此仁人長者之言也。大率乘勢伺便，僥倖功名，苟眉睫之小獲，釀無窮之後憂而不恤者，所謂此屬皆爲身謀，非能爲國家忠慮耳。

近日西陲勘奏邊功，連章累牘，朝廷所以褒叙之甚優。乃地方生靈殘傷塗炭之狀，固有慘不忍聞者。東征之役，再覆王師，置而不問。纔得游徼之卒十數級，而上下已不勝滿意，發帑金數十萬勞之矣。總計虜首一級，可用中國人數十命博之，又當用爵數級、金數百酬之也。況設官增戍、徵兵轉餉之費，又糜耗不可勝紀乎！夫國家之物力，惟其有餘而可繼，斯能迭出而不窮？今兵事一興，徵發旁午，遠近繹騷，竭天下之全力赴之，萬一蹉跌，更無第二着矣，豈不危哉？

辱臺下推置，是以敢頌言之。要以垂盡之人，憂天倍切，不忍袵席高厚，取終其身而已。狂惑，罪悚，罪悚。

答郭太史

惟丈蜚聲學海，振采詞林，景星鳳凰，未足比譽。不佞辱在館下，獲厠英游，倚玉依麻，方欣所托。乃盍簪未幾，素軿南奔，當別慘然，爲我心惻。顧江天遼絕，遺候殊艱。乃厪蹇使遠來，遺之書貺，高情篤誼，何克以戡？旋遽敬復並謝。讀《禮》餘閒，所冀垂意經綸，預綜大業。下風之想，不任惓惓。

答連侍御

宣、雲二鎮，自斧繡辱臨，將吏士民，咸凜然稟畏，耳目一新矣。

至西鎮富户一事，軍民坐累已三十餘年，富者貧，貧者死，自四州七縣及各城堡，無不家愁户痛，若癰疽之附體、纆紲之在門下也。申訴者非止一人，即兩院行勘亦非止一次，然而竟不能除其害者，包攬積棍利之，倉場官攢斗級利之，經管衙門胥徒皂快利之，利之者多，則言不便者少，百姓無告之苦安從得伸乎？間有賢明守宰察知其苦，擬爲申救，而惑於衆咻，怯於更始，或憚官買之勞，或避官買之嫌，或慮官買之有後累，其誰肯任之？守宰既不肯任，監司又不能專，兩院可以專之而又不得其通變之術。每一行勘，即甚寬不過曰減時估、省繁費、禁科歛、酌查盤，謂可以紓富户之累矣。而不知此皆攬頭之利，於富户之累曾未減於分毫也。蓋下情上達之難，而除害救民之未易如此。

不揣迂鄙，謬以桑梓疾苦上陳，猥辱虛懷，俯垂聽納，尚未敢卜解更之何如也。乃弭節方新，首紓富户之急，曠然與民更始，不兩月而三十年之疾痛一朝盡蠲。且以應解錢糧抵兌召買，富户既免，解户又寬，其餘規畫事宜，纖悉具到，真法之盡善盡美，可行可久者也。闔鎮士民，從此出湯火，脱羈囚，可以保室家，全性命，其歡欣鼓舞，焚香祝天，不知當何如矣。不佞聞命而慶抃感頌又可知也，謹九頓以謝。

答姚侍御

不佞向侍同朝，特欽猷望。乃自廢居林樾，遂判雲泥，思一奉清光，不可得矣。往歲曾於邸報中，見臺下有《開采圖説》進上，私竊嘆服。以爲采礦之役，蠹國殃民，釀禍不細。封章之條例，固不若圖繪之盡其形容也，蓋臣之用心良亦苦矣。惜無從得全疏一觀。

乃今蒙賜圖册，章章閱之，則編僉迫脅之擾，攀緣掘兌之艱，煎煉包賠之累，以至斷指刖勁[七]，賣屋鬻妻，水火盜賊，猛獸之害，無所不有。而山鳴砂竭、星隕樹妖之變，亦無一不由此致異也。覽觀未竟，涕泗橫流，疾痛所關，肝腸碎裂矣。嗟乎傷哉！誰爲厲階而貽毒一至此極也？非賴臺下推溝軫痛，撻市懷誠，惡能備述顛危，曲圖匡救若此？昔宋鄭監門進《流民圖》，止排新法之苛，而未盡列誅求之慘。頃萬曆初進《帝鑑圖》，止陳覆轍之戒，而未專攄規勸之忠。臺下牗約正同，廷諍倍懇，赤心白意，允可以貫金石、通神明矣。天啓聖衷，當必惻然感寤，有待而更，未可遽云天聽之高也。耿耿不宣。

答姜給諫

嚮者儲貳之議，舉國危疑。執事首抗大章，呈玕披腹，扶日轂而正天樞，真歲寒之孤標、朝陽之絶響也。雖暫蒙譴命，輟直左遷，而賴以感寤聖心，維安國本，力侔於九鼎，名重於泰山矣。

當別黯然，踟躕相戀。固謂賜環不遠，後會可期，何圖銜恤西歸，曠如隔世？感念疇昔，殊切懷思。幸單車北來，近在接壤，光儀咫尺，瞻晤有緣，會迂旌軒，一聆緒誨也。

又

自丈入覲，日夜跂而東望，庶聖意轉圜，遂延置前席，不當復困以吏事也。乃更抱牘來乎！驥伏櫪，鳳淹笯，而策駑使服箱，飼雞鶩以稻粱，舛矣。甚愧吾丈，奈何？

又

不佞入京一年矣，無能推挽忠賢，振拔淹滯，循省職事，虛曠可羞，不但負道義之雅而已。茲幸主上眷念讜言，量移旌幕，雖賜環之召未決，而題柱之寵已優。不佞聞命特先，良用欣抃。

顧尚未能遣一介修賀，猥辱音使，叙及離悰，轉增惘悵。江鄉不惡，勉服新綸，膏澤下民，是即諫行言聽，無以縣尹爲薄，吏簿爲勞也。

答于侍御

承教近來時事，謂宮殿再毀，倭虜交訌。北則開礦繹騷，南則采木疲累。仰見蓋懷忠悃，遠慮深圖，即草野賤氓亦竊抱杞憂久矣。第病原禍本，有不獨在主上者。以身爲譬，心腹固失其平，而股肱耳目要亦未舉其職也。始於不得其職，今乃併廢其官。至於廢其官而猶恬然如故，小有言焉，姑徐徐云爾。下具空文，上亦遂視以爲套語，交相蒙也，交相玩也。禍成病痼，縱使國手醫之，已爲力百倍，何有於衰頹待盡之人哉？

褒許過情，愧甚，愧甚。

答楊給諫

自旌軺北上，日翹首跂足以待擢拜之命。固知德器端亮、才識敏明如執事者，必宜置帝左右，以龍光大廷，羽儀近署也。及得邸報，果副所期，愀然堊室之中，不覺化戚爲欣，心神俱暢。

蓋諫垣之重久矣。歐陽氏所謂立殿陛之前，與天子爭是非，其尊與宰相等者也，豈不至貴倨哉？而陳昌言以塞重望，信當如歐陽氏所云矣。顧歐陽之意深誚陽城，謂不宜有待而言。夫有待而言，信非也。必無待而言，則將不度是非，不擇可否，而率意妄談天下之事，輕詆當世之人。以斯爲直言敢諫，即引裾折檻，其果得與古之忠臣烈士相比節而並譽否耶？語云："不扣自鳴，鍾鼓爲妖。"誠使國家有大疑大難，群情所危，大奸大回，衆論所嫉，義激氣奮，斯雖不俟終日，而抗言無諱可也。苟徒以言責所繫，不容無言，或掇拾陳編，或承望權地，或挾持胸臆，或剽掠風聞。論事則連篇累牘，條例紛綸，輕變祖宗之法而無忌；論人則巧文醜詆，攻排百出，甘爲善類之讐而不辭。斯皆起於操得言之權，而急於有言，不顧義理，徇名節之過也。安可概以無待而言，遂謂之盡職哉？故凡急於言者，必事之不得不言，理之不可不言。感之而起，迫之而應，乃可以無待也。其次必虛心觀理，發之以正直，而本之於忠厚，庶幾夫子所謂“夫人不言，言必有中”，斯乃諫官之所以無忝厥職者耳。其不然者，反而求之，己心之中，是非可否，漫無定執，欲進而與君相爭是非可否，豈不謬哉？

辱書逮念，敬布鄙私。伏冀攝容，勿嗤狂僭。一念忠愛，無既拳拳。

答白吏部

不佞草野淪落之人，世所共棄。乃獨徼寵執事，惠顧勤惓，耿焉於懷，無頃可忘也。

顧自旌輪再出，不敢通尺牘於長安，惟日夜翹首雲霄，念以爲國是紛綸、官材龐雜之日，須得精明方正如執事者，乃可以銓叙流品，杜絕倖枉之門。而自典選以來，竊睹除書，參稽士論，莫不推高朗鑒，誦服清操；咸謂衡鏡之司，廿年未見其比，則不獨鄙人欣欣私幸而已。惟是犬馬病骨，摧以憂虞；六載山間，無一日不在多凶多懼之地，其苦有不敢盡控之左右者。

猥蒙慈眷，寄惠瑶緘，占附報言，不勝馳慕。

答張撫臺

礦稅交征，民不堪命，誠如臺下所諭。所恃仁人在上，咨嗟軫念，風噓雨潤，未喻昭蘇，便當與里巷厖倪共歌闓澤，寧復有芻蕘陋識，可以當虛懷之下問，佐惠政之弘敷者哉？要之，將率、守令得人，軍民未有不得所者，於安攘之勳何有？今惟在臺下一激揚部署間耳，固衡鑑之所優、紀綱之最易者也。乃一郡守推疏庋閣，臥治兼攝者數年，此則臺下所無可奈何者矣。嗟乎！豈獨一郡守虛席哉？天下事太半如是，不佞何敢言？言其在里門者，塞清問而已，無訝其狂。

答方司成

不才主棄，多病交疏，翹首長安，如隔霄漢。以弗獲奉尺書左右，勢也。然說經旆厦，講道成均，所以疏瀹宸聰，作新士習者，朝野傳誦，時得而剟聞焉。乃時當考慎，輿望方歸，忽焉辭榮，賢者良不可測。要以忠言易於逆耳，正學難於格心。牖約徐陳，巷遇可待。奈何儌不佞之倖倖，甘與小丈夫爲伍哉？

遠辱德音，軫存舊好，啟函如面，深慰懷思。第獎藉過情，省循衰朽，玷平生之誼，而負末路之期，愧殊不淺耳。仁俟麻宣，不勝瞻企。

答崔侍御

承教中外紛紜、朝野咨嗟之狀，仰見忠君愛國，憫世恤民，一片赤心，可貫天日。顧事勢至此，正如燎之方揚，未易撲滅。徙薪既晚，焦爛何裨？姑且蓄水潦，積土塗，修宋樂喜之備政，以少殺其延燒之勢，而徐俟其自焚之釁，祈福於反風之靈而已。此外更無可爲，亦無可言。

嗟乎！不肖棄婦逐臣也，何足與議天下事？任天下事者，正惟臺下之器業猷望是賴。不肖幸徼藉麻庇，苟一隅之安靖，是謂太平，敢漫及天下哉？即有言，何能贊涓塵于海嶽也？

答黃司成

不佞被譴歸也，特承垂訊，感佩深矣。嗣聞提衡江省，無何振鐸留雍，私竊欣慶。謂上臣之義，事君以人。乃今舉士造士，並藉門下。譬之材木，既薪櫧之，又封殖之，其得士弘矣，効忠大矣。社稷且厚托焉，奚直詞林之光也！所慚草野廢人，非可以賀牘塵溷。猥塵逮憶，寄惠德音，遠道隆情，感宜何似？第褒飾過逾，愧負不淺。

以今南北多事，臣主殷憂，正賴名世大臣升猷輔運，鼎衡重望，未應留滯周南。不佞方日夜延佇，冀沾麻澤。溝中棄斷，豈堪施以青黃哉？汗赧，汗赧。

答項憲使

某不才主棄，多病交疏。林臥以來，與世如隔。乃執事特垂眷念，眷念不已，繼以稱揚，稱揚不已，形之簡牘。此之為誼，高於雲霄，重於泰華，即非不肖所堪，而感刻固獨深矣。

至勗以人世之事，固當縮頸掩耳而走，豈所敢聞？昨年皇儲並封之議，止知執事書規政府，尚未知有廷爭大諫也。疏雖留中，而聖心良藉感悟，肆今蒙泉養正，震器有歸，所賴執事斡旋君相之間，功殊不細。不肖且持以蓋前愆而紓後咎，食下咽，背帖席矣。此外非不肖所經手，何敢哆談也。

答趙侍御

冊儲之議，不佞曾於庚寅歲冬，單身守直，往復揭請，奉有二十年春舉行之旨。然與不然，不佞固應身任其責矣。次年秋，冊期中改，大信遂渝，新安既行，不佞業無留理。會閣中虛無人，承乏筦鑰，黽勉充位者又三數月。而臺省勸請豫教，於是聖怒震發，而嚴譴之旨下，紛然謫官奪俸矣。不佞身當事任，且得不爭乎？爭之不從，義固不容不去也。而同事猶規不佞之過激，在不佞猶以為濡需也，激云乎哉？顧不佞誠負主恩，即一去未足塞責，然獲免於妨賢誤國之誅，差用自慰焉。

今去之幾時，機局變更，雨雲翻覆，千態萬狀，駭耳驚心。不佞幸釋負擔，免落坑穽，愉快宜何如也！丈駕學蘊才，宏猷偉器，不佞推服有素，期望殊殷。頃間朝入臺中，夕陳讜論，士風國體，允賴匡扶。最後為趙定宇公昭白是非，未見全章，固知其為調護正人計耳。及得一二近報，攻排二李，始知定宇被訐，似有所從來，丈疏不獨衛正人、明國事而已。偉哉氣誼！乃真可以薄霄漢、跨古今也。顧當路者成心為主，客氣用事，悠悠世界，誠不少貢諛之徒。虛美薰心，忠言逆耳，時方枘鑿，宜自舒徐。彼方尚同，我無伐異，隋珠彈雀，高明所珍。今吏治積窳，武備積弛。腐儒偽學，純盜虛聲；游客山人，紛投倖路。本兵不知擇將，銓省不務遴才。功課不明，爵賞濫及；冗官冗費，日益月增。民力既窮，軍膏亦竭，不待外侵內叛，而坐困之勢已成。志士忠賢，得於此時分毫髮之憂，則國家受毫髮之益。正不必矜條陳為經濟，恃搏擊為風稜，如近日士人敝習也。謬議以當面談，勿謂僭越。

馮琢庵丈曾相聞否？此我輩道義石交，同心之言，不可不時相質問也。

答焦太史

不佞林壑朽人，世所共棄。執事獨敦念雅素，垂省惓惓。向曾對傅惟明丈言之，未嘗不交口而誦義也。天開萬曆，泰道光亨，眾正彙征，無如貴榜之盛。乃題名一記，受事未終，不得與於斯文，良有遺憾。

顧名世大賢，英聲俊望，方燁然與三辰並耀，五嶽俱崇，固不待國學片石而重，又何有於鄙人之辭哉？推遜過優，至引羊公為比，省循陋劣，愧汗欲透重裘矣。校士京闈，本之特簡，文章司命，合屬宗工。放榜以來，劂聽行言，僉稱得士。而所録制義，又復春容典雅，粹然壹軌於大方，絶無異時輕佻險詖之語，則不勝爲經術人才私慶。因憶近科得人之盛，録文之純，惟獨己丑，而執事之程士如此展也，許文穆公之傳衣弟子矣，士風世教尚亦有賴哉。

承惠德音并録，敬此領謝。仰惟青宫偝直，夙夜爲勞，乃羽翼元良，維安主器，固海宇之所屬望，宗社之所式憑也。逐臣未畢之愚，用懸仁於執事者惟此。若尪隤病骨，日就衰羸，其狀蓋不敢盡控之左右矣。

答張户部

昨者軒駟還朝，辱臨衡宇，無能攀援左右，少叙離悰，忽漫岐分，徒有悵結。頃奉本翁鼎札，盛稱吾丈才猷之美，器識之高。以堂翁而見重如此，於僚寀抑又可知，鄙衷誠不勝津津慰也。

國事日紛，人心漸壞，孤貞自樹，同異兩難。不激不隨，當有中和妙用，幸惟留意。若不佞者，與草土共盡耳，何足垂念。

答朱太史

以不肖辱交於執事，僅期月耳，曾乏一字之益有補切磋。偶聯几研，氣味同焉，遂惠顧一日之好，暱於平生，不以疏逖見遺。此豈非今人古人休休公輔之度哉？不肖即不敢偃然自托於舊好，然亦豈敢自外於推置，以掩盛德之光？所愧頹齡日下，善狀無聞，將與塞草邊霜同其黄隕，安能復與人間事？聊可慰者，邊烽久熄，耕鑿粗安，先人所遺饘粥之田，蠹魚之簡，出觀耘穫，入聽伊吾，儘堪怡老。此外聲伎玩好，賓客交游，既與性違，無嫌謝絶矣，敢以實對。仰惟執事，道德日崇，謨猷日邕，鹽梅舟楫之業，行且觀成，不佞竊翹首以俟焉。

答傅太史

自使節西來，我三晉河山爛然生色。迨枉道駕於巖居也，衡門苔蘚，復增榮吐氣於車馬之光塵矣。謝謝！春明禁苑，日映花磚，東觀西清，虛席以待。執事之歸甚急，脂車在即，捧袂無繇，黯然之懷，良深繾綣。倘以北道爲便，循紫荆而來，得望見顏色，幸甚。

答沈太史

表桓之役，迺命多時，再辱盛忭，悚仄悚仄。念惟太翁，德履兼總倫常，須臠括芳徽，詳加詮次。而其學問器識，皆從真誠一念中來。如建言講學，宗尚二氏之書，最近日巧宦霸儒，所托以吊詭驚愚者，於世道士風，蠱壞不細，不佞竊切齒恨之，而不謂太翁先獲我心也。伏几披吟，一字一擊節。第窘於篇幅，未盡表章，止稱其不愧屋漏，可無愧色耳。稿上，幸賜斥正。諸可訂訛補遺，裁潤繁蕪者，無嫌點鐵。蓋此自爲家乘計，非但黼藻荒陋而已。

答潘親家

不佞戇愚冒上，廢處田間，棄婦逐臣，何敢與聞家國事？猥承大教，仰見忠藎之懷。杞人私憂，正同激切。

曩者西寧之變，片檄可平，而當事者欲就李將軍之功名，輕發大師，雲集堅城之下，罪人未得，而帑金數百萬立盡，此一耗也。朝鮮之急，偏師可援，而當事者欲就宋中丞之功名，輕議遠討，直抵王京之東，島寇方張，而帑金數百萬又已立盡，此又一耗也。即此二役，而太庾二百年之積發竭無餘。不此之惜，力圖休養節縮，補羸濟虛，而輕聽奸人之言，旁搜山澤之利，中官四出，礦役繁興，冠蓋如雲，徒衆如雨。山靈震疊，地脉摧殘，郡邑繹騷，閭閻蕩析。乞掘煎煉，工費浩繁，本末相權，得不償失。計所進獻，纔若錙銖，於以較向日東征西討之所糜，何啻洩之以尾閭，而收之於涓滴也，良可痛矣！由前則耗之者，罪不容死；由今則開之者，詎可勝誅？遠邇嗸嗸，怨聲載路，蓋不獨中州之民苦之也。乖氣所干，天災示異，殷憂啓聖，庶幾改圖。乃修省無聞，迷繆滋甚。部寺半皆虛席，臺省闕其無人，章疏或下或留，政事愈紛愈舛。日惟貢獻是督，藉没是營。宮刑察及淵魚，店稅禍延商賈。而大臣持禄不肯諫，小臣畏罪不敢言。方且藉宮殿之灰燼爲倖門，而捐俸以希寵；張邊塞之首功爲利路，而冒賞以徼榮。則宗社之大計，邦家之隱憂，誰其慮之圖之也哉？氣運人事，凑合非偶，所謂雖有善者，無如之何？時竊拊心，便欲慟哭。不意金甌世界，爲此輩巧彄，祇爲妻子富貴之資，不顧祖宗艱難之業也。可勝慨哉！可勝恨哉！

因恃至契，遂一吐狂言，時道傾敧，冀惟秘密。若夫勞心撫字，銳志興除，俾情法平停，寬嚴互濟，此門下經綸餘事，展錯長才，無俟朽人愛助矣。

答吳參軍

風沙陋壤，藜藿荒園，伏荷移惠名花，多至十本，仍藉手栽植，兼示以收蓄之方。即物土非宜，而同人一念，固當與春意俱融矣。何時盛開，得邀丈共賞，使洛陽貴種亦知有水木之情哉。

答施進士

吾友英資奇氣，駕學飛才，蓋自童丱挾書，業裹然具公輔之器矣。乃龍蟠鳳戢，屢試蘭省而不諧。人或訝其積淹，不佞獨知其有待也。

春初北上，行色匆匆，濟河焚舟，甚壯吾友之志，以爲先登拔幟，必當在兹行焉。既得捷報，而喜可知已。然猶以不即元魁爲詘意者，大伸于廷對乎？及得報，居二甲前，則猶不能不以爲詘也。何知殿試之日，臨軒甚晚，奏對甚詳，詞臣佳其寫作，主上問其姓名，而公然將一狀元取諸其懷以與人乎？則信乎山川之限豪傑也，可勝惋惜！顧此事朝紳知之，同榜三百人盡知之。雖失狀元之名，顯都狀元之實，詘於一日，伸於終身，則又不可惜而可慶者也。

館試在即，必當首選無疑。蓋吾友之才藻，本自擅場，而大對之文名，又復震世，此於暗中模索，宜無不收。要以進身之初，安静爲上。少有門徑，易爲嫉妬之口所乘。忝在至親，不敢以套言相謾也。廷試策亦不必刻，刻之是與鼎甲三君爭名，忌者衆矣。

答王太史

不佞忝托世好，識賢友於英妙之年。身執籤，妻執饋，以佐伊吾之業。每羨天成令器，知必當有今日，果如指取不爽也。惜兩尊人不及見之，然笑顔泉下矣。

館職清華，幸無吏事，兼遠世紛，儘可與同志英髦交相摩切，究心經世之務，若國朝典制、臺省儀章、史局講筵、綸閣機庭之業，皆須預儲而爲之地。不佞曩時濫吹，坐負光陰，後來致用空疏，臨事鹵莽，毫無建竪，雖悔何追？願賢友以我爲炯戒也。其他恃[八]己欲端以慎，接人欲謙以和，尤須一念真誠爲主。此自賢友德性所素具，無俟不佞言之矣。

答沐黔國

頃得楊侍御疏，指摘左右種種愆尤，竊意台府恭謹素聞，何遽至此，固未敢信以爲然也。兹奉教章，乃知侍御所言盡屬影響。然幸而不驗，於台府之德音無損，於朝廷之恩禮可全。萬一有之，帶礪世家勳舊之觀望繫焉。謹爾侯度，訓四方之謂何，尚冀敬慎禔躬，嚴明馭下，永膺皇眷，光紹前麻。即婁菲之詞，未必非藥石之益也。

戀不知譁，伏惟亮之。

答劉誠意

辱奉誨札，知門下承家之念、報國之情殷殷篤也。俯循薄劣，無能後先推輓，詰以蔽賢之罪，其何所逃？顧今主上方端拱垂衣，以閥閱名賢如門下者，退處東第，而有難封之嘆，益足以驗世道之平寧耳。本未聞有搆之者，孰從而尼之乎？田未歸也，祿未入也，有宣成之烈在，主恩非有靳焉。請當必得，惟簡用遲速，宜上命是聽。即有人言，勿問之矣。

答李寧遠

古人籌邊，特重老將，若方叔之壯猷，伏波之矍鑠，曷嘗不以高年宿望，威敵收功哉？乃將軍春秋未邁，勳業方隆，遽此乞閒，退處東第，赤松綠野，莫喻高風。乃僕不能爲國家惜柱石之臣，爲封疆留干城之將，有餘愧矣，敢當齒藉？衮鉞且還，豈勝延佇。

答麻總戎

島寇憑陵，東藩震動。主上特函齋鉞，馳授元戎。此朝鮮危急存亡之秋，國家托重恃力之日，老將軍威名勇略，遠播遐荒，蠢爾倭夷，固將聞風自退，蓋不待摩旗秉羽，而先聲雷震，海上之波濤已倒流數千百里矣。必將水斷蛟螭，陸搏虎兕，築京觀于海外，獻俘馘于明廷也。預賀，預賀！

惟是本兵積誤而成欺，不可復牽於中制；高麗積弱而垂斃，不可復困以輸將；倭酋積玩而生侮，不可復墮其詐術。此三言者，幸老將軍留意。至於遠征之士卒，宜體恤其饑疲，勿疾馳而自困；殊方之地形，宜偵知其險易，勿深入而乘危；別部之將校，宜兼采其計謀，勿專功而掩衆。此則老將軍能事，無庸不佞贅言之矣。

答姜總戎

吾友以將門世胄，敦悦詩書，發俊賢科，宣力疆圉，不出并代數百里間，而由守尉歷偏裨，遂晉上將，總旄鉞之任。武科藉以重，世胄藉以光，不佞舉士之心亦藉以大慰，而無復餘歉。

第人臣之極，多有盛滿之心。盛則易驕，滿則不復能受。故曰"行百里者半九十"，言盛滿之難持也。賢友官階既崇，則任當益重。勳名既已隆峻，則膺寵于當宁，收功于華夷者，當益優渥而宏遠，是豈可不思所以持之乎？持之莫若以小心，《詩》曰"不戢不難，受福不那"，小心之謂也。敢以此言，爲勗并賀。若夫筐篚之實，竿牘之文，稱賀之細節，非師友之忱恂也，不敢以溷中權云。

答解參將

邊鎮恀款備疏，軍容不肅，在在如此，非獨太原。賢友蒞任方新，除戎伊始，精神煥汗，三軍耳目自當改觀易聽，惟令是從。要在蕩佚寬和，漸次振作，無煩文律，無飾聲容，仁涵義摩，未有不鼓舞奮屬者也。北樓秋防，果藉重承攝，百里而近，宜獲仰攀。翹俟，翹俟。

校勘記

〔一〕"場"，疑當作"場"。

〔二〕"幹"，據民治學社本當作"幹"。

〔三〕"噲"，疑當作"膾"。

〔四〕"不敢"後，《四庫存目》本有一"不"字，當補。

〔五〕"具"，據民治學社本當作"貝"。

〔六〕"璧"，據《四庫存目》本當作"璧"。

〔七〕"勁"，據民治學社本當作"頸"。

〔八〕"恃"，據民治學社本當作"持"。